中国供应链管理
蓝皮书

（2016）

主　编　丁俊发

副主编　陈文玲　姚广海　严　伟　贺登才　冯耕中

策　划　北京中物联物流规划研究院丁俊发工作室

浙江供应链协会

香港冯氏集团

深圳市创捷供应链有限公司

江苏物润船联网络股份有限公司

河北中顺物流股份有限公司

《现代物流报》报社

中国财富出版社

图书在版编目（CIP）数据

中国供应链管理蓝皮书.2016 / 丁俊发主编.—北京：中国财富出版社，2016.5
ISBN 978 - 7 - 5047 - 6119 - 4

Ⅰ.①中…　Ⅱ.①丁…　Ⅲ.①供应链管理—研究报告—中国—2016　Ⅳ.①F259.22

中国版本图书馆 CIP 数据核字（2016）第 082050 号

策划编辑	葛晓雯	**责任编辑**	葛晓雯		
责任印制	何崇杭	**责任校对**	杨小静　梁　凡	**责任发行**	斯　琴

出版发行	中国财富出版社			
社　　址	北京市丰台区南四环西路 188 号 5 区 20 楼	**邮政编码**	100070	
电　　话	010 - 52227568（发行部）	010 - 52227588 转 307（总编室）		
	010 - 68589540（读者服务部）	010 - 52227588 转 305（质检部）		
网　　址	http://www.cfpress.com.cn			
经　　销	新华书店			
印　　刷	中国农业出版社印刷厂			
书　　号	ISBN 978 - 7 - 5047 - 6119 - 4/F · 2580			
开　　本	787mm × 1092mm　1/16	**版　次**	2016 年 5 月第 1 版	
印　　张	32.25　彩插 6	**印　次**	2016 年 5 月第 1 次印刷	
字　　数	782 千字	**定　价**	120.00 元	

中国供应链管理蓝皮书（2016）

编委会

学术顾问：

吴敬琏　著名经济学家，国务院发展研究中心研究员

冯国经　著名经济学家，香港冯氏集团主席、博士

樊　纲　著名经济学家，中国体制改革研究会副会长、深圳综合开发研究院院长、教授

魏　杰　著名经济学家，清华大学经济管理学院教授、博士生导师

编委会主任：

丁俊发　原中国物流与采购联合会常务副会长、国务院政府特殊津贴专家、研究员

编委会副主任（排名不分先后）：

马正武　中国诚通集团董事长

陈文玲　中国国际经济交流中心总经济师

任兴洲　国务院发展研究中心市场经济研究所原所长、研究员

吴清一　北京科技大学物流研究所所长、教授

王宗喜　解放军后勤指挥学院教授、少将、博士生导师

何明珂　北京工商大学国际部主任、教授

戴定一　中国物流与采购联合会专家委员会主任、研究员

汪　鸣　国家发改委综合运输研究所所长、研究员

贺登才　中国物流与采购联合会副会长、研究员

蔡　进　中国物流与采购联合会副会长、研究员

朱道立　上海交通大学特聘教授、博士生导师

张家敏　全国政协委员，香港冯氏集团利丰研究中心董事总经理

黄有方　上海海事大学校长、教授、博士生导师

陈功玉　中山大学教授、博士生导师

姜超峰　中国物资储运协会名誉会长、高级工程师

刘秉镰　南开大学校长助理，经济与社会发展研究院院长、教授

鞠颂东　北京交通大学教授、博士生导师

马士华　华中科技大学教授、博士生导师

翁心刚　北京物资学院副校长、教授

胡跃飞　平安银行副行长

沈绍基　中国仓储协会会长

王　佐　中国北方工业总公司高级工程师

王国文　中国综合开发研究院（中国·深圳）物流与供应链管理研究所所长、博士

李锦莹　北京中物联物流规划研究院院长

荆林波　中国社科院评价中心主任、研究员、博士生导师

宋　华　中国人民大学教授、博士生导师

许建华　浙江供应链协会会长

黄育存　深圳市创捷供应链有限公司董事长

朱光辉　江苏物润船联网络股份有限公司董事长

郑士南　河北中顺物流股份有限公司董事长

赵成峰　浙江供应链协会常务副会长

张　炜　《现代物流报》副社长

编委（排名不分先后）：

王　微　国务院发展研究中心市场经济研究所所长、研究员

韩继志　国家粮食局政策法规司副司长

李正平　新加坡科技研究局研究员

洪　涛　北京工商大学教授

林至颖　冯氏集团华南首席代表兼总经理

王庆东　泛华建设集团有限公司副总裁

张建军　中国国际电子商务研究院副院长

魏际刚　国务院发展研究中心研究员

张晓东　北京交通大学教授

姜　旭　北京物资学院物流学院副院长、教授

房殿军　德国弗劳恩霍夫物流研究院中国首席代表，同济大学中德学院教授

文健君　深圳市创捷供应链有限公司总裁

姚　凯　苏宁物流集团副总裁

何晓东　顺丰速运有限公司供应链部负责人

Michael Lee　河南新飞电器有限公司供应链总监

宋　军　国药集团医药物流有限公司副总经理

唐倚智　唯品会（中国）有限公司高级副总裁

毛培成　海通食品集团董事、冷冻事业部总经理，高级经济师

熊星明　荣庆物流供应链有限公司执行总裁

黄郑明　上海郑明现代物流有限公司董事长、总裁
朱励光　中都物流有限公司副总经理
白　睿　上海钢银电子商务股份有限公司总经理
姜荣奇　昆明昆船物流信息产业有限公司副总经理
徐志明　越美集团有限公司董事长
徐蔡燎　中通服供应链管理有限公司总经理
高　勇　上海安硕信息技术供应链股份有限公司 CEO
林　刚　福州聚升网络科技有限公司 CEO，福建聚升云商汽车服务有限公司首席架构师
金晓龙　平安银行公司网络金融事业部总裁
梁超杰　平安银行公司网络金融事业部副总裁
徐　军　物流搜索网 CEO
王继祥　中国物流技术协会副会长，《物流技术与应用》杂志社主编
田学军　中国邮政速递物流有限公司高级经理
王　辉　北京中物联规划研究院副院长、博士后
董天胜　中国铁路物资股份有限公司战略规划部高级工程师
蔡宇江　万联网主编

编委会办公室：
主　任：马　军　《中国市场》杂志社中国市场研究院院长
副主任：周雪松　北京中物联物流采购培训中心主任
　　　　缪姬蓉　浙江供应链协会秘书长
　　　　杨达卿　《现代物流报》副主编
成　员：王　振　北京中物联物流规划研究院丁俊发工作室助理
　　　　石书焕　北京中物联物流规划研究院丁俊发工作室助理
　　　　富彬彬　北京中物联物流规划研究院丁俊发工作室助理

参与编写的人员（排名不分先后）：
于冬、王立平、王齐、王喜富、田莎莎、田海昌、代秋颖、吕广宙、吕国庆、朱丹凤、朱昌斌、刘立群、许亚琴、孙健、吴勇、吴淳、宋博、何军良、何丹、何丽君、李聘飞、李艳方、张宏斌、陈宝芝、陈凯、陈纪算、陈世良、陈志刚、陈瑛、陈彬、汤泽淋、寿光明、罗伟政、周云湘、杨振生、杨新林、赵利强、贾冉、徐军、耿祥伟、黄萍、黄滨、梅冠群、储雪俭、程博竞、蓝天、雷震、霍寿鹏、魏迪

序

"十三五"供给侧改革与物流短板

（2016 版）

2015 年 11 月 10 日，习近平总书记在中央财经领导小组会议上提出，在适度扩大总需求的同时，着力加强供给侧结构性改革，着力提高供给体系质量和效率，增强经济持续增长动力，推动我国社会生产力水平实现整体越升。这就是说"供给侧改革"在"十三五"是一场重头戏。2015 年 12 月 18—21 日，中央经济工作会议对供给侧改革提出要打组合拳，在需求与供给两端发力，去产能、去库存、去杠杆、降成本、补短板。这标志着我国经济增长模式和宏观经济调控政策正在发生重大改变。

讲到供给侧改革，必然要提到西方经济学中的凯恩斯主义与供给学派。20 世纪 70 年代，以美国为首的西方发达市场经济国家发生严重经济"滞胀"与物价通胀，凯恩斯主义政策失效，凯恩斯主义主张经济发展的需求拉动，实施政府干预、加大投资、赤字财政、福利保障、温和通胀、充分就业，但这种在需求不足时扩张，需求过多时紧缩的需求管理政策已严重阻碍了经济的发展。在这一背景下，供应学派应运而生，供应学派从供应入手，以经济主体为重点，以"供给能自动创造需求"的萨伊定律为基准，主张通过改善与刺激供给来给经济发展注入新的活力。他们认为，放松管制、市场调节、减税减负、创新驱动、有效供给才是唯一出路。他们认为，经济增长决定于生产要素的合理供给及有效利用，经济发展的标志是供给的水平和能力，光在需求和分配上做文章是远远不够的。美国里根总统时期就采纳了供应学派理论，渡过了经济滞胀的"鬼门关"。

不论西方经济学还是马克思主义政治经济学，供求规律是市场经济的基本规律，供给与需求是经济杠杆的两端，政府在某些情况下通过扩大需求来拉动经济增长，抑或通过增加供给来拉动经济增长，这是每个市场经济国家的必然选择，也是我国经济发展的必由之路，关键在于对经济形势的判断与出手时机的把握。

第一，根据中国经济发展的阶段与实际情况，我们强调靠消费、投资与进出口三驾马车，即靠需求拉动，确保了经济的高速与中高速增长，2001—2014 年年均增长 9.8%，现在经济下行压力加大，进入新常态，究其原因，有全球经济萎缩的原因，有中国经济发展周期的原因，有政府主动调控的原因，更有经济自身粗放式发展、供需错位的结构性原因。所以对今后经济发展模式必须做出调整，对经济发展动力做出新的判断。

第二，中国政府采取了许多措施来促进消费，取得了一定的成效，消费仍然是国民经济发展的首要动力。但很明显，有效需求不足，社会消费品零售总额 2001—2014 年年均增长 14.9%，而 2014 年只有 12%。生产资料销售总额 2001—2014 年年均增长 14.76%，而 2014 年只有 8.8%。基本建设投资 2001—2014 年年均增长 22.4%，而 2014 年只有 14.9%。有效需求不足，有消费本身的问题，但在某种意义上，反映的则是供给出了问题。一方面，由于金融危机后过度扩张，造成一些产业产能过剩；另一方面，需求在变，特别是居民的个性化需求（商品与服务），但有效供给不足，供给适应不了需求结构的变化。所以必须在供给侧发力。

第三，供给的核心本质就是一个生产函数，是为生产企业提供资金、土地、劳动力、服务、管理、技术等要素，确保需求方的供给，但实际情况是不少生产企业不能提供有效供给，却占用了大量公共资源，造成资源错配，而使许多能提供有效供给的生产企业短缺生产要素，造成供给侧的结构性矛盾，导致整个国民经济运行的高成本与低效率。

因此，从国民经济全局看，提出供给侧结构性改革非常及时，也非常重要。要进一步推动行政制度性改革，给企业营造更加宽松的环境，调整与改善要素配置，让人口与劳动、土地和资源、资本和金融、技术和创新、制度和管理一起发力，放松供给约束，解除供给抑制，提高供给效率，降低供给成本，特别是解决高税收成本、高融资成本、高行政成本约束，通过刺激新供给，创造新需求。

供给侧改革的主战场：一是工业，要提高产品供给的数量、质量与效率；二是服务业，要提高服务供给的数量、质量与效率；三是政府，要提高制度与要素供给的质量与效率。

物流业是服务业，主要是生产性服务业，也是生活性服务业，是其他产业物流服务的供给方，供给侧改革有非常大的指导与现实意义。在物流的需求与供给两端，市场经济要求总量的基本平衡，但在实际运作中，物流这块短板十分明显，我用"三个木桶"来说明问题。

第一，如果把国民经济作为一个"木桶"。短板很多，如"三农"问题、工业大而不强、产业结构不合理、经济发展不平衡、内需不足等，但物流成本高绝对是一块短板。从两个方面可以说明：

（1）社会物流总费用与 GDP 比率过高。"十一五"平均为 18.12%，"十二五"平均为 17.48%，比发达国家高出一倍。如按发达国家在工业化中后期的经验比率 13% 对比，中国仍高出 3~5 个百分点。

（2）全球供应链绩效指数过低。全球供应链绩效指数即 LPI 是一个国家或一个地区国内物流水平与参与全球供应链能力的国际性指数，由世界银行每两年发布一次，2012 年参与的有 155 个国家和地区，2014 年参与的有 160 个国家与地区。由 6 个指数构成，每个指数的满分为 5 分，2012 年排名第一为新加坡，2014 年排名第一为德国。中国 2014 年排名第 28 位。这与中国是世界第二大经济体、第一大贸易国、第一大物流市场国、全球制造业大国的地位极不相称。

第二，如果把生产与服务企业作为一个"木桶"。不同企业有不同的短板，但物流成本高绝对是一块短板。从以下两个方面可以说明：

（1）物流费用率过高。根据国家发展与改革委、国家统计局和中国物流与采购联合会对 2014 年全国重点工业、批发零售企业的调查，2014 年全国工业、批发零售企业的物流费用率为 8.3%，其中，工业企业为 8.9%，批发零售企业为 7.7%，从 2008 年以来，一直在下降，这得益于第三方物流的发展与外包物流业务的增长，但与发达国家相比，仍高出 3~4 个百分点。

（2）物流与生产、服务企业融合度过低。据美国物流咨询公司研究，一个企业如果只是简单地以第三方替代自营物流，借助第三方的规模效应和营运特点可节约成本 5%；如果利用第三方的网络优势进行资源整合，部分改进原有物流流程，可节约物流成本 5%~10%；如果通过第三方物流根据需要对物流流程进行重组，使第三方物流延伸至整个供应链，可取得 10%~20% 的成本节约。目前，中国工业与流通企业对外支付的物流费用已占物流总费用的 65%，但主要是运输与仓储费用，供应链设计、采购供应、厂内物流、供应链金融等高端物流服务费用很少，说明供应链融合度仍过低。

第三，如果把物流业作为一个"木桶"。影响物流业发展的短板也很多，但物流业综合效率不高，物流业的公共资源配置不合理，政府对物流企业管制过多，企业负担过重绝对是一块短板。从两个方面说明问题：

（1）对物流企业管制过多。据中国物流与采购联合会调查，目前我国物流业所需证照资质约 70 项，行政机关多头管理，重复审批，效率低、层级多、透明度差，审批事项过多过乱加重了企业负担，企业注册设立非法人分支机构困难重重，不利于物流的网络布局。

（2）税费过重。根据中国物流与采购联合会对 927 个物流企业的调查，物流企业 2008—2012 年税收支出平均增长 9.81%，而同期营业收入和营业利润分别增长 4.56% 和 3.29%。对比计算，税收支出增幅比营业收入和营业利润分别高出 5.25 个和 6.52 个百分点，大大快于同期营业收入和营业利润的增长速度。样本数据显示，2008—2012 年样本企业一年间的平均税收负担水平为 20.19%，高于全国同期宏观税负水平（18.26%）1.93 个百分点，且税收负担水平呈逐年递增趋势。如果考虑到物流企业不作为纳税人但实际负担的隐性税收支出，五年间样本企业实际税收平均水平为 26.79%，比宏观税收平均值高出 8.53 个百分点。"十二五"期间，土地成本、劳动力成本都在上升，企业利润空间下降。2014 年，仓储成本上升 11.6%，而企业人员劳动报酬上升 10.9%。

分析了三个"木桶"，我认为在"十三五"期间，物流参与供给侧改革重点做三件事。一是对物流成本高进行全方位诊断，提出解决国民经济运行与企业经济运行物流成本高的有效办法；二是要从物流需求与供给两端发力，产业要释放外包高端物流，物流企业要提高有效供给能力，比如制造业精益物流、电商物流、城市共同配送、冷链物流、农产品物流、危化品物流、特种运输、医药物流、应急物流等；三是对物流业放松管制，减轻负担，优化配置资金、劳动力、土地等公共资源。

　　"十三五"物流业发展的总趋势，与整个国民经济发展相一致，将保持发展、变革、调整的总格局，"降低物流成本"是主攻方向，"强身健体"是基本保障，创新是根本动力，我深信，有付出必有收获，"十三五"中国物流业一定不会让大家失望，将向全国人民交一份好答卷。

丁俊发

2016 年春节

序

中国经济发展与供应链集成

（2011 版）

2008 年，由美国次贷危机引发的全球金融危机惊心动魄，在全世界的共同努力下，取得了阶段性成果，没有引发像 1930 年那样的全球大萧条。2010 年，中国率先复苏，世界各国也开始出现企稳迹象。但我们不能过于乐观，世界经济发展的不确定因素太多，美国、欧盟、日本三大经济体许多问题还没有完全暴露，所以这个复苏过程相当漫长。这个复苏过程对中国来说是一个非常重要的战略机遇期，我们必须抓住。从 2009 年和 2010 年的实际情况来看，中国政府应对全球金融危机所采取的措施起到了较好的效果，但其并不是十全十美，有正面影响，也一定有负面影响，从战略到策略还需要调整。中央提出，要以科学发展为主题，改变经济发展方式为主线，调整经济结构为主攻方向，我们要做的工作的确很多，很繁重。

比如调整经济结构。三次产业结构失衡，国务院要求加快服务业发展，特别是金融、交通、物流、商贸服务等产业，这是完全正确的，中国也到了服务业快速发展的时期。但中国有一个实际情况，就是工业化还没完成，中国还没有从制造业大国过渡到制造业强国。世界制造业中心先是在欧洲，后来到美国，又到日本，现在转移到中国。这次金融危机发达国家都在反思一个问题，即虚拟经济与实体经济的关系问题，美国又开始强调制造业的发展。所以，中国的经济结构不可能马上跟美国一样，服务业占 70%，那样中国经济就麻烦了，这是一个循序渐进的过程。

又如城镇化，这里涉及城乡关系，现在中国城镇化水平还比较低，在工业化过程中，已有 1.5 亿农民进了城，还有大量农民要转移，所以中国的城镇化非常快，很多小城市已经变成了中型城市，中型城市变成了大城市，有些城市已经变成了城市群、城市网络。城市化的发展，使基础设施的建设提上了日程。基础设施的建设非常重要，政府必须考虑怎样进一步来满足这种日益增长所带来的城市需求。按国际经验，实现工业化，农村劳动力要从 30% 下降到 10%。为了实现这一目标，中国每年需要新增岗位 800 万 ~1000 万，要用 20~30 年才能完成，这对中国是必须面对的一个挑战。

又如经济发展速度。中国已进入一个新的稳定增长期，但这个稳定增长绝不是回到过热增长，而是 8% ~9% 的增长，重点要放在改变经济发展方式，提高国民经济发展的质量。中国经济发展已不是需求约束，而是资源、环境约束。中国许多资源还很缺乏，如石油、铁矿石等，中国必须与其他国家合作，通过进出口进行互补。

又如消费拉动。中国投资率太高，消费率太低，特别是居民消费率。中国目前的状况靠消费拉动不了现实，为了应对全球金融危机，只好靠政府加大投资来刺激经济，为了扩大消费，也出台了家电下乡、政府补贴等措施，但这不是促进消费的长效机制，消费涉及分配体制、工资制度、信贷政策等，这是一个比较复杂的问题，但必须解决。

又如东部、中部、西部的问题。中国经济先在东部发展，其中一个很重要的原因就是靠海，进出口物资要从海上来、海上走，物流费用低，供应链容易集成。但中部需要更多的发展空间，中央提出了东北振兴、西部大开发、中部崛起的战略，把经济发展的重心做适当的调整，内地也可以发展起来，但带来一个很大的问题就是物流费用问题，经营成本太高，这就要求加快交通运输基础设施建设，发展高速铁路，建设高速公路，优化内河航道，振兴航空事业，改变"蜀道难，难于上青天"的状况。中国目前储蓄率高，外汇储备多，国家财政有这个实力。

以上列举了一些中国经济的宏观问题，但这些问题多与现代物流业密不可分，与产业发展的供应链管理密不可分。要调整经济结构，而物流业是一个非常重要的生产性服务业，国际上把它称为国民经济发展的加速器。要改变中国经济发展方式，改善资源型约束，离不开进出口贸易，这就离不开国际物流。国际物流不仅是价格的竞争，更重要的是物流综合成本的竞争，物流服务能力的竞争。资源和能源是经济增长的引擎，也是动力。物流成本的降低，实际是提升了产业的竞争力和国家的竞争力。要城镇化，不仅要搞基本建设，发展工业、农业、服务业，更重要的是要保证居民的生活需求，物流要发挥为生产建设与人民生活服务的功能。

物流之所以重要，也跟中国区域发展不平衡的问题息息相关。随着现代化的进程，经济地理格局的变化，区域经济的发展，将导致人口的重新分布。对于大陆型的国家，它们在实现现代化的过程中，80%的人口都会迁徙到沿海的城市，美国、加拿大、澳大利亚以及其他的现代化国家都是如此。俄罗斯的情况有些不同，其有着自己的特点，因为历史的渊源不一样，计划经济体制对人口分布和工业分布有影响。但是中国的情况与上述国家又有所不同，沿海地区优先发展，而且还将继续发展，因为水运、海运在扮演着非常重要的角色。在未来的发展过程中，中国独特的地理经济格局如何变化，很大程度上将取决于物流和供应链管理扮演怎样的角色。如何把沿海的物流优势变成全国的物流优势，国务院发布的《物流业调整和振兴规划》给我们指明了方向，我们要为此做出努力。

在经济全球化的今天，全球供应链战略已成为跨国公司的头号战略，优化供应链管理已成为成功企业的重要标志。实施与不断优化供应链管理也已成为中国企业的必然选择。

为了普及供应链管理的基本理念，介绍国际上供应链管理理论研究的最新成果与成功实践，总结中国加入WTO以来供应链管理发展的成果，特别是介绍各行各业一些企业的优秀案例，由中国物流与采购联合会北京中物联物流规划研究院牵头，组织知名高校、研究部门、优秀案例企业参加，编写了《中国供应链管理蓝皮书》，填补了国内空白。《中国供应链管理蓝皮书》是研究供应链管理的必备工具，是物流研究生、高级物流师的必读教材，是企业家实施供应链管理的必选著作，它融理论与实践于一体，将成为中国供应链管理的有力推动者，将成为中外供应链管理交流的广阔平台。

樊　纲

2011 年 3 月 3 日

序

（2012 版）

　　随着全球经济形势转变，经济愈趋全球化，全球供应链也在不断进化。从亨利·福特的"T型车生产模式"时代到最新的全球供应链网络系统，我们见证了从最简单的单个企业制造，到如今通过高效的投资和流畅的跨境贸易，以及网络化生产过程，从而创造更高价值。以苹果手机为例，全球供应链网络使专业化分工及大规模生产可以在全球范围内实现。产品设计可以在世界最合适的研发基地（美国加利福尼亚州）展开，融资可以在世界上最合适的金融中心（美国纽约）实现，零部件可以在世界任何一个合适的生产基地生产（中国及亚洲其他制造业基地），再通过复杂的物流网络运送到世界任何一个合适的组装基地装配，最终产品在世界任何一个合适的销售基地发售给遍布全球的当地消费者。这个遍布全球的分工精细、紧密合作、规模巨大的供应链网络大大提高了生产效率，创造了大量就业机会、社会价值，激发了许多技术和管理创新。

　　全球供应链的发展趋势，有以下数点值得留意，因为它们可能改变三十年来形成的一些模式：

　　首先，亚洲的消费和高附加值产业可能会不断增长，而美国的高端制造业由于美国新能源的良好前景及运输成本的上升，可能回归本土。全球设计及消费、全球制造可能更符合未来趋势。

　　其次，日本福岛地震与核事故、泰国水灾等的发生，更凸显出一时一地的灾害对周边地区以至全球，均可造成深远影响。因此，全球供应链地理位置分布将更趋多元，将巩固实体经济的全球化趋势，但也会改变过去单一关注成本而忽视各类风险的管理模式。

　　再次，全球多功能产业链发展创新的需求将提升通信技术、信息技术和交通技术的不断更新换代，不仅会巩固实体经济的全球化，也将使经济及贸易的国界变得更为模糊，而地理、人口及制度环境可能成为更重要的经济与企业发展因素。还有，由于新兴经济体巨大的人口规模、自然资源及可消耗能源的限制，企业及国家将不得不更加关注生产和消费的可持续性发展，这给全球供应链将来的分布与演变带来不确定因素，同时带来各种挑战及机遇。

　　最后，金融及贸易监管与政策等宏观环境，对实体经济的冲击将越来越频繁及严重，国家及企业需要更加关注全球治理的问题，特别需要从国际政治、国际关系、国际经济、文化等各方面协调努力，维护我们正在享受的相对比较开放的国际贸易环境。

　　中国作为全球第二大经济体系，对于推动自由贸易体系发展、稳定全球经济有着举足轻重的作用。国家的"十二五"规划强调刺激内需，以改变以往依赖出口支撑经济增长的情况。

在国家层面，发展内需市场和鼓励更高增值，改善以往"重生产、轻流通"的状况，降低交易成本，是追求更为平衡以及可持续经济发展模式的必然方向，也是应对上述全球供应链发展趋势的重要策略。

在企业层面，面对激烈的全球竞争、日益严格的环保和企业责任要求，企业一方面必须运用供应链管理，以迅速行动提供质优价廉的产品，来满足瞬息万变的顾客需求，才能在国际市场上屹立不倒；另一方面要顺应国家扩大内需的大势，做好战略部署，把握商机，配合内外贸一体化、扩大内需的国策，方能在瞬息万变的经贸环境中生存。而新世纪中国企业要与时俱进，则要注意以下七个供应链概念：

（1）以顾客为中心，以市场需求为原动力。以需求拉动供应的生产和流通模式，不但能快速地响应市场的变化、迅速满足消费者需求，而且可以减少因产品过时而要减价促销的风险，有利于减少库存，促进企业资金流转，并增加企业赢利。

（2）强调企业应专注于核心业务，建立核心竞争力，在供应链上明确定位，将非核心业务外派。这样，企业才能够更有效地集中利用资源，强化主业，并通过企业间的合作增加业务的弹性。

（3）各企业紧密合作，共担风险，共享利益。从原料供货商到最终用户，供应链上成员除了追求自身利益外，还应该共同去追求供应链整体的竞争力和赢利能力。通过合作减少各环节的交易成本，有效提升供应链的长期竞争力。

（4）设计工作流程、实物流程、信息流程和资金流程并使之有效执行、检讨和不断改进，将各个流程有机地结合，提升供应链的整体效率。

（5）利用信息系统优化供应链的运作。利用先进的信息系统，使供应链各成员更快速地获得信息和处理信息，及时就最新的市场变化作出适当反应，从而使供应链做到实时回馈，以配合顾客的要求。

（6）缩短产品完成时间，使生产尽量贴近实时需求。使供应链各环节的企业实现按需生产，响应瞬息万变的市场，以减少存货积压的风险。

（7）减省采购、库存、运输等环节的成本。通过企业合作和流程整合使供应链更有效率，提升企业以及整条供应链的竞争力。

可以说，现在企业与企业之间的竞争已发展为供应链与供应链之间的竞争。一件产品的价值是由整条供应链所创造的，该件产品的竞争力，实质上体现了整条供应链上各个环节的整体竞争力。当最终客户选择一件产品，整条供应链上的成员都会受惠；如果最终客户不要这件产品，整条供应链上的成员都会有损失。

供应链管理是一套企业的管理哲学，其实可以引申到任何行业。因此，供应链管理不单在各制造工业成为提升竞争力的重要手段，对第三产业的发展亦举足轻重。而本书广泛讨论了供应链管理的一些重要部分，包括供应链管理的精神，例如以顾客为中心、专注发展核心业务和企业之间紧密合作等，可以为业界订立经营方针提供参考。而涉及流程的管理和信息系统的内容，则为供应链管理提供了确切可行的方法。总而言之，供应链管理的主要目标就是缩短产品完成时间，使生产贴近实时需求和减省环节之间的成本，使整条供应链的竞争力得以提升，并在激烈的国际市场竞争中屹立不倒。相信 2012 年度《中国供应链管理蓝皮书》中的一些理论和企业实践的经验，在加深读者对供应链管理的了解之余，亦可使业界人士就企业如何加强竞争力、应对新世纪全球竞争等方面获得启发。

利丰集团主席　冯国经博士

2012 年 3 月 10 日

序

（2013 版）

最近 30 年来，全球制造业、流通业、农业发生了革命性的变化。这种变化的核心内容，是由于分工的高度和信息网络技术的迅猛发展，使企业之间的竞争演变为供应链之间的竞争，也使许多企业从单个企业生产和销售活动的组织者演变为链条的组织者和集成者。然而直到最近，中国企业对这种发展还跟进得很不够。中国供应链管理方面的落后在全球金融危机以来所遭遇的冲击中已经明显地表现出来。因此，发展现代物流业，把供应链管理确定为发展新的流通方式的首要任务，就变得十分紧迫。

现代经济学的鼻祖亚当·斯密早就指出，分工是经济效率提高的主要原动力。特别是第二次世界大战结束以后，越来越多的制造业企业把非本企业核心业务的作业"外包"（outsourcing）出去。企业越来越专注于自己核心能力（如某项产品的研发、生产、营销等）的发挥，而把非核心产品外包给其他供应商去生产。

诺贝尔经济学奖获得者道格拉斯·诺斯把生产的总成本划分为转型成本（transformation costs，也就是实现马克思所说的"物质变换"成本，或人们通常所说的制造成本）和交易成本（transaction costs，包括获取市场信息的成本、订立合同的成本、执行合同的成本等）两个部分。分工的深化大大降低了生产产品的转型成本，然而，随着分工的深化，人们之间的相互依赖关系加深，他们之间的交易关系越频繁，交易成本也就随之增加。诺斯指出，到 20 世纪 70 年代末，美国国民收入中有近一半属于交易费用。这样，降低交易成本就成为一项具有决定意义的任务。现代物流业及其应用的供应链管理正是在降低交易成本的迫切要求下应运而生的。

在价值链细分的情况下，有大量的流通组织工作，如供应链设计、订单管理、元器件采购供应、仓储、报关、运输等工作需要由主营企业自己的物流部门或者委托给第三方物流企业去处理。这样，就发展起一系列高效的物流管理技术，涌现出一大批以高效的供应链管理（Supply Chain Management，SCM）作为自己的核心竞争力的企业，以至于供应链管理已经成为现代管理学的一个重要分支。

所谓供应链管理，就是把生产过程从原材料和零部件采购、运输加工、分销直到最终把产品送到客户手中，作为一个环环相扣的完整链条，通过用现代信息技术武装起来的计划、控制、协调等经营活动，实现整个供应链的系统优化和它的各个环节之间的高效率的信息交换，达到成本最低、服务最好的目标。一体化供应链物流管理的精髓是实现信息化，通过信息化实现物流的快捷高效的配送和整个生产过程的整合，大大降低交易成本。这种管理思维，已经在许多企业中得到应用，收到巨大的效益。当前制造业、流通业由单个企业的物流管理到一体化的供应链管理的革命，极大地降低了全社会的交易成本，提高了各产业的生产效率，成为 20 世纪末大规模产业重组的重要内容。所以，著名的物流专家马丁·克里斯多弗（Martin Christopher）提出："21 世纪的竞争将是供应链与供应链之间的竞争。"

目前中国经济运行面临的一个重大问题是：虽然拥有工资成本低廉、素质良好的劳动力，产品的制造成本（转型成本）很低，但总成本的另一个组成部分——交易成本却很高，而且制造成本必然会随着经济的发展和工资水平的提高而上升。中国的交易成本过高，除了是由于市场制度还没有完全建立，经济活动缺乏规范，经济行为人缺乏诚信等原因外，流通业的效率低下也是一个重要原因。这样，如何通过与交易有关的各行业的现代化，降低交易成本，以提升本土企业的竞争力，便成为一个亟待解决的问题。由此看来，如何提高内地与交易有关的行业，包括制造业、农业、商贸业和物流业的效率，便成为一项十分紧迫的任务。

本书不但辑录了有关供应链管理的理论文献，还搜集了若干企业提升供应链管理的经验总结，值得在推进流通现代化的实践中进行探索和创新的企业学习参考。

吴敬琏

2013 年 2 月 28 日

序

（2014 版）

我国自十一届三中全会实行改革开放以来，对如何建立有中国特色的社会主义市场经济体制进行了大胆的探索，"摸着石头过河"已经历了 30 多个年头。既有成功的喜悦，也有惨痛的教训。现在已进入社会与经济体制改革的深水区，已到达经济发展方式转型的关键期。十八届三中全会对下一步深化改革与经济发展进行了顶层设计，将开创一个新的历史时期。

长期以来，我国的国民经济增长和企业发展是依靠低成本生存和发展的，但自 2005 年以来，我国企业的总体生产成本正在急速上升，我国经济开始进入高成本时期，这主要有以下 6 个方面的原因：

第一，能源价格上升；

第二，原材料涨价；

第三，交通运输趋紧；

第四，土地和环保成本提高；

第五，第一轮人口红利已基本消失，推动人力资源价格上涨；

第六，国际大宗商品价格波动，贸易保护主义抬头，进出口需求受阻。

粗放的经济发展方式，必然带来资源约束、成本约束、生态约束，严重影响整体经济的运行效率与质量。随着高成本时代的到来，企业必须调整自己的经营战略，政府也必须调整宏观调控手段。为此，我们应采取以下有针对性的措施。

第一，转变经济发展方式。要从原来主要依靠投资与出口的增长方式转向消费、投资、出口并重的增长方式，充分发挥消费的基础作用、投资的关键作用、出口的支撑作用，千方百计提高经济的运行质量。

第二，实施创新驱动战略，推进技术进步。只要能给企业带来新价值的创新，就是技术创新。要把核心创新与非核心创新相结合。国家是科学创新中心，企业是技术创新中心，组织是技术创新的前提。中国千方百计要从制造业大国走向制造业强国。

第三，调整产业结构。当前中国的经济结构有很大的问题。从短期来看，两个产业的问题最严重，一个是房地产业，另一个是服务业。对这两个产业进行调整是短期内最能够发挥作用的。房地产业背后是一个利益问题，它根本不是一个价格平均的问题，我们现在搞绝对化、"一刀切"是不行的，应该分类指导，区别对待。我国的服务行业正逐渐从劳动密集型、资本密集型向知识密集型过渡，发展越来越依赖于技术、知识和人力资本，以知识和技术为主的、高附加值的知识密集型的服务行业发展会十分迅速。在这一背景下，以服务为主导的产业供应链发展成为典型。实践证明，在世界经济发展中，服务业是增长最快的行业，越来越多的生产企业由提供产品向提供产品和服务转变，进而再向提供服务解决方案转变，服务化已成为制造业发展的重要方向，制造产业呈现出服务为主导的发展新趋势。

从中长期来看，结构调整也是两个产业，一个是制造业，另一个是战略性新兴产业。这两个产业对中长期增长有巨大意义。从制造业来说，我国现在仅仅是一个传统制造业大国，而不是现代制造业强国。现在制造业市场被美国和欧盟两大经济体瓜分。从未来增长角度来看，必须重视对现代制造业的发展，才能对传统制造业进行转型。许多传统制造企业从销售产品到销售服务，通过服务创造差异化优势，最终是通过提供比竞争对手更好的服务来吸引消费者。越来越多优秀的生产企业从"以生产为中心"向"以服务为中心"过渡，一方面，制造业和服务业的界限越来越模糊，最为明显的是通信产品，某些信息产品也可以像制造业一样进行批量生产；另一方面，制造业部门的功能也日趋服务化，以服务为导向的制造业还体现在越来越多的制造业务进行"外包"。

另一个中长期要发展的重要产业是战略性新兴产业。战略性新兴产业涉及节能环保、新兴信息产业、生物产业、新能源、新能源汽车、高端装备制造业和新材料七个方面。从中长期来看，战略性新兴产业既是战略性的又是新兴的，在未来将有巨大的发展空间。

对中国经济进行深度调整都离不开供应链管理，因为当今世界的产业发展需要站在供应链管理的高度来考虑，这是发达国家经济发展实践所验证的。与传统的管理模式不同，供应链管理包括从原材料采购到最终消费整个过程中上下游所发生的与商流、物流、信息流、资金流相关的所有活动。

以制造业为例，我国的制造企业在供应链管理上面临着"牛鞭效应"困境，这个现象在中国很普遍。这是结构性的问题，是供应链中无法回避的问题。我国的制造业处于全球产业链的末端，市场需求的一点儿变化，给我们带来的骚扰却是放大的。这就要求我国的传统制造业从重视产品转向关注产品的整个生命周期，包括市场调研、产品研发、制造、营销、服务，从而实现整个供应链的信息管理，提高整个供应链的敏捷性与可视化。

为了克服资源约束、成本约束、需求约束，我国的制造企业必须对供应链进行有效的整合和管理，加强与上下游企业的协作，建立协同供应链，降低内外部供应链成本。通过信息技术，实现对采购、仓储、运输和配送等过程的有效规划、控制与管理。我认为，供应链管理是中国改变经济发展方式的必然选择。

近年来，供应链管理发生了一些新的变化，第一，从产品整合到上下游企业整合；第二，从企业内部资源整合到社会资源整合；第三，从注重市场价格到注重价值链；第四，从设计产品到设计与优化流程；第五，从技术创新到模式创新；第六，从单个企业管理到整个供应链协同管理。但从总体讲，中国的供应链管理刚刚起步，还比较落后，要引起经济界的高度关注。

为了更专业、更全面地介绍国际供应链管理理论研究的最新成果和成功实践，总结中国的供应链管理发展所取得的成就，特别是介绍各行各业一些企业供应链管理的优秀案例，中国物流与采购联合会顾问丁俊发研究员组织知名高校、科研单位、优秀案例企业参加，每年编写一本《中国供应链管理蓝皮书》，为我国供应链管理的理论研究和应用实践，提供了权威性的资料和知识，是一本不可多得的精品图书，它填补了我国供应链管理类图书的空白。

魏　杰

2014 年春节

序

世界因供应链而变

（2015 版）

大力推进中国供应链管理的发展，是中国物流业发展的新阶段，是改变中国经济发展方式的重大战略，是中国企业转型升级的必由之路。目前，我们经常讲到中国物流总成本与 GDP 的比率近五年一直在 18% 左右徘徊，比发达国家高出一倍。造成这一结果的原因是多方面的，特别与国民经济的结构有关，但与供应链管理的落后关系极大。根据中国物流信息中心计算，如果物流总成本与 GDP 的比率从目前的 18% 下降到 13%（发达国家工业化中后期的经验比率），可节约物流成本 2 万亿元人民币，如降到发达国家 8% 左右的水平，可节约物流成本 4.8 万亿元人民币。这反映中国国民经济粗放经营并没有完全解决，或者说问题依然严重。

——比如，2012 年我国工业企业产品库存率为 9.4%，而发达国家一般不超过 5%，如果把中国工业产品库存率降低一个百分点，可节约库存占用资本 9100 亿元人民币。

——中国企业"大而全""小而全"的商业运作模式还没有完全改变，使企业无力打造核心竞争力，我从 2005 年就提出大力推进"第二产业的第三产业化"，即把第二产业中的服务业大部分分离出来，特别是把物流服务分离出来，同时延伸制造服务业，这样可以迅速增加第三产业在国民经济中的比重。

——中国工业企业、流通企业流动资产的年周转率为 3 次左右，发达国家为 10 次以上。

——中国工业与批发零售业的物流费用率为 9.2%，而发达国家一般不超过 5%。

——中国对物流基础设施投入不少，但由于没有形成综合运输体系，综合效率不高。目前，中国海铁联运为 2.6%，而国际上平均为 20%。载重汽车空载率仍高达 20% 左右。

——构成物流总费用中的运输费用占 GDP 的比率中国高于美、日 1.76 倍，保管费用高于美、日 2.2 倍，管理费用高于美、日 5 倍以上。

怎么办？解决这些问题绝对不是物流业本身能完全解决的，而要从国民经济的全局去考虑，推进物流业的现代化，特别是大力推进供应链管理是一服创新驱动的良方，是一把既能推动改革又能推动发展的"金钥匙"，是"中国制造 2025"的强大推进器，是"互联网＋"的另一个翅膀。

什么是供应链与供应链管理？根据《物流术语》国家标准，"供应链，即生产与流通过程中，涉及将产品与服务提供给最终用户的上游与下游企业所形成的网链结构"。"供应链管理，即利用计算机网络技术，全面规划供应链的商流、物流、信息流、资金流等，并进行计划、组织、协调与控制"。

我把供应链管理分为三个层次去理解。第一，供应链管理是战略思维；第二，供应链管理是模式创新；第三，供应链管理是技术进步。

2005 年，美国物流管理协会更名为美国供应链管理专业协会，标志着全世界的物流已进入供应链管理时代。美国每年由总统发布"全球供应链安全国家战略"，世界银行每两年发布《全球供应链绩效指数（LPI）报告》（2014 年中国在全球排名第 28 位），亚太经合组织提出成立"亚太供应链联盟"，推进贸易便利化，不少国家都把供应链战略列为国家安全战略。美国经济学家弗里德曼在《世界是平的》一书中把全球供应链列为把世界夷为平地的十大力量之一。研究历史上世界三次经济危机与三次产业革命，美国就凭其研发基础、金融服务、新技术产业化、合理税收与移民政策等方面的优势，加上超强的全球供应链整合能力，使其始终走在世界的前列，美国始终把整合全球资源作为国家核心竞争力。2014 年 12 月 5 日，习近平同志在政治局第 29 次集体学习会上明确指出，中国要"勇于并善于在全球范围内配置资源"，在 2014 年 11 月召开的亚太经合组织第 22 次领导人非正式会议上指出，要打造全球价值链、全球供应链、全球产业链。中国已把供应链提升为国家战略。

许多国家也把供应链战略作为产业发展战略的重点，即以全球地域为空间布局，打造某些优势产业的"微笑曲线"，建立从战略资源、金融资本到制造生产再到销售与服务市场的全产业链与价值链。日本在第二次世界大战后迅速崛起，依靠的就是全球产业供应链战略。德国提出"工业 4.0"，不仅预示着一次新的工业革命，也是德国推出的产业供应链战略。

在互联网与物联网时代，人们开始研究与打造智慧城市，实际上一个城市的现代管理，是商流、物流、信息流、资金流、人流等各种资源的优化组合，以实现发展模式、产业结构、空间布局、运作流程的最优化。

英国经济学家克里斯多夫早就指出，"市场上只有供应链而没有企业"，"真正的竞争不是企业与企业之间的竞争，而是供应链与供应链之间的竞争"。研究世界五百强企业特别是外国企业无一不把全球供应链战略作为自己的核心战略，如美国沃尔玛、苹果、韩国三星、日本丰田、德国西门子、中国阿里巴巴、华为等。在经济全球化的今天，全球供应链战略已成为跨国公司的头号战略，优化供应链管理已成为成功企业的重要标志，实施与不断优化供应链管理已成为中国企业的必然选择。

所以我把供应链战略区分为国家供应链战略、产业供应链战略、城市供应链战略与企业供应链战略四个层面，在这四大层面战略中，企业供应链战略是基础，国家供应链战略是根本。

严格来讲，供应链管理也是一种模式创新，是移动互联网、大数据、云计算支撑下的模式创新。而模式创新在各种创新中，对传统模式最具颠覆性和冲击力。近三十年来，全球制造业、流通业、农业发生了革命性的变化，这种变化的核心内容是，由于分工的高度细化和信息网络技术的迅猛发展，使企业之间的竞争演变为供应链之间的竞争，也使许多企业从单纯生产或销售活动的组织者演变为链条的组织者和资源的集成者。供应链管理的发展正在改变传统的商流、物流、信息流与资金流的运作模式。如商流中的电商服务平台，物流中的供应链集成，资金流中的供应链金融，信息流中的大数据等。

供应链管理也是一种技术进步，包括供应链可视化、绿色供应链、协同供应链、供应链金融、供应链风险、服务供应链、智慧供应链等。目前最前沿的高新技术都在供应链中得到应用。

据美国物流咨询公司研究，一个企业如果只是简单地以第三方替代自营物流，借助第三方的规模效应和营运特点可节约成本5%；如果利用第三方的网络优势进行资源整合，部分改进原有物流流程，可节约物流成本5%～10%；如果通过第三方物流根据需要对物流流程进行重组，使第三方物流延伸至整个供应链，可取得10%～20%的成本节约。

总之，如果在全国推进和优化供应链管理，可以极大地改变中国经济的发展方式，改变产业发展方式，改变城市发展方式，改变企业发展方式，对中国经济从粗放经营到集约经营的转变做出不可估量的贡献。所以我认为，有了"互联网＋"，必须有"供应链＋"，世界因互联网而变，世界也因供应链而变。

丁俊发

2015 年 3 月

目　　录

第四篇　中国物流园区发展与供应链管理

第五篇　供应链透明管理战略与实践

第六篇　优秀案例

第一篇

"一带一路"战略下的物流系统设计

第一章 "一带一路"为物流业带来的机遇与挑战

第一节 "一带一路"为全球物流业发展带来新机遇

一、推进全球经济总量增长和结构调整，全球物流业也会迎来重要发展机遇期

全球金融危机后，世界经济发生了复杂而深刻的变化，危机转嫁、后发崛起、国际竞争愈演愈烈，国际经济的结构、分布、规则快速调整，全球资源、要素、财富重新分配，国际政治经济领域呈现出大开大阖的竞争、合作与博弈的局面。主要表现为：

一是全球经济增速下滑、复苏缓慢。危机发生前，2003—2007年世界经济的平均增长率为4.76%，金融危机后，2008年世界经济增长率迅速降至1.5%，2009年甚至降至-2.1%，出现大幅衰退。2010—2014年，受各国经济刺激政策及周期性因素影响，全球经济有所复苏，但复苏进程较为缓慢，经济增长率低于危机发生前水平。据联合国近期报告预测，2015年全球经济增长2.4%，2016—2017年尽管增速有所上升，但仍在3%左右徘徊，世界经济增长动力仍然不足。

二是发达经济体与新兴经济体的发展差距进一步收窄，经济力量此消彼长。在危机爆发前的2004—2008年，发达国家对全球经济增长的贡献率就已经低于发展中国家（44%和56%），在危机爆发后的2008—2012年，二者的差距扩大至13%和87%。相应地，发达国家和发展中国家经济总量之比，已从20世纪80年代的约4:1变为目前的约2:1。金砖五国、新钻11国等新兴国家开始成为世界经济发展的新引擎，成为引领全球经济复苏的中流砥柱，世界经济格局开始向新兴国家和发展中国家倾斜。

三是区域一体化发展快于全球一体化。当前多边国际合作步伐缓慢，WTO因持续数年的多哈回合贸易谈判至今仍陷入困境，区域经济合作成为各国减缓经济冲击、实现稳定增长的必然选择。到目前为止，WTO已有158个成员国参与到一个或多个区域经济一体化组织中。北美、欧盟区域一体化已较为成熟，拉美、非洲、东盟一体化进程也在推进，但欧亚大陆的大多数国家尚未纳入统一的一体化进程中去。近年美国积极倡导TPP和TTIP建设，意图建立一个更高标准的、排他性的新型区域一体化组织，继续主导未来的全球经济贸易。在这一趋势下，国与国的竞争日益演变成地区与地区间的竞争、各地区规则与规则间的竞争。

金融危机后世界经济出现的以上新情况、新特点集中反映了既有的全球经济治理结

构已经不能反映当前的新要求、适应未来发展的新趋势，全球经济呼唤治理结构转型、治理规则重构和治理模式创新。在这一背景下，我国提出了建设"一带一路"的重要构想。2013 年 9 月，习近平主席在哈萨克斯坦出访时提出，为使欧亚各国经济联系更加紧密、相互合作更加深入、发展空间更加广阔，我们可以用创新的合作模式，共同建设"丝绸之路经济带"。同年 10 月，习近平主席在出访印度尼西亚时，提出中国愿同东盟国家加强海上合作，发展好海洋合作伙伴关系，共同建设 21 世纪"海上丝绸之路"。这是我国根据全球形势深刻变化提出的重大战略倡议，是完善全球治理结构的一次重大理论和实践创新，如图 1 - 1 - 1 所示。

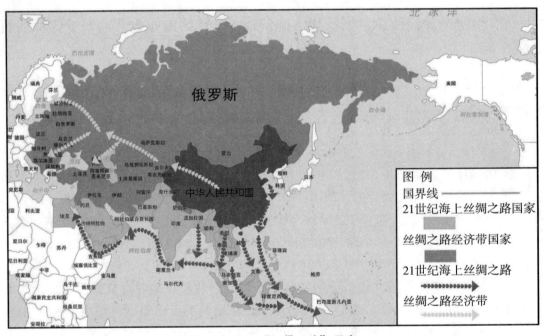

图 1 - 1 - 1　"一带一路"示意

　　"一带一路"战略的提出将会深刻地改变全球经济格局，将会有力地促进全球经济增长和结构调整。"一带一路"一头连着活跃的东亚经济圈，一头是发达的欧洲经济圈，中间贯通资源丰富但经济发展相对滞后的广大腹地国家，沿线涵盖了中亚、西亚、中东、东南亚、南亚、北非、东非、中东欧等区域的 65 个国家和地区，总人口 44 亿，GDP 规模达到 21 万亿美元，分别占世界的 63% 和 29%，是世界跨度最长的经济走廊，也覆盖了世界经济最具活力和最具发展潜力的地区。一方面，"一带一路"顺应了区域经济一体化的发展潮流，打破了长期以来陆权和海权分立的格局，实现陆海连接双向平衡，以点带面、从线到片，逐步形成区域大合作，推动欧亚大陆与太平洋、印度洋和大西洋完全连接的陆海一体化，形成陆海统筹的经济循环，使欧亚大陆经济联系更加紧密，从而有力推动区域经济增长，并为全球经济增长提供新引擎。如图 1 - 1 - 2 所示，"一带一路"国家经济规模占全球经济总量的比重不断上升，在全球经济中的话语权越来越大，沿线经济的繁荣发展将为世界经济增添新动能。另一方面，"一带一路"也顺应了经济多极化的发展潮流，其沿线普遍是发展中国家，形成了发展中国家集团的经济联合体，将会有力地提升发展中国家在世界经济中的地位，实现世界经济更平衡、更开放发展。

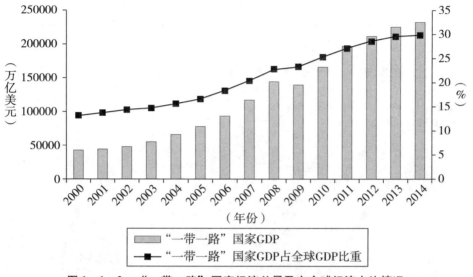

图1-1-2　"一带一路"国家经济总量及在全球经济占比情况

　　物流是经济发展的引致需求，"一带一路"所带来的全球经济新发展必然会为全球物流业带来大量的新机遇。从总量上看，"一带一路"通过纵贯欧亚大陆的贸易大通道和产业大通道，把碎片化的地区经济串联起来，通过沿线国家相互贸易与投资的增加、产业转移的加速和更加频繁的人员往来，将会显著增加沿线物流流量，进而形成物流、人流、资金流、信息流大通道。现代物流业的畅通和规模的扩大也能使各地区更好地融入"一带一路"，促进欧亚大陆要素市场、产业链、产业集群的进一步整合，参与全球分工并发挥自身优势，从而以点带线、以线带面，形成更加统一、紧密联系的经济空间，这又反过来进一步促进物流通道的畅通和规模的扩大，从而形成沿线区域一体化与物流一体化良性互动的循环格局。从结构上看，"一带一路"将会改变发达国家主导的传统经济格局，发展中国家在世界经济中的参与度将会不断提高，全球物流格局也将向发展中国家倾斜，物流的结构、流向都将发生深刻变化，围绕发展中国家的物流需求将蓬勃增长，这其中孕育着大量的商机，是吸引全球物流业发展的重要洼地。

二、成为全球重要的贸易带，形成了全球重要的物流带

　　长期以来，全球贸易主要表现出两大贸易带：一是大西洋贸易带，主要是美国和欧洲等发达国家间横跨大西洋的商品货物贸易；二是太平洋贸易带，主要是美国等发达国家与东亚出口导向型经济体横跨太平洋的商品货物贸易。"一带一路"战略实施后，将形成除以上两大贸易带之外的第三大贸易带，即一条覆盖并贯穿欧亚大陆的商品、能源、原材料、服务的贸易轴心，既包括东亚出口导向型经济体与欧洲、南亚、俄罗斯的商品

货物贸易，也包括东亚、南亚与中东、中亚、非洲、俄罗斯等的能源资源贸易；既包括欧亚大陆的陆路贸易，也包括经中国南海、马六甲、印度洋、波斯湾和地中海的海上贸易。贸易带的具体构成如图 1 - 1 - 3 所示。

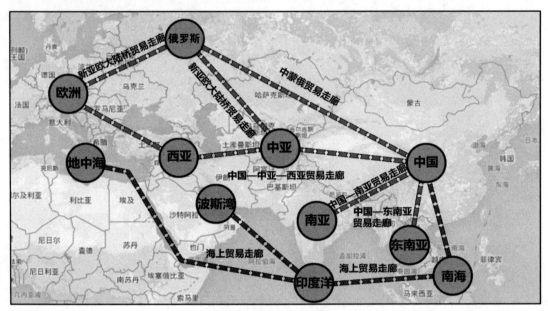

图 1 - 1 - 3   "一带一路"贸易带组成示意

当前，"一带一路"贸易带在全球经贸格局中占据越来越重要的地位。据世界银行统计，1990—2013 年全球贸易年均增速为 7.8%，而"一带一路"65 个国家同期年均增速达到 13.1%，尤其是国际金融危机后的 2010—2013 年，"一带一路"沿线国家对外贸易年均增速达到 13.9%，比全球平均水平高出 4.6 个百分点，成为带动全球贸易复苏的重要引擎。随着"一带一路"沿线国家经济互动程度的加深，"一带一路"贸易规模将会快速增长，全球贸易重心正在向欧亚大陆转移，"一带一路"贸易带正在逐步取代太平洋和大西洋贸易带成为全球最繁忙的贸易带。

物流流向与贸易流向紧密相关，目前依托"一带一路"贸易带，正在逐步形成"一带一路"物流带。当前全球物流格局主要表现为欧美发达国家之间、发达国家与东亚国家之间的商品物流，广大欧亚内陆发展中国家由于物流基础设施不完善、商贸联系不紧密，物流量相对较低。随着"一带一路"建设推进，欧亚大陆边缘与内陆的贸易联系将会更加紧密，发达地区向发展中地区产业转移也更加频繁，这将会创造大量物流需求，并将改变主要依靠海运的传统物流方式，欧亚大陆的陆路运输在物流体系中的重要性也会日益提升。此外，目前"一带一路"物流主要表现为发展中地区向较发达地区的进口物流，发展中地区仅有一些原材料、初级产品出口，出口物流的货运量和价值量都相对较低，随着"一带一路"对发展中地区经济的拉动，发展中地区向发达地区的出口物流也将显著提高，从而形成进口和出口的双向物流体系，实现从贸易平衡向物流平衡的转变，如图 1 - 1 - 4 所示。

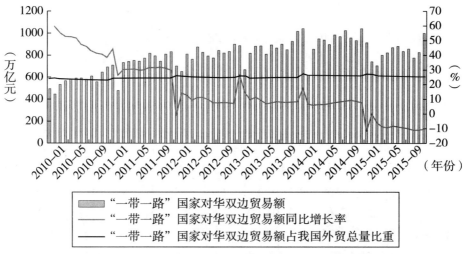

图 1-1-4 "一带一路"国家与我国双边贸易情况

我国是"一带一路"沿线最大的贸易国,正在"一带一路"贸易带中发挥越来越重要的作用。2001年以来,我国与"一带一路"沿线国家贸易增长迅速,尤其是2008年金融危机后,我国与沿线国家贸易步入快速发展时期,对沿线国家的贸易总额从2001年的840亿美元增长到2014年的11200亿美元,我国与"一带一路"沿线国家贸易总额占我国对外贸易总额的比例从2001年的16.5%增长到2014年的26.0%。其中,出口比例从2001年的14.5%增长到2014年的27.2%,增长近一倍。尽管近年受经济危机影响,我国与"一带一路"国家双边贸易额增速有所下滑,但与"一带一路"沿线国家贸易占我国对外贸易比重一直稳定维持在1/4左右。与此同时,"一带一路"沿线国家和地区的对外贸易也更加依赖于中国。如表1-1-1所示,"一带一路"沿线主要地区对我国的贸易依赖度要显著高于世界平均水平,我国成为"一带一路"沿线国家最大的或主要的贸易伙伴。贸易地位决定物流地位,我国也成为"一带一路"上主要的物流策源地,未来从我国至东南亚、南亚、欧洲的商品贸易物流量和至波斯湾的能源物流量将会继续保持增长,同时,随着我国西部地区经中亚至欧洲贸易往来更加密切,横跨欧亚大陆的陆上物流通道的重要性将会凸显,甚至可能分流一部分海上物流,从而形成"一带一路"陆海并重的两大物流通道。

表 1-1-1　　　"一带一路"沿线主要地区与我国及世界贸易情况

指标	占中国对外贸易的比重（%）	占全球贸易总额的比重（%）
南亚与东南亚	12.8	7.6
中亚	1.3	0.4
西亚与北非	7.4	5.4
东欧	2.4	2.2

三、带动各国大量对外投资，刺激物流业的繁荣

根据邓宁的投资发展周期理论，一国经济发展水平与国际直接投资地位密切相关：当一国人均 GDP 低于 400 美元时，经济发展非常落后，既很难对外直接投资，又难以吸收国外投资；当一国人均 GDP 处于 400～2000 美元时，外国投资将会迅速增加，对外投资处于起步水平；当一国人均 GDP 处于 2000～5000 美元时，吸收外国投资和对外直接投资均处于较大规模；当一国人均 GDP 处于 5000 美元以上时，成为较为发达国家，对外直接投资将达到相当大规模。目前"一带一路"国家多为发展中国家和新兴经济体，多处于第二阶段和第三阶段，一方面，需要大量外国投资，推动本国经济发展；另一方面，也产生一定对外投资需求。据世界银行统计，1990—2013 年，全球外国直接投资（FDI）年均增速为 9.7%，而"一带一路"65 个国家同期年均增速达到 16.5%，显著高于全球平均水平。随着"一带一路"建设的进一步推进，沿线国家吸收投资与对外投资将更加顺畅，更多投资洼地和潜在投资领域将进一步被挖掘，欧亚大陆将成为全球投资的重点和热点地区。

从"一带一路"沿线国家的基础条件、投资收益、投资风险等因素综合来看，基础设施和产业发展领域是吸纳资金能力最强、投资风险收益比最好的领域。"一带一路"交通基础设施较为薄弱，互联互通能力差，具有非常广阔的投资空间，一般来说，交通基础设施投资与效益比值一般在 1∶10～1∶5，该领域的投资能够为各国经济发展与合作奠定良好的基础。同时，各国资源要素禀赋各有不同，结合比较优势的产业投资空间也较为广阔，能够为资本保值增值创造更多机会。可以预计，随着"一带一路"建设的推进，未来会有大量资本流入以上两个领域，形成大规模、稳定的资金流，改变现有资金流动格局。

资金流与物流往往是互动互生、不可分割的，"一带一路"各国对外投资将会激发大量潜在的物流需求。如对基础设施的投资建设会产生大量钢铁、水泥、能源等原材料的物流需求，对产业发展领域的投资将会刺激跨国、跨地区供应链物流的发展，原材料、中间品和产成品通过物流被整合进全球链式生产体系中。从地区来看，东南亚、中东、中亚及我国中西部地区是未来吸引全球投资的重要洼地，资金流将会引领物流、人流、信息流向这些地区会聚，并将显著提升这些地区物流要素的供应能力和物流业的整体发展水平。

四、助推第四次全球产业转移，促进沿线物流结构优化

产业转移是世界经济发展的一般规律，第二次世界大战后，全球经历了三次大的产业转移浪潮：第一次以马歇尔计划为代表，美国将钢铁、纺织等传统产业向欧洲和日本转移；第二次是欧美和日本将轻工、纺织、家电组装等劳动密集型产业向亚洲"四小龙"和部分拉美国家转移；第三次是欧美日等发达国家及亚洲"四小龙"等新兴工业化国家把劳动密集型产业和低技术型产业向发展中国家特别是向中国大陆地区转移。从日本到

亚洲四小龙、到中国大陆，通过产业梯度转移，大力发展外向型经济，东亚实现了整个地区经济腾飞的"雁阵模式"，出口导向也成为后发国家经济崛起的一条重要道路。当前，随着中国大陆劳动力、土地等要素成本的上升，部分产业向外转移也是一种必然，"一带一路"战略提出后，将为中国的产业转移提供巨大空间。产业转移的本质是投资与合作，也是市场趋利的微观活动，"一带一路"上有很多价值洼地和产业洼地，可以通过产业转移，获得产业资本增值。未来将很有可能出现中国及其他一些国家的劳动密集、资源密集、土地密集型产业向东南亚、南亚、中亚地区的大规模转移，形成以中国为"雁首"的"新雁阵模式"，带动沿线国家产业升级和工业化水平提升。

第四次产业转移的大方向是我国不再具有比较优势的产业沿"一带一路"转移，具体而言，有四大路径：一是我国过剩产能向中亚、东南亚、南亚、中东、非洲等地区的发展中国家转移，这些过剩产能在一些国家可能是先进产能或急需产能，仍将具有较大的发展空间；二是我国劳动密集型产业向东南亚、南亚等劳动力资源丰富的国家或地区转移，重新获得比较优势；三是我国能源、资源密集型产业向中东、中亚地区转移，既包括投资获取权益资源，也包括依托当地丰富的能矿资源开展下游加工；四是我国东部一些制造加工业、服务业、能源资源产业沿"一带一路"国内段、长江经济带向广大中西部地区转移，实现我国经济发展的东西均衡。"一带一路"最终将使我国和沿线国家结成经济上紧密互联、互利共赢的共同体，形成覆盖全球60%以上人口、近30%经济产值的产业价值链。

国际产能合作将成为第四次产业转移的主要形式。国际产能合作，即产业与投资合作，就是在一国发展建设过程中，根据需要引入别国有竞争力的装备和生产线、先进技术、管理经验等，充分发挥各方比较优势，推动基础设施共建与产业结构升级相结合，提升工业化和现代化水平。"一带一路"建设形成了对国际产能合作的巨大需求。一方面，我国总体上已进入工业化中后期，制造业普遍出现产能富余，钢铁、水泥、造船、平板玻璃等产能严重过剩，劳动密集型产业成本上升，赢利能力大幅下降，急需向国际市场输出，为产业转型升级腾出空间。另一方面，"一带一路"沿线国家特别是一些发展中国家拥有丰富的土地、资源、劳动力等生产要素，但缺少能够组织起这些要素的产业、项目，急需产能输入。中国和"一带一路"沿线国家具有较强的经济互补性和产业关联性，可以分别成为具有产能合作共同意愿的供需双方，通过产能合作带动产业转移，催生"一带一路"的经济繁荣。

在第四次产业转移的大背景下，"一带一路"物流类别将由传统的大宗产品物流、产成品物流日益向中间品物流方向发展，将由粗放低效物流日益向精益物流、即时物流、柔性物流方向发展。近年受全球经济下行因素影响，以石油、铁矿石为代表的全球大宗产品需求不振，能源、资源等大宗产品价格大幅下跌，能矿物流规模显著缩减，波罗的海综合运费指数呈下降趋势，并不断创下历史新低。从短期来看，能矿物流总量仍将保持低位态势，从长期来看，随着"一带一路"建设推进，发达国家、新兴经济体的能源资源密集型产业都将向中东、中亚、俄罗斯、非洲等能源资源丰裕地区转移，资源大进大出的格局将显著缓解。同时，随着区域一体化深化，"一带一路"沿线国家产业联系将更加紧密，产业分工将更加细化，从现在的产业间分工日益向产业内分工转变，产业链整合能力会显著提升，当前的最终产品物流规模会逐渐让位于中间品物流，为提升产业加工效率，物流的时效性和灵活性将会更加凸显，精益物流、即时物流、柔性物流等先进生产组织方式将会更加普及，实现"一带一路"地区物流产业的升级、更新和换代。

第二节　推进"一带一路"物流系统建设面临的重要挑战

"一带一路"物流格局正在发生剧烈而深远的变化，我国作为"一带一路"沿线物流规模最大的国家及沿线主要的物流策源地，必须主动谋划"一带一路"物流系统的总体设计，并进而推动落实，这一方面是我国对外开放不断深化的必然要求，体现出我们顺应贸易、投资、产业、物流变化的大趋势和大规律；另一方面也可以通过"一带一路"物流体系的系统设计，化解"走出去"的关键瓶颈制约，为企业"走出去"、产业"走出去"引导方向，体现出我们主动谋划、稳步推进的积极态度。当前，我国推进"一带一路"物流体系建设还面临着一些挑战，必须统筹把握。

一、一些大国对"一带一路"物流通道建设存在疑虑、误读甚至是封锁与遏制

我国提出"一带一路"战略构想后，总体上得到国际社会的积极响应，但一些国家特别是一些大国对"一带一路"充满警惕，将其看成是我国地缘政治的扩张和对世界既有经济格局的调整，损害了这些大国的政治经济利益，一些区域小国也在这些大国影响下或出于自身的利益考虑，对"一带一路"战略实施进行阻挠。在构建"一带一路"物流通道时，这些现象表现得尤为明显。如我国在"一带一路"倡议中，提出要打造中国至东南亚的南北向交通通道，日本对这一做法高度警觉，认为是我国意图与其抢占在东南亚的政治经济影响力，因此日本采取阻碍或竞争等多种方式阻滞我国通道建设，并积极推动东西向交通通道建设，意图与我国相抗衡。又如在"一带一路"倡议中，我国提出构建中巴经济走廊和孟中印缅经济走廊，打通我国西北地区至巴基斯坦、印度洋的大通道和西南地区至缅甸、印度洋的大通道，由于印巴传统敌对关系及对中国的怀疑态度，印度认为这两大通道是对其东西两个方向的围堵，对"一带一路"倡议响应并不积极，并推出"季风计划"与"一带一路"相抗衡。美国更是对"一带一路"充满怀疑，认为该战略将会在政治、经济、军事等方面挑战美国的全球霸主地位，一方面通过挑起南海、东海问题对我国进行战略围堵，另一方面积极推动 TPP（跨太平洋伙伴关系协定）、TTIP（跨大西洋贸易与投资伙伴协议），以把我国排挤在全球经济体系之外。这些大国的态度和做法对我国推进"一带一路"建设，特别是"一带一路"的物流通道建设构成严峻挑战，本质上是对"一带一路"实现沿线国家互利共赢没有深刻的认识，没有顺从全球经济一体化、区域经济一体化的发展潮流，没有妥善处理好地区与地区之间、国家与国家

之间竞争与合作的关系。因此,"一带一路"互联互通建设只能一方面循序渐进、重点突破,形成共赢的示范效应;另一方面进一步加强沟通协调,特别是加强对各大国的释疑解惑,减少阻力,凝聚共识。

二、沿线各国地缘关系复杂,民族、宗教矛盾突出,增加了"一带一路"物流体系建设的难度和风险

"一带一路"沿线国家众多,各国国情各不相同,经济发展差距大,政治、民族、宗教等各类冲突频繁发生,热点地区冲突不断。目前,欧亚大陆已经形成从巴尔干经高加索到中亚、南亚和东南亚的不稳定弧,冲突非常激烈,这些地区都是"一带一路"必经的重点地区。在欧洲,乌克兰危机引发的地缘政治格局正在发生冷战后最剧烈的嬗变,其外溢效益已经传递到亚太地区;在亚洲,一些国家出于觊觎之心与狭隘的民族主义情绪,在岛屿争端和海洋权益问题上狂飙突进,使西太平洋风急浪高;在中东,伊拉克、阿富汗等问题尚未妥善处理好,伊斯兰国、基地组织等极端恐怖势力异军突起,悄然改变中东政治版图与国际反恐格局,埃及政局持续动荡,利比亚局势严重恶化,叙利亚内战前景不明,地区国家宗教内部以及宗教和世俗政权之间的矛盾尖锐。以上这些问题对于推进"一带一路"物流体系建设都构成了严峻挑战,对于互联互通基础设施建设、物流企业在相关地区投资均形成了较大风险,如何应对泛滥的暴力恐怖主义、民族分裂主义和宗教极端主义是我们需要长期面对的一个重要课题。

三、沿线各国物流基础设施水平参差不齐,部分地区较为落后,且物流标准不统一,成为制约"一带一路"物流体系建设的硬约束

由于"一带一路"沿线国家经济发展水平相差较大,物流基础设施水平参差不齐,东亚、欧洲地区物流基础设施较为发达,广大欧亚腹地国家物流基础设施建设较为薄弱。特别是国与国物流基础设施互联互通十分落后,除欧盟地区各国交通设施联通较好外,欧亚大陆各国之间的公路、铁路设施或是处于空白,或是十分老旧、年久失修,目前,仅有几条欧亚大陆桥发挥着联通各国的作用。与此同时,各国物流基础设施标准不统一,制约各国物流对接,最典型的是各国铁路标准问题。东南亚多使用规矩为1000毫米的窄轨,中国、伊朗、土耳其使用的是规矩1435毫米的标准轨,印度、巴基斯坦和孟加拉国的铁路为宽轨,轨距为1676毫米,俄罗斯和中亚独联体国家铁路也是宽轨,轨距是1520毫米。轨距不同,使各国铁路难以有效衔接,是造成物流效率较为低下的重要原因。

四、我国物流业生产经营粗放、服务创新能力不足是制约我国推动"一带一路"物流体系建设的软约束

目前,我国虽已成为世界第一物流大国,但物流业大而不强的问题依然突出。我国

物流业发展粗放主要表现在运行成本较高，2014 年我国社会物流总费用与 GDP 的比率为 16.6%，而美国物流成本占 GDP 的比重约为 8%，日本 14%，英国 10.6%，法国 11.1%，德国 13%，西班牙 11.5%，意大利和荷兰均为 11.3%。物流成本过高导致我国物流业运行绩效偏低，据世界银行发布最新的《全球供应链绩效指数报告》，我国供应链绩效仅位列世界第 28 位，距离发达国家尚有不小的差距。此外，我国物流业的主要形式仍是大规模的公路、铁路物流，精益物流、多式联运等先进物流业态发展还较为滞后，特别是国际物流领域竞争力仍然不足，大规模远洋物流相比先进国家还有差距，跨境电子商务物流、跨国配送等高附加值业态还处于起步阶段，如图 1 - 1 - 5 所示。

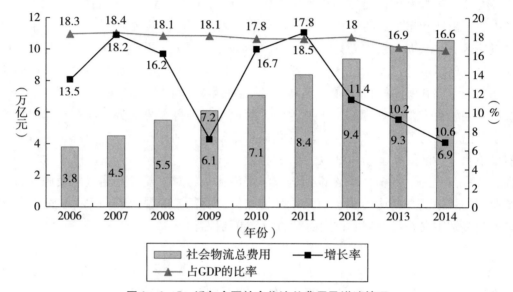

图 1 - 1 - 5　近年全国社会物流总费用及增速情况

第二章 推进"一带一路"物流系统建设

第一节 物流系统建设需要把握好几方面关系

一、要把握好全面与重点之间的关系

"一带一路"战略具有开放性、包容性和互利性，得到沿线国家的广泛认同和积极参与，物流体系建设是"一带一路"建设的突出方面，涉及面广，建设内容复杂，推动"一带一路"物流体系建设必须坚持循序渐进、重点突破的原则。重点突破有以下几方面内涵：一是妥善推进沿线重点国家、重点地区物流通道建设，坚持一国一策、因地制宜，一些国家和地区是"一带一路"通道的重要途经地，区位优势明显，必须花大气力积极推动其参与通道建设；一些国家和地区政治、民族、宗教情况复杂，成为制约"一带一路"物流体系建设的重要瓶颈，必须妥善处理，合理管控风险。二是积极推动重点工程建设，互联互通设施不完善是"一带一路"物流体系建设最大的问题，要在统筹设计好"一带一路"物流体系建设方案的基础上，着力打通关键瓶颈，形成物流通路。三是抓住流通便利化、标准统一化等重点方面，完善"一带一路"物流体系建设，进而推动贸易自由化、经济一体化。

二、要把握好点、线、面之间的关系

"一带一路"物流建设是一项复杂的系统工程，既包括物流节点、物流通道、物流辐射区域等功能主体，又包括各功能主体之间的相互关联，推进"一带一路"物流体系建设就要合理把握好各功能主体间的关系。"一带一路"物流体系要以中心城市、重点经贸合作区、重要港口等物流节点为支撑，形成包括公路、铁路、海运、航空等多种方式的物流大通道，进而辐射周边的广大地区。处理好物流节点、物流通道和辐射区域之间的关系，意味着一方面要做好各功能主体及主体内部各个体的分工，比如根据物流原生城市、物流中转城市的不同特点确定物流功能、业态、设施的布局，比如根据枢纽港、支线港和喂给港的不同功能定位形成差异化的物流服务体系，比如根据各物流通道的运载能力、周边地区物流供需情况确定物流路线选择，等等，从而避免恶性竞争和无序对接；另一方面要确保节点、通道、区域功能的科学衔接，形成组合力量、综合优势和集成优势，使物流节点和通道建设能够更好地支持区域经济发展，同时也使区域发展为节点和通道创造更大的物流需求，形成相互支撑、相互促进的良性互动格局。

三、要把握好内与外之间的关系

长期以来，我国物流体系建设主要注重于国内，目前已基本形成了全国范围内通畅完善的现代物流体系，但在外部物流体系建设方面仍处于起步阶段。随着"一带一路"战略的推进，我国对外贸易、对外投资、产业转移的总量、流向、结构都将发生新的变化，要求物流体系建设必须有适应性调整，要打通国内外物流体系的对接，形成内外互动、内外互补、内外互通的新格局。一方面要继续加强我国内陆腹地与沿海地区的物流联系，完善海上运输通道建设；另一方面要加强内陆腹地地区与沿边地区的物流联系，加强东北、西北、西南物流通道建设，形成内陆地区对外联系的新通道，使内陆地区、边疆地区成为对外开放、联通全球的新高地。

四、要把握好存量与增量之间的关系

随着全球化和区域经济一体化推进，欧亚大陆国家经贸往来一直在向前发展，已产生和积累了大量的存量资源，"一带一路"战略的提出既要把这些资源整合进一个大的合作框架内，同时也创造了很多新增资源参与"一带一路"建设。在"一带一路"物流系统建设的过程中，就要处理好这些存量资源和增量资源的关系。具体而言，主要包括三个方面：一是处理好各国已有物流规划、战略和新的战略、设计、构想之间的关系，"一带一路"沿线各国均较为重视物流体系建设，不同国家在不同时期提出了各种交通物流发展规划、战略，"一带一路"物流系统设计需要综合考虑各国发展诉求，统筹规划和设计，实现整体利益的最大化。二是处理好既有物流基础设施和新增设施之间的关系，必须在统一规划的基础上，明晰"一带一路"物流系统的构成和布局，对正在运行或已建成的重要物流基础设施要进一步强化其功能，积极推动缺失的关键瓶颈设施建设，实现既有设施和新增设施的对接和联通。三是处理好既有合作平台和新增合作平台的关系，目前上海合作组织、亚信峰会、APEC（亚太经济合作组织）、RCEP（区域全面经济伙伴关系）、博鳌亚洲论坛、中国—东盟博览会、中国—亚欧博览会等各类机制、组织和论坛对于推进"一带一路"物流合作已发挥了积极作用，未来有可能会设立新的"一带一路"合作平台或专业的物流合作平台，这些平台方式不同、各有侧重，必须使其兼容发展，形成合力。

五、要把握好政府与市场之间的关系

"一带一路"物流体系建设是一项庞大复杂的系统工程，必须发挥好政府和市场"两只手"作用。政府的作用应该体现在顶层设计、宏观谋划、政策支持、投资服务、投资引导等方面。"一带一路"物流体系建设应更多地发挥市场作用，吸引企业参与到物流体系建设、运营和投融资上来，激发企业的主体作用，实现市场驱动与国家支持相互促进。

在物流基础设施建设与运营方面，要大力推广BOT（建设—经营—转让）、PPP（公私合作模式）等特许经营方式，鼓励企业按照国际通行的市场准则积极参与。在投融资方面，要充分利用和组织好亚洲基础设施投资银行、金砖国家合作银行和丝路基金等金融平台作用，综合利用债券融资、股权融资、风险投资等多种方式，调动金融机构参与"一带一路"物流建设的积极性。

第二节　"一带一路"物流系统建设的方案设计

"一带一路"物流系统设计包括物流空间布局设计、物流方式设计、物流业态设计等几个方面。空间布局上，要按照以线串点、以线带面、内外对接的思路，规划好陆上和海上互联互通的大通道、重要的节点城市、口岸以及重点区域。物流方式上，要针对货运量、货物特点、运输要求、地形地貌合理设计公路、铁路、海运、航空等各类运输方式，并实现各类运输方式的有效对接。物流业态上，要结合先进的生产方式、商业方式、信息技术，形成新型物流运行模式，提升"一带一路"物流发展层次。总的来说，"一带一路"物流系统设计就是用系统性、关联性思维，分别对空间布局、物流方式、物流业态进行再设计，从而实现对物流系统整体的优化。

一、六大物流通道

从地理层面看，"一带一路"是连接亚太经济圈和欧洲经济圈的两大通道。其中"一带"的起点是中国，中亚和俄罗斯是桥梁，欧洲是终点，非洲是延伸线，其重点战略方向有三个：一是由中国经中亚、俄罗斯至欧洲的波罗的海方向；二是中国经中亚、西亚至波斯湾、地中海方向；三是中国至东南亚、南亚、印度洋方向。"一路"的起点是中国东海和南海，贯穿太平洋、印度洋沿岸国家和地区，其重点方向有两个：一是从我国沿海港口经南海到印度洋；二是从我国沿海港口经南海到南太平洋。从途经路线和辐射范围看，"一带一路"是以我国为起点和中心，向北与俄罗斯的交通线连接，东边连接东亚日本和韩国，向西通过中亚连接西欧，向西南通过印度洋连接到北非，把东亚、东南亚、南亚、中亚、欧洲、非洲东部的广大地区联系在一起。结合"一带一路"的战略方向，以及沿线和辐射地区的物流流向、物流总量，"一带一路"物流通道主要有六条：亚欧大陆桥物流通道、中蒙俄物流通道、中巴物流通道、孟中印缅物流通道、中国—中南半岛物流通道、海上物流通道，这六条物流通道将"一带"与"一路"连接起来。如果说"一带"与"一路"是两翼，那么这六条物流通道则是连接两翼的龙骨，使得"一带一路"成为一个覆盖欧亚大陆，联通太平洋、印度洋与大西洋的大网络，如图1-2-1所示。

（一）亚欧大陆桥物流通道

亚欧大陆桥物流通道主要是依托亚欧大陆桥、新亚欧大陆桥两条铁路所形成的横跨

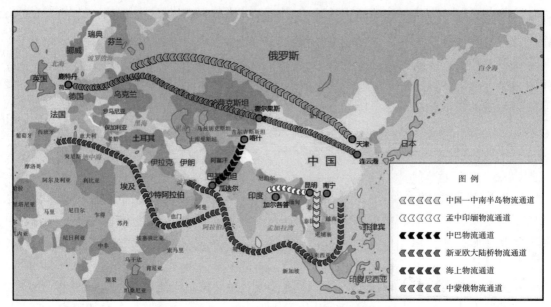

图 1-2-1 "一带一路"六大物流通道示意

欧亚大陆的物流大动脉，也是联通太平洋和大西洋的陆上物流大动脉。根据目前已形成的和未来可能形成的物流流向，亚欧大陆桥物流通道可以分为三个方向：

一是依托亚欧大陆桥或西伯利亚大陆桥的物流通道，起自俄罗斯东部的符拉迪沃斯托克，横穿西伯利亚至莫斯科，再至欧洲，最后达到荷兰鹿特丹港，经过俄罗斯、哈萨克斯坦、白俄罗斯、波兰、德国、荷兰 6 个国家，全长 13000 千米左右。由于亚欧大陆桥铁路运营时间较早，特别是较早地采用了多式联运方式，该物流通道也较早地发挥了联通欧亚大陆的作用，但其主要是联通俄罗斯东部和西部地区、俄罗斯西部和欧洲地区，以及少部分日本至欧洲的陆路运输，覆盖国家少，辐射范围窄，物流量相对较为有限。

二是依托新亚欧大陆桥的物流通道，该通道起自我国的连云港，途经哈萨克斯坦、俄罗斯、白俄罗斯、波兰等国，直达欧洲，最终到达荷兰的鹿特丹，全长 10900 千米，辐射亚欧大陆 30 多个国家和地区，成为横跨亚欧两大洲、连接太平洋和大西洋，实现海—陆—海统一运输的第二条国际大通道。与亚欧大陆桥相比，新亚欧大陆桥地理位置和气候条件更加优越，港口无封冻期，吞吐能力大，陆上距离更短，经济成本更加明显，且辐射面更广，因此物流需求更大。随着新亚欧大陆桥建设的推进，目前该通道的起点已经远不止连云港一个城市，我国东部各主要沿海城市都与亚欧大陆桥形成了联通，这些城市又与韩日、东南亚等国家与地区通过海上航线相连，形成了多条新亚欧大陆桥物流通道的延伸线。同时，我国中西部的乌鲁木齐、西安、武汉、重庆、南宁、郑州等城市也能经阿拉山口、霍尔果斯等口岸与新亚欧大陆桥物流通道相连接，把我国广大中西部地区纳入新亚欧大陆桥物流通道之中，进一步扩大了新亚欧大陆桥的辐射范围，推进沿线地区由物流至经济的全方位互联互通。

三是未来拟推进的由我国至中亚和波斯湾地区的第三条物流通道。中亚西亚地区能源资源十分丰富，中国、欧洲对该地区能源资源均有较大需求，该条物流通道建设十分必要。这一物流廊道可能有两个方向：一个是从我国霍尔果斯、阿拉山口等口岸出境后至哈萨克斯坦，再由哈萨克斯坦南下至土库曼斯坦、伊朗，再向西至土耳其；另一个是由我国喀什通往吉尔吉斯斯坦，再进乌兹别克斯坦，即中吉乌铁路，再南下伊朗并至土耳其。这是一条不同于亚欧大陆桥和新亚欧大陆桥的能源物流大通道，是欧亚大陆地区经济发展的基础保障，有助于形成欧亚大陆中部地区能源资源供给、两端东亚和欧洲生产加工的物流大循环。

（二）中蒙俄物流通道

中蒙俄物流通道是起自我国的京津冀地区和东北地区，经蒙古通往俄罗斯，联通三国的物流大通道。该物流通道主要有两条路线：一条是从华北京津冀地区到呼和浩特，再到蒙古和俄罗斯，最终可到俄罗斯的波罗的海沿岸；另一条是从我国东北地区，经满洲里和赤塔通往俄罗斯。这两个通道互动互补，共同构筑成中蒙俄三国经贸往来的大动脉。中蒙俄三国经济互补性强，蒙古、俄罗斯矿产和能源资源较为丰富，而中国是全球最大的能源资源进口国之一，是蒙俄两国资源能源产品出口的重要市场，中国制造业较为发达，蒙俄两国对中国轻工产品具有较高的依赖度，产业结构互补决定了该物流通道将具有较大的双向物流需求量。

目前，中蒙俄物流通道建设正在积极推进。蒙古正在加紧规划建设连接俄罗斯、俄罗斯太平洋港口的铁路运输网，俄罗斯希望中国投资参与俄贝加尔—阿穆尔大铁路以及跨西伯利亚大铁路的现代化的改造，我国也在积极推进哈尔滨—满洲里—俄罗斯—欧洲这一新通道建设，以满洲里、绥芬河口岸对接俄罗斯和欧洲市场，积极推进中俄油气管线、中蒙煤炭运输通道建设，从而把我国的环渤海经济圈、东北经济圈与俄罗斯远东经济圈、蒙古能源矿产基地相对接，进而联通俄罗斯西部地区和我国内陆地区，并将通过过境物流的方式进一步联通日韩和欧洲地区，形成"一带一路"建设的战略新通道。

（三）中巴物流通道

中巴经济走廊是"一带一路"建设的旗舰项目，随着中巴基础设施互联互通建设的逐步推进，中巴物流通道逐步形成雏形并将发挥越来越大的作用。该通道起自我国喀什，通过红其拉甫口岸进入巴基斯坦，经巴基斯坦的伊斯兰堡、拉合尔，至印度洋的瓜达尔港，该通道向东可延伸至我国内陆地区和沿海地区，向西可进入伊朗、伊拉克和土耳其，向南可进入印度洋并与海上丝绸之路对接，成为我国向西开放、巴基斯坦向东开放的战略大通道。

这一通道一方面有利于中国西北特别是新疆对外开放，无论向东还是向西，新疆离出海口都相距遥远，随着中巴物流通道建设的推进，新疆向南亚、中东和非洲的物流距离都将大为缩短，新疆自北向南贯穿巴基斯坦抵达印度洋的最短距离仅2395公里，这意味着新疆过去经由西太平洋水域与南亚、中东和非洲的贸易往来将因此缩短上万公里。另一方面，该物流通道不仅是贸易物流通道，也是能源物流通道，来自中东的油气资源可由瓜达尔港登陆，从新疆进入我国，该物流通道建设有利于形成我国后方新的能源运输通道，降低"马六甲困局"风险，保障我国能源安全。同时，随着我国向巴基斯坦产业转移进程的推进和巴基斯坦工业化水平的提升，未来我国将成为巴基斯坦重要的出口大市场，该通道也将成为巴基斯坦重要的出口物流通道。当前，该通道建设的重点是物流基础设施建设，要推进喀喇昆仑公路、瓜达尔港、中巴铁路、巴境内高速公路等项目建设，真正形成中巴交通大动脉，推进我国与中亚、南亚、中东地区的进一步联通。

（四）孟中印缅物流通道

南亚地区人口多、面积广、发展潜力大，未来将成为世界经济的重要增长极之一。除中巴物流通道外，孟中印缅物流通道是中国与南亚和印度洋地区联通的另一条大动脉。孟中印缅物流通道起自我国昆明，向西经缅甸、印度东北部、孟加拉国至加尔各答，一边可通过云南辐射我国内陆广大地区和中南半岛地区，另一边可辐射印度腹地地区，联通南亚、东亚、东南亚三大经济板块。

目前，孟中印缅物流通道建设正在逐步由构想转向设计和实施建设阶段。从地理空间看，孟中印缅经济走廊可以有四条线路，如图1-2-2所示。北线从昆明经腾冲至缅北的密支那，经雷多口岸进入印度东北部，再向南至孟加拉国的达卡和印度的加尔各答；中线从昆明经瑞丽口岸至缅甸曼德勒，再向西经印度东北部的英帕尔至达卡和加尔各答；南线包括两条线路，一条由昆明经曼德勒至皎漂港，再沿海北上至吉大港、达卡和加尔各答，另一条由昆明至曼德勒后，向南到缅甸仰光。

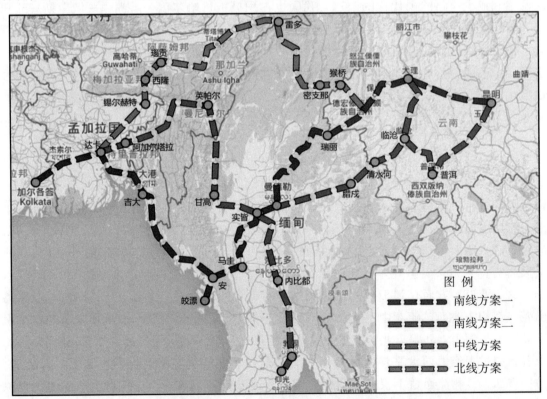

图1-2-2　孟中印缅物流通道示意

虽然中国西南、印度东北部、缅甸、孟加拉国相对而言均不发达，但如果建成孟中印缅物流走廊，将会显著增强各国经贸联系，并将加快这一地区融入全球经济大循环的步伐，有利于各方优势互补，形成合理的国际分工，带动产业结构调整，加快中国西南与印、缅、孟等国的经济发展步伐。当前应积极推动昆明至缅甸铁路、公路和油气管道建设，形成至南亚国际运输通道，开发利用伊洛瓦底江等国际河流航运资源，发展多式联运，形成多条物流通路，尽快把孟中印缅物流通道建设由桌面讨论推向实施落地。

（五）中国—中南半岛物流通道

中国—中南半岛物流通道起自我国的广东、广西、云南等省，南下贯穿越南、老挝、柬埔寨、泰国和马来西亚等中南半岛五国，直抵新加坡。我国与中南半岛国家长期以来一直保持紧密的经贸合作，中南半岛是中国周边地区中与中国在"五通"合作方面走在前沿的地区，双方对彼此一直存在较大的物流需求。

现阶段，中国—中南半岛的物流形式以海运和部分边境公路运输为主。我国珠三角港口群、北部湾港口群以及长三角港口群可从海路直接与除老挝外的所有中南半岛国家对接，新加坡马六甲海峡更是我国与欧洲、中东、南亚、非洲的远洋贸易物流必经之地。公路上，我国广西和云南可直接通过边境口岸与越南、老挝对接，并进而向南辐射到泰国、柬埔寨等地。近期，中国与中南半岛国家的铁路建设取得重大进展，2015年8月，中泰两国达成意向修建中泰铁路，该铁路北起昆明，南至泰国曼谷，未来将进一步延伸至马来西亚和新加坡，并与中老铁路、中越铁路等一起构成我国与中南半岛互联互通的铁路网。随着铁路建设的推进，未来铁路物流将在该通道中发挥更加重要的作用，形成以铁路物流为主，公路物流、海运物流为补充的中国至中南半岛的南北向物流大通道，完全可以抗衡并取代日本意图在中南半岛建设的东西向物流通道。

（六）海上物流通道

海运物流是我国对外物流的主要形式，我国对外贸易主要依靠海运。我国能源资源进口也主要依赖海运，中国原油进口的90%，铁矿石进口的97%，铜矿石进口的92%，煤炭进口的92%均通过海运实现。在"一带一路"物流体系的建设中，海上物流有着非常重要的地位。

我国海上物流主要有两大方向，如图1-2-3所示。一是从我国东南沿海出发，向南经我国南海，过马六甲海峡，向西经印度洋到波斯湾，这一条是我国的能源资源物流大通道，伊朗、伊拉克、沙特等国丰富的石油资源可以通过海运运抵我国。二是从我国东南沿海出发至印度洋后，向西经苏伊士运河至地中海地区和欧洲，这是我国与欧洲、南亚、东南亚、东非的商品货物贸易物流大通道。从战略上来看，由于我国受到第一岛链和第二岛链的战略围堵，向东进入太平洋的战略通道不畅，因此向西的"一带一路"海上物流大通道成为我国的生命线和补给线，但无论哪条线路，都要经过狭窄的马六甲海峡，马六甲困局成为制约我国海上物流通道建设的重要瓶颈。未来随着"一带一路"陆上五大物流通道作用的增强，陆海物流互动格局将会逐渐形成，马六甲的战略压力将被分摊，对我国而言将会形成更加均衡的物流格局。

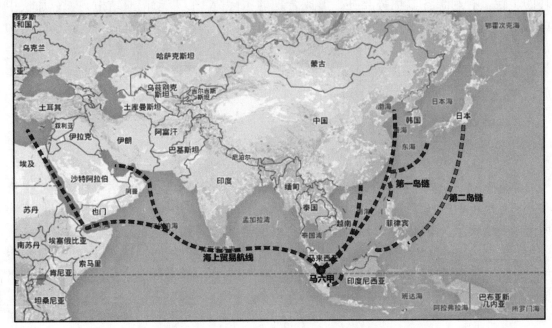

图1-2-3 "一带一路"海上物流通道示意

此外，在"一带一路"海上物流通道建设中，应该特别关注北极物流通道建设。北极物流通道由加拿大沿岸的"西北航道"和西伯利亚沿岸的"东北航道"两条航道构成，对"一带一路"有直接影响的是"东北航道"。东北航道西起西欧，穿过西伯利亚沿岸的北冰洋海域，绕过白令海峡到达中、日、韩等国港口，它的大部分航段位于俄罗斯北部沿海的北冰洋离岸海域。由于东亚地区经东北航道至欧洲的距离相比经马六甲和印度洋要短，因此东北航道具有重要的经济价值和战略价值，未来甚至能够改变全球地缘政治经济格局。目前，北极航道作为连接亚欧交通新干线的雏形已经显现，其在国际通道开发建设中的独特作用不可小觑，我国在"一带一路"海上物流通道的建设中应该给予足够的重视。

六大物流通道与我国国内重要物流通道的衔接。随着我国对外开放格局、区域经济发展格局的变化，相伴而生的国内物流发展格局也在发生变化。"一带一路"是统筹国际国内的发展战略，因此"一带一路"物流体系建设也包括了与国内物流通道对接的内容。当前，我国国内物流通道主要从以下四个方向与"一带一路"物流体系进行对接：

向西，我国东中西部广大地区均可对接新亚欧大陆桥，发展与中亚、欧洲的贸易物流。目前，我国已开通多趟直通欧洲的集装箱班列，如2011年开通的渝新欧班列；2012年开通的武汉至捷克的汉新欧货运班列；2013年开通的郑新欧班列、西安—鹿特丹的长安号国际货运班列、广东—俄罗斯国际货物快运班列、成都—波兰的蓉欧快铁；2014年开通的义乌—西班牙马德里的义新欧铁路货运班列、合肥—欧洲的合新欧班列、长沙开往欧洲的湘欧快线、武威—欧洲的天马号中欧班列、苏州经满洲里开往波兰华沙的苏蒙欧班列；2015 年开通的哈尔滨—汉堡的哈欧国际货运班列等。未来，我国各地区均可通过"X 新欧"的形式向西出境，形成向西开放的新格局。

向东，我国东部地区可以通过海上物流通道与"一带一路"各国和地区对接。我国的环渤海、长三角、海峡西岸、珠三角、北部湾五大港口群可以通过密集的海运线路与日韩、东南亚、南亚、中东与欧洲形成通畅的物流网络。同时，中西部地区可以通过铁路、公路和水运网络与东部地区联通，向东出海。长江流域各省可以依托长江经济带综合立体交通走廊，建设长江沿线流通大通道，发挥承东启西、通江达海的区位优势，使"一带一路"和长江经济带两大战略对接。京津冀地区也可通过沿海港口扩大对沿线国家的开放，形成世界级大城市群和大首都经济圈，使"一带一路"和京津冀两大战略对接。

向北，充分发挥满洲里、二连浩特等口岸的重要作用，打通我国东北、华北乃至整个腹地地区进入蒙古、俄罗斯的战略通道，使我国内陆地区与中蒙俄物流通道对接，为我国东北地区扩大开放、实现振兴创造空间，同时蒙俄两国的能源矿产资源也可南下，为我国经济发展注入动力。

向南，加速推进我国内陆地区通过广西、云南、广东、港澳等沿边沿海地区与孟中印缅物流走廊、中南半岛物流走廊对接，这一方向要打通四大通道：一是中线京港澳物流大通道，依托京港澳高速、京广高铁、京广铁路等综合交通运输通道，串联京津冀城市群、中原城市群、长江中游地区、珠三角地区，联系香港和澳门地区，形成贯穿南北、辐射全国的物流纵贯线；二是沪昆物流大通道，依托沪昆高铁、沪昆铁路、沪昆高速公路组成的综合运输体系，串联长三角地区、长株潭地区、黔中地区、滇中地区，形成我国东部沿海地区、中部内陆地区与东南亚、南亚联通的物流大通道；三是西线呼昆物流大通道，串联起西部的呼和浩特、西安、成都、重庆、昆明等城市，形成我国西部地区与孟中印缅物流通道对接的大走廊；四是珠江西江物流大通道，依托珠江—西江黄金水道和南广铁路、贵广铁路、云桂铁路等组成的综合运输体系，进而辐射东盟和南亚，形成东西互动、江海联动的流通大通道。

二、四类物流节点

物流节点一般指资源高度集中、辐射力强、区位优势明显的城市、港口、口岸、园区、中转基地等，"一带一路"物流节点能够以点串线、由线成带、由带到面，形成全线畅通、辐射周边、既有广度、又有宽度的"一带一路"物流经济带。物流节点的选择要结合物流通道的设计，考虑物流流量、结构、方式，形成支撑有力、层次清晰、串联畅通的物流支点体系。

（一）重要城市

"一带一路"物流节点城市的选择要考虑物流需求量、区位条件、物流承载和中转能力等多重因素，一般来说，具有较大的经济总量和人口规模、能够产生较大物流需求的城市，处于交通要道和具有广阔通达范围的城市，具有良好物流基础设施、能够承载大规模物流中转的城市，可成为"一带一路"物流节点城市。

在亚欧大陆桥物流通道上，可以重点发挥阿斯塔纳、莫斯科、明斯克、华沙、柏林、鹿特丹等新亚欧大陆桥重要节点城市的作用，推进符拉迪沃斯托克、伊尔库茨克、新西伯利亚、喀山等亚欧大陆桥节点城市的物流能力建设，打通阿拉木图、比什凯克、塔什干、撒马尔罕、阿什哈巴德、德黑兰、安卡拉、伊斯坦布尔等城市的物流通道。在我国国内，重点推进重庆、成都、武汉、西安、郑州、兰州、长沙、徐州、济南等城市通过"X新欧"加强与"一带一路"国家陆路联通能力建设，形成我国内陆地区对外开放新高地。

在中蒙俄物流通道上，要从华北和东北两个方向推进与蒙俄的互联互通建设。从华北至蒙俄方向，要打通天津、北京、张家口、乌兰察布、乌兰巴托、新西伯利亚、鄂木斯克、喀山、莫斯科的物流大通道，从东北至蒙俄方向，要打通大连、沈阳、长春、哈尔滨、满洲里、乌兰巴托一直至莫斯科的物流大通道，一方面形成华北、东北地区对蒙俄的贸易通道，另一方面也能使蒙俄的能源矿产对华北、东北经济发展发挥支撑作用，天津、大连也可成为蒙俄的重要出海口，形成双向物流走廊。

在中巴物流通道上，要打通喀什、伊斯兰堡、拉合尔、海德拉巴、卡拉奇及瓜达尔的物流通道，加强物流基础设施建设，提升各节点城市物流发展水平。喀什要发挥承东启西的重要作用，要加强喀什与我国西部其他城市互联互通建设，将喀什打造成为我国西部地区重要的产业集聚区、物流集散地和中转地以及对外开放的桥头堡。

在孟中印缅物流通道上，要强化昆明物流中心城市的重要地位，打通昆明至缅甸曼德勒、密支那、仰光、皎漂的物流通道。与缅甸、孟加拉国、印度一起推动缅孟印三国互联互通建设，打通缅甸至吉大、达卡、加尔各答的物流通道，从而形成孟中印缅四国通畅完善的物流体系。

在中国—中南半岛物流通道上，要着重发挥南宁、昆明在该通道中的核心作用，陆上打通至河内、万象、曼谷、金边、胡志明市、吉隆坡、新加坡的公路、铁路，形成畅通的物流通路，为我国西南地区与中南半岛国家的经济互动提供支撑。海上继续强化北部湾的北海、钦州、防城港、海口、三亚等港口及珠三角港口群与海防、岘港、西哈努克、新加坡等重要港口城市的航运往来。

在海上物流通道上，要加强"一带一路"沿线重要港口城市物流能力建设，提升我国环渤海、长三角、海峡西岸、珠三角、北部湾五大港口群与新加坡、吉大、科伦坡、瓜达尔、伊斯坦布尔、雅典、马赛、鹿特丹、阿姆斯特丹等港口城市的物流联通水平，并将各城市打造成具有综合物流组织能力的枢纽和物流要素集聚中心，如图1-2-4所示。

（二）重要港口

港口是重要的物流节点，是内陆地区承接国际资本、沿海产业向内地转移以及通向国际市场的直通大门，是建设"一带一路"的先行领域和重要基础，因此，布局"一带

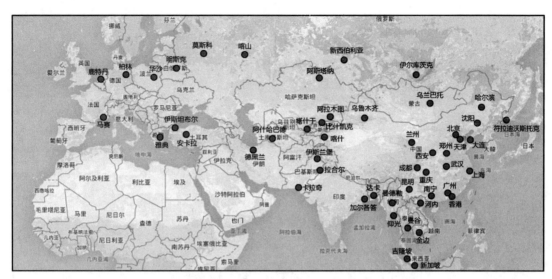

图 1 - 2 - 4 　 "一带一路" 重要节点城市分布示意

一路"国际枢纽港及国内港口群建设意义重大。

我国是"一带一路"的重要起始点，我国港口必须全面对接"一带一路"战略。目前，我国已初步形成环渤海、长江三角洲、海峡西岸、珠江三角洲和北部湾五个规模化、集约化、现代化的港口群。其中，环渤海区域港口群由辽宁、京津冀和山东沿海港口群组成，形成了以大连港、营口港、秦皇岛港、天津港、烟台港、青岛港、日照港为主要港口，以丹东港、锦州港、曹妃甸、黄骅港、威海港等港口为补充的分层次港口格局。长三角港口群形成了以上海港为身，宁波—舟山港等浙江港口群和连云港等江苏沿海港口群为两翼的"一体两翼"格局。海峡西岸形成了以厦门港为中心港，泉州港、福州港、莆田港、宁德港、漳州港等为支线港的港口群体系。珠三角形成了以广州港、深圳港、香港港为中心港，汕头港、珠海港、惠州港、虎门港、潮州港等为支线港的港口群体系。北部湾地区形成了包括钦州港、防城港、北海港以及海口港和三亚港等在内的港口群体系。这五大港口群一方面联通我国内陆地区，成为内陆地区对外贸易的窗口；另一方面联通世界，成为全球商品进入中国的集散地。正是由于这五大港口群联通内外的重要作用，其应该成为我国参与"一带一路"建设的重要物流节点和战略支点，如图 1 - 2 - 5 所示。

从全球来看，"一带一路"应该选择那些海铁联运条件好、物流功能强、腹地广阔的港口作为重要物流节点。从海上丝绸之路东端的我国东南沿海到西端的欧洲沿海，符合上述条件的新加坡港、韩国釜山港、马来西亚巴生港和关丹港、柬埔寨西哈努克港、印尼雅加达港和比通港、缅甸皎漂港、孟加拉国吉大港、巴基斯坦瓜达尔港、斯里兰卡科伦坡港和汉班托塔港、也门亚丁港、沙特阿拉伯达曼港和吉达港、阿曼法赫尔港、埃及塞得港和亚历山大港、希腊比雷埃夫斯港、法国马赛港、德国的汉堡港和不莱梅港、比利时安特卫普港、荷兰鹿特丹港等都可以成为"一带一路"的重要节点，如图 1 - 2 - 6 所示。

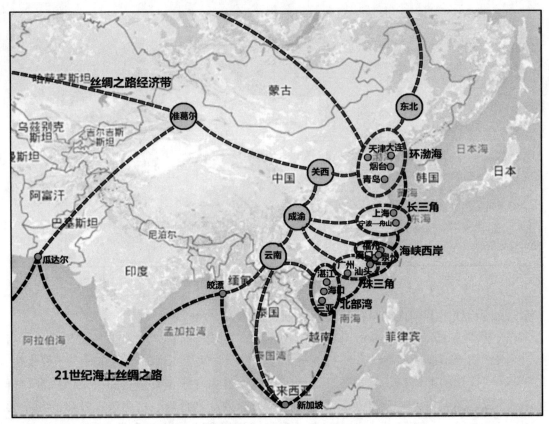

图1-2-5　我国五大港口群与"一带一路"关系示意

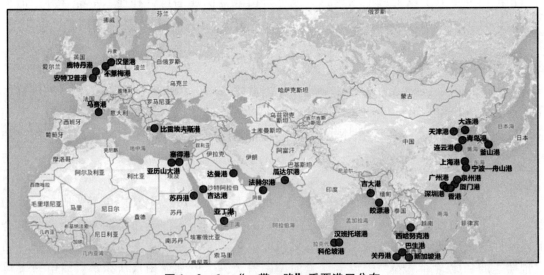

图1-2-6　"一带一路"重要港口分布

（三）重要边境口岸

从地理方位上看，中国沿边省市大部分地区，正处在欧亚增长极交会区域的核心地带，与"一带一路"相交相会，边境口岸与周边国家对接相连，成为"一带一路"上的重要节点。我国与周边国家的陆路边境线长达22800千米，与15个国家的领土接壤，开放口岸达285个，其中，空运口岸63个，水运口岸139个，公路口岸64个，铁路口岸19个。在这些口岸中，边境水运口岸有辽宁省丹东港、吉林省大安港、黑龙江省黑河港、内蒙古孙吴港、云南省思茅港五个水运国际口岸。空运口岸有呼和浩特、海拉尔、满洲里。铁路口岸有辽宁丹东、吉林集安、黑龙江绥芬河、内蒙古满洲里、新疆阿拉山口、云南河口、广西凭祥七个国际铁路口岸，还有60多个跨境国际公路口岸。此外，在"一带一路"上的其他各相邻国家，均存在一些重要口岸，这些口岸共同支撑形成"一带一路"的全开放物流格局，如图1-2-7所示。

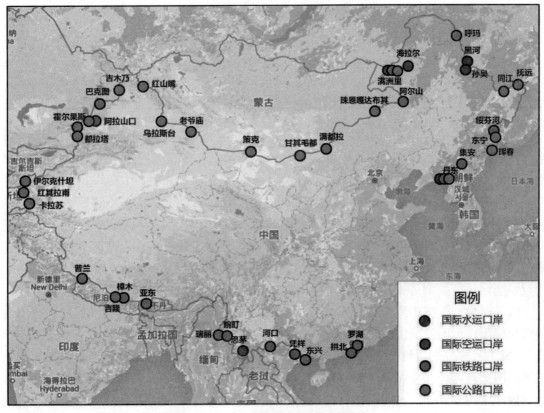

图 1 - 2 - 7　我国重要边境口岸分布

（四）重点经贸合作区

　　建设开发区、工业园区、经贸合作区是我国通过实践获得的一条重要成功经验，从深圳蛇口工业园区、苏州工业园区到目前遍及全国各地的各类园区，为我国经济发展提供了重要动力。当前我国正在把这条经验向全球复制，通过建设境外经贸合作区的形式推动我国企业"走出去"。目前，我国共有境外合作园区119家，广泛分布在各大洲的50个国家和地区，其中有78家位于"一带一路"上，占全部境外园区数量的65.5%。此外，还有 25 个国家希望与我国合作建设经贸合作区，这类园区达到 36 家，如表 1 - 2 - 1 所示。

表 1 - 2 - 1 　　　　　　　　　我国境外经贸合作区数量及分布情况

全部园区		园区数量情况	
		园区数量（家）	园区数量占比（%）
		119	100. 0
其中：一带一路园区	全部	78	65. 5
	东南亚	34	28. 6
	俄罗斯	23	19. 3
	中东欧	6	5. 0
	中亚	6	5. 0
	南亚	7	5. 9
外国有意向与我国合建园区		36	—

　　建设境外经贸合作区符合我国和"一带一路"沿线国家两方面诉求。从我国来看，合作区建设为我国企业"走出去"搭建了平台，帮助企业实现"抱团出海"，增强企业风险应对能力。目前，我国境外园区共吸引入园企业 2724 家，其中，中资企业 2078 家，在"一带一路"上，我国境外园区共吸引入园企业 2415 家，占全部境外园区入园企业的 89%。从"一带一路"其他国家来看，这些国家大多处在工业化进程初期和中期，市场潜力巨大，吸引外资意愿强烈。我国境外经贸合作区对于提升其经济发展水平、拉动就业可以发挥重要作用。因此，尽管当前境外合作区总体规模并不大，但未来其数量将会继续快速增长、类型更加多样、分布更加广泛，并将成为"一带一路"的重要建设力量。

　　境外经贸合作区作为集货物贸易、加工制造、资源合作开发以及物流集散运输服务等多功能于一体的经济实体，在带动我国产业"走出去"的同时，也带动了物流"走出去"，成为我国辐射沿线国家的重要物流支点。同时加之我国国内正在积极推进的自由贸易区、国家新区、综合保税区等各类园区，我国对外物流也有了新的载体，境内外园区与境内园区间的互动、境内经济体与境外经济体的互动带来了内外物流间的互动，各种类型的园区也就成为了支撑"一带一路"物流体系建设的重要支点，如图 1 - 2 - 8 所示。

三、三种新型物流业态

　　"一带一路"是一项能够改变世界经济格局的重大倡议，将会对世界经济运行方式、全球要素资源配置产生重要影响，这一方面为现代物流业的发展提供了大量机遇，另一方面一些传统的物流运行模式已经不能满足新的经济发展方式的需求，迫切需要物流业态的创新，为"一带一路"经济合作提供更强的支撑力。以下三种物流新业态须予以密切关注。

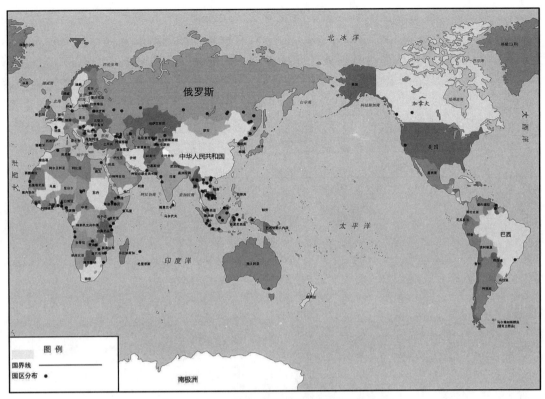

图 1 - 2 - 8　我国主要境外经贸合作区分布

（一）高铁物流

在物流的发展过程中，铁路无疑发挥着巨大作用，随着高铁技术的发展，高铁物流这一新型物流业态开始出现，传统铁路物流正在朝更加快捷高效的方向转变。目前，很多国家都看准了这一发展方向，积极开展合作，一些大规模的高铁建设计划正在酝酿或已出台。从全球来看，目前主要有以下六大高铁计划：

一是泛亚高铁。泛亚铁路从昆明出发，连接泰国、缅甸、孟加拉国、印度、巴基斯坦、伊朗、土耳其，另一条线路将从昆明经泰国至马来西亚和新加坡，泛亚铁路成为中国联通中南半岛、南亚和西亚的"黄金走廊"。在泛亚铁路基础上，泛亚高铁也获得突破性进展，印尼高铁已开展竞标，中泰快速铁路已经开建，廊开府线路也已获泰国政府批准动工，将成为"一带一路"昆明—新加坡线路的核心组成主干。二是中亚高铁。起点是乌鲁木齐，取道吉尔吉斯斯坦、乌兹别克斯坦、伊朗、土耳其等中亚国家，经过伊朗，再到土耳其，最后抵达德国，将把"陆上丝绸之路"中的 17 个国家连接起来。三是欧亚高铁。从伦敦出发，经巴黎、柏林、华沙、基辅，过莫斯科后分成两支，一支入哈萨克斯坦，另一支遥指远东的哈巴罗夫斯克，之后进入中国境内的满洲里。四是西伯利亚高铁。即横跨俄罗斯的贝加尔—阿穆尔大铁路的现代化改造。五是"两洋高铁"。这是由我国、巴西、秘鲁三国联合开展的高铁建设项目，"两洋铁路"跨越巴西秘鲁，穿越亚马逊雨林，连接大西洋和太平洋，全长达 5300 千米。六是"环球高铁"。该路线包括以中国北京为起点，经乌鲁木齐、中亚国家，西经莫斯科连接柏林、伦敦的欧亚高铁北线，经乌鲁木齐、中亚转伊朗、土耳其、巴尔干半岛西通柏林、伦敦的欧亚高铁南线，由北京往南经昆明、万象、曼谷直达新加坡的东南亚线，由北京往东北方向，经哈尔滨、俄符拉迪沃斯托克、穿过白令海峡，再经阿拉斯加转加拿大、美国本土、跨越中美地峡、直抵布宜诺斯艾利斯的美洲线，从欧亚高铁南线的某个中间点，如从安卡拉引出一条支线，沿地中海东岸的黎凡特地区往南，跨越苏伊士运河，再经埃及、苏丹等国，纵贯非洲大陆，直抵南非开普敦的非洲线等五条线，如图1-2-9所示。

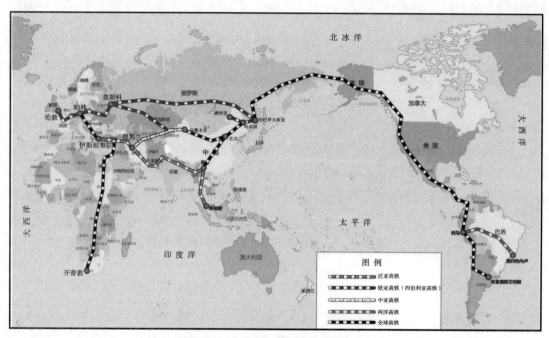

图1-2-9 全球高铁建设计划示意

以上高铁计划尽管有的刚刚开工建设，有的还在设计阶段，但已经清楚表明了高铁这一新型运输方式的发展趋势，特别是随着高铁重载技术逐渐取得突破，高铁物流将会迎来跨越式发展的新时期。我国是高铁建设强国，据相关统计显示，目前已经跟中国有战略合作协议或潜在合作意向的高铁计划累计达3.47万千米，占全球高铁建设计划规模的37.2%，我国政府主导的涉及"一带一路"的高铁建设规模达到2.63万千米。未来我国应一方面积极参与全球高铁建设，大力推进相关技术研发；另一方面前瞻性发展具有高附加值、快速响应特点的高铁物流，为抢占全球货运业高端领域打好基础。

（二）国际多式联运

多式联运是指统筹利用海运、铁路、公路、内河水运等多种运输方式，以最低成本、最快捷的组合方式完成运输过程的物流形式。自20世纪60年代美国开始试办多式联运业务以来，后逐渐在北美、欧洲、俄罗斯等地区推广，由于其便捷高效、中转成本低，得到市场的高度认可。长期以来，我国也一直在推行多式联运，取得显著效果。"一带一路"倡议推出后，沿线物流体系日益完善，物流基础设施建设逐步加快，多式联运又有了不一样的内涵，已经从过去主要是国内的多式联运逐渐演变成强调国际多式联运，从过去以海运为核心的多式联运逐渐演变为海运和铁路并重的多式联运。在这一发展方向下，我们一方面要巩固传统多式联运业务，同时又要创新业态、弥补短板，发展新型国际多式联运，为地区间经济的无缝对接创造更加便捷的流通方式。

发展国际多式联运业务，一是要构建完善的基础设施体系，不断推进"一带一路"地区公路、铁路、水运互联互通建设，促进铁路建设标准的统一；二是优化运输组织，完善综合运输标准体系，推进集装箱多式联运、甩挂运输、陆海联运等先进运输组织方式，促进各种运输方式高效衔接，提高主要流通节点城市之间干线运输效率和组织化水平；三是积极创新国际多式联运形式，如目前已开通的渝新欧、蓉欧、郑新欧、汉新欧、义新欧等我国开往欧洲的货运专列可以发展集装箱多式联运，促进"最先一公里"和"最后一公里"与专列物流的对接，提高物流链整体运行效率。

（三）跨境电商物流

随着信息技术的发展和全球物流运行效率的提高，在境内电子商务飞速发展的基础上，跨境电子商务逐步出现并蓬勃发展。据有关数据显示，目前全球跨境电子商务规模已经超过了1万亿美元，据埃森哲发布的报告显示，到2020年仅B2C形式的全球跨境电子商务交易额就将达到9940亿美元，跨境电商发展前景十分广阔。我国电子商务产业发展十分迅速，2014年我国全社会电子商务交易额已经超过16万亿元。其中跨境电子商务也形成了一定规模，且发展十分迅速。据商务部报告数据，2012年全国跨境电商交易额为2万亿元，2013年突破3.1万亿元，2014年达到3.75万亿元，预计2016年将达到6.5万亿元，年均增速超过30%。

跨境电商的蓬勃发展带来了强劲的跨境电商物流需求。目前，我国跨境电商的主要增长点在俄罗斯、东南亚、西亚等新兴地区，与"一带一路"辐射的地区相一致，但由于这些地区与我国的互联互通尚不十分完善，跨境电商物流时间长、成本高、手续多，这与跨境电商追求便利快捷的要求不一致，成为制约其进一步发展的突出瓶颈，这需要各国从国家层面上在基础设施建设、物流通关等方面协同合作。此外，跨境电商物流还面临着经营模式创新的问题，目前跨境电商物流主要有国际快递、海外仓储和聚集后规模化运输等几种形式，国际快递的物流成本高，海外仓储虽然反应时间短，但企业运行成本高，聚集后规模化运输虽然物流成本低，但时间又较长，目前尚没有兼顾时间与成本的运营模式，需要在这一方面加强创新。

第三章 推进"一带一路"物流系统
建设的政策建议

一、大力推动国际产能合作，夯实"一带一路"物流系统建设的产业基础

物流是经济发展的引致需求，没有跨区域的产业分工，就没有贸易和物流需求，推进"一带一路"物流体系建设必须与沿线产业转移、地区产业结构调整结合起来。当前，全球经济的竞争已经不仅仅是企业层面的竞争，更是产业链与产业链、供应链与供应链层面的竞争，为增强"一带一路"沿线地区的整体竞争力，我国要与沿线国家一道开展国际产能合作，优化产业链、价值链和供应链，推动产业链上下游和关联产业跨国界、跨区域协同发展，形成互补互动的区域产业布局，全面系统地提高沿线国家和地区特别是发展中国家在全球价值链中的位置。

从世界产业发展趋势来看，我国将成为新一轮全球产业转移的重要转出方，是构建"一带一路"现代产业体系的主要参与者和驱动力。当前，我国一是要充分挖掘制造业优势，与"一带一路"沿线国家的劳动、资源等优势要素相结合，提升自身研发能力，提高高端制造业与现代服务业发展水平，形成产业互补性。二是要将富余产能与"一带一路"基础设施建设的庞大需求对接，"一带一路"沿线发展中经济体是经济增长的潜力区，普遍处于经济发展的上升期，基础设施投资需求庞大，我国富余产能可以满足其建设能力不足的缺口。三是要推进高铁、电力等成熟的优势产业加快走出去，形成一批"一带一路"产能合作的龙头项目。四是与中东、中亚、蒙俄等地区开展能源矿产合作，寻求互利双赢的契合点。五是与欧洲发达国家开始技术研发合作，共同实现向产业链、价值链高端的攀升。六是合作建设境外经贸合作区、跨境经济合作区等各类产业园区，促进产业集群发展。在我国的积极推动和与沿线国家的共同努力下，未来将形成合作更加紧密、分工更加细化、结构高度互补的现代产业体系，从需求侧创造更多的有效物流需求。

二、建设更加自由开放的自贸区体系，为"一带一路"物流产业发展搭建平台

经济自由化、区域一体化是当前世界经济发展的主要特点，加快构建更加开放自由的经济体制是我国统筹国际国内两种资源、跨越中等收入陷阱和推进"一带一路"战略的重要要求，也是构建"一带一路"现代物流体系的必备条件。实施自由贸易区战略是中国新一轮对外开放的重要内容，目前我国正在积极推进或可考虑推进各种类型的自由

贸易区，以期形成内外兼修、多层次并进的自由贸易区格局。一是推进与"一带一路"沿线国家的自由贸易协定谈判，成立双边自由贸易区，目前中国已经签署并实施的自由贸易协定有 12 个，但欧亚大陆腹地国家基本上还是空白，未来可以作为我国拓展全方位对外开放新格局的重点方向，其中，中国—东盟自贸区升级版、南亚区域合作联盟自贸合作、海湾合作委员会自贸谈判、中欧投资协定谈判可以作为下一步自贸谈判的重点方向。二是稳步推进上海、广东、天津、福建等自由贸易区试点，及时总结经验教训，并进一步扩大试点范围，从沿海到内地逐渐推进自由贸易区建设。三是可以研究在部分地区设立定向自由贸易区，重点提升对部分国家的经济辐射力，如新疆提出建设中国—中亚自由贸易区，宁夏提出建设中国—海合会自由贸易区，连云港提出建设中哈连云港自由贸易区和连云港自由贸易港区，云南也有条件建成中国—中南半岛自由贸易区。未来可在多种类型自由贸易区建设的同时，进一步推进更大范围的多边自由贸易区建设，如加速区域全面经济伙伴关系（RCEP）建设，推进中日韩自贸区谈判进程，重启中国—海合会自贸区谈判，积极推进与巴基斯坦自贸区第二阶段谈判，积极推动与俄白哈关税同盟、欧盟、印度以及其他沿线国家和次区域发展自由贸易关系，推动亚太自贸区（FTA-AP）进程等，由点到面、先试后扩、易先难后地形成立足周边、覆盖沿线国家面向全球的高标准自由贸易区网络。

三、积极参与"一带一路"国际物流大通道建设，完善国际综合交通体系

目前，"一带一路"物流体系建设呈现出物流基础设施不完善、各类物流方式难以有效对接的问题，成为限制其进一步发展的重要短板。要充分发挥我国在工程建设、工程承包、工程技术领域的突出优势，积极投身参与"一带一路"物流基础设施建设，抓住关键通道、节点和重点工程，解决好"卡脖子"问题。要优先打通缺失路段，畅通瓶颈路段，提升道路通达水平，大力推进铁路特别是高铁建设，提升各地区、城市、物流节点的联通能力，积极参与沿线重点港口、机场建设，形成新的物流枢纽，构建连通内外、安全畅通的综合交通运输网络。同时，积极发展多式联运与配套物流服务，在国内要重点打破地区分割与运输方式间壁垒，规范多式联运市场，加快发展江海联运、海铁联运、江铁联运；在国外，要加快国内城市群、港口群、机场群及各类物流枢纽与"一带一路"重要物流节点的对接，完善各类通道、航线网络，实现物流业跨地区、跨方式的无缝衔接。

四、创新灵活稳定的现代金融供给方式，为物流基础设施建设提供资金支持

"一带一路"国家普遍处于经济快速增长阶段，对于资金有强烈的需求。但由于这些国家经济发展基础薄弱，资金需求量十分巨大。据亚洲开发银行估算，2010—2020 年，仅亚洲基础设施领域，要达到世界平均水平就需投资 8 万多亿美元，平均每年约 7500 亿美元，此外还有难以估量的巨额产业投资需求。环顾全球，除我国外，能够满足这一巨

大资金缺口的投资来源国十分有限。2015 年我国人均收入已经超过 7000 美元，步入邓宁周期理论的第四阶段，将会大规模开展对外直接投资。可以预计，随着"一带一路"战略的推进，这一比例还将大幅提高。目前，我国已经积累了 5 万多亿美元的对外金融资产，包括近 4 万亿美元的外汇储备，需要找到能够吸收这些资金的投资空间，这与"一带一路"范围内发展中国家和地区强烈的资金和技术需求形成了无缝对接。

因此，我国必须利用现代金融市场，发挥杠杆作用，撬动全社会各类资金积极参与。财政资金要发挥引领作用，可通过政府购买、财政贴息、公私合营等多种方式，充分发挥引领、规划、推动作用，撬动更多资金参与"一带一路"物流体系的建设中。银行资金发挥中坚作用，利用银行借贷、债市融资、股权融资、基金、信托等直接或间接融资，以及以此为基础的各种金融衍生品，打开国际资金来源的广阔渠道，特别是要丰富政策性金融手段，鼓励政策性金融机构在风险可控和符合规定的前提下创新服务方式，多渠道开辟和增加长期低成本资金来源。地区合作资金要发挥凝聚作用，亚投行、金砖银行、中国—欧亚经济合作基金、中国—东盟银行联合体、上合组织银行等都是推动"一带一路"物流建设的关键力量。私人资金要发挥补充作用，私人资金的参与，可弥补财政资金的稀缺，消除经济发展瓶颈，鼓励私营企业以公私合营等方式，开展境外铁路、公路、港口、仓储等物流基础设施建设，鼓励私营企业通过兼并重组等形式进军"一带一路"各国物流业，引导境内外商业性股权投资基金和沿线国家社会资金，共同参与"一带一路"重点物流项目建设。

五、建立"一带一路"沿线国家大通关机制，推进跨境物流便利化

时间和效率是物流的生命，通关效率低严重制约了"一带一路"物流的通畅和效率提升，必须与沿线国家积极合作，提高各国通关工作对接和管理水平提升，消除投资和贸易壁垒，构建区域内和各国良好的营商环境，激发释放合作潜力。要加强与沿线国家在信息互换、监管互认、执法互助的海关合作，以及检验检疫、认证认可、标准计量、统计信息等方面的双多边合作，构筑与沿线国家海关的合作网络，促进信息流、资金流、货物流的安全畅通流动，实现沿线国家"多地通关，如同一关"，实现无纸化通关，形成"一带一路"沿线一体化的大通关制度。推进建立统一的全程运输协调机制，推动口岸操作、国际通关、换装、多式联运的有机衔接，形成统一的运输规则，达到"一次通关、一次查验、一次放行"的便捷通关目标，降低国际运输成本和提高贸易物流便利化水平。推动与沿线国家海关监管和检验检疫标准互认，实现检验检疫证书国际联网核查。推进海关监管制度创新，支持跨境电子商务、边境贸易、市场采购贸易等新型贸易形式发展，各国共同加强对这类新型贸易形式的通关管理，提高流通速度，降低流通成本。

六、不断提升我国物流业发展层次，为我国深度参与"一带一路"物流系统建设提供保证

近年来，我国物流业取得长足发展，已形成较大的物流规模，但总体仍没有摆脱多、

小、散、乱的格局,物流服务能力相比发达国家还有较大差距,特别是高端物流服务、新型物流业态等领域还十分薄弱,尚不能完全支撑我国参与"一带一路"物流系统建设,我国物流业发展水平亟待提升。深度参与"一带一路"物流系统建设,除积极参与沿线物流基础设施建设、与沿线各国对接物流标准外,更重要的是要创新我国物流服务形式、创新物流业态,提升我国物流企业竞争力。一是要继续加快发展第三方物流,提升物流企业专业化水平,培育成规模、有竞争力的第三方物流企业,并鼓励其积极"走出去"。二是要提高物流信息化水平,加速互联网与物流业、制造业融合,加强需求端、零售端、制造端与物流端紧密连接与协同。三是要适应外贸订单从大订单集中订货向小订单多频次订货转变,适应小规模、碎片化的跨境流通方式,提供更加精益柔性的物流服务。四是要重点发展跨境电子商务物流,鼓励国内物流企业建设"海外仓",通过海外零售市场带动国内物流"走出去"。五是借助自贸区平台发展国际物流业务,鼓励远洋物流企业进一步合并重组,提高市场集中度,形成一批国际竞争力强、国际市场份额大的大型物流集团。

撰稿人:中国国际经济交流中心总经济师、执行局副主任、
　　　　国务院研究室原司长、研究员、博士生导师　陈文玲
　　　　中国国际经济交流中心战略研究部博士　梅冠群

第二篇

电子商务供应链集成系统

第一章　电子商务及其供应链发展

第一节　电子商务发展历程

一、电子商务定义

电子商务（E-Commerce）是指实现整个贸易过程中各阶段贸易活动的电子化。从涵盖范围来看，可分为广义的电子商务和狭义的电子商务。广义的电子商务是指利用网络实现所有商务活动业务流程的电子化，不仅包括电子商务面向外部的业务流程，如网络营销、电子支付、物流配送等，还包括企业内部的业务流程，如企业资源计划、管理信息系统、客户关系管理、供应链管理、人力资源管理、网上市场调研、战略管理及财务管理等。而狭义的电子商务是指人们利用电子化手段进行以商品交换为中心的各种商务活动，例如电子广告、电子交易、电子合同等。

随着物联网、云计算和移动终端等新一代信息技术的飞速发展、应用，且日益普及到各个行业中，电子商务作为一种新型商业模式，正与实体经济加速融合，对人们的日常生产、生活和消费产生深刻影响，并且已经成为信息化、网络化、市场化、国际化条件下配置资源的重要途径，成为引领经济社会发展进步的一股重要力量。因此，大力发展电子商务，被世界各国、各地区列为了提高竞争力、抢占发展先机的重要战略举措之一。

二、电子商务发展阶段

电子商务的开端可以追溯至20世纪60年代后期出现的计算机订票系统。当时美国航空公司与IBM公司合作开发的飞机订票系统，使得人们可以通过网络预订出行机票、选择航空公司、飞行时间等，该交易过程早期被认定为通过互联网进行的网上交易活动。20世纪80年代采用的电子数据交换（EDI），以电子商用文件的标准格式在计算机网络上处理商务文件，取代了传统贸易中的书面文件递送环节，极大缩短了交易时间。1994年由美国硅谷等20家大公司发起，在因特网上建立商业网，从寻找厂商及客户，到洽谈成交以及成交后的贸易手续，均采用了电子通信方式，使电子商务在商业活动的全过程中得以实现。鉴于电子商务在经济贸易发展方面的作用及优势，各国都采取积极支持的态度。美国是最早开展电子商务的国家，中国的电子商务起步较晚，但发展迅速，大致经历了四个阶段，如图2-1-1所示。

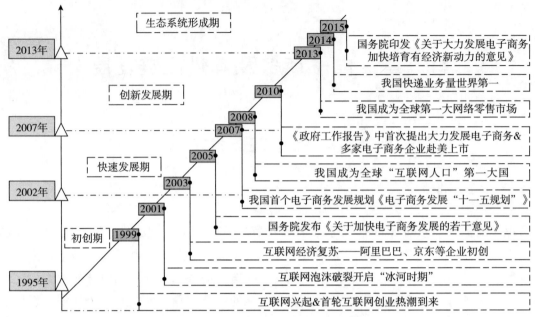

图 2 - 1 - 1 我国电子商务发展阶段

（一）电子商务初创期（1995—2002 年）

该阶段是互联网进入中国的探索期、启蒙期，电子商务的发展形式以企业间电子商务模式探索为主。对于中国市场来说，人们对互联网充满着热切的期待，加之此时美国网络热潮兴起，也促进了我国互联网的进一步快速发展。该阶段中，电子商务的企业及其用户主要将电子商务作为优化业务活动或商业流程的工具，如信息发布、信息搜寻和邮件沟通等，与此同时，中国化工网、8848、阿里巴巴、易趣网、当当网等国内第一批知名电子商务网站逐渐兴起。1999 年年底，正是互联网高潮来临的时候，国内 B2C 企业已达 370 余家，截至 2000 年，增至 700 余家。尽管此时我国信息化发展水平仍较低，大众对于电子商务仍缺乏了解，加之 2000 年互联网泡沫的破灭导致了电子商务行业随后经历了一个比较漫长的"冰河时期"，电商网站大多举步维艰，但是，这段时期的经历为我国电子商务发展打下了坚实的基础，营造了良好的社会环境和舆论优势。

（二）电子商务快速发展期（2003—2007 年）

该时期，国家颁布了一系列重大文件，为电子商务发展带来深远影响，如 2004 年 3 月，国务院常务会议审议通过《中华人民共和国电子签名法（草案）》；2005 年 1 月，国务院办公厅下发《关于加快电子商务发展的若干意见》（国办发〔2005〕2 号）（多称"二号文件"）；2007 年 6 月，国家发展和改革委、国务院信息化工作办公室联合发布我国首部电子商务发展规划——《电子商务发展"十一五"规划》，我国首次提出发展电子商务服务业的战略任务；2007 年，商务部先后发布了《关于网上交易的指导意见（暂行）》《商务部关于促进电子商务规范发展的意见》，众多政策文件的颁布构筑了电子商务发展的政策生态，从政策层面为电子商务发展指明了方向。

同时，随着电子商务的基础设施及其配套设施逐渐建立及完善，电子商务迎来了难得的发展机遇。电子商务应用由企业向个人延伸，业界也发生了重大变革，例如：

2003 年 5 月，阿里巴巴集团成立淘宝网并推出"支付宝"，进军 C2C 市场。

2004 年 1 月，京东涉足电子商务领域。随之形成了国内网民和电子商务交易量的迅速增长，电子商务成为众多企业和个人的新型交易渠道，如传统商店拓展到网上商店、传统企业建立电子商务相关部门、传统银行开放网络银行业务等，越来越多的企业在线下、线上同时开展业务。

2007 年，我国网络零售交易规模达到 561 亿元，众多电子商务企业随之崛起，并逐步将电子商务延伸至供应链环节，促进了物流行业、快递企业和网银支付等电子商务类辅助业务的兴起与成熟。

（三）电子商务创新发展期（2008—2012 年）

2008 年以来，尽管受到国际金融危机的影响，但我国电子商务总体来看仍呈现快速发展趋势，并进入了创新发展期。电子商务引发的经济变革使信息逐渐成为了经济活动的核心要素，不仅加快了信息在商业、工业和农业中的渗透速度、深度、广度，也极大地改变了大众的消费行为、企业的经营模式，甚至是企业及个人创造社会价值的方式，通过合理的分工协作，有效降低了社会交易成本，激发了行业的创新热情，提高了社会资源的配置效率，深刻地影响着零售业、制造业和物流业等多种行业。

这一时期我国电子商务初步形成了具有中国特色的网络交易方式，网民数量和物流快递行业都快速增长，电子商务企业竞争激烈，平台化局面初步成型，越来越多的企业和个人基于和通过以电子商务平台为核心的新商业基础设施降低交易成本、共享商业资源、创新商业服务，也极大地促进了电子商务的迅猛发展。

其中，国内电子商务市场在该阶段中的标志性事件有：截至 2008 年 6 月底，我国网民数量达到了 2.53 亿，互联网用户首次超过美国，跃居世界第一位；2010 年两会期间，温家宝总理在 2010 年《政府工作报告》中，明确提出要加强商贸流通体系等基础设施建设，积极发展电子商务，这也是首次在全国两会的政府工作报告中明确提出大力扶持电子商务；2010 年 10 月，麦考林登陆纳斯达克，成为中国内地首家 B2C 电子商务概念股；2011 年，团购网站迅猛发展，上演千团大战局面，中国团购用户数超 4220 万；2012 年，淘宝商城更名"天猫"独立运营，品牌折扣网站唯品会在纽交所挂牌交易；2012 年度淘宝和天猫的交易额突破 1 万亿元，"双十一"当天交易规模达 362 亿元，国内电子商务零售业进入规模发展的高速增长时期。

（四）电子商务生态系统形成期（2013 年至今）

自 2013 年以来，国内网络零售的蓬勃发展促进了物联网、大数据、云计算、IT 外包、网络第三方支付、网络营销、网店运营、物流快递、咨询服务等生产性服务业的发展，形成庞大的电子商务生态系统。电子商务基础设施日益完善，电子商务对经济和社会的影响日益强劲，电子商务在"基础设施"之上进一步催生出新的商业生态与新型商业景观，影响和加速传统行业的"电子商务化"，促进和带动经济整体转型升级，电子商务经济体开始兴起。

这一时期国内电子商务市场标志性的事件有：2013 年中国超越美国，成为全球第一大网络零售市场；2013 年，我国电子商务交易规模突破 10 万亿元大关，网络零售交易规模达 1.85 万亿元，相当于社会消费品零售总额的 7.8%。

2014 年 2 月，中国就业促进会发布的《网络创业就业统计和社保研究项目报告》显示，全国网店直接就业总计 962 万人，间接就业超 120 万人，成为创业就业新的增长点；2014 年 6 月，我国网络购物用户规模达到 3.32 亿，我国网民使用网络购物的比例为 52.5%；2014 年 4 月，聚美优品在纽交所挂牌上市。5 月，京东集团在美国纳斯达克正式挂牌上市，9 月，阿里巴巴正式在纽交所挂牌交易，成为美国历史上融资额最大规模的 IPO（首次公开募股）；2014 年，我国快递业务量接近 140 亿件，跃居世界第一，连续 44 个月同比、累计增长平均增幅均超过 50%，李克强总理先后五次对快递业点赞。

2015 年 5 月，国务院印发了《关于大力发展电子商务加快培育经济新动力的意见》（国发〔2015〕24 号），将会进一步促进电子商务在中国的创新发展；2015 年 12 月，习近平总书记在世界互联网大会上提出，"十三五"时期中国将大力实施网络强国战略、国家大数据战略、"互联网＋"行动计划，促进互联网和经济社会融合发展，让互联网发展成果惠及 13 亿多中国人民，更好造福各国人民。以上电子商务相关的市场力量和国家战略无疑都将大力促进电子商务生态系统的完善。

三、电子商务特征

电子商务综合运用了信息技术，以提高贸易伙伴间商业运作效率为目标，将一次交易全过程中的数据和资料以电子方式实现，在整个商业运作过程中实现交易无纸化、直接化。电子商务可以使贸易环节中各个参与者更紧密地联系，更快地满足需求，在全球范围内选择贸易伙伴，以最小的投入获得最大的利润。其特征可归结为以下几点：商务性、服务性、可扩展性、安全性、协调性、集成性。

（一）商务性

电子商务最基本的特征是商务性，即为互联网消费者与产品（服务）提供方共用的一种方便快捷的、以互联网及信息为基础的交易与服务方式。因而，电子商务对任何规模的企业而言，都是一种机遇。就商务性而言，电子商务可以扩展市场，增加客户数量；通过将互联网信息连至数据库，企业通过记录客户对产品的浏览频率、网页访问次数、购买形式与数量以及其他多种信息，结合市场总体变化趋势进行需求预测，且可针对客户喜好及需求进行定制推送等。

（二）服务性

电子商务基于互联网实时信息的大环境消除了时间、地域方面的限制，也随着客户需求越来越多元化，价格、质量、服务、个人喜好都成为了选择的关键，而电子商务恰在互联网与信息的基础上为企业与客户搭建了便捷的桥梁，成为了双方交易的催化剂。

企业通过将客户服务过程完全交予互联网完成，使客户完成交易的方式更加简捷、自如，跨行异地的实时汇款、转账业务，信用卡收支及明细查询，购买与浏览记录查询，或是跨境购物等，都可足不出户且实时完成。因此说，电子商务对于客户具有明显的服务性。

（三）可扩展性

要使电子商务正常运作，必须确保其可扩展性。互联网上有数以百万计的用户，而传输过程中，时不时地出现高峰状况，为有效避免客户流失，交易中断，拥有一台可快速扩展的服务器成为了保证客户访问速度及稳定浏览量、交易量、资金链的必备设施。即对于电子商务企业及其平台来说，可扩展性是系统稳定运营的保证。

（四）安全性

电子商务的实质是一种企业与客户之间通过电子商务平台或系统作为媒介进行交易的商务模式，相较于直接的网络交易模式，无论是个人客户购买，还是企业采购，都能够有效缓解各方对于网络自身不确定性和未知性的顾虑，也可通过电子化的方式减少纸质作业、减少冗余环节，建立稳定的交易、合作关系，即电子商务的安全性为供应链提供了稳定的、高效的、相互信任的、互惠互利的新型交易模式。

（五）协调性

商务活动是一种协调过程，需要员工、管理者、供货方、生产方、商务伙伴及客户之间的业务配合。电子商务通过互联网信息的方式，在原有的交互式协议基础上进行实现供应链与客户紧密连接、相互配合，实现信息沟通、业务协调，为企业提供高价值、快速反应的商业信息，促进了企业决策的准确性，也为客户带来了更为便捷、友好、高性价比的购买经历，即电子商务的协调性是供应链合作伙伴战略合作的必备基础。

（六）集成性

电子商务作为一种新兴产业，其中应用了大量新的网络、信息、平台交易等多种技术。其优势在于，基于互联网及企业的真实商业价值协调应用及不断创新传统工艺、技术，通过技术的革新，重新有效整合企业已有的资源和技术，利用信息化技术协调管理企业内部各部门，且连通上下游企业，实现产业链的串联集成，即电子商务的集成性。

也正是由于电子商务的集成性，使得作业、计划更具有整体性和统一性，将人工操作和信息处理集成为一个不可分割的整体，也更能规范业务处理流程，提高人力和物力的利用率，提高整个供应销售系统的严密运行。

第二节　我国电子商务发展现状及问题

近年来，我国电子商务发展迅猛，不仅创造了新的消费需求，引发了新的投资热潮，开辟了就业增收新渠道，为大众创业、万众创新提供了新空间，且电子商务正加速与制造业融合，推动服务业转型升级，催生新兴业态，成为提供公共产品、公共服务的新力量，成为经济发展新的原动力。与此同时，电子商务发展面临管理方式不适应、诚信体系不健全、市场秩序不规范等问题，亟须采取措施予以解决。

一、我国电子商务发展现状

目前，我国电子商务发展正在进入密集创新与快速扩张的新阶段，日益成为拉动我国消费需求、促进传统产业升级、发展现代服务业的重要引擎，具体而言有以下几方面特点。

（一）市场规模扩大

我国近年来的电子商务交易额持续增长，增长率持续攀升。2013 年，中国网络零售市场交易额达到 1.85 万亿元，超过美国成为全球第一大网络零售市场，同比增长 41.2%；2014 年，中国网络零售市场交易额上升到 2.8 万亿元，同比增长 49.7%；2015 年中国网络零售市场交易规模达 3.88 万亿元，同比增长 33.3%，位居世界第一。电子商务正在成为拉动国民经济保持快速可持续增长的重要动力和引擎。

（二）信息化程度提升

电子商务为企业发展创造了更多的贸易机会和发展空间，特别是通过第三方电子商务平台，以其迅速传播性和良好互动性为基础，促进了大型企业在多方动力驱动下的转型升级，中小企业也通过拓展线上营销渠道，进入国内外市场，获得更多市场竞争机会。

1. 制造业信息化

电子商务的快速发展与实际应用促进了制造业企业的信息化建设步伐，加快转型升级，如在采购方面，企业逐渐普及电子订货及互联网采购，应用电子商务需求预测，合理计划与控制采购数量及频次；在库存方面，实现信息化管理，完善出入库作业流程，降低差错率；在销售方面，协同线上线下资源、拓展营销渠道、增强用户体验，实现供应链效率的快速提升。

2. 农业信息化

基于电子商务对上线交易产品在规模、品质、标准等多方面的要求，传统农业在种植、加工、运输、销售等环节均需要实现深度变革，而电子商务的普及恰为农业提供了完善信息化的驱动力，实现了新品种研发与种植实时监测、因地制宜发展优势种植养殖、线上线下扩展销售网络，广泛普及电子商务模式与农业信息化，促进了新农业发展。

3. 服务业信息化

随着第三产业的地位逐渐凸显，电子商务与第三产业的结合也使得服务业的信息化优势更加明显，越来越多的教育、咨询、邮政、银行、保险、旅游、媒体、餐饮、娱乐等行业逐渐在已有的信息化建设基础之上，着力发展电子商务业务。如建立面向城乡居民社区提供日常消费、家政服务、远程缴费、健康医疗等商业和综合服务的电子商务平台；各类行业深度融合传统媒体与新兴媒体，以电子商务平台为载体，实现线上预订线下服务，拓展营销及服务范围，提升企业文化形象。

（三）完善业态体系

从电子商务交易情况来看，电子商务近年来呈现出发展模式演变、零售日益平台化且竞争激烈的趋势，形成了覆盖全品类的综合性平台、专注细分市场的垂直型平台以及自营网站向第三方平台转变三种平台类型，出现了阿里巴巴、京东商城等大型电子商务平台。

从支撑性电子商务服务业来看，各方面的功能日益独立显现，呈现高度分工的局面。新一代信息技术在电子商务服务中得到快速应用，除了互联网、物联网技术外，大数据正逐渐推进数据挖掘及精准营销等功能，电子商务平台的功能日益全能化，并且随之派生出一系列电子商务辅助性服务，如网络议价、网络模特、网（站）店运营服务与外包等。

（四）跨境电商兴起

在国际经济形势持续不振的环境下，我国中小外贸企业跨境电子商务仍逆势而为，近年来保持了30%的年均增速。有关部门正加紧完善促进跨境网上交易对平台、物流、支付结算等方面的配套政策措施，促进跨境电子商务模式不断创新，出现了一站式推广、平台化运营、网络购物业务与会展相结合等模式，使得更多中国制造产品得以通过在线外贸平台走向国外市场，有力推动了跨境电子商务纵深发展。

（五）技术应用革新

无线互联网功能的不断优化，提升了用户体验，大批优秀电子商务平台的服务功能完成了向移动终端的转移。移动终端应用在用户规模和信息交互维度、实时性、实地性、多样性等方面的优势得到了较好的发挥。二维码技术在电子商务推广中得到普遍应用。电子商务领域云计算、大数据、物联网、智能交易等核心关键技术的研究开发和迅速发展也为电子商务的发展提供了重要驱动力。

（六）政策环境改善

随着协同推进电子商务发展的政策环境初步形成，围绕电子认证、网络购物等主题电子商务发展的机制也逐渐完善，进一步发挥电子商务在培育经济新动力、打造"双引擎"、实现"双目标"等方面的重要作用。李克强总理在2013年的政府工作报告中提出要制订"互联网＋"行动计划，推动移动互联网、云计算、大数据、物联网等与现代制造业结合，促进电子商务、工业互联网和互联网金融健康发展，引导互联网企业拓展国际市场，同时促进"大众创业、万众创新"。2014 年，国家工商总局颁布了《网络交易管理办法》，明确保障电子商务消费者 7 天无理由退货、享受"三包"等应有权益。2015年加快建立全国 12315 互联网平台，完善网上交易在线投诉及售后维权机制，研究制定 7 天无理由退货实施细则，促进网络购物消费健康快速发展。国务院在 2015 年《关于大力发展电子商务加快培育经济新动力的意见》中提出，到 2020 年，统一开放、竞争有序、诚信守法、安全可靠的电子商务大市场基本建成。开放、积极、灵活、创新的政策取向为我国电子商务发展提供了肥沃的土壤基础。

（七）凸显创新创业

随着电子商务对于企业转型升级的推动，众多生产制造企业通过创新工业生产组织方式加入电子商务市场经营，面向网络消费者个性化需求，建立网络化经营管理模式，通过深化物联网、云计算、大数据、三维（3D）设计及打印等信息技术在生产制造各环节的应用，优化配置研发、设计、生产、物流等优势资源，建立与客户电子商务系统对接的网络制造管理系统，采用"以销定产"及"个性化定制"生产方式，提高加工订单的响应速度及柔性制造能力。

二、我国电子商务发展现存问题

我国电子商务发展总体上还处于起步阶段。随着电子商务规模和应用领域的不断扩大，也暴露出一些问题和困难。

（一）制度环境不完善

电子商务因其主体和经营模式等方面具有特殊性，在规范电子商务活动方面仍存在空白，侵权、售假、恶意欺诈等行为时有发生，相关法律法规有待完善；同时存在监管部门职能交叉，传统的管理体制机制与电子商务发展存在脱节现象，按照现行法律法规难以明确行政管辖范围，且多部门均有相应的管理职能，但部级协调机制缺失，多头管理与监管真空并存的监管现状难以及时应对和有效解决电子商务发展过程中出现的各种问题。

（二）支撑体系不健全

电子商务及物流相关行业普遍存在高端人才相对匮乏、行业组织不健全、基础设施设备机械化不足、业务信息化程度较低的问题，急需建立完善的行业组织及管理体系；再者，目前电子商务的交易仍依靠互联网平台，而我国通信网络带宽不足、资费偏高，信息安全、支付安全隐患较大，加之社会信用体系不完善，诚信受益和失信惩戒机制效能弱，信用服务市场发展缓慢也成为了电子商务发展的巨大屏障。

（三）企业综合竞争力有待提高

与他国大型电商企业相比，我国电子商务企业在运营管理、技术创新、产品服务以及开拓国际市场等方面仍需要进一步加强。特别是在价格战成为电商交易企业快速扩张的主要手段的市场竞争环境下，持续的价格战使大多数电商交易企业处于资金紧张的状态，赢利能力普遍不强。长期经营亏损或微利，不仅削弱了电商交易企业自身的可持续发展能力和创新能力，而且削弱了电商平台对产业链的整合和带动作用。

（四）效率及服务水平亟待提高

物流业发展基础薄弱、作业效率低是我国电子商务发展的重要瓶颈，快递企业数量多但市场集中度低，现有加盟制经营模式导致快递服务质量普遍不高，服务能力不能满足电子商务的需求；仓储设施不足，作业设备现代化程度较低，立体仓库、自动分拣等现代化设备未普及也造成了作业效率较低、服务水平急需提升的发展局面。

（五）区域发展不平衡

我国电子商务发展仍存在着区域发展不平衡、服务水平参差不齐的问题。特别是中西部地区对于电子商务发展规律、趋势及其作用认识有限，发展主动性不足，各地经济、产业、市场基础存在差异，城乡物流普及范围相差较大，造成沿海和内陆、东部和西部，以及不同行业电子商务发展的不平衡。

第三节　我国电子商务发展趋势

一、业务全球化

跨境电商是外贸发展的新模式，也是扩大海外营销渠道，实现外贸转型升级的有效途径。跨境电商不仅冲破了地域屏障，走向无国界贸易，也引发了全球经济格局的巨大变革。对正在面临转型升级困境中的"中国制造"来说，跨境电子商务构建的开放、高效、便利的贸易环境，极大地拓宽了进入国际市场的路径，优化了外贸产业链，为产品创新和品牌创立提供了便利的平台和宝贵的机遇。随着互联网和跨境电子商务的发展，成千上万的中小微企业涌入到外贸市场，并将诞生更多国际品牌，这将彻底改变中国外贸格局，并帮助"中国制造"实现利润回归，让中国的消费者足不出户尽享全球优质商品。

二、需求个性化

电子商务的技术手段与商业模式使得生产与消费更加融合，信息（数据）作为一种柔性资源，缩短了迂回、低效的生产链条，促进了C2B方式的兴起。信息时代的商业模式将会是以客户和消费者为中心、按需驱动、先消后产的大规模定制，乃至个性化定制。大规模定制的基石"柔性化生产"已经较为成熟；社会化的物流服务网络，在发达国家也已普及；互联网实现低成本、高效率的个性化营销，使得个性化定制模式在经济上成为可能，实现个性化定制所需更高成本和群体采购所要求的低价格之间的平衡。

三、生产要素数据化

数据将成为电子商务的核心生产要素。伴随云计算能力的增强，无论是处理视频、图片、日志、网页等非结构化的数据，还是常常高达上百 TB 的离线数据，抑或是实时处理数千万乃至数亿条记录都将成为现实。与此相关的，数据将与资金、技术、土地、人力等一样成为零售企业的生产要素。

四、服务移动化

近年来，我国移动电子商务爆炸式兴起，指尖上的商务成为电子商务发展的重要趋势之一。2014 年，我国移动购物市场交易规模达到 8956.85 亿元，年增长率达 234.3%。我国中西部、偏远地区的消费者跨越 PC（个人电脑）互联网支付，直接进入移动支付世界。

未来，随着移动搜索、基于地理位置的服务（LBS）以及移动支付等业务的融合使本地服务市场更加丰富，用户通过 LBS 自动识别地理位置后，可以及时发现周围的商店、酒店、影院等服务设施，更加便捷地获取有价值的信息，而且从预订到支付的各个环节都可以直接通过移动终端进行，移动电子商务让碎片化的需求、时间得到最大化利用，更多的电子商务应用场景将得以实现。

五、纵深化

随着社会技术创新和应用水平的发展，电子商务将向纵深挺进，新的电子商务应用模式将会不断出现，电子商务企业不断把核心业务流程、客户关系管理延伸到互联网上，使产品和服务更贴近用户需求。实时、互动将成为企业信息交流的共同特点，网络成为企业资源计划、客户关系管理和供应链管理的中枢神经。企业依托电子商务可创建新的价值链、形成高效的战略联盟、共同谋求更大的利益。

第四节　电子商务供应链发展现状

一、电子商务供应链的定义

本报告将电子商务供应链定义为：围绕电子商务企业，通过对商流、信息流、物流、资金流的控制，集成从采购原材料到制成中间产品以及最终产品，最后通过电子商务企业的销售网络把产品送到消费者手中的全过程，并将供应商、制造商、电商企业、分销商、零售商直到最终用户连成一个整体的功能网链结构。

二、电子商务供应链特征

（一）网络化

随着互联网的发展及应用，企业对个人及企业对企业之间的业务交流模式也由传统的电话交流变为网络沟通。电子商务供应链网络管理技术也随之发展，供应链模型由垂直单向的线性模型向交叉的网络化模型演变。各种网络信息技术不仅可以应用于企业电子商务业务的开展过程中，还进一步延伸到上下游企业及合作伙伴，为各关联企业实现创造价值。电子商务的网状供应链结构将供应链内部的各节点企业都联系起来，通过完善企业信息系统平台的方式，调节各企业间的共享信息。电子商务供应链通过信息共享的信息传递方式，将 EDI 与各节点企业的信息系统集成，以网络的传递方式将信息交换的层次扩大到整条供应链，促进了信息传递的高效和准确。电子商务供应链信息传递的方式如图 2 - 1 - 2 所示。

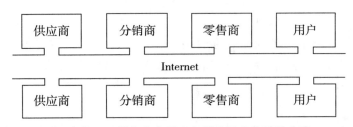

图 2 - 1 - 2　信息在电子商务供应链中传递的方式

对于一个电子商务供应链系统来说，网络化实际包含着两层含义。

1. 信息管理的网络化

一是供应链管理中心与供应商或与制造商之间的通信联系实现计算机网络化管理；二是供应链管理中心与下游客户之间的联系也通过计算机网络系统完成。例如，供应链管理中心向供应商提出订单的采购过程，就是借助增值网（Value - Added Network，VAN）上的电子作业系统（EOS）和电子数据交换（EDI）系统完成订单自动接收与处理。同样，供应链管理中心在与下游客户的订货及配送处理也是通过该网络自动完成的。

2. 组织结构的网络化

在组织内部构建内部网（Intranet），并将其与外部网（Extranet）和因特网（Internet）互联互通，实现组织与全球信息资源的共享，以形成一个跨区域组织作业的计算机网络。网络技术（特别是因特网和 WWW 技术）的飞速发展，为供应链网络化创造了良好的外部环境和条件，必然推动供应链业务的全球化发展。

（二）智能化

集成条码、信息数据库、电子订货系统、电子数据交换以及定位系统等都是推进电子商务供应链运作过程中信息能够及时有效流通的关键，使电子商务供应链具备智能化的特征。电子商务供应链上的企业通过智能化信息技术，如电子射频技术，可以实现对原材料、零部件的来料数量、日期、批次、生产日期进行识别，对半成品和产成品库存数量、日期、发货状态进行跟踪，加强对产品数量及质量的控制。

物流智能化是在物流信息化与自动化发展后的更高层次应用。在物流作业过程中，涉及大量的运筹和决策问题，包括合理库存量的确定、最佳运输路径的选择、自动导向车的运行轨迹和作业控制、自动分拣机的运行、物流配送中自营管理的决策支持等，通过智能计算机系统解决物流过程中的运筹与决策中遇到的各种难题，实现智能化管理监测，提升产品效益、服务价值，提高客户满意度。

（三）柔性化

电子商务的供应链柔性化管理是通过系统结构、人员组织、运作方式和市场营销等方面的改革，以及利用各种信息技术或传感设备可以实时了解生产及存货状况，使生产系统能对市场需求变化做出快速的响应，同时消除冗余无用的损耗，及时根据生产进度及存货状况发出补货信息，实现流水线及库存的均衡，提升企业存货水平。主要目的是为了适应生产、流通与消费的需求，迎合电子商务领域定制化发展的趋势，要求供应链管理中心根据消费需求"多品种、小批量、多批次、短周期"的要求，灵活组织生产。

（四）敏捷化

在技术发展的推动下，电子商务供应链具有敏捷化的特征，具体表现为电商企业以其核心业务能力为基础，以电子商务系统为平台，以最快速的响应方式寻求可利用的优势资源，从而实现对供应链的敏捷化管理。云计算是一种新型的网络应用模式，具有超大规模、虚拟化、安全可靠等特点，可以在数秒之内处理数以千万或亿计的数据。电子商务供应链管理通过云中海量的计算资源、信息资源、存储资源，提高数据透明度，跨越空间时间限制，实现交易、运作、查询。云计算为企业间加快供应链反应速度、降低管理成本提供了技术保障。

（五）协作化

电子商务供应链通过建立信息集成与共享机制，能够及时有效地发现市场信息，将对本企业有利的信息用以加工总结并传递给供应链各节点企业进行广泛应用。电子商务供应链将信息有效传递与商品供应链配送结合起来实现跨企业协作，覆盖产品设计、需求预测、外协和外购、制造、分销、储运和客户服务等全过程。电子商务供应链将上游供应商、制造商、下游经销商、物流运输商及服务商、零售商及往来银行进行垂直一体化的整合，构成一个电子商务供应链网络，消除了整个供应链网络上不必要的运作和消耗，促进了供应链向动态的、虚拟的、全球网络化的方向发展。

（六）可视化

电子商务供应链上的各关联企业利用互联网及电子商务技术，可提高供应链管理的透明度，充分实现信息共享，在成本最小化的前提下，最大程度地协调供应链各环节的作业计划，更加快速、及时地响应客户的需求，有效监控供应链管理的各个环节信息，使整个供应链的关联企业对需求产生快速联动的能力，提高竞争力。分销商可通过 Extranet 查看零售商的库存情况，制订购销计划；制造商可访问分销商、零售商的库存数据，了解更准确的需求信息；电商企业可以通过互联网向供应链上的上下游企业共享交易数据和售后信息，有效促进企业间的协同服务，形成融合的合作伙伴关系。

三、电子商务供应链与传统供应链比较

结合电子商务供应链以及传统供应链的不同特点，将二者比较整理，如表 2 - 1 - 1 所示。

表 2 - 1 - 1　　　　　　　　电子商务供应链管理与传统供应链管理的比较

比较内容	传统供应链	电子商务供应链
运送类型	散装	包裹、单元产品
最终顾客类型	固定	未知、多变
供应链运作模式	推式	控式
库存、订单	单项实物库存	双向线上、"信息"库存
配送目的地	集中	高度分散
供应链管理要求	稳定、一致	及时、要求方案最优化
供应链管理责任	单一环节	整条供应链
供应链信息管理方式	单机、局域网	基于 Internet 的网络系统
资金结算方式	现金、转账	在线电子支付、货到付款（现金，POS）

电子商务供应链相较于传统供应链的优势如下：

（一）保持现有客户，开拓新业务

为吸引、保留现有客户，要求电子商务企业为其提供更快捷、成本更低的商务运作模式，保持与客户的密切联系，增值新的供应链业务，提升客户满意度。电子商务的供应链管理直接沟通了供应链中企业与客户的联系，并且在开放的公共网络上可以与最终消费者进行直接对话，从而有利于满足客户的各种需求、保留现有客户。电子商务企业通过供应链管理，实现企业业务重组，提高整个供应链效率，利用供应链拓展功能、业务，吸引新客户，突破收益增长。

（二）保持业务增长，提高营运绩效

电子商务的供应链系统内的各相关企业可对产品、业务进行电子化、网络化管理，且对供应链中各企业通过电子商务手段实现有组织、有计划的统一管理，提升管理水平、减少流通环节、提高效率、降低成本，促进各相关企业的业务发展，实现企业资源共享，缩短需求响应和市场变化时间，提高运营绩效，为客户提供全面服务，实现最大增值。

（三）信息共享，促进改善信息流

供应链中的企业借助核心电子商务企业提供的电子商务系统支撑手段可以在互联网上实现部分或全部交易，有利于各企业全面掌握信息，及时了解顾客的需求以及供应商的供货情况，也便于顾客网上订货、查询交易进程。此时，供应链伙伴之间的信息传递由原来的线形结构演化为网状结构，供应链上下游成员可互相了解需求计划、生产能力、库存信息、销售状况等。且借助信息技术，企业之间交易票证、单据以统一格式在网上传输，需求信息能够快速地向上游企业传递，实现无纸化的计算机辅助订货，从而提高交易效率、降低成本。

四、我国电子商务供应链发展集成化趋势

电子商务供应链管理呈现出集成化趋势，强调合作协同、信息资源集成、快速市场响应及为用户创造最大价值。由于信息技术应用和网络环境发展相对滞后于这种先进的管理模式，传统的基于纸张、传真的供应链单据模式管理难以实现企业与合作伙伴间信息实时、同步共享。目前虽然一些制造企业采用了ERP（企业资源计划）、CRM（客户关系管理）、SCM（供应链管理）等系统，但这些系统往往局限于企业内部。合作伙伴之间在线的电子连接及企业与顾客之间的接口薄弱，形成了一些供应链上的信息孤岛，不能充分支持和体现供应链管理的战略优势与系统性的特征。从通信的角度看，电子商务供应链通过先进的电子商务技术和网络平台建设，可以灵活地建立起多种组织间的电子连接，如组织间的系统、企业网站、电子化市场等，从而改善商务伙伴间的通信方式，将供应链上企业各个业务环节孤岛连接在一起，使业务和信息实现集成和共享，使一些先进的供应链管理方法变得切实可行。改变了从原材料采购、产品制造、分销，到交付给最终用户的全过程，改变了供应链上信息流、物流、资金流、商流的传统运作模式，改善了企业的工艺质量、信息管理、决策水平和工作方式，使企业在质量、成本和响应速度等方面都得到了改进。

第二章　电子商务供应链系统分析

第一节　建立电子商务供应链集成系统的必要性

全球经济一体化背景下的市场竞争主要体现为企业之间全球供应链的竞争，换句话说也就是供应链与供应链之间的竞争，供应链上每一环节增值水平都将影响企业竞争力。为此，企业需要和供应商、客户甚至竞争对手建立密切的商业伙伴关系，把自己看作整个供应链中的一员，与其他成员共享信息，协同计划和处理业务流程，以全新的商业模式一起为终端客户提供快速、灵活、高效的支持和服务。要实现这一目标，建立集成的和跨企业的支持系统无疑是至关重要的一步。

作为供应链系统的组织者和管理者，核心企业要最大限度发挥供应链的竞争与增值功能，就必须对供应链中流转的物流、信息流和资金流进行有效的控制和协调，跨越各企业的边界，将企业内部供应链与外部供应链有机地集成起来，将企业管理在各部门之间延伸，且进一步延伸到企业外，从本行业延伸到其他相关行业。

成功地实施供应链管理需要抛弃传统管理思想，把企业内部以及节点企业之间的各种业务看作一个整体功能过程，形成集成化供应链管理体系。通过信息、制造及现代管理技术，将企业生产经营过程中有关的人、技术、资源、经营管理模式等要素有机集成并优化。通过对经营过程的物料流、管理过程的信息流和决策过程的决策流进行有效的控制和协调，将企业内部供应链与外部供应链有机地集成起来进行管理，达到全局动态最优，适应在新的竞争环境下市场对生产和管理过程提出的高质量、高柔性和低成本的要求。

因而，供应链集成管理顺应时代的需要，建立电子商务供应链集成系统则是实施供应链集成管理的必要手段，具体包含内部供应链集成、外部供应链集成、建立集成化动态联盟三方面的集成必要性。

一、内部供应链集成的必要性

电商企业内部需要基于互联网的供应链集成。这一层次可实现电商企业直接控制领域的集成和企业内、外部供应链中供应商与用户管理的集成。集成的输出是集成化的计划和控制系统，主要采用供应链计划（SCP）和企业资源计划（ERP）系统进行实施。这两种信息技术都基于客户及服务体系在企业内部集成中的应用。有效的 SCP 集成了企业主要计划和决策业务，包括需求预测、库存计划、资源配置、设备管理、优化路径、基于能力约束的生产和作业计划、物料和能力计划、采购计划等。ERP 系统集成了企业业务流程中主要的执行职能，包括订单、财务、库存、生产制造、采购等管理职能。

二、外部供应链集成的必要性

将电商企业内部供应链与外部供应商和用户形成一个集成化供应链，与主要供应商和用户建立良好的合作伙伴关系，即所谓的供应链合作关系（Supply Chain Partner – ship）非常重要。此阶段，企业要特别注重战略伙伴关系管理，管理的焦点要以面向供应商和用户，取代面向产品，通过为用户提供与竞争者不同的产品、服务或增值的信息而获利。供应商管理库存（VMI）与共同计划预测与库存补充（CPFR）的应用就是企业建立良好的合作伙伴关系的实例。企业通过与用户、供应商和服务提供商实现集成与合作，共同在预测、产品设计、生产、运输计划和竞争策略等方面设计和控制整个供应链的运作。对于主要用户，企业一般建立以用户为核心的小组，提供有针对性的服务。在这一层次，企业采用销售点驱动的同步化、集成化计划和控制系统，集成用户订购数据和合作开发计划、基于约束的动态供应计划、生产计划等功能，以保证整个供应链中的成员同步化地进行供应链管理。

三、建立集成化供应链动态联盟的必要性

在完成企业内、外部供应链集成后，电商企业的供应链服务战略核心及发展目标应是占据市场领导地位，引领行业发展。为此，随着市场竞争的加剧，供应链共同体必将成为一个动态的网链结构，以适应市场对柔性、速度、创新、技术等的需要，不能适应供应链需求的企业将从供应链联盟中被淘汰，形成一个快速重构的动态组织结构，即集成化供应链动态联盟。集成化供应链动态联盟是基于一定的市场需求、根据共同的目标而组成的，通过实时信息的共享来实现集成。这是供应链管理发展的必然趋势。

第二节　电子商务供应链集成要素分析

电子商务供应链集成了所有加盟的节点企业，从原材料的供应开始，经过链中不同企业的制造加工、组装、分销等过程直到最终用户。它不仅是一条连接供应商、电子商务核心企业到用户的物料链、信息链、资金链，而且是一条增值链。由此可见，宏观上的物流、信息流、资金流、商流和微观上的供应商、电子商务企业、客户等节点企业是供应链的基本组成要素，如图 2 - 2 - 1 所示。

一、宏观要素

电子商务是通过因特网进行商务活动的商业模式，它集商流、物流、信息流、资金

流于一身。通过电子商务供应链集成，整合上下游业务，将这四个要素成功有效地结合起来，是电子商务这一商务模式得以发展的有力保障。

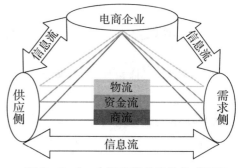

图 2 - 2 - 1　电子商务供应链集成要素

（一）商流

商流是指一种交易活动的过程，通过商流活动发生商品所有权的转移，所以商品所有权的转移是电子商务下商流所需要着重体现的内容，并且必须特别注意的是，电子商务下的商流并不包括资金的支付和资金的转移等过程。商流的产生首先是源于第三次科技革命之后电子商务的飞速发展；其次是伴随着电子商务诞生的网络货币支付方式所带有的特殊性使得商流和资金流朝着进一步分离的方向发展。

（二）物流

物流是指商品在空间和时间上的位移，包括采购配送、生产加工和仓储包装等流通环节中的物流情况。随着电子商务的发展，物流的概念又有了新的补充。大多数商品和服务依然采用传统的物流方式，而有些商品和服务可直接以网络传输的方式进行配送，如电子出版物、信息咨询服务等。电子商务供应链的物流具备了信息化、自动化、网络化、智能化、柔性化等特点。

（三）信息流

信息流主要包括商品信息的提供、促销行销、技术支持、售后服务等内容，也包括询价、报价单、付款通知、转账通知单等商业贸易单证，还包括交易方的支付能力、支付信用和中介信誉等。电子商务供应链管理的基础就是对节点企业信息流实施有效控制，企业借助于现代信息网络技术，使得信息流的流动变得更为通畅。信息流的产生伴随着整个业务的流转过程，信息流的不完整将直接影响到物流和资金流的作用结果，而控制流也就难以对业务起到事前、事中的控制作用，达不到精确管理。

（四）资金流

所谓资金流，是指在营销渠道成员间随着商品实物及其所有权的转移而发生的资金往来流程。在电子商务中，顾客通过浏览网页的方式选购商品或服务，在选购完成后进行在线支付。顾客支付的款项能否安全、及时、方便地到达商家，关系到交易的最后成败。因此，在线支付不论是对于顾客，还是对于商家，都具有非常重要的意义。而在线支付的关键就是资金流平台的建设。因此，作为电子商务四流中最特殊的一种，资金流扮演着重要的角色。

二、微观要素

电子商务供应链中的微观要素，是宏观要素的承载者，主要包括上游供应商、核心电子商务企业、下游客户三个基本要素。电子商务供应链节点企业在需求信息的驱动下，通过供应链的职能分工与合作（生产、分销、零售等），以资金流、信息流、物流、商流为媒介，实现整个供应链的不断增值。

（一）供应商

与传统供应链相似，在整条电子商务供应链中，供应商是物流的始发点，是资金流的终点，同时又是信息流的端点，任何需求信息都要最终分解成供应信息，需求的满足程度则要最终追溯到供应商对订单的实现程度。电子商务供应商可分为三类：成品供应商、原料供应商和辅配料供应商。

（二）电子商务企业

电子商务企业是电子商务供应链的核心。上游需要对接供应商，确保货物有足够的数量与品种供应；自身需要做好库存管理工作，尽量降低库存成本；下游需要对接第三方物流企业，确保物流环节的优质服务；同时，需要通过信息服务满足客户的合理需求，并做好用户评价工作；最后，还需要和银行进行业务对接，完成资金的支付与转账。

（三）客户

客户是一个广义概念，具体包括最终客户与经销商两种形式。最终客户即消费者，是商流与物流的终点；经销商是将货品从电子商务企业购买到，经过增值手段，再将货品出售到下一级经销商或最终客户。以客户为中心的客户关系管理是电子商务供应链中核心企业吸引和提高客户黏性的关键。

第三节 电子商务供应链集成形式

从本质上来说，供应链集成就是企业内部、企业之间通过价值链以及信息网络所实现的一种资源整合，是为了实现各部门之间、各企业之间的无缝合作，提供实时产品与服务。在市场竞争牵引和信息技术创新驱动下，每一个企业都是在追求生产过中的信息流、资金流、物流无缝链接与有机协同，产业链信息集成、协同研发体系与研发网络、协同供应链管理、贯穿整个供应链的价值链重构等方式的出现，成为了电子商务供应链集成的主要体现。其中，电子商务供应链的集成形式主要分为横向集成与纵向集成。

一、横向集成

横向集成又称为水平集成，即企业内部或是电子商务供应链中同级节点企业之间对于各日常运作系统的集成，是对同一类资源、同类型业务体系进行识别、选择、运作、协调，主要强调的优势资源在供应链内沿横向汇总提升常见于供应链的同级节点当中，在电子商务供应链内主要体现于两个层次：①在电子商务供应链的节点企业内部。最典型表现为供应商、生产商、电子商务核心企业内部的并行工程、准时生产和准时采购等，各企业通过对自身内部各部门间的业务关系进行协调，将有相互依存关系的各步操作进行横向集成，对同类资源进行协调、整合，在部门之间建立具有相近的工作细化程度和密切的工作联系，从而保证高效率的生产。②在电子商务供应链的同级节点企业之间。最典型表现为供应链中同级节点企业的合作企业以优势资源参与供应链资源集成，形成"强强联合，优势互补"的战略联盟，结成利益共同体去参与市场竞争；另有引入第三方、第四方企业进行业务外包，此时业务外包所获利润大于电子商务企业自身进行业务承担所获得的利润，从而实现提高服务质量的同时降低成本、快速响应顾客需求，给予顾客更多选择的目的。

按照横向集成过程中的核心要素，将横向集成分为两大级别：企业集成、组织集成。

（一）企业集成

横向集成主要实现电子商务供应链同级节点的企业与企业之间、企业与售出产品之间的协同，对于电子商务供应链的核心企业或大型供应商、制造商来说，其对于同级或同类的上游供应商或下游分销商、外包企业、客户之间的集成则属于横向企业集成，对于供应链中的各级企业来说，自身内部的业务信息在部门之间贯通也是一种横向的企业集成。企业集成可分为三类模型：

1. 以金融为中心的宏观企业群集成

以电子商务业务为核心的企业更需要以资本、技术、信息作为业务支撑，一群生产截然不同产品的企业，作为同一电子商务企业的供应商或业务外包企业，松耦合地或紧耦合地集成在电子商务企业的销售平台及其供应链系统中，电子商务供应链的核心企业之间往往会建立一种在金融上相互支援或相互统筹的关系，在大型企业或供应链项目背景下，还可在银行的支持下与银行集成在一起，形成宏观集成。

因此形成的宏观企业集成的主要形式有两种：

（1）围绕"一个大银行＋一至两个大型企业"的企业集成形式。

此种集成方式有利于当上游供应商、制造商或电子商务企业自身为了改善其产品在市场中的地位，需要进行技术革新和改造、新产品开发等而需要注入资金时，能得到及时、有力和充分的支持。

（2）由"几个大型企业"形成的企业集成形式。

此种方式形成的宏观集成企业集团，具有强大的竞争实力，通过组织起来，相互支援的方式，保持灵敏反应，稳定地占有或扩大自己的市场占有份额，逐步去除低效益的部分，取得越来越大的效益。

这两种方式形成的以电子商务企业为核心的大集团之间是相互竞争而非垄断的关系，且这种竞争主要是同行业中的几家大集团之间，竞争基本适度，属良性竞争，此种竞争有利于促进产品或服务质量的不断进步、价格降低，使消费者受益。

2. 以产品为中心的中观企业群集成

中观企业群集成是以电子商务供应链中的产品为中心的一群企业的集成，由一大群供应企业和销售企业集成于核心电子商务企业之下。该电子商务供应链核心企业联系着两条链：一为供应链；二为销售链。

其中，产品的供应链是多级的，即一级供应商、二级供应商、三级供应商的内部的相互配合、协同组织、资源互助，且在繁杂的工艺产品生产制造过程中，有可能存在更多级别的供应商，最低级的供应商有可能仅仅是制造一个零件的工作间。或是在企业内部的各部门之间，采购计划、库存控制、生产、销售、财务等多方面也需要相互配合与支持，才能使得企业在生产工艺、业务流程及市场竞争中具有突出优势，其体系形式如图 2－2－2 所示。

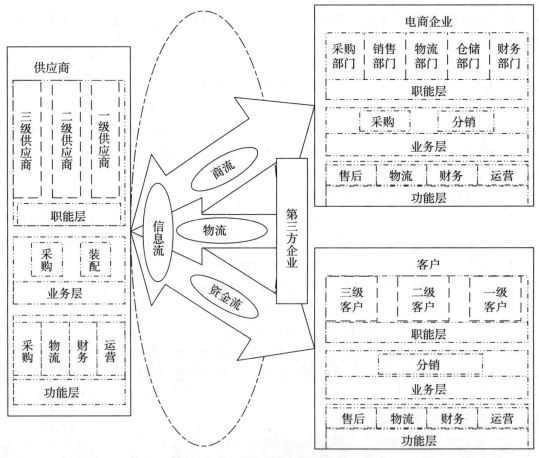

图 2－2－2　中观企业群集成体系示意

（1）中观集成目标。

电子商务供应链的中观集成追求"适、敏、精、益"的目标，即适应性、敏捷性、精质性、益省性，也就是说，产品要适应市场的要求、适应供应市场的速度要足够敏捷、产品质量要适应市场的要求、且效益要高、最大限度降低成本。其中企业建设、运行的目标是使自己的产品能适应市场不断变化的要求，即在满足适应性的前提下，实现敏捷性和精质性，保证按质量、按速度满足市场的要求，同时必须要省，最大限度地降低成本，取得高的效益，企业才能生存和发展，才能达到真正意义上的集成，得到最终的低成本、高效益。

（2）中观集成实例。

中观集成在电子商务供应链中最常见的实例是精益生产方式，主要是 JIT（Just in Time）采购、结合 JIT 生产和敏捷制造的思维，该生产方式能最灵敏地响应市场的需求，利用以电子商务供应链集成系统为核心的通信网络、数据库迅速地寻找其供应链合作伙伴企业，实现中观集成，以最快速度向市场供应足够数量的产品；在企业内部的生产环境中严格把关每个生产流程的质量，以免最终质检时出现错误浪费作业时间和资源在取得精质性的同时，取得了益省性；在每个工位上减少零部件存储，大幅降低生产过程中的存储，节省了被积压的流动资金，取得了更好的益省性；同时，对生产系统中各种企业活动进行全面、彻底的反省，去掉一切不增值的企业活动，从而节省了开支，减少了环节，缩短了生产链，加快了生产速度，兼收了敏捷性和精益性之利；形成固定的供应链、销售链，忠诚的相互依赖关系，联合产品设计，共同创造产品的适应性、敏捷性、精质性和益省性。

3. 以单个企业内部行为为中心的微观集成

微观集成是以电子商务供应链上的各级供应商或电子商务企业的内部行为为中心的单个企业的内部集成，是一个企业内部的设计维（D）、制造维（M）和管理维（M）之间的集成。

特别是，在中观集成中述及的精益生产和敏捷制造的概念也适用于微观集成。即一个企业内部的设计部门（D）、制造部门（M）、管理部门（M）也必须协同工作去追求精益性和敏捷性。而产品在市场中的高精益性和敏捷性，应由整个产品的供应链和销售链上的所有企业按精益性和敏捷性的要求进行有效的中观集成来保证。

（二）组织集成

集成的电子商务供应链作为以电子商务企业及其平台为载体、结合多种技术、囊括大量数据、承载多种集成体系的产品工艺及销售流程的新型供应链模式，对于劳动工具、生产工艺、生产过程、产品功能、物流过程、销售网络及售后服务等多方面集成统一已经成为了一种发展趋势。而供应链的组织集成与企业集成最大的区别则是对于原有供应链之外的企业，如第三方物流、生产外包等企业的集成与协作，这种集成方式是从新的角度和层面入手对待各种资源要素，拓宽企业资源优化配置的范围，充分整合和利用企业内外部资源，促进各项要素、功能、优势之间的互补和匹配，使其产生集成效应，使电子商务核心企业及其供应商、制造商获得更大的竞争优势。

电子商务供应链的组织集成多是指其自身与各级供应商、制造商与第三方物流企业通过契约、股权参与或合资等方式共同建立的信息完全、渠道畅通、配置优化、角色特定、规则明确、风险共担、收益共享的以电子商务业务为核心业务的供应链战略伙伴关系，或物流战略联盟。组织集成建立在供应链的战略集成、资源集成、市场集成、信息集成的能力基础上，对整条电子商务供应链及各级节点自身的绩效、利润进行综合考量，协商引进第三方企业及其他合作伙伴，从而实现更全面的供应链战略设计，实行业务流程再造，形成更有效的供应链管理模式。

特别需要说明的是，第三方企业或其他业务外包企业在原本供应链成员企业考量外包利润与自产或自营运作效益之后加入供应链中，形成多方共赢的合作模式。对于第三方企业来说，这是一种拓宽市场、建立合作伙伴关系、汲取经验、提升业务能力的合作方式，也能够在同类第三方企业中凸显竞争优势；同时，电子商务企业与供应商在业务外包的方式中，能够有效减少利润微薄的环节、取消冗余的业务部门，能够在相对专业化要求较高的业务中凸显优势，大大提高了服务水平。

因此，可以说，组织集成更有利于在电子商务供应链集成管理中形成以电子商务企业为核心的多个企业相互依存、相互促进、相互协作的供应链联盟，能极大地提高联盟的资产重组效率，优化资源配置，有效获取资源、利用资源、发展新资源，避免联盟内部竞争，开展协同商务，从而降低整条供应链的交易成本，提高绩效。

二、纵向集成

纵向集成是指按企业运营过程中同类管理功能的集成，是供应链上下游企业之间的业务运作，如各类企业计划管理工作中的长期计划、年度计划、生产企业车间层的作业计划和生产调度等。纵向集成是供应链中核心企业对相关纵向活动所有权的体现，对其产品价值链连续阶段的所有权和控制越大，它的纵向集成程度就越高。一个高度纵向集成的企业，可以控制从原料准备到产品零售的全部行动。

在电子商务供应链中，纵向集成的含义主要是指通过以电子商务企业为核心的供应链，对市场需求能力、电子商务企业的销售能力、供应商的生产计划和投入出产计划分别进行粗、细能力平衡，该种集成方式能够将电子商务企业的需求以及一级（二级）供应商企业承接订单的能力和意愿，反映到二级（一级）供应商企业的生产计划中，同时，上下游企业的需求情况、生产进度信息可共同作为滚动编制计划的依据，其目的在于保持上下游企业间生产活动的同步，从而达到供应链的高效率、高效益。

从供应链集成的深度和广度来看，纵向集成可分成三个级别：资源集成、业务集成、全面的供应链集成。

（一）资源集成

供应链主要是由商流、物流、信息流、资金流四流共同驱动的，商流是供应链企业业务开展的基础，资金流是完成供应链各部分建设、运作的保障，信息流作为供应链上下游企业沟通和生产运作的基础，物流是实现供应链效益的重要一环，其在供应链循环体系中的基础关系如图2－2－3所示。

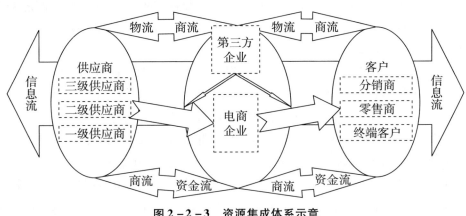

图2－2－3　资源集成体系示意

对于供应链的集成从这四部分资源作为集成源头，则是必要且可行的。其中最为重要且直观通过电子商务供应链集成系统实现的则为信息流集成。

供应链信息流集成是指运用现代信息技术、数据库技术、多媒体技术、供应链集成技术等，开发供应链管理软件，实现整个电子商务供应链各方面信息的收集、整合、分析和处理，对供应链各项业务进行预测和辅助决策，对供应链进行实时监督和控制，降低供应链管理成本，提高供应链的管理效率。典型的信息集成应用方式即在供应链上下游企业之间建立信息网络，使供应链中的信息系统彼此相互关联，实现从各级供应商、制造商、电子商务核心企业到客户的信息共享与协调。

在整个电子商务供应链中，是以电子商务核心企业的战略目标为总指引，互补性地配置整个供应链内部企业的战略资源，从而达到上下游企业、电子商务企业和客户之间的需求、销售情况、订单意愿和生产计划的互联互通。供应链各核心企业只有通过信息共享才能彼此合作，各节点企业才能使最终产品的价值倍增、物流总成本最低，实现更快的顾客需求响应。

因此，应加强节点企业之间的协调。供应商、制造商、电子商务核心企业、分销商及客户之间的信息流对于实施供应链的协调运作至关重要，供应链管理需要来自各个节点企业的准确、实时信息。当信息集成能够使电子商务企业所收到的顾客订单、供应商生产计划与其自身销售数据、库存报告、运输安排、在途物资等关键信息在整个供应链系统中实现共享，保证对分部信息源的受控访问，以及支持对分散的功能活动协调时，即可实现纵向集成的电子商务供应链管理。

（二）业务集成——协同计划

电子商务供应链的业务集成主要体现方式为上游供应链联通电子商务企业共同完成的协同计划。

协同计划是供应链上的成员企业针对生产安排、预测补充所采取的联合设计和执行计划，根据共享的信息所进行的生产运营措施。主要用于供应链的采购、生产、物流、销售需求等方面的预测和计划，其核心是各级供应商、制造商的生产排程计划与电子商务企业的需求销售决策计划，并具有考虑需求变化和各节点企业行为综合做出的合作预测与需求管理功能，具有综合多元分析评价企业实际运行及资源库存数据用于支持决策的销售运营分析功能，具有完成企业内部的生产与日程计划的生产和排程计划功能，具有在供应链信息共享的条件下分析订货与赢利信息，从而优化定价与交货期的订货响应功能，具有结合企业生产及日程计划、供货、配货、物流网络结构而制订综合物流计划功能等多种基于多方面考量、数据分析、实时判断的供应链服务与决策功能的综合性体系，成为整个供应链的计划工具，以达到有效降低成本、改进质量、提高性能、对市场需求作出快速整体反应的目的。

在已建立合作伙伴关系、已完成信息集成的电子商务供应链集成体系中，协同计划决定了各级节点、各个合作伙伴、各道工序、各个环节的工作任务、完成时间及数量等一系列问题。由于这种计划完全是被最终用户需求即市场需求所驱动的，最终用户的所有需求在整个供应链中的执行情况具有透明的可追溯性，也是电子商务供应链中各合作企业根据整个供应链的共享信息，通过共享预测、计划、需求、及时跟踪变化最终制订的协调一致的供应链计划，因此可以实现灵活、准确、高效、可靠及低成本运作。

1. 协同计划内涵

电子商务供应链协同计划主要包括货运排程计划、生产排程计划、运输计划、制造计划、分销计划、库存计划、供应链计划、销售与运作计划、需求计划、供应链网络设计和战略计划等。

2. 协同计划原则

电子商务供应链的协同计划包含三条指导性原则：

（1）供应链中各合作伙伴的框架结构与运作过程均以客户及市场为中心，并且面向整体价值链进行协同运作；

（2）供应链中各合作伙伴有义务共同负责开发共享的客户需求预测系统，且依此系统作为整个价值链计划的驱动；

（3）供应链中各合作伙伴需承诺共享预测，并在消除供应过程约束上共担风险。

3. 协同计划目标

电子商务供应链协同计划的目标则是打破传统供应链计划的局限性，从整条供应链的角度优化计划和决策，其主要方式及实现效果如下：

（1）实现对瓶颈问题的智能管理，对供应链中的各类资源进行快速优化处理及重组分配，跨越供应链同步优化资源利用率，最大限度地提高供应链效率；

（2）实现可视化、快速化的多方位优化管理，分析和预测由于供应链及市场需求相互作用产生的变化，支持供应链上前向洞察业务过程，使得各级节点做出快速响应；

（3）实现即时故障预警信号与处理功能，能够对供应链上供需不平衡的状况产生失衡信号，直观引导电子商务企业协助供应商共同监控供应链上的各项业务问题和对意外事件的处理；

（4）实现基于实际供应链网络的详细模型、计划目标的高度可配置性，将所有可运行的计划连接在一起，以达到满足需求最大化、订单延迟最小化、安全库存量和库存短缺最小化、均匀资源采购、需求划分结合业务优先级别等完全可配置的业务功能；

（5）实现通过智能化的优化技术，建立供应链硬约束和软约束结合目标规划模型，引用定制化策略，采用可配置的启发式算法等，优化解决供应链管理的速度和平衡问题；

（6）实现对于供应链整体的业务流程、规则和目标变化的灵活性和适应性要求，配备可供选择的业务规则、目标运算法则、灵活的、多位预测和绘制工具等的具有可扩展的适应性；

（7）实现生产环境、交货日期、备选资源、订单种类、订单数量、储存约束等外部因素相结合的广泛供应链模拟，可作为可行和优化计划编制的基础与参考；

（8）实现包括基于行业类别业务、伸缩弹性采购、生产配送规划解决方案在内的行业最佳模板，供企业参考和选用；

（9）实现侧重于收入、成本、资产利用率三项的财务指标模拟，即通过改善收益表和资产负债表中关键因素实现股东权益最大化的策略方法。

4. 协同计划方式

协同计划的实现方式包括同步的产品设计和试制，以及大规模定制化生产。在电子商务业务基于互联网与大数据的基础之下，对于用户的需求分析就更加便捷和迅速，在这样的模式下，电子商务企业将个性化、定制化的订单和新产品需求信息快速导入电子商务供应链集成系统中，通过信息集成体现在订单管理系统与生产管理系统之中，在供应商、制造商具有柔性灵活且保证运营高效率的能力基础上，实现柔性、灵活与高效率的统一，即大规模定制的模式。

在大规模定制模式下，用户的参与互动使得用户成为了电子商务企业及其供应商、制造商或者其某一款产品的粉丝，用户需求更加稳定，购买意愿也更加强烈，即可带来更多的用户资源。这些都基于电子商务供应链集成系统中完善的信息集成，通过实现信息快速、准确、完整地流转，运用现代化生产管理与资源配置模式，建立柔性的、灵活的、可以支撑个性化的或者是小批量多品种的自动化生产系统，深化以网络、信息、集成为基础的电子商务供应链的战略层面和转型层面内涵，构建属于自身的独特智能化工厂体系。

对于客户来说，定制化生产模式使得购买过程不再需要中间渠道，有利于有效节省购买时间，且更大程度地满足用户的个性化需求；而对于电子商务企业及其供应商来说，定制化生产模式更有利于形成新的现金流，能够有效且合理地控制采购，且定制化产品生产完成即可通过电子商务企业平台发送完成信息给用户，直接由本企业的物流部门或第三方物流公司进行包装、装车和发货，也使电子商务企业及其制造商、供应商大量降低库存，减少搬运和上下车的动作，再次去除了许多没有价值的环节与资源方面的浪费，有效节约时间、空间、人力、物力、财力。

（三）全面供应链集成

供应链的纵向集成按照延伸方向主要分为后向集成和前向集成。后向集成是指企业拥有和控制它集成自己投入的生产，大多出现于供应商或制造商中，即从基本原材料的采购到生产加工，再从零部件的生产到组装均由自身企业完成，或由自身合资或持股或外包的企业完成；前向集成即是企业拥有可控制它自己的客户，多出现于包装回收等延伸服务中。

按照广度，还可将供应链的纵向集成分成全部集成和部分集成。全部集成存在于两个生产阶段之间，此时所有第一阶段的生产都转移到第二阶段，没有来自第三方的销售或购买，即电子商务企业的产品仅由其自营的制造企业生产，且仅供自己进行下一步组装加工或直接销售，既不引入其他供应商、制造商的原材料、零部件、半成品甚至是产品，也不将自营的零部件、半成品或产成品提供给其他客户；而部分集成则存在于生产的各个阶段没有内在的自给自足时，即常见的企业之间的产出与购入的合作关系。

综合来看，结合新型信息化技术、供应链集成技术与供应链管理模式，全面的供应链集成则是尽可能地在部分集成的基础上结合前向集成和后向集成，真正将整个供应链中的企业优势资源进行整合，充分发挥电子商务供应链集成系统的信息互通、资源共享、计划同步、技术互补的优势，最大限度利用整个供应链中所涉及的资金、人力、物力、技术等各类资源，且在发展中逐步完善电子商务供应链集成系统，从而避免由于全部集成而造成的产业闭塞、资金断链、工艺落后、资源浪费等不必要的成本浪费，这样才能建造一个良好集成的供应链环境，为供应链中的参与者提供一个全新的商业运作模式，使得整条供应链上的各级节点企业，以至于整个供应链网络中的企业，以全新的更有效的方式追求企业的目标。

全面供应链集成方式主要有以下几种。

1. 资源共享

传统供应链中，各节点企业的信息较为闭塞，大型企业往往在供应链中处于资源、资金、信息、主导权的垄断地位，容易形成某级节点、某供应商由于市场需求预测的失误，以及供应链中出现的"牛鞭效应"而产生的生产停滞，甚至造成长期的超额库存，最终造成大量过期库存，然而其上游相关企业或下游相连企业可能是由于该种资源短缺而形成的需求降低，这便是由于企业之间的计划和需求了解不畅而导致的断链现象。

而在一个良好的供应链集成环境之中，基于信息、资源的高度共享，物料的信息是被放在整个供应链中而被所有的参与者访问的，单个企业内部的不可用资源在整个供应链中则可能是可利用资源，该资源会被电子商务供应链的协同计划自动的利用，同理，企业的空余能力、未按期完成订单都有可能在整个供应链环境中被协同利用和处理。因此，可以达到资源共享、合理利用、提升效益的作用。

2. 优化结构

在高度协调集成的供应链环境中，信息流、物流、商流和资金流各自成为电子商务供应链集成系统中的一个重要分支，与整个供应链上的节点企业及其作业流程、经营运作相关，而这四流相互之间的影响关系相对减弱，如以信息流为基础，物流、商流、资金流可分别跨越中间环节直接进行，从而减少中间环节、缩短订单交付时长，达到提高绩效的目的。

特别突出的是，在信息集成的基础之上，可以通过电子商务供应链集成系统，将电子商务企业、客户和供应链上的各合作伙伴连接在一起，在线处理订单和采购业务，大大简化了实际物流，即形成了大量更为灵活的业务处理模式，如客户在电子商务企业的平台中，通过互联网进行订单在线处理，客户所需的产品可直接由供应商的库存部分发送给客户，不需要在电子商务企业的配送中心停留，其结果是低成本、快速、准确的订单处理和客户服务；同理，电子商务企业自身的备用库存采购计划也可通过供应链集成系统，由各级供应商进行配送，同样可达到快速高效的效果。

3. 大规模定制

正如在上述协同计划中提到的，通过集成的信息系统平台可以实现客户直接通过网络定制自己所喜欢的产品，用户的定制需求在一个高度集成的供应链环境中被所有的参与者协同地完成。

该种方式驱动于最终用户需求（市场需求），最终用户的所有需求在整个供应链中的执行情况具有透明的可追溯性，各节点企业通过共享预测、计划、需求、及时跟踪变化，最终制定的协调一致的贯通整条供应链的大规模定制集成业务模式。

该种生产方式，减少了客户在购买过程中的中间渠道，有效节省购买时间，满足其个性化需求，同时，为电子商务企业及其供应商、制造商提供了新的现金流，有效且合理地控制采购，大量降低库存，下线后直接运输减少了搬运和上下车的动作，提高了效率，增加了效益。

总的来说，全面供应链集成类似于一个大型的虚拟企业组织，组织里每个成员共享信息、协同计划、使用协调一致的业务处理流程，共同应对复杂多变的市场，为最终用户提供高效快捷、灵活的支持和服务，从而在竞争中获得优势。

第四节 电子商务供应链集成系统的优势

一、信息集成

信息集成是指供应链成员中的信息共享。理想情况下，信息共享能实现供应链成员实时在线访问。信息集成是供应链集成的基础，供应链上的各企业要协调他们的产品、资金和信息流，就必须有权准确而及时地使用反映供应链状态的信息。因此，所有供应链伙伴实时地共享信息的能力是改进供应链性能的关键。

二、计划同步

计划同步是指产品导入、预测和补货计划的联合设计和执行。本质上定义了共享信息的用途，是供应链成员之间就共享信息采取明确行动的双边协议。供应链成员在实现信息共享后，以客户需求为首要预测标准，结合资源及技术情况，协商制订同步计划，使供应链上下游的生产排程计划一致，进一步减少"牛鞭效应"带来的需求放大。

三、工作流协调

工作流协调是指供应链伙伴间高效的自动化的工作流活动。互联网数据及信息为企业协调、集成、自动化商业流程进一步协作提供了技术支持。例如，互联网能够协助管理复杂的采购流程，使用基于网络的电子采购系统，动态地将企业采购部门连接至网络实时交易市场，采用基于互联网的解决方案来提高工作流的效率。

四、商业模式创新

电子商务供应链集成服务在效率上取得的改进不只是增量式的，同时也实现了全新商业运作模式的成功探索。电子商务供应链重新定义了供应链成员间的物流关系，重新确立了各成员在各环节的作用与责任，从而改进了供应链整体效率。供应链网络也为多个企业联合开发新产品、大规模定制、渗透新市场、拓展新顾客提供了可能。

第五节　电子商务供应链集成系统的基础

电子商务供应链集成系统是增强企业竞争力的重要途径，可以有效地实现供求的良好结合，刺激消费需求，使分散的供应商、电子商务企业、客户连接成一个动态的、集成的、虚拟的供应链网络，从而降低核心电子商务企业的采购成本和物流成本，提高企业对市场和最终顾客需求的响应速度。而有效地建立电子商务供应链集成系统需要政策、行业、企业、技术、模型、方法等良好的基础，如图2-2-4所示。各方协作，实现电子商务供应链的协同运营。

一、政策基础

要促进电子商务健康、有序、快速发展，必须提供一个公平规范的法律环境。近年来，政府及相关部门制定了一系列电子商务政策，使我国电子商务的政策法律环境有了一定的改善。同时随着跨境电商的快速发展，国外的电子商务政策也成为电子商务供应链集成系统的政策基础。

（一）国内电商政策基础

2005年1月，国务院办公厅就出台了《关于加快电子商务发展的若干意见》，提出了加快电子商务发展的指导思想和基本原则，以完善的政策法规环境，规范电子商务发展。

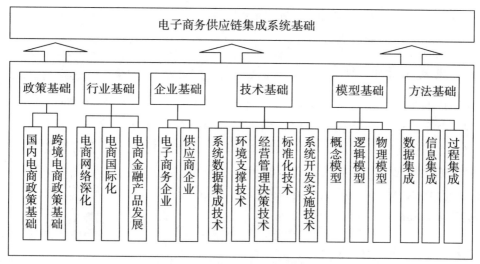

图 2 - 2 - 4　电子商务供应链集成系统基础

2015 年 5 月，国务院发布《关于大力发展电子商务加快培育经济新动力的意见》，部署进一步促进电子商务创新发展，从降低准入门槛、促进就业创业、推动转型升级、完善物流基础设施、提升对外开放水平、构筑安全保障防线、健全支撑体系七个方面协调推动区域电子商务发展。

（二）跨境电商政策基础

2012 年，商务部提出《关于利用电子商务平台开展对外贸易的若干意见》；2013 年 4 月，国家发展改革委、商务部等 13 部门共同下发了《关于进一步促进电子商务健康发展快速发展有关工作通知》，完善了跨境贸易电子商务通关服务；7 月，国务院出台《国务院办公厅关于促进进出口稳增长、调结构的若干意见》，支持外贸综合服务企业为中小民营企业出口提供融资、通关、退税等服务，创造条件对服务出口实行零税率，积极扩大商品进口。

二、行业基础

中国电子商务行业规模已于 2015 年超越美国，中国已经成为全球网民数量最多的国家。随着个人收入的增加以及在线购物体验的逐渐改善，未来 5 年中国的在线购物支出预计将呈现迅速增长趋势，为电子商务供应链集成提供了发展契机。

（一）电商网络深化

在一线城市，各种形式的电商充斥着人们的生活，加之物流以及网络的发达，"网购"俨然已成为一线城市的居民最为热衷的生活方式，而相对于一线城市，二线、三线城市再到乡镇农村还有大规模的用户群体待挖掘，而且在二线、三线城市从事电商行业的公司比较紧缺，其中还有假货泛滥、产品监管有漏洞等不健全的发展因素制约着二线、三线城市电商产业的发展。但同时基础设施建设的跟进，二线、三线城市居民消费观的转变，电商下沉也"水到渠成"。

（二）电商国际化

国内用户的海外购物需求逐渐膨胀，而目前通过个人进行海外代购存在很多弊端，其一采购量有限，其二假货较多，包括提供的海外代购小票等很多证明文件均可造假，消费者权益很难保障，还有就是整个采购周期较长，退换货困难，这些都是目前海淘的弊端。但是如果集成电子商务供应链上的全球供应商，消费者可以享受更多海外购物的便利以及资金保障，另外，对于开拓海外市场以及引进外国品牌进驻都会起到一定积极作用，实现多方共赢。

（三）电商金融产品发展

集成支付平台的电子商务企业，无论是技术、安全还是资金，都给电商提供金融服务打好了基础。京东推出了包含京东白条、项目众筹等功能的京东金融平台，支付宝也针对淘宝卖家推出了信用支付手段，以及越来越多P2P（网络借贷）平台涌现，电商兼具了越来越多的银行功能，这些都让我们看到，未来电商在互联网金融方面的野心。但是目前最大的变数来自政府的政策是否会限制这种爆炸式发展的局面，当然必要的行业规定规范互联网金融是十分必要的。

三、企业基础

随着计算机技术、互联网技术的飞速发展以及市场对产品需求的实时化、个性化，电子商务供应链系统集成以其自身的高效性、互动性、强适应性等优势成为时代的潮流和新兴的经营模式，各类电子商务相关企业为了迎合和适应时代的需要，也积极形成集成供应链，为自身的快速发展拓宽途径。

（一）电子商务企业

我国电子商务企业起步较晚，但总体发展较快，发展模式主要有B2B、B2C以及C2C。主要分布在经济较为发达且相关配套设施较为齐全的省市。总体来说，我国电子商务企业正处于快速发展时期，市场需求大，但地区分布不平衡，经营模式的创新程度有待加强，急需通过电子商务供应链集成来增强核心竞争力，适应市场需求。

（二）供应商企业

随着信息化水平的提高以及管理模式和体系的完善，企业普遍建立电子商务平台，建立了正式和完善的供应商选择准入体系、动态评估和评估反馈系统，在网上与供应商进行同步的双向沟通，实现供应商的在线投标和采购协同，对供应商的绩效状况进行在线评价，通过与供应商的密切配合和沟通，使供应商参与到企业的前期技术研发和攻关活动中，实现供应商与电商企业的能力互补。

四、技术基础

集成技术是电子商务供应链集成顺利完成的重要支撑。集成技术并不仅仅是把各项技术简单地互联在一起，而是全方位地把分离的子系统有机地组合成一个一体化的、功能更加强大的新型系统，并使之彼此协调工作，发挥整体效益，达到整体性能最优。电子商务供应链系统集成需要以系统数据集成技术、系统环境支撑技术、经营管理及决策技术、标准化技术与系统开发与实施技术为基础。

（一）系统数据集成技术

系统数据集成技术包括数据聚合技术与数据集中技术，通过这些技术的应用，可实现在电子商务供应链的各类信息系统内完成永久数据的创建、更新查询等系统操作，还可以完成数据访问权限、完整性约束规则的建立与维护。

（二）环境支撑技术

系统集成需要解决各类硬件设备、应用软件等与子系统、供应链环境、人员配备相关的一切面向集成的问题，而这些都需要支撑环境的支持。环境支撑技术包括网络、数据库，集成平台、框架，计算机辅助软件工程，计算机支持协同工作及人机接口技术。

（三）经营管理及决策技术

电子商务供应链系统的总体目标以及战略规划需要各种决策的支持，畅通的决策是通过决策意图的顺利下达并付诸实施表现的，经营管理及决策技术同时打破信息服务的局限，从全局出发，为电子商务供应链的决策者提供多角度、多层面的决策服务支持。

（四）标准化技术

电子商务供应链集成上游供应商、核心电子商务企业、下游客户等大量的合作企业，标准化技术可以统一数据的表达、传输格式，方便数据的共享，主要包括数据交换、过程信息标准、格式标准及图形软件标准。图形软件标准是指系统的各界面之间进行数据传递和通信的接口标准，又称为图形界面标准。

（五）系统开发与实施技术

确定良好的系统开发与实施技术可以使开发效率更高，减少重复工作，且使电子商务供应链集成系统不偏离实际要求。在电子商务供应链系统开发过程中，尽可能重复使用已有的软件元素，这样可以在保证软件质量的基础上加快开发速度，提高软件生产率。

五、模型基础

电子商务供应链数字化系统模型是基于物理系统、逻辑系统和应用系统的集成。根据电子商务企业及上下游企业涉及的主要业务，抽象出电子商务供应链的概念模型，然后对应用系统进行层次分解，设计其所涵盖的各个系统及其子系统，最后通过物理模型和逻辑模型实现整个信息系统的集成与整合。

（一）概念模型

电子商务供应链集成系统概念模型是主观与客观之间的桥梁，用于为一定的目标设计系统、收集信息而服务的一个概念性的工具。具体到计算机系统，概念模型是客观世界到机器世界的一个中间层次。首先将现实世界抽象为信息世界，然后将信息世界转化为机器世界，信息世界中的这一信息结构，就是概念模型。概念模型是按用户的观点对数据和信息建模。

（二）逻辑模型

电子商务供应链集成系统的逻辑模型是系统内部逻辑结构的描述，从本质上说，它是系统概念模型的计算机观点的描述，是现实世界的信息处理过程在计算机世界的逻辑映射。逻辑模型描述了电子商务供应链集成系统中信息的所有细节以及这些信息的相互关系，描述了对这些信息的操作以及信息的输入、输出和存储等过程。

（三）物理模型

物理模型是电子商务供应链综合集成的物理实现，它描述了系统的数据处理与存储结构以及网络结构等，具有系统的所有实现细节。基于数据、信息和过程集成的物理模型实质上是逻辑模型在数据库集成的实现，确定了数据的物理存放以及数据的索引策略，它可以提高数据分析处理的效率、改善共享数据库的性能。

六、方法基础

对电子商务供应链系统进行综合集成，除了系统综合集成建模体系为其提供结构框架参考外，还需要各种方法来支持系统综合集成模型的实现。电子商务供应链系统涉及多功能、多业务的集成，应用综合集成的方法，通过数据集成、信息集成、过程集成实现相关业务系统融合。

（一）数据集成

数据集成是整个数字化系统集成的关键和基础。由于电子商务供应链各业务系统基于不同的数据库管理系统，使得各系统中原有的基础数据存在很大的语义、结构差异，很难做到信息共享，因此需要对系统的数据和信息进行集成与共享，加强不同业务信息系统的资源共享和异构系统互联互通。

（二）信息集成

基于电子商务供应链数字化系统信息集成的需求，实现将各业务系统无序的信息操纵整理、组织、融合成有序的信息操纵集，主要包括数据流的集成、信息流的集成、信息管理的集成和信息服务的集成四个层面，为过程集成打下基础。

（三）过程集成

过程集成是利用计算机集成支持软件工具高效、实时地实现各应用系统间的数据、资源的共享及协同工作，将各孤立的应用集成起来形成协调的电子商务供应链数字化系统。业务流程集成和业务逻辑集成（应用集成）实现了面向过程的集成。

第六节　电子商务供应链集成理论—实践—理论演进过程分析

对于电子商务供应链的研究能够明确供应链内部及其网络的成员企业关系，将为电子商务企业、生产制造企业、物流外包企业、辅助功能主体提供构建完善应急处理机制、快速精准挖掘合作方、拓展资源范围及种类等多方面资料及数据的理论基础，同时，将理论应用于实践，不仅能够对理论进行验证，各不同供应链、网络、节点企业也能在理论提炼的基础上，结合实际情况，高效开展生产、销售、服务等多种业务，进而再次分析问题、总结经验，形成逐步上升的良性循环。理论—实践—理论的演化进程说明如图2-2-5所示。

一、理论形成背景

电子商务供应链实际上就是在商品（服务）从原料、零部件到半成品再到产成品，最终送至客户手中的过程，各环节及环节涉及的企业、人员、信息、资金等形成了多个供需圈，而在该多样的供需圈及相应的层级之间，企业作为从原料采购、产品设计加工到最终销售及售后均有参与及发挥重要作用的个体，相应的运营压力及模式则需要根据市场需求及产业结构调整、资金结构、合作关系等多方面进行实时调整，这就需要生产制造企业与供应商之间、与电子商务企业之间、与客户之间，或是其自身的各部门之间的信息沟通与业务配合。同时，随着互联网技术的发展及工业信息化、自动化的提升，电子商务供应链整体、各环节、各部分企业均对整条供应链及扩展网络的资源合理性、利用率、信息透明度、企业效率效益等有了更深层次及程度的要求，对于电子商务供应链资源、信息、资金等多方面的整合与集成的理念应运而生。

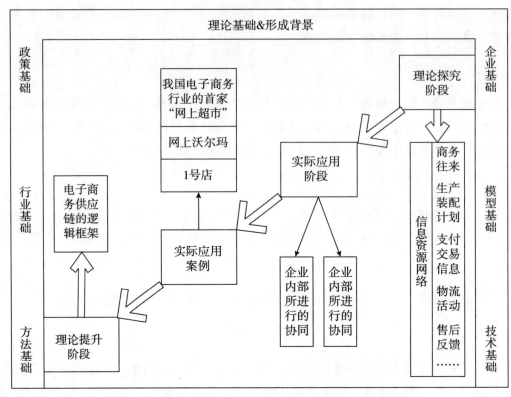

图 2 - 2 - 5　电子商务供应链理论—实践—理论演进过程

二、理论探究阶段

　　基于电子商务企业及生产企业从空间和资源两个维度分为的四种基本类型，即单一封闭型、单一开放型、多样封闭型和多样开放型，以具有嵌入式节点、内聚性、路径依赖性的单一封闭的创业型中小规模企业为电子商务网络的逻辑起点，以具有稳定经营状态、多种混合节点、组织间管理度高、管理意识成熟的多样开放型企业为网络的逻辑终点。对于电子商务供应链的集成整合则是将供应链网络上各节点、各环节由单一封闭型成长为多样开放型的过程，即为了在满足顾客需求的前提下，通过对其中原料供应商、产品生产者、仓储配送部门或企业、企业销售部门、电子商务企业及其平台系统、客户资源，结合信息及资金、商机等进行有机的整合并协同管理，以达到效率最高成本最低的目标。

　　结合电子商务自身网络化、信息化、自动化的特性，基于大数据分析与现代企业快速适应市场的能力，将商务往来、生产装配计划、支付交易信息、物流活动、售后反馈等由相应的信息资源网格获取并规范聚合供应链，标注已知企业关系数据，借助关系分析工具及方法对标准信息进行综合分析，支持更加全面的企业关系信息推理，分析和预测供应链网络的变异甚至重构，最终绘制电子商务供应链网络关系图，建立与优化可视化模块，综合提供供应链整体及各部分的决策建议，供电子商务供应链成员企业参考借鉴。

三、实际应用阶段

根据电子商务供应链集成范围的大小，结合企业协同关系，将电子商务供应链集成理论的实际应用分成以下两个方面：

（一）企业内部所进行的协同

即在电子商务企业内部不同部门或相同部门不同工作组之间进行的企业内部协同，主要目的是对企业内的资源、信息以及人力进行合理管理和分配。包括采购部门对原料的采购，生产部门对原料的加工，仓储部门对产品的暂存，销售部门进行销售，物流部门进行配送等过程之间的相互协同。

（二）企业之间所进行的协同

与内部协同相对应，电子商务供应链上企业与企业之间的交流配合也是一种常见的供应链集成方式。特别是结合目前严峻的国际经济形势，不定的市场经营方向，多变的用户需求量与喜好，建立集成的电子商务供应链企业协同管理，在供应链中实施多项集成与资源整合的策略，形成紧密合作、各尽其能、各司其职、数据共享、协同预测、联合采购、搭配生产的良性合作氛围，实现对市场形势的快速控制与反馈，降低企业经营成本，提升综合效率效益。

四、实际应用案例

随着电子商务、云计算和大数据等互联网、信息技术的发展，如何通过协同、整合、集成影响供应链绩效的响应性和效率，成为了电子商务企业与新型制造业进行个体与系统协调发展发展，以及供应链绩效管理的重要战略，我国电子商务行业的首家"网上超市"——"1号店"，作为有"网上沃尔玛"之称的优秀电子商务企业之一，其对于集成整合理念与实践的结合做出了准确诠释，同时，也将实践经验良好地反作用于集成理论。

"1号店"的宗旨是：在确保商品高质量的前提下尽量降低成本、加快速度，实现高效率的流通，给顾客提供前所未有的购物体验和生活方式。鉴于其拥有多项专利和软件著作权，"1号店"在推进采购、仓储、销售、配送、客户关系管理、系统平台等建设方面结合其独立设计研发的多套电子商务管理系统，实现线上、线下的资源整合、优势互补，创造出更大的利润价值，综合提升核心竞争力。

"1号店"在供应链网络的构建方面以整合资源为核心思想，通过对库存、运输、设施、信息、采购、定价等多方面的控制，优化多项驱动因素，考量跨职能整合方式及效率效益，构建供应链战略联盟。实现供应商的配送中心、电子商务企业的营运中心、配送商的分拣中心、配送商的配送站、顾客收货点有机连接的高效率低成本的供应链网络。

在将集成整合理念实施到供应链日常运营管理的过程中，"1号店"将商品以图片和文字的形式展示在网站虚拟店铺中，容易筛选搜索；对商品价格进行实时动态控制，对客户订单数量及种类、个性化要求进行实时及透明化渗透，对供应商提供实时的供需量分析，以供生产决策参考；同时实现订单自动处理（24小时服务），同步其自身销售、仓库、物流、财务等各部门信息，运用RFID（射频识别）技术，实时定位，把实现类似订单聚集拣货，大幅提升供应链的时效性；支持供应商、客户与其自身的多种付款方式，加快资金流动效率；与沃尔玛持续深度合作，借鉴"1号店"仓储运营管理经验，提高供应链效率，实行部分仓库共享、第三方城际运输资源共享。

在实践经验整理提炼到理论提升的过程中，"1号店"对于供应商采用精细的KPI（关键绩效指标）管理、定期的商业回顾和严格的奖惩措施来管理；在对于客户的持有与深度挖掘管理中，基于其拥有的大量客户资源和第一手交易信息，了解客户资金、经营状况和信用状况，获取更多低成本信息，实施对客户需求的实时监控与反馈，极大程度上控制了供应链的需求放大现象。

五、理论提升阶段

通过将电子商务供应链集成的理念应用于实际的电子商务供应链业务当中，不难发现，由于目前地区、行业、企业发展阶段等的多方面差异，物流行业、电子商务行业、生产制造企业的信息化、机械化普及程度并不均衡，这就使得在部分环节、部分部门或企业之间对接的过程中存在着一定程度的障碍，降低了整条供应链的作业效率，从而影响收益。此时，将电子商务供应链进行全方位的集成一体化则显得十分重要。

随着全球化进程的推进，企业之间的竞争越来越激烈，通过对电子商务供应链的集成整合，可以加快电子商务企业及其主导的整条供应链乃至其网络对于新形势的适应；同时，通过对电子商务供应链的整合集成，使得前端、中端企业与客户进行更直接有效的交流，进而改进服务，提升企业效益。此时，对于信息的实时性、准确性就有了进一步的要求，也伴随着互联网、大数据、云计算等多种技术的进步与普及，对于以信息集成为基础的全面电子商务供应链集成，则需进一步提升信息与数据共享的逻辑结构框架，如图2-2-6所示，明确数据与信息的流动过程，从而实现对动态数据的实时整合、处理，实现快速、准确、高效的信息传递过程，形成无缝化管理、预测、决策、执行的电子商务供应链网络。

不难看出，在明确建立电子商务供应链的逻辑结构框架之后，则可通过对于信息技术的应用程度、数据处理的时效性、生产预测与决策的可靠性、各企业各环节的执行力等多方面的提升，逐步对电子商务供应链的集成程度、效果进行改进，实现全面的供应链集成。

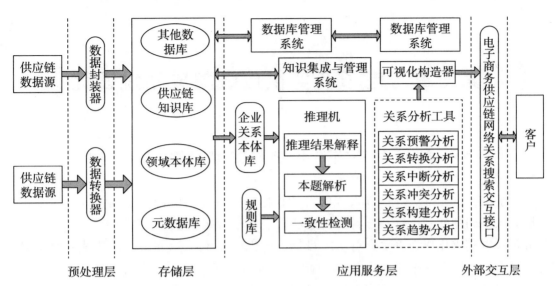

图 2 - 2 - 6　电子商务供应链的逻辑框架

第三章　电子商务供应链集成系统设计

第一节　电子商务供应链集成系统设计目标

对于电子商务供应链集成系统的设计目标应是基于对我国电子商务及其供应链的发展现状及问题的剖析，结合科技发展状况、电子商务及其供应链的发展趋势的认识与分析；以集成化作为着手点与实施目标，认识建立电子商务供应链集成系统的必要性，且在对其集成要素进行了宏观与微观分析，对其集成形式进行了横向、纵向级别分层，对其优势进行了分类分析。在这些分析与总结的基础上，电子商务集成系统设计的目标则应以发挥信息技术与集成技术优势，遵循电子商务及其供应链的发挥趋势为根本，将实现全面供应链包括信息流、资金流、物流和商流的资源集成，实现供应链各级节点企业主体的全面集成，实现电子商务供应链各级节点企业的全面业务层集成作为终极目标。

1. 建立健全的信息共享体系

信息作为电子商务供应链的基础，也作为电子商务供应链集成系统的资源核心与构建基础，在建立集成系统时首先应构建完善信息共享体系，形成流畅的信息流循环，实现整个电子商务供应链各方面信息的收集、整合、分析和处理，对供应链各项业务进行预测和辅助决策，对供应链进行实时监督和控制，降低供应链管理成本，提高供应链的管理效率。

2. 建立坚实的供应链合作基础

供应链是以企业作为主体，以业务作为串联的合作体系，而集成则是将供应链中各企业及终端客户的资源、信息、需求、效能进行共享、对接，为保证系统的稳定性、安全性、可靠性和高效性，坚实的合作基础是必要的，同时，集成系统也将会作用于供应链各节点企业的合作关系，实现高效的信息共享、资源互助以及共同的需求预测、订立生产计划等。

3. 建立完善的供应链全面集成体系

全面的电子商务供应链集成体系是集成系统设计的终极目标，旨在通过信息流、商流、物流、资金流的多方面资源集成，通过供应链主体企业的合作关系建立企业主体层的集成，通过供应链业务体系完善供应链从供应商采购到对终端客户的售后服务，进行全面的业务集成，建立完善的供应链全面集成体系则可为供应链的各级节点企业以及终端客户带来更多优势及收益。

第二节 电子商务供应链集成系统设计原则

电子商务集成系统的设计原则要遵循系统设计目标、系统建成方式的要求，延续供应链管理、电子商务供应链管理的原理及相关原则，再加上对电子商务供应链信息化、智能化、快速化、标准化、集约化等的创新原则与要求，以客户及市场需求为导向，以企业协同与业务互助、资源整合为主要方式参照，具体分为三大原则。

1. 客户为中心原则

客户作为供应链需求侧的需求发出者，是市场需求的具体体现，也是市场喜好与倾向的驱动者，在如今行业竞争日益加剧的市场环境下，以客户为中心则是电子商务供应链集成系统与电子商务供应链管理的首要原则，以客户利益为着手点，降低成本，满足客户需求，提升企业形象，成为了维系稳定客户源与收益的重要方式。

2. 连接原则

电子商务供应链集成系统是将电子商务核心企业、供应商、第三方企业、客户之间的战略、策略、业务、需求和服务相连接。连接性原则体现了信息、数据在供应链合作伙伴间的重要作用，该原则实际上是其他原则的基础，是策略性的，也是处理供应链合作伙伴之间的策略性决策制定过程中的重要原则。

3. 协同原则

协同性原则可以关注战略、策略，或者运作决策制定。该原则使供应链伙伴通过电子商务集成系统的沟通互助，整合组织间的规划和决策制定，建立了更近连接。在内部和外部的供应链合作伙伴间，协同原则能够实现供应链伙伴间计划与决策的互联互通，减轻系统中的瓶颈、消除缓冲库存，也为第三方企业提供有效运输配置时间与准确的仓储需求的估算依据。

第三节 电子商务供应链集成系统设计模型

电子商务供应链管理实施的核心是系统集成，而系统集成的本质就是采用计算机软件技术、硬件技术、数据库技术、自动控制技术、网络通信技术等，对系统进行最优化的综合统筹设计，以达到整体性能最优。本节研究电子商务供应链集成模型与实现方法，结合电子商务供应链的业务体系，以系统集成模型结构为依据，运用系统综合集成方法体系，逐步对现实世界中的电子商务供应链系统进行抽象，完成概念模型、逻辑模型及物理模型的构建，实现对系统的整体描述和认识，为系统的设计和构建提供工具和方法论的指导。

一、电子商务供应链集成模型构建方法

（一）电子商务供应链集成建模体系结构

构建电子商务供应链集成模型的前提是必须有一套对供应链全面进行分析和设计的

框架，这个框架就是所谓的"集成模型体系结构"，它对供应链中各部分的基本配置和连接进行描述。其基本思路是对复杂系统"化整为零、分而治之"，从企业业务涉及的不同方面分析和描述电子商务供应链的各个子环节，将整个供应链系统看成是由应用系统、逻辑系统和物理系统组成，进而形成了子系统集成的体系结构，如图2-3-1所示。

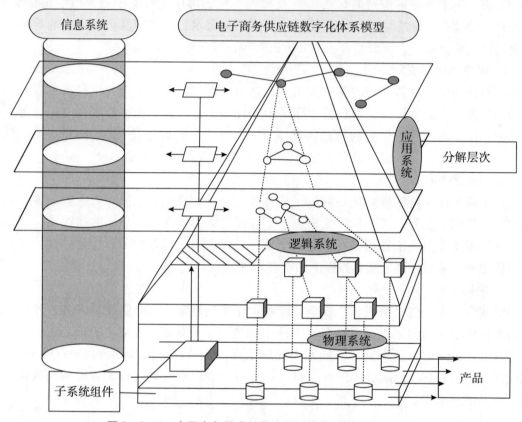

图2-3-1　电子商务供应链数字化系统集成建模体系结构

电子商务供应链数字化系统建模体系结构基于物理系统、逻辑系统和应用系统的集成，根据电子商务企业及上下游企业涉及的主要业务，抽象出电子商务供应链的各数字化体系，然后对应用系统进行层次分解，分析各数字化体系并设计其所涵盖的各个系统及其子系统，最后通过物理系统和逻辑系统实现整个信息系统的集成与整合。

（二）电子商务供应链集成方法体系研究

对电子商务供应链数字化系统综合集成建模，除了系统综合集成建模体系为其提供结构框架参考外，还需要各种方法来支持系统综合集成模型的实现，故本节研究数字化系统综合集成的方法体系。

电子商务供应链数字化系统涉及多功能、多业务的集成，应用综合集成的方法，通过数据集成、信息集成、过程集成实现相关业务系统融合，电子商务供应链数字化系统综合集成方法体系如图2-3-2所示。

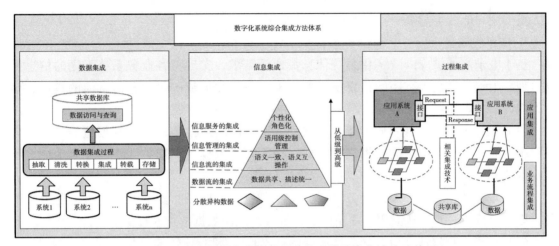

图 2 – 3 – 2　电子商务供应链数字化系统综合集成方法体系

1. 数据集成

数据集成是整个数字化系统集成的关键和基础。由于电子商务供应链各业务系统基于不同的数据库管理系统，使得各系统中原有的基础数据存在很大的语义、结构差异，很难做到信息共享，因此需要对系统的数据和信息进行集成与共享，加强不同业务信息系统的资源共享和异构系统互联互通。

对于异构数据库系统，实现数据集成应当达到两点：一是通过数据抽取—数据更新—数据储存实现数据库转换；二是实现数据的透明访问，从而实现业务系统数据的同步与共享。根据这些需求，运用数据集成相关技术，建立共享数据库。

（1）数据抽取。数据抽取是数据进入电子商务供应链数字化系统共享数据库前的数据处理，涉及从多个数据源综合集成一个基于共享的、统一模式存储格式的数据库。数据源可能是同构的或异构的，目前在技术上主要涉及数据的互联及转换等。由于这些数据采用的数据格式各不相同，还必须经过数据转换、重新组织和规范化再存入数据库中，形成统一格式的数据。因此，数据抽取将负责从不同的业务系统中提出所需存储的数据，并对多来源渠道、相互不一致的数据进行数据融合处理。

（2）数据更新与存储。数据更新是指将电子商务供应链数字化系统业务数据库的数据通过清洗、转换、集成、装载，最后刷新到共享数据库中的过程。通过设置更新的时间频率，可以实现共享数据库与业务数据库中数据的同步更新。系统的共享数据库需要对多源信息进行协同、加工利用，各子系统对数据的要求存在差异。因此，共享数据库在数据组织方面可采用数据仓库技术，形成多级粒度的存储数据，同时依据数据存取的相关性，形成多种分割。完成实时数据和历史数据的存储，以保证数据间关系的正确性、可理解性和避免数据冗余。

（3）数据访问与查询。系统采用 ODBC（开放数据库连接）的数据库访问技术，该技术为访问不同的数据库提供了一个共同的接口，一个应用程序可以通过共同的一组代码访问不同的数据库管理系统。共享数据库根据服务请求和查询权限对系统提供信息服务，对于自身存放的数据直接加以组织输出，可以采用 Web 浏览器、客户端相结合的模式，根据用户的分类与需求提供数据的查询服务。

2. 信息集成

基于电子商务供应链数字化系统信息集成的需求，实现将各业务系统无序的信息操纵整理、组织、融合成有序的信息操纵集，主要包括数据流的集成、信息流的集成、信息管理的集成和信息服务的集成四个层面，为过程集成打下基础。

（1）数据流集成。在不同业务系统之间，通过网络通信协议实现数据流的畅通。合理组织数据，统一系统中的数据交换格式，合并冗余数据，实现数据在各业务系统之间的自由共享。

（2）信息流集成。使不同业务之间的交互避免了数据层面复杂的数据组织逻辑的解释，更贴近智能交互。从应用程序角度看，屏蔽了底层数据的物理存储管理。

（3）信息管理集成。对共享信息流进行有效的管理和控制。

（4）信息服务集成。扩展到不同业务之间的信息交互以及用户之间的个性化信息服务层面。

3. 过程集成

过程集成是利用计算机集成支持软件工具高效、实时地实现各应用系统间的数据、资源的共享及协同工作，将各孤立的应用集成起来形成一个协调的电子商务供应链数字化系统。业务流程的集成和业务逻辑的集成（应用集成）实现了面向过程的集成。

（1）业务流程集成。电子商务供应链数字化系统的业务流程集成是一种面向过程的集成，通过集成实现各应用系统业务流程的管理。当对业务流程进行集成的时候，必须在各种业务系统中定义、授权和管理各种业务信息的交互，以便改进操作、减少成本、提高响应速度。业务过程集成包括业务管理、业务模拟以及综合任何流程、组织和进出信息的工作流，还包括业务处理中每一步所需要的工具。系统流程的集成产生于跨越了多个应用的业务流程层。通常通过使用一些高层的中间件技术来实现业务流程集成。这类中间件产品的代表是消息中介，消息中介使用一个总线模式或者是 HUB（多端口转发器）模式来对消息处理标准化并控制信息流。

（2）应用集成。应用集成将问题的重点放在系统功能的共享即业务逻辑的上面，不像数据层集成单纯地将问题集中在数据的共享上面。电子商务供应链数字化系统通过应用编程接口实现在网络环境中跨平台应用程序之间的应用到应用的集成。应用层集成一般来说是处于同步模式的，即基于客户和服务器之间的请求响应交互机制。供应链各应用系统接口集成技术解决了异构应用间的互操作问题，也可以应用到集成系统中不同子系统及不同功能对象或组件之间的交互策略。应用接口集成需要考虑分布式环境中应用的可移植性，同时对上层屏蔽应用分布的细节。应用接口集成目的是实现了不同应用程序之间功能的重用或相互引用。

结合电子商务供应链数字化系统的集成需求，以上述建模体系结构为建模思想，采用系统综合集成的方法体系，进而指导构建出适合电子商务供应链的高度集成的数字化系统的概念模型、逻辑模型和物理模型。这三个模型逐步对现实世界中的电子商务供应链系统进行抽象，首先从用户的角度描述系统的结构、活动和功能，然后以过程和数据为基础，通过过程之间的联系表达出集成系统的逻辑关系，最终构建出集成系统的处理结构、存储结构、网络结构等的所有实现细节，进而指导电子商务供应链数字化系统的建设与实施。

二、电子商务供应链集成概念模型研究

概念模型是主观与客观之间的桥梁，用于为一定的目标设计系统、收集信息而服务的一个概念性的工具。具体到计算机系统来说，概念模型是客观世界到机器世界的一个中间层次。人们首先将现实世界抽象为信息世界，然后将信息世界转化为机器世界，信息世界中的这一信息结构，就是概念模型。概念模型是按用户的观点对数据和信息建模。

（一）分析用户主体及需求，确定系统服务边界

电子商务供应链数字化系统用户主体是服务面对的主要用户，是某个服务领域指定的主体，这是进行需求分析、定义用户服务和用户子服务的提前和基础。该系统的用户主体主要包括电子商务企业、第三方物流企业、供应商、分销商及客户等。

对用户主体进行用户需求分析，从用户角度阐述用户需要什么样的系统功能和系统特性，得到用户需求，为定义用户服务和子服务打下基础。那么，将用户需求与系统功能联系起来的桥梁就是概念模型，也是逻辑模型和物理模型建立的基础。

（二）定义用户服务与子服务，划分服务主题域

根据电子商务供应链的核心业务及用户实际需求，将电子商务供应链数字化系统划分为：采购管理、运营管理、信息服务、物流管理、财务管理和销售管理六个服务领域，各领域提供的具体服务如表2-3-1所示。除此之外，系统还要实现各服务体系内部及彼此之间的集成，以达到智能化和数字化的目标。

表2-3-1　　　　　　　　电子商务供应链数字化系统的服务领域划分

序号	服务单元	子服务
1	采购管理	供应商管理、合同管理、订单管理等
2	运营管理	安全和信用管理、合作伙伴选择、电商平台建设等
3	信息服务	交易管理、支付管理、数据分析等
4	物流管理	库存管理、仓储管理、出货管理等
5	财务管理	现金流管理、成本管理、资本管理等
6	销售管理	营销管理、客户管理、品类管理等
7	各项服务集成	信息共享以实现各体系数字化和系统智能化

（三）根据服务主题域，设计系统的概念模型

根据以上服务主题域，可以划定一个当前的大致的系统边界，从某种意义上讲，界定系统边界的工作也可以看作各业务体系及数据库系统设计的需求分析，它将数据分析的需求用系统边界的定义形式反映出来，体现为对数据库系统和六大服务体系的功能需求，如图 2 - 3 - 3 所示。

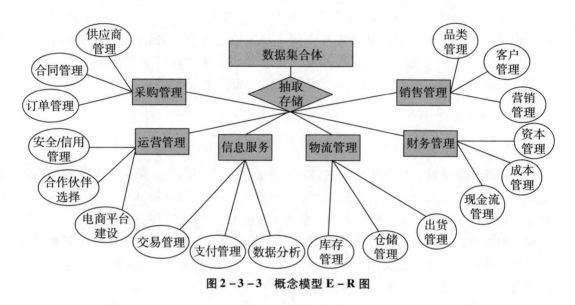

图 2 - 3 - 3　概念模型 E - R 图

电子商务供应链数字化系统集成的概念模型完成了电子商务供应链主体及需求的分析，划分了六个服务主题域：采购管理、运营管理、信息服务、物流管理、财务管理和销售管理，并通过一个数据集合体与各服务域的子服务来体现系统的功能需求，将用户需求与系统功能紧密地联系起来，是设计逻辑、物理模型的基础。

三、电子商务供应链集成逻辑模型研究

电子商务供应链数字化系统的逻辑模型是系统内部逻辑结构的描述，从本质上说，它是系统概念模型的计算机观点的描述，是现实世界的信息处理过程在计算机世界的逻辑映射。逻辑模型描述了电子商务供应链数字化系统中信息的所有细节以及这些信息的相互关系，描述了对这些信息的操作以及信息的输入、输出和存储等过程。在系统集成建模中，逻辑模型常以过程和数据为基础，通过过程之间的联系表达出集成系统的逻辑模型。而由谁实现、如何实现则是物理模型的任务。

（一）逻辑模型建立方法

逻辑模型根据概念模型的需求确定系统的功能，以数据的形式反映现场业务动态以及作业完成情况分析。电子商务供应链数字化系统逻辑模型的建立强烈依赖数据流图

（Data Flow Diagram，DFD），这是一种描述分解的结构化过程建模工具，能以直观的图形清晰地描述系统中数据的流动和数据的变化、系统所执行的处理。数据流就是一组带有箭头的数据流向，是逻辑模型中处理过程之间以及处理过程和终端之间传输的信息。处理是对数据进行的加工，表示要执行的功能，用圆圈表示。实体是数据流的源点或终点，用方框表示。实体定义了系统的边界，它们向子系统发送信息或从子系统接收信息。数据存储表示数据的存储位置，用圆柱来表示。DFD 由外向内、自顶向下去模拟问题的处理过程，通过一系列的分解步骤，表达出整个系统的内部关系。

（二）逻辑模型的设计

电子商务供应链数字化系统综合集成的逻辑模型就是要描述系统功能和功能之间的关系，提供整个系统的功能和功能之间的数据流的有序组织，设计主要分为三个步骤。

1. 通过功能需求分析，建立功能层次表

功能需求分析是从系统的角度出发进行分析，对提供用户服务所需的功能进行整理汇总，合并那些相同、相类似的针对不同用户主体的功能，对服务领域进行功能域的划分，这是电子商务供应链数字化系统综合集成逻辑框架构建的主要依据。

2. 根据功能层次表，建立系统的数据流图

根据系统和外部环境的关系确定数据流的实体及其系统之间的数据流。

3. 对数据流图做调整

结合功能层次表，按照"强内聚、松耦合"的原则对各处理功能、数据流进行精化，要使得分解出来的各子功能之间的联系相对松散、简单，子功能内部各部分的联系相对紧密、复杂，并保持数据流图的平衡。

电子商务供应链数字化系统综合集成的逻辑模型如图 2-3-4 所示。

电子商务供应链数字化系统集成的逻辑模型对采购管理、运营管理、信息服务、物流管理、财务管理和销售管理六个体系下各应用系统进行设计，并通过共享数据库与各应用系统的数据交换与融合来完成这六个体系的集成设计。图 2-3-4 反映出系统对数据流加工处理的过程，这些过程体现为各系统所执行的功能。方框中各主体是数据流的源点或终点，定义了整个系统的边界，它们向各子系统发送信息或从子系统接收信息。然后各子系统按照六个不同主题将数据存储到共享数据库里，进而实现各子系统功能的集成。

四、电子商务供应链集成物理模型研究

物理模型是电子商务供应链数字化系统综合集成的物理实现，它描述了系统的数据处理与存储结构以及网络结构等，具有系统的所有实现细节。基于数据、信息和过程集成的物理模型实质上是逻辑模型在数据库集成中的实现，主要确定了数据的物理存放以及数据的索引策略，它可以提高数据分析处理的效率，也可以改善共享数据库的性能。物理模型将逻辑模型中的功能和数据流实体化到各系统及子系统中，从基础设施、数据

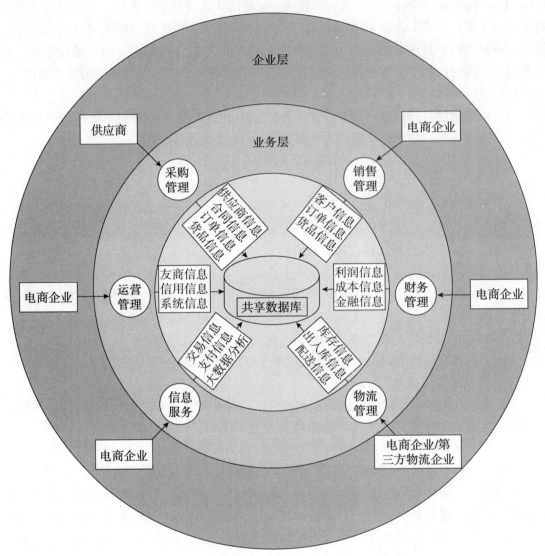

图 2 - 3 - 4　电子商务供应链数字化系统的逻辑模型

流程及应用系统三个方面进行整个系统集成的设计，如图 2 - 3 - 5 所示。

（一）设施层分析

　　设施层包括支撑整个系统的服务器、存储、网络、防火墙及主机集群等，其设计要满足系统间的数据传输及网络服务能力、增强电子商务各业务系统间的协同作业、提高供应链企业间的通信效率、加强基础数据的安全维护的需求。电子商务供应链系统基础设施由系统中心服务器、系统通信网络及防火墙、各业务子系统数据库专用服务器及相应存储、共享数据库服务器及相关存储、各应用系统的主机集群及各工作站、监测站及调监设备的通信终端等组成。这些基础设施按照系统的需求、业务及功能的联系进行集成建设。

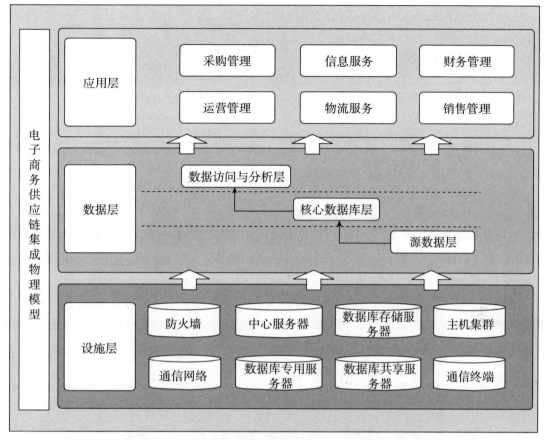

图2-3-5　电子商务供应链数字化系统综合集成物理模型

（二）数据层分析

利用数据共享与集成技术，建立共享数据库，实现异构数据的共享，包括源数据层、核心数据库层和数据访问与分析层。在电子商务供应链系统中，数据源层是各个应用系统的内部数据库，提供电子商务各业务系统的基础数据和业务数据，同时又从共享数据库中得到本系统所需要的数据。共享数据库是整个数据层的核心，一方面从源数据中抽取共享数据并更新，另一方面为主题数据库和应用系统提供源数据。数据访问与分析层通过数据挖掘和数据访问将各主题库的数据多维地呈现给应用系统，实现各应用系统的集成。

（三）应用层分析

应用层对采购管理、运营管理、信息服务、物流管理、财务管理、销售管理六个业务系统进行集成，设施层为其提供基础设施，数据层为其提供数据和信息支持。应用系统的业务与共享数据库的主题域直接相关，其主题分析是面向应用层的，各主题库决定各子系统业务。在数据共享的基础上，根据需要给应用系统做接口，实现各应用系统的集成。

电子商务供应链数字化系统综合集成的物理模型是整个系统建设与应用的指导，该模型提供了各系统异构数据的集成方式，完成数据的高度集成与共享，最终实现各体系及其所属应用系统的协同工作。

第四节　电子商务供应链集成系统构成

一、集成系统及服务特性

供应链集成系统是以市场需求为起点，与重要供应商和客户结成稳定的联盟合作伙伴关系，整合供应链资源（上游资源、内部资源和下游客户资源），挖掘供应链上的服务需求，深化增值服务，从而为整个供应链提供全方位服务的集成营运体系。这一体系的特点在于以市场需求为起点，以客户管理和供应商管理为抓手，以需求发掘能力、资源整合能力、增值服务能力为内核。

供应链集成系统的功能定位是为客户企业提供整个分销、采购、物流及供应链系统设计、实施和运作服务。这种角色的核心在于"四商合一"，即供应商、平台运营商、分销商和增值服务商四种关键角色的密切联系与互动，具有显著的服务特性。

二、集成系统服务内涵

电子商务供应链集成系统服务以顾客需求为导向，以电子商务企业为业务中心和系统平台，集成整个供应链的业务过程，能够为其供应链上的企业提供供应链服务。为了提供集成系统服务，电子商务供应链服务集成企业要有产业先见（对供应链涉及领域的认识能力和判断能力）和能够节约供应链各环节的交易成本并能提供网络稳定保障，其集成系统服务内涵有如下七个方面。

（一）上游供应商网络管理服务

电子商务供应链集成系统要保证采购的及时性和稳定性，就必须能够获取并掌控上游资源，这就要求企业拥有雄厚的资金、丰富的行业经验、较强的风险控制能力和丰富的下游客户网络资源，企业可以通过战略性投资或者战略联盟的方式来实现对上游资源的掌控。

（二）下游客户网络拓展服务

电子商务供应链集成系统需要快捷有效地分销产品，并对客户需求迅速做出反应。因此，必须在其提供供应链服务的产业领域大力拓展下游客户网络的同时，强化客户信息搜集、客户策略制定、客户需求反馈、信用等级评估等方面的能力，做好对优质客户的管理，为客户寻找最合适的资源并提供相应的配套服务。

（三）供应链解决方案设计服务

随着利润在价值链不同环节之间的转移，提供系统集成服务的电商企业应当随时关注并迅速响应客户需求的变化，为顾客提供解决方案，进而获取利润。这就要求供应链服务集成商能够根据客户需求，设计从上游原材料获取到采购、分销、物流配送、进出口通关、结算等涉及供应链所有环节的最佳解决方案，通过信息系统支持对全过程运行进行调整，从而实现成本最低、增值最多、零存货的目标。

（四）供应链金融服务

供应链中的上下游配套企业往往是中小企业，由于其规模有限造成融资困难，资金链的紧张造成整个供应链的失衡。这就需要由核心企业为供应链提供金融支持，且金融服务也随之成为核心企业的主要利润来源之一，通过对供应链关键环节的战略性投资，配合实现服务集成与投资收益双赢。可开展的业务包括提供存货融资以赚取"息差收入"，开展衍生金融交易（如外汇远期合约及利率掉期合约）以管理外汇及利率风险，降低购汇成本，开拓融资空间等。

（五）风险控制服务

电子商务供应链集成系统的正常运营保障在于资金流的顺畅，其中也潜藏着一定的风险，如客户信用风险，任何一次的收款不畅，都将给资金链带来较大打击；再如信贷风险，一旦国家采取收缩信贷的政策，则将对倚重资金流的供应链服务商的业务量造成影响；还可能会面临行业周期性与下游需求下降等风险。因此，需要电子商务核心企业具备较强的风险预测、评估、控制能力，能够平衡金融服务和以实物为依托的供应链服务的关系。

（六）供应链物流服务

供应链物流管理的范围不仅包括采购及销售物流、生产物流，还包括回收物流、退货物流、废弃物流等逆向物流。采购及销售物流不仅包括独立阶段的物流（如供应商到制造商、制造商到批发商、批发商到零售商、零售商到消费者的相对独立的采购及销售物流活动），也包括供应链渠道内成员从原材料获取到最终客户产品分销整个过程的采购及销售物流活动。电子商务核心企业需要具备先进的物流系统（或具备对物流的强大控制能力），企业不一定必须自建物流体系，但至少要确保长期稳定的业务外包，与优质物流商建立合作关系，实现双赢。在技术及设备基础方面，需要建立内部 IT 系统支持与物流商储备数据库，便于根据项目需要变更调整对物流过程的跟踪、监控。

（七）供应链信息服务

电子商务供应链集成系统为供应链各环节业务提供全过程服务，从方案设计到方案实施、全程监控、运营调整都必须依托有效的电子信息系统支持。建立供应商管理数据库、客户网络数据库、物流储备数据库、金融服务数据库、信用评估系统、风险评估系统等，以提高供应链信息服务的能力。通过电子商务等应用扩展供应链前端的灵敏反应能力，建立与经销商、大客户等集成的数字化信息交互能力，并且逐步建立供应链的动态优化模型，以实现端对端的供应链可视性及优化，供应链各环节信息的实时提供和及时补充多种存货，为生产工序提供恰到好处的支持，确保整个供应链管理的"可视性"。

三、集成系统体系框架

电子商务企业基于其电子商务技术和网络平台，将供应链管理与电子商务业务运营相互结合，建立起企业之间、客户与供应商之间的信息的集成和共享，形成了电子商务供应链集成系统，该系统以顾客需求为中心，以电子商务企业为系统平台，对资源流向、企业主体和业务流程进行集成化管理，其体系框架构成如图 2-3-6 所示。

四、集成系统内容

电子商务供应链集成系统框架共分为三个层次，分别是资源层、企业主体层和业务层。其中，资源层包含信息流、物流、资金流和商流四部分内容；企业主体层包括多级供应商、电子商务企业、分销商、零售商、终端用户以及为核心企业提供物流、金融和其他服务的第三方企业；业务层包括采购管理、运营管理、信息服务、物流管理、财务管理和销售管理六大集成服务。

（一）资源层

电子商务供应链集成系统的资源层表示该集成系统基于电子商务的系统平台，对供应链业务流程中的信息流、物流、资金流和商流整合并提供集成服务。其中，信息流是电子商务交易各个主体之间的信息传递与交流的过程；资金流是指资金的转移过程，包括支付、转账、结算、金融服务等；物流是因人们的商品交易行为而形成的物质实体的物理性移动过程，它由一系列具有时间及空间效用的经济活动组成，包括包装、存储、装卸、运输、配送等多项基本活动；商流表示货物所有权的转移，标志着交易的达成。其中，信息流最为重要，它对整个集成服务流程起着监控和保障作用，而物流、资金流则是实现电子商务的保证，商流是电子商务活动的最终目标。

（二）企业主体层

电子商务供应链集成系统的企业主体层包括三大部分，分别是供应链的供应侧、核心企业和需求侧。其中，供应侧通常包括多个层次的供应商，核心企业是提供电子商务供应链集成系统及服务的电子商务企业，需求侧则是多个层次的用户。完整的电子商务供应链集成系统的企业主体层结构是由原材料供应商、半成品供应商、制造商、电子商务企业、运输配送公司、经销商、零售商、客户组成的链状或网络结构。

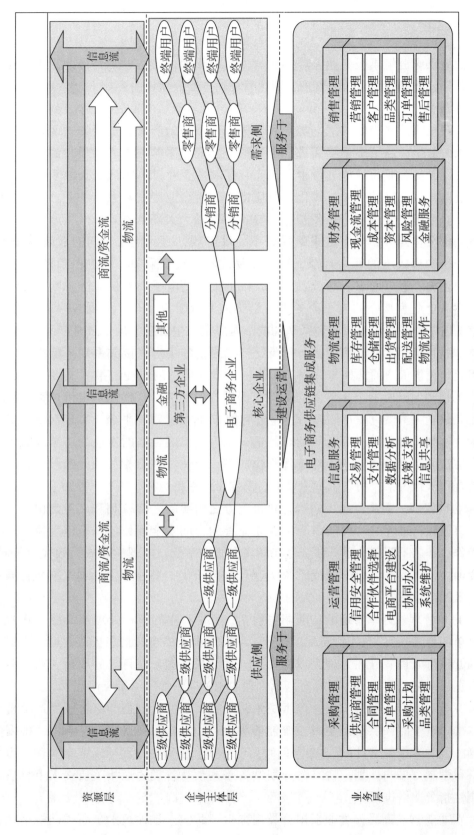

图2-3-6 电子商务供应链集成框架

（三）业务层

电子商务供应链集成服务业务层共包含六个方面的内容，分别是采购管理、运营管理、信息服务、物流管理、财务管理、销售管理。各服务模块内容如下。

1. 采购管理

电子商务供应链采购模式下，卖方需要将买方所需的产品在适当的时间、合适的地点，以适当的数量和质量提供给买方。电子商务供应链采购注重产品质量的控制，供应商是根据装配制造企业的订单进行生产，而装配制造企业订单的依据是电子商务企业提供的客户需求，供应链供产销一体化将供应链上下游企业紧密联系在一起。在供应链采购模式下，企业可以做到对市场的快速反应，库存量大大降低，既降低了库存成本，又节省了流动资金。此外，供应链采购模式下，供需双方之间建立长期的战略合作关系，取消了传统采购模式下的冗余环节，降低交易成本，实现采购、制造和销售计划同步，真正做到快速响应客户需求。最重要的是，以上提到的电子商务供应链采购功能都是通过以电子商务企业为核心的电子商务供应链集成系统予以实现，达到效率、效益共赢。一套完整的电子商务供应链采购体系从功能上看应主要包括以下几方面内容：

（1）供应商管理。供应商实力、信誉、产品质量的优劣直接关系到采购方的生存与发展，因此，在供应商的选择与管理上：第一，建立科学的供应商准入制度。本着"公平竞争"的原则，给所有符合条件的供应商提供均等的机会，择优确定供应商，防范舞弊。第二，建立完善供应商评估体系。充分利用 ERP 信息管理平台，实现对供应商信息数据共享、监测，掌握供应商资质动态与信誉状况，确定合格的供应商清单，对供应商实行优胜劣汰的动态分级管理。对于优秀供应商，企业可制定相关的优惠政策，与其建立长期的合作伙伴关系，稳定供货主渠道，确保生产平稳运行。

（2）合同管理。采购合同是采购方和供应方之间明确采购权利和义务的协议。在整个合同签订及履行过程中，可能由于未建立完善的合同安全评估体系及应急体制，会出现暗箱操作，条款不明确、不具体、存在歧义，履约率低，出现欺诈或无效代理等问题，这就需要通过电子商务供应链集成系统实现合约电子化、半公开化，建立采购合同审查制度，有效提高信息的透明性和审查的客观性。

（3）订单管理。订单管理的功能职责包括：日常订单的审核处理及留档（正常订单和问题订单的处理）、向仓库传输配单指令、对客服提交的包括信息更改、退款、退换货等售后问题进行处理，且在处理完成后更新处理结果反馈。在订单完成后，对订单涉及的各项数据报表汇总整理，并及时对订单管理的相关业务部门给予反馈建议。

（4）采购计划。采购计划是企业组织采购的重要依据，也是确保企业生产经营正常运营的基础。电子商务供应链集成系统能够为生产、经营、项目建设等部门，根据实际需求准确、及时编制需求计划；根据年度生产经营计划及发展目标，结合库存与市场实际情况，科学制订采购计划；将采购计划纳入采购预算管理，经相关负责人审批后，作为企业刚性指令严格执行。

（5）品类管理。商品分类即根据分类规则将产品纳入各种组别，品类即根据顾客群体的诉求将商品划分成各种类别，每个独立的品类都表示某种特定的诉求。一类产品通常由多种子产品构成，可满足多种层面的需要。电子商务供应链集成系统在采购环节所提供的品类管理功能是面对供应商进行采购时，对商品进行分类和管理的过程，它以消费需求为依据，通过数据化的手段对采购的商品进行分类化管理，需要供应商、零售商和用户需求信息的共同协作。

2. 运营管理

运营管理广义上指一切与企业电子商务运营相关活动的总称，包括平台建设、技术、美工、市场、销售、内容建设等，甚至企业电子商务战略、物流建设等皆属于电子商务运营的范畴；从狭义的角度来看，运营管理可以独立于技术、销售、市场、物流等工作内容而存在。本报告中的电子商务供应链运营管理主要涵盖以下几方面的内容：

（1）信用安全管理。电子商务供应链运营管理中对于信用安全的管理主要关注的是电子商务给消费者与企业带来的风险，分为信息技术风险与商务风险两个层面：信息技术风险主要发生在企业内部和企业与互联网的数据传输与交换过程中；而商务风险主要指的是并非由于信息技术以及网络的原因，而是新的交易手段带来的商务方面的风险。电子商务的发展需要安全的支撑，更需要信用的支撑。电子商务供应链运营管理中信用管理功能的构建重点应当放在企业间信用及消费者信用管理两个层面，通过建立信用信息数据库、信用共享机制等手段实现对供应链服务活动的信用管理。

（2）合作伙伴选择。供应链合作伙伴关系指的是供应链中各节点企业之间的关系。供应链合作伙伴关系形成于供应链中有特定的目标和利益的企业之间，形成的目的通常在于降低整个供应链的总成本、库存水平，增强信息共享水平，改善相互之间的交流，产生更大的竞争优势，以实现供应链节点企业的财务状况、质量、交货、用户满意度和业绩的改善和提高。为保证合作伙伴之间信息的充分共享与集成，保证整个供应链条对最终顾客需求的快速反应能力，实现战略联盟的长期稳定合作，电子商务供应链集成系统的运营管理需要建立合作伙伴动态评价体系，以综合反映合作伙伴的信息化程度、业务能力以及发展潜力、服务水平、合作价值等。

（3）电商平台建设。电子商务供应链中电子商务平台建设的内容有两个方面，一是发展业务和商业应用；二是供应链服务及管理。从业务发展和商业应用的角度来说，电子商务平台建设要实现的一般功能包括广告宣传、咨询洽谈、网上订购、网上支付、电子账户、服务传递、意见征询、交易管理等内容。从供应链服务及管理的角度来说，电子商务平台的建设需要满足的功能包括客户订单接收和处理、生产的计划组织、采购订单管理、运输配送管理、营销方案管理、售后服务管理等。

（4）协同办公。面向电子商务供应链企业的日常办公事务以及企业间的协同，包括应用系统管理系统、内部通信系统和个人办公系统。

（5）系统维护。系统维护的目的是保证电子商务系统正常可靠地运行，保证系统中的各个要素随着环境变化始终处于最新的、正确的工作状态，使系统不断得到改善和提高，以充分发挥系统的作用。系统维护内容主要包括硬件维护、软件维护和数据维护三部分。

3. 信息管理

电子商务供应链集成系统的信息管理分支是支持供应链管理以及其目标实现的集成管理信息系统。该集成管理信息系统是将传统的管理信息系统与外界的管理信息系统连接起来形成的动态的开放系统，并为供应链企业提供数据、信息的共享功能。零售型电子商务企业的各个供应商企业由于地域分布、企业自身特点等原因，各自使用的操作系统、数据库、网络协议均不相同，这样就使供应链企业间信息传递的效率以及准确性降低，且信息交流的成本较高。通过建设集成化的供应链信息管理体系，企业间信息实现共享，以此协调各自的生产、采购及销售，从而降低供应链运营成本。电子商务供应链信息管理主要包括以下几方面内容：

（1）交易管理。整个交易的管理涉及人、财、物多个方面，企业与企业、企业与客户及企业内部等各方面的协调和管理。因此，交易管理是涉及商务活动全过程的管理。电子商务供应链信息管理体系可对供应链上各环节的交易进行管理并提供分析服务，为合作企业提供经营分析或为供应链协作提供重要支撑。

（2）支付管理。电子商务要成为一个完整的过程，网上支付是重要的环节。电子商务供应链集成系统支持核心电商企业通过网上银行，用电子支付方式替代纸质支票支付方式，用信用卡方式替代现金支付方式，与供应商及客户短时间即可完成款项支付，降低了人工支付的出错率，降低结算费用，加速货款回笼，提高资金使用效率。同时，网上支付需要更为可靠的信息传输安全控制体系，电子商务供应链信息管理体系可为供应链上的合作伙伴提供支付平台和相关服务，为电子商务的顺利开展提供保障。

（3）数据分析。电子商务供应链管理可通过云中海量的计算资源、信息资源和存储资源，实现提高信息透明度，并且可以不限区域、不限时间地交易、运作、查询。云计算可为企业间加快供应链反应速度、降低管理成本提供技术保障。同时，随着大数据技术的广泛应用，电子商务企业基于其掌握的数据资源，可为供应链上的企业主体提供数据分析服务。

（4）决策支持。随着电商平台上海量数据的产生以及大数据技术的迅速发展和应用，当前的电商平台已经从单纯的销售平台变成了"媒体"，而大数据则能够帮助平台更全方位、更精准地了解用户，通过广泛的销售数据、人口属性的数据等多维度的信息勾勒消费者画像，进而更好地与消费者进行沟通。并且，电商企业通过大数据应用，可以进行个人化、个性化、精确化和智能化广告推送与推广服务的探索，创立比现有广告和产品推广形式性价比更高的全新商业模式，并为供应链上的合作企业提供数据服务和决策支持。

（5）信息共享。采购企业可以通过电子商务供应链集成服务平台及时了解到各个供应商的生产状况，例如在考虑价格、交货期、物流等环节的基础上，从全局出发，制订出合理的采购计划。供应链信息管理平台对供应链成员企业都是开放的，各企业可以通过该平台进行信息共享，并通过该平台获得自己所需的信息，从而有助于供应链企业安排自己的生产。由于供应链企业一般会在地域上分布比较广泛，所以企业需要及时了解物流信息，供应链信息管理平台正好能够解决这一问题。企业有专人负责将物流等信息的变化在信息平台进行及时更新，这样，需要相关信息的企业就能及时获得信息。

4. 物流管理

电子商务供应链集成系统中的物流管理是指网络信息化环境下的企业内部、外部生产、加工、销售产生的物流作业管理，电子商务物流的核心是实现物流过程与物流管理的电子化、自动化、信息化与网络化，使物流运作实现随时跟踪、实时监督、自动控制。通过核心企业的电子商务网络系统及企业间的数据共享，可实现各级节点企业对货物运输过程跟踪，对供应商及其配送中心仓储及发货状态进行监控，使仓储、运输、配送的整个作业过程一体化，实现对补货、配送及加工甚至是逆向物流等作业的快速确认。通过这些操作环节，供应链管理可以让企业通过供应商或其配送中心小批量、高频率的运输配送，实现产成品、原料件的库存最低，避免各环节的浪费。电子商务供应链集成服务中的物流管理主要包含以下几方面内容。

（1）库存管理。维持低库存水平是供应链关键指标之一，电子商务供应链集成系统提供的信息平台使库存管理者、供应商、电商企业均可知晓实际库存商品存量，及时更新本企业库存信息，制订库存控制新方案，降低存储费用，节省库存成本。

（2）仓储管理。电子商务供应链集成系统支持核心电商企业在接到订单信息变化后的快速响应，能够通过网络通知供应商需要延迟或提前交货的信息，保障仓储货物的安全性。同时，有利于辅助建立信息化的仓储信息系统、改进仓储设施、应用现代化的仓储物流技术来加强仓储物流体系的建设。

（3）出货管理。通过制定成品出货流程管理制度，规范成品出货流程，使部门作业流程化、规范化、制度化，以保证公司利益和资材安全。

（4）配送管理。配送是物流中一种特殊的、综合的活动形式，是商流与物流紧密结合，包含了商流活动和物流活动，也包含了物流中若干功能要素的一种形式。电子商务供应链集成服务系统中的配送管理内容是对在经济合理区域范围内，根据用户要求，对物品进行拣选、加工、包装、分割、组配等作业，并按时送达指定地点的物流活动进行管理的模块。

（5）物流协作。随着计算机和数字技术的广泛应用，通信技术的发展以及全面质量管理、战略联盟等理论的提出，物流突破原来的采购、生产和销售领域，成为集供应商、厂商、批发商和零售商于一体的整个系统中的物流，体现在电子商务供应链集成服务系统中则是物流的协作模式。即电商企业在提供物流服务过程中，充分利用自身物流服务基础和合作物流资源，通过信息技术发展实现信息实时共享，促进了物流管理的科学化，极大地提高了物流效率和物流效益，为供应链上的合作伙伴提供物流协同服务。

5. 财务管理

电子商务供应链集成系统中的财务管理体系对电子商务企业财务管理模式构建起到支持作用，可分为两个层次，分别是企业内部的财务管理和企业外部的金融服务。电子商务企业内部的财务管理流程以财务组织为核心，将所有财务工作导向财务组织，借此实现了财务和业务一体化，并完成商流、资金流、物流、信息流四流合一。此外，通过适当调整财务组织架构，从纵向改为横向，减少了财务层级，避免了重复工作和信息信度、效度在流转过程中的递减，提升财务管理效率及财务信息准确度。且电子商务企业基于其财务与金融体系，可同时为供应链上的其他成员提供金融服务，包括支付服务、供应链金融、风险管理服务和征信服务等。

（1）现金流管理。现金流管理是指以现金流作为管理的核心，兼顾收益，围绕企业经营活动、筹资活动和投资活动而形成的管理体系，是对当前及未来一定时期内的现金流入及流出在数量和时间安排方面所作的预测与计划、执行与控制、信息传递与报告以及分析与评价。不同类型电商企业在不同企业生命周期、不同行业发展阶段的现金流收益性差别较大，具有多样化、高风险、高收益的特点，电子商务供应链集成系统则为供应链企业之间的现金流支持与互助提供了安全基础与保障。

（2）成本管理。传统的成本管理局限于对生产过程、决策执行过程的成本管理，而忽视了产品在设计过程、供应过程、销售过程、使用过程中体现的成本与效益比较。这种单纯地从生产的角度实施成本管理的方法，势必丧失对成本的全过程管理，因而不能为经营决策提供完整有用的成本信息。新经济时代，一件产品或一项服务的完成，不仅表现在"业务"信息的交流上，更重要的是信息的智能化管理。电子商务供应链集成系统中的成本管理功能即通过运用互联网技术，对业务全过程先进行模拟设计，并在设计阶段首先确定目标成本，采用挤压式成本设计，即"从事物最初起点开始实施充分透彻的分析"，为供应链上游合作企业提供成本管理服务，并从源头上控制采购成本，实现合作企业间的共赢。

（3）资本管理。资本管理是对资本筹集、资本配置、资本应用、资本运作进行统筹和调配的管理过程，其目的是实现企业增值，其核心是获取资本收益。资本管理模式和企业的治理效率密切相关，由此梳理出的诸如治理结构、股权结构等又直接或间接影响着财务组织模式。融资政策和投资政策是电子商务企业财务政策的核心。对于具有一定规模的电子商务企业来说，采用什么样的投资政策对资本进行分配、运作，实现资本增值就显得更加重要，电子商务供应链集成系统中的资本管理模块则应对这一运营需要进行响应。

（4）风险管理。风险管理是企业用以评估、控制、利用、应对、监控可能影响企业相关方的长短期价值风险的过程。风险与安全不仅受到消费者关心，也是所有希望采用新技术拓展自己的业务领域、取得竞争优势的企业所关心的问题。因此，电子商务供应链集成系统为供应链构建一体化风险管理框架，明确风险管理语言，购置风险管理基础设施，建设和维护信息系统，从而为风险管理提供必要的技术手段和信息数据支撑。

（5）金融服务。基于电子商务供应链集成系统的电商金融服务是指互联网虚拟货币、互联网信贷以及供应链融资等一些通过P2P网络或者电子商务平台操作的金融服务模式，包括电子商务平台运营商开展P2P借贷业务、供应链融资业务及第三方支付业务等。发展电商供应链融资、鼓励电商供应链融资对于解决社会闲散资金闲置问题、拓宽中小企业融资途径等方面都有重要意义。

6. 销售管理

电子商务销售是在基于浏览器应用方式，实现消费者的网上购物、商户之间的网上交易和在线电子支付以及各种商务活动、交易活动、金融活动和相关的综合服务活动的一种新型销售模式。电子商务供应链集成系统中与销售管理相关的内容主要有以下几个方面。

（1）营销管理。电子商务供应链集成系统可为供应链企业提供营销服务，即借助互联网完成一系列营销环节，达到营销目标，是营销能力与互联网网络工具操作能力相结合的复合型高科技营销技能。目前，电子商务企业可提供的营销模式主要有以下几种：网络广告、电子邮件推广、关键词营销、正向及逆向电子拍卖、关联营销、病毒营销、精准营销、全网电子商务推广等。

（2）客户管理。该管理分支包括对电子商务供应链中包括终端客户、分销商、零售商在内的各级客户的信息维护。包括基本信息管理系统、历史订单管理系统与合作关系维护与评价系统。同时，电子商务供应链集成系统的最重要目的是为客户提供低成本、高质量、准时的服务，通过集成系统，各级企业均可实时接收客户订单、技术咨询、投诉及建议，与客户建立服务联系，提供技术支持或售后服务等。

（3）品类管理。品类管理是零售业一种新兴的管理方式，是现代零售业提升竞争力的有力手段。电子商务供应链集成系统按照消费者需求建立动态分类规则，以品类为战略业务单元，以数据为依托，通过供应商与零售商之间的有效合作，获取并满足消费者需求，通过调整品类细分、品牌资源结构和商品价格三个方面，提升商品品类丰富度，改善商品品质价格。

（4）订单管理。订单管理的功能职责包括：日常订单的审核处理及留档（正常订单和问题订单的处理）、向仓库传输配单指令、对客服提交的包括信息更改、退款、退换货等售后问题进行处理，且在处理完成后更新处理结果反馈。在订单完成后，对订单涉及的各项数据报表汇总整理，并及时对订单管理的相关业务部门给予反馈建议。

（5）售后管理。电子商务供应链集成系统中的售后管理是围绕核心企业建立的协同售后服务管理系统，即在电子商务核心企业内部实现采购、营销等业务环节的信息共享，实现内部协同；同时搭建外延协作平台，面向供应商、装配制造企业、服务站、客户等，建立与供应商、服务站的实时交互，实现业务流程的网络化，在此过程所产生的各类信息直接回流到内部售后管理系统，最后实现内外协同。

第四章　电子商务供应链集成系统效益实现

集成效应是指组织整体的价值大于其各独立组成部分价值的简单总和，即所谓"1 + 1 > 2"的现象。电子商务供应链集成使得产品或服务从供应开始，在向终端互联网客户移动的全过程中，通过供应链中各个环节的共同努力，创造出大于各环节价值简单总和的供应链整体价值体系。

不难看出，作为基于网络及信息技术，结合供应链集成技术，应用供应链集成管理理念，将生产与经营中的商流、物流、资金流、信息流从本质上将企业内部与企业之间的供给和需求集成整合，串联贯通整个电子商务供应链各成员企业的财务、采购、生产、销售物流等业务，将企业内部以及核心企业之间的所有业务看作融于一个新的具有统筹安排、资源配置、信息共享等多种系统功能的整体管理体系，从而实现协同运作效益，采取准确有效决策，实现以最低的总成本，满足顾客既定的服务水平，达到全局动态最优。

第一节　资源层效益

电子商务供应链集成系统中的资源层集成主要体现为物流、商流、资金流和信息流的集成，其互相之间的关系相对来说已呈现较为独立的状态，而各流在连通企业之间、企业与客户之间呈现了新的优势效益，四流对于集成系统的连通效益如图 2 - 4 - 1 所示。

一、信息流集成效益

电子商务是通过计算机网络技术的应用，以电子交易为手段完成金融、物品、服务、信息等价值交换，快速而有效地进行各种商务活动的交易模式。而电子商务供应链则是进一步提升互联网与信息技术、供应链集成技术在供应链生产经营环节中的地位，使之更大程度地发挥自身效用，从而有力形成信息共享、资源互通、优势互补、计划协同的良性集成系统，且使得电子商务企业能够有效地协调自己的价值链、与供应商、销售渠道和客户之间的价值链，以及这些价值链之间的关系，建立起合作互利的双赢关系，这也就是集成在电子商务供应链，乃至各种供应链中的重要作用。

电子商务供应链集成系统为电子商务企业的供应链集成管理提供了巨大帮助，以信息流完成的信息共享为基础，通过同步协调一致的计划、业务处理流程实现高效低成本的供应链系统，无疑会给企业带来巨大的效益。

通过电子商务供应链集成系统将供应链最上游企业、各级供应商企业、电子商务核

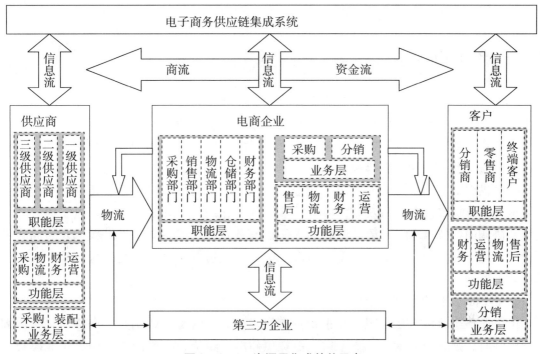

图 2 - 4 - 1　资源层集成效益示意

心企业、第三方及外包企业、终端客户相互连接，通过快速准确地将集成系统中的信息及数据分析处理，整理出客户的个性化需求，结合掌握的信息改进生产或控制生产成本，以最优惠的价格迎合客户需求，从而达到快速获取利润的效果。同时在同级供应商、各级供应商之间的协调配合之下，共同控制整条供应链上的资源存量，在能够快速、直接地获取客户需求、市场需求的信息的基础上，不仅可以避免由于信息传递速度过慢导致的需求放大、库存积压，也可在正常的采购库存前提下减少库存，减少固定成本，转化为更多、更灵活的资金流。

二、物流与商流集成效益

电子商务供应链中的物流、商流与资金流的快速运转与循环主要建立在信息流的基础上，对于供应商来说，当通过共享信息的整合与判断，物流、商流甚至可跨过电子商务企业直接由自身进行，实现最优线路、最快速度的配送，且以一种更为简单高效的付款方式在更短时间内完成资金流动，无疑是对企业效益的最大提升。

且在电子商务供应链集成系统中，电子商务企业的自营物流、第三方物流企业、供应商自营物流能够通过集成系统中的对于物流、商流、资金流等数据整理形成信息流，此时各企业在共同下达物流运输命令时，即可参照各企业可实际投入的资源数量，包括各型号车辆、司机、相关工作人员、机械及装备的数量和承载能力等，进行合理预测及分配。如在提前订货与大规模订购的模式下，三方物流则可按照实时资源情况进行货运任务的调配，从而有效缩短物流时间，形成快速的商流循环，高效完成物流任务，同时促进资金流的形成与信息流的更新，达到提升整条供应链效率及效益的作用。

三、资金流集成效益

通过电子商务供应链集成系统将企业内部、企业与企业之间、企业与客户之间相互连接，可实现资源的全方位整合利用，且能够使得资金形成快速回转的资金流，其集成效益包括：

1. 资源互助巩固合作伙伴关系

基于供应链集成系统的各级节点企业，信息共享，资源互助，稳定高效的合作伙伴关系成为了维护高效率、高效益供应链持续顺利运作的价值体系基础，以电子商务企业为核心协调的各节点之间资源流动有助于保证商务企业对客户需求的持续满足，同时供应商对于电子商务企业的资源共享也有利于减少供应链中的物流、仓储等环节，形成快速有效的资金链。

2. 提前订货带来潜在现金流

电子商务企业作为互联网交易平台具有潜在的金融优势，特别是发展提前订货、大规模定制时，则会为企业乃至整个供应链提供新的现金流，在当前电子商务企业综合业务扩展的趋势下，建立电子商务供应链集成系统不仅有利于企业巩固自身内部建设，也有利于企业扩展新的业务方向，或是对自营、合资、占有股权的相关企业进行发展与支持。

第二节　企业主体层效益

一、电子商务企业效益改善

对电子商务供应链的集成化管理，则是使得电子商务核心企业与供应商、客户紧密结合在一起，在各个必要领域进行战略、战术的规划、实施、管理、控制、合作，共同参与市场竞争，形成新型的市场竞争主体的优势方法，构建利益共享、风险共担的集成供应链体系。电子商务企业作为电子商务供应链集成系统的核心，是供应链业务的核心，也是最终实现供应链价值获得实际效益的推动者，主导与协调控制供应链中的商流、物流、信息流和资金流的方向、速度、效益则成为了协调供应链计划、业务处理流程、实现高效低成本的基础。

电子商务企业在电子商务供应链中作为中间核心层，需要统筹协调上游供应商、下游客户以及第三方业务外包企业之间的信息与资源，才能有效优化供应链内部的资源配置、业务进度、客户满意度等，才能实现效益最大化。而通过电子商务供应链集成系统，电子商务企业作为核心与主导即可做到在集成系统中，根据终端客户的需求导向分析，与其他各方共同预测，统筹安排生产计划，将传统供应链对于局部的生产计划进行横向与纵向扩展，在降低需求预测耗时的同时优化生产排程计划，提升供应链系统的快速反应能力。

二、制造企业及供应商效益改善

通过电子商务供应链集成系统，能够消除用户和供应商之间跨节点沟通的障碍，有效连接供应商、电子商务企业、第三方及外包企业和终端客户之间在供应链中的关系，使得供应链中各节点企业在规划运作内部资源的同时，结合外部优势资源，辅助合作企业资源整合，运用电子商务供应链集成系统使供应链系统内部的信息更加快速、准确、全面，采购与生产计划更加适量、合理、高质量，交货时间与物流服务更加实时、精准、到位。

制造企业与供应商的效益改善主要体现于生产方式当中，集成使得整条供应链的生产排程计划更加趋于协同计划，且产生了由电子商务企业为核心主导的以市场需求为导向的生产模式，主要原理类似于 JIT 生产（即时生产）、敏捷制造等，该种方式建立在供应链集成系统的信息共享、资源互通的基础之上，生产计划的增减改变与实际控制通过集成系统做出的共同预测确定，以此降低生产资源包括人力、物料、资金、资源的多方面浪费。

对于生产与流程计划，电子商务供应链集成系统能够统筹规划生产计划，及时参照市场需求与定价、成本、利润，合理且快速地调整主生产计划，同理可避免各级供应商、制造商的原材料、零部件、半成品甚至是产成品的堆积。也是对即时生产、敏捷制造的又一次效率、效益的提升。

三、第三方及外包合作企业效益改善

第三方企业或其他业务外包企业在原本供应链成员企业考量外包利润与自产或自营运作效益之后加入供应链中，即是一种多方共赢的合作模式。对于第三方企业来说，新增业务不仅能够为自己拓宽市场、建立新的合作伙伴关系、在供应链业务中汲取经验、提升业务能力，也能够在同类第三方类似业务的企业之间凸显竞争优势；对于供应商来说，第三方企业的加入往往会促使供应商减少一项利润微薄的环节，或是取消一个冗余的业务部门，且第三方企业在一定程度上对于类似于物流服务的专业化要远高于供应商本身，大大提高了服务水平，这也是供应链集成彰显的效益之一。

四、终端客户需求侧的效益改善

电子商务供应链集成是通过对于信息、数据、资源、技术等多方面的整合优化，使得客户需求所反映的市场需求在供应链管理中的地位更加突出。集成系统能够通过信息的实时传递和快速响应，准确把握互联网终端客户的需求。

1. 满足需求多样性

在买方市场的大环境下，产品种类、性能日益丰富，而对于个人定制的个性化需求产品的满足还有待提升，电子商务供应链集成系统则能够通过对客户需求的核心驱动，将客户需求、市场需求作为供应链的主要动力，这将必然为客户提供更贴近个人需求的产品与服务。

2. 满足时效性要求

随着在互联网环境下产品的更新换代速度逐渐加快，客户对于产品的快速获得性、产品设计的时效性、服务的及时性要求进一步有所提升，电子商务供应链集成系统则能够通过突出商流、物流的独立性来实现快速客户响应，满足客户对于产品和服务的时效性要求。

3. 提升产品、服务性价比

基于市场的竞争环境、客户的多样化需求、供应链企业的技术进步、工艺流程的创新与改良，在电子商务供应链集成系统之中，由于电子商务企业、供应商通过集成系统有效降低了成本，提升了效率效益，且结合客户需求驱动的作用与市场竞争环境，企业更希望提升企业服务的满意程度，提高服务水平，树立企业形象，丰富客户资源，建立具有稳定客户流、资金流、产品销售通畅、资源采购有序的良性供应链生产循环，这就更有利于客户在该环境下获取更优惠的价格，更满意的商品，更高质量的服务，更完善的售后，性价比更高的客户体验。

第三节　业务层效益

一、采购体系效益

采购管理体系囊括了供应商管理与评价、采购计划制订、采购订单与合同管理和品类管理，也相应体现了集成效益。

1. 供应商管理

通过集成系统的采购体系管理供应商基本信息、报价，一方面能够在公开透明的体系下坚持"公平公正"的供应商选用原则；另一方面能够建立较为完善且易于改善的供应商评估制度，同时，通过集成系统，能够实现对供应商信息数据的共享，与优质供应商建立长期的合作伙伴关系，稳定货源。

2. 计划订单与合同管理

通过集成系统的采购体系管理采购合同与订单进行采购计划的制订、修改、审核、查询，也可使得采购合同电子化备案，防止传统采购方式由于人为原因造成的条款不明、纸张磨损、代理人无效、暗箱操作等差错，从而形成完善的合同管理体系，同时也可根据实际需求准确及时编制需求计划，防止采购过高或过低，且严格预算管理及审批手续，规范企业采购行为。

3. 品类管理

通过集成系统的采购体系对采购的产品品类、数量、批次等进行计划，通过数据方法对采购的商品进行分类管理，以其实际市场需求为依据降低采购中的浪费。

二、运营管理效益

运营管理广义上可指一切与企业电子商务运营相关活动的总称，包括平台建设、企业电子商务战略、物流建设、市场推广运营、销售等，其效益体现在对于安全和信用的管理。

1. 安全和信用管理

电子商务供应链运营管理中对于安全的管理主要关注的是由于应用电子商务给消费者与企业带来的风险，分为信息技术风险与商务风险两个层面，电子商务供应链集成系统作为媒介，承担着整个供应链中资金的安全保障任务，也就是通过集成系统，才形成了新的合作伙伴关系，建立保障。

2. 合作伙伴选择

电子商务供应链中的合作伙伴包括供应商、制造装配企业、第三方及外包企业等多个企业与电子商务核心企业的合作关系，通过集成系统的信息共享资源互助，能够降低增强整个供应链的信息共享水平，精准预测改善生产排程计划，从而选择成本最低、性价比最合适的合作伙伴；同时通过集成系统也可进行合理的评价体系，进而不断提升合作体系的品质保证。

3. 电商平台建设与系统维护

电子商务供应链集成系统作为电子商务平台的载体之一，为电子商务平台提供了客户订单接收和处理、生产的计划组织、采购订单管理、运输配送管理、营销方案管理、售后服务管理的共享数据基础，同时也可作为电子商务平台日常系统维护的保障，使其保持最新的且正确的工作状态，促使硬件维护、软件维护和数据维护三部分得到实时改善。

三、销售管理效益

1. 营销管理

电子商务供应链集成系统为电子商务企业提供了网络平台，为完成企业的网络广告、电子邮件推广、关键词营销、电子拍卖和逆向电子拍卖、关联营销、病毒营销、精准营销、全网电子商务推广等多种营销方式提供了保证。

2. 客户管理与售后服务

客户作为电子商务供应链集成系统的最终主体，其个性化需求及售后服务要求需要得到快速响应，集成系统则为终端客户与电子商务企业、各级供应商、第三方企业提供了良好的信息沟通渠道，既能够完成对客户基本信息的管理，也能够在最终端的需求反馈、售后建议等服务与建设方面得到提升与改善，实现为客户提供低成本、高质量、准时的服务，也为整条供应链提供快速响应与贴合实际的需求预测。

四、信息与物流服务效益

电子商务供应链集成系统是以信息技术结合集成技术为支撑，以信息流为基础，进而加快资金流、商流、物流循环的优化集成系统，该系统中的信息服务包括以信息共享与数据分析为基础的交易管理、支付管理、决策支持，物流服务包括库存管理、仓储管理、出入货管理、配送管理和物流协作。效益体现为如下几个方面：

1. 信息共享与数据分析

信息共享与数据分析作为整个电子商务供应链集成系统提升效率的基础，连通供应链体系中电子商务企业、供应商、制造商、第三方企业与终端客户，将需求信息、接单计划、生产计划、实际装配车辆、人员、效率估算等，均可通过集成系统共同完成，且该信息与数据分析由系统中的企业共同改良，最终达到各阶段最为合理的生产、运输、配送计划，从而达到提升资源利用率，提高产能的效果。

2. 交易与支付管理

电子商务供应链集成服务系统支持核心电商企业通过网上银行，用电子支付方式替代原来的纸质支票支付方式，用信用卡方式替代原来的现金支付方式，与供应商及客户之间在瞬间内完成款项支付。这种交易和支付管理的方式既能够在客户与企业之间实施，也可在企业与企业之间的资金结算中使用；既可减少人工支付的出错率，降低结算费用，又可加速货款回笼，提高资金使用效率，也为资金结算及金融体系提供了便利。

3. 决策支持

整个交易的管理将涉及人、财、物多个方面，企业和企业、企业和客户及企业内部等各方面的协调和管理，做到供应链企业之间，且与第三方企业之间的决策互助。电子商务供应链集成系统可对供应链上各环节的交易进行管理并提供具体的数据及订单量、货品品类、数量等分析服务，为合作企业提供经营分析或为供应链协作提供重要支撑。

4. 物流管理

电子商务供应链集成服务系统实现了物流过程与物流管理的电子化、自动化、信息化与网络化，使物流运作实现随时跟踪、实时监督、自动控制。通过核心企业的电子商务网络系统及企业间的数据共享，核心电商企业可以实现对货物运输过程跟踪，对供应商及其配送中心仓储及发货状态进行监控，使仓储、运输、配送的整个作业过程一体化。从而实现小批量、高频率的运输配送，实现产成品、原料件的库存最低，避免各环节的浪费。

五、财务管理效益

电子商务供应链中的财务体系分为企业内部的财务管理和企业外部的金融服务两个

层次。电子商务供应链集成系统的财务和金融系统同时可为供应链上的各级成员提供财务与金融服务，包括支付服务、供应链金融、风险管理服务和征信服务等。所得效益如下：

1. 资本与现金流管理

资本管理是对资本筹集、资本配置、资本应用、资本运作进行统筹和调配的管理过程，现金流管理是指以现金流作为管理的核心，兼顾收益，围绕企业经营活动、筹资活动和投资活动。通过电子商务供应链集成系统的财务体系，能够完善供应链上企业的投资政策，资金协助原则，对资本进行分配、运作，实现资本增值，且可对当前及未来一定时期内的现金流入流出在数量和时间方面做出预测与计划、执行与控制、信息传递与报告以及分析与评价。

2. 成本管理

电子商务供应链集成系统以信息共享为基础，实行资源整合、信息透明，协同生产计划、共同需求预测的联合生产方式，通过业务信息交流与智能化信息管理，实现供应链成本整体协同，并从源头上控制电商的采购成本，实现合作企业间的共赢。

3. 风险管理

电子商务供应链集成服务系统能够通过制定供应链一体化风险管理体系框架，明确风险管理需求，购置风险管理基础设施的，实现对信息系统、财务系统、合作商管理系统的建设和维护，从而为风险管理提供必要的技术手段和信息支撑。

4. 金融服务

电子商务供应链集成系统拓展的金融服务是指互联网虚拟货币、互联网信贷以及供应链融资等一些通过 P2P 网络或者电子商务平台操作的金融服务模式，集成系统的信息流通及安全性能，为电子商务平台运营商开展 P2P 借贷业务，供应链融资业务以及第三方支付业务，发展电商供应链融资，鼓励电商供应链融资对于解决社会闲散资金闲置问题，拓宽中小企业融资途径等方面都有重要意义。

撰稿人：中国国际电子商务中心党委书记、副主任　姚广海
　　　　中国国际电子商务中心项目总监、研究院院长　刘立群
　　　　北京交通大学教授　博士生导师　王喜富
　　　　中国国际电子商务研究院副院长　张建军
　　　　中国国际电子商务中心应用研究部副总经理　霍寿鹏
　　　　中国国际电子商务中心高级分析师　吕广宙
　　　　冀中能源国际物流集团有限公司董事、总会计师　张宏斌

第三篇

中国自贸区的供应链战略

第一章　供应链战略在自贸区发展中的作用与效应

第一节　全球自贸区发展现状与前景

一、FTA 与 FTZ

自由贸易区通常有广义和狭义之分。广义的自由贸易区又称为自由贸易协定（FTA），是指两个或两个以上国家或地区通过签署协定，在 WTO 最惠国待遇基础上，相互进一步开放市场，分阶段取消绝大部分货物的关税和非关税壁垒，在服务业领域改善市场准入条件，实现贸易和投资的自由化，从而形成涵盖所有成员全部关税领土的"大区"。如北美自由贸易区、美洲自由贸易区、中韩自由贸易区、中国瑞士自由贸易区、中国与东盟自由贸易区。狭义的自由贸易区是指一个国家或单独关税区内设立的用栅栏隔离、置于海关管辖之外的特殊经济区域，区内允许外国船舶自由进出，外国货物免税进口，取消对进口货物的配额管制。如美国纽约港自由贸易区、新加坡樟宜自贸区、韩国釜山自贸区、迪拜杰贝阿里自贸区、巴拿马科隆自由贸易区等。

1. FTA

所谓自由贸易协定（FTA），是指两个或两个以上独立关税区为实现相互之间的贸易自由化所作的区域性贸易安排。由 FTA 的缔约方所形成的区域称为自由贸易区。20 世纪 90 年代以来，在经济全球化迅速发展的同时，超越地缘界限的区域合作呈急剧扩展的趋势。从理论上讲，世界经济一体化应当走多边贸易体制的道路，但 WTO 多哈回合贸易谈判却陷入僵局，因此，区域经济一体化就成为世界各国的一个现实选择。在 2013 年 6 月召开的八国集团（G8）首脑峰会发表的首脑宣言中，各方认为在多哈回合贸易谈判达成妥协之前，应推动大型的 FTA，发达经济体也显示出从 WTO 向 FTA 倾斜的姿态。在此背景下，各国为占据主动，都开始把 FTA 谈判作为本国的贸易战略进行规划和实施。据不完全统计，截至 2015 年年底，全球已生效的 FTA 约 260 余项，已签署的 FTA 约 30 项，正在谈判中的 FTA 约 90 项，处于研究阶段、正在进行政府间预备谈判的 FTA 约 35 项。[①] 其中，我国已签署的 FTA 共 14 项，涉及 22 个国家和地区，正在谈判中的 FTA 共 8 项，处于研究阶段的 FTA 共 4 项。[②]

相比 WTO，FTA 在照顾协议双方的经济结构互补性方面具有相当大的优势。与此同时，很多经济体认为，FTA 谈判比 WTO 框架内进行的多边谈判更容易达成协议，特别是

---

① 资料来源：网络数据整理。
② 资料来源：中国自由贸易区服务网。

对于发展中经济体而言，FTA 协定的签署将更好地获得发达经济体的市场准入，进而从与发达经济体的双边贸易中获利。此外，FTA 所涉及的协定范围比 WTO 谈判所涉及的范围更加广泛，不仅包括 WTO 所涉及的内容，还囊括了 WTO 谈判所未涉及的投资、旅游、科技研发、竞争、服务、劳动、环境、经济合作等诸多领域。因此，各国纷纷加快 FTA 的谈判步伐。2015 年，新开启的 FTA 谈判有跨大西洋贸易和投资伙伴关系协定（即欧盟—美国自由贸易协定，TTIP）、中国—韩国—日本自由贸易协定、东亚经济伙伴关系协定（RCEP）以及日本—欧盟经济伙伴关系协定（EPA）。

2. FTZ

FTZ（Free Trade Zone）又称为自由贸易园区，作为一国境内的特殊区域，在海关监管和关税制度上较其他区域享有更大的自由。1973 年国际海关理事会签订的《京都公约》，将自由贸易园区定义为："指一国的部分领土，在这部分领土内运入的任何货物就进口关税及其他各税而言，被认为在关境以外，并免于实施惯常的海关监管制度。"其中，最突出的表现为"境内关外"的监管模式。以美国为例，自由贸易园区内的货物不受进口配额、关税及其他常规海关监管的限制，且可在自由贸易园区体系内自由转移，直至货物离开园区为止。自由贸易园区也通常位于港口（空港或海洋）周围，基础设施优越，园内经营企业多以出口活动为主，存在财税激励政策，制度环境便利、高效等。自由贸易园区对一国经济有着重要的促进作用，能够显著促进出口增长及丰富出口多样性，增加一国外汇收入，增加直接和间接就业，吸引外商投资，增加政府收入，并能显著提高一国产业竞争力，对其他地区有着示范效应及区域改革的促进作用。

在全球化浪潮的推动下，贸易、生产、资本国际合作不断深化，发达国家产业转移日益加速，发展中国家工业化进程迅猛提升，全球自由贸易园区呈现出多样化和综合化的发展态势。目前，多数自由贸易园区都具有进出口贸易、转口贸易、仓储、加工、商品展示、金融等多种功能，大大提高了自由贸易园区的运行效率和抗风险能力。截至 2015 年，全球约有一百多个国家和地区设有自由贸易园区。

2013 年，中国（上海）自由贸易试验区正式成立，面积 28.78 平方千米，涵盖上海市外高桥保税区、外高桥保税物流园区、洋山保税港区和上海浦东机场综合保税区 4 个海关特殊监管区域。2014 年，全国人大常务委员会授权国务院扩展中国（上海）自由贸易试验区区域，将面积扩展到 120.72 平方千米，同时决定设立中国（广东）自由贸易试验区、中国（福建）自由贸易试验区、中国（天津）自由贸易试验区。我国设立的上述四大自贸区属于狭义上的自由贸易区范畴，是中国经济新的试验田，并具有国际水准的投资贸易便利、货币兑换自由、监管高效便捷、法制环境规范的自由贸易试验区。

二、全球自贸区发展的主要特征

近年来，全球基于双边、多边的自贸区进展如火如荼，跨太平洋伙伴关系协定（TPP）即将迎来突破，跨大西洋贸易和投资伙伴关系协定（TTIP）持续推进，亚太自贸区建设提上日程。与此同时，各国家和地区的自贸区建设如火如荼，尤其以我国四大自贸区为代表的发展中国家，以国际高标准自贸区为标准，取得了令人瞩目的成果。

1. 投资贸易便利化水平不断提升

按照《京都公约》，自贸区是"一国境内的一部分，进入这一区域的任何货物就进口税费而言，通常视为在关境之外"。从法律上讲，"关境之外"仅限于税收领域，但在目前的实际操作中，海关等对符合所在国法律的区内企业、人员和货物实行特殊监管政策，以最大限度地降低障碍，通过便利化和自由化促进自贸区国际竞争力的提高。以美国对外贸易区为例，当货物进入对外贸易区，实际上已位于美国境内，但对于美国海关来说，仍处于征税范围之外。对外贸易区完全是企业化经营，依靠服务收费来维持运转。国际贸易活动均可在区内开展，可以存储、展示和销售、重新包装、组装、分类、清洁、搭配国内货物进行加工。货物在区内没有存储时间的限制，也不规定何时必须通关、出口或销毁。在对外贸易区内经营可以减少货物丢失，降低保险费用，保险商可给予较低的费率；降低运输成本，可以采用最经济的运输方式；降低管理成本，区内企业与海关合作，可以降低查验费用；区内货物可以保税展示；配额商品的灵活性，入区货物不要求提供进口配额，一旦取得配额，货物可及时进入国内市场；获得金融支持，可以用区内货物作为抵押进行融资。对外贸易区从经济上鼓励美国和外国公司在美国境内创造就业机会，对美国的国际贸易收支带来了正面的影响。

在货物贸易方面，除检疫需在入境第一时间进行外，海关对从国外进入自贸区的进口货物、中转货物没有查验要求，仅对进入关境的货物进行一次查验。例如，德国汉堡港允许船只自由进出，货物在自由港装卸、转船和储存不受海关的任何限制，不要求每批货物立即申报与查验，45天之内转口无须记录，货物只有进入欧盟市场时才需结关；台湾高雄港实施自律管理，货物除涉及安全及国际条约必须设限外，原则上都免审免检，并对国际商务人士实行特殊签证政策。此外，荷兰鹿特丹港、韩国釜山港等还利用信息化手段提升通关效率，如实施电子监控和自动报关等。

另外，在海关特殊监管之外，自贸区大多给予较高程度的投资自由和金融服务开放，基本上没有投资的行业限制，货币自由兑换、资金自由进出和自由选择结算币种等。例如，香港采用负面清单方式，对军火、毒品等之外的绝大多数货物进口无限制，允许投资自由和金融自由汇兑，不征收增值税和消费税，降低船舶注册费等。

2. 自贸区资源配置功能不断丰富

经济全球化背景下的国际化生产，推动全球供应链不断延伸和资源配置日趋活跃，对特殊经济区域的作用提出了新的要求。许多国家的自贸区由货物贸易保税中转的单一功能向包括商品展销、加工维修、物流配送、信息集散、研发创新等在内的多功能模式拓展，金融、保险、货代、租赁、咨询等增值服务也日益受到重视。自贸区的功能定位也往往由贸易中心、物流中心逐步向金融中心、信息中心、决策运营中心拓展，在全球贸易和投资活动中发挥的作用日益重要。

以迪拜自由贸易区为例，迪拜港是以"贸"取胜的样板，这里是中东最大的自由贸易港，会聚了阿联酋70%的非石油贸易。在世界所有自由贸易区的类型划分中，迪拜被认为是贸工结合、以贸为主的典型。

以巴拿马科隆自由贸易区为例，其主要产业为金融、贸易与物流、会展。巴拿马是拉美地区最活跃、最成功的国际金融中心，外资银行及分支机构密集，有一百多家国际银行；重视会展业发展，巴拿马国际博览会世界闻名，贸易物流业发达，是全球第二大转口站。区内的经营以轻纺、服装、工艺、日用品和家电产品为主。

3. 自贸区管理体制更具开放性

近年来，为提升本国自由贸易园区的国际地位和竞争力，各国在实施优惠政策和便利化措施基础上，对自贸区实行更加开放、符合现实发展需求的开放型管理体制。

例如，香港自由港实行自由贸易制度，对进出口贸易不设置管制，除为履行国际义务及维护香港安全原因，对贸易实行必不可少的管制除外。此外，不设置关税壁垒，对一般商品的进出口均不收关税。在货物进出口方面，进出口手续极为简便，除少数受贸易管制的商品需进行事前申请外，一般商品的进出口无须报批。外来船舶免办进港申请及海关手续，实行非强制引水，关检及卫检手续简便，并豁免港口行政费。在企业注册经营方面，香港自由港实行企业自由经营制度，对外来投资项目不设任何管制，除了金融、电信、公共运输、公用设施及部分大众媒体等领域，对本地公司及外商一视同仁，实行少干预、无补贴政策，对企业经营进出口贸易没有限制，任何企业只要依法注册登记，即可从事进出口贸易，商品与劳务支付的价值也基本上保持充分的自由竞争状态。

4. 自贸区财政税收举措更具吸引力

自由贸易园区特色经济区域，享受丰厚的财政税收优惠。以巴拿马科隆自由贸易区为例，"免税"一词几乎可以应用于科隆自由贸易区的所有商业活动。境外货物进入贸易区或从区内出境，免进出口税，货物销售对巴拿马运河区或过境船只，视为出口，予以免税。外国公司的股票持有者所获股息无须缴税；对持有两年以上的资产进行资本买卖无须交纳资本收益税；因外贸业务和直接销售所得的利润而给付的股利可免交股息税。免除区内销售税和生产税，区内投资无须缴税，在自由贸易区经营的公司无须缴纳市政地方税（除汽车执照外），区内公司所得税采用累进制，税率2.5% ~ 8.5%，两年内免利润所得税，若雇佣巴籍员工，再给予减免0.5% ~ 1.5%所得税的优惠。在杰贝阿里自贸区内，企业可享受100%外资拥有、50年免征公司税、免征进出口关税和再出口关税、免征个人所得税、资本金和利润允许100%遣返以及充足的廉价能源等政策。

美国纽约港自由贸易区也实施了优惠的财政税收政策，运进自贸区的货物不需要立即缴纳进口关税，只有当货物通过海关运入美国时才需要支付关税。通过在自贸区设厂，企业可以自由选择支付原料的税率还是成品的税率，选择其中税率低的支付。企业在自贸区设厂可以不需要支付任何进出口关税实现出口。自贸区产品出口海外，如果遇到退货，不需要为退回的货物支付进口关税。自贸区之间运输免税。企业在不同的自贸区间转移货物是免关税的，只有最终通关进入美国的时候才需要支付关税。

5. 自贸区法律保障日趋完善

自由贸易园区作为特殊经济区域，往往与国内现行法律和政策相冲突，必须通过专门立法为管理体制和监管模式创新保驾护航。许多经济体从国家层面专门颁布《自由贸易园区法》或条例，以保障其合法性和权威性，例如美国1934年通过《对外贸易区法案》、欧洲在《欧共体海关法典》中对自由贸易园区进行了界定。而且，美国还对《对外贸易区法》进行了多次修订，以适应世界经济形势和美国利益需要，特别是园区发展需求的变化。新加坡政府在裕廊工业区的裕廊码头设立了自由贸易区。为了吸引世界各地销往亚太地区的商品到新加坡中转，新加坡又专门制定了自由贸易区法令。如今，新加坡自由港已发展成为一个高度开放的贸易自由港，并逐渐向更具科技含量的综合性自贸区靠拢。

随着全球经济一体化的继续深入，世界各国在投资贸易方面的竞争会更加激烈，自由贸易区作为一国或区域的特殊区域，承载着物流、加工、贸易、金融等多项功能，高标准的自由贸易区已成为全球投资贸易的制高点，必将成为各国和地区的竞技平台。

第二节　全球自贸区的发展为供应链带来新机遇

随着信息技术和交通运输技术的发展，全球经济已经具有互相依赖互相发展的特征。全球产业转移速度加快，市场资源在全球配置的趋势明显，而自贸区更是加速了这一进程。与供应链相关的自贸区物流服务、商贸服务、信息服务、金融与保险服务等部门均处于不断开放的进程中。其中包括海运、航空运输、铁路运输、公路运输等主体物流服务，以及报关报检、仓储、港口等附属物流服务，也在不断地放松管制。各个国家经济的开放与交流，为自贸区供应链的发展带来了前所未有的机遇。

1. 便利化的监管措施带动国际物流效率大幅提升

全球自贸区设立后的顺利运行与自贸区监管的原则、方式和手段密切相关，全球自贸区监管的核心思想可概括为"一线放开，二线管住，区内不干预"，并尽可能简化通关手续，提高通关效率，对于进出的船只和货物给予最大限度的自由，提供合理便捷的管理是各国自由贸易园区的共同监管目标，并普遍采用大量便利化监管措施，这些便利化的通关措施极大带动了供应链物流的发展。

以鹿特丹自贸区为例，依托鹿特丹港优越的航运和地理条件，将港区设为自由港，利用先进的港口设施建立起四通八达的运输网络，简化通关手续，优化通关流程，货物可在 24 小时内疏散到荷兰国内城市，48 小时内辐射欧盟全境。阿联酋迪拜港自由港区贸易物流业占区内企业的 74%，货物在区内存储、贸易、加工制造均不征收关税及其他税收。

上海自由贸易区自成立以来，采取了一系列通关便利化措施，如海关推出了"先进区、后报关""批次进出、集中申报"等 23 项监管服务创新举措；检验检疫推出了"通关无纸化""第三方检验结果采信"等 23 项改革措施；海事部门推出了船舶安全作业监管、高效率船舶登记流程等 15 项新制度，以此提高通关速度。据测算，目前上海自由贸易区进口平均通关时间较区外减少了 41.3%，出口平均通关时间较区外减少了 36.8%。[①] 通关便利化是自由贸易区效果最为显著的先行先试政策，为物流企业节约了通关时间，

---

① 何黎明. 自贸区下物流与供应链发展新趋势：中国流通经济，2015（5）。

降低了通关成本，加快了互联互通，为完善国际物流网络创造了基础条件。通关便利化政策的深化创新与推广复制有助于改善我国整体通关环境，促进国际物流大发展，为国际贸易转型升级提供坚实的物流保障。

2. 服务贸易自由化改善自贸区投资发展环境

自贸区具备更加透明的投资规则和管理制度，并建立了有利于资本自由流动的投资制度，扩大了外资企业的市场，任何成员投资的企业都能以较低成本进入其他成员的市场。以美国纽约港自贸区为例，在区内放松金融管制，实行金融自由化，放宽或取消对银行支付存款利率的限制，减少或取消对银行贷款规模的直接控制，允许业务交叉，允许更多新金融工具的使用和新金融市场的设立，放宽对外国金融机构经营活动的限制及对本国金融机构进入国际市场的限制，减少外汇管制。

我国成立的自贸区也可在试验区内对人民币资本项目可兑换、金融市场利率市场化、人民币跨境使用等方面创造条件进行先行先试。在试验区内实现金融机构资产方价格实行市场化定价，建立与自由贸易试验区相适应的外汇管理体制，鼓励企业充分利用境内外两种资源、两个市场，实现跨境融资自由化，促进跨国公司设立区域性或全球性资金管理中心。

3. 高效的物流服务促进自贸区贸易环节快速发展

自贸区高效的物流服务和便捷的货物监管促进了贸易的迅速发展。自贸区在金融服务、航运服务、商贸服务、专业服务等领域全面开放，在符合相关规定的前提下，允许符合条件的外资机构、组织成立公司开展业务，进出口手续便捷，口岸监管手续简便。

以美国"对外贸易区"为例，除法律禁止的商品外，任何国外和国内的商品都可以进区，不受美国海关法的约束，国际贸易的各项活动均可在区内开展，包括存储、展示和销售、重新包装、组装、分类、清洁以及搭配国内货物。巴拿马科隆自由贸易区货物进口自由，无配额限制，对进出商品控制很少，豁免关税的范围相对较宽。

4. 建立了高效的信息化网络

自贸区在促进贸易便利化措施方面的优势很大程度上得益于信息化技术的推广应用，通过虚拟网络支持实体贸易网络，促进政府机构、贸易团体和便利海关之间的信息共享，为各类贸易提供更为便利的交易条件。

新加坡政府在1989年1月就开始启用一套电子文件传输的关务系统——贸易网络系统（Trade Net System），该系统以具有一定格式标准的电子文件或单证，传输有关进出口贸易及货物运输的相关信息，充分利用IT技术进行海关程序的操作，绝大多数应用流程控制在10分钟之内。新加坡海关对输入其自由贸易区的货物仍保持监管状态，如这些货物需从原来存放的自由贸易区移至另一自由贸易区，在移动前需获得转运许可。海关人员会监督货物从一个自由贸易区移至另一自由贸易区。如货物从自由贸易区运入新加坡课税区内。托运者需将发票、进口保关单、许可证、送货单等交海关核查批准。

鹿特丹港自由贸易区对进口货物通常要求海运公司或船务代理公司在抵达港口前24

小时内向海关递交有关货物的资料，这些资料被用电子文件或电子单证的形式存储于海关的中央计算机系统（TAGITTA），这样，除了鹿特丹海关人员可以得知有关进口货物的资料，其他国家的海关人员也能查询到。中央计算机系统主要功能有：检查申报资料的正确性、关税与其他税费的计算等。计算机系统根据所获得进口货物的资料进行风险分析，以便确定是否需要对进口货物进行开箱检查。

第三节　构建自贸区供应链体系是全球自贸区发展的方向

自贸区重点之一是推进服务业扩大开放，促进服务贸易的自由化、便利化，物流、金融、商贸、信息等自贸区服务业是全球供应链体系的重要组成部分，自贸区服务业向供应链一体化发展是必然选择。通过构建自贸区供应链体系，实现自贸区由一般的货物贸易和加工贸易转向更加注重物流、航运、金融、商贸等服务领域的功能拓展，同时通过机制体制创新，推动政府监管职能的转变与协同。

一、自贸区供应链的内涵

自贸区与国际供应链结合的趋势已成为全球自贸区的共性特征。自贸区供应链旨在集成其产业链相关的物流服务、航运服务、金融服务、商贸服务等，整合全球物流、商流、信息流、资金流，使货物流通更加通畅，同时使服务流通更加便利，对自贸区货物贸易向服务贸易转型发展起着关键的作用。

自贸区改革创新的核心是自贸区供应链的改革与创新，自贸区供应链的核心是贸易流、资金流、信息流、物流的安全、高效、可靠、协同发展，在促进供应链与产业链一体化发展的同时，促进政府职能的转变，如图3-1-1所示。

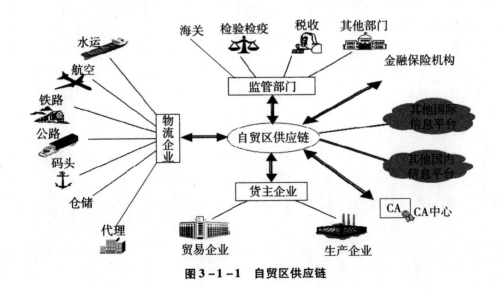

图3-1-1　自贸区供应链

二、自贸区供应链的作用

1. 促进自贸区各要素集聚

自贸区供应链承载着物流、贸易、金融、信息等多方资源，自贸区要推动货物贸易、服务贸易的产品、人员、信息、资本、技术、知识等贸易要素的便捷、快速、自由流动，供应链是承载贸易自由化的基础，供应链平台能将一切贸易要素更好更快地无缝对接。自贸区是一个供应链集成平台，产业链、供应链、服务链都将在这一场域运作，必将带来制造业、进出口贸易乃至各种要素市场的集聚，带来物流业、供应链行业的集聚。

2. 推动产业格局重构，提升产业核心竞争力

自贸区作为全球供应链的重要节点，具备资源要素的配置功能。自贸区通过对物流、贸易、金融、信息等资源要素的优化和重组，能够实现各环节的优化配置，促进产业在全球价值链中向高端递进，推动产业格局重构，提升产业核心竞争力。

3. 促进传统产业向高端供应链服务转型

自贸区供应链旨在集成其产业链相关的物流服务、航运服务、金融服务、商贸服务等，整合全球物流、商流、信息流、资金流，使货物流通更加通畅，同时使服务流通更加便利，对自贸区货物贸易向服务贸易转型发展起着关键的作用。

自贸区战略将成为布局全球供应链的重要节点，在这一过程中，将逐步形成以自贸区为核心的全球供应链体系，培育国际竞争新优势。自贸区供应链将促进传统产业向高端供应链服务转型，提高发展的质量和效益，助推供应链走向全球化。

4. 推动形成以自贸区为核心的全球供应链体系，培育国际竞争新优势

自贸区供应链的发展，将吸引产业集聚，加强供应链整合，形成以自贸区为核心的全球供应链体系，促进产业在全球价值链中向高端递进，推动产业格局重构，提升产业核心竞争力，培育国际竞争新优势。

第二章 我国自贸区与"一带一路"战略下供应链发展的趋势

第一节 我国自贸区发展现状及发展前景

一、我国自贸区建设的主要内容

1. 上海自贸区主要建设内容

上海自贸区建设重点在政府职能转变、深化与扩大开放相适应的投资管理制度创新、积极推进贸易监管制度创新、深入推进金融制度创新、加强法制和政策保障等方面。具体来讲：

在加快政府职能转变方面，上海自贸区主要任务包括完善负面清单管理模式、加强社会信用体系应用、加强信息共享和服务平台应用、健全综合执法体系、健全社会力量参与市场监督制度、完善企业年度报告公示和经营异常名录制度、健全国家安全审查和反垄断审查协助工作机制、推动产业预警制度创新、推动信息公开制度创新、推动公平竞争制度创新、推动权益保护制度创新、深化科技创新体制机制改革十二项内容。

在深化与扩大开放相适应的投资管理制度创新方面，上海自贸区主要任务包括进一步扩大服务业和制造业等领域开放、推进外商投资和境外投资管理制度改革、深化商事登记制度改革、完善企业准入"单一窗口"制度四项内容。

在积极推进贸易监管制度创新方面，上海自贸区主要建设任务包括在自贸试验区内的海关特殊监管区域深化"一线放开""二线安全高效管住"贸易便利化改革、推进国际贸易"单一窗口"建设、统筹研究推进货物状态分类监管试点、推动贸易转型升级、完善具有国际竞争力的航运发展制度和运作模式五项内容。

在深入推进金融制度创新方面，上海自贸区重点在加大金融创新开放力度，加强与上海国际金融中心建设的联动方面。

在加强法制和政策保障，上海自贸区重点在健全法制保障体系、探索适应企业国际化发展需要的创新人才服务体系和国际人才流动通行制度、研究完善促进投资和贸易的税收政策三方面。

2. 广东自贸区主要建设任务

广东自贸区建设重点在于建设国际化、市场化、法治化营商环境、深入推进粤港澳服务贸易自由化、强化国际贸易功能集成、深化金融领域开放创新、增强自贸试验区辐射带动功能五大方面，具体来讲：

在建设国际化、市场化、法治化营商环境方面，广东自贸区的建设重点在于优化法治环境、创新行政管理体制、建立宽进严管的市场准入和监管制度三项内容。

在深入推进粤港澳服务贸易自由化方面，广东自贸区的建设重点在于进一步扩大对港澳服务业开放、促进服务要素便捷流动两方面。

在强化国际贸易功能集成方面，广东自贸区的建设重点在于推进贸易发展方式转变、增强国际航运服务功能两方面。

在深化金融领域开放创新方面，广东自贸区的建设重点在于推动跨境人民币业务创新发展、推动适应粤港澳服务贸易自由化的金融创新、推动投融资便利化、建立健全自贸试验区金融风险防控体系四个方面。

在增强自贸试验区辐射带动功能方面，广东自贸区需要引领珠三角地区加工贸易转型升级、打造泛珠三角区域发展综合服务区、建设内地企业和个人"走出去"重要窗口三项任务。

3. 福建自贸区主要建设任务

福建自贸区建设重点在于切实转变政府职能、推进投资管理体制改革、推进贸易发展方式转变、率先推进与台湾地区投资贸易自由、推进金融领域开放创新、培育平潭开放开发新优势六大任务。具体来讲：

在切实转变政府职能方面，福建自贸区重点在于深化行政管理体制改革，按照国际化、市场化、法治化要求，加快推进政府管理模式创新，福建省能够下放的经济社会管理权限，全部下放给自贸试验区。

在推进投资管理体制改革方面，福建自贸区重点在于改革外商投资管理模式、构建对外投资促进体系两方面内容。

在推进贸易发展方式转变方面，福建自贸区重点在于拓展新型贸易方式、提升航运服务功能、推进通关机制创新三方面内容。

在率先推进与台湾地区投资贸易自由方面，福建自贸区建设重点在于探索闽台产业合作新模式、扩大对台服务贸易开放、推动对台货物贸易自由、促进两岸往来更加便利四方面内容。

在推进金融领域开放创新方面，福建自贸区重点在于扩大金融对外开放、拓展金融服务功能、推动两岸金融合作先行先试三方面内容。

在培育平潭开放开发新优势方面，福建自贸区建设重点在于推进服务贸易自由化、推动航运自由化、建设国际旅游岛三方面主要内容。

4. 天津自贸区主要建设任务

天津自贸区建设重点主要集中在加快政府职能转变、扩大投资领域开放、推动贸易转型升级、深化金融领域开放创新、推动实施京津冀协同发展战略五大任务。具体来讲：

在加快政府职能转变方面，天津自贸区主要任务集中在深化行政体制改革、提高行政管理效能两大要点。

在扩大投资领域开放方面，天津自贸区的重点在于降低投资准入门槛、改革外商投资管理模式、构建对外投资合作服务平台三大方面。

在推动贸易转型升级方面，天津自贸区的重点在于完善国际贸易服务功能、增强国际航运服务功能、创新通关监管服务模式三大方面。

在深化金融领域开放创新方面，天津自贸区的重点在于推进金融制度创新、增强金融服务功能、提升租赁业发展水平、建立健全金融风险防控体系四大任务。

在推动实施京津冀协同发展战略方面，国务院要求天津自贸区增强口岸服务辐射功能、促进区域产业转型升级、推动区域金融市场一体化、构筑服务区域发展的科技创新和人才高地四大任务。

二、我国自贸试验区的主要功能和作用

立足"加快经济体制改革，提升开放型经济水平"的需要，为我国面向全球进一步扩大开放和体制创新进行先行先试，达到以开放促改革、促发展的战略目标，在全球化潮流中赢得主动，是我国自贸区的主要功能。总体来看，试验区具有以下功能。

1. 对接国际高标准服务贸易的平台

我国服务业发展水平相对落后，难以适应产业升级和居民服务消费提升的需要，高端服务业和服务创新与世界先进水平差距尤为明显。在全球新一轮区域和双边自由贸易协议中，服务业开放与签署投资协议成为新的重点。李克强总理在上海考察时指出，服务贸易将是下一步对外开放的重点。试验区可先在重点服务贸易领域的开放深度和广度上尝试，在总结经验的基础上逐步扩大开放试点内容，进而参照发达国家和国际上高水平自贸区的服务开放模式和标准，尝试以"负面清单"的管理模式推进服务业开放。通过放宽准入门槛和经营范围限制、拓展开放领域等，吸引境外服务进入当地市场，有效促进服务业竞争、提升服务水平，为我国在更高水平的国际服务业竞争中打造开放高地、形成国际竞争新优势。

2. 金融开放创新先导区

自由贸易试验区是促进要素自由流动的高水平开放区域。金融是经济的血液，通过改革、开放、创新共同驱动试验区建设，至关重要的任务就是，通过金融领域的开放与创新，增强金融服务功能。通过改革外汇管理体制、探索金融服务业对民营资本和外资的全面开放、拓展金融服务功能和产品创新，推进跨境投资、融资便利化，吸引更多金融资源为试验区实体经济发展服务，培育各类金融市场，促进国际贸易、国际航运、国际物流和服务业的发展。在防范风险的同时，为试验区建设努力打造专业、便利、高效、安全的金融发展环境，为在全国范围内深化金融开放创新、服务经济转型升级积累经验。

3. 高标准国际化投资管理体制和营商环境建设示范区

适应国际发展趋势，改革现行的外资管理体制。通过试行准入前国民待遇和负面清单、简化和优化外商投资审批和工商登记制度、试行外商投资企业合同章程备案管理等，对现有投资准入制度和管理模式进行了改革，在保证资本流动有效监管的前提下，以政策体制上的改革突破，切实提高管理效率和跨境投资便利化程度，为境外投资者带来巨大开放红利。与此同时，应加快形成既符合现行税制完善需要，又符合自由贸易试验区发展的税收政策，积极探索建立符合国际规范的产权登记制度，提供国际化的教育、医

疗和社会服务，大力引进和培养高素质专门人才、提升人员往来便利化，探索建立一个要素集聚、自由便利、高效便捷、内外平等、法制规范而具有国际竞争力的营商环境。首先在试验区开始先行先试的负面清单管理模式已经被广泛运用于政府职能改革等众多领域，商事注册制度改革的经验也在全国范围内进行复制和推广。

4. 国际航运和国际物流中心核心功能区

自提出建设国际航运中心以来，上海港发挥国际航运发展综合试验区和自身综合优势，各项建设指标快速发展，已连续三年位居全球集装箱吞吐量第一。作为上海航运中心的核心区和重要载体，试验区应以促进上海建设现代化国际物流服务业集聚区和高水平国际航运中心为目标，通过在贸易、投资、运输、物流和航运金融等方面进行自由化探索，深化物流和航运的对外开放、强化国际贸易集成功能；通过推动港口、物流的综合发展，拓展现代物流与航运服务功能，提升上海在全球物流、航运领域的影响力和控制力，加快推进国际航运和物流中心的建设进程。天津、福建、广东试验区也具有相类似的发展环境和有利条件。

5. 海关特殊监管区整合升级综合载体

海关特殊监管区是我国对外开放的前沿阵地和窗口，承担着为提升贸易投资便利化、自由化水平积累经验的重大责任。但近年来，海关特殊监管区域存在着种类过于繁多、管理体制错综复杂、政策设计不尽统一等问题，降低了行政管理与监管效率，增加了企业入区选择的机会成本，难以适应产业升级和新型业态发展的需求。2012年国务院58号文提出整合不同类型区域，要完善政策和功能、强化监管和服务、促进转型和升级。上海试验区的区域范围覆盖了多种海关监管区域类型，应借鉴国际先进经验，大力拓展新型贸易业态、创新监管模式、整合促进政策，在通关便捷、贸易便利、功能多样和政策开放等方面营造与国际管理最为接轨的便利化环境，提升辐射带动作用，成为我国海关特殊监管区域整合和转型升级的试验平台。

第二节　"一带一路"战略与自贸区

一、"一带一路"战略与自贸区战略的关系

2013年9月和10月，中国国家主席习近平在出访中亚和东南亚国家期间，先后提出共建"丝绸之路经济带"和"21世纪海上丝绸之路"的重大倡议，得到国际社会高度关注。中国国务院总理李克强参加2013年中国—东盟博览会时强调，铺就面向东盟的海上丝绸之路，打造带动腹地发展的战略支点。加快"一带一路"建设，有利于促进沿线各国经济繁荣与区域经济合作，加强不同文明交流互鉴，促进世界和平发展，是一项造福世界各国人民的伟大事业。

上海、广东、福建、天津四大自贸区与21世纪海上丝绸之路关系密切，对"一带一路"的国内核心区域和相关国家具有较强的经济辐射与联动作用。从深化对外开放战略角度来看，"一带一路"是从构建对外开放新格局的战略高度出发，而自贸区战略则是在

投资自由化、贸易便利化、金融国际化、行政管理简化等方面先行先试。自贸区以负面清单管理为核心的投资管理制度和以贸易便利化为重点的贸易监管制度平稳运行，以资本项目可兑换和服务业开放为目标的金融创新制度基本确立，以政府职能转变为导向的事中事后监管制度基本形成。特别是自贸区海关监管服务制度创新，为改进口岸工作、促进扩大开放以及外贸稳定发展起到了重要的示范作用。

因此，"一带一路"战略的推进，离不开自贸区战略的支持。"一带一路"和自贸区的战略对接已经是我国四大自贸区发展趋势。实际上，"一带一路"战略都可以囊括我国当前的四大自贸区，上海、福建和广东本身就和丝绸之路有很深的关系。而天津紧邻北京，是整个亚洲大陆上经济、政治的中心，更是亚欧大陆桥的东方起点。自贸区在进出口岸环节的审批工作进行了优化和完善，提高了货物入境通关服务。完善了相关的协调政策建立，加强了口岸政务披露工作，建立了一站式单一窗口平台，完善了通关检疫工作等，这些工作政策的完善极大地促进了我国自贸区的贸易发展，为"一带一路"发展战略的实施奠定了良好的基础，为推进"一带一路"战略做好了部署工作。根据当前我国的发展思路，将会在中西部继续推广自贸区试验工作，预计在未来的第四批、第五批自贸区都会在先前的自贸区试验基础上进行复制、扩充和改进。此外，还可以根据"一带一路"沿线国家为依托建立起更完善的自贸区网络，促进国家与国家间的交流和合作，不断地推动我国自贸区的发展，创造出更完善的制度和环境。

二、"一带一路"与自贸区战略下供应链发展的新机遇

1. 催生世界最大物流与供应链管理中心在中国形成

"一带一路"贯穿亚欧非大陆，陆上依托国际大通道，以沿线中心城市为支撑，以重点经贸产业园区为合作平台，海上以重点港口为节点，重点解决投资贸易便利化问题，消除投资和贸易壁垒，构建区域内和各国良好的营商环境，积极同沿线国家和地区共同商建自由贸易区，加强与沿线国家信息互换、监管互认、执法互助的海关合作，以及检验检疫、认证认可、标准计量、统计信息等方面的双多边合作，推动世界贸易组织《贸易便利化协定》生效和实施，并加快投资便利化进程，消除投资壁垒。

2015 年 12 月 17 日，国务院发布了《关于加快实施自由贸易区战略的若干意见》，提出加快实施自由贸易区战略是我国新一轮对外开放的重要内容。我国将加快现有自由贸易区谈判进程，在条件具备的情况下逐步提升已有自由贸易区的自由化水平，积极推动与我国周边大部分国家和地区建立自由贸易区，使我国与自由贸易伙伴贸易额占我国对外贸易总额的比重达到或超过多数发达国家和新兴经济体的水平；中长期目标是，形成包括邻近国家和地区、涵盖"一带一路"沿线国家以及辐射五大洲重要国家的全球自由贸易区网络，使我国大部分对外贸易、双向投资实现自由化和便利化。

因此，"一带一路"注重供应链服务一体化，自贸区强调服务贸易自由化，两者之间的融合将加速全球供应链中心由欧美转移至中国。

2. 倒逼供应链企业发展提速

"一带一路"与自贸区建设的稳步推进，客观要求供应链企业转型升级，积极参与境外基础设施建设和产能合作。自贸区"境内关外"的特性有利于全球供应链的模式创新。以跨境电子商务为例，随着跨境电子商务试点的推开，跨境电商平台陆续搭建，以自贸区为代表的海关特殊监管区域中，跨境电商物流模式不断创新。2014年，亚马逊与上海自贸区签订战略合作协议，以上海自贸区为入口，引进全球产品线开展进口业务，相关的仓储、物流基地也落户自贸区，使客户收货时间大大缩短。此外，以"一带一路"和自贸区为窗口和桥梁，海外仓、境外物流中心等基础设施蓬勃发展，不仅可以快速反映客户需求，紧跟国际消费动态，而且可以形成服务网络，降低物流成本。因此，"一带一路"与自贸区将促进中国企业在全球产业价值链上快速提升，倒逼供应链企业与自贸区、"一带一路"融合发展。

3. 助推中国供应链走向全球化

随着分工国际化、贸易全球化的推进，以及物流成本的降低，全球价值链合作的优势与影响充分显现。国际产业分工已经从原来基于各国比较优势的水平分工，转变为以跨国公司为中心，基于产业价值链的垂直分工。然而，在这种国际分工方式中，我国现有产业大多处于价值链低端位置。"一带一路"与自贸区战略的实施，有利于吸引产业集聚，从而推进供应链整合，促进我国产业在全球价值链中向高端递进，推动产业格局重构，提升产业核心竞争力。

因此，"一带一路"与自贸区战略将成为我国布局全球供应链的重要节点，在这一过程中，将逐步形成以自贸区为核心的全球供应链体系，培育国际竞争新优势。同时，供应链企业将充分利用供应链升级的机会，逐步从传统产业向高端供应链服务转型，提高发展的质量和效益，助推我国供应链走向全球化。

第三节　自贸区环境下供应链创新发展的趋势

随着自贸区战略的深入发展，自贸区货物监管与货物流通会更加便捷，贸易便利化水平会在现有基础上进一步提高，投资与贸易服务政策会更加开放，涉及物流、资金流、商流和信息流的供应链一体化进程进一步提高，极大促进我国进出口贸易，降低物流成本，提高外资利用水平，逐步确立全球供应链核心枢纽地位。

以自贸区为枢纽的全球供应链体系，能够将各类服务供应商（包括装卸、加工、运输、仓储、报关、配送，金融、商业服务等）和客户（包括付货人和船公司等）有效结合成一体，形成供应链各要素集聚，并把正确数量的商品在正确的时间配送到正确地点，实现整个供应链成本最低。

1. 全球供应链呈现一体化发展趋势

经济全球化的浪潮使国际市场竞争日益激烈，国家与地区之间的竞争形式上升为以协同商务、协同竞争和共赢原则为商业运作模式的、由合作伙伴组成的供应链与供应链之间的竞争。自贸区将供应链的系统延伸至整个世界范围，在全面、迅速地了解世界各地消费者需求偏好的同时，就其进行计划、协调、操作、控制和优化，在供应链中的核心企业与其供应商以及供应商的供应商、核心企业与其销售商及至最终消费者之间，依靠现代网络信息技术支撑，实现供应链的一体化和快速反应运作，达到物流、价值流和信息流的协调通畅，以满足全球消费者需求。

2. 自贸区物流发展环境持续优化，物流要素集聚效应显著

从全球自由贸易园区的功能定位来看，自贸区物流是货物在区内外的实体流动过程中，根据实际需要，将运输、储存、装卸、搬运、包装、流通加工、配送、信息处理等功能有机结合起来，实现区内外客户要求的过程。在自贸区自由环境与优惠政策下，贸易量的增加将给物流运输企业带来更多的业务，让企业获得更多的利润。

我国四大自贸区均把物流业作为重要发展内容，其中，上海自贸区明确了融合了港口仓储、海运物流、航空物流、邮政快递、外贸通关、物流金融等综合服务，将成为中国最大的物流"特区"。广东自贸区将重点发展航运物流、现代物流、商贸物流，建设21世纪海上丝绸之路物流枢纽。天津自贸区发展重点在于航运物流、航空物流、保税物流、物流金融等。福建自贸区重点发展保税物流、商贸物流、冷链物流等。

服务贸易自由化显著改善了物流发展环境，上海自贸区内航运物流服务收入实现1180亿元，同比增长15%。航运物流业是上海自贸区运行以来受益最直接最明显的领域。得益于扩大对外贸易、实现贸易便利化等举措，上海自贸区进出口规模持续增长，由此带来货物转运、航运服务等业务的迅猛发展。《上海自贸区物流业服务质量指数研究报告》显示上海自贸区物流业服务质量指数为81.09，其中，行业支撑质量为79.47，顾客感知质量为84.9。广东、天津、福建等自贸区物流相关产业集聚效应明显，围绕航运、物流、贸易、租赁等具有国际航运中心特色的产业呈现加速发展态势。

3. 自贸区金融创新能力升级，供应链金融功能进一步提升

自贸区金融创新对于维护供应链的生存、提高供应链资金运作的效力、降低供应链整体的管理成本具有重要作用。此外，自贸区金融创新，特别是人民币跨境结算，不仅能够为国际贸易往来频密的企业提高便利性，也将带动正在发展、完善中的跨境电子商务、跨境采购等新经济业态有更大的发展空间，同时，跨国公司将会更多地把总部或区域总部、结算中心、采购中心等高增值全球供应链节点布局到四大自贸区，形成一个资金相对自由进出的运营平台，打造全球供应链枢纽。

我国四大自贸区均将人民币资本项目可兑换、利率市场化、人民币跨境使用、金融机构资产方价格的市场化定价、面向国际的外汇管理改革试点、外汇管理体制等金融制度创新提升到重要位置，对符合条件的民营资本和外资金融机构全面开放、支持在试验区内设立外资银行和中外合资银行等，金融服务功能增强。在上海自贸区，包括上海黄金交易所"国际板"、上海期货交易所的国际能源交易中心、中国外汇交易中心的国际金融资产交易中心等金融交易平台都已正式运行。截至2015年5月底，广东自贸区前海、南沙、横琴新区内已分别集聚各类金融和类金融企业17122家、170家及958家，分别比年初增加5789家、20家及313家，为三地金融创新发展提供了重要支撑，集聚10多个重大金融资产交易中心，供应链金融功能进一步提升。

4. 自贸区投资与贸易自由化程度不断提高

自贸区的自由贸易、自由流通以及国家相关政策的落实，进出口贸易会更加活跃。自贸区高效的进出口贸易与国内贸易密切相关，进出口贸易的活跃势必带动国内贸易的流通，在这个过程中物流仓储企业也将获得更多的市场需求，实现贸易与物流联动发展。自贸区的建立极大提升了国际中转与国际贸易功能，吸引大量高端制造、加工、贸易、仓储等物流企业落户，促进货物贸易与服务贸易自由化、强化国际贸易功能集成、促进贸易转型升级、拓展新型贸易方式。

自贸区以转口贸易、服务贸易、离岸服务为核心，以高度自由化的贸易体制为基础，实行符合国际规范的经济体制和运行机制，对服务供应链对接国际标准和规则具有积极作用。自贸区内开展跨境电子商务、融资租赁、高端维修、大宗商品交易、离岸贸易、文化版权交易、软件信息贸易等新型贸易业态，将自贸区供应链的外延由传统的以货物为主扩大为货物、服务、技术、文化等多位一体。深耕以技术、品牌、质量、服务为核心的贸易功能，创新贸易监管、退税、支付等方面的政策，形成贸易竞争新优势，深化自贸区供应链的内涵，提升我国在全球贸易价值链中的地位。

5. 自贸区信息化水平不断提高，"互联网＋"渗透供应链各个环节

四大自贸区都强调利用互联网信息技术，加快建设集商品交易、结算、金融服务和物流服务于一体的交易平台。其中，商品交易平台利用信息技术，整合贸易操作需求，实现商品线下交易线上化。同时，政府工作报告明确提出要扩大跨境电子商务综合试点，一系列支持性政策出台，政策红利持续释放。互联网金融是目前传统金融机构转型升级、发展新业务的有力补充。在"互联网＋"快速发展的推动下，传统的金融业务开始衍生出多种多样的新型金融业务，在融资、保险以及证券等领域体现明显。航运电商平台打造了一站式海运服务平台，电子化的信息交互使得订舱下单等流程变得更加快捷，大大降低了企业运营成本。目前，国内大多数航运电商均提供运价查询、在线订舱、船期检索、到货通知、单证浏览等功能，"互联网＋"渗透至自贸区供应链各个环节。

第三章　我国自贸区物流发展现状及发展建议

第一节　我国四大自贸区物流发展现状

从全球自由贸易园区的功能定位来看，自贸区物流是货物在区内外的实体流动过程中，根据实际需要，将运输、储存、装卸、搬运、包装、流通加工、配送、信息处理等功能有机结合起来，实现区内外客户要求的过程。从机遇角度看，在自贸区自由环境与优惠政策下，贸易量的增加将给物流运输企业带来更多的业务，让企业获得更多的利润。而且自贸区越是繁荣，对物流运输业的依赖也越大。自贸区的"政策红利"将辐射全国，带动整个物流运输行业的发展。从需求角度看，自贸区挂牌后，行业龙头企业更加需要高效的物流运输作为支撑他们发展的后盾，货主对物流运输服务在深度与广度上的要求将更为严格，对物流运输服务的质量要求将越来越高。

目前，四大自贸区均把物流业作为重要发展内容，并根据自身区域特点，制定了具有不同侧重点的物流发展战略。其中，上海自贸区融合港口仓储、海运物流、航空物流、邮政快递、外贸通关、物流金融等综合服务，将建成中国最大的物流"特区"。广东自贸区重点发展航运物流、现代物流、商贸物流，建设 21 世纪海上丝绸之路物流枢纽。天津自贸区重点发展航运物流、航空物流、保税物流、物流金融等。福建自贸区重点发展保税物流、商贸物流、冷链物流等。

1. 上海自贸区物流发展现状

2014 年全年，上海自贸区进出口货值 7623.8 亿元，增长 8.3%，增速高于全国平均 3.7 个百分点。通关效率大幅提升，进口平均通关时间较区外减少 41.3%，出口平均通关时间较区外减少 36.8%。服务贸易自由化改善了物流业的发展环境，上海自贸区内航运物流服务收入实现 1180 亿元，同比增长 15% 左右[①]。航运物流业是上海自贸区运行以来受益最直接最明显的领域。得益于扩大对外贸易、实现贸易便利化等举措，上海自贸区进出口规模持续增长，由此带来货物转运、航运服务等业务的迅猛发展。上海自贸区从 28.78 平方千米扩展到 120.72 平方千米后，企业数量骤增，航运物流与金融等联动发展的重要性更为凸显。

《上海自贸区物流业服务质量指数研究报告》显示上海自贸区物流业服务质量指数为 81.09，其中，行业支撑质量为 79.47，顾客感知质量为 84.9。质量方面的优势主要体现在自贸区交通运输便捷、政策支持力度大，物流基础设施完备、功能齐全，以及企业生产经营和创新能力强。不足主要表现为物流人才的教育培养相对滞后，专业人才较为缺

---

① 资料来源：网络数据整理。

乏，以及企业的管理水平存在一定的短板，在信息系统应用水平、经营管理制度方面难以达到先进水平。另据《自贸区重点物流企业品牌价值测算方法试点工作报告》显示，上海自贸区物流企业品牌价值普遍较高，这一方面归功于上海自贸区的政策和资源优势；另一方面自贸区物流企业自身也十分重视品牌建设，在客户关系维护、市场竞争力提升等方面普遍表现良好。

2. 广东自贸区物流发展现状

广东自贸区的现代化物流业呈现快速发展的态势，2015年上半年入驻前海的现代物流企业新增5183家，入驻南沙的航运物流企业新增近700家。广东自贸区口岸监管部门出台了一系列物流便利化的措施，使整个通关流程的实效提高了50%以上，过去在口岸货物运转的时间至少要两三天，现在都缩短在一天以内。广东的国际航运服务功能进一步拓展：江海联运码头、国际邮轮码头、汽车码头启动建设，新开辟9条国际班轮航线、7个"无水港"；设立广州航运交易有限公司；加快推进设立航运交易所、航运产业基金和航运保险公司等措施正在实行。

广东自贸区的大流量推动区域内的物流要素的集聚，货物转运、陆运服务、国际中转、仓储等方面产业更加集聚。海运、陆运、航空等集疏运体系更加完善，物流运输基础设施投资增加。一些具有强大实力的物流运输企业将会抓住机遇，拓宽服务的广度和深度，提升服务质量以适应国际竞争和市场需求，在国际贸易中扮演重要角色。

3. 天津自贸区物流发展现状

天津自贸区抓住发展机遇，主攻通关便利化和物流产业聚集，先后出台了三批29项通关便利化措施、三批24项检验检疫便利化措施，大幅提高了通关、通检效率，跨境电子商务、保税展示交易和汽车平行进口均实现突破。东疆片区主导产业聚集效应明显，航运、物流、贸易、租赁等具有国际航运中心特色的产业呈现加速发展态势。2015年前三季度四个产业新增企业2315家，占新增企业总数的78%。中心商务区片区前三季度已累计新增市场主体4128家，现代物流类企业占9%。机场片区形成了以香港东方海外、嘉里物流、中远控股、中远散货和中航国际物流等为基础的现代物流业集聚基地。

4. 福建自贸区物流发展现状

福建自贸试验区内集聚的贸易类和物流类企业主要从事冷链物流、城市物流、保税仓储、分拨、配送和国际贸易、转口贸易等业务。重点推进加快跨境物流、闽台物流的发展。在平潭片区，台湾港务公司、省交通运输集团公司共同签署有关港口和物流方面合作备忘录，推动两岸港口物流发展，通过"海峡号"和"丽娜轮"通邮包裹74734件，计1446.18769吨。厦门片区率先试点实施免除集装箱查验服务费，预计每年将为企业节省上亿元的查验费用。厦门开通了"厦门—基隆—台北"进出口业务，厦金台货进口航线每周固定5班。同时，实施台湾输大陆商品快速验放机制，110种台湾产品通过监管审核，比"大三通"节省2~3天。航运物流收入295亿元，比增37%；港口货物吞吐量11059.04万吨，比增4.1%；集装箱吞吐量652.6万标箱，比增9.7%。福州片区则重点打造东南沿海重要的海产品加工贸易基地和冷链物流中心。

第二节　我国自贸区物流政策现状

自贸区的成立给目前增速日益减缓的物流业带来新的生机，成为国内物流发展的新推手。上海自贸区扩区《总体方案》中涉及促进物流的相关政策包括政府职能转变、航运服务创新、监管模式创新以及促进物流产业发展四大方面。

1. 政府职能转变

政府职能转变的目的是改革创新政府管理方式，有效解决物流业政出多门、职能交叉的问题，提高物流特别是港航物流的效率水平，这也是自贸区实现与国际接轨、加快国际航运中心建设的重要保障。体现政府职能转变的政策主要有：

国际贸易单一窗口。融合海关、检验检疫、海事、出入境边检、港务等多种服务功能，贸易和运输企业通过一点接入信息平台，实现一次性递交，满足监管部门要求。

市场准入负面清单。试行负面清单市场准入管理模式，体现了"法无禁止皆可为"的理念，鼓励一些领域比如制造业、航运、物流业等方面的业务制度创新。

备案管理。研究区外商投资与国民待遇等不符的负面清单，改革外商投资管理模式，进一步简化审批程序，满足企业需求。

2. 航运服务创新

自贸区对各类国际航运服务提出加快发展和"先行先试"要求，提出了支持国际航运服务发展的优惠政策和便利措施。加大航运服务的开放力度，有利于促进国际航运企业的集聚发展和航运服务水平的提升。图3－3－1展示了自贸区航运服务创新的主要内容。

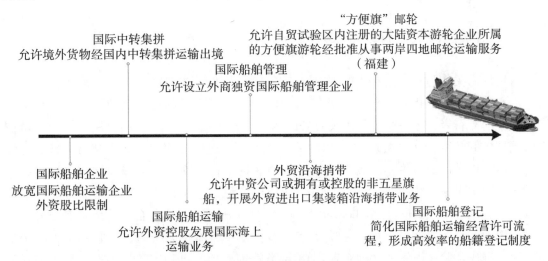

图3－3－1　自贸区航运服务创新

3. 监管模式创新

自贸区实行"一线放开，二线安全高效管住"的监管政策，采取了一系列通关便利化措施，如上海海关推出的"先入区、再申报""批量进入、集中申报"等39项监管新措施，检验检疫部门推出的"十检十放"等47项改革措施，以及海事部门推出的船舶安全作业监管、高效率船舶登记流程等19项新制度。这些监管模式创新有利于自贸区进一步提高通关效率，降低企业物流成本，如图3-3-2所示。

图3-3-2 自贸区监管模式创新

4. 促进物流产业发展

此方面的政策主要有：提供"仓储保税进口"服务模式，实现跨境物流快速发展（跨境通业务）；实施区内自行运输制度，减少企业物流成本，促进企业内部物流发展；区内税率、汇率等多重优惠及自由开放，吸引高端制造业落户拓宽业务发展；吸引加工、贸易和仓储物流企业聚集，推动物流产业发展等。

第三节　我国自贸区物流实施的效果

一、自贸区海关监管政策效果

自贸区海关作为自贸区内重要的国家监督管理机构，本着简政放权、通关便利、功能拓展和安全高效的指导思想，于近年内制定和实行了大量的监管新政策。作为自贸区制度试验的先行者，上海海关在海关总署的领导下，先后推出了39项可用于在全国范围内复制推广的政策。其中在2014年出台的政策有：先进区后报关、区内自行运输、加工贸易工单式核销、保税展示交易、境内外维修、期货保税交割、融资租赁相关制度、批次进出，集中申报、统一备案清单、内销选择性征税、仓储企业联网监管、智能化卡口验放管理、推进海关AEO（Authorized Economic Operator）互认、企业信用信息公开、企业自律管理、企业协调员制度、一次备案、多次使用、简化无纸通关随附单证、集中汇总纳税、授权试验区内海关办理企业适用A类管理事项、自动审放，重点复核、引入社会中介机构辅助开展海关保税监管和企业稽查、自主报税，海关重点稽核。

继2014年出台的23项自贸区制度之后，上海海关于2015年再次推出两套各8项举措，分别支持上海科创中心建设和深化上海自贸区改革。8项支持上海科创中心建设的举措包括：支持设立张江空运货物服务中心、支持科技创新企业个性化通关服务、优化科技创新企业海关监管模式、支持各类创新企业开展协同创新、支持科技创新中心设立保税仓库、完善离岸服务外包保税监管措施、加强科技创新企业知识产权保护、落实税收优惠政策支持重大科创项目。8 项深化上海自贸区改革的举措包括：海关执法清单式管理、离岸服务外包全程保税监管、大宗商品现货市场保税交易、"一站式"申报查验作业、一区注册、四区经营、美术品便利通关、归类行政裁定全国适用、商品易归类服务制度。本轮海关制度创新更加注重贴近企业需求和上海自贸区发展实际。

截至 2015 年 10 月，全国已有多个省市和地区海关复制了上海自贸区海关的新政策。从政策实施得到的反馈数据来看，部分政策在促进进出口货物的便捷流通方面发挥了巨大推动作用。以下列举这些政策的实施效果。

1. 进境货物"先进区、后报关"

截至 2015 年 9 月，上海海关在自贸区推行的"先进区、后报关"政策已成为企业最受欢迎的制度之一。"先进区、后报关"参与企业从最初 7 家增至 419 家，其一线进境商品业务规模占总量 70% 以上。从效果来看，首先进境货物入区时间得到了大幅缩短，进境货物从港区到区内仓库所经历的时间平均从 2 ~ 3 天缩短至半天；其次，企业物流成本显著降低，物流成本平均降低 10%，在部分案例中企业甚至报告其物流成本降低了一半。得益于"先进区、后报关"模式，2015 年 1—7 月上海海关"跨境贸易电子商务"保税进口模式业务发展迅速，成交订单量同比增长 46.7 倍，货值同比增长 109.2 倍。

2. 区内企业货物流转自行运输

以往货物在不同保税区之间进出，需要办理转关手续，而且必须使用具有海关监管资质的车辆来运输，对于企业来说就需要付出额外的转关成本。本政策施行后，企业可以自行运输保税货物，不仅降低了企业的成本，还大幅提高了通关效率。根据试点情况测算，每车周转时间可因此缩短 30 分钟，企业一年节约物流成本约 20 万元。南京海关借鉴此项制度 3 个月以来，办理了自行运输业务 107 批次，涉及流转货物金额 3000 万美元，并且下一步还将和上海、重庆、郑州等海关启动跨关区货物自行运输试点。

3. 保税展示交易

截至 2015 年 10 月，全国已有多个城市建立了保税展示交易中心，具体包括天津、贵州、重庆、厦门、衡阳、广州等。以重庆为例，位于保税港区的展示交易中心占地 4.7 万平方米，中心内展示、交易的进口商品达 2 万多种，来源地超过 40 个国家和地区，消费者能够购买到比市场价格优惠 30% 以上的原装进口商品。2015 年 1—9 月，该中心保税商品展示交易额达 4 亿元。开展保税展示交易可以使企业节省市场推广费用、减少商品销售的流通环节和降低产品销售的中间成本，并加快物流运作速度。

4. 集中汇总纳税

根据本项政策，进出口企业在有效担保的前提下，可实行先放行后征税的模式，从而实现货物快速通关。截至 2015 年 10 月，该政策已复制到深圳、景德镇和南沙等地。在效果方面，以进口多种原材料的汽车制造企业为例，根据政策施行之前的通关模式，每一票进口货物都需要在规定时间内逐票纳税，速度缓慢，容易引发原料短缺，与企业实行的零库存生产模式不匹配。政策施行之后，关税从"一票一结"变为"一月一结"，直接导致企业税单打印量下降七成，并且每月可为企业增加活期存款利息 8 万多元。

5. 智能化卡口验放

此项政策及其配套设施已复制到南京、宁波、深圳、张家港等多个海关监管区。实施"智能化卡口验放"后，载货车辆通过卡口时间由几分钟缩短至 30 秒以内，大大提升了通关效率。

6. 境内外维修

此项政策可促进高技术、高附加值、无污染的境内维修业务发展，从而推动加工制造向产业链条中具有高附加值的前后两端延伸。以克诺尔车辆设备（苏州）有限公司为例，该公司是德国克诺尔集团公司在苏州设立的独资企业，主要生产火车、地铁和轻轨的制动系统，多项技术世界领先，同时，公司 30% 的销售收入来自售后。随着公司开拓亚太市场，韩国、泰国、日本、新加坡、马来西亚等国家的客户均提出了在苏州工厂维修的需求。但在原有政策框架下，综合保税区外加工贸易企业开展全球维修业务面临很多障碍。针对企业的发展困难和实际情况，海关总署批准克诺尔公司开展境内外维修业务试点，这意味着周边国家市场的产品，无论原产地在哪里，都可以在苏州进行检修。目前克诺尔公司来自亚太地区的维修订单金额已经达到 2000 万元人民币。

7. 期货保税交割

2015 年 8 月 18 日，经海关总署同意，青岛海关正式批准大连商品交易所在日照港股份有限公司所属的日照物流公用型保税仓库开展铁矿石期货保税交割业务。大连港矿石码头的保税堆场具有两大优势：一是对于申请使用保税堆场业务的客户，无论境外的矿山主或国内外贸商，铁矿石从矿山开采后可直接装船运到大连港矿石码头，直至接卸进入保税库进行堆存、简单加工、采购配送和开展转口贸易，既解决了在国外港口堆存费用高、无法保证装运期限等问题，且一定期限内不需申领进口矿石许可证、不需交纳海关税费，也不影响业务正常成交和及时交货。二是从港口保税堆场采购铁矿石的用户，可在看到实际货物的情况下进行采购，质量和数量都有保证，避免了资金风险，增强了发运时效。尤其对于一些非主流矿山的货物，操作更为方便、安全，可从源头上避免因在港进口矿石以次充好、收款后不发货等引发的贸易纠纷。铁矿石期货保税交割业务的开展，可以促进国际与国内市场更好衔接，进一步完善港口服务功能，有助于钢铁企业和贸易商在实现原材料采购的套期保值，实现价格风险防控的同时，有效降低物流成本。

8. 内销选择性征税

目前，内销选择性征税政策已经由上海复制到嘉兴、厦门和北海等地。实施"选择性征收关税"政策后，区内企业可以选择对企业有利的方式缴纳关税，既可以选择按料件征税，也可选择按成品征税。以享受此项政策的某汽车电子有限公司为例，该公司选择对 9000 个内销车用继电器按"料件"征收关税。经海关测算，该批产品所用的 14 项保税料件的平均关税仅为 2.6%，仅为此前成品税率（10%）的 1/4，公司每年的内销产品可少缴关税人民币 200 万元以上。

9. 自主报税、自助通关、自动审放、重点稽核

"三自一重"作业模式是指：企业登录"关企共用平台"预录入客户端，实现自助式通关，自主如实申报报关单数据，并主动如实申报税款，海关信息系统对于企业申报数据进行自动审放一体作业。优势在于借助信息化系统，实现了 7×24 小时的"在线自助通关"，进一步降低企业通关成本；在自助一站式通关过程中，企业可主动调取有关数据，申报质量得到有效保障；企业在客户端可实现分批进口货物汇总申报，自主如实报税，集中缴纳，并自主打印完税凭证，通过集约化作业简化手续。这一新模式还和通关无纸化、税费电子支付、税单无纸化等多项其他海关改革相契合，企业在平台上可以完成申报并掌握通关进程，进一步优化通关便利体验。尝试"三自一重"模式的试点企业表示，现在办理相关通关业务只需要通过系统向海关发送进口报关单、发票装箱单、报关委托书等电子信息，并预估税金金额，在几分钟内就能收到货物放行信息，完成所有的通关手续。

二、自贸区检验检疫监管政策效果

1. "十检十放"分类监管模式

该模式基于先检后放的传统模式，衍生出通检通放、快检快放、边位边放、空检海放、即检即放、外检内放、少检多放、他检我放、不检就放共十种监管新模式。从最严格的"先检后放"到最宽松的"不检就放"，根据输出国家或地区质量安全状况由差到好，生产企业及收货企业质量安全保障和控制能力由弱到强、产品固有属性及风险类别由低到高的区别，通过对监测数据的深度挖掘和综合分析，建立起信用等级从劣到优、监管力度从严到松、放行速度由慢到快的全方位、多层次、分梯度的监管模式。依托差别化的监管政策，引导企业主动推动质量提升，积极支持上海地区经济转型升级和重点产业布局调整。

2. 入境货物"先进区，后报检"模式

改变原有先报检后入区方式，对自贸试验区拟入境进区货物，允许区内企业向检验检疫机构申报后，按照指令至入境口岸提货后直接入区，并在规定时限内向驻区检验检疫机构办理入境货物报检、交单或查验，进一步优化一线验放流程。该政策落地后，配合国检作业全程无纸化和企业信用等级差别化管理措施，显著加快了货物通关速度，提高货物进境入区的效率，降低企业成本，进一步提升贸易便利化水平。

3. 支持跨境电子商务发展

近年来，跨境电子商务快件呈高速增长态势。2015 年上海机场检验检疫局共受理跨境电子商务快件 41.6 万批，比 2014 年增长了 614%。跨境电商货物多品种、小批量频繁进出境的特点对传统的检验检疫模式提出了巨大挑战。上海出入境检验检疫局高度重视跨境电子商务这一新兴业态的影响。为规范跨境电子商务检验检疫监督管理工作，促进跨境电子商务发展，上海出入境检验检疫局制定了《上海出入境检验检疫局跨境电子商务检验检疫管理办法》（以下简称《办法》），于 2015 年 6 月 15 日推出并实施。《办法》包括 5 章 24 条内容，明确了检验检疫、电商企业、电商平台和电商物流集中监管场所运营企业在跨境电子商务检验检疫环节中的角色和职能，对跨境电商的规范化运营起到了良好的促进作用。

第四节 我国自贸区物流发展的案例及发展建议

一、物流企业案例

1. 元初国际

元初在接到客户预报后，都会预先进行归类审核、资料整理。但由于货物信息不详细备案费时，加上进境备案申报、单证放行和港区的放箱、提货，历时大半个月。"先进区，后报关"新政实行后，元初国际在收到客户预报后，就可进行换单申报，凭舱单信息，5分钟就可以收到放行信息，后续凭提货通知书记提货单至港区提货，整个流程比原先缩短到2个工作日。应用该项政策，客户在港区和船公司所发生的费用大大降低，不会再产生额外的港区堆存费以及船公司的滞箱费等，显著降低了物流成本。

2. 畅联国际

上海畅联国际物流股份有限公司利用海关监管新模式为罗伯特·博世集团亚太分拨中心提供第三方物流服务创新案例。博世在洋山综合保税港区设立亚太第一个分拨中心，该分拨中心主要服务于亚太区域市场汽车零部件售后市场。自贸区物流新政策出台前，畅联面临的主要问题是对于国外进境备案货物，如果发生实际收货数量与申报数量有差异，事后改单流程复杂，会影响到客户的交货期。现在，利用"先进区，后报关"的新政策，处理上述问题的流程大大缩短，可帮助企业节省大量开销。图3-3-3显示了新政实行前后，企业处理收货数量差异问题的不同流程和效果。

图3-3-3 企业利用先进区、后报关政策

二、自贸区物流发展建议

1. 完善启运港退税政策，试行启运港退税与沿海捎带相结合

推广启运港退税政策至长江中上游地区，完善启运港退税运输组织形式。长江中上

游地区，尤其是三峡大坝上游地区到上海港运输时间较长，更需要启运港退税政策的支持以加快资金周转。在运输组织方面，启运港退税应将船舶直达运输的组织形式放宽改为允许船舶中途停靠，只要集装箱在运离启运港后在沿途港口无装卸作业即可享受优惠，以此提高船舶满载率。在沿海港口试点启运港退税与"沿海捎带"相结合，将发往上海港沿海捎带的集装箱视为外贸集装箱，享受启运港退税优惠，以此深挖沿海捎带潜在需求。

2. 依托国际贸易单一窗口建设海铁联运信息平台

依托于上海自贸区的国际贸易单一窗口，建设海铁联运信息交易平台，实现港口、海关、检验检疫、铁路部门及道路运输企业之间的数据交换，集成公共信息查询、企业信用度查询、在线交易、集装箱全程可追踪、海关与检验检疫信息查询等功能，提升海铁联运服务水平与运输可靠性，实现一体化服务。

3. 在自贸区内推行针对多式联运的海关监管办法，试点"启运站退税"政策

海关可推出适用于多式联运的监管流程，尤其应试行针对沿海捎带业务与海铁联运的监管方式。在沿海捎带方面，海关需视其为出口方式进行监管。在海铁联运方面，海关可借鉴"启运港退税"的相关经验，在成都、蚌埠等主要海铁联运腹地城市试点"启运站退税"政策，并结合国际贸易单一窗口，显示货物申息，提高通关效率。

4. 建设铁路保税站，推进"港站一体化"

将芦潮港铁路集装箱中心站纳入洋山保税港区，建设具有保税、集拼、装卸与换装等功能的铁路保税站，将港口部分功能前置，推进"港站一体化"的建设。出口集装箱到达铁路保税站后即可视同到达保税港区，享受入区退税、站内报关等优惠政策。进口集装箱则从船上卸下后可直接运往铁路保税站进行一系列进口作业。如此，保税港区与铁路保税站之间的衔接程度将大幅提升，有利于打造一条海铁联运绿色通道。

5. 健全海铁联运补贴机制，鼓励船舶运输企业开展海铁联运业务，培育市场主体

目前，外高桥港区与洋山港区均未实现"铁路进港"，港铁之间需额外的短驳运输与装卸作业，影响了海铁联运的竞争力。对此，政府一方面应加快"港铁无缝衔接"的基础设施建设；另一方面可对开展海铁联运业务的船公司或经营人给予相应的补贴，培育海铁联运市场主体。另外，还可为铁路杨浦车站、芦潮港集装箱中心与外高桥保税港区、洋山保税港区之间提供集装箱驳运服务的运输公司给予一定补贴，减少货主承担的港铁短驳费用。

6. 加强公路集卡运输监管，适当征收港区拥堵费，引导车辆有序通行

一是相关部门应加强对港区周边集卡与道路货运场站的管理，合理组织港区周边集卡集散，严格治理车辆超载、乱停放等现象，保证交通通行顺畅。二是对进出港区的集卡征收一定的港区拥堵费，力图减少进出港区的集卡交通量。三是引导外省市集卡至郊环线通行，形成新的集卡通道，一方面可避免集卡占用外环线道路资源，缓解外环线道路交通压力；另一方面则有利于通过郊环线的高速公路通行费用，增加集卡运输成本，促进公路集卡运输转向铁路或水路运输。

7. 建立基于物联网的物流运行感知平台

利用物联网感知、互联和智慧的技术特征，使港口装备、船货信息以及港口物流的各种资源和各个参与方更广泛的互联互通，更快速地感知彼此变化并进行协调。在港口、场站、内陆港、物流中心等各物流环节及火车、汽车、船舶等运输工具布控信息采集、识别、跟踪设备，实现对集装箱运输状态信息的实时监测，以及装船、装车、倒箱、换装、仓储等关键作业环节的智能化管理。完善物流调度指挥中心信息化功能设计，打造国内一流的生产调度指挥中心。

8. 加快引进和培养物流科技人才

现代物流业是一个兼有知识密集和技术密集、资本密集和劳动密集特点的综合性服务行业，发展现代物流业必须有一大批善于运用现代信息手段，精通物流业务，懂得物流运作规律的人才。应加强物流管理人才和紧缺专业技术人才队伍的建设。拓宽人才引进渠道，加快建立市场化人才聘用机制，充分满足多层次物流人才的需求，重点切合现代物流转型发展对复合型、高层次人才的引进要求。同时，促使企业理顺内部机构设置和职责分工，明确中远期人才培养与引进目标，并建立健全人才保障机制，完善人才选拔任用机制、人才教育培训机制、人才交流引进机制和人才考核激励机制。

9. 强化客户思维，掌握跨境电商发展需求

鉴于目前跨境电子商务形式多样，经营的商品品种繁多，所涉及检验检疫风险大小各不相同，加上地方政府、电商、物流企业和消费者诉求各不相同，情况比较复杂，出入境检验检疫部门应该采取"客户思维"，深入电商平台、物流仓储等各个环节调查研究，摸清跨境电子商务运作模式，为检验检疫政策的制定和监管措施的出台提供科学的决策。对于企业和消费者特别关心的奶粉、保健品以及空气净化器等产品以跨境电子商务形式进境遇到的通关和检验问题，要集中调查研究并尽快出台解决方案。同时，应认真收集、研究国内外跨境电子商务相关政策法规，结合我国跨境电子商务发展情况，制定相关检验检疫制度，并即时解决发现的问题。

10. 探索电子商务平台监管方式

紧抓电子商务连接企业、货物、人员的桥梁作用，积极发挥电子商务平台的载体作用，要求电子商务平台运营商建立对经过平台交易物品的审核机制。同时，开展对电子商务平台的信用管理，建立信用等级制度，根据不同的信用等级实施不同的监管模式，营造重视信誉、重视质量的氛围。此外，要利用好电子商务平台的互联、互通、受众面广、影响力大的优势，将出入境检验检疫监管阵地前移，在跨境电子商务平台上搭建出入境检验检疫模块，既能向公众加强出入境检验检疫法律法规的宣传引导，也能掌握跨境电子商务的第一手数据和资料，为实施出入境检验检疫监管提供依据和大数据支撑。

第四章　我国自贸区金融发展现状及发展建议

第一节　我国四大自贸区金融发展现状

1. 四大自贸区金融改革政策总体情况

金融服务领域的改革措施是四大自贸区建设中备受关注的焦点。自贸区金融改革的核心，就是围绕金融为实体经济服务、促进贸易和投资便利化的目标，在风险可控的前提下，创新金融制度。四大自贸区金融改革的政策总体上可以归纳为五个方面的内容。

推动人民币资本项目可兑换先行先试。按照统筹规划、服务实体、风险可控、分步推进的原则，在自贸区内进行资本项目可兑换的先行先试，逐步提高资本项目的可兑换程度。

推动人民币跨境使用。实行贸易、实业投资与金融投资三者并重，积极推动资本和人民币"走出去"，不断扩大境外人民币进入境内投资金融产品的范围。

推动金融服务业对内对外开发。四大自贸区总体方案中都强调要推动金融服务业对符合条件的民营资本和外资金融机构扩大开放。

推动面向国际的金融市场建设。依托自贸区金融制度创新和对外开放优势，加快建设面向国际的金融市场，不断优化配置境内外资源，鼓励企业充分利用境内外两种资源、两个市场，实现跨境投资融资自由化。

建立适应自贸区发展的金融监管机制。四大自贸区的总体方案中专门提出，要建立宏观审慎的管理体系，金融监管协调机制和跨行业、跨地区、跨市场的金融风险检测评估机制。同时提出要利用金融机构和企业主体的本外币数据，以大数据为依托开展事中和事后管理。

四大自贸区围绕金融制度创新和金融服务功能增强具有不同的任务侧重点。上海方面，主要讲求自贸区金融创新和上海国际金融中心建设全面联动，推进金融业对内对外开放，探索积累可复制、可推广的经验。广东自贸区以促进港澳地区跨境人民币业务发展为重点，开展适应粤港澳服务贸易自由化的金融创新，推动人民币作为自贸试验区与港澳地区及国外跨境大额贸易和投资计价、结算的主要货币。金融创新是天津自贸区的重要特色，天津自贸区已实施的金融政策包括上海自贸区金融改革政策中除国际金融中心相关政策外的全部内容，而且在此基础上，增加了京津冀、融资租赁等方面的天津特色政策支持。福建自贸区面向台湾地区，要推动两岸金融合作，探索自贸试验区金融服务业对台资进一步开放。

2. 上海自贸区

上海作为探索自贸区金融创新的先头部队，积极研究制定和扩大试点新的金融政策，取得了显著的成果。首先，本外币一体化运作的自由贸易账户功能取得重要进展。根据央行发布自由贸易账户境外融资细则，上海研究扩大境外融资的规模和渠道，并启动自由贸易账户外币服务功能。截至2015年8月底，共有36家机构接入分账核算单元体系，开设自由贸易账户26186个，账户收支总额超过10420亿元。其次，跨境人民币结算、跨国公司总部外汇资金集中运营、本外币双向资金池等金融创新进一步深化。跨境人民币结算总额已达6900多亿元，占全市37%；累计有198家企业发生跨境双向人民币资金池业务，资金池收支总额2500多亿元。最后，一批面向国际的金融交易平台已正式运行。包括上海黄金交易所"国际板"、上海期货交易所的国际能源交易中心、中国外汇交易中心的国际金融资产交易中心等金融交易平台都已正式运行。

3. 广东自贸区

广东自贸区围绕粤港澳联动和建设区域性金融中心的金融创新也取得了显著进展。2014年年底，南沙公布了南沙金融创新"15条"，支持南沙新区充分发挥政策、区位和产业优势，积极发展科技金融和航运金融等特色金融业，推动粤港澳台金融服务合作，完善金融综合服务体系，开展人民币资本项目可兑换先行试验。前海和横琴也分别制订了自己的"金融20条"和"金融4条"。截至2015年5月底，前海、南沙、横琴新区内已分别集聚各类金融和类金融企业17122家、170家及958家，分别比年初增加5789家、20家及313家，为三地金融创新发展提供了重要支撑。

4. 天津自贸区

天津自贸区在复制推广上海自贸区经验的同时，立足自主创新，突出服务京津冀协同发展及壮大融资租赁特色。天津自贸区的融资租赁业务已成为金融改革创新的亮点。以东疆港区为例，2009年至今，已创新出近30种租赁交易模式。至2015年上半年，东疆港累计注册租赁公司1192家，租赁资产总额累计超过4000亿元，成为全国租赁资产最集中的区域。

5. 福建自贸区

福建自贸区的金融政策立足福建特色，突出加快人民币资本项目可兑换、扩大跨境人民币业务、改进外汇管理体制、扩大金融体系和金融业务四方面的政策创新。福建自贸区区别于其他自贸区之处在于促进两岸交流融合，以自贸区建设为契机，积极探索两岸合作的新模式，推动与台湾投资贸易自由化进程，使自贸区成为两岸经济合作示范区。自2014年12月福建自贸区获批建设以来，台资银行扎堆布局福建。截至2015年8月，厦门银行机构通过跨境融资从台湾吸收人民币资金近80亿元。

第二节 我国自贸区金融政策现状

我国自贸区出台金融政策主要根据上海自贸区的金融改革试点效果来确定，截至目前，上海自贸区的金融改革大致可以划分为4步。

第一步，金改1.0，在国务院总体改革方案框架下，一行三会出台51条办法，确定了金改的方向。

第二步，金改2.0，从2014年2月开始，出台了《关于上海自贸区跨境贸易使用的通知》《上海自贸区分账核算单元的细则和风险审慎管理的细则》，形成了金改的实施路径。

第三步，金改3.0，2015年2月，央行上海总部发布了《中国（上海）自由贸易试验区分账核算业务境外融资与跨境资金流动宏观审慎管理实施细则》，重点围绕服务实体经济，避免了对虚拟经济的盲目炒作，体现了对金融风险的良好掌控。

第四步，金改4.0，2015年10月30日，出台了《进一步推进中国（上海）自由贸易试验区金融开放创新试点加快上海国际金融中心建设方案》（新40条），围绕人民币资本项目的可兑换、扩大人民币跨境使用、扩大金融服务业对外开放、建设面向国际的金融市场。

上海自贸区新金改40条政策主要包括：率先实现人民币资本项目可兑换、进一步扩大人民币跨境使用、不断扩大金融服务业对内对外开放、加快建设面向国际的金融市场、不断加强金融监管、切实防范风险五大方面。图3-4-1显示了这五个方面的核心要求。

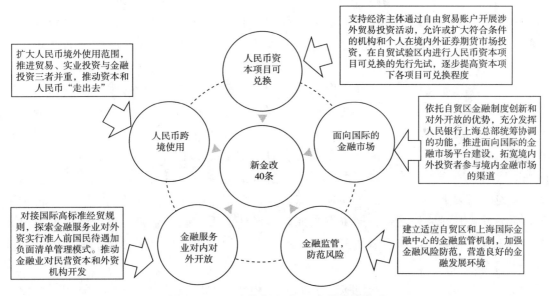

图3-4-1 上海新金改40条的主要内容

2015年12月11日，中国人民银行连续发布了三份关于金融支持天津、福建、广东自贸区建设的指导意见，以促进自贸试验区跨境贸易和投融资便利化，支持自贸试验区实体经济发展。在三大自贸区各自的30条金改意见中，扩大人民币跨境使用、深化外汇管理改革以及加强监测与管理为共性内容，其余条款则体现了三大自贸区各自的区域战略，例如广东要深化以粤港澳为重点的区域金融合作，福建强调深化两岸金融合作，天津要通过租赁业发展来支持京津冀协同发展。

第三节 我国自贸区金融实施的效果

2013年9月，上海市会同"一行三会"出台了支持自贸区建设的51条意见，确立了金融支持自贸区建设的总体政策框架，拉开了自贸区金融改革的序幕。金改带来的影响很快显现，首先是金融机构加快入驻，上海联合产权交易所在区内设立联合产权交易服务公司，上海国际能源交易中心在自贸区内正式挂牌成立，上海黄金交易所启动在自贸区设立国际板工作，自贸区内的金融体系日趋完备。跨境人民币业务也随即取得突破，2014年2月出台的自贸区跨境人民币使用和跨境人民币支付实施细则，便利了区内主体充分利用境内外两种资源、两个市场，区内经济主体可自主选择在国内和国际市场配置筹集资金，市场在资源配置中的决定作用进一步发挥。小额外币存款利率放开也进行了成功试点，自2014年3月放开自贸区小额外币存款利率上限以来，外币市场对利率的决定机制进一步增强，金融机构自主定价权扩大。主要中资银行下调了外币存款利率议价门槛，既使自贸区中小客户在利息收入上受益，又方便了大型企业调配存款。小额外币存款挂牌利率基本稳定，与区外没有形成价差，没有发生大规模的跨区存款搬家现象。2014年5月，随着央行上海总部建立的自由贸易账户系统正式投入使用，围绕贸易和投资便利化的金融改革政策全面实施，以自由贸易账户为核心的强大风险管理系统正式投入运行。区内企业人民币境外借款利率显著低于境内融资利率，企业融资成本大幅降低。

央行上海总部发布《中国（上海）自由贸易试验区分账核算业务境外融资与跨境资金流动宏观审慎管理实施细则（试行）》后，在上海自贸区内，企业的融资规模从原来资本的1倍扩大到2倍，银行原来不能从境外融入人民币资金，在新的政策框架下，可以从境外融入本、外币资金。非银行金融机构如证券公司等，也能从境外融入资金。同时，该细则取消了境外融资的前置审批，将改事前审批为事中事后监管。借债主体可按照自身资本规模的大小，在核定的规模内，综合考虑期限、币种、融资类别等因素，自主决策以何种方式开展境外融资，融资多长期限，融什么币种的资金等。央行将根据系统采集到的区内主体境外融资实际情况，进行事中事后的监测管理，从宏观上把控境外融资的整体风险。

金改40条的出台对进一步推进上海自贸区金融开放创新试点，加快上海国际金融中心建设具有重大意义。目前，金改40条中有关外汇管理改革试点的细则已经正式颁布，重点实施了以下几项外汇管理政策创新举措：一是允许区内企业（不含金融机构）外债资金实行意愿结汇，赋予企业外债资金结汇的自主权和选择权；二是进一步简化经常项目外汇收支手续，允许区内货物贸易外汇管理分类等级为A类的企业外汇收入无须开立待核查账户；三是支持发展总部经济和结算中心，放宽跨国公司外汇资金集中运营管理准入条件，进一步简化资金池管理；四是支持银行发展人民币与外汇衍生产品服务，允许区内银行为境外机构办理人民币与外汇衍生产品交易。可以期待，外汇管理改革细则的推出将给自贸区内的企业和银行带来实实在在的便利。

津、闽、粤自贸区的金改政策也取得了成效。随着天津自贸区金改30条正式落地和首个实施细则出台，一批金融创新项目得以成功实践。对于融资租赁业务来说，政策从顶层设计和操作层面创造了一个更加完备的金融环境，为租赁企业提高融资能力、创新产品提供了更广阔的空间。以注册在东疆保税港区内的汇众（天津）融资租赁有限公司和农银金融租赁有限公司为例，两者共同出资购买海洋工程装备资产，并以融资租赁方式交于境外承租人使用，从而完成了自贸区挂牌后全国一笔联合租赁业务，同时也是第一笔外资租赁公司与金融系租赁公司联合开展的租赁业务。在福建自贸区，金改政策允许自贸区银行业金融机构与台湾同业开展跨境人民币借款等业务，并支持台湾地区的银行向自贸试验区内企业或项目发放跨境人民币贷款。目前台湾地区的资金价格虽有所抬升，但与大陆仍然有差距。自贸区内的银行可利用相关金改政策向境外同业筹集低成本的资金，或发行人民币债券，用分散在中国香港、中国台湾、东南亚的人民币资金反哺境内的企业。广东在深化以粤港澳为重点的区域金融合作方面，提出了允许非银行金融机构与港澳地区开展跨境人民币业务、支持与港澳地区开展个人跨境人民币业务创新、深化自贸试验区与港澳地区金融同业业务合作等政策。其中"支持港澳地区机构投资者在自贸试验区内开展合格境内有限合伙人（QDLP）业务，募集区内人民币资金投资香港资本市场；支持港澳地区机构投资者在自贸试验区内开展合格境外有限合伙人（QFLP）业务，参与境内私募股权投资基金和创业投资基金的投资"为广东自贸区独有政策，使融资渠道实现双向流通，充分体现了金融国际化、利率市场化的改革理念。

第四节　我国自贸区金融发展的案例及发展建议

一、政策案例

自贸区金融改革两年半以来，有不少政策得到了较大范围的应用，并得到了自贸区企业和金融机构的好评，其中四项具有代表性的金融创新政策是：跨境人民币双向资金池、经常项下跨境人民币集中收付业务、自由贸易账户业务和本外币境外融资。

1. 跨境人民币双向资金池

这是上海自贸区各项金融创新的首个落地项目。通过人民币双向资金池业务，跨国公司可以实现集团内部各关联企业之间的资金跨境划转。

政策应用条件：第一，建资金池的企业必须面向集团内企业，而核定的标准则是以资本关系，建池企业必须是以资产关系为纽带的母公司和子公司，企业之间要存在投资性的关联关系；第二，主要用于归集集团内的境内外成员单位生产经营活动产生的现金流，融资产生的现金流是不能入池的；第三，上海自贸区内企业在银行以成立专户的形式来建池；第四，银行要按照展业三原则对资金进行监管。

政策应用案例：LM 集团公司自 2003 年成立以来一直从事投资业务，2007 年 LM 集团公司作为发起人与 HS 集团共同完成了境外上市。作为 A 股和 H 股上市公司，LM 集团公司主要在中国哈密、澳大利亚等境内外多地经营钨、铜和金矿开采，集团公司分布在世界各地，打通人民币资金通道对企业流动资金管理至关重要。

上海自贸区如何满足需求：LM 集团自贸区公司在银行设立了人民币专户，通过 FT 跨境双向人民币资金池满足境内境外流动资金需求。

2. 经常项下跨境人民币集中收付业务

2014 年 2 月，央行发布《关于支持中国（上海）自由贸易试验区扩大人民币跨境使用的通知》，跨境人民币集中收付业务可以整合集团下属多家企业的经常项下跨境资金结算，拓展集团内收支集中管理、集中运作功能。

集中收付与双向资金池的区别：集中收付业务方面，区内企业除了为集团内成员单位，还可以将集中收付扩展到境内外的关联企业，也就是与区内企业存在供应链关系、密切贸易往来的集团外企业。

上海的优势：2014 年 10 月，上述两项业务在全国复制推广，但全国版对企业资质的要求远高于上海自贸区。从实际情况看，上海所建的资金池有 100 多个，95% 以上企业用的都是上海自贸区的双向资金池的政策。

3. 自由贸易账户业务

自由贸易账户（FT 账户）是上海自贸区金融创新的基础工程，2014 年 5 月，《中国（上海）自由贸易试验区分账核算业务实施细则（试行）》和《中国（上海）自由贸易试验区分账核算业务风险审慎管理细则（试行）》先后正式亮相。对境内企业来说，拥有自由贸易账户基本就是拥有了一个可以和境外资金自由汇兑的账户。而对境外企业来说，则意味着它们可以按准入前国民待遇原则获得相关金融服务。

政策使用方法：通过开立自由贸易账户，企业可以享受一线放开的自由。自由贸易账户是本币为主、账户内可自由兑换的创新账户。经常贸易项下和直接投资项下的资金，可以自由从 FT 账户划转到境内的同名一般账户，没有任何障碍。未来依托自由贸易账户，企业可以参与衍生品等创新交易。

政策应用案例：国内某知名游戏运营商 S 将在纳斯达克退市并回归 A 股，计划以境外设立的离岸公司 N 收购公众股份，实现公司私有化，在私有化过程中需要融资支持。

上海自贸区如何满足需求：占用境内实体公司 S 的授信，为其离岸公司的 FTN 账户发放贷款并完成私有化，利用 FT 资金，为境外上市发行私有化要约的企业提供融资及综合解决方案，协助客户完成境外退市及资产股权结构的调整。

4. 本外币境外融资政策

2015 年 2 月 12 日，央行上海总部发布《中国（上海）自由贸易试验区分账核算业务境外融资与跨境资金流动宏观审慎管理实施细则（试行）》，全面放开本、外币境外融资，取消境外融资的前置审批，取而代之用风险转换因子等新的管理方式优化境外融资结构。

政策使用方法：区内企业在开设 FT 账户后，可以按照企业资本金的两倍作为上限，在境外进行本外币融资，由于涉及转换因子等，因此具体的计算方法由银行进行辅导，企业可以便捷地进行融资。

二、企业案例

1. 上港集团

上海国际港务（集团）股份有限公司 2014 年利用自贸区向境外融资近 180 亿元，有效降低企业的融资成本。上港集团还将利用金融服务与港口业务结合，发展融资租赁业务。探索境外发行人民币和外币债券等创新融资方式的可行性。

政策利用：上海自贸区扩大跨境人民币使用细则出台。其中明确规定，区内金融机构和企业可以从境外借用人民币资金。

2. 上海自贸区大宗商品现货交易平台

浦发银行、大宗商品市场、上清所、第三方仓单公示平台合作建设大宗商品现货交易平台，分别作为交易管理者、资金管理者、账务管理者和仓储管理者。

效果：银行只需负责托管，清算则交由更为成熟和专业的清算所来操作，公正性更强，监控商业风险监控和供应链金融风险的手段更有效。

3. 江铜国际物流大宗商品衍生品交易

2014 年 2 月底，中国银行上海分行与江铜国际开展大宗商品衍生品交易，以 LME 铜为商品标的的 3 个月期限场外远期合约，共计交易 1000 吨。

政策利用：商业银行可以为自贸区内企业的大宗商品衍生品交易提供结售汇业务。

改革前做法：国内大宗商品企业（未获参与境外衍生品交易资格的企业）开展套期保值交易只能选择在境内期货市场开展交易；或者在中国香港、新加坡等地注册分/子公司，以其作为主体参与境外期货交易。

改革后做法：自贸区新政允许境内商业银行在自贸区试点开展跨境大宗商品交易结售汇业务，打通境内外市场，提供集贸易金融、套期保值于一体的综合服务方案，可以有效满足企业在贸易融资、资金结算以及价格风险规避等方面的各类需求。

三、自贸区金融发展建议

展望未来，上海自贸区可以借鉴国际上的成熟经验，按照利率自由化、汇率市场化、资本项目可兑换、离岸金融中心建设以及人民币国际化的基本线路，统筹安排，衔接有致，将金融改革的一系列试验稳步推开。

1. 放宽准入与公平竞争

上海自贸区的一个创新点是允许在自贸区内实行公平竞争，即所有金融机构在机构注册和业务上与国有机构享受同等待遇，取消对国有银行的优惠政策。最近，银监会发布的支持上海自贸区措施包括：支持外资银行入区经营、支持民间资本进入区内银行业、鼓励跨境投融资服务、简化准入方式等。尽管方向很明确，但市场准入的关键还在于具体落实。温州金融改革试验区设立已久，至今民营银行还是不能突破。国内现有银行到自贸区去设点经营很正常，但如果说区内放开民营银行，难度仍会很大。为此，自贸区和相关部门要加快转变监管理念，抓紧出台实施细则，把扩大金融开放的政策措施落实到位。

除了放宽民营银行、外资银行的准入标准以外，"有限牌照银行"也应抓紧研究。应允许外资参与设立有限牌照银行，该制度在国际上已经成熟，把商业银行分为可吸收存款的全牌照银行和不可吸收存款的有限牌照银行，不同种类的银行业务范围不同，监管要求不同，可对其实行分类管理，提高监管效率。

2. 利率市场化

利率市场化很有必要在上海自贸区内率先实施。自贸区是一个高度开放的区域，参与的机构有中资和外资。自贸区最主要的功能就是与国际市场充分联通、融合，如果资金利率都不能自由浮动，将会导致巨大的套利交易空间。大量套利活动无助于实体经济，而且可能对整体金融系统的稳定产生威胁。应允许自贸区内银行的存贷款利率在央行的基准利率上下自由浮动，甚至央行在条件具备时可以对自贸区银行不再确定存贷款基准利率，放宽准入与公平竞争。

由于境外资金成本要低于境内，自贸区内银行的存贷款利率，将会低于境内其他区域，同时境内外大量资金受区内优惠政策吸引汇集而来，会形成一个庞大的"利率洼地"。对由此可能产生的风险必须加强防范。要防止自贸区成为境外资金进入区外境内的跳板，所以在自贸区管理中，就必须设置好"一线放开、二线安全高效管住"的机制和手段。未来，上海自贸区内应采取离岸金融中心的管理模式，与区外境内金融体系进行严格分离，这样可以最大限度地缓解和降低风险。

3. 汇率市场化

汇率市场化并未在上海自贸区总体方案中直接提到，但这一改革的方向是明确的。未来，上海自贸区内要大规模开展人民币离岸业务，离岸业务肯定不会按照国家外汇交易中心的汇率来进行交易，区内金融机构须按照自己的成本来进行外汇报价，这样就必须实现汇率的市场化，在离岸业务开办过程中逐步形成反映市场供求的均衡汇率水平。

汇率风险是自贸区金融改革中一个不可回避的问题。未来一个时期，众多企业将在上海自贸区备案，可能出现境内外大量货币涌向自贸区，形成庞大的"资金堰塞湖"。自贸区的资金水位带来人民币升值压力，可能导致更大的资产泡沫。许多后发国家在经济发展到一定程度后，都曾尝试汇率市场化，但由于经验、能力与实力不足，致使改革进展迟缓，因而积聚起巨大的资产泡沫。一旦泡沫崩溃，即引发金融危机，使实体经济遭受重创。所以，在上海自贸区建设中，汇率市场化应尽可能快地改革到位，不要一点点放松管制，以避免给国际热钱更多时间，加大汇率升值压力和资产泡沫。

4. 离岸金融中心建设

世界上三大离岸金融中心——伦敦、中国香港、纽约，各具特色。上海自贸区完全有条件打造成为三大中心的结合体，既有离岸人民币业务，又有大量离岸的外币业务；既可以作为全球资金的投融资平台，也可以成为亚太资金的结算中心。随着区内的外汇管制和投资准入的放开，国际金融交易平台和大宗商品交易平台逐步建立，越来越多的货币资金汇集过来，上海自贸区会自然发展为一个规模较大的离岸市场。但建设离岸金融中心就需要一个过程，大量技术细节有待研究论证，包括管道对接、资金配置以及管理模式选择等。

一个重要问题是，离岸市场与在岸市场的资金通道设计。通道如果设计得太窄，控制成本高，影响企业正常经营；如果设计得太宽，资金流量过大，可能直接成为国际资本出入的跳板。1997年亚洲金融危机期间，泰国、印度尼西亚等国家就是离岸账户没管好，导致大量资金从离岸账户转到在岸账户，冲击国内市场。我国在这方面必须吸取教训，重点强化风险控制，关键是防止额度外的资金变相地进出国境。资金通道的宽度和限制条件，需要做整体设计和严谨论证，同时也可以考虑采用税收或无息存款准备金等方式作为补充调控手段。

5. 金融监管与风险防范

现在国内金融监管是"一行三会"的条线监管模式，而统一监管模式更适合于上海自贸区。可以考虑在区外仍实行条线式监管，到区内把银行、证券、保险等条线整合起来，设立一个独立的"金融监管局"，进行一站式管理，这样既便于协调和解决问题，也能更好地发挥监管作用，为自贸区的金融运营带来便利。

上海自贸区应加大金融监管力度，不仅要提高监管的量化标准，而且需要改进监管方法。一方面简化监管程序；另一方面要强化监管操作，提高监管效力。一般而言，只要金融业务的标的是围绕贸易和投资的，都应当放开；与贸易和投资无关，纯粹的资金流动，监管部门就要高度审慎，要防止资金空转、套利和投机行为。监管部门应制定相应的政策法规，建立自贸区与境内市场相配套的协调机制，充分发挥区内区外的协同效应，化解潜在金融风险。

第五章　我国自贸区贸易发展现状及发展建议

第一节　我国四大自贸区贸易发展现状

自贸区设立的出发点是促进双向投资与实现贸易的自由化和便利化。自贸区将促进与自贸伙伴贸易和投资的增长，提供更多的贸易和投资机会，带动沿边地区的经济合作。

自贸区的自由贸易、自由流通以及国家相关政策的落实，进出口贸易会更加活跃。自贸区高效的进出口贸易与国内贸易密切相关，进出口贸易的活跃势必带动国内贸易的流通，在这个过程中物流仓储企业也将获得更多的市场需求，实现贸易与物流联动发展。自贸区的建立会极大提升国际中转与国际贸易功能，吸引大量高端制造、加工、贸易、仓储等物流企业落户。自贸区强调对接国际高标准投资贸易协定、促进货物贸易与服务贸易自由化、强化国际贸易功能集成、促进贸易转型升级、拓展新型贸易方式等。

目前，我国在上海、广东、福建和天津四地先后设立自贸区。四个自贸区相互呼应、错位发展，形成了我国自贸区发展的新格局。在贸易方面，四个自贸区有其发展的共同点，即四个自贸区都积极地创新投资管理体制、创新贸易监管制度、完善国际贸易服务功能。同时，各自都有其侧重创新和发展的重点，详细内容如表 3 – 5 – 1 所示。

表 3 – 5 – 1　　　　　　　　　四大自贸区贸易发展异同点

自贸区	上海	广东	福建	天津
共同点	创新投资管理体制、创新贸易监管制度、完善国际贸易服务功能			
侧重点	国际贸易"单一窗口"建设；大宗商品现货市场和资源配置平台建设；推动生物医药、软件信息等新兴服务贸易和技术贸易发展	扩大对港澳的服务业开放；推进粤港澳服务贸易自由化；促进粤港澳服务要素的便捷流动	推进与台湾地区投资贸易自由；六大领域对台服务贸易开放；建立闽台通关合作机制	发展服务外包业务，建设文化服务贸易基地；建设 APEC 绿色供应链合作网络，开展绿色贸易；统筹开展国际国内贸易，实现内外贸一体化发展

四大自贸区经过一段时间的发展，在贸易方面都取得了突出的成就，尤其是上海自贸区。上海自贸区作为我国首个自贸区，其在自身贸易发展和促进区域经济发展方面硕果累累。

一、上海自贸区

2013 年 9 月 29 日中国（上海）自由贸易试验区正式成立，面积 28.78 平方千米，涵盖上海市外高桥保税区、外高桥保税物流园区、洋山保税港区和上海浦东机场综合保税区 4 个海关特殊监管区域。2014 年 12 月 28 日全国人大常务委员会授权国务院扩展中国（上海）自由贸易试验区区域，扩展区域包括陆家嘴金融片区、金桥开发片区和张江高科技片区，扩展后面积达到 120.72 平方千米。上海自贸区自成立以来成效显著，主要体现在以下三个方面①：

1. 浦东经济转型升级步伐进一步加快

经济贸易方面，2014 年上海自贸区实现进出口共 7623.8 亿元，同比增长 8.3%，比全市进出口总体增速高出 3.7%，占全市进出口总值的 26.6%，对全市进出口总值增长的贡献度达 46.7%。同时，自贸区溢出效应明显。在自贸区的强力带动下，上海外贸 2014 年进出口增速五年来首超全国平均水平。

扩区后的自贸区以 1/10 的面积创造了浦东 3/4 的生产总值，以 1/50 的面积创造了上海市 1/4 的生产总值。在自贸区建设的带动下，2015 年浦东新区生产总值增长 9.1%，比全市高 2.2 个百分点，其中第三产业比重达到 70%，近两年年均提高 3 个百分点。

2. 自贸区经济活力明显增强

企业设立方面，2015 年新设企业数 1.8 万家，比 2014 年新设企业数的 1.5 万家增长了 20%；外商投资方面，2015 年新设外资企业数量相当于 2014 年的 1.5 倍，全市近一半外资企业落户在自贸区；境外投资方面，2015 年自贸区共办结境外投资项目 636 个，相当于 2014 年 149 个的 4.3 倍。中方投资额 229 亿美元，占全市的 60%，相当于 2014 年 42 亿美元的 5.5 倍；境外实际投资额 79 亿美元，约占全国 1180 亿美元的 7%。

3. 区域核心功能不断提升

金融功能方面，在自贸区金融改革的带动下，2015 年上海市金融市场交易额达到 1463 万亿元、相当于五年前的 3.5 倍；贸易功能方面，2015 年自贸区内的保税区片区完成进出口额 7415.5 亿元、占上海市 26.4%；航运功能方面，2015 年洋山港和外高桥港区合计完成集装箱吞吐量 3357.2 万标箱、增长 3.7%，支撑上海港继续位列全球第一。

二、广东自贸区

中国（广东）自由贸易试验区总体方案于 2015 年 3 月获得中共中央政治局会议审议通过，涵盖广州南沙新区片区（广州南沙自贸区）、深圳前海蛇口片区（深圳前海自贸区）、珠海横琴新区片区（珠海横琴自贸区）三个片区，总面积 116.2 平方千米。其中，

---

① 资料来源：中国（上海）自由贸易试验区官网。

南沙新区片区占广东自贸试验区总面积的51.6%，是全国四个自贸试验区共13个片区中面积最大的一个片区。2015年4月，国务院印发了广东、天津、福建3个新设自贸试验区总体方案和进一步深化上海自贸试验区改革开放方案。

2015年上半年，广东自贸区累计新设立1.9万多家企业，其中，4月21日挂牌到6月底新设立企业1.1万多家。区内新设外商投资企业418家，同比增长313.9%，吸收合同外资263.6亿元，同比增长279%；通过备案新设外商投资企业389家，吸收合同外资211.7亿元，占比分别为93.1%和80.3%①。

自贸片区的挂牌运作，促进了片区内以及片区所在区域企业数量的急剧增加。南沙自贸片区挂牌运作一个月以来，新办税务登记出现"井喷"式增长，新办税务登记903户，其中单位纳税人642户，同比增长1.23倍。前海片区，截至2015年5月，其所在的前海区域入驻企业数增至31346家，5个多月时间就新增了上万家企业，注册金额达18376.03亿元人民币。上述入驻的企业中，港资企业超过1400家，入驻前海港企在前海企业总产值中占比超1/5，投资总量占比达1/3。横琴注册企业目前达到9213家。横琴片区，2015年1—5月，其所在的横琴区域新成立企业2036家。特别是港澳企业落户速度明显加快，月平均增幅高达120%，其中，新落户澳门企业420多家，新落户香港企业近200家。尤其在深化金融领域开放创新方面，目前，横琴自贸片区已引进各类金融类企业985家（其中澳资金融企业14家，港资金融企业26家），注册资本1431亿元，管理资产超8400亿元。

三、福建自贸区

2014年12月12日，国务院决定设立中国（福建）自由贸易试验区。2012年12月31日，国务院正式批复设立中国（福建）自由贸易试验区。2015年3月24日，中共中央政治局审议正式通过福建自由贸易试验区总体方案。福建自贸区包括福州片区、厦门片区和平潭片区，总面积118.04平方千米，其中，平潭片区43平方千米、厦门片区43.78平方千米、福州片区31.26平方千米。

自2015年4月21日挂牌起至11月30日，福建自贸试验区共新增企业9990户，注册资本2052.68亿元，分别同比增长4.17倍、11.16倍。在新增企业中，内资企业9277户，注册资本1687.96亿元，分别同比增长4.1倍、10.12倍；外资企业713户，注册资本364.72亿元，分别同比增长5.2倍、20.47倍。新增企业中，第三产业企业9476户，占比95%，其中内资企业8793户、外资企业683户；第一、第二产业企业分别为52户、462户②。2015年上半年，福建自贸区新设外商投资企业263家，同比增长207.1%，吸收合同外资68.9亿元，同比增长458.9%③。

---

① 资料来源：中华人民共和国商务部相关文件。
② 资料来源：中国（福建）自由贸易试验区官网。
③ 资料来源：中华人民共和国商务部相关文件。

四、天津自贸区

2014 年 12 月 12 日决定设立中国（天津）自由贸易试验区，试验区主要涵盖 3 个功能区——天津港片区、天津机场片区以及滨海新区中心商务片区，总面积为 119.9 平方千米。2015 年 3 月 24 日，中共中央政治局正式审议通过中国（天津）自由贸易试验区总体方案。2015 年 4 月 21 日上午 10 点，中国（天津）自由贸易试验区正式挂牌。

2015 年上半年，天津自贸试验区新设外商投资企业 151 家，同比增长 387.1%，吸收合同外资 189.4 亿元，同比增长 503.2%；通过备案新设外商投资企业 149 家，吸收合同外资 188.9 亿元，占比分别达到 98.7% 和 99.7%。[①] 自 2015 年 1 月 1 日至 12 月 31 日，自贸试验区新登记市场主体 14105 户，同比增长 118.55%。各片区经济运行情况表现突出。保税区全年完成地区生产总值 1530 亿元，增长 13.9%。中心商务区实现地区生产总值 150 亿元，较 2014 年翻一番。东疆保税港区完成地区生产总值超过 100 亿元，增长 50%。

第二节　我国自贸区贸易政策现状

我国自贸区建立至今虽仅仅两年多时间，但是国务院一直非常重视自贸区的发展建设，发布了一系列针对自贸区发展的政策文件。2015 年 4 月 20 日，国务院发布《进一步深化中国（上海）自由贸易试验区改革开放方案》。该方案明确了试验区建设的目标，即"力争建设成为开放度最高的投资贸易便利、货币兑换自由、监管高效便捷、法制环境规范的自由贸易园区"。以该方案为新起点，上海自贸试验区建设进入"2.0 时代"。

自贸区建设以开放度最高的自由贸易园区为目标，在更广领域和更大空间积极探索制度创新，深耕扩大开放、促进改革的"试验田"，做好可复制可推广经验的总结推广。在现有的自贸区政策中，涉及贸易方面的政策主要在以下几个方面进行改革并实施创新：

一、加快政府职能转变

1. 投资管理制度深化

投资管理制度创新的核心内容是借鉴国际通行规则，按照转变政府职能要求，加快推进外商投资管理体制改革，营造有利于各类投资者平等准入的市场环境。探索对外商投资实行准入前国民待遇加负面清单的管理模式。

负面清单列明不符合国民待遇等原则的外商投资准入特别管理措施，对负面清单之外领域，按照内外资一致原则实施管理。这意味着，各类市场主体可依法平等进入清单之外领域。2013 年 9 月 29 日，中国大陆对外贸易领域第一份外商投资准入特别管理措施

---

① 资料来源：中华人民共和国商务部相关文件。

（负面清单）正式公布，这是我国外商投资管理体制的重大改革，意味着政府管理模式的重大转变。在 2013 版负面清单的基础上，围绕提高开放度、增加透明度、调整负面清单表现形式三个方面进行修订，出台了 2014 版负面清单。2015 年，继续对上一版的负面清单进行修改，出台 2015 版负面清单。值得一提的是，我国四大特色自贸区共用一张负面清单，保证中国对内改革和对外开放的一致性。

2. 行政审批制度创新

自贸区内改革商事登记制度，推进工商注册制度便利化，把注册资本实缴登记制改为认缴登记制，由"先证后照"改为"先照后证"，实行年度报告公示制。全面实施"集中登记地"政策，上海自贸试验区率先试点简易注销登记改革，对个体工商户、未开业企业、无债权债务企业试行简易注销程序。

3. 业务办理流程简化

完善企业准入"单一窗口"制度，推动企业准入"单一窗口"从企业设立向企业工商变更、统计登记、报关报检单位备案登记等环节延伸，从"五证联办"向"七证联办"拓展。

2013 年 10 月 1 日，上海自贸区企业准入"单一窗口"正式上线，通过自贸试验区网上服务平台联通互联网和各部门业务网，实现电子信息的实时推送和共享，大幅缩短了企业在准入阶段的办事时间，是自贸试验区投资管理制度改革的重要内容之一。2014 年 12 月 21 日，《国务院关于推广中国（上海）自由贸易试验区可复制改革试点经营的通知》中将企业准入"单一窗口"列为可复制推广的改革事项之一。

2015 年 4 月 8 日，《国务院关于印发进一步深化中国（上海）自由贸易试验区改革开放方案的通知》中，对完善企业准入"单一窗口"制度提出了新的要求。在各部门的大力支持和配合下，目前自贸试验区保税区域率先将企业准入"单一窗口"的新设外资企业备案、"三证合一、一证一码"，延伸至对外贸易经营者备案、报关单位注册登记、自理报检企业备案登记、印铸刻字准许证、法人一证通 5 个新增办事事项，并基本做到无纸化办理，不仅实现了"单一窗口"服务模式由企业主体资格的注册登记向进出口经营资质的备案登记延伸，还将企业设立时的共性办事事项（印铸刻字准许证、法人一证通）纳入其中，大大简化了办事流程，缩短了办事时限。

二、促进贸易自由化和便利化

1. 贸易便利化水平提升

推进国际贸易"单一窗口"建设。"单一窗口"符合国际惯例，目的是实现口岸管理相关部门信息互换、监管互认、执法互助。上海自贸试验区国际贸易"单一窗口"首个试点项目已于 2014 年 6 月 18 日上线运行部分功能。经过一年的试点，"单一窗口"1.0版于 2015 年 6 月 30 日全面上线运行。目前该系统覆盖六大模块：货物申报、运输工具申报、支付结算、企业资质、贸易许可、信息查询。截至 2015 年 8 月底，累计已有 600 余家贸易商、承运人及其代理完成了"单一窗口"的账户开设工作，可在"单一窗口"办理相关业务。

推进亚太示范电子口岸网络建设。2014年11月，亚太经合组织（APEC）第22次领导人非正式会议通过了《北京纲领》，批准了《亚太示范电子口岸网络工作大纲》，确认澳大利亚、加拿大、墨西哥、秘鲁、越南、马来西亚、中国等9个APEC成员经济体的11个口岸成为首批参与APMEN建设的示范电子口岸。2015年8月21日，亚太示范电子口岸网络及其运营中心已在上海揭牌，标志着上海成为亚太地区示范电子口岸网络的引领探索者。

2. 监管管理模式创新

管理模式创新的核心内容是深化行政管理体制改革，创新政府管理方式，减少行政审批事项，推进政府管理由注重事前审批转为注重事中、事后监管。加强社会信用体系应用，加强信息共享和服务平台应用，健全综合执法体系，健全社会力量参与市场监督制度，完善企业年度报告公示和经营异常名录制度，健全国家安全审查和反垄断审查协助工作机制。

3. 贸易监管制度改革

深化自贸区"一线放开、二线安全高效管住"的贸易便利化改革。截至2014年年底，海关、检验检疫、海事等部门推出60多项创新举措，自贸试验区进口货物平均通关时间比区外缩短41.3%，出口货物平均通关时间比区外缩短36.8%。2015年，海关又推出了8项深化自贸试验区改革的创新举措，出入境检验检疫局推出24项新的改革举措，在上海自贸试验区推出"十检十放"分类监管新模式。

推进货物状态分类监管试点。按照管得住、成本和风险可控原则，在自贸试验区内的海关特殊监管区域试点推进货物状态分类监管。自2015年5月20日起，该试点已覆盖到海关特殊监管区的全部物流配送企业。下一步将把试点范围从物流类扩大到贸易类企业，正在研究加工贸易类。

三、贸易发展方式转变

1. 推动贸易转型升级

上海自贸区积极培育贸易新型业态和功能，形成以技术、品牌、质量、服务为核心的外贸竞争新优势，加快提升我国在全球贸易价值链中的地位；鼓励跨国公司建立亚太地区总部，建立整合贸易、物流、结算等功能的营运中心；探索在自贸区内设立国际大宗商品交易和资源配置平台，开展能源产品、基本工业原料和大宗农产品的国际贸易；推动生物医药、软件信息、管理咨询、数据服务等外包业务发展，允许和支持各类融资租赁公司在自贸区内设立项目子公司并开展境内外租赁服务；探索融资租赁物登记制度，统一内外资融资租赁企业准入标准、审批流程和事中事后监管制度。探索融资租赁物登记制度，在符合国家规定前提下开展租赁资产交易，如图3-5-1所示。

2. 提升国际航运服务能级

上海自贸区积极发挥外高桥港、洋山深水港、浦东空港国际枢纽港的联动作用，探

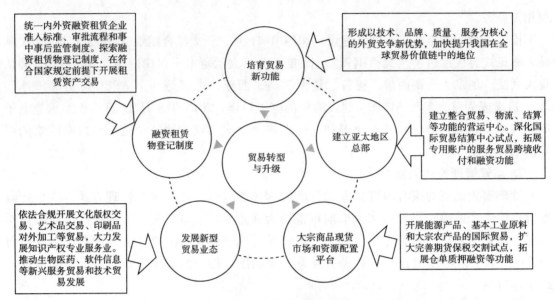

图 3 - 5 - 1　上海自贸区推动贸易转型升级主要措施

索形成具有国际竞争力的航运发展制度和运作模式。积极发展航运金融、国际船舶运输、国际船舶管理、国际航运经纪等产业。加快发展航运运价指数衍生品交易业务。推动中转集拼业务发展，允许中资公司拥有或控股拥有的非五星旗船，先行先试外贸进出口集装箱在国内沿海港口和上海港之间的沿海捎带业务，支持浦东机场增加国际中转货运航班。充分发挥上海的区域优势，促进符合条件的船舶在上海落户登记。

第三节　我国自贸区贸易实施的效果

一、政策效果评估

1. 服务贸易进一步扩大开放，引领服务供应链对接国际标准

自贸区以转口贸易、服务贸易、离岸服务为核心，以高度自由化的贸易体制为基础，实行符合国际规范的经济体制和运行机制，对服务供应链对接国际标准和规则具有积极作用。

2. 刺激贸易新型业态的发展，扩大自贸区供应链的外延

自贸区内开展跨境电子商务、融资租赁、高端维修、大宗商品交易、离岸贸易、文化版权交易、软件信息贸易等新型贸易业态，将自贸区供应链的外延由传统的以货物为主扩大为货物、服务、技术、文化等多位一体。

3. 深耕贸易功能，深化自贸区供应链的内涵

深耕以技术、品牌、质量、服务为核心的贸易功能，创新贸易监管、退税、支付等方面的政策，形成贸易竞争新优势，深化自贸区供应链的内涵，提升我国在全球贸易价值链中的地位。

二、当前实施效果

1. 负面清单

2013 年自贸区成立后，中国针对实际情况先后发布三版负面清单，负面清单包含的领域和内容逐渐减少。从 2013 版的 190 条减少至 2015 版的 122 条，削减幅度达 35.8%。2015 年版自贸区的负面清单包含 15 个门类、50 个条目、122 项特别管理措施，统一适用于上海、广东、天津、福建 4 个自贸试验区。解除限制或者放宽限制投资的领域涉及企业投资资质、股比限制、农业、医学、批发、零售、房地产、建筑业、制造业、采矿业以及信息服务业等，鼓励外资企业积极投资自贸区，促进自贸区贸易的进一步发展，如图 3-5-2 所示。

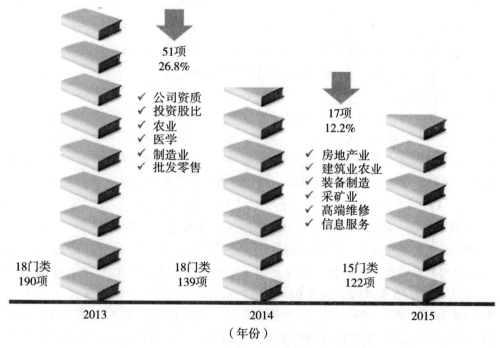

图 3-5-2　自贸区三版负面清单对比概要

以自贸区外商投资股比限制为例，自贸区内允许外商以独资或合资的方式参与相关行业，或者放开对投资方、投资比例的限制。调整后允许外商独资运营的领域有 19 个，允许外商以合资、合作形式从事的领域有 2 个，并在 6 个领域取消对外商的限制。部分措施调整实施情况如下：

允许外商以独资形式从事国际海运货物装卸、国际海运集装箱站和堆场业务；允许外商以独资形式从事盐的批发，服务范围限于试验区内；允许外商以独资形式从事提高原油采收率（以工程服务形式）及相关新技术的开发应用；允许外商以独资形式从事物探、钻井、测井、录井、井下作业等石油勘探开发新技术的开发与应用；允许外商以独资形式投资与高速铁路、铁路客运专线、城际铁路配套的乘客服务设施和设备的研发、设计与制造，与高速铁路、铁路客运专线、城际铁路相关的轨道和桥梁设备研发、设计与制造，电气化铁路设备和器材制造、铁路客车排污设备制造；允许外商以独资形式从事航空发动机零部件的设计、制造与维修；允许外商以独资形式从事地方铁路及其桥梁、隧道、轮渡和站场设施的建设、经营；允许外商以独资形式从事铁路货物运输业务；允许外商以独资形式从事航空运输销售代理业务；允许外商以独资形式从事摄影服务（不含空中摄影等特技摄影服务）。

允许外商以合资、合作形式从事公共国际船舶代理业务，外方持股比例放宽至51%；允许外商以合资、合作形式（中方控股）从事中国传统工艺的绿茶加工；取消对外商投资15吨级以下（不含15吨）液压挖掘机、3吨级以下（不含3吨）轮式装载机制造的限制；取消对外商投资邮购和一般商品网上销售的限制；取消对外商投资房地产中介或经纪公司的限制。

2015年1月13日，工业和信息化部发布《关于在中国（上海）自由贸易试验区放开在线数据处理与交易处理业务（经营类电子商务）外资股权比例限制的通告》（于发布之日起实施）。决定在上海自贸区内试点放开"在线数据处理与交易处理业务（经营类电子商务）"的外资股权比例限制，外资股权比例可至100%。

2. 企业单一窗口

上海自贸试验区在扩大企业准入门槛的改革步伐取得新的进展。2013年10月1日，上海自贸试验区企业准入"单一窗口"正式上线，通过自贸试验区网上服务平台联通互联网和各部门业务网，实现电子信息的实时推送和共享，大幅缩短了企业在准入阶段的办事时间。此项改革成为上海自贸试验区投资管理制度改革的重要内容。2014年12月21日，《国务院关于推广中国（上海）自由贸易试验区可复制改革试点经营的通知》中将企业准入"单一窗口"列为可向全国复制推广的改革事项之一。2015年11月12日，上海自贸试验区保税区域企业准入"单一窗口"延伸功能及企业住所集中登记试点正式启动，企业在自贸区办事将越来越方便。截至目前，通过自贸试验区保税区域企业准入"单一窗口"，已办结23236家新设企业和625项境外投资。

据介绍，企业准入"单一窗口"功能延伸后，延伸段新增的5个办事事项由原先单个部门逐项办理所需19个工作日缩短至4个工作日，一般新设企业可以在9个工作日内办妥企业备案证明（外资）、企业营业执照、对外贸易经营者备案登记表、海关报关单位注册登记证书、报检企业备案表、印铸准许证和法人一证通数字证书[①]。

同时，企业准入"单一窗口"还与上海市国际贸易"单一窗口"实现了信息共享，在企业准入"单一窗口"上办结的对外贸易经营者备案、报关单位注册登记和自理报检企业备案结果信息将自动共享至上海市国际贸易"单一窗口"，企业无须重复办理相关事项。为进一步降低企业经营成本，上海自贸区保税区管理局还会同工商、税务、质监等部门，指定保税区域内8个场所作为自贸试验区保税区域"企业住所集中登记点"，其中外高桥保税区4处、洋山保税港区和浦东机场综合保税区各2处。

---

① 资料来源：中央政府门户网站（www.gov.cn）。

3. 国际贸易"单一窗口"

国际贸易"单一窗口"要求参与国际贸易和运输的各方，通过单一的切入点提交标准化的信息和单证，以满足相关法律、法规及管理要求的平台。当前日韩、东盟十国及东莞其他主要贸易伙伴大都实现了国际贸易"单一窗口"。"单一窗口"也正在成为国内各自贸区的标准配置。

2015 年 6 月，上海自贸区国际贸易"单一窗口"正式上线运行，首批开通上线的包括自贸区报关报检系统。2015 年 8 月，福建自贸区"单一窗口"正式上线试运行。自贸区内企业货物进出口申报实行一次申报、一次查验、一次放行，为企业提供外贸进出口环节的"一站式"服务，提高企业通关效率，降低企业成本。据了解，通过"单一窗口"进出口货物申报时间减少 30% 以上，整体查验效率可提高 50% 以上。同时，通过整合进出口船舶申报功能，海关、检验检疫等部门共同将船舶准予抵离港信息发送至"单一窗口"，实现口岸查验单位的信息互换，提高了核放效率，加快了企业通关速度，推进了国际贸易便利化建设，如图 3 - 5 - 3 所示。

图 3 - 5 - 3 福建自贸区国际贸易"单一窗口"

4. 监管制度创新

自贸区深化"一线放开、二线安全高效管住"的贸易便利化改革。至 2014 年年底，海关、检验检疫、海事等部门推出 60 多项创新举措，自贸试验区进口货物平均通关时间比区外缩短了 41.3%，出口货物平均通关时间比区外缩短了 36.8%。2015 年，海关又推出了 8 项深化自贸试验区改革的创新举措；出入境检验检疫局也推出支持上海自贸区扩区 24 项新的改革举措，在上海自贸试验区推出"十检十放"分类监管新模式。

第四节 我国自贸区贸易发展的案例

一、上海外高桥国际机床展示贸易中心案例

（一）企业概况

上海外高桥国际机床展示贸易中心（以下简称"机床中心"）成立于2009年，是针对高端机床及工具行业的国际贸易便利化和专业化服务平台，已经确立了以保税展示、展品物流、零部件分拨、产品验收、专业培训、技术交流为核心的服务体系。机床中心吸引了包括美德瑞意日澳西等国家和地区的110多家机床企业入驻。2014年1—6月机床中心客户的进口贸易总额同比增长13%左右。

（二）创新业务

1. 机床保税展示与交易

利用海关保税展示政策，进口机床可以在自贸区进行长期展示，同时凭借银行保函将进口机床在保税状态下出区展示，并且展示的时限从原来的一个月延长到了三个月。在实施备案管理制后，手续更为简便快捷，从此前一个月缩短到一周左右。利用产品分类监管的方式，机床中心客户还可以同时进行保税产品和非保产品的展示、演示、预验收。

2. 进口机床现场法定检验

依托出入境检验检疫部门的新政策，在机床中心首创了进口机床现场法定检验及采信第三方检测报告。以往在机床销售给客户后，需要在客户所在地进行商检，从区内到交付客户的过程中出现问题责任难以界定，但新的政策使得机床中心可以在销售前就完成商检。

3. 进口机床融资租赁

依托自由贸易试验区的一系列政策，机床中心建立了为进口机床客户提供融资租赁服务的融资平台。与多家银行和金融机构定制了进口机床融资租赁方案。通过金融与贸易相结合，降低了企业融资成本和国内客户的采购成本。例如此前国内设备一年期租赁利率12%~14%，但目前进口设备一年期利率大约为6%~7%。

在自贸试验区成立后的一年内，一系列的创新措施为机床中心的发展注入了新的活力。机床中心在客户数量、物业规模方面都呈现出增长态势：机床中心共新增客户34家；物业规模达到6.5万平方米。[①]

二、国家对外文化贸易基地案例

（一）企业概况

国家对外文化贸易基地（以下简称"文化基地"）由上海精文投资有限公司和上海外

[①] 资料来源：自贸试验区企业创新案例汇编。

高桥（集团）有限公司共同出资于 2007 年 9 月成立，是全国第一个国家对外文化贸易基地，为国内外文化企业提供展示、贸易、物流、仓储、金融等全方位的服务和支持，是区内唯一的专业文化贸易公共服务平台。

（二）创新业务

1. 境外图书保税展示功能创新

2015 年 7 月底，文化基地在区内首次举办了境外图书展览，特点之一就是保税展示，不需要像在区外时办理一般贸易进口手续，只需要进境备案即可。国外出版商可以将外文图书放在区内，国内出版商到试验区内挑选商谈，通过点对点的交流平台，节省了国内出版商的时间和成本。除了保税展示外，在自贸试验区的图书展示审核流程相对简化，只需要具有引进海外图书资质的企业对内容进行保证，就可以进入，而在区外则需要对内容全面审核。

2. 展示交易模式创新

文化产品与普通商品并不一样，展示交流是促进交易的主要手段，一般通过展览吸引买家。自贸试验区成立前，货品在入境审批时，必须先在港口报关，之后才能到达区内，且只能在区内指定展示。

更为便利的是，在境外展示时就可以实现交易。例如，当艺术品运到美国进行展示时，如果发生了交易，该艺术品仍需再运回国内，办完一般贸易出口手续后，才算真正完成了交易流程，该过程使得艺术品交易过程被拉长，手续复杂。但在自贸试验区成立后，文化基地向海关提出了相关简化要求，使得文化产品在境外展示交易时，实物无须再返回境内，只要相关单证回到境内办理即可。

基地目前已集聚了 270 家以上的各类文化企业，入驻企业的注册资本规模已超过 60 亿元人民币，2013 年年底贸易规模已超过 71 亿元人民币，年税收贡献已超过 1 亿元人民币。目前，文化基地正积极探索在洋山保税港区建立文化装备基地，以带动高端文化设备的展示展览、制作加工、保税租赁和保税融资租赁乃至制造生产等产业的发展。此外，还正向国家新闻出版广电总局提出设立国家版权贸易基地的申请，有望近期落地挂牌。①

第五节 我国自贸区贸易发展建议

一、深化自贸区贸易管理体制

深化自贸区贸易管理体制建设主要包含国家法律层面以及行政管理层面。

1. 国家法律层面

自贸区仍需全面深化以负面清单管理为核心的外商投资管理制度，在放宽外商投资准入，推进服务领域的投资自由化的同时，进一步完善"负面清单"、扩大开放，提高政

---

① 资料来源：自贸试验区企业创新案例汇编。

府监管、准入的透明度，建设符合国际化、法制化、市场化的营商环境；在文化、卫生、教育和服务业领域深入改革，在更大的领域、更大的范围开展改革"压力测试"，推行制度创新，并将"可复制、可推广"负面清单模式推行至全国。

由于负面清单制度直接将之前的外商投资审批制改变为备案制，市场主体的"宽进"对过程监督和后续管理提出了新挑战。因此，自由贸易区改革挑战与机遇并存，根据上海自贸区的实践经验，其改革最大亮点是"负面清单"，而最大难点是事中事后监管。要保证监管反应速度快、效率高，必须赋予自贸区法律制定、执行、识别、监管等职责，使之对各类问题做出快速反应有责任、有依据。

2. 行政管理层面

自贸区仍需推进政府职能转变，推动新一轮的改革与开放，给予企业更多、更大的经营决策权。深化行政管理体制、建设服务型政府、推动我国政府治理能力现代化。

二、推动自贸区贸易转型升级

1. 培育新业态

在发展高端制造产业的同时，推动生物医药、软件信息、管理咨询、数据服务等外包业务发展，鼓励包括国际快件中转集拼、跨境电子商务、融资租赁业务、高端产品维修、大宗商品交易、离岸金融贸易以及文化服务贸易与文化货品贸易等诸多新业态。

2. 发展新模式

促进加工贸易创新发展，大力发展服务贸易，提高我国产业在全球价值链中的地位，逐步推动自贸区从产品贸易为主向货物贸易与服务型贸易相结合模式的转变。

3. 搭建新平台

利用自贸区在制度创新、营商环境、国际规则等方面的优势，吸引优势资源聚集，搭建商品交易新平台，加快要素资源的快速优化配置。如加速大宗商品现货交易市场等交易平台的建立。

4. 拓展新空间

由于自贸区自身地理区域空间资源有限，自贸区发展需立足长远，以自身为辐射点，辐射周边区域，带动周边区域经济发展，发挥溢出作用。同时，周边区域的发展也将带来聚集效应，反过来促进自贸区经济贸易的发展。

三、推进自贸区贸易便利化

加强自贸区内国际贸易"单一窗口"建设，创新海关、检验检疫、海事、出入境边检、港务等相关部门监管模式，降低贸易和运输企业的综合物流成本，提高政府部门的监管效能，提升自贸区内国际贸易便利化水平。

第六章　我国自贸区电子商务发展现状及发展建议

第一节　我国四大自贸区电子商务发展现状

自贸区内开放的贸易、金融政策，为发展自贸区内电子商务特别是跨境电商的发展提供了良好的环境。同时，也吸引了一大批优秀的电商企业纷纷进驻自贸区，进一步促进了自贸区电子商务的快速发展。

一、上海自贸区

上海自贸区于 2013 年 12 月 28 日启动全国首个跨境贸易电子商务试点平台"跨境通"，实现箱包服饰、食品、母婴用品和化妆品四大类 500 多种商品上线销售。目前，备案和上线规模较大的商家已经达到 32 家，美国亚马逊、香港大昌行、韩国现代百货集团、中免集团等国内外大型电商已经在"跨境通"上线运行，国内"1 号店"、中国台湾统一超市等商户也即将上线。

随着上海自贸区贸易便利化措施释放出制度创新效应，区内跨境电商呈现出爆发式增长。2015 年 1—7 月，跨境贸易电子商务保税进口成交订单量和货值同比分别增长 46.7 倍和 109.2 倍。在上海自贸区增长的各项业务中，跨境电商贸易增速最高。[①] 上海海关的一组最新数据显示，2015 年 1—8 月，上海海关受理跨境电商进口直购订单 19.22 万票，总货值 5266.46 万元，征收行邮税 340.42 万元。共监管跨境电商网购保税进口模式出区订单 42.89 万票，商品货值 1.04 亿元，征收行邮税 33.6 万元。

除跨境贸易电子商务平台建设以外，上海自贸区还启动了大宗商品交易平台建设，在试验区内设立国际大宗商品交易和资源配置平台，开展能源产品、基本工业原料和大宗农产品国际贸易，从线下交易转移至线上交易。截至 2015 年 7 月，自贸区内大宗商品交易平台已经有 10 家企业通过评审，首批 8 家企业进入上线前准备阶段。

二、广东自贸区

在广东自贸区的三个片区中，广东自贸区南沙片区（广州南沙自贸区）的跨境电商业务发展最为迅猛。据官方公布的数据显示，2015 年 1—6 月，前海蛇口在海关备案的电商企业有 68 家，入区货值 3.31 亿元。而南沙跨境电商业务最新统计显示，其已有 305 家

---

① 资料来源：东方网。

跨境电商相关企业在南沙检验检疫局备案，备案商品 3.82 万种。亚马逊、天猫国际、京东等国内外知名电商平台业务相继落户南沙，南沙自贸区已成为国内大型电商布局跨境电商业务的重点区域。

2015 年 6 月，南沙片区成为全国首个推出跨境电商商品质量溯源的自贸片区。消费者只需在"智检口岸"平台上，输入订单号、快递单号或身份证号任意一项，即可 24 小时全天候快速查询经南沙自贸片区进出口的跨境电商商品申报原产国、生产企业、入境口岸等 18 项信息，实现"源头可溯、去向可查"。

深圳前海片区重点推进全球商品保税展示交易中心的建设，推进跨境电商服务，同时，筹建港货中心分流赴港购物人群。前海已启动跨境电商试点，且发展迅速，目前已有天猫、聚美优品、华润万家等 15 家知名电商企业进驻园区。截至 2015 年 3 月 11 日，蛇口海关审核验放进口电商物品 72 万票，货值 7688 万元人民币，分别是 2014 年全年的 14.4 倍和 9 倍。

珠海横琴自贸区也完成了跨境电商产业园的注册，已经开始招商，目前有意向进驻产业园的企业有上千家，其中港澳企业有 200 多家。园区设有进口商品直销体验中心以及具有特色的葡语国家展示中心，打造中葡商品展示展销中心。通过与巴西建立自贸平台，打通拉丁美洲自贸通道，主营农产品和大宗商品贸易；通过与葡萄牙建立自贸平台，打通与欧洲自贸通道；通过与安哥拉建立自贸平台，打通非洲的自贸通道，主营大宗商品。

三、福建自贸区

福建自贸区自挂牌以来积极发展自贸区电子商务贸易，到 2015 年 9 月底，已引进跨境电商企业 580 多家。

2015 年 11 月 3 日，福建自贸试验区福州片区进口跨境电子商务业务正式开启，同时福州跨境电子商务公共服务平台在福州出口加工区监管中心启动。福州片区跨境电商产业园一期目前已有 50 多家企业入驻，万国国际商城电商平台已招商入驻 300 家企业，海峡会展中心智贸城也已引进 20 多家电商企业，利嘉国际商业城引进 16 家跨境电商企业；美国零售巨头 COSTCO 在福州经开区正式开始营业，并与中国电信合作建立起 30 家便利展示店。

厦门片区 2015 年跨境电商个人物品、跨境直购和一般出口系统陆续上线，跨境电商产业园和邮件监管中心相继投入使用，保税展示和海运快件业务也正如火如荼的发展。2015 年全年跨境电商进出口邮件快件量近 2100 万件，其中 95% 为出口，5% 为进口。2016 年 2 月 22 日，厦门跨境电商公共管理平台正式上线运行，并入国际贸易"单一窗口"。平台集跨境电商、邮件、快件、"分送集报、快件出区"等为一体的大通关平台，监管申报"一点接入、一点输出"，实现一个界面，一次录入，一次放行。平台的上线将打通跨境电商平台"经脉"，为厦门跨境电商企业提供更大便利，提升外贸效率。

平潭片区于 2014 年 1 月 2 日经海关总署批准，正式成为全国开展跨境贸易电子商务的试点城市。同年 11 月，平潭跨境电子商务试点正式启动，首批申报的邮件顺利通关出口。

四、天津自贸区

天津自贸区正式挂牌之前，发展跨境电商就已经列入了本市跨境贸易的一项重头戏，天津自贸区三个片区在跨境电商领域都取得了突破进展，为全市跨境电商业务的开展摸索经验。2015 年 10 月，天津获批全国第八个跨境电子商务试点城市。2016 年 1 月，国务院批复同意天津设立跨境电商综合试验区，目前，三个跨境电子商务平台搭建完成，测试后将正式投用。

国际贸易和跨境电商领域是中心商务片区 2015 年增长态势最快的一大产业。中心商务片区已累计新落户各类企业超过 1200 家，占到新增注册企业总数的 36%。特别是跨境电商领域，聚集了以威时沛运、亿家人电子商务为代表的一批兼具渠道和技术优势的跨境电子商务综合平台企业。跨境电商公共服务平台集"海关、税务、外汇、检验检疫、电商、物流、金融"等服务于一体，将更好地助推这些电商企业的发展。

天津东疆保税港区跨境电商园区总体规划面积 50 万平方米，一期 10 万平方米为企业提供自营型、公共型专有仓库，并已建成完善的跨境电商公共服务平台。2015 年 11 月，蜜芽、考拉海购、麦乐购、一帆海购、纵腾网络、奢集网、启航宝宝、心怡供应链、卓志集团 9 家国内知名跨境电商企业与天津自贸试验区天津港东疆片区签署战略合作协议，将在东疆开展以保税备货模式为重点，包含直邮集货、保税出口、一般出口及海运快件的业务试点工作。除了此次集中签约的 9 家国内知名跨境电商外，东疆也已与京东、苏宁、亚马逊、顺丰优选等五大类八十余家知名电商进行了沟通交流，中邮、天狮等企业已落户东疆，将打造中国北方最重要的跨境电子商务海港口岸。与此同时，东疆保税港区也将打造"跨境电商 +"概念，与线下展示、平行进口车、互联网金融等产业融合，创建具有东疆特色的北方跨境电商基地。

第二节　我国自贸区电子商务政策现状

在国家相关政策的大力扶持以及强大的消费市场支撑下，我国跨境电商正处于茁壮成长期，国内几大自贸区的建立也给跨境电商的成长提供了越来越多的便利。近年来，国家不断出台跨境电商扶持政策，而四大自贸区也跟随国家层面的步伐积极跟进、细化针对跨境电商的便利措施。

通过对出台的相关政策进行相关总结和梳理，目前自贸区针对跨境电商的管理扶持政策主要体现在促进跨境电商贸易自由化、通关便利化以及跨境电商体系完整化三个方面。

一、跨境电商贸易自由化

1. 跨境电商负面清单管理制

上海自贸区完善跨境电子商务入境物品管理，建立了跨境电子商务产品负面清单制度，除未获得检验检疫准入的动植物源性食品等八种情况禁止以跨境电子商务形式入境外，全面支持和促进跨境电子商务健康快速发展。

禁止以跨境电子商务形式入境的八种情况：《中华人民共和国进出境动植物检疫法》规定的禁止进境物；未获得检验检疫准入的动植物源性食品；列入《危险化学品名录》《剧毒化学品目录》《易制毒化学品的分类和品种名录》和《中国严格限制进出口的有毒化学品目录》的；除生物制品以外的微生物、人体组织、生物制品、血液及其制品等特殊物品；可能危及公共安全的核生化等涉恐及放射性等产品；废旧物品；以国际快递或邮寄方式进境的电商商品，还应符合《中华人民共和国禁止携带、邮寄进境的动植物及其产品名录》的要求；法律法规禁止进境的其他产品和国家质检总局公告禁止进境的产品。[①]

2. 选择性关税征收制度

在自贸区内，享受相关关税减免制度。目前，国内四大自贸区都基本实行了选择性征收关税政策，即对设在自贸区海关特殊监管区域内的企业生产、加工并经"二线"销往内地的货物照章征收进口环节增值税、消费税，根据区内企业的申请，试行对该内销货物按其对应进口料件或按实际报验状态征收关税的税收政策。同时，企业也能享受其他税收优惠政策，货物可以境外自由出入，免征关税和进口环节税。

二、跨境电商通关便利化

自贸区积极推行跨境电子商务信息化建设政策。自贸区内推进跨境电子商务申报"单一窗口"综合服务体系建设，积极地参与地方政府牵头的跨境电子商务平台建设，实现关检"一次申报、一次查验、一次放行"。同时，国际贸易"单一窗口"的建设也加强了电商企业与海关、国检、工商、港务、民航、税务、外汇管理、邮政等部门的协作，实现与跨境电子商务平台、物流企业和相关部门的数据对接和信息共享。

三、跨境电商体系完整化

1. 跨境支付结算体系

《中国（上海）自由贸易试验区总体方案》中明确提出，要加快培育跨境电子商务服务功能，试点建立与之相适应的跨境支付系统。2013年，上海自贸区两家首批入驻企业电商企业已获得资格许可，将在自贸区开展跨境电商业务，一家是"跨境通"电商平台，另一家是东方网电子商务有限公司。

2014年2月18日，央行宣布在上海自贸区启动第三方支付机构跨境人民币支付业务试点。首批包括快钱、盛付通、银联、通联、东方电子在内的5家第三方支付机构，分别

---

① 资料来源：国家质检总局。

与包括中行、工行、建行、招行和民生银行的上海分行在内的合作银行对接签约，正式启动自贸区内的跨境人民币结算业务。

2015年6月24日，上海自贸区管委会副主任简大年在上海市政府新闻发布会上透露，未来上海自贸区将采取市场化措施推进跨境电商平台，除了既有的东方支付加跨境通模式，还将引进新的投资者和新的运作者。也就是说，未来自贸区除了有国字号的跨境电商平台，还将引进国内著名的民营的和大的互联网金融平台，打造民营跨境电商平台。

2. 商品质量追溯体系

自贸区逐步开始构建跨境电子商务质量追溯体系。充分运用信息化手段，建立以组织机构和商品条码为基础的电子商务产品质量追溯制度，通过加贴防伪溯源标识、二维码、条码等手段，实现跨境电子商务商品"源头可溯、去向可查"。加强与质监部门的合作，探索建立"风险监测、网上抽查、源头追溯、属地查处"的质量监测机制，对发生的质量安全事故或投诉，及时组织开展调查，实现质量安全可追溯、责任可追究。

2015年6月1日，中国首个跨境电商商品质量溯源平台在南沙出入境检验检疫局正式上线，全国首个自贸试验区跨境电商商品质量溯源平台在南沙正式上线。通过商品质量追溯平台，消费者掌握商品来源、检验检疫流程节点，了解商品质量信息，实现跨境电商商品"源头可溯、去向可查"。

第三节　我国自贸区电子商务实施的效果

一、跨境电商实施效果

自贸区实施的一系列促进电子商务发展政策，对区内跨境电商的发展发挥了极大的推动作用，主要体现在货物种类、物流时间以及贸易成本三个方面。

1. 货物品类丰富

自贸区实施的跨境电子商务产品负面清单制度，使得除未获得检验检疫准入的动植物源性食品等八种情况禁止以跨境电子商务形式入境外，其他物品可以顺利入境，大大丰富了跨境电商的货物品种。以上海自贸区"跨境通"跨境电商平台为例，目前平台主要有服装、服饰、婴幼儿用品、3C电子产品、化妆品、箱包等热门商品，货物品种超过500多种。而随着亚马逊等国际知名电商的加入，货物品类将会进一步增加。

同时，自贸区实施跨境电商备案管理政策，支持在自贸区建立进口水果、生鲜电商综合交易平台。目前，全国首家进驻自贸区的跨境水果生鲜电商——天天果园已经落户上海东南角的洋山保税港区，正式开始运营。

2. 物流时间缩短

在物流时间方面，自贸区相关政策使得跨境贸易物流时间成本大大减少，对促进跨境电商的发展发挥了极大的作用。2015 年 6 月 25 日，上海出台 24 条措施支持自贸区进一步发展。其中便提出，在自贸区建跨境电商清单管理制度以及一系列通关便利措施，未来"海淘"货物从到港到上架的时间可压缩 80% 左右。以美国海淘为例，从购买到拿到货，一般都需要 15 ~ 30 天不等的等待时间。而"跨境通"最大创新在于物流上采用上海自贸区的"仓储保税进口"模式，在保证货物来源是国外的基础上，可以实现物流成本的大幅降低。目前"跨境通"的商品从美国发货，到达中国买家手中的时间在 3 ~ 4 天。对那些通过海运的大批量的进口商品，可先行空运少量样品到上海口岸送检，等海运货物到了直接查验放行，大幅度压缩企业的等待时间。这样跨境电商货物从到港到上架的周期，可由原来的 55 天减少至 11 天。

3. 贸易成本降低

自贸区跨境电商的发展另一个重要的方面体现在贸易成本方面，自贸区内综合税率的下调，以及物流成本的下降是拉低 20% 商品进口成本的主要原因。以生鲜水果为例，进入自贸区的跨境生鲜电商可享受关税和增值税的减免。以一般贸易入境，美国柑橘需要缴纳 11% 的进口关税加 13% 的增值税，总的综合税率在 25% 左右；墨西哥产牛油果的进口关税较高，要达到 20%，再加上增值税 13%，综合税率就要达到 40%，还要加上特殊冷链保鲜技术，这些都推高了国内进口水果的价格。进入自贸区后，进口水果可统一享受 10% 的行邮税，其中低于 500 元的单件商品可免征行邮税，直接成本下降了 20% ~ 30%。同时，物流时间的减少将会促使冷链保鲜等各项成本的相应下降。

二、外贸平台实施效果

上海自贸区总体方案中，关于推进贸易发展方式转变任务中，明确表明探索在试验区内设立国际大宗商品交易和资源配置平台，开展能源产品、基本工业原料和大宗农产品的国际贸易。

2014 年 4 月 21 日上海市政府公布了《中国（上海）自由贸易试验区大宗商品现货市场交易管理暂行规定》，按照年初商务委传出的消息，首批将有八家市场入驻。这八家市场分别为宝钢集团拟在自贸区搭建铁矿石交易中心；上海钢联拟设大宗商品交易中心；上海有色网拟建有色金属交易中心；迈科金融拟建有色金融交易中心；北京全国棉花交易市场拟建棉花交易中心；易贸集团拟建液化工品交易中心；上海石油交易所拟建石油天然气交易中心；上海华通铂银交易市场拟建白银交易中心等。2015 年 7 月，上海自贸区大宗商品现货市场建设继续推进，在前期 8 家大宗商品现货市场已经获批的基础上，又增加了 2 家，达到了 10 家的规模。两家市场分别为中纺粮油进出口有限责任公司为主发起人设立的国际农产品交易中心以及上海自贸区咖啡交易中心。2015 年 7 月 31 日，上海自贸区上海有色网金属交易中心、上海钢联金属矿产国际交易中心首批产品上线，上海自贸区大宗商品交易平台正式启动运营，如图 3 – 6 – 1 所示。

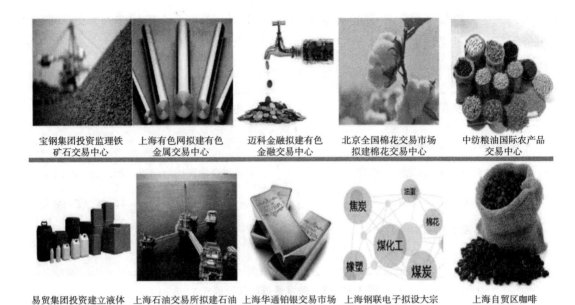

宝钢集团投资监理铁矿石交易中心　　上海有色网拟建有色金属交易中心　　迈科金融拟建有色金融交易中心　　北京全国棉花交易市场拟建棉花交易中心　　中纺粮油国际农产品交易中心

易贸集团投资建立液体化工品交易中心　　上海石油交易所拟建石油天然气交易中心　　上海华通铂银交易市场拟建白银交易中心　　上海钢联电子拟设大宗商品交易中心　　上海自贸区咖啡交易中心

图 3 - 6 - 1　上海自贸区大宗商品交易平台建设

第四节　我国自贸区电子商务发展的案例

一、跨境通

(一) 企业概况

上海跨境通国际贸易有限公司（以下简称"跨境通公司"）于 2013 年 9 月 10 日成立。作为中国（上海）自由贸易实验区首批 25 家入驻企业之一，跨境通是自贸区内一家从事跨境贸易电子商务配套服务的企业，专注于在互联网上为国内消费者提供一站式国外优质商品导购和交易服务，同时为跨境电子商务企业进口提供基于上海口岸的一体化通关服务。跨境通主要经营的商品包括服装、服饰、婴幼儿用品、3C 电子产品、化妆品、箱包六大类，定位在中高端。现已经有 CK、Coach、Burberry 等多个境外品牌入驻这个平台。

(二) 创新业务

1. 原产地标准、负面清单管理制

"跨境通"搭建的是平台的平台，希望引入类似淘宝的卖家来经营"海淘"业务。对于进入平台的企业而言，不需要在自贸区内注册，商家只需提供由境外生产商、经销商等提供的品牌授权等材料，证明产品采购来源以及一家境内实体公司作为受委托方，运营店铺并提供售后服务（自贸模式要求受委托公司为上海自贸区内注册）。入驻企业不需要专用的仓库空间，后台服务都由"跨境通"平台完成对接。所以，随着"跨境通"初

步发展起来后，跨境通就可以开始大规模招商。同时，跨境通的商品准入方便，商品符合境外标准，即可进口（商品无须中文贴标，方便引入境外商品产品线），如图3－6－2所示。

传统国际贸易模式政策	跨境贸易电商模式政策
• 需要办理多个进口销售所需证件 • 商品是否符合中国标准为未知数 • 进口流程关系到多个部门，门槛高 • 进口总体流程消耗时间过长 • 进口环节税金资本占用多	• 改许可/非许可制度为统一备案制 • 商品无须符合中国国标，满足原产地标准即可 • 规范统一监管，批次货物仅与海关、商检相关 • 备案通过、预检合格的商品，即日销售 • 无须中文标贴

图3－6－2 跨境通贸易创新模式

2. 跨境贸易税收模式

跨境通的商品售价低，仅大部分商品售价可降15%～30%。原因在于消费者仅缴纳行邮税，无须缴纳一般贸易关税、增值税、消费税。而实体店的商品是企业以一般货物的形式进口。比如，皮包的进口综合税率可以达到100%。"跨境通"则按个人物品方式申报，行邮税税率仅为10%（按照不同的产品，行邮税税率分10%、20%、30%和50%四档），如图3－6－3所示。

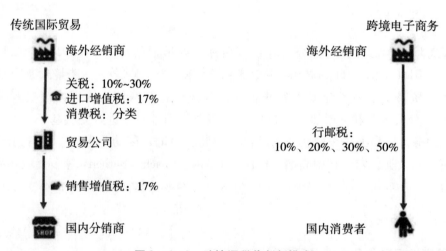

图3－6－3 跨境通税收创新模式

3. 跨境支付方式

跨境通平台网站上都是人民币标价，商户可以按照T＋1的实时汇率转换成商户期望的相应外币，根据商户的结算要求，直接付汇到商户的境外账户。目前，跨境通平台支付结算的第三方机构目前仅为东方支付，据知情人士透露，接下来应该还会有其他第三方支付机构与之（跨境通）合作。

二、上海有色金属交易中心案例

（一）企业概况

上海有色金属现货交易中心是由上海有色金属行业协会联合中浪（集团）有限公司、北方联合铝业（深圳）有限公司、上海金都投资集团与上海金藏物资一同投资组建的专业从事有色金属产品网上电子交易服务的企业。是上海第一家将电子交易模式引入有色金属现货交易的电子商务平台，致力于打造中国专业的有色金属现货电子交易市场。

有色金属交易，被称作世界经济"晴雨表"。自全球金融危机以来，西方国家宽松的货币政策促使大宗商品价格节节攀升。近期，有色金属价格更是在高位不断波动，成为世界经济复苏过程中最大的不确定因素。与此同时，有色金属的需求及影响力又逐渐向亚太市场转移。近年来，亚太地区对有色金属的需求日益旺盛，对有色金属的进口数量也不断增加，其中中国的需求尤其明显。然而，有色金属的定价权仍然把握在发达国家经济体手中，导致中国企业在参与国际贸易中处于极其不利的地位。

由于国内外税制差异、计价币种以及资源管制造成的半封闭市场，国内有色金属市场价格以人民币计价，与国际上普遍以美元计价的净价（不含关税和增值税）的价格体系不接轨。同时，我国有色金属现货交易市场长期处在一个线下的被动局面——固定单一的交易模式和交收模式。

（二）创新业务

上海有色金属现货交易中心的建立以现货交割为目的，以铜、铝、铅、锌、锡、镍等有色金属商品为交易对象，通过市场服务、资金结算、仓储物流、信息发布、信用评估五大服务体系，运用电子网络进行交易的运行模式，全方位、多功能为生产企业、贸易企业搭建的有色金属现货交易电子平台，实现现货交易、第三方融资和上海价格三大功能。

通过平台建设，为有色金属行业内的企业增加流通渠道。在现有的贸易渠道上增加一条公平、便捷的交易渠道；带动贸易流的集聚，通过数家龙头企业的加入，将会在有色金属业内形成领头作用，在政府的有效引导下有望形成繁荣的交易市场；带动资金流的集聚并逐步发挥定价指导作用。依托便利的金融监管环境，市场内企业可进行期货市场和现货市场的同步跨市套利、套期保值等操作，形成资金结算中心，逐渐形成具有影响力的"上海价格"，如图3-6-4所示。

第五节　我国自贸区电子商务发展建议

上文提及，我国自贸区在提升电子商务贸易自由化、通关便利化以及体系完整化方面均出台了相应的措施和政策。然而，我国自贸区在发展电子商务继续丰富跨境支付手

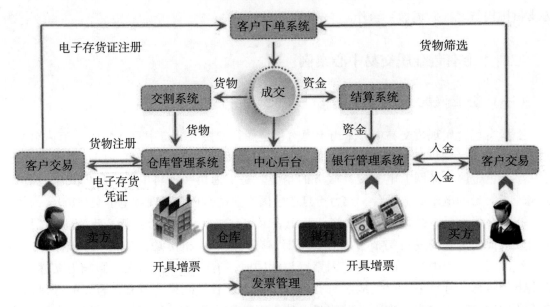

图 3 – 6 – 4　上海有色金属现货交易平台业务模式

段、提升跨境货物通关效率、强化商品质量追溯的同时，还须注重以下几个方面的建设和提升。

1. 完善电商国内物流支撑系统

物流系统在跨境电商整个流程中有着至关重要的作用，物流系统的优劣直接决定着整个贸易流程的安全性以及时效性。目前，跨境通主要合作伙伴包括顺丰、TNT、DHL、UPS 四家国际和国内主流物流公司，以确保物流整体的安全性和准时性。现在流程中，消费者在国外网站直接下单，从美国仓库物流配送至国内，一般从下单到收货，需要 7 ~ 10 天（这个时候一般是国外快递公司）；在自贸试验区建设自己的物流仓库，将部分商品提前进口至上海，实行保税仓储，等消费者下单后，直接从自贸区配送（这个时候很多是顺丰）。因此，国内配套的物流支撑系统建设和完善非常重要。

2. 加强电商贸易第三方支付管理

跨境通第三方支付业务的诞生是跨境通电子商务发展的必然，并因此对消费者和商家的资金业务负有监管责任。贸易的便利化是推进跨境通电子商务发展的一大重要因素。当然这种方式的前提得在风险可控的范围内，未来有可能境外的商户在自贸区内开设相应的账户相当于境外账户，结算更加便利。这离不开外汇管理对于第三方支付业务的大力支持，并按照真实性、便利性和均衡管理原则对其进行管理，做好相关部门之间的协调工作。随着消费者消费习惯的不同，第三方支付也呈现出多样化的方式，而不是局限于一家，统一的管理目标就是安全便捷，而并不是拘泥于它的形式。

3. 建立电商贸易争端解决机制

跨境电子商务的整个交易过程包括选购、结算、通关、运输、保险等。相应地，存在法律、信用、支付、语言等相关问题。由于各个主体位于不同的国家和地区，而且各个国家相应法律法规不尽相同。因此，如何解决跨境电商中的贸易争端是自贸区电商发展中一个必须面对的问题。目前，自贸区内相关法律制度存在缺陷和不完善，跨境电子商务领域中，当发生贸易纠纷时，如何及时有效地解决出现的争端对自贸区跨境电商的发展有着重要影响。因此，自贸区需要针对此问题建立相关的电商贸易争端解决机制，出台相关法律和法规，有效保障相关主体权益，促使跨境电商朝着良性方向发展。

4. 推进电子商务信用体系建设

加强企业信用管理，利用好跨境电子商务产品质量信息公共服务平台，发挥好全国电子商务产品质量信息共享联盟作用，建立跨境电子商务企业信用数据库，推进诚信分类管理，促进信用等级互认。将企业信用等级与分类监管相结合，给予诚信企业更多便利措施，提升跨境电子商务商品的通关便利化水平。

5. 构建电子商务风险监控体系

通过企业备案、商品备案、负面清单、风险评估、诚信管理、采信第三方、监督抽查、符合性验证、事中事后监管等方式，打造全流程信息化闭环监管。加强对跨境电子商务商品的风险评估，制定重点商品和重点项目监管清单，不断建立和完善质量风险信息采集机制、风险评估分析机制和风险预警处置机制。特别是涉及人身安全、健康和环保项目，通过现场查验、抽样检测和监督抽查等，加强风险监控和预警。对达不到质量安全要求的商品，采取风险通报、停止销售、强制召回、退运销毁等措施，保障质量安全。

撰稿人：上海海事大学副校长，教授、博士生导师　严　伟

上海海事大学讲师　杨振生

上海海事大学讲师　宋　博

上海海事大学副教授、硕士生导师　何军良

第四篇

中国物流园区发展与供应链管理

第一章 物流园区与供应链管理的关系

第一节 物流园区概述

一、物流园区概念解析

物流园区是物流设施设备及相关企业在空间上的集聚，在不同的地方叫法不尽相同。在日本被称为"物流团地"，德国叫作"货运村"，丹麦称为"运输中心"，等等。

在我国，2006 年发布的《物流术语》（GB/T 18354—2006）将物流园区定义为："为了实现物流设施集约化和物流运作共同化，或者出于城市物流设施空间布局合理化的目的而在城市周边等各区域，集中建设的物流设施群与众多物流业者在地域上的物理集结地。"

2008 年发布的《物流园区分类与基本要求》（GB/T 21334—2008）《物流术语》仍然沿用了这一解释，并把物流园区分为货运服务、生产服务、商贸服务和综合服务四种类型。

2009 年国务院《物流业调整和振兴规划》（国发〔2009〕8 号）把"物流园区工程"表述为：在重要物流节点城市、制造业基地和综合交通枢纽，在土地利用总体规划、城市总体规划确定的城镇建设用地范围内，按照符合城市发展规划、城乡规划的要求，充分利用已有运输场站、仓储基地等基础设施，统筹规划建设一批以布局集中、用地节约、产业集聚、功能集成、经营集约为特征的物流园区。

2013 年发布的《全国物流园区发展规划》（发改经贸〔2013〕1949 号），开宗明义指出：物流园区是物流业规模化和集约化发展的客观要求和必然产物，是为了实现物流运作的共同化，按照城市空间合理布局的要求，集中建设并由统一主体管理，为众多企业提供物流基础设施和公共服务的物流产业集聚区。

2014 年国务院印发《物流业发展中长期规划（2014—2020 年）》（国发〔2014〕42 号），再次把"物流园区工程"列入 12 项重点工程。提出：在严格符合土地利用总体规划、城市总体规划的前提下，按照节约、集约用地的原则，在重要的物流节点城市加快整合与合理布局物流园区，推进物流园区水、电、路、通信设施和多式联运设施建设，加快现代化立体仓库和信息平台建设，完善周边公路、铁路配套，推广使用甩挂运输等先进运输方式和智能化管理技术，完善物流园区管理体制，提升管理和服务水平。结合区位特点和物流需求，发展货运枢纽型、生产服务型、商贸服务型、口岸服务型和综合服务型物流园区，以及农产品、农资、钢铁、煤炭、汽车、医药、出版物、冷链、危险货物运输、快递等专业类物流园区，发挥物流园区的示范带动作用。

结合以上表述以及物流园区发展的实际，我们认为，物流园区具有以下几个普遍性特征。

1. 要有一定的需求基础和明确的功能定位

物流园区是物流的载体、服务的平台，必须要有需求基础和服务对象，只有需求才是催生物流园区的根本动力。一般来讲，一个地区的物流需求来自三个方面：一是商品流通与居民消费，或者叫商贸物流需求，这是由本地区辐射区域内的人口数量与消费水平决定的；二是产业需求，比如制造业、基础原材料工业或是农业的物流需求，这是由本地区产业结构和需求规模决定的；三是货物中转需求，主要取决于本地区的区位交通条件。有了足够的需求，还要明确相应的功能定位。某个园区服务于哪一种需求，应该有多大的规模，哪些服务功能，怎样才能降低成本、提高效率、改进服务。这是必须搞清楚的首要问题。一个物流园区可以有商品交易的功能、商务展示的功能、生活服务的功能，但是基本功能还应以物流服务为主，物流运营面积至少不应低于实际占地面积的一半。

2. 要有一定的占地规模和区位交通条件

《物流园区服务规范及评估标准》将物流园区占地面积设定为不低于 0.5 平方千米（750 亩）。没有一定的占地面积，无法保证物流运营的需要；如果占地面积过大，又会造成土地资源的浪费。物流园区的占地面积应如何确定，仍然取决于物流需求的规模和结构。同样的占地面积，区位交通条件相当重要。根据欧美等国家的经验，物流园区必须具备两种以上运输方式的无缝衔接。结合我国实际情况，物流园区也应该毗邻两条以上高速公路或国道，临近高速公路出入口或者铁路货运站、水运码头、航空站点，而且能够快速连接。

3. 要有一套集约使用的设施设备和信息系统

布局集中、设施集约、业者集结是物流园区的基本特征和优势所在。只有集中布局、集约使用，才有利于发挥设施设备的综合效能，提高物流运作效率。信息化是现代物流的灵魂，更是物流园区整合资源、集约经营必不可少的工具。园区的现代化水平，集中体现在信息化手段上。实体平台和虚拟网络应该同时规划、同步建设、联动发展。

4. 要有一批物流企业的集聚

物流企业是物流市场的主体，应该在物流园区"唱主角"。一个物流节点设施，不管占地面积多大、运营能力多强，如果只有一个运营主体，只是为本企业提供服务，就不具备"物流园区"的基本特征。物流园区入驻企业的数量和类型，是检验物流园区成功的重要标志。入驻企业的类型可以多种多样，但应该以物流企业为主。进驻的各个物流企业分工越来越细密，在某一方面的服务越来越精准，整合物流园区就会变成一个综合性的"物流超市"，才有能力为客户提供"全流程"的"一站式"服务。

5. 要有统一的管理机构和相应的配套服务体系

据中国物流与采购联合会、中国物流学会 2015 年《第四次全国物流（基地）调查报告》显示，物流园区经营管理以企业自主经营为主，其占比为 65%；由政府管委会管理的物流园区占比 32%。这两种方式是目前物流园区管理的主要方式。最近几年，有的省市在物流园区设立专门的管委会，纳入政府编制，赋予一定的行政职能，如商务服务、政务服务、信息服务、运营管理服务和生活配套服务等。逐步形成园区为入驻企业服务，入驻企业为客户服务的"服务链"。

以上"五个一"标准，试图对物流园区的基本特征有一个直观的描述和相对明确的界定。但我国地域辽阔，经济发展水平差异性较大，物流业又是复合型的服务业，各地物流园区建设、运营情况千差万别。对物流园区的定义，将随着实践的发展逐步深化。

二、物流园区主要功能

物流园区是物流集中组织和管理的场所，其依托规模化的物流设施设备，对物流活动进行综合处理，从而达到降低物流运营成本、提高物流运作效率和水平的基本目的，是具有产业发展性质的经济功能区。物流园区从空间上集聚了产业链上下游企业，从功能上涉及生产、加工、销售、配送等供应链各个环节，通过合理的空间布局、有机的功能组合、优化的资源配置以及信息系统整合发挥其系统整体优势。

物流园区的功能主要可以分为两个方面，一是社会功能；二是业务功能。社会功能主要包括促进区域经济发展、完善城市功能、整合区域资源及提升产业竞争力等。业务功能主要包括运输、仓储、包装、装卸、搬运、流通加工、配送、信息与咨询服务等。

另外，不同物流园区具有不同的功能定位，所承担的物流业务也不尽相同。因此，物流园区所完成的物流作业应根据物流园区的功能定位、需求特点、地理位置等因素综合规划，对各种物流功能进行组合配置。

（一）宏观社会功能

物流园区不同于一般的经济开发区和各类工业园区，它具有很强的基础性、公共性和服务性的特点，属于基础设施建设类项目。从物流园区的起源来看，其功能定位主要有两大原因：①解决城市交通压力、环境污染以及功能结构调整；②提高物流运作效率、降低物流成本，实现物流园区的经济合理性。

物流园区对所在城市以及地区经济发展所表现出来的宏观社会功能可以从以下几方面来理解：

1. 集聚物流功能

物流园区的建立将过去分散各处的货站、货场以及货物领取处，采用规范化流程、现代化技术手段、规模化设施设备以及综合化信息平台对物流活动进行有效的组织和管理，充分发挥集聚功能，提高运作效率、降低营运成本。

2. 改善城市环境

通过空间的重新布局与功能的重新组合，减少了交通线路、货站以及相关物流设施在城市市区的占地；通过联合运输，减少车辆出行次数，提高装载率，集中进行车辆清洁、维修和处理，从而减少噪声、尾气、货物对城市环境的污染，改善城市环境。

3. 促进区域经济发展

物流园区通过一体化的管理和规模化运作，保证满足区域物流的需求。同时，运作效率的提高和运营成本的降低，也减少了对企业成本的压力，从而促进了区域经济的发展，提高了区域经济的竞争力。

4. 实现多种运输方式的有效衔接和多式联运

物流园区的建设依托城市交通枢纽或港口，可以实现公路、铁路、港口等不同交通方式的有效衔接，从而实现多种运输形式的联运。同时，不同物流节点的运输形式不同，通过物流园区进行联合运输和有效衔接，可以将以往散杂、分散形式的货物纳入联合运输的模式。

5. 提升物流服务水平

物流园区的空间集聚和功能集聚效益，缩短了物流服务时间，提高了物流服务速度，减少了搬运、装卸、储存等运作环节，提高了准时服务水平，减少了货物损毁，降低物流费用，极大地提升了物流服务水平，有利于实现规模化、综合化和现代化的物流服务。

（二）微观业务功能与配套功能

物流园区的业务功能是一种基础功能，表现在通过园区的设施设备、技术方法、组织管理等资源为客户提供各种物流服务的能力。一般来说，物流园区的业务功能包括存储、运输、配送、装卸、搬运、包装、流通加工、配载、拼箱、拆箱、分拣等。同时还包括与之配套的办公、金融、生活、综合服务等功能。

1. 存储功能

要求配备一定的储存设施和设备。由于物流园区中所涉及的很多作业环节如运输、配送等都要与仓储活动相联系，所以存储的职能是必不可少的，它保证了物流活动的开展，具有支撑作用。

2. 运输、配送功能

对于城际间的货物运输，物流园区应能提供多式联运服务以达到最佳运输模式组合、最高效应、最短路径、最少时间、最低费用的要求。对于市内货物配送，主要是能满足生产商与销售商之间的配送、生产商或销售商与超市门店之间的配送、供应商与生产企业之间的配送、电子商务环境下物流配送服务等，物流园区应提供给客户不同的配送路线和价格服务，以满足不同层次客户的各自需求。

3. 装卸、搬运功能

物流园区应配备专业化的装卸、提升、运送、码垛等装卸搬运机械，提高装卸搬运作业效率，减少作业可能对商品造成的损毁。

4. 包装功能

在物流园区的包装作业不仅要负责商品的组合、拼装、加固，形成适合于物流和配送的组合包装单元，必要时还要根据客户的需要对商品进行必要的商业包装。

5. 流通加工功能

为了方便客户，物流园区应为战略伙伴如制造商和分销商提供必要的流通、加工服务。

6. 配载功能

从提高作业效率和降低成本出发，应改进传统的无序、不安全、高费用和低效率的人工配载，逐步实现计算机自动化配载。

7. 拼箱、拆箱功能

实现集装箱的集零化整，提高集装箱的装载率；实现集装箱的化整为零，货物分拣后进行零担配送。

8. 分拣功能

当供应商的货物以大包装、粗包装进库时，根据物流需要，在物流园区进行分拣和小包装加工，优化外包装，提高商品附加值。

配套服务功能包括：①停车场、加油、检修、配件供应等车辆辅助服务功能；②银行、保险、证券等金融配套服务功能；③住宿、餐饮、娱乐、购物、旅游等生活服务配套功能；④来自工商、税务、海关等部门的办公配套服务功能。

（三）物流增值服务功能

随着经济全球化，企业竞争加剧，客户企业除了要求提供运输、仓储、包装等一般性服务以外，还希望物流园区提供物流网络设计、需求分析、订货管理、订单处理、信息服务等一系列增值服务。从国内外物流发展经验来看，物流增值服务是现代物流业发展的一个趋势和新的利润增长点。

1. 结算和物流金融服务功能

物流园区与银行等金融机构合作，为园区内的企业及其客户提供相关的物流金融服务，既包括存货质押融资服务，又包括在从事代理、配送情况下替货主向收货人结算货款。

2. 需求预测功能

物流园区应根据园区商品进货、出货信息来预测未来一段时间内的商品进出库量，进而预测市场对商品的需求。

3. 物流技术开发与系统设计功能

吸引相关物流高科技企业进驻园区，利用园区企业密集的资源优势，开展物流软件开发与物流设施设备的技术开发，形成利润增长点。

4. 物流咨询与培训功能

利用物流园区运作的成功经验及相关的物流业务咨询优势，吸引物流咨询企业进驻发展，充分发挥高校、科研、企业、政府多方合作的优势，开展物流人才培训业务。

5. 供应链物流管理功能

深层次介入生产流通商的供应链管理，从采购供应到生产流程中的零配件、半成品上下线、产成品的销售配送，提供基于供应链一体化的物流管理。

6. 信息服务功能

搭建物流园区信息平台，实现区域公共物流信息系统共享。同时与全国物流大系统实现联网，提供实时信息服务。如供需信息发布、信息交换、车辆配载、配送服务、统计清算、全程物流运输监管服务（GPS、GIS、ITS）等。

三、物流园区的类型、特性与开发模式

（一）物流园区的类型

2008 年发布的《物流园区分类与基本要求》（GB/T 21334—2008）《物流术语》，按照物流园区的依托对象，将物流园区分为货运服务型、生产服务型、商贸服务型、综合服务型四种类型。在此基础上，2013 年发布的《全国物流园区发展规划》（发改经贸〔2013〕1949 号）又增加了"口岸服务型"。

1. 货运枢纽型物流园区

依托交通枢纽，具备两种（含）以上运输方式，能够实现多式联运，具有提供大批量货物转运的物流设施，为国际性或区域性货物中转服务。

2. 商贸服务型物流园区

依托城市大型商圈、批发市场、专业市场，能够为商贸企业提供运输、配送、仓储等物流服务以及商品展示、电子商务、融资保险等配套服务，满足一般商业和大宗商品贸易的物流需求。

3. 生产服务型物流园区

毗邻工业园区或特大型生产制造企业，能够为制造企业提供采购供应、库存管理、物料计划、准时配送、产能管理、协作加工、运输分拨、信息服务、分销贸易及金融保险等供应链一体化服务，满足生产制造企业的物料供应与产品销售等物流需求。

4. 口岸服务型物流园区

依托口岸，能够为进出口货物提供报关、报检、仓储、国际采购、分销和配送、国际中转、国际转口贸易、商品展示等服务，满足国际贸易企业物流需求。

5. 综合服务型物流园区

具有两种（含）以上运输方式，能够实现多式联运和无缝衔接，至少能够提供货运枢纽、商贸服务、生产服务、口岸服务中的两种以上服务，满足城市和区域的规模物流需求。

（二）物流园区的特性

1. 基础性

所有物质资料的生产服务都离不开物流服务，国民经济各个产业门类都需要物流业来支撑，物流服务是基础性服务。从这个意义来说，物流园区处于产业链枢纽地位，发挥着供应链节点的作用。铁路、公路、民航、水路等运输通道是基础设施，与这些设施相配套的物流园区等节点设施同样是不可或缺的基础设施。物流园区通过与物流中心、配送中心、装卸站场等网络设施的合理分工、协同运作，提供基础性的物流服务，才能保证现代物流服务体系有序运行，进而促进相关产业发展。

2. 公共性

物流园区与机场、车站、公交站点一起，提供公共性的客流和物流服务，共同发挥城市综合服务功能。物流园区不是自我服务、封闭运营的企业，而是面向全社会的开放平台，通过空间集聚、资源整合、协同运作，为众多制造业、商贸业等企业提供一体化的物流服务，进而降低全社会的物流成本，促进产业转型升级，推动区域经济发展。物流园区所创造的价值，并不仅仅在于园区本身，更多地体现在产业结构的完善、投资环境的优化和区域综合实力的提升。

3. 公益性

设立物流园区，把分散的物流企业和设施集聚起来，不仅可以提高企业运行效率，而且有利于集约、节约利用土地。通过资源整合，实现长途运输与短途运输的合理衔接，优化城市配送；推广多式联运、甩挂运输，提高装载效率；合理配置车辆，减少出行车次，缓解交通拥堵，减少噪声、尾气等对环境的污染，改善城市环境，促进生态文明建设。

（三）物流园区开发模式

物流园区属于投资大、回收期长且涉及多个部门的公益性项目，因而，从国内外物流园区的建设运营经验来看，大多都有政府参与。由于各国国情不同，各国政府在物流园区规划和建设中的作用、地位和角色也不尽相同，各国物流园区的建设模式也存在很大的区别。

根据中国的经济发展特点和对发展物流的需求，物流园区开发方式主要有以下三种形式：

1. 政府规划，工业地产商主导模式

政府对物流园区进行统一规划，然后由工业地产商进行统一开发建设，建成后，物流企业通过租赁或出让的方式进入物流园区，工业地产商负责园区的物业管理。该模式要求投资量很大，但统一建设可以使园区布局合理。能够采用这种模式的往往是那些占有战略性资源的物流园区，如依靠空港、海港的物流园区。

2. 政府规划，企业主导模式

政府统筹安排物流园区用地，通过招商引资把企业吸引过来，企业征得土地后自行开发建设。在该模式中，由于各企业从自身利益出发，各自为政，因此，园区整体布局比较混乱，与政府最初设想相去甚远。

3. 政府政策支持，主导企业引导模式

这种模式是通过由一个或几个在物流服务领域具有资金和技术等方面领先优势的大型企业牵头，根据市场需求，自行征用土地，率先进行物流园区开发，并在宏观政策的合理引导下，逐步实现物流产业的聚集，引进依托物流环境进行发展的物流密集型工商企业，达到物流园区开发和建设目的。

上述三种模式，前两种方式是一种自上而下的模式，政府在园区建设中始终起着关键作用；第三种方式是一种自下而上的模式，由市场自发形成、企业自行发起成立。无论哪种模式，政府的各种政策支持都是非常重要的。

第二节　供应链管理概述

一、供应链管理的概念

20 世纪 60 年代前，企业间竞争的主要因素是成本，规模化生产是降低成本的主要手段。1970—1980 年，企业间竞争的主要因素转变为质量，建立系统化的质量管理体系，是提高质量过程管理和提高产品质量的主要方式。1980 年以后，企业间竞争因素转变为时间，提高对客户需求的响应速度，缩短开发和交货周期。市场需求的快速变化，使企业"纵向一体化"的管理模式的弊端日益放大，管理复杂、反应速度慢、产品开发能力差等问题日益突出。越来越多的企业放弃了这种经营模式，转而采用"横向一体化"的发展模式。企业通过外包，使自己专注于自己的核心竞争力来快速响应市场，从而使企业间形成了一条从供应商到制造商再到分销商的贯穿所有企业的链条。因此供应链就是生产及流通过程中，围绕核心企业，将所涉及的原材料供应商、制造商、分销商、零售商直到最终用户等成员通过上游和下游成员链接所形成的网链结构。

由于供应链中的各个企业通常只追求各自的利益，彼此间缺乏有效的信息沟通与集成，通常会出现"牛鞭效应"，即市场微小的波动就会导致制造商在进行生产计划时遇到巨大的不确定性。同时科学技术的发展，使生产能力大大提高，市场供需关系发生了重大变化，客户对产品与服务的要求日益提高。为了满足客户需求，需要对整个供应链进行优化，供应链管理的思想应运而生。

供应链管理是利用信息技术全面规划供应链中的商流、物流、资金流及信息流等，并进行计划、组织、协调与控制的各种活动和过程。供应链管理是一种集成的管理思想和方法，执行供应链中从供应商到最终用户的物流计划和控制职能。供应链管理的目标是要将客户所需的正确的产品，在正确的时间、按照正确的数量、正确的质量和正确的状态，送到正确的地点，并使整体效益达到最佳化。

二、供应链管理的基本原理

1. 资源横向集成原理

资源横向集成原理揭示的是新经济形势下的一种新思维。在经济全球化迅速发展的今天，企业仅靠原有的管理模式和自己有限的资源，已经不能满足快速变化的市场对企业所提出的要求。企业必须放弃传统的纵向管理模式，横向集成外部相关企业的资源，形成"强强联合，优势互补"的战略联盟，结成利益共同体去参与市场竞争，以提高服务质量的同时降低成本、快速响应客户需求的同时给予客户更多选择。

2. 系统原理

供应链是一个系统，是由相互作用、相互依赖的若干组成部分结合而成的具有特定功能的有机整体。供应链管理是围绕核心企业，通过对商流、物流、资金流、信息流的控制，把供应商、制造商、分销商、零售商，直到最终用户连成一个整体的管理系统。供应链管理也需要采用系统原理，从系统角度实现供应链全局优化的过程。

3. 多赢互惠原理

供应链是相关企业为了适应新的竞争环境而组成的一个利益共同体，其密切合作是建立在共同利益的基础之上，各成员企业之间通过一种协商机制，来谋求一种多赢互惠的目标。供应链管理将企业之间的竞争转变为供应链之间的竞争，强调核心企业通过与供应链中的上下游企业之间建立战略伙伴关系，以强强联合的方式，使每个企业都发挥出各自的优势，在价值增值链上达到多赢互惠的效果。

4. 合作共享原理

合作共享原理具有两层含义：一是合作，二是共享。

企业要想在竞争中获胜，就必须将有限的资源集中在核心业务上，而将本企业中的非核心业务交由全球范围内在该业务方面有竞争优势的相关企业合作完成，充分发挥各自独特的竞争优势，从而提高供应链系统整体的竞争能力。

实施供应链合作关系意味着管理思想与方法的共享、资源的共享、市场机会的共享、信息的共享、先进技术的共享以及风险的共担。其中，信息共享是实现供应链管理的基础，准确可靠的信息可以帮助企业作出正确的决策。

5. 需求驱动原理

供应链的形成、存在、重构，都是基于一定的市场需求，在供应链的运作过程中，客户的需求是供应链中商流、物流、资金流、信息流运作的驱动源。

6. 快速响应原理

供应链企业必须能对不断变化的市场作出快速反应，必须要有很强的产品开发能力和快速组织产品生产的能力，源源不断地开发出满足客户多样化需求的、定制的"个性化产品"去占领市场，以赢得竞争。

7. 同步动作原理

供应链是由不同企业组成的功能网络，其成员企业之间的合作关系存在着多种类型，供应链系统运行业绩的好坏取决于供应链合作伙伴关系是否和谐，只有和谐而协调的系统才能发挥最佳的效能。供应链管理的关键就在于供应链上各节点企业之间的密切合作以及相互之间在各方面的良好协调。

8. 动态重构原理

供应链是动态的、可重构的。供应链是在一定时期内，针对某一个市场机会，为了适应某一市场需求而形成的，具有一定的生命周期。当市场环境和客户需求发生较大的变化时，围绕着核心企业的供应链必须能够快速响应，能够进行动态快速重构。

三、供应链管理的基本内容

1. 计划

供应链管理的策略性部分。企业需要有一个策略来管理所有的资源，以满足客户对企业产品的需求。好的计划是建立一系列的方法监控供应链，使它能够有效、低成本地为顾客递送高质量和高价值的产品或服务。

2. 采购

选择能为企业产品和服务提供货品和服务的供应商，和供应商建立一套定价、配送和付款流程并创造方法监控和改善管理，并把对供应商提供的货品和服务的管理流程结合起来，包括提货、核实货单、转送货物到企业制造部门并批准对供应商的付款等。

3. 制造

安排生产、测试、打包和准备送货所需的活动，是供应链中测量内容最多的部分，包括质量水平、产品产量和工人的生产效率等的测量。

4. 物流

调整用户的订单收据、建立仓库网络、派递送人员提货并送货到顾客手中、建立货品计价系统、接收付款。

5. 退货

退货是供应链中的问题处理部分。建立网络接收客户退回的次品和多余产品，并在客户应用产品出现问题时提供支持。

第三节　物流园区与供应链管理的关系

一、供应链管理引导物流园区的发展方向

1. 供应链网络调整影响物流园区兴衰

供应链网络由供应链中货物的运输路线与流经的生产基地和仓库节点构成，原材料通过供应链网络增值，形成产成品并最终送到客户手中。由于劳动成本上升，欧、美、日等发达国家纷纷将劳动密集型和资本密集型的制造业转移到中国及周边新兴发展中国家。产业的转移，意味着生产基地和仓库节点地理位置的变化，货物的流向和流量也随之改变，供应链网络发生了很大的变化。供应链网络的调整，使承接产业转移和地理位置优越的地区物流园区兴起。

苏州工业园区在世界 IT 产业转移的市场机遇中找到了发展的契机，引进了安德鲁、艾默生、飞利浦、美国国家半导体、迈拓、天弘等一批投资规模大、技术力量强的企业，形成了以高新技术为先导、现代工业为主导的现代工业园区。大批制造企业落户苏州工业园区，产生了大量的物流需求，吸引了一批规模型、科技型的明星物流企业集聚，成为苏州工业园区、苏南地区乃至长三角地区制造业集群的重要国际物流枢纽。

新加坡是马来半岛最南端的一个热带城市岛国，国土面积719.1平方千米，人口大约550万，生活水平高于美国。但新加坡没有任何自然资源，其财富来源有很大一部分原因要归功于其地理位置。新加坡地处太平洋到印度洋、亚洲到大洋洲的"十字路口"，是亚、欧、大洋、非四大洲的海上交通枢纽。每年大约有5000多亿美元的商品要通过新加坡的港口和机场，但这些货物大部分是"流经"而不是"去往"新加坡。新加坡因为中转贸易而繁荣，其主要的经济活动都是围绕港口和机场的物流活动，围绕着港口和机场形成了一批土地集约、设施集中、技术先进、功能集成的物流园区。

产业结构的调整，供应链网络也会随之调整，也会导致一些物流园区衰落甚至消失。例如，随着我国经济结构调整，钢铁、煤炭等大宗商品市场供需结构已发生结构性转变，加快了物流资源的集中，部分交通条件不便利、基础设施不配套、服务功能不完善的小型物流园区逐渐衰落，甚至消失。

2. 供应链模式改变物流园区布局

随着全球经济一体化进程的加速以及互联网的迅猛发展，市场竞争日趋激烈，"以计划推动生产"的推动式供应链模式难以适应客户个性化、定制化的需求。"以需求引导生产"的拉动式供应链成为业界关注的焦点，供应链由推动式向拉动式转变。与推动式供应链相比，拉动式供应链不仅能够更准确地预测需求，降低库存成本，还增加了物流园区中增值服务项目，因而物流园区中仓储所占空间比例下降，流通加工区、分拣区所占空间比例上升。同时推动式供应链也会导致物流需求呈现小型化、分散化，小型单元化的集装箱将被推广应用，以提高效率，物流园区将会提供小型集装箱的掏箱、拼箱和换装服务。

3. 产品延迟策略促进物流园区服务功能完善

技术创新和产品创新在不断推动世界经济发展和繁荣的同时，也使得供应链运营变得越来越复杂和不确定。为了应对供应链的不确定性，越来越多的企业选择了产品延迟策略。产品延迟策略增加了物流园区的增值服务项目，开拓了新的利润源，促进了物流园区与制造业、商贸业的融合。英格尔施塔特货运村就是典型的案例。英格尔施塔特货运村是与汽车产业相配套的专业型物流园区，专门为奥迪总装车间服务。在奥迪汽车抵达生产线安装车门工位之前整300分钟时，位于5.8千米的英格尔施塔特货运村就开始打印出车门侧板的订单，5分钟之内，按正确配置要求完成组装侧板、覆膜、打孔、焊接、上螺丝及最后检验，然后装进特殊包装箱。每90分钟上一班卡车，装上12箱侧板，花9分钟送到工厂。每辆卡车有10分钟的时间，把正确排序的产品准时送达。

这个增值活动，让奥迪可以在生产线需要安装车门之前5小时决定需要什么样的车门，不仅帮助奥迪减小库存持有成本，而且降低了奥迪工厂自身的复杂性。而这些增值服务大幅提高了英格尔施塔特货运村的利润。

4. 供应链管理提升物流园区技术

供应链管理的目标是供应链整体价值最大化，即供应链所产生的价值应为最终产品对顾客的价值与满足顾客需求所付出的供应链成本之间的差额。对大多数商业供应链而言，价值与供应链赢利之间息息相关，因而供应链管理总在寻求降低成本的方法。由于经济的发展，物流园区所在区域的劳动成本和土地成本会上升，导致供应链赢利下降。当供应链内部优化难以弥补成本上升时，应会通过调整供应链网络来增强竞争力，因而增加了企业前往经济落后地区建立新的供应链节点的可能性。同时经济落后地区为了发展经济，会提供一些吸引优惠政策吸引企业，也更增加了企业撤离园区的可能性。物流园区为了保留客户，就会通过物流技术的升级来抵消高成本的不利因素。例如，马来西亚和印度尼西亚有许多与新加坡地理位置相似的港口，给新加坡带来了很大的竞争压力。新加坡的工人工资是马来西亚的 7 倍、印度尼西亚的 34 倍，同时新加坡土地和稀缺性使新加坡的仓储场地成本超过邻国马来西亚的 2 倍。为了保持竞争力，新加坡通过改善基础设施、实施全国信息通信设施计划来提高生产效率。

二、物流园区发展支撑并促进供应链管理的改善

1. 物流园区是供应链管理活动实现的重要载体

物流园区具有运输和配送的组织与管理、集中储存、包装与流通加工、中转换装与集散、多式联运、信息服务、综合服务等功能，除了运输过程不在园区内完成，几乎所有的物流活动都在园区完成，因而物流园区是物流活动的主要载体。而物流是供应链管理的主要内容和重点，支撑着货物在供应链企业上下游间流动，因而物流园区是供应链管理活动实现的主要载体。物流园区在供应链中连接上游和下游，起着承上启下的作用。

2. 物流园区支撑供应链高效运行

物流园区是物流活动开展的主要载体，通过物流活动组织的空间聚集，实现物流业务集约化运作与经营，合理利用有关资源，创造规模效应，在降低社会生产和流通成本的同时，保证各类产品在供应链上的有效衔接和传递。例如，现代物流园区通过集中性储备，避免或降低分散储备，在保持物流调节能力、保证供应链上企业的供销能力的同时，可以降低供应链库存总量，从而提高供应链效率。与此同时，通过物流园区信息系统可以有效地为物流系统指挥和决策提供依据，提高物流服务水平和可靠性，可以保证供应链的有效管理与运作，促进 JIT 生产的实现。

3. 物流园区为供应链扩展提供了空间

根据亚当·斯密的观点，财富的增长来自生产率的提高，生产率的提高来自技术进步和创新，技术进步和创新依赖于劳动分工，而分工的深度由市场交易的规模决定。市场规模的扩大，导致分工提升、技术进步、财富增长，又进一步通过收入水平的提高扩大市场规模。而市场规模主要由交易成本和物流成本决定。随着互联网技术的快速发展，交易成本大幅下降。物流成本成为影响市场规模的主要因素。物流园区通过规模效应，聚合物流需求，降低物流成本，扩大市场规模，商品可以卖到更远的地方，促进了供应链的空间扩展。例如，现在买到国外进口商品越来越容易和便宜，部分得益于我国物流园区的发展。

第二章 我国物流园区发展状况

第一节 我国物流园区发展环境

两年来，我国物流园区发展的环境发生重大变化。经济发展步入"新常态"，物流需求增长转向"中高速"，国务院及各地区、各部门高度重视，资源环境约束日益加强。

1. 国务院发布《物流业发展中长期规划》

2014 年 9 月 12 日，国务院印发《物流业发展中长期规划（2014—2020 年）》（国发〔2014〕42 号）（以下简称《规划》）。《规划》指出，到 2020 年，基本建立布局合理、技术先进、便捷高效、绿色环保、安全有序的现代物流服务体系。而物流园区作为物流转型升级的关键，被列为十二项重点工程之一。《规划》要求在重要的物流节点城市加快整合与合理布局物流园区，推进物流园区水、电、路、通信设施和多式联运设施建设，加快现代化立体仓库和信息平台建设，完善周边公路、铁路配套，推广使用甩挂运输等先进运输方式和智能化管理技术，完善物流园区管理体制，提升管理和服务水平。结合区位特点和物流需求，发展货运枢纽型、生产服务型、商贸服务型、口岸服务型和综合服务型物流园区，以及农产品、农资、钢铁、煤炭、汽车、医药、出版物、冷链、危险货物、快递等专业类物流园区，发挥物流园区的示范带动作用。

2. 国家发展和改革委等部门出台《全国物流园区发展规划》

2013 年 9 月 30 日，国家发展改革委等 12 部门联合发布《关于印发全国物流园区发展规划的通知》（发改经贸〔2013〕1949 号）（以下简称《规划》）。《规划》指出，到 2020 年，物流园区的集约化水平大幅提升，设施能力显著增强，多式联运得到广泛应用，管理水平和运营效率明显提高，资源集聚和辐射带动作用进一步增强，基本形成布局合理、规模适度、功能齐全、绿色高效的全国物流园区网络体系。《规划》确定了 29 个一级物流园区布局城市，70 个二级物流园区布局城市，提出了推动物流园区资源整合、合理布局新建物流园区、加强物流园区基础设施建设、推动物流园区信息化建设、完善物流园区服务功能、聚集和培育物流企业、建立适应物流园区发展的规范和标准体系、完善物流园区经营管理体制八项主要任务。为确保物流园区健康有序发展，《规划》要求各有关部门做好综合协调、加强规范管理、开展示范工程、完善配套设施、落实用地政策、改善投融资环境、优化通关环境、发挥行业协会作用等工作。《规划》从宏观层次为我国物流园区的发展指明了方向，为后续配套措施的出台奠定了基础。

3. 国民经济发展步入"新常态"

在经历了改革开放 30 多年的高速增长后，中国经济受资源、环境、劳动力等一系列因素的影响，依靠投资和出口拉动经济增长的方式已难以为继，中国经济潜在增长率出现下滑。2014 年全年国内生产总值为 63.65 亿元，同比增长 7.3%，我国经济增长速度从高速增长向中高速增长转变。随着我国经济增长速度的放缓，经济结构也发生了变化。

从产业结构来看，2014 年第二产业增加值为 27.14 万亿元，第三产业增加值为 30.67 万亿元，第三产业增加值占比连续两年超过第二产业，意味着中国经济正在由原来的工业主导型经济向服务主导型经济转变。2014 年，第二产业比重虽较上年下降 1 个百分点，但工业内部结构调整加快，新产业、新业态、新产品继续保持快速增长，工业经济向中高端迈进的势头明显。

从投资与消费来看，2014 年全社会固定资产投资为 51.28 万亿元，社会消费品零售总额为 26.24 万亿元，增速有所放缓。在投资方面，第一、第三产业投资同比增长远高于第二产业的投资增速，中部和西部的固定资产投资增速相对要快于东部地区。这表明三次产业发展更趋协调，区域经济协调发展步伐逐步加快。而在消费方面，大众化消费增长较快，节能环保产品消费继续升温，信息产品消费和服务消费快速增加，网络零售增长迅猛，最终全年消费对 GDP 增长的贡献率达到 51.2%，消费已经成为拉动经济增长的主引擎。

从进出口贸易来看，2014 年全年货物进出口总额为 4.3 万亿美元，同比增长 3.4%。虽然增长速度放缓，但出口高附加值商品增多、一般贸易增幅高于加工贸易、民营企业进出口比重增大、中西部地区进出口增速快于东部、几大主要市场进出口稳定增长等特点表明外贸转型升级成效初步显现。

种种迹象表明，我国传统拉动经济增长乏力，新兴工业和消费正在成为拉动我国经济增长的主要动力，中西部地区正在承接东部地区部分产业的转移。在新常态下，我国经济呈现出个性化、多样化消费特点，基础设施互联互通和一些新技术、新产品、新业态、新商业模式的投资机会大量涌现，高水平引进来、大规模走出去正在同步发生，创新成为驱动发展新引擎等趋势性变化。这些趋势性变化导致供应链的重组和货源结构的变化，将给我国物流园区的规划、建设、运营和管理提出新的要求。同时"一带一路"、长江经济带、京津冀协同发展三大国家战略陆续提出，标志着我国区域经济发展思路已经从过去相对分割、以点为主的分散发展，逐步向通道化连接各个经济区域，推进区域之间整体协同发展转变，我国国内区域之间密切联系，向外多向辐射、开放发展的新格局正在形成，物流园区互联互通成为共识，开始行动。

4. 物流业进入中高速增长区间

2014 年全国社会物流总额为 213.5 万亿元，按可比价格计算，同比增长 7.9%，增幅较上年回落 1.6 个百分点。全年呈现"稳中趋缓"的发展态势，物流需求仍处于"中高速"增长区间。但物流需求结构呈现两极分化，钢铁、煤炭、水泥、有色等大宗生产资料物流需求增速持续下滑，电商物流、冷链物流等消费品物流需求保持快速增长。

2014 年全国全年物流业景气指数（LPI）平均值为 56.0%，保持在较高的增长区间。物流业增加值超过 3.4 万亿元，同比增长 9% 左右，增速与上年相比均小幅放缓，但仍高于同期 GDP 增速，物流业增加值占 GDP 的比重持续上升。

2014 年全国社会物流总费用为 10.6 万亿元，同比增长 6.9%。按可比口径计算，社会物流总费用与 GDP 的比率为 16.6%，比上年下降 0.3 个百分点，物流运行效率有所提升。而单位 GDP 的物流需求系数为 3.35，近年来首次出现下降，显示出创造单位 GDP 所需的物流规模有所下降。这表明我国经济结构的变化，是第三产业高于第二产业的结果。

与此同时，物流业结束了过去十多年 20% 以上的高速增长，速度放缓到 8% 左右，进入了中高速增长区间，但物流业依然景气，产业地位不断提升，物流效率持续提升，转型升级效果显现。随着转型升级的深入，长期掩盖在高速增长下的一系列问题日益突出。

5. 物流园区发展政策持续向好

近年来，国家有关部门陆续出台物流业相关规划和引导性政策意见。2013 年 1 月 9 日，工业和信息化部印发《推进物流信息化工作指导意见》（工信部信〔2013〕7 号），要求推进全国各物流区域、节点城市、交通枢纽、物流园区和经济园区的物流信息平台建设。2013 年 3 月 7 日，国家发展改革委出台《促进综合交通枢纽发展的指导意见》（发改基础〔2013〕475 号），要求统筹货运枢纽与产业园区、物流园区等的空间布局。2013 年 4 月 2 日，国家发展改革委会同有关部门印发《关于推广"公路港"物流经验通知》，提出从提高认识、加强规划、建立标准、政策支持四个方面，大力推进包括"公路港"模式的货运枢纽型物流园区建设。2013 年 6 月 6 日，交通运输部出台《关于交通运输推进物流业健康发展的指导意见》（交规划发〔2013〕349 号），要求从政策、规划和标准三个方面加快物流节点设施建设。2013 年 12 月 31 日，国家质检总局和国家标准委联合发布了《物流园区服务规范及评估标准》（GB/T 30334—2013）、《物流园区统计指标体系》（GB/T 30337—2013），对规范物流园区运营和提高物流服务水平起到了基础性作用。2014 年 12 月 12 日，国家发改委会同有关部门印发《促进物流业发展三年行动计划 (2014 年—2016 年)》（发改经贸〔2014〕2827 号），要求开展国家级物流园区示范工程，推进货运枢纽型物流园区规划建设。2015 年 1 月 5 日，交通运输部办公厅印发《物流园区互联应用技术指南》（交办科技〔2015〕3 号），这是加强物流园区互联指导的基础性文件。2015 年 5 月 19 日，国家发展改革委等 3 部委联合发布《关于开展物流园区示范工作的通知》，要求通过试点示范，形成可复制、可推广、符合我国实际的物流园区建设运营模式，提升我国物流园区整体发展水平。《全国物流园区发展规划》发布后，江苏、湖北、四川、江西、贵阳等省市出台了区域物流园区发展专项规划，支持物流园区发展的力度不断加大。

6. 技术支撑条件提档升级

近年来，新兴技术在物流业中的应用越来越广泛，推动了物流园区自动化、信息化和智能化发展。铁路物流中心陆续配备了条码、手持终端、RFID 等物流信息技术设备，车站综合管理系统、车号识别系统、列车预确报系统、运输调度信息系统、铁路办公信息系统等不断完善，初步实现了铁路货物追踪、车辆识别、信息查询等功能，保障了铁路物流全程运到时效，提升了铁路综合竞争力。武汉东西湖保税物流园区运用云计算、物联网、GPS、通信网络技术等手段打造以公路货运、仓储信息、电子商务、多式联运和智慧物流为核心的"五位一体"的综合物流枢纽公共信息平台，解决了信息隔膜和信息不对称问题，建设一个中立、诚信、安全的服务平台，助力企业构建新型物流价值链合作联盟，推动区域物流产业发展。卡行天下武汉智能物流枢纽通过物联网技术和先进的技术装备，促进人、车、货之间的智能化对接，实现了园区出入自能化、物流作业自动化、物流管理信息化、园区管理智能化，高度科技化、智能化的装备技术应用和运作模式。

7. 用地难、地价贵现象依然突出

2014 年，全国国有建设用地供应总量为 61 万公顷，下降 16.5%。其中，工矿仓储用地为 15 万公顷，同比下降 29.9%；房地产用地为 15 万公顷，同比下降 25.5%；基础设施等其他用地为 31 万公顷，同比下降 1.9%。工矿仓储用地下降幅度最大。据中国物流与采购联合会 2014 年年初对百家物流企业抽样调查显示，2014 年物流用地的平均价格，一线城市为 80 万元/亩～100 万元/亩，二线城市为 40 万元/亩～50 万元/亩，三线城市为 10 万元/亩～15 万元/亩。其中，一线城市用地价格为二线城市的 2 倍，三线城市的 7.2 倍。总体来看，目前我国土地资源较为紧缺，物流用地难以保障，价格持续上涨。同时一些地方将工业仓储用地使用年限缩短到 20 年，也大大增加了土地投资成本。土地成本的不断上涨，导致物流园区发展过程中经营成本不断增高，物流园区发展受到限制。

8. 节能减排对物流园区提出新的更高要求

目前，我国环境承载能力达到或接近上限，特别是以雾霾为代表的各种环境污染问题频现，经济社会发展与资源环境约束的矛盾日益凸显。2013 年年初，国务院印发《循环经济发展战略及近期行动计划》（国发〔2013〕5 号），提出循环经济发展的中长期目标和到"十二五"末的近期目标，其中在第五节构建循环型服务体系中，专设物流业部分，提出要提高物流运行效率，加快绿色仓储建设，绿色物流开始起步。2013 年 5 月 22 日，交通运输部下发《加快推进绿色循环低碳交通运输发展指导意见》（交政法发〔2013〕23 号）。2014 年 5 月 5 日，国务院办公厅印发《2014—2015 年节能减排低碳发展行动方案》（国办发〔2014〕23 号）。2014 年 9 月 12 日，商务部发布《关于促进商贸物流发展的实施意见》（商流通函〔2014〕790 号），提出要鼓励绿色物流发展。随着国家和社会对生态环境的重视，节能减排力度逐渐加大，物流园区作为为众多物流企业提供设施和场所的物流业集聚区域，是发展低碳和绿色物流的重要依托，将面临新的挑战。要求从空间布局优化、产业结构调整、企业清洁生产、公共基础设施建设、环境保护、组织管理创新等方面，加快绿色物流园区建设。

第二节　我国物流园区发展的现状与特点

2015 年，为了进一步了解和掌握全国物流园区规划、建设和运营情况，中国物流与采购联合会、中国物流学会对全国物流园区（基地）进行了第四次调查。本次调查的范围是：①限于署名物流园区、物流基地、公路港、物流港、无水港等的单位和企业；②园区占地规模在 150 亩（0.1 平方千米）及以上，并具有法人资格；③规划、在建、运营的实体单位，均在调查范围。调查显示，我国物流园区发展出现了新特点。

1. 园区数量持续增加，投运园区比例扩大

经核实，符合调查标准要求的物流园区（基地）全国共计1210家。与2006年的207家相比，增长484%；与2008年的475家相比，增长155%；与2012年的754家相比，增长60%。物流园区数量持续增加，但园区增长速度放缓。

虽然物流园区增速放缓，但投入运营的园区比例不断扩大。调查显示，目前全国1210家物流园区中，运营的有857家，占71%；在建的有240家，占20%；规划的有113家，占9%。处于运营状态的物流园区比例大幅上升，由2012年的46%上升至2015年的71%。投入运营园区比例的不断扩大，在促进物流集约化发展的同时，也将加大竞争，倒逼园区扩大服务范围、提高服务质量，加快转型升级步伐。

2. 依托产业发展园区，联动效应明显增强

近两年，我国物流园区深入产业供应链的情况逐渐增多。2013年11月，宁波跨境贸易电子商务进口业务在宁波保税区正式启动。随着服务的不断深入，跨境电商的"保税进口"模式已在该保税区顺利运行。与传统的代购或者海淘模式不同，"保税进口"模式能够大大缩短物流时间，避免消费者和跨境电商企业复杂的交易流程，十分便捷。河北迁安北方钢铁物流产业聚集区定位于钢铁及关联产业，将聚集区划分成综合服务中心、原材料仓储运输、钢铁加工配送、钢材组件加工、再制造加工、特种设备组件加工、出口流通加工、保税物流区、生态山林培育区，为入驻企业提供"一站式"服务。山东盖世国际物流园以家电、日化、医药、五金机电、农产品、冷链等为核心，集商住办公、休闲购物、餐饮娱乐、会议展览、物流配送、旅游文化、金融信息等服务于一体，构建全国性的商贸物流中心、商品集散中心和商品展销中心，打造物流与市场优势互补的运营模式。物流园区通过聚集物流企业、金融企机构等，成为联系产业上下游的枢纽，为制造、商贸企业提供"一站式"服务平台，使企业能够更专注于核心业务，提高生产效率，推动经济转型升级。物流业也从与制造业的"两业联动"，逐步走向与商贸业、金融业等的"多业联动"，合作共赢的"产业生态圈"正在形成。

3. 需求细分市场细化，专业园区逐渐兴起

随着产业发展和居民消费模式变革，我国物流的需求结构正在经历深度调整。一方面，钢铁、煤炭等大宗商品市场供需结构已然发生结构性逆转。2014年，中国沿海地区干散货运价指数累计平均为989.9点，较2013年同期下降11.8%，货运量和仓储作业量下降10%和30%以上。大宗商品供应在不断增加，需求却逐渐萎缩，价格持续低迷，企业利润下滑，促使供应链上下游企业抱团取暖，构建营销联盟体系，加快物流资源的集中化，通过物流园区整合供应链上下游，重塑供应链体系，进行转型升级。正是在这种情形下，玖隆钢铁物流园、湖南一力物流园区等定位于大宗物资及相关联产业的物流园区货运量不降反升，市场份额持续扩大。另一方面，电商物流、快递快运、冷链物流、农业和农村物流需求依然保持快速增长。快速增长的新兴需求与传统设施设备的矛盾显现，对专业化、信息化仓储设施与配送中心的需求日益提高。"菜鸟科技"已启动了包括北京、天津、广州、武汉、金华、海宁等十多个城市的拿地建仓项目。江苏、四川、天津等省市陆续将电商物流园区、农产品物流园区等专业园区纳入发展规划，来满足日益增长的需求。与此同时，《全国物流园区规划》明确提出，要有针对性地发展专业类物流园区，为农产品、钢铁、汽车、医药、冷链、快递、危货等物流企业集聚发展创造有利条件，物流园区朝着专业化方向发展。

4. 平台企业入驻园区，经营模式变革创新

互联网、物联网、云计算等技术的日趋成熟和广泛应用催生了新一批的平台型企业。平台型公路货运企业整合专线，推出以时效承诺为核心的"卡车航班"。国家交通运输物流公共信息平台通过提供统一的数据接口，实现了交通运输物流信息的共享。中国电子口岸将工商、税务、海关、外贸、银行、公安、交通等部门的数据进行集成，推行通关一体化。中国物流金融服务平台通过涵盖事前、事中、事后的全过程监管，打破信息的不对称，为企业提供安全可靠的物流金融服务。车货匹配平台通过解决供需信息不对称，降低空驶率和运输成本。随着这些平台型企业入驻物流园区，与物流园区深度融合，虚拟平台和实体平台相辅相成，天网和地网互联互通，园区经营模式发生变革。内陆园区与港口、机场、铁路货场通过管理模式创新和流程优化，将航空运输、铁路运输、水路运输进行融合，实现了公路运输与其他方式的无缝对接，将机场、港口、铁路货场的设施、功能和服务以及口岸系列配套服务虚拟并集成到内陆园区，形成了"虚拟空港""无轨货场""无水港"等新型服务模式。

5. 资产重组案例频现，优势品牌趋于集中

物流地产的持续火热，吸引了越来越多的资金进入。一方面，外商看好中国物流地产市场，将投资目标从欧美转向中国，从传统的房地产企业转向物流地产市场。另一方面，万科地产、平安不动产等商业资本和地产投资企业加快进入物流地产市场，以多元化求发展，如表4-2-1所示。

表4-2-1　　　　　　　　2013—2014年物流地产和仓储资本运作事件选录

时间	投资方/并购方	目标公司	业务领域	交易模式	投资股权比例（%）	交易规模（百万元人民币）
2013年6月	重庆百货	庆荣物流	仓储	股权收购	100	168
2013年8月	凯雷投资集团和汤森德集团	上海宇培集团	物流地产	股权收购		2亿美元
2014年1月	复星国际与美国保险巨头保德信集团		物流地产	股权投资		
2014年4月	香港私募股权公司和狮诚控股国际	上海宇培集团	物流地产	股权投资		2.5亿美元
2014年4月	平安不动产	成都空港物流园仓储业务		股权收购		

续 表

时间	投资方/并购方	目标公司	业务领域	交易模式	投资股权比例（%）	交易规模（百万元人民币）
2014 年5 月	荷兰汇盈资产管理公司	上海益商仓储服务有限公司	仓储	股权投资	20	最多 6.5 亿美元
2014 年5 月	万科集团	廊坊控股	物流地产	股权投资		
2014 年6 月	亿城集团股份有限公司	上海树丰管理有限公司	物流地产	股权投资		5000
2014 年8 月	平安银行	五洲国际	物流地产	股权投资		<1500
2014 年8 月	普洛斯	中储发展股份有限公司	仓储	股权投资	15.3	2000

资本的介入，正在加快改变传统的竞争格局，将加速资源向运营良好的物流园区倾斜，优秀园区越来越受到市场的青睐，优势品牌趋于集中。

6. 连锁复制加快推进，服务网络拓展延伸

目前，我国已经形成了一批在当地颇具特色和影响力的物流园区。以浙江传化"公路港"为代表的物流园区运营商的运营与管理模式得到了政府的认可，加快由区域发展向全国发展转型升级，由单点经营走向网络经营，通过连锁复制方式实现在全国范围内的网络化布局和运营，如表 4 - 2 - 2 所示。

表 4 - 2 - 2　　　　　2013—2014 年部分企业新增物流园区布局情况（网上资料收集）

企业	布局城市	未来发展
中国铁路总公司	北京、齐齐哈尔、昆明、义乌、金华、平原、绥化、邢台、安康、晋中、峨眉等	未来 3 年，规划建设一级 30 个左右、二级 150 个左右、三级 300 多个铁路综合物流中心网络
传化公路港	黑龙江、吉林、郑州、贵州、河北、天津、济南、长沙、江苏淮安、孝感、菏泽、泉州等	预计在 2020 年，传化将完成"10 个枢纽 600 多个基地"的全国实体平台网络建设
普洛斯	天津、广州、南京、西安、长沙、福州、合肥、义乌、东莞、佛山、莆田、无锡、太原、浏阳、泉州、海宁、淮安、唐山、鹤山、珠海、株洲、廊坊、江阴、芜湖等	加速发展的中国投资组合

企业	布局城市	未来发展
丰树集团	武汉、西安、长沙、沈阳、常州、孝感等	继续扩大在各房地产领域的投资
嘉民中国	重庆、武汉、西安、大连、合肥、廊坊、吴江等	增加在中国市场的投资
安博中国	简阳、苏州、重庆、惠阳等	在中国市场长期发展，按照战略规划，继续前进
上海宇培集团有限公司	天津、武汉、郑州、合肥、长春、苏州、嘉兴、常州、淮安、无锡、芜湖等	未来3~5年，将在29个城市，完成总面积超过450万平方米的物流仓储基地及电子商务中央仓储分拨中心的开发建设
广东林安物流集团	海南、邯郸、安庆、十堰等	未来还将在全国布局100个基地
宝湾物流控股有限公司	合肥、西安、重庆、咸阳、南京、南通等	计划今后五年在北京、济南、苏州、杭州、大连、福州、昆明、南宁、东莞等城市建设物流仓储设施园区

物流园区的网络化运营，使得物流服务网络得以扩展和延伸，有利于实现物流信息资源、物流设施资源、物流设备资源的整合，发挥资源组合效应，进一步提高使用效率。

7. 综合运输受到重视，各种方式对接园区

2013年6月6日，交通运输部发布《关于交通运输推进物流业健康发展的指导意见》（交规划发〔2013〕349号，以下简称《指导意见》），明确提出以加快构建综合运输体系为战略重点，推动交通运输与现代物流的融合，并提出到2020年基本建成便捷高效、安全绿色的交通运输现代物流服务体系。原铁道部《铁路货运场站功能和设施设备配置的指导意见》（铁运〔2013〕57号）要求铁路物流中心拓展配送、联运等增值服务，加强铁路与其他运输方式的衔接合作的意图明显。构建综合运输体系作为战略重点，加快了多式联运的发展速度，多个部门和省市积极打造城市综合交通运输枢纽，积极推进海、陆、空、铁等多种运输方式的无缝衔接。赣闽签署港口经济合作和海铁联运框架协议；浙江省交通运输厅和上海铁路局签署《共同推进综合交通运输体系建设的战略合作协议》；天津发布物流业三年行动计划，建海陆空联运物流体系。在政府和企业大力推动下，我国沿海港口企业纷纷在铁路沿线布局无水港，山东国际物流港、长沙金霞经开区、新启物流园区等已建成的物流园区根据自身情况，引入新的运输方式。而对于新建的物流园区，则将多式联运作为园区落地的重点考核指标。具备多种运输方式的物流园区正在大规模涌现，基于综合交通运输的现代物流体系的雏形正在形成。

8. 优秀园区良性发展，部分园区经营困难

2013年以来，中国物流与采购联合会积极开展"全国优秀物流园区"评价工作，从基础设施、服务能力、运营效率、社会贡献4个维度评选出了中国（上海）自由贸易试验区（物流园区）、苏州普洛斯物流园、武汉东西湖保税物流园、浙江传化、苏州物流中心等一批优秀的物流园区，对加强促进园区交流，提高园区运营水平起到了积极作用。这些优秀的物流园区功能定位明确、服务创新意识强、差异化运营特征明显，在我国经济下行的情况下，依然实现了自身业务的高速增长。其在提高物流组织化水平和集约化程度，转变物流运作模式和经济方式，调整优化经济结构和促进区域经济发展等方面发挥的作用越加明显，显现出了良好的经济效益和社会效益。而有的物流园区，由于缺乏科学的规划，导致物流园区的规模和数量与当地经济发展水平不匹配，与交通运输规划缺乏有效衔接，与城市建设规划、行业资源配置等缺乏统筹规划，造成园区入住率低下，集约化水平不高，园区经营困难。

第三节　我国物流园区存在的主要问题

1. 部分园区规划有待论证，园区发展潜力受到约束

物流园区规划是一项复杂的系统工程，需要综合考虑市场需求、区域经济、交通状况、城市规划、区域发展战略等多个因素。自1999年深圳平湖物流基地的建设开始，我国出现了一股"物流园区热"，然而由于我国物流园区研究起步较晚，没有形成科学的方法体系，理论研究与实际规划存在一定程度的脱节，导致物流园区规划存在一定的问题。同时，一些地方政府热衷于投资，对物流园区的概念缺乏正确认识，导致园区规划仓促落地。

从物流园区规划来看，主要存在以下几个问题：一是物流园区规划具有区域性，需要从宏观层次确定各地适宜建设物流园区的层次等级和类型，但我国跨部门、跨区域的物流园区规划协调机制尚未建立，缺乏从上而下的系统规划，导致物流园区定位接近，同质化严重。二是对当地的经济发展水平和物流需求缺乏正确的评估，盲目追求园区的数量和规模，导致物流园区规划面积偏大，实际占地面积较小，物流设施空间分布较为分散。三是有些地方出现了以"物流园区"名义圈占土地的现象，拿到土地后又以各种理由改变用途，造成土地资源浪费，同时真正做物流的企业又拿不到土地，造成"虚热""虚增"并存的矛盾现象。四是对当地产业研究不够，行业资源配置等缺乏统筹规划，导致物流资源利用不足、配送车辆流量、流向不均衡等现象。五是物流园区是货物的集散中心，货物进出园区量大，次数频繁，因而物流园区的布局必须与交通运输条件有效衔接。然而目前部分园区距离货运枢纽距离较远，周边道路能力不匹配，集疏运通道不畅、运输效率低下。六是物流园区规划是城市规划的有机组成部分，然而有些园区与城市居民区、商业圈紧临，造成人、货、车流交叉混杂，不仅运输衔接不畅，还存在安全隐患。

2. 园区政策法规有待完善，规划建设落地有些困难

对物流园区概念的界定，是物流园区发展的基础性工作。目前，国家标准《物流术语》对物流园区的概念做了界定，《物流园区分类与基本要求》界定了不同类型的园区。然而一些批发市场、商贸园区、货运场站等为了得到政策支持，也纷纷冠以物流园区的名称，导致物流园区边界混淆。

物流园区是区域经济的重要支撑，不能等同于一般的工业项目和商业项目。由于其占地面积大，产生的直接税收收入少，许多地方政府并不愿意将有限的土地资源投入其中。在园区的立项过程中，过分强调投资强度、税收强度等硬性考核指标，导致园区难以立项。

物流业是多产业的融合，物流用地是多种城建用地类型的组合，对物流用地的规划必然涉及城市总体规划、土地利用规划和交通规划等。一些地方物流园区规划很难纳入总体规划，还有些地方将物流用地当作商业用地出让，另外，相关的税费高，导致园区用地贵、用地难。

3. 运营管理体制尚未健全，综合服务能力有待提升

两年来，我国物流园区的服务能力有了很大的提升，运输、仓储、配送等基本物流服务基本实现，基础配套服务方面也有了很大改善，提供的商务和政务服务也逐步增多。但是运营管理方面仍存在一些问题，影响着物流园区综合服务能力的进一步突破和创新。

一是园区运营管理能力薄弱，基础配套服务还须完善，有的园区甚至把土地、店铺一卖了之，不注重后期管理和服务，给入驻企业带来损失。二是部分园区为了加快资金回笼，盲目招商引资，导致使物流园区的集聚效应难以有效发挥，物流服务能力难以形成合力。三是物流服务功能较为单一，增值服务所占比重较小。四是入驻园区的5A级、4A级物流企业数量较少，专业化物流能力和综合服务能力不强，无法满足客户网络化和一体化的物流服务需求。五是部分园区管理委员会是政府的职能部门，主要负责招商引资，缺乏市场化的运作机制和赢利模式，服务创新能力不足。六是基础性工作薄弱，工作人员素质有待提高，没有建立完善的园区运营统计制度，导致对物流园区未来的发展规划难以提供有效的支撑。

4. 园区统筹规划还须加强，园区互联互通尚未形成

在世界经济全球化和区域经济一体化的大背景下，区域经济的协同发展需要物流园区的协同发展和网络化运营作为支撑。《全国物流园区发展规划》，对全国物流园区布局城市进行了统筹规划。随后江苏省、四川省、江西省根据《全国物流园区发展规划》对本省物流园区也做了规划。随着国家三大战略的实施，我国物流园区如何在全球布局，帮助生产制造企业、商贸企业及工程承包企业走出去，跨省、跨区域物流园区如何协同发展也是亟待解决的问题。

同时由于历史原因，我国各类园区分属不同行业部门管理，各类园区条块分割、自成体系，跨区域、跨部门的物流园区规划管理建设协调机制尚未建立，导致园区基础设施难以互联互通，设施共用、信息共享机制尚未形成。特别是我国铁路与其他运输方式之间的联运设施建设进展缓慢，多式联运的无缝衔接受到严重制约，难以发挥铁路在综合交通运输方式中的骨干作用。园区之间缺乏联动与合作，导致网络化运营难以实现。

第三章　供应链管理环境下物流园区发展研究

第一节　供应链的发展趋势

1. 供应链管理全球化

世界经济的发展，使整个世界成为日益紧密联系的经济体，国家、地区之间的经济壁垒逐步消除。同时，信息技术的发展，打破了时间和空间对经济活动的限制，各种信息能够在世界范围内有效地传递和共享，使跨国、跨区域的国际公司的经营管理更加便捷，导致生产全球化、贸易全球化、金融全球化、消费全球化。经济全球化，要求以全球化的观念，将供应链的系统延伸至整个世界范围，在全面、迅速地了解世界各地消费者需求偏好的同时，就其进行计划、协调、操作、控制和优化，在供应链中的核心企业与其供应商以及供应商的供应商、核心企业与其销售商及至最终消费者之间，依靠现代网络信息技术支撑，实现供应链的一体化和快速反应运作，达到物流、价值流和信息流的协调通畅，以满足全球消费者需求。

2. 供应链管理可视化

在过去20多年里，供应链变得越来越不稳定，主要原因是：每个细分市场的不同商品越来越多，意味着每个品牌和产品的销售量都比较小，造成了更大幅度的需求变化；客户对产品供应的及时性要求越来越高，客户对产品的忠诚度却越来越低；产品的生命周期越来越短，历史数据的价值逐渐降低；供应链全球化导致交货周期变长、更复杂，供应链断裂、延误、质量问题、政治动荡和自然灾害都有可能使企业蒙受重大损失。为了适应日益激烈的竞争环境，企业迫切需要更清晰地了解供需贸易的全过程，了解客户需求、提高反应速度、缩短供应周期。供应链管理可视化是利用供应链运作过程中产生的业务数据，通过数据可视化技术，对供应链整体或局部环节进行过程展现、异常定位、效益分析和流程优化，有效地发现并管理供应链流程中成本和效率的最佳结合点，进而平衡供应链敏捷性和供应链效益，提升企业供应链管理能力。目前，供应链可视化展现出了巨大的发展潜力。阿里巴巴通过供应链可视化，大幅缓解了"双十一"快递量暴增带来的网络瘫痪。

3. 供应链管理柔性化

消费者越来越鲜明的个性标榜和审美主张，导致产品的需求越来越多样化，小批量快速更新产品变成必然趋势，柔性供应链在新型的商业需求中变得至关重要。柔性供应链将柔性制造、柔性物流、柔性信息、柔性供应贯穿于整条供应链，从供应链链条上的各个节点企业内部延伸到各企业之间，建立以需求为导向的供应链战略和与之相适应的组织结构，采用先进的生产和管理技术，加强企业内部和企业之间信息共享，建立柔性的经营机制，通过柔性策略的运用将使供应链更能适应快速变化的市场需求。在全球服装行业极度激烈的竞争环境中，来自西班牙服装品牌 ZARA 在 10 年时间里，销量从 3.67亿欧元，增长到 46 亿欧元，年销售增长率超过 20%，售后纯利润高达 10.5%。ZARA 柔性的供应链对其成功起到了非常重要的作用。

4. 供应链管理智能化

科学技术的发展，特别是物联网技术的发展，把传感器、控制器、机器、人员等通过新的方式连在一起，给供应链智能化提供了发展的基础。物联网通过把供应链中原材料供应商、生产制造商、分销商、物流企业的实体活动连接起来，通过先进的数据收集、分析和建模技术，帮助决策制订者分析极其复杂多变的风险和制约因素，以评估各种备选方案，甚至自动制订决策以减少人工干预。在智能供应链管理下，信息采集更加迅速、透明，流程更加稳定、灵活，需求更加精准、实时，操作更加便捷、简单，管理更加标准、简单。

5. 供应链管理绿色化

近年来，世界经济持续发展，资源消耗越来越多，资源浪费与环境破坏事件频繁发生。特别是在我国，经历了 30 多年的高速发展，环境承载能力达到或接近上限。围绕着生态环境问题，人类社会提出了可持续发展战略，要求既满足当代人的需求，又不对满足子孙后代需要之能力构成危害，发达国家纷纷加快发展绿色产业，绿色供应链应运而生。绿色供应链管理要求在整个供应链中综合考虑环境影响和资源效率，以绿色制造理论和供应链管理技术为基础，使产品从物料获取、加工、包装、仓储、运输、使用到报废处理的整个过程中，对环境的影响最小，资源效率最高。随着国务院印发《循环经济发展战略及近期行动计划》（国发〔2013〕5 号），我国对生态环境越来越重视，节能减排力度越来越大，要求企业构建绿色供应链的呼声越来越强烈，供应链管理绿色化是大势所趋。

第二节　供应链管理环境下物流园区发展的主要任务

"十三五"时期，是我国经济转型与产业结构调整的关键时期，也是我国物流业发展的重要时期。科学规划、合理布局物流园区，充分发挥物流园区的集聚优势和基础平台作用，构建与区域经济、产业体系和居民消费水平相适应的物流服务体系，是促进物流业发展方式转变、带动其他产业结构调整、加快供应链转型升级的必然选择。

1. 加快物流园区资源整合，助力柔性供应链构建

柔性供应链的构建，需要依托高效的物流系统，来满足多批次、小批量的物流需求。物流资源的集聚，有利于稳定波动的物流需求，形成稳定、低成本、多频次的运输配送体系和高效的仓储系统，对柔性供应链的构建起到支撑作用。

目前我国物流资源较为分散，《物流园区运营情况统计分析报告（2015）》甄选的100 家物流园区中，实际占地面积在 150～750 亩的物流园区占 63%，与《物流园区服务规范及评估指标》建议的占地面积标准相差较大。物流资源的分散，不利于构建高效的供应链。在新时期，应打破地区和行业界限，充分整合现有物流园区及基础设施，主要表现在以下 3 个方面：

（1）整合需求不足和同质化竞争明显的物流园区。引导需求不足的园区转型，对于同质化竞争明显的园区，通过明确功能定位和分工，推动整合升级。

（2）整合依托交通枢纽建设的物流园区。加强枢纽规划之间的衔接，统筹铁路、公路、水运、民航等多种交通运输枢纽和周边的物流园区建设，大力发展多式联运，形成综合交通枢纽，促进多种运输方式之间的顺畅衔接和高效中转。

（3）整合分散的物流设施资源。发挥物流园区设施集约和统一管理的优势，引导分散、自用的各类工业和商业仓储配送资源向物流园区集聚，有效整合制造业分离外包的物流设施资源。大力推广共同配送、集中配送等先进配送组织模式，为第三方物流服务企业搭建基础平台。

2. 紧随国家发展战略，加快全球供应链构建

"一带一路"战略的落地实施，将改变我国经济的发展格局，由现在以南北纵向发展为主，转变为东西横向发展为主。在空间格局上，"一带一路"贯穿东、中、西的多条大通道和多个内陆枢纽节点，以及衔接国际的多个海、陆、空海向和陆向前沿据点。"一带一路"战略的实施，需要在"一带一路"上按照国际、国内双向辐射的需要，实现物流枢纽与物流通道的有效衔接，形成贯通性的大能力、多种物流服务构成的综合物流体系，为产业布局、产业和产品"走出去"提供具有枢纽集聚能力和通道承载能力的多成本、效率差异化的物流走廊。这就意味着需要在国内、国外新建物流园区，服务"一带一路"战略的实施。

在国内，"一带一路"的主要节点城市，应加强区域综合协调，综合考虑本区域的物流需求规模及增长潜力，并结合现有物流园区布局情况及设施能力，合理规划本地区物流园区。现有设施能力不足的地区，应基于当地产业结构和区位条件及选址要求，布局新建规模适当、功能完善的物流园区，充分发挥园区的集聚效应和辐射带动作用，服务当地经济发展和产业转型升级。

在国外，加强与"一带一路"沿线国家合作，发挥金融引领支撑作用，通过参股、参建、控股收购、委托经营、租借等多种形式，布局重要节点；依托铁路、核电、建材生产线、钢铁、有色、建材、轻纺等"走出去"重点产业，合理新建开发物流园区；加快物流企业"走出去"，跟随产品、产业走出去开展延伸的全方位供应链物流服务，提高我国产业、产品的附加价值。

3. 加强物流园区基础设施建设，提高供应链运作效率

高效的供应链要求物流一体化运作，物流一体化运作要求物流基础设施衔接顺畅。由于物流部门条块分割现象比较严重，每个部门都自成体系，缺乏整体物流规划，造成物流基础设施衔接不顺畅，增加物流作业环节，降低了供应链效率，增加了供应链成本。加强物流园区基础设施建设，提高供应链效率成为当务之急，主要表现在以下几个方面。

（1）优化物流园区所在地区控制性详细规划，加强物流园区详细规划编制工作，科学指导园区水、电、路、通信等设施建设，强化与城市道路、交通枢纽的衔接。大力推进园区铁水联运、公铁联运、公水联运、空地联运等多式联运设施建设，注重引入铁路专用线，完善物流园区的公路、铁路周边通道。

（2）提高仓储、中转设施建设水平，改造装卸搬运、调度指挥等配套设备，统一铁路、公路、水运、民航各种运输方式一体化运输相关基础设施和运输装备的标准。

（3）推广使用自动识别、电子数据交换、可视化、货物跟踪、智能交通、物联网等先进技术的物流设施和装备。

4. 推动物流园区信息化建设，打造智能、可视化供应链

在供应链管理中，供应链上下游企业需要信息反馈服务提高供应链的协调性和整体效益，实现采购、生产、销售的协同。而采购、生产、销售的协同，最终需要依靠物流来实现。物流信息化是现代物流的灵魂，没有信息化，再先进的物流设施也无法实现物流的迅速性和准确性，而物流园区是物流信息的处理中心，是物流活动的控制中心。只有打通了物流的各个环节，才能打造智能、可视化供应链，才能更好地了解客户需求、提高反应速度、缩短供应周期。

（1）加强物流园区信息基础设施建设，推进物流园区光纤、无线宽带网络建设，提升园区 IPv6 用户普及率和网络接入覆盖率。

（2）整合物流园区现有信息资源，为入驻企业提供物流交易、电子结算、仓单质押、融资担保等增值服务，推动物流企业与供应链上下游企业间信息系统对接，提高供应链一体化服务能力。

（3）加快信息共享，研究制定统一的物流信息平台接口规范，建立物流园区的信息采集、交换和共享机制，促进入驻企业、园区管理和服务机构、相关政府部门之间信息互联互通和有序交换，创新园区管理和服务。

（4）加快商业模式创新，鼓励引导大数据、云计算、物联网等先进技术在物流领域的运用，为供应链的运营管理提供决策支持，打造智能供应链。

5. 完善物流园区服务功能，优化供应链管理

完善的物流服务，会促使企业将更多的非核心功能外包，不仅丰富了物流园区的服务，还优化了企业供应链，提高了物流园区的吸引力。同时，物流企业为工业企业、商贸企业服务，物流园区为入驻的物流企业服务，提供"一站式"的政务、商务服务，为物流园区创造良好的经营环境，减少其生产运营成本，也可以减少供应链成本。因而完善园区服务，应从以下几个方面入手：

（1）结合货运枢纽、生产服务、商贸服务、口岸服务和综合服务等不同类型物流园区的特点，有针对性地提升仓储、运输、配送、转运、货运代理、加工等基本物流服务，为入驻企业提供专业化服务。

（2）发挥物流园区的设施优势和集聚效应，引导物流企业向园区集中，培育物流企业，打造以园区物流企业为龙头的产业链，支持物流企业提供集中采购、订单管理、流通加工、物流金融、售后维修、仓配一体化等高附加值增值业务，促进供应链服务商转型。

（3）引进物业、停车、维修、加油、住宿等配套服务，为园区入驻企业及员工提供

便利的环境。

（4）打破区域与部门分割，集成工商、税务、报关、报检等政务服务，创新监督管理方法，为园区提供便捷的"一站式"政务服务。

（5）进一步提供供应链设计、管理咨询、金融、保险、贸易会展、法律等商务服务功能，打造全方位服务的物流生态圈。

6. 以园区为依托，打造绿色供应链

物流园区可以减少噪声、尾气对环境的污染，但会加大对物流园区周边环境的污染。随着人们对保护环境的日益重视，物流园区也成了关注的重点。物流园区是物流活动和物流设施设备集聚的主要场所，是开展绿色循环低碳试点的最佳场所。

（1）提高物流运行效率。大力发展多式联运，促进多种运输方式合理分工运行，削减总行驶量。强化产地物流功能，实行"减量化"运输。支持建立以城市为中心的公共配送体系，优化城市配送网络，鼓励统一配送和共同配送。鼓励使用节能环保和新能源车辆。推广可多次利用的周转包装，支持托盘共用系统建设，实现包装物的梯级利用，加强对废弃包装物的回收和再生处理。

（2）加快绿色仓储建设。合理规划和优化仓库布局，采用现代化储存保养技术，降低各类仓储损耗。完善仓储设施节能环保标准。规范有毒化学品、放射性物品、易燃易爆物品的仓储保管。支持仓储设施利用太阳能和其他清洁能源。支持建设绿色生态型物流园区。

参考文献

［1］中国物流与采购联合会，中国物流学会．中国物流园区发展报告（2008）［M］．北京：中国财富出版社，2008.

［2］中国物流与采购联合会，中国物流学会．中国物流园区发展报告（2013）［M］．北京：中国财富出版社，2013.

［3］中国物流与采购联合会，中国物流学会．中国物流园区发展报告（2015）［M］．北京：中国财富出版社，2015.

［4］中华人民共和国国家质量监督检验检疫总局，中国国家标准化管理委员会．供应链管理第1部分：综述与基本原理 GB/Z 26337.1—2010［S］．北京：中国标准出版社，2010.

［5］龙西·谢非．物流集群［M］．北京：机械工业出版社，2015.

［6］冯耕中，刘伟华．物流与供应链管理［M］．北京：中国人民大学出版社，2010.

［7］张晓东，韩伯领．供应链原理［M］．北京：中国铁道出版社，2008.

［8］张晓东．物流园区布局规划理论研究［M］．北京：中国物资出版社，2004.

［9］汪鸣．新经济发展空间战略与综合运输体系建设［J］．综合运输，2015（1）.

［10］蔡进．一带一路与国家供应链发展战略［EB/OL］．http://www.chinawuliu.com.

cn/lhhkx/201511/26/307333. shtml.

［11］全国物流园区发展规划（2013—2020 年）［EB/OL］. www. gov. cn/gzdt/2013 – 10/18/content_ 2509728. htm.

［12］循环经济发展战略及近期行动计划［EB/OL］. www. gov. cn/zwgk/2013 – 02/ 05/content_ 2327562. htm.

撰稿人：中国物流与采购联合会副会长　贺登才
　　　　中国物流与采购联合会物流园区专业委员会秘书长　黄　萍
　　　　中国物流与采购联合会物流园区专业委员会　陈　凯

第五篇

供应链透明管理战略与实践

第一章　供应链透明管理基本思想

第一节　供应链管理的提出

20 世纪 80 年代以来，由于科学技术和经济全球化的快速发展，企业面临更强劲的竞争对手和更复杂的竞争环境，从而使企业的生存压力日益增大。此外，市场环境发生巨大变化，生产效率提高、顾客需求日趋个性化、市场不确定性与日俱增等情形的出现，使得企业开始面临难以预测的买方市场。企业要生存就必须降低成本，但是通过企业内部的生产过程来降低成本的空间已经越来越小，人们将目光转向产生整个生命周期中的供应链环境和整个供应链系统。因此，在新的市场环境下，一种新型的企业管理组织模式应运而生，这就是供应链管理。

近几十年，供应链及供应链管理受到了学术界和实业界的广泛关注。供应链是指围绕核心企业，通过对信息流、物流、资金流的控制，从采购原材料开始，制成中间产品以及最终产品，最后由销售网络把产品送到消费者手中的将供应商、制造商、分销商、零售商，直到最终用户连成一个整体的功能网链结构模式。供应链是一个范围更加广泛的企业组成结构模式，它将所有的节点企业联系在一起，不仅仅是一条信息链、资金链、物流链，更是一条增值链。物料或产品在供应链上不断得到加工、运输、包装等环节而变得更有价值，相关联的企业也在这个过程中获得收益。

进入 21 世纪以后，市场的竞争由原来的企业与企业之间的竞争逐渐演变成供应链与供应链之间的竞争。要想在竞争环境越来越激烈的、利润空间越来越狭小的市场中生存和发展，企业就必须要找到适合自身特性的供应链，在融入供应链的同时，管理好整条供应链的上下游，提高供应链的整体绩效，以增强企业自身的竞争力和生命力。供应链管理的概念是在供应链的概念的基础上发展而来的。供应链管理是一种集成的管理思想和方法，它把供应链上的各个企业作为不可分割的一个整体，使供应链上各企业分担的采购、生产、分销和销售的职能成为一个协调发展的有机体。供应链管理的本质就是让链上的每个环节都包含"需"和"供"的概念，如生产商是原材料的需方，又是分销商的供方；分销商是生产商的需方，又是零售商的供方；零售商是分销商的需方，又是消费者的供方。供应链管理通过将供应链中的各个参与组织和部门间的资金链、信息量以及物流进行有效的计划、控制、管理、协调和优化，提高运营过程的确定性和速度性，以使整个供应链的活动价值最大化。在供应链管理思想下，链条上的各个企业之间相互协调，通过整合供应链的物流、信息流以及资金流，从而在满足顾客需求的前提下最大化整体利益。随着经济全球化，产品差异化程度越来越低，竞争对象从单个企业转移到整条供应链。通过有效的供应链管理，可以降低产品总成本，增强市场反应能力。依靠高效的供应链一体化运作，可以保持企业核心竞争力和提升供应链竞争力。

供应链管理与传统的管理模式有着明显的区别，主要表现在：

（1）供应链管理强调供应链中企业间的合作。企业内部的分工与协作扩展整个供应链的分工与协作，在合作的基础上实现共赢，共同完成供应链运作目标。

（2）系统性或整体性是供应链管理的基本原则。通过协调供应链各环节的活动和工作，使供应链中各个企业协调一致，企业个体目标与供应链整体目标尽量一致，共同完成单个企业无法完成的系统目标。

（3）信息共享在供应链管理中起基础性作用。供应链中企业间的合作与协调一致需要在企业间实现信息共享，通过信息技术构建供应链管理信息共享系统，实现跨区域、跨时空的供应链管理。

（4）供应链管理改变了企业竞争方式，使企业间的竞争转化为合作，在合作的基础上进行协调、协作。

第二节　供应链管理面临的挑战

供应链管理是一种系统化的管理，是不涉及企业产权问题的跨组织运作管理，是企业基于自身核心竞争能力的组织间横向联合的经营模式。在经济全球化和业务外包不断加深的前提下，供应链管理变得更加复杂而困难。

1. 目标冲突

通常，参与市场竞争的企业都是利益性主体，它们追求自身利益或价值最大化。一个企业无论它是否参与或加入到某一供应链的运作，还是集团式地整体地在市场中与其他供应链展开竞争，它追求自身利益最大化的目标是不变的。可以认为，参与供应链的运作是一个企业使其利益或企业价值最大化的一种策略或实现手段。但是供应链管理的核心理念是系统观念，强调的是使供应链整体利益最大化。因此，这就容易导致供应链内节点企业所追求的个体利益目标与供应链系统所追求的整体利益目标通常情况下不一致的问题出现。这种利益目标相冲突的问题如果得不到及时的解决将直接影响到供应链系统运行的效率和质量，甚至影响和破坏供应链系统的稳定。

在传统企业管理中，由于缺乏企业间的协同战略意识，供应商、制造商以及零售商之间通常表现为一种利益博弈关系，都试图将成本和风险转嫁给对方。供应链整体利益最大化需要所有的参与者能够朝着一个方向共同努力。由于企业之间的相互信任度较低及存在一定的利益冲突，使得供应链中的企业都只站在自身利益最大化的角度进行决策，这种分散决策的模式完全背离了供应链管理理念中的整体利益最大化原则。

供应链管理理念发展较晚，在很多企业尤其是中小企业得不到足够的重视。因此，即使某些大型企业想努力提升供应链管理竞争力，但是由于上下游小型企业的疏忽，使得供应链整体得不到有效的发展。产品流通的供需主体之间关系紧张，合作不通畅，信息不透明，供应商向生产商提供生产的原材料和零部件，生产商向经销商提供销售的产成品，经销商向客户提供使用的商品，相互之间都认为对方欺骗自己，不信任对方，隐瞒产品的弱点信息，夸大产品的功能信息，导致无法形成战略合作伙伴关系，无法构建高效的合作机制。

2. 信息透明化滞后

供应链管理发展受到的另一个主要挑战来自于信息透明化的相对滞后。传统的企业信息系统往往只是基于企业内部某一方面或者几个方面的信息化问题，企业内部信息孤岛现象严重，很少涉及从供应链的角度来进行整体规划。而供应链参与方众多、活动复杂，必然要求企业有一个高度透明和集成的信息平台。建设透明集成的信息平台，是企业实施供应链管理的硬件保证。已有的信息反馈系统不外乎一些财务、统计报表及指标，且偏重于事后分析，反馈不及时，致使决策失误增多。通信技术落后，相互间所传递信息的扭曲（即牛鞭效应，所谓牛鞭效应，是由于运输延迟，信息延迟及供应复杂性提高等原因，以及链中成员的不断增加，随着时间推移，需求与订货之间产生的方差越来越大）。供应链管理需要建立在信息共享的基础之上，由于供应链中各个企业所面临的环境不同，它们所拥有的信息也不尽相同。相对来说，越靠近市场需求信息越准确，而越靠近上游，产品信息越准确，信息的缺乏会导致产品供应与市场需求产生错位。由于处于供应链中的企业决策信息来源已经不再局限于企业内部，而是处于开放的信息环境之下，企业之间需要不断进行信息交换和共享，从而达到供应链企业运作的集成化和透明化的目的。

从以上所述可以知道，目前供应链管理的很多问题是信息交流不够充分，不够及时导致。但近年来通信和信息技术的快速发展，使得供应链的各个环节，各个阶段之间的管理和协调成为可能，不仅大大降低了成本，更重要的是能够对顾客的需求做出快速的响应。基于供应链管理的发展需求以及供应链管理实践中出现的问题，供应链透明运作管理的思想得到了越来越多的关注。

第三节　供应链透明管理基本思想

一、透明管理理论

透明管理最先被 Jon Lassera 和 Deborah Tharinger 从计算机领域发展到管理领域，他们认为透明管理是指企业管理者利用信息系统有效掌握企业的信息，实现管理上的透明化和可视化，这样管理效果可以渗透到企业人力资源、供应链、客户管理等各个环节。透明管理能让企业的流程更加直观，使企业内部的信息实现透明化，并能得到更有效的传达，从而实现管理的透明化。通过透明管理，管理者可以了解自己在工作中存在的不足，或是了解系统流程中存在的问题，在学习的基础上完善和优化流程设计，并确定系统流程业绩的关键评估指标使系统的运行更加稳定，并能对潜在的问题进行预测和预防，从而达到对系统流程的完全掌控。

透明管理理论是一种适合于各种需求和管理内容的行之有效的方法，一般可以分成以下四个步骤或层次展开，如图 5 - 1 - 1 所示。

图 5 - 1 - 1　透明管理理论框架体系

（1）透明层：透明管理的第一层就是透明化，也就是说要管理和控制一个系统并继而对其加以改进，首要的工作是对该系统本身进行剖析，对其进行全面的了解，只有在了解的基础之上才能对它进行进一步的分析和改进。

（2）监控层：在完成对系统的优化和改进工作的基础上还需要实时的对其发展过程进行监控。首先是要确定监控的内容和时间，因为和系统相关的内容和信息都是非常巨大的，所以必须集中精力监控那些反映系统发展过程的关键数据和指标，因此监控工作的首要任务就是正确确定监控的内容和监控的时间。

（3）主动调控层：外界因素的干扰经常使系统的运行偏离正常的轨道或者偏离管理者预期的目标，主动调控层就是要求管理者在问题出现后能在第一时间内发现问题找到原因，并迅速提出解决问题的方案，使系统的运营恢复到原先的状态。

（4）协作层：任何一个系统都不是独立的，它必然和其他许许多多的系统有着千丝万缕的关系，构成一个复杂的关系网络。管理者的进一步工作就是要通过加强系统与外界其他因素的协作和配合，从而扩展和提高系统自身的能力和运营结果。

二、供应链透明管理的基本思想

随着供应链管理理论与实践的发展，供应链透明管理逐渐成为供应链管理的重要手段。供应链透明管理是围绕核心企业，与上游和下游企业达成战略联盟，形成供应链企业之间商流、物流、信息流、资金流的透明化运作。供应链透明管理带来了单个企业不可能产生的供应链效应，形成了供应链企业的竞争优势，已逐渐被企业重视。

随着供应链和物流系统的规模变得越来越大，而且也更加复杂，很多企业为了应付瞬息万变的商业环境，不断地增加一些应用和工具，但是越来越多的系统和应用反而会把一些关键的信息给淹没掉，而供应链透明管理首要的任务就是把一些分散的和模糊的信息给收集起来，辨别信息的重要性，把一些关键的信息及时的呈现出来，只有这样企业才可以更快更好地应对发生在供应链中的各种问题。采用了透明管理的供应链的主要思路就是先使信息得到最大程度的透明，这样才能实现对和自己相关的事情进行监控，进而可以主动调控，最后整个供应链中的企业节点进行分工协作，使得供应链利益最大化。

信息是实现供应链透明化的关键因素之一，先进的信息处理技术和管理系统是高效地实现供应链透明化的技术基础和支撑。供应链的协调运作需要各个节点企业高质量的信息传递和信息共享，而供应链中的信息种类繁多，供应链上不同利益主体合作目的也存在一定差异，必然会存在着信息不对称、利益不均衡以及信息共享受限等问题。因此，集成供应链节点企业内外部的信息，建立高效的供应链透明管理机制，有助于供应链透明化的实现。

供应链透明管理的提出跟当下时代背景有着密切的关系。不管是信息化、互联网，还是"互联网＋"，本质上都是为了实现运作的透明化。传统信息化的视角，很大程度上是为了实现企业内部执行和管理的透明，实际上是为了实现企业内部关系的透明；传统的互联网视角，更多是为了实现以个人、消费者为基础的关系透明，而"互联网＋"，更多是为了实现以企业为基本节点的供应链关系透明。供应链透明管理是信息技术发展及供应链管理理论发展的必然趋势。

供应链透明运作可以有效降低供应链物流成本。在流通过程中，由于某些现实的社会原因或人为因素，大部分物流活动成本的模糊性和不确定性，导致物流成本难以控制，进而推动了最终消费品价格的上升。基于供应链管理的理论和实践，物流是衔接供应、生产和需求的中间纽带。无效的物流活动带来物流成本的臃肿，进而增加了供应链的成本，降低了供应链的效率，直接影响了供应链网络中客户的服务水平。在物流管理中，信息流是物流过程的流动影像，物流是信息流的载体，信息流伴随着物流而产生又反过来控制和调节物流，仅当信息流与物流同步时，才可实现管理层对操作层的透明管理。因此，完善的透明化的信息系统有助于物流企业控制物流流通的过程，明确物流活动的作用，进而把握物流成本。

实现供应链透明管理，是供应链管理最基本的功能和目标，也是供应链核心企业赖以生存的基础。随着我国电子政务的不断发展和政务公开的推进，政府部门和大型国有企业中涉及企业供应链业务的信息，将进一步公开透明，包括政策法规、市场动态、企业资质等供需信息在内的信息共享将更加准确高效。同时，随着社会主义市场经济体制的不断完善，社会环境不断改善，企业和个人诚信体系逐步建立，信息化技术手段不断进步。这些因素，都使得供应链透明管理所需求的信息进一步公开透明，信息服务将更加准确、全面、快捷、完善，供应链上的信息不对称问题得到基本解决。

供应链透明管理将来自政府、企业、金融机构等的信息资源聚集起来，实现供应链上下游信息的透明化，有效消除供需双方之间的信息不对称，使供应链信息资源可以在相关各方之间高效流动和共享，从而带来供应链业务的高效化，显著提高供应链效率，降低供应链成本。

三、供应链透明管理作用和意义

近些年我国的制造业飞速发展，已经成为世界上重要的制造业大国，再加上国内内需不断扩大，零售业得到迅猛发展，这些因素使得我国供应链管理得到了空前的发展，也对供应链管理提出了更高、更紧迫的要求。发展供应链透明管理的作用和意义具体表现在以下几个方面。

1. 实现供应链主体多方共赢，实现经济效益和社会效益的统一

供应链透明管理可以使供应链上企业、消费者、社会等多方利益的共赢，可以实现经济效益和社会效益的统一。首先，企业可以实现对产品全过程的智能化管理，降低企业管理成本，提高经济效益。它加强了企业对产品原材料采购的事前控制，产品的生产、入库和出库的事中控制以及销售阶段的事后监管与追踪，可随时掌握产品生产与销售的数据信息，取代了人工统计的复杂难度，提高了企业的效率。其次，消费者可以拥有更多产品信息的知情权，保障了消费者的合法权益。消费者可以知晓产品的历史，即使出现问题，也可以及时地查找原因与问题，保障了消费者的利益。最后，产品可以保障质量与安全。它可以阻止假冒伪劣产品进入市场，有效地保障了产品质量。同时，还可以提高产品的质量，防止过期或变坏产品流入到消费者手中，进而提升产品品牌形象，增加产品的知名度、信誉度和美誉度。

2. 优化现有供应链信息，消除信息冗余、信息孤岛

现在我国许多供应链上的信息是零散的，没有整体规划，这样管理信息系统注定是不全面、不客观和不科学的。很多研究机构研发的企业信息管理系统功能重复、数据模式不标准化、不能互操作性，这样就浪费了大量的资源。整体规划供应链透明管理平台，使已有的各种各样的供应链及物流信息资讯结合起来，有利于供应链系统优势效果的发挥，加强信息透明化运作，破除分裂的地方局域的管理模式，对供应链的迅速发展保驾护航。

因此，通过开发集成的供应链透明管理平台，供应链上的相关企业可以实现异构数据格式的转换。按统一的数据标准流转，实现信息共享，信息透明，避免重复劳动，节约社会资源；可以通过供应链透明管理平台实现信息发布，查询，缩短供应链及物流信息流转环节，降低运营费用；平台可以实现与信息化程度高的大企业内部系统的集成，对不具备全面开展信息化的中小企业，通过会员方式加入平台，以较低成本共享供应链业内信息，拓宽业务范围。

3. 丰富物流服务内容，降低供应链管理成本

通过实施供应链透明管理，供应链的各个运作点的透明度大大提高，减少了信息交换部分，使物流周期变小，极大提高了供应链节点的效率和业绩；另外，它有利于资源循环利用的提升，空闲资源大大减少。供应链透明管理有助于规模经济的实现，同时也有助于中小企业联网，实现信息现代化建设的顺利过渡。供应链透明管理降低了供应链管理成本，实现管理和决策优化，达到有限资源的最佳使用和最少消耗，实现了最大限度的经济利益。

4. 协助政府宏观经济管理部门规划产业的发展

有关政府部门在进行宏观决策的科学分析和规划时，可以通过供应链透明管理获得企业总需求、供给能力、经营状况的信息，从而制定相关政策。行业的监管要注重时间、方式，在政府各机构之间能够有效协作。

5. 促进供应链优化整合，保证供应链流程信息透明畅通

供应链透明管理有助于促进整个供应链的优化整合，提升供应链的整体运行效率，降低运行成本，从而提高供应链体系内企业的物流效率，降低物流成本，打造新的供应链生态圈。供应链透明管理为供应链管理向信息化、网络化、现代化发展，提供有效的途径，保证供应链业务流程信息透明畅通。

第二章　供应链透明管理发展模式与实施策略

第一节　供应链透明管理发展模式

一、制造业供应链透明管理

根据制造业供应链主导企业类型，制造业供应链透明管理发展模式可分为三种：以制造企业为主导的供应链透明管理、以零售企业为主导的供应链透明管理和以第三方物流服务商为主导的供应链透明管理。

1. 制造企业为主导的供应链透明管理

以制造企业为主导的供应链透明管理模型如图 5 - 2 - 1 所示。该模型是以核心制造企业为根节点的双向树状结构组成的网络系统。在核心制造企业与最终客户、核心企业与原材料供应商之间存在多层中间企业，离核心企业越远的层次，中间企业数目越多。核心制造企业本身内部需要进行生产透明管理，与原材料企业之间需要进行采购透明管理，与配送中心、分销商以及零售商之间需要进行物流运输的透明管理，而下游的分销商、零售商与最终客户之间需要进行销售的透明管理。

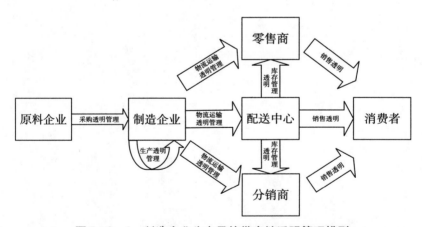

图 5 - 2 - 1　制造企业为主导的供应链透明管理模型

2. 零售企业为主导的供应链透明管理

以零售企业为主导的供应链透明管理模型如图 5 - 2 - 2 所示。该模型链网络呈单向树状结构、完全以消费者购买为驱动、提供的最终产品数量众多，并且与核心零售企业直接发生供需关系的企业数量大。核心零售企业本身内部需要进行库存透明管理，与制造企业以及分销商之间需要进行采购透明管理和物流运输透明管理，与最终客户之间需要进行销售的透明管理以及订单透明管理。

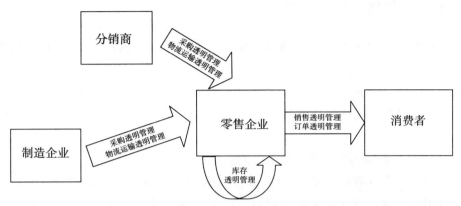

图 5 - 2 - 2　零售企业为主导的供应链透明管理模型

3. 第三方物流服务商为主导的供应链透明管理

以第三方物流服务商为主导的供应链透明管理模型如图 5 - 2 - 3 所示，第三方物流公司包括资产型、非资产型的第三方物流公司主导的供应链透明管理模式是一种适应新形势并有很大发展前途的供应链透明管理模式。第三方物流公司主导的供应链透明管理模式分为三个阶段：

（1）完全或主要提供物流服务的第三方物流公司主导的供应链透明管理模式。这种模式中第三方物流公司基本上业务是物流透明管理，但物流企业本身也未真正地参与到供应链中去，只是作为一个辅助者存在的。

（2）既提供物流又提供供应链整合方案的第三方物流公司主导的供应链透明管理模式。在这种主导模式中，第三方物流公司不再处于被动的无意识地位，而是以一种积极的姿态借助于自己特色服务的核心地位优势去透明管理整个供应链。

（3）完全提供供应链整合方案的第三方物流公司主导的供应链透明管理模式。这种模式实际上也可以称为第四方物流公司主导的供应链透明管理模式，因为它所从事的主要是第四方物流的职能。

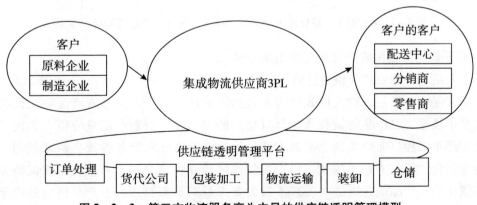

图 5 - 2 - 3　第三方物流服务商为主导的供应链透明管理模型

二、农产品供应链透明管理

随着农产品批发市场和集贸市场迅速发展，市场规模不断扩大，交易方式和市场功能也开始多样化，促进了以批发市场为龙头、以集贸市场为基础的完整的农产品供应链体系形成。根据农产品供应链整合类型，农产品供应链透明管理发展模式可分为两种：基于一级批发市场的农产品供应链网络集成透明管理和基于网络平台的农产品供应链透明管理。

1. 基于一级批发市场的农产品供应链网络集成透明管理

基于一级批发市场的农产品供应链网络集成透明管理模型如图5-2-4所示。农产品供应链就是由生产者（农民、上游供应商、加工企业或者流通加工）、承运商、分销商、零售商组成的链式体系结构，即"从农田到餐桌"的全过程。农产品市场运作是一个完整的农产品供应链过程：生产者—产地市场—运销批发商—销地市场—零售商—消费者。批发市场是农产品流通的中心环节，也是这一体系的中间环节。我国目前大部分农产品是通过批发市场进入零售和消费领域的，批发市场充分发挥了连接生产与销售这一有利地位，在促进农产品的标准化进程、品牌的创立与推广中发挥了积极作用，增强了农产品的竞争力。因此，以批发市场为中心对农产品供应链进行透明管理具有积极的现实意义和可行性。

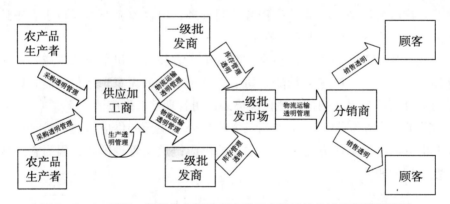

图5-2-4 基于一级批发市场的农产品供应链网络集成透明管理模型

2. 基于网络平台的农产品供应链透明管理

基于网络平台的农产品供应链物流透明管理模型如图5-2-5所示。随着专业化分工趋势的逐渐强化，第三方物流模式成为现代物流发展的趋势。由于农产品物流设备具有很强的专用属性，农产品物流技术也具有很高的专门性，而农产品供应链上无论是买方还是卖方都难以独自完全实现全部或大部分的物流，因此农产品物流也越来越趋向于采用这种专业化的第三方物流模式。第三方物流是建立在信息技术基础上的物流服务，以高度集成化的农产品供应链透明管理平台为支撑是其典型特质。农产品供应链物流管理采用第三方物流模式，其运行基础也必须围绕农产品供应链透明管理平台展开。

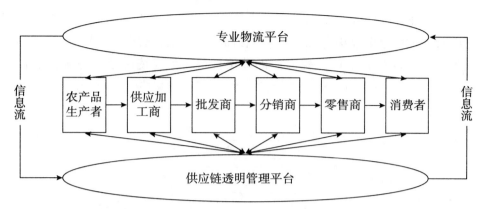

图5-2-5 基于网络平台的农产品供应链物流透明管理模型

三、流通业供应链透明管理

本小节重点介绍流通业中的外贸出口和跨境电子商务供应链透明管理。

1. 外贸供应链网络集成透明管理

外贸供应链网络集成透明管理模型如图5-2-6所示。该模型是以外贸出口企业为中心环节的网络系统,生产企业本身内部需要进行生产透明管理,与原材料企业之间需要进行采购透明管理及物流运输的透明管理,与研究设计单位需要进行研究设计透明管理,与出口企业需要进行销售透明管理及订单透明管理。出口企业与海关、税务、银行、运输、商检以及保险需要进行相关业务的透明管理,与国外的代理商需要进行运输透明管理,而下游的分销商、零售商与最终客户之间需要进行销售的透明管理。

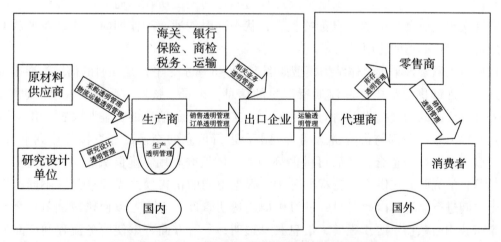

图5-2-6 外贸供应链网络集成透明管理模型

2. 跨境电子商务供应链透明管理

跨境电子商务供应链透明管理模型如图5-2-7所示。当前跨境贸易电子商务的发展迅猛,而现行跨境电子商务存在着快速通关难、规范结汇难、规范退税难等一系列的问题，传统零售企业存在库存水平高企、缺货风险、供应链长周期等问题。跨境电子商务供应链透明管理平台应充分发挥供应链管理在商流、物流、信息流及资金流"四流合一"和电子商务在进口缓税、出口退税方面的政策优势，为跨境电子商务客户提供一体化服务。

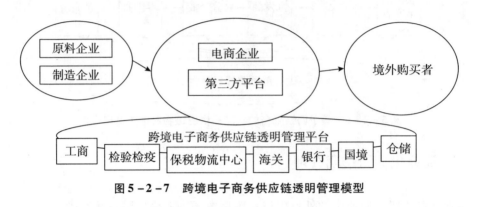

图5-2-7 跨境电子商务供应链透明管理模型

第二节 供应链透明管理平台结构设计

一、供应链透明管理平台总体结构

在供应链中，物品的流转伴随着信息的产生与流动，而且都是围绕物品产生的。因此，以物品状态信息作为流动主体的供应链透明管理平台，实现供应链企业之间的信息分享和信息互动，是构建覆盖供应链全过程透明化的关键所在。通过供应链透明管理平台，能够实现供应链之间的信息无缝整合，状态即时沟通，动作即时协作，在平台上提供供应链全过程的透明化服务模式。

供应链透明管理平台总体结构模型如图5-2-8所示，平台是互通的信息沟通连接平台，连接内外部供应链中产品流通所产生的信息，记录、整理、反馈、整合信息资源，为内外部供应链的沟通提供及时有效的资源。实箭头表示信息的传输与交换，供应链的各节点与物流各业务都与供应链透明管理平台进行信息的交换，都直接传输到平台上，并被平台进行储存与整合，然后可供循环中的主体提取利用。虚箭头表示产品流向，同时伴随信息的流向。在供应链流程循环中，根据不同的销售模式需要产品在不同的供应链节点之间进行流转。由此可见，通过供应链透明管理一方面可以使供应链节点企业间关系亲密，沟通顺畅，协作无缝，信息共享透明；另一方面可以使业务流程间产品操作与流动更为通畅，衔接更加紧凑，合作更加高效。

在模型中，产品的来源、流向、流量、流速、流动方式等都被详细地记录在透明化系统平台，公开透明。同时，产品的每一次业务操作、操作过程、耗费成本等信息也直接反馈到系统平台，公开透明。基于此平台，物流业务中系列活动的模糊性都逐步消除，每一环节成本的增加都清楚明晰，产品的流通更加顺畅。

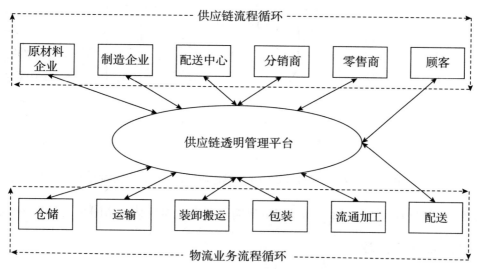

图 5 - 2 - 8 供应链透明管理平台模型

供应链透明管理平台建立了覆盖供应商、生产商、经销商、客户等完整供应链的信息流动渠道，实现信息在供应链各节点企业间共享，且提升信息共享的程度，从而加快供应链的协同运作，实现高效物流保障，降低运作成本。

二、供应链透明管理平台体系结构

供应链透明管理平台体系结构设计的主要目标是设计一个科学化、层次化、智能化、模块化的结构，并给出各个模块之间的层次关系，以满足供应链透明管理平台各使用方的需求。基于分层式的体系结构是目前比较成熟的，大多数公共信息平台采用的体系结构。

基于分层式的体系结构设计将供应链透明管理平台分为四个逻辑层，自底向上分别是基础设施层、数据库层、业务逻辑层和门户展示层。各层可以调用下层所提供的数据、功能或者服务机制，同层模块和系统之间也可以相互调用。这种分层的体系结构能够很好地分解建设任务，降低各层的复杂度，以便使平台各层的建设任务能够在明确接口定义的基础上同步开发建设，同时能保证平台各层对所对应的基础技术的发展具有相对独立的可扩展性和良好的适应性。

基于分层式的供应链透明管理平台体系结构中，第一层是最底层，它是整个平台的基础设施层，为平台提供基础硬件设施和基础软件环境；第二层是数据库层，由四大类数据库构成，为平台的应用软件提供数据存储和读取；第三层是业务逻辑层，它在基础设施层和数据库层的基础上，为不同用户主体提供物流信息服务应用功能；第四层是门户展示层，它提供面向最终用户的业务功能展示和统一门户入口。在整个体系结构中，安全机制与管理机制作为保障机制贯穿各个不同的层次，确保整个系统安全可靠、稳定高效的运行。基于分层式的供应链透明管理平台体系结构模型如图 5 - 2 - 9 所示。

图 5 - 2 - 9　基于分层式的供应链透明管理平台体系结构模型

按照上述模型，基于分层式的供应链透明管理平台体系结构如图 5 - 2 - 10 所示。

（一）基础设施层

基础设施层位于整个系统模型的底层，分为硬件设施和软件设施。硬件设施是供应链透明管理平台的硬件基础，包括各种网络基础设施、通信设施和计算机软硬件设备，如通信网络和数据网络、交换机路由器等网络设备、服务器集群、存储设备、数据中心机房/配电、GPS 设备、射频条码设备、呼叫中心设备、手提移动设备等。软件设施是运行在硬件平台之上的系统管理软件，包括操作系统、数据库、应用中间件、消息中间件、文件系统、搜索引擎、目录服务、安全身份认证、安全检测、系统管理、各种设备驱动、各种工具软件、GIS 系统等基础软件。

（二）数据库层

数据库层完成对各类供应链相关数据进行采集、组织、存储和维护的功能。根据所存储数据的类型，数据库层分为四大供应链业务数据库，是供应链业务过程中所产生的供应链信息的数据存储中心，包括：供应链基础信息数据库、供应链资源信息数据库、供应链增值服务数据库以及综合服务数据库。

供应链基础信息数据库包括：供应链基础设施信息、公共交通运输信息、区域配送路线信息、供应链企业基本信息、供应链相关信息、政策法规信息等。

供应链资源信息数据库包括：车辆需求信息、车辆供给信息、原材料需求信息、供应信息、商品需求信息、商品供应信息、仓库需求信息、仓库供给信息、其他物流需求信息、资源交易信息、运输工具司机和驾驶员信息等。

供应链增值服务数据库包括：目录管理信息、呼叫中心业务信息、决策分析信息、智能配送业务信息、保险业务信息、担保业务信息、进出口报关报检业务信息、供应链金融业务信息等。

综合服务数据库包括：快递管理信息、快速通关管理信息、计划控制信息、仓储管理信息、运输管理信息、货代管理信息、配送管理信息、客户关系管理信息、统计分析信息等。

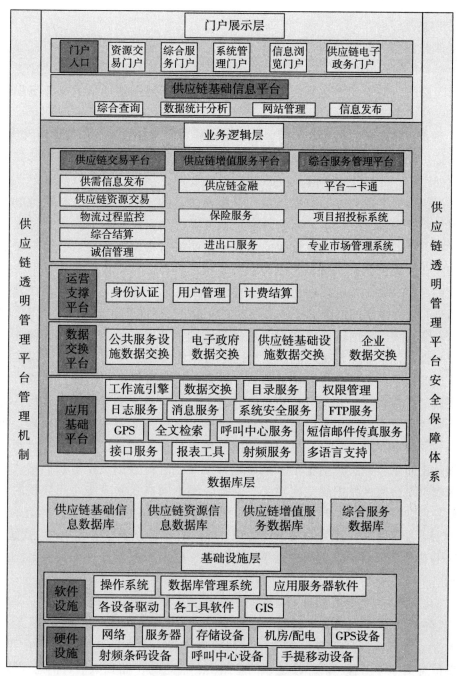

图 5 - 2 - 10　基于分层式的供应链透明管理平台体系结构

（三）业务逻辑层

业务逻辑层是在基础设施层和数据层的基础上建立的供应链业务核心服务层，完成供应链透明管理平台的核心业务流程、业务计算、业务服务和数据交换功能，包括：应用基础平台、数据交换平台、运营支撑平台、供应链交易平台、供应链增值服务平台和综合服务管理平台。

1. 应用基础平台

（1）工作流。供应链透明管理平台的工作流建立在数据交换服务和消息服务的基础之上，主要包括工作流引擎信息、工作流应用程序接口（API）、工作流设计工具和工作流数据访问接口。工作流能够为供应链透明管理平台实现各种复杂的业务流程管理提供方便的底层技术支持。

（2）数据交换服务。数据交换服务包括数据接口管理和数据转换管理两大功能。

数据接口管理。数据接口管理系统主要提供供应链透明管理平台与外部其他系统或平台，例如银行、保险公司、海关等系统的网络数据连接接口，根据双方定义的接口协议与连接授权，为实现双方的数据连接与交换提供基础支持。例如，与银行电子结算接口：与银行系统实现网络对接，为平台客户通过银行账户在平台上直接支付提供基础支持。与保险系统的接口：与保险公司的系统实现网络对接，为实现平台客户在平台上直接办理保险业务提供基础支持。与电子通关系统的接口：与海关系统实现网络对接，为实现平台客户在平台上直接办理通关申报提供基础支持。与其他各种平台与异构系统的接口：实现与这些系统的网络对接，为双方的功能整合提供基础支持。

数据转换管理。数据转换管理系统是供应链透明管理平台的一个组成部分，主要功能是实现平台与各个异构系统之间、平台内部各功能模块之间所必需的协议转换与数据交换，从而保证平台各项设计功能的实现。数据转换系统主要包括如下功能：供应链透明管理平台与需要联网的其他异构系统，通过平台接口系统实现网络互联后，要将异构平台上送来的信息，转换成平台可以识别的格式，然后才能完成后续的处理。相反方向的传输同样需要进行协议转换。供应链透明管理平台与同构平台之间，平台的不同功能模块之间，由于工作方式与对象的不同，也常常需要进行数据交换与数据格式转换。供应链透明管理平台通过数据规范化定义，支持各类不同格式和系统之间数据的转换与传输，实现各常见数据库、Web数据、文本、图像等多种格式之间的自定义相互转换。

（3）目录服务。目录服务是将系统的用户、组织和服务器等以目录的形式统一管理。

（4）权限服务。供应链透明管理平台引入统一的用户权限管理来确保系统权限信息统一管理。

（5）日志服务。主要提供日志分类、日志维护、日志筛选和日志配置。多输出源日志输出内容包括类型、写出者、时间、级别、日志体、系统进程和来源。

（6）消息服务。消息服务是供应链透明管理平台的动态信息交互功能的重要支撑。它的主要信息支撑作用有：可靠投递、消息路由、消息的存储和激活、消息识别和解释、触发功能、消息优先级和集中管理。

（7）系统安全服务。供应链透明管理平台提供计算机网络安全、系统访问安全、应用权限安全、用户行为安全、数据访问安全和数据传输安全六个层次的安全保障服务。

（8）FTP服务。FTP服务是基于FTP协议的文件传输服务，提供用户验证和匿名访问两种方式，为文件上传和下载提供稳定、高效的服务。主要包括文件的传输管理、异常控制等功能。

（9）GPS/GIS。GPS 服务主要根据车载 GPS 设备或者手机移动定位系统传回的数据进行分析，为供应链透明管理平台提供准确的车辆定位置数据。车载设备监控采集车辆的行驶信息（如车速、引擎状态、行驶信号、冷藏温度、定位点经纬度等），利用移动通信网络（GSM/GPRS/CDMA）将信息定时传回计算中心，结合 GIS 系统，这样计算中心就可以在监控中心的电子地图上集中监控货物的行踪（行驶路线、车速等信息），为供应链透明管理平台提供业务基础数据；供应链透明管理平台的后台分析软件还可以根据发回的行车信息（超速次数、超速里程、猛加速、急刹车、疲劳驾驶时间、行驶中开车门、燃油、引擎状况等行驶信息），进行报警，监控中心出现报警后及时提醒司机，防患于未然。GIS 服务主要为 GPS 设备提供基础的地理信息系统数据。同时也可以提供查询全国各地的路面信息、商业信息与管理资源信息，保障了整个物流过程的有效监控与快速运转。GIS 服务可以租用第三方提供的服务。

（10）全文检索。提供供应链透明管理平台全系统搜索服务。全文检索以信息发布检索系统为核心，采用信息检索和中文自然语言处理技术，提供功能全面、智能、高性能的全文检索服务。

（11）呼叫中心服务。呼叫中心以电话、传真、邮件、短信息、WEB 网站、即时通信等形式，向供应链透明管理平台各类用户提供实时客户服务，并在服务过程中，积累大量物流产业链相关企业和机构的用户信息。

（12）短信邮件传真服务。短信服务为通过各电信运营商短信通道向供应链透明管理平台用户收发短信提供支持。邮件服务为用户提供电子邮件服务。传真服务主要为供应链透明管理平台提供计算机接收传真功能接口，便于迅速将传真数据进入计算机处理提供保证。

（13）报表工具。具备数据和表格输出功能，能够根据用户需求，自动生成各种统计报表和统计图形，并打印输出或按某种标准的交换格式输出。

（14）射频服务。主要是针对 RFID（电子标签）配套的软件、硬件构建的基础服务，提高数据采集的准确性、采集效率等。条码服务主要是提供对条码的基础识别服务，为供应链透明管理平台识别条码数据提供支持。

（15）多语种支持服务。供应链透明管理平台如果面向国际市场，必须适应各国语言应用。多语种支持为上层应用提供术语翻译和货币转换服务。主要包括如下功能：术语翻译、货币转换、数据字典多语种管理等。

2. 数据交换平台

数据交换平台把供应链上的各家单位，包括政府（如海关、税务、商检等）、物流企业（如货代、仓储、运输、第三方物流等）、生产/制造企业、加工企业、流通企业、公共服务设施（如银行、保险、通信等）以及物流基础设施（如机场、港口/码头、铁路、运输系统等）等单位连接起来，为其提供数据交换服务，提高供应链各业务环节作业效率，降低整体供应链成本。

数据交换平台是实现供应链透明管理平台信息共享和交换的基础，它可以实现跨平台操作，支持异构数据库，具有实时快速的数据共享和交换的功能，为整合基于不同平台和数据库信息提供重要保障，并逐步建立完善的供应链透明管理平台数据中心，给整个物流链上的各个环节直接带来巨大的经济效益，促进管理效率的大幅度提高。

数据交换平台将参考借鉴现有的电子数据交换（Electronic Data Interchange，EDI）技术，以基于互联网和可扩展标记语言（Extensible Markup Language，XML）技术的开放数据交换标准为主，制订通用标准格式，将标准的物流相关信息，通过通信网络和互联网进行传输，在供应链透明管理平台相关单位的业务系统之间进行数据交换和自动处理，有效地减少由于重复输入而产生的错误和浪费的时间、资源，从而提高企业对市场的应变能力，加快贸易循环。

3. 物流运营支撑平台

（1）安全系统。信息安全是一项系统工程，涉及人员、设备以及网络工作环境、制度等诸方面的因素，是一个人、机、网复杂的系统问题。安全系统可以识别物理设备、网络、系统软件、应用和安全管理等安全风险内容，能根据基本的安全策略和产品选型原则实施物理设备、网络、系统软件、应用安全、数据备份和恢复以及安全管理组织结构、安全管理法规制度的全面管理，保证系统的平稳运行，为供应链透明管理平台的持续发展提供安全保障。

（2）用户身份认证管理系统。用户身份认证管理系统提供用户管理、统一认证、分级授权与服务管理等功能，用于集中管理统一的用户数据、提供统一的认证界面与接口、统一管理应用权限、统一管理服务配置。对于应用开发，认证授权服务提供用户管理 API、认证 API、单点登录 API 和策略管理与验证 API 等应用编程接口，使用这些 API，应用系统可以存取用户数据，进行统一的用户认证，实现应用间单点登录，动态管理应用授权策略和进行权限验证。

（3）计费系统。对于供应链透明管理平台所提供的服务，按照不同的收费方式进行计算并管理。主要的收费方式包括：根据所提供的服务项目，按月固定收费的包月收费；根据使用相关资源的时间进行收费的计时收费；按总流量、流量/秒的加权平均值等进行收费的流量收费；根据占用的通信带宽方式的带宽收费；按服务收取费用的服务分成；进行主机托管、CPU 租赁、空间租赁等方面计费的其他收费。

计费系统包括采样数据定义管理模块、互联网应用服务接口定义管理模块、计费算法定义模块和费用查询模块。采样数据定义管理模块对包括流量、带宽、连接数、内存占用、CPU 占用、硬盘占用等信息进行定期采样分析管理。互联网应用服务接口定义管理模块定义计费平台从应用服务系统获得内部管理、内部计费信息的接口。计费算法定义模块在采样数据和互联网应用服务内部计费数据的基础上，定义计费算法。费用查询模块进行各类计费信息的查询和统计。

4. 供应链资源交易平台

（1）供需信息发布和资源交易系统。供应链透明管理平台建立信息采集节点，供应链上各企业可以将供需信息通过系统同步到交易平台，也可以通过电话或通过网络方式录入系统，满足不同客户群的需要。通过供应链透明管理平台减少交易的难度，提高交易效率。

供应链透明管理平台交易系统通过建立资源的虚拟社区，为供需信息提供自动和人工的撮合、匹配，提高资源整合的效率和成功率。供应链透明管理平台交易系统支持用户建立自己的资源社区，可以在社区里添加货物、仓库、设备等资源信息。

（2）物流过程监控系统。

①车辆在途监控管理。供应链透明管理平台可以为使用者提供多种车辆监控手段，通过 GPS 对运输车辆进行实时定位和跟踪；通过移动通信网络实现与中心服务器的通信；利用 GIS 技术将运输车辆的位置和动态信息发布在电子地图上展示出来，并使货主和物流企业可以随时了解和掌握车辆运行状况和货物状态。

供应链企业在与物流企业签订合同开始运输业务后，系统自动通过 GPS 系统、移动通信网络和电子地图展示，对运输的车辆进行定位和跟踪。供应链企业或运输公司可以通过注册的会员账户登录供应链透明管理平台，通过查询订单号或者车牌号对运输车辆的位置和动态信息等进行了解和监控，从而保证货物的正常、准确、及时的到达。

按照客户、发运订单、到达城市、承运商、项目号等标准，对货物从下单、出库到在途、到货、回单整个过程的详细情况进行跟踪，公司有关人员可随时查询货物跟踪情况，客户可网上查询所运输货物的跟踪情况。

②仓库安全监控管理。供应链透明管理平台可以为使用者提供两级仓库监控手段，采用在指定仓库安装监控设备，通过远程监控就可看到自己货物现场情况，通过指定仓库的仓储管理信息系统，随时随地了解自己货物进出库及存储状态。当库内发生火灾、漏水等危险情况时，系统自动通过无线网络把报警信息以短信和电话的方式传送到管理员手机或集中监控中心，使仓库管理员可以在第一时间了解到报警情况并及时做出相应的处理，实现对无人值守仓库的远程控制。

（3）综合结算系统。供应链作业会使资金在供应链透明管理平台上产生流动，为规范和掌握供应链业务交易，并解决随之而来的资金清算问题，设立综合结算系统，以完成此项工作。

综合结算系统对通过平台发生的供应链业务交易进行计费、结算、收支凭证控制。平台可以提供运费、货款，代收、代付服务。为促进供应链业务交易，降低业务风险，提供以上款项的第三方担保服务。

供应链透明管理平台上涉及的收费项目比较繁杂，涉及各种手续费、物业费、仓储费、装卸费、运输费、运力交易服务费、信息服务费、代收代付服务费、物流金融服务费、会员费等多种业务费用，供应链透明管理平台中的物流综合结算系统将收支结算等业务在同一平台上一并处理，对平台注册用户实施严格管理，按合同规定完成相关的资金交易，正确生成各类凭证，严格管理与银行之间的资金往来，正确完成平台资金清算。

（4）诚信管理系统。在供应链透明管理平台中建立诚信机制有利于平台上的供应链企业节约成本，有利于加快企业运营速度，有利于提高企业竞争力，对整个产业的发展都有重要意义。诚信管理是资源整合的基础和依据，诚信管理系统根据企业的行为，记录其诚信状况，对其诚信度进行评级打分，使用者通过诚信管理系统可查询企业诚信评价综合结果、等级、分数和用户反馈。诚信管理系统也可与第三方的个人和企业征信系统实现互联互通，获取个人和企业的征信数据。

5. 供应链增值服务平台

（1）供应链金融服务。在供应链透明管理平台内企业信誉评价的基础上，供应链透明管理平台可以为企业提供不同层次的运费代收、代付服务，提供货物资金代收、代付，货物质押服务；同时还可以为商户和货主提供银行业务代理、保险代办、货物担保等服务。

例如，在货物等动产质押业务中，贷款方以存货（原材料、成品、半成品）存入供应链透明管理平台监管仓库，并以供应链透明管理平台出具的仓单或直接利用存货为质押标的，从银行取得融资，供应链透明管理平台在质押期间对质押物进行监管。质押融资不影响质押物的流转性，能够促进银行的信贷活动与企业的经营活动更紧密地结合。供应链透明管理平台可对货物进行动态质押管理和静态质押管理，按要求进行质押、解押操作，并对质权单位进行管理。供应链透明管理平台还可以参与提供应收账款融资等融资服务。

（2）保险服务。社会物流过程中，会产生大笔的货物保险费用。单独企业与保险公司开展保险业务时由于额度或缺乏保险记录等原因，在保险费用谈判上缺乏优势。供应链透明管理平台利用客户资源优势，收集多家贸易企业保险需求，形成量的优势，在降低保险费率方面更容易获得优势，具有很大的市场空间。

（3）进出口服务。巨大的国际贸易额背后，是商品在进出口过程中繁杂的海关、检验检疫手续。由于海关、检验检疫手续需要专业的流程，贸易企业大多委托代理机构来完成，因此，开展此项业务具有巨大的市场。

供应链透明管理平台可以利用自己众多的客户资源，利用平台信息系统与海关等接口结合信息系统提供的管理功能支持，为有相关业务的企业提供海关、商检、检验、检疫代理服务。另外，系统利用与政府电子政务的接口和系统内控的管理流程，为企业提供网上报税、车辆年检等相关业务代理服务。

6. 综合服务管理平台

（1）平台一卡通系统。供应链透明管理平台一卡通实现平台内收费、结算、消费等费用的全方位资金支付服务，一卡通系统准确记录消费企业和个人的消费类目、消费时间等消费记录，所有卡记录及卡消费记录均实时存储在收费机的本地数据库内，同时消费记录实时上传到系统数据库。所有消费数据均可供一卡通系统结算汇总、消费者多条件查询使用。

（2）项目招投标系统。项目招投标系统可解决供应链透明管理平台关于招标文件的电子发布、传送、招标公告发布、招标文件的下载等方面的问题，还可解决投标方关于投标文件的投递安全性，投标时间的准确性与有效性，以及不同地域的评标专家能同时对电子标书的阅读、评审、相互之间交流的安全性、准确性等问题；另外项目招投标还能提供丰富的招标项目历史数据，投标商历史数据，拟招标产品的丰富资料，可以满足不同要求的多种数据仓库、数据挖掘、数据共享、数据查询、数据分析等功能。

（3）专业市场管理系统。专业市场管理系统适用于物流基地、物流园区中各种综合市场、专业市场的经营管理，综合管理集商铺、农贸市场、商业大楼、商业街等各种用途的物业业务，实现各种物业资产的统一管理。专业市场管理系统以物业为基础，以租赁合同为纽带，包含物业、租务、合同、客户、财务、经营等模块，能体现物业资产的统一经营管理，并完全符合市场的管理流程及行政、财务制度，与工商行政、税务、审计、银行等部门完美衔接。

（四）门户展示层

1. 供应链基础信息平台

（1）综合信息网站。资讯中心发布信息为：市场动态、行业新闻、相关政策法规；供应链企业名录和基础资源信息；路况和气象信息的发布与查询；港口、航运、公路货运、航空、铁路等信息的查询；物流园区及仓储设施信息查询；多式联运信息查询。

（2）业界动态。提供业内最新业务动态信息和行业资讯。为物流企业、商贸企业、相关主管部门、行业协会、企事业单位提供最新的资讯信息，为管理部门和各类企业提供政策性意见和参考。

（3）政策法规。提供政府供应链管理部门，行业协会发布的最新信息，政策和相关法规。为企业和行业从业人员提供政策和法规方面的支持。

（4）企业资质管理。通过对相关企业的诚信进行管理，可以帮助降低与客户往来过程中的运营风险、发掘客户需求和潜能、提供层次化的服务。通过对企业注册资质调查，以及一段时间内对企业在平台上开展业务的跟踪评价，加上平台对外公开的企业评价窗口，利用现代管理理论中的评价方法和模型，在对以上信息赋予不同的权重的基础上，利用计算机计算对企业做出科学的评价。这些评价将以公开、公平、公正为原则，为企业贸易伙伴的选择提供极大的帮助。

（5）行业统计分析。统计工作作为企业管理的基础，按照行业的标准，针对供应链企业的经营管理活动情况进行统计调查、统计分析、统计监督，并提供统计资料。按照供应链企业和地区政府的统计要求，对企业和地区的各项经营指标及经营状况进行分类统计和量化管理。

2. 门户入口

供应链透明管理平台门户入口包括资源交易门户、综合服务门户、系统管理门户、信息浏览门户、供应链电子政务门户。供应链透明管理平台采用身份认证识别系统，对不同的用户主体进行划分，针对不同用户提供不同的物流信息服务。

供应链透明管理平台的主要用户分为 5 类：政府工作人员、商贸业务人员、互联网普通浏览用户、运营管理人员和系统管理员。系统管理员负责整个系统的管理工作，对平台日常运行中的硬件、软件进行维护，因此在管理机制和安全保障方面具有相应的权限。运营管理人员负责供应链透明管理平台日常的运营工作，包括对供应链透明管理平台上的用户活动及用户间交易监督及管理，如监督管理相关企业的资质信誉、纳税情况、有无违法记录等，通过平台征收企业税费等；发布相关的法律法规，通过平台进行供应链活动的数据、企业的运作实情、需求方的需求信息的收集统计，根据获取的基本信息对区域内供应链布局、供应链预测进行分析，以便合理规划和设计物流布局等。因此运营管理人员在四大平台，即资源交易平台、供应链增值服务平台、综合服务管理平台以及运营支撑平台拥有相应的权限。政府工作人员通过基础信息平台查询、发布和统计相关供应链业务总体发展的宏观信息。商贸用户通过云计算的方式，以企业用户的身份通过门户进入到三大运营平台，即资源交易平台、供应链增值服务平台和综合服务管理平台，使用具有相应权限的系统软件，来完成具体的商务活动。普通的互联网浏览用户在注册登录后可通过供应链透明管理平台看到系统发布的有关数据。

（五）安全机制与管理机制

供应链透明管理平台中除了以上四个层次划分以外，还包括供应链透明管理平台安全机制与管理机制。安全机制与管理机制作为保障机制贯穿四个不同的层次，确保整个系统安全可靠、稳定高效的运行。安全机制与管理机制包括信息安全保障体系、物流标准规范体系、建设与运营保障体系等。信息安全保障体系采用权限管理手段、相应技术和管理体制等，充分保证系统信息等数据的安全；标准体系规范相关数据的设计、存储和传输；平台的建设与运营保障体系包括基于投资模式及运营模式的保障体系，维持平台的可持续运转。

第三节　供应链透明管理平台关键技术

供应链透明管理过程包括供应链各环节的数据采集、数据传输、数据存储、数据分析处理以及数据展示。要实现这个过程，必须采用相应的供应链透明管理技术。透明管理技术涵盖的面较广，涉及了自动识别、传感、数据中心、计算机、网络和通信等现代信息技术，如无线射频识别技术、GPS 技术/GIS 技术、电子数据交换技术以及移动商务技术等。

一、无线射频识别技术（RFID）

无线射频识别技术（Radio Frequency Identification，RFID），俗称电子标签，是一种非接触式的自动识别技术，可通过无线电射频信号识别目标对象并读写相关数据，而无须识别系统与特定目标之间建立机械或光学接触，识别工作无须人工干预。作为条码的无线版本，RFID 技术具有条码所不具备的防水、防磁、耐高温、使用寿命长、读取距离大、标签上数据可以加密、存储数据容量更大、存储信息更改自如等优点。

RFID 技术常用的有低频（125～134.2K）、高频（13.56Mhz）、超高频，微波等技术。RFID 读写器也分移动式的和固定式的，目前 RFID 技术应用非常广泛，如：食品安全溯源、物流 RFID 标签、公交卡、图书馆、门禁系统等。RFID 之所以作为供应链透明管理的关键技术，主要是实现了供应链物流透明化运作。

（1）信息精准采集是实现供应链透明管理的第一步，也是非常重要的一步，RFID技术能保证供应链原始信息（物流的数据、信息）采集的准确、及时可靠。供应链物流管理的效率、水平直接影响着企业的整个供应链效益的提升。和商流、信息流、资金流一样，物流信息、数据的可靠获取、有效传递是提升供应链效益的有力保障，也是实现供应链透明管理的前提条件。例如，厂商在产品外贴上RFID标签，标签发射的信号可自动、及时地阅读器识别读取，不需有人另外记录，即可精确的掌握商品的数量及状态（货架上的位置、时效、保质期、位于哪个仓库等）。采用人工或者条码技术可能获得不太准确的数据，从而给后面的供应链信息的传递、处理带来失真或出现重大的失误。

（2）RFID的应用除了能够提高商品信息的精确性、及时性之外，更重要的是能够使得供应链透明度程度大大提升。因为RFID系统可以实现商品从原料、半成品、成品、运输、仓储配送、上架、最终销售，甚至退货处理等，进行实时的追踪、记录，因此，不仅能提高自动化程度，而且可以大幅度降低人为的错误率，进而提高供应链管理的效率。

（3）RFID的单品识别与跟踪。这是RFID之所以成为供应链透明管理关键技术最重要的一点。RFID的存储容量大，确保了可以存储单品丰富的信息量，除了本身的产品信息，还包括了原产地信息、加工信息、物流状态信息、位置信息等，一切人们希望被了解和关注的信息都可以被写入和读取出来。由于RFID系统具有可视性的特殊能力，因此会使得供应链更加透明，更能够掌握跨供应链上的所有活动，同时也能有效减缓各环节需求及供给震荡情形，进而降低供应链中牛鞭效应的影响。总的来说，采用RFID技术实现供应链的可视化可以为企业带来很多好处：

①减少货物的丢失率：在整个供应链过程中，由于各种原因如盗窃、货物误放、货物损坏会造成货物莫名其妙的减少。

②减少手工操作：采用RFID可以减少手工操作和检查货物时间，并且可以降低人工操作的失误。研究表明：当仓库系统使用了RFID标签后可以减少40%的盘点时间。

③增加数据的准确性：对零售业来说库存的准确性一直都是很大的问题，这是由于采用传统的手工操作而产生的一系列错误。

④更快的异常处理速度：采用RFID技术能够提供及时、准确的信息以便管理者做出正确的决定，当今社会瞬息万变，谁最快的掌握了重要信息谁就抢占了先机，这也是采用RFID技术进行供应链透明管理的一个很重要的原因。

⑤便于进行信息共享：RFID能够加快供应链中的各个企业经常要交换信息速度，因为RFID能让这些信息交换自动化的完成，一旦流程自动化了之后能够减少很多手工操作，降低了出错的可能性，这样呈现出来的数据也就相对准确。

随着科技从互联网时代，进入移动互联网时代，进而步入物联网时代，RFID技术将获得更大规模的普及化应用。RFID将成为智慧物流领域的物品识别DNA，用于标示物流过程中的全部可能物品。

二、GPS/GIS技术与北斗卫星导航系统

全球定位系统（Global Positioning System，GPS）是美国从20世纪70年代开始研制，

历时 20 年，耗资 200 亿美元，于 1994 年全面建成，具有在海、陆、空进行全方位实时三维导航与定位能力的新一代卫星导航与定位系统。经我国测绘等部门近 10 年的使用表明，GPS 以全天候、高精度、自动化、高效益等显著特点，赢得广大测绘工作者的信赖，并成功地应用于大地测量、工程测量、航空摄影测量、运载工具导航和管制、地壳运动监测、工程变形监测、资源勘察、地球动力学等多种学科，从而给测绘领域带来一场深刻的技术革命。

随着全球定位系统的不断改进，硬、软件的不断完善，应用领域正在不断地开拓，目前已遍及国民经济各种部门，并开始逐步深入人们的日常生活。具有以下三方面的特征：

（1）全球，全天候工作：能为用户提供连续，实时的三维位置，三维速度和精密时间。不受天气的影响。

（2）定位精度高：单机定位精度优于 10 米，采用差分定位，精度可达厘米级和毫米级。

（3）功能多，应用广：随着人们对 GPS 认识的加深，GPS 不仅在测量、导航、测速、测时等方面得到更广泛的应用，而且其应用领域不断扩大，已发展成为供应链及物流运输过程监控的必备技术手段之一。

地理信息系统（Geographical Information System，GIS），是 20 世纪 60 年代开始迅速发展起来的地理学研究技术，是多种学科交叉的产物。地理信息系统是以地理空间数据库为基础，采用地理模型分析方法，适时提供多种空间的和动态的地理信息，为地理研究和地理决策服务的计算机技术系统，具有以下三个方面的特征：

（1）具有采集、管理、分析和输出多种地理空间信息的能力，具有空间性和动态性；

（2）以地理研究和地理决策为目的，以地理模型方法为手段，具有区域空间分析、多要素综合分析和动态预测能力，产生高层次的地理信息；

（3）由计算机系统支持进行空间地理数据管理，并由计算机程序模拟常规的或专门的地理分析方法，作用于空间数据，产生有用信息，完成人类难以完成的任务。

地理信息系统从外部来看，表现为计算机软硬件系统；而其内涵是由计算机程序和地理数据组织而成的地理空间信息模型，是一个逻辑缩小的、高度信息化的地理系统。

出于国家安全和成本考虑，我国独立研发了北斗卫星导航系统（BeiDou Navigation Satellite System，BDS）。北斗卫星导航系统是中国正在实施的自主发展、独立运行的全球卫星导航系统。系统建设目标是：建成独立自主、开放兼容、技术先进、稳定可靠的覆盖全球的北斗卫星导航系统，促进卫星导航产业链形成，形成完善的国家卫星导航应用产业支撑、推广和保障体系，推动卫星导航在国民经济社会各行业的广泛应用。

北斗卫星导航系统由空间段、地面段和用户段三部分组成，空间段包括 5 颗静止轨道卫星和 30 颗非静止轨道卫星，地面段包括主控站、注入站和监测站等若干个地面站，用户段包括北斗用户终端以及与其他卫星导航系统兼容的终端。

虽然 GPS 已广泛应用，但也绝非完美无缺。GPS 规模太大、造价太高；GPS 只能用作导航却无法实现通信功能，因而不能满足日益增长的用户需求。如果仅依赖 GPS，则容易受别人的控制。北斗卫星导航系统和 GPS 的区别主要在于两个方面，一方面是技术体制的区别，GPS 是一个接收型的定位系统，只转播信号，用户接收就可以做定位了，不受容量的限制。北斗卫星导航系统是双向的，既有定位又有通信，但是有容量的限制。GPS 是美国军方控制的军民共用的系统，对世界开放。我们中国人所说的使用的 GPS 是可以免费接收它的信号，但美国人并不承诺保证你的使用，他不收费，但没有承诺永远不收费。

另一方面就是它们的用途和特点是不一样的：GPS 解决了一个我在哪里的定位问题，比如在沙漠里，在海洋上。而北斗不仅仅解决了我在哪里，还解决了你在这里他在哪里的问题。北斗的用户终端实际上具有收发功能，而 GPS 只具有接收功能，它通过接收才知道位置，而北斗上具有收发功能，它的定位需要发射然后再得到位置，同时它的位置可能传给你也可以传给关心你的人，实际上北斗是具有一个定位和通信双重功能的设备，在用户群上是不一样的，接收的场合是不一样的。

2012 年 10 月 25 日，在西昌卫星发射中心，"长征三号丙"运载火箭成功地将中国第 16 颗北斗导航卫星发射升空并送入预定转移轨道。短短 8 年时间，中国完成了 16 颗导航卫星密集发射的壮举。经过一段时间组网调试运行后，系统将具备稳定连续地覆盖包括中国在内的绝大部分亚太地区的服务能力，为用户提供定位、导航、授时以及短报文通信等服务。在北斗卫星导航系统加紧布网建设的同时，北斗应用及其产业化步伐也在加快推进。而这些应用已经在某些方面便利了我们的生活。经过多年发展，北斗卫星导航系统已应用到交通运输、基础测绘、工程勘测、资源调查、地震监测、公共安全与应急管理等众多国民经济领域，在应急救灾中也发挥了重要作用。在物流领域，已有基于北斗卫星导航系统的"公路基础设施安全监控系统""港口高精度实时定位调度监控系统"等物流系统。新出的多家公司的多款汽车也已经配备了北斗便携式、嵌入式车载终端，完善汽车电子与导航系统。比如，广东基于北斗的公务车辆管理服务示范，为公务用车监管提供了新的途径，也取得了明显的效益。随着北斗卫星导航系统的不断发展和完善，北斗卫星导航系统在供应链及物流领域的应用将会成本更低、范围更广、更加成熟。

三、电子数据交换技术

电子数据交换（Electronic Data Interchange，EDI）是一种在企业之间传输订单、发票等作业文件的电子化手段。它通过计算机通信网络将贸易、运输、保险、银行和海关等行业信息，用一种国际公认的标准格式，实现各有关部门或公司与企业之间的数据交换与处理，并完成以贸易为中心的全部过程。它是 20 世纪 80 年代发展起来的一种新颖的电子化贸易工具，是计算机、通信和现代管理技术相结合的产物。国际标准化组织（ISO）将 EDI 描述成"将贸易（商业）或行政事务处理按照一个共认的标准变成结构化的事务处理或信息数据格式，从计算机到计算机的电子传输"。

EDI 在全球有多种技术标准，给各国的应用带来很多不便。经过多年发展，最初由欧洲提出的 EDIFACT 逐步发展成为获得国际大多数国家和机构支持的 EDI 国际标准，EDI-

FACT 成为统一的 EDI 国际标准已是大势所趋。UN/EDIFACT（联合国/行政、商业和运输电子数据交换）是由联合国制订的国际标准，本标准的维护和进一步发展的工作是通过联合国中心根据联合国欧洲经济委员会贸易便利化和电子商务（UN／CEFACT）标准发展而来。EDIFACT 标准提供了一套语法规则的结构、互动交流协议，并提供了一套允许多国和多行业的电子商业文件交换的标准消息。在欧洲，很多企业很早就采纳 EDI-FACT，所以应用很广泛。

由于使用 EDI 可以减少甚至消除贸易过程中的纸面文件，因此 EDI 又被人们通俗地称为"无纸贸易"。从上述 EDI 定义不难看出，EDI 包含了三个方面的内容，即计算机应用、通信与网络和数据标准化。其中计算机应用是 EDI 的条件，通信环境是 EDI 应用的基础，标准化是 EDI 的特征。这三个方面相互衔接、相互依存构成 EDI 的基础框架。EDI系统应用模型如图 5 - 2 - 11 所示。

图 5 - 2 - 11　EDI 系统应用模型

物流系统的信息由作业过程中的实时数据组成，包括购进物料流程信息、生产状态信息、产品库存信息、装运及新到订货信息等。对外需要与卖主或供应商、金融机构、运输商及顾客等就订货装运和相关单据事宜进行交流，而对内则可能用于生产领域的计划和控制方面等。这些处理都可以应用 EDI 技术来实现。根据《运输与仓储业务数据交换应用规范》（GB/T 26772—2011），运输与仓储业务电子数据交换平台结构如图 5 - 2 - 12 所示。

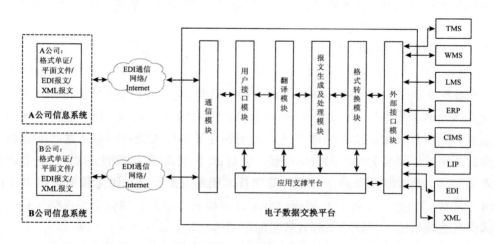

图 5 - 2 - 12　电子数据交换平台结构

传统的 EDI 技术在带来数据交换便利的同时，也存在着很难克服的问题：需要特定的增值网络（VAN），需要专门的软件，价格昂贵、耗时过长。

由于 EDI 蕴藏着巨大的社会和经济效益，因而对它的需求正飞速增长。随着 EDI 参与者的增加、EDI 应用部门的扩大（除与贸易直接有关的部门外，科技、情报、地质、气象、行政管理等部门都已或最终将开展 EDI 业务）和不同结构 EDI 应用系统的开发，为避免形成各种专业的、封闭的 EDI 孤岛，最大限度地发挥 EDI 的效益，这就要求 EDI 必须走向开放式。

随着互联网的普及和 XML 技术的广泛应用，基于 XML 格式的数据交换应用日益广泛，一些技术标准组织给出了新的 EDI 标准：Open – EDI（开放式 EDI）、XML/EDI、EDML、RosettaNet 和 ebXML 等。

ISO/ICE/JTC/EDI 特别工作组 SWG EDI 于 1992 年提出了 Open – EDI"开放式 EDI 的概念模型"。开放式 EDI 指的是"使用公共的、非专用的标准，以跨时域、商域、信息技术系统和数据类型的互操作性为目的，自治参与方之间的电子数据互换"。开放式 EDI 的概念确定了开放式 EDI 事务处理的概念、服务和关系的标准文本的集合，用于标识和协调现有的和将来的标准与服务概念模型，以实现全球 EDI 互操作。它的目的在于最大限度地满足各种应用领域的 EDI 参与方之间的交换需求，并力求使对专用协议的需求最小化，使互操作范围最大化。

开放式 EDI 概念模型又由开放式 EDI 参考模型和标准集两部分组成。

（1）开放式 EDI 参考模型。该模型提供开放式 EDI 中的事务协议服务和 EDI 支持服务的上下文结构和规则，被分为事务操作观点和功能/服务观点。

（2）标准集。标准集中的标准，指按参考模型中标明的需求制订的，并满足这些需求的标准。就开放式 EDI 而言，标准分为三大类型：①开放式 EDI 专用标准——为满足开放式 EDI 概念模型而专门制订的标准。②EDI 相关标准——为 EDI 制订，但不优先满足该模型需求的标准。③非 EDI 专用标准——为信息技术需求制订，但可用于开放式 EDI 的标准。

四、移动电子商务技术

移动电子商务（M – business 或 MobileBusiness）是电子商务的一条分支，移动商务是指通过移动通信网络进行数据传输，并且利用移动信息终端参与各种商业经营活动的一种新电子商务模式，是新技术条件与新市场环境下的新电子商务形态。

移动电子商务的兴起，其根源是手机、平板电脑等移动设备的机能越来越强大。移动领域目前是苹果公司 IOS（iPhone Operating System）和谷歌公司的 Android 两个移动操作系统独大，占领了 95% 左右的市场份额。移动电子商务具体的技术实现有两大主流方案，一个是移动网站，另一个是移动 APP（Application）。

移动网站是借助手机浏览器对 HTML（Hypertext Markup Language）网页的支持来实现的网页网站。HTML5 是最新版本的 HTML 标准，由浏览器来支持实现多媒体交互功能，因为 IOS 和 Android 都不支持 Flash，所以 HTML5 成为了移动上唯一可以实现多媒体动画交互功能的技术标准。

移动网站有别于 WAP（Wireless Application Protocol）网站。WAP 网站是针对早期移动功能机运算性能比较弱，网速比较慢的情况设计的，非常短小简单，标签代码也与 HT-ML 完全不同，能支持的显示效果有限，用户体验效果也非常弱。由于移动终端功能越来越强大，已能够跟传统 PC 的能力相匹配，WAP 网站就变得过时，所以在开发移动平台时无须考虑 WAP 网站。

移动 APP 根据不同的实现方法，又分为 Native APP、Web APP 以及 Hybrid APP。

（1）Native APP，也就是原生 APP，是完全基于移动操作系统开发的客户端程序。原生 APP 其实就是手机上的 Client/Server 结构软件。每个原生 APP 之间是相互独立的，没有统一标准可以产生直接指向内容的超链接。每个 APP 的数据也是封闭的，搜索引擎无法索引 APP 内部的数据和内容。用户还需要下载整个 APP 安装后才可以访问里面的内容。目前，出于安全考虑，只有原生 APP 的代码可以调用手机的摄像头、麦克等设备，以及消息推送。此外，目前原生 APP 的功能更强大，画面效果也最为精美流畅。原生 APP 也有很多缺点，比如经常性的升级、采用 C/S 结构以及不能被搜索引擎索引等。

（2）Web APP。早期由于原生 APP 开发难度和成本较大，所以简单的做法就是把电脑端的网站网页嵌入 APP 中，这就是 Web APP。Web APP 的优点是升级方便，缺点是体验和功能比原生 APP 差一些。未来的移动商务技术会跟电脑一样，由 C/S 结构转型转变为 B/S 结构，也就是从原生 APP 转变成 Web APP。

（3）Hybrid APP，也就是混合 APP，结合了原生 APP 和 Web APP 的各自优点。混合 APP 的主体结构用原生 APP 完成，这样主体操作流畅，等待载入时间短，UI 体验好，而且还可以实现摄像头、麦克、消息推送等功能。而其他部分需要经常更新的内容（可以随时更新，不需要客户手机上的 APP 更新），或者细节非核心功能（可以先低成本快速实现），或者需要可以被链接索引传播的文字内容（这样内容才能被转发传播出去，到 APP 以外的互联网上），全都以嵌入网页的形式来实现。目前国内的绝大部分巨头 APP 都是混合类型的 APP，比如淘宝的 APP 除了主体框架，其他大部分内部功能基本全都是内嵌网页的形式。

移动电子商务的特点：

（1）即时性：即时性是指用户的需求是突发的，并且希望可以立刻得到满足。就供应链透明管理平台而言，货主刚到一批货需要立刻运输，司机返程需要立刻获取返程货物，司机中途车抛锚需要找拖车等。

（2）碎片性：碎片性是指让用户可以在他非常零散、很短不完整的时间内，完成交互或使用，满足用户打发这些碎片时间的需求。典型的碎片时间是司机休息、等人这样的很短但用户又很无聊的时间。

（3）地理位置：借助手机可以通过手机信号定位用户当前所在的地理位置，甚至通过 WiFi 信号定位用户所在室内位置，帮助用户在物理世界中定位。

（4）摄像头：借助手机的摄像头，可以知道用户当前把摄像头对准的物体是什么，通过光学识别，识别出这个物体的信息，从而得知手机用户当前的意图和需求。

（5）麦克风：借助手机麦克风，可以听到物理世界里的声音，有些技术甚至音频与其他设备传递数据。

（6）运动：借助手机可以感应运动加速度，可以知道用户当前是否在运动以及运动的距离等。

移动电子商务由于其随时、随地、随心的便利性，与物流的实时流动性高度吻合，在物流领域得到了快速发展和大规模应用。目前，以运输管理平台为主的供应链透明管理平台，大多提供了手机 APP 供司机下载使用。在出租车领域补贴数亿元的滴滴打车和快的打车手机 APP 应用推广大战，更是体现了从 PC 时代，到移动终端时代的人口争夺大战的惨烈，为移动电子商务在物流领域的应用推广提供了很好的案例借鉴。

第四节　供应链透明管理平台数据中心建设

数据中心作为数据存储、处理、挖掘和集成的软硬件部署的场所，在供应链透明管理的运作中显得尤为重要。此外，诸如供应链协作上的其他业务，如信息服务、在线交易、数据挖掘等，都需要数据中心作为支撑。

传统的数据中心由于受传统机房设计思路的限制存在以下不足：建设周期长、管理与运营成本高、缺乏统一规划，重复建设现象严重、能耗严重、扩展和扩容难度大、能按需调拨和迁移、受地理位置和周边环境的约束大等。

云计算为解决供应链数据中心业务发展中碰到的问题提供了既符合当前发展需求又基于未来发展战略考虑的解决方案。通过"IT 即服务"（IaaS）的交付模式，云计算将大幅提高供应链数据中心中应用程序部署速度、促进创新和降低成本，从而对数据中心的建设产生如下影响：

降低供应链透明管理运作成本。云计算供应链透明管理数据中心不必再进行过多的硬件与软件的投资，只需根据业务需求租赁相应资源，而使用云计算供应链透明管理数据中心的最终用户的投资成本只包括连接期间的成本，避免了资源的过度供应或供应不足，从而提高了收益。

数据中心的灵活性、可扩展性进一步提高。通过云计算管理平台动态监控、调度和部署虚拟化资源池中的各种资源，并通过网络提供给用户，提高了数据中心资源的使用率和响应时间，降低了管理的复杂度，提高了运营维护的效率。同时改进了数据中心的扩展灵活性，当数据中心用户需要扩大资源时，新的资源随时能够加入到原有的云计算资源中，而不必重新部署。

云计算数据中心能够提供必需的资源满足客户动态需求，用户按需获取服务，供应链透明管理平台本身提高了自身设备的利用率，并且推动了节能减排的发展，实现绿色增长。

云计算提供的开放服务和平台服务能够提供更多的增值服务，拓展了数据中心业务的服务深度。

通过集中计算需求，轻量化终端负载，拓展依托于移动终端的业务。借助云计算技术，供应链透明管理平台有望实现数据中心业务的服务多样化、运营精细化以及资源利用最优化。

一、数据中心系统结构

供应链透明管理平台数据中心网络结构一般包括 3 个区域，分别是内网服务区、DMZ 区（外网服务器区）和内网管理区。如图 5 – 2 – 13 所示。

内网服务区主要部署供应链透明管理平台的数据库服务器、应用服务器等核心服务器及相关存储设备，是供应链透明管理平台管理、企业业务支持服务管理、数据交换和系统接口、供应链透明管理平台系统管理等业务功能平台的运行环境。内网服务器区是核心受保护区域，只有从内网管理区中的网管工作站才可以直接登录到内网服务区的服务器，DMZ 区（外网服务器区）和互联网的用户只能通过应用程序登录到内网服务器区的服务器。

DMZ 区（外网服务器区）部署供应链透明管理平台的 WEB 和邮件服务器，是平台对外宣传（平台门户）和邮件收发业务功能平台的运行环境。

内网管理区是内网服务器区的监控点，部署网管工作站，用于监控数据中心的网络环境、服务器性能等数据中心运行状态。

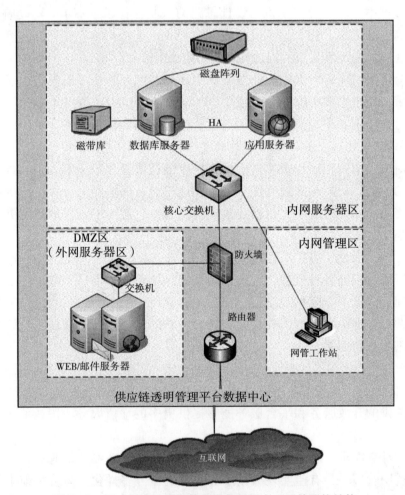

图 5 – 2 – 13　供应链透明管理平台数据中心硬件网络结构

供应链透明管理平台数据中心的网络硬件结构是平台正常运行的基础，为了减小系统宕机概率，可以使用双机热备机制，保障核心业务能够克服单点故障，提高系统的高可用性。供应链透明管理平台系统拓扑结构如图 5 - 2 - 14 所示。

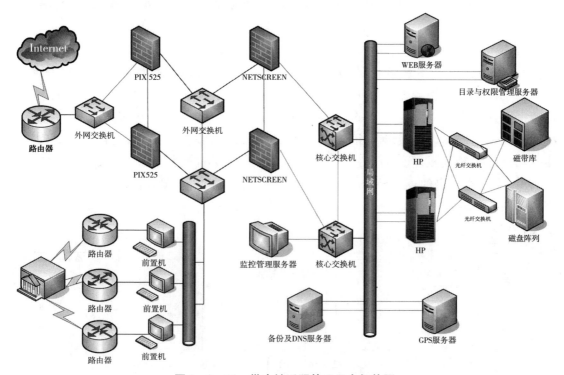

图 5 - 2 - 14　供应链透明管理平台拓扑图

二、数据中心技术路线

1. 应用模式选择

在信息系统开发领域，主要有两种应用模式，分别是 C/S（Client/Server）模式和 B/S（Browser/Web）模式。

C/S 模式也就是客户机和服务器的组合，在充分利用本地硬件的基础上，通过合理分配客户机和服务器各自的任务，确保系统畅通运行及成本的降低。C/S 模式的工作原理如图 5 - 2 - 15 所示。

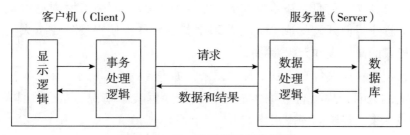

图 5 - 2 - 15　C/S 模式工作原理

C/S 模式的特点如下：

（1）C/S 模式把任务分为服务进程和客户进程，服务进程由后端机运行，客户进程由前端机运行。

（2）C/S 模式前端为用户的使用界面，后端是数据库和服务器。客户进程与用户交互，在 GUI（Graphic Unit Interface）环境下运行；服务进程与数据通过 SQL（Structured Query Language）实现联系。

B/S 模式是将 C/S 模式中的服务器分解为 Web 服务器和数据服务器，这样就形成了一个由数据库服务器、Web 服务器和浏览器组成的三层结构体系。第一层为浏览器，通过网页与中间层的 Web 服务器相联系。第二层是 Web 服务器，主要工作是将用户的请求操作转化成 SQL 语句交给第三层数据库服务器处理，再将数据库服务器返回的结果转换成网页的形式呈现给用户。第三层就是数据库服务器，处理第二层 Web 服务器发出的查询请求，再将查询结果返回给 Web 服务器。B/S 模式的工作原理如图 5 - 2 - 16 所示。

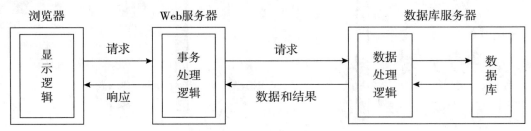

图 5 - 2 - 16　B/S 模式工作原理

与 C/S 相比，B/S 模式具备以下特点：

（1）作业灵活性增强。浏览器层、Web 层服务器、数据库服务器任务明确，降低了系统维护的难度与成本，同时系统的灵活性也随之增强。

（2）系统响应速度快。在传输过程中，Web 服务器端已经完成了复杂的数据处理，仅仅需要网络传输处理结果，网络资源占用少，这样系统响应速度就得到大大的提高。

（3）具备良好的适应性。B/S 模式所采用的传输协议为国际标准的 TCP/IP，协议一致方便用户拓展系统，或者与其他平台对接。而通用的 HTML 语言，使得无论选择哪家的产品，无论产品更新换代或者是升级，都没有问题。

（4）研发成本大大降低。B/S 模式的三层结构体系，前端采用浏览器软件，大大降低了服务器端程序界面开发的成本，而采用浏览器软件也使得硬件成本大大降低，综合两者，B/S 模式的研发成本大幅缩减。

综合而言，两种模式各有千秋，具体说来，如表 5 - 2 - 1 所示。

开发供应链透明管理平台数据中心时，应该根据实际情况，结合具体的应用软件、开发和维护成本来选择不同的应用模式。

表 5 - 2 - 1 　　　　　　　　　　　　　　　　两种模式对比

	C/S 模式	B/S 模式
客户端	需要开发大量的应用程序和界面，成本高，价格昂贵	仅仅需要浏览器，成本大幅缩减
数据复用的灵活性	需要专业的技术人员	复用灵活，网页设计人员就可操作
Internet/Intranet 支持	企业内外，不支持 Internet	支持连接 Internet
对用户的培训	要求：操作人员在上岗前，必须要熟悉相关应用程序的操作方法及性能	不要求：面向大众，几乎无须培训
研发效率	低	高
交互性	根据用户需求定制开发应用程序和界面，功能完善，交互性强	依靠浏览器提供的交互功能，功能有限
用户界面	单一，乏味	美观，整洁，时尚
安全性	高：点对点结构模式，一般只面向固定的用户群，对信息安全的控制能力强	低：开放式的结构模式，对安全的控制能力相对弱
网络流量	两层结构，网络流量低	三层结构，流量高
信息处理速度	数据直接返回，速度快	需要通过 Web 层转换，速度慢

2. 网页技术选择

在 B/S 模式下搭建动态网页的技术有多种，如 CGI、服务器 API、IDC、ASP 等，这些技术各有利弊。

（1）CGI 。公共网关接口（Common Gateway Interface，CGI）是所有服务器进行连接的基础，也是最成熟的技术之一。不过 CGI 在处理多请求时，容易造成系统资源浪费，而且会造成性能下降，响应时间增长。虽然 CGI 接口程序统一，但接口程序开发难度较大。

（2）API。应用程序编程接口（Application Programming Interface，API）是在 CGI 基础上进行开发的。它以动态链接库的形式提供服务，并使用 DLL 技术使进程变成了线程，从而使得性能大大提升。但由于 API 编程需要多线程、进程同步、直接协议编程等知识来进行编程，使得 API 技术的使用难度加深，从实用性角度来看服务器 API 并不实用。

（3）IDC。互联网数据中心（Internet Data Center，IDC），由于 CGI 效率低下，服务器 API 编程复杂，微软公司推出了基于 ISAPI 数据库接口 IDC。IDC 很好地解决了效率与编程复杂的问题。IDC 主要使用 IDC 脚本文件（.idc）和 HTML 模板文件（.htx）两种文件。

IDC 脚本文件：描述了数据库的访问方式、访问权限，记录了数据库操作，并将处理结果返还给数据库。

HTML 模板文件：就是将数据库查询结果展示给浏览器用户。

（4）ASP。动态服务器页面（Active Server Page，ASP）是 IIS 3.0 的新增功能，是对 IDC 的升级。ASP 只要有脚步驱动就可以使用任意 Script 语言，且它本身自带了 VBScript 和 Jscript 的驱动。ASP 通过将 Script 嵌入到 HTML 内，使 HTML 和 Script 可以同时开发。ASP 可以在装有 ODBC 的驱动服务器上通过 ADO 来操控数据库。ADO 自身的特点决定了 ASP 特别适合瘦客户端模式及其他 Web 应用的开发。

ASP 脚本的保存类型为 .asp，保存在 Web Server 中，当浏览器向 Web Server 提出 ASP 页面文件请求时，Web Server 会自动运行 ASP，并将请求的 .asp 文件由 ASP.dll 进行解释，然后在服务器上执行，最后将动态生成网页返回到浏览器用户。

由于 ASP 是在服务器端解释运行，所以，不存在浏览器是否支持对 ASP 的问题，同时服务器端的编程逻辑无法轻易了解，使得数据库的安全性大大提高。

3. 操作系统与数据库系统选择

B/S 模式管理信息系统的开发平台主要有两种，分别是基于 UNIX 和基于 Windows NT 的开发环境。

基于 UNIX 的开发环境，Web 服务器是采用 UNIX 系统平台兼做，可以选择使用 Oracle、Sybase 或 Informax 等大型数据库管理系统。基于 UNIX 的开发环境性能好，是大型企业开发的首选平台，但相应的开发成本较高，开发水平要求也比较高。

基于 Windows NT 的开发环境是以 Windows NT Server 为系统平台同时兼做 Web 服务器，数据库服务器使用 MS SQL Server 数据库管理系统。系统开发成本较低，技术难度不大，同时 MS SQL Server 与 Web 集成良好，在后续研发上具有优势，且自带 IIS，减少投资。全部采用 Microsoft 公司的产品，相互间配合良好，虽然总体性能上较差，但更加适用于中小型企业。

所以供应链透明管理平台的软硬件系统平台，可以根据平台的最终负荷来进行确定：高负荷方案，即服务器采用企业级服务器，操作系统采用 UNIX，数据库采用 Oracle；低负荷方案，即服务器采用高性能微机服务器，操作系统采用 Window 2000 Server，数据库采用 SQL Server。另外，随着开放源代码运动的不断深入，很多开源的操作系统和数据库也具备越来越强大的功能，能够满足大规模业务网站的系统需求，如 Linux 操作系统和 Mysql 数据库等，也是非常经济实用的选择。

4. 安全技术的选择

供应链透明管理平台由于其开放性的特点，使得平台的安全问题越来越重要。平台上数据传输的安全性直接影响到整个公用信息平台的正常运转。供应链透明管理平台的网络安全防卫方式应该将注意力集中在控制不同主机的网络通道和其所提供的服务上，网络安全防卫包括建立防火墙来保护内部系统和网络、运用各种可靠的认证手段（如一次性密码等），对敏感数据在网络上传输时，采用密码保护的方式进行。供应链透明管理平台的安全主要是保障计算机安全和信息传输安全，由这两方面来完成网络中各种信息的安全。其目的是确保通过网络传输和交换的数据不会发生增加、修改、丢失和泄露等。

（1）网络防病毒技术。网络的互联使得病毒的传播越来越容易，在网络环境下，计算机病毒具有不可估量的威胁性和破坏力。因此计算机病毒的防范也是网络安全技术中重要的一环，所以必须选择一个能够支持信息平台的杀病毒软件，并实现软件安装、升级、配置的中央管理及自动化。信息平台的杀病毒软件要尽可能保护平台所有的可能病毒入口，也就是说要支持所有平台可能用到的网络协议，能适应并且及时跟上网络信息的发展。在这方面，目前的杀毒软件如 Norton、McAfee、熊猫卫士等均可以支持所有的 Internet 协议，辨识出其中病毒。

（2）防火墙技术。安装防火墙是一种有效的网络安全机制，防火墙可以把外部网络和内部网络隔离，从而用于确定哪些内部服务允许外部访问，以及允许哪些外部服务访问内部服务，其准则就是：一切未被允许的就是禁止的；一切未被禁止的就是允许的，防火墙的主要技术类型包括网络级数据包过滤（Network – level Packet Filter）和应用代理服务（Application – level Proxy Server）。

（3）数据加密技术。与防火墙配合使用的安全技术还有数据加密技术，这是为提高公用信息平台及数据的安全性和保密性，防止秘密数据被外部破析所采用的主要技术手段之一。随着信息技术的发展，网络安全与信息保密日益引起人们的关注。除了从法律上、管理上加强数据的安全保护外，从技术上分别在软件和硬件两方面采取措施，推动数据加密技术和物理防范技术的不断发展。按作用不同，数据加密技术主要分为数据传输、数据存储、数据完整性的鉴别以及密钥管理技术四种。

（4）身份验证技术。身份验证（Identification）是用户向系统出示自己身份证明的过程。身份认证是系统查核用户身份证明的过程。这两个过程是判明和确认通信双方真实身份的两个重要环节，人们常把这两项工作统称为身份验证（或身份鉴别）。

三、数据中心建设项目管理

1. 数据中心建设项目管理原则

（1）组织原则。一套健全有效的组织和领导机构是贯彻项目意图和顺利进行工程实施的重要条件和保证。在项目组织机构中，需要明确项目组成人员、每一个成员的职责，以及各相关机构之间的接口关系，保证在项目实施过程中，人在其位、各施其责，确保项目有序地执行。

（2）管理和控制原则。在项目实施过程中，有效的管理控制是项目成败的关键。在项目实施过程中，对质量、进度、变更、风险、成本进行管理和控制，确保项目实施是一个可控的、"看得见"的过程。

①质量控制。项目质量是项目成功的生命线，质量控制经理将被授予较大的权力，具有质量否决权，任何技术方案和技术实施都要接受质量监控组的检查和审核，同时，项目的规范化实施也是保证项目质量的重要前提，任何个人和小组都要严格按照质量监控管理规范的要求执行。

②进度控制。进度控制由项目经理直接参与和负责，以保证项目如期完成。通过建立严格完善的项目进度报告制度、项目定期协调会议制度等来切实了解项目进展情

况，找出导致任务未如期完成的原因，并提出补救办法，预测下一步工作进度，将可能导致延误工期的事件提交项目领导办公会议讨论落实，最大可能地避免延误工期事件的发生。

③变更管理。在项目实施过程中，由于内部或者外部条件的改变，常常遇到需要变更需求的情况。此时，必须有一套行之有效的变更管理流程，以保证项目不会因为变更的原因而影响项目的实施。

④风险控制。风险控制是项目抵抗意外风险、降低风险损失、保证项目成功的重要保证之一。项目经理要及时发现各种隐患，提早预测可能发生的风险，要有足够的思想准备和办法对付可能发生的各种问题。对于预测到的各种隐患应提前做好应变措施。

⑤成本控制。成本控制也是本项目管理中的重要控制内容，项目管理要有严格的成本管理和控制制度，充分考虑设备采购、人员安排、人员待遇等一切要发生成本的因素，通过预算手段和严格审批制度，强化成本管理意识，确保整个项目在总体预算下付诸实施。

（3）标准化原则。在项目的建设过程中，建设团队需要强化项目流程、规程、文档的标准化管理工作。

在工程实施过程中，应主要参考 ISO 9001：2000 标准，在采购、安装、调试、验收、培训各阶段，做到计划和实施的文档化与规范化。

在应用软件系统开发过程中，应参照 CMMI L3 规范实施，在需求、设计、编码、调试、运行维护的各阶段，做到各项工作的规范化、文档化。

2. 数据中心建设项目阶段划分

数据中心的建设阶段主要包括方案设计、软硬件采购、设备到货安装、集成测试、试运行、正式上线运行。供应链透明管理平台数据中心实施的具体工作内容及工作产品如表5－2－2所示。

表5－2－2　　　　　　　　　　　项目实施阶段及内容

序号	阶段	工作内容	工作产品
阶段一	需求调研及运营指导	针对差异化需求进行实地调研，确定业务模式和业务流程，协助设计业务规则，确定业务需求	项目开发计划书 项目 WBS 与软件进度 软件需求规格说明书
阶段二	分析设计	根据业务特点和需求规范说明书进行系统分析和设计，详细设计后提交开发中心进行编码；提交可正常运行的门户网站。系统软件和网络硬件设备的订购。开发、系统工具培训	系统设计说明书

序号	阶段	工作内容	工作产品
阶段三	编码	根据系统详细设计进行编码。单元内测试	
阶段四	系统测试	整体系统测试，修正系统问题。系统软件和网络硬件安装、调试	系统测试计划和分析报告 系统测试用例
阶段五	系统部署	应用系统安装和部署测试	系统部署手册
阶段六	试运行	提交进行测试和模拟运行。应用系统管理和操作培训、运营管理培训	用户操作手册
阶段七	系统交付	试运行后将系统交付给客户，系统可以正常使用	系统维护手册 系统交付报告
阶段八	系统验收	系统最终验收	系统终验报告
阶段九	系统维护	包括功能修改、增加等应用系统升级和硬件扩容等	

第五节　供应链透明管理平台技术服务模式

计算机自诞生以来，在企业端数据中心的应用大体经历了最初的大型机时代、之后的客户机－服务器时代和今天的云计算（cloud computing）时代三个主要阶段。三个阶段计算机从集中走向分布，再走向物理分散、逻辑集中，体现了技术发展的螺旋式上升。

云计算技术是由并行计算、集群计算、网格计算技术，逐步发展演变而来的，如图5－2－17所示。云计算的"云"是对所提供服务的远端的互联网网络和计算设备的一种形象比喻，即用户不用再像以前一样关心提供计算机服务的具体地点、具体设备，只需要知道由远方的"云"来提供服务即可。

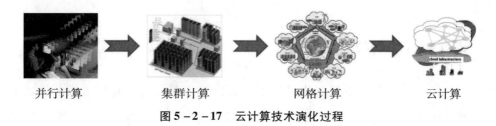

并行计算　　　　　集群计算　　　　　网格计算　　　　　云计算

图5－2－17　云计算技术演化过程

云计算是继从大型机到客户端—服务器之后，计算机体系结构和服务方式的又一次革命性变化。云计算是以服务形式交付的全面 IT 解决方案，它是基于互联网的相关服务的增加、使用和交付模式，通常涉及通过互联网来提供动态易扩展且经常是虚拟化的资源，它像电网传输电力和自来水厂提供自来水一样，以基础设施的方式向用户提供实时、方便、快捷、经济的共享资源和服务。

云计算概念自出现以来，尚未形成一个统一的定义。美国国家标准与技术研究院

...

（National Institute of Standards and Technology，NIST）定义：云计算是一种按使用量付费的模式，这种模式提供可用的、便捷的、按需的网络访问，进入可配置的计算资源共享池（资源包括网络，服务器，存储，应用软件，服务），这些资源能够被快速提供，只需投入很少的管理工作，或与服务供应商进行很少的交互。

云计算的灵活性在于能够按需分配资源，"云"中的计算机一起工作，各种应用程序使用同一计算能力集合，好像它们在单一系统上运行一样。云计算的服务模式示意如图5－2－18所示。因此，在云计算环境下，不再需要给任务分配特定的硬件，这会提高现有系统资源的利用率。在云计算出现之前，网站和基于客户机－服务器的应用程序都在特定的系统上运行，有了云计算之后，资源就集合为一台虚拟的计算机，在这种融合式配置提供的环境中，独立地执行应用程序，不需要关心任何具体配置。

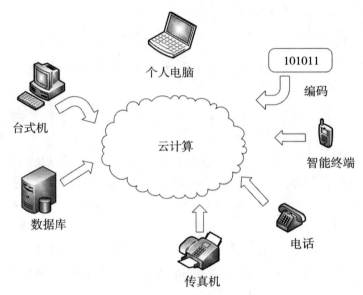

图5－2－18　云计算服务模式示意

一、基于云计算的技术服务模式

根据用户体验角度及技术服务模式类型，云计算主要分为三种技术服务模式：基础设施即服务（Infrastructure as a Service，IaaS），平台即服务（Platform as a Service，PaaS）和软件即服务（Software as a Service，SaaS）。

（1）基础设施即服务（IaaS）。IaaS主要是将虚拟机等资源作为服务提供给用户，它可以为用户提供按需租用的计算能力和存储能力。IaaS通过互联网提供了数据中心、基础架构硬件和软件资源。IaaS可以提供服务器、操作系统、磁盘存储、数据库和/或信息资源。IaaS的主要用户是系统管理员。最高端IaaS的代表产品是亚马逊的AWS（Elastic Compute Cloud），不过IBM、Vmware和惠普以及其他一些传统IT厂商也提供这类的服务。IaaS通常会按照"弹性云"的模式引入其他的使用和计价模式，也就是在任何一个特定的时间，都只使用你需要的服务，并且只为之付费。

（2）平台即服务（PaaS）。PaaS 以服务形式提供给开发人员应用程序开发及部署平台，提高 Web 平台上可利用资源的数量和效率。PaaS 提供了基础架构，软件开发者可以在这个基础架构之上建设新的应用，或者扩展已有的应用，同时却不必购买开发、质量控制或生产服务器。Salesforce. com 的 Force. com、Google 的 App Engine 和微软的 Azure（微软云计算平台）都采用了 PaaS 的模式。这些平台允许公司创建个性化的应用，也允许独立软件厂商或者其他的第三方机构针对垂直细分行业创造新的解决方案。

（3）SaaS（Software as a service，软件即服务）。SaaS 将应用作为服务提供给用户，采用这种服务模式，用户无须购买软件，由 Internet 提供软件，经过云计算分析处理的感知数据，由 Web 浏览器将应用和服务提供给用户。SaaS 是最为成熟、最出名，也是得到最广泛应用的一种云计算。可以将它理解为一种软件分布模式，在这种模式下，应用软件安装在厂商或者服务供应商那里，用户可以通过某个网络来使用这些软件，通常使用的网络是互联网。这种模式通常也被称为"随需应变（on demand）"软件，这是最成熟的云计算模式，因为这种模式具有高度的灵活性、已经证明可靠的支持服务、强大的可扩展性，因此能够降低客户的维护成本和投入，而且由于这种模式的多宗旨式的基础架构，运营成本也得以降低。

基于云计算的供应链透明管理平台技术服务模式构成如图 5 - 2 - 19 所示，由三个自上而下的部分组成：SaaS（Software as a service，软件即服务）、PaaS（Platform as a Service：平台即服务）、IaaS（Infrastructure as a service：基础架构即服务）。

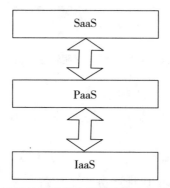

图 5 - 2 - 19　基于云计算的供应链透明管理平台技术服务模式图

基于云计算的供应链透明管理技术服务模式细化组成如图 5 - 2 - 20 所示。

二、软件即服务（SaaS）

软件即服务（SaaS）模式通过 Web 浏览器根据用户的需求为用户提供定制的应用及信息服务。由供应链透明管理平台提供和维护软件，用户随时随地都可以定制并使用其定制的相关物流服务。

这一技术服务模式主要是供应链透明管理平台能够提供的基本服务及应用，包括接

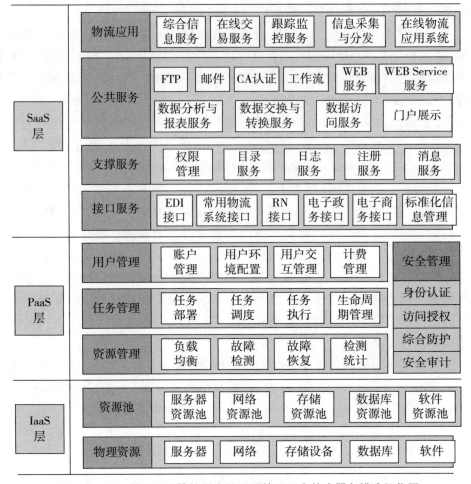

图 5 – 2 – 20 基于云计算的供应链透明管理平台技术服务模式细化图

口服务、支撑服务、公共服务和供应链应用服务：

（1）接口服务包括 EDI 接口、常用物流系统接口、RN 接口、电子政务接口和电子商务接口。

（2）支撑服务包括权限管理、目录服务、日志服务、注册服务和消息服务。公共服务包括 FTP 服务、邮件服务、CA 认证服务、工作流、WEB 服务、Web Service 服务、数据分析与报表服务、数据交换与转换服务、数据访问服务以及门户展示。

（3）公共服务和供应链应用服务包括综合信息服务、在线交易服务、跟踪监控服务、信息采集与分发服务、在线供应链应用服务等。

集成服务通过标准、流程、配套工具和方法将所有可重用的软件和数据有机地集成在一起，构造一个软件基础设施，进而提高系统的互操作能力。集成服务从软件的开发、运行和管理三个方面对软件装备化建设提供支持。

SaaS 的特点主要是成本低（因为用户无须购买软件，由 Internet 提供软件）、部署迅速、定价灵活。这一层主要集成支持物流服务各个分系统所提供的访问信息资源的接口。包括标准化信息管理、EDI 接口、常见供应链系统接口、政府电子政务接口、各种应用性电子商务接口和 Rosetta Net 应用通用接口：

（1）标准化信息管理：标准化信息管理是构建供应链透明管理平台很重要的一个环节。SaaS 服务模式更好的提供信息标准化的方案。标准化信息能够完成平台与平台之间，平台与系统之间的信息交换。标准化信息包括标准的分类信息、元数据信息、标准物流规范的定义及相关修改和维护的信息、标准信息的查询和下载信息以及标准版本的通知和订阅等信息。

（2）EDI 接口：EDI 接口主要用来完成电子数据交换系统的互连互通和格式相互转换。其主要信息服务包括提供 EDI 报文所需数据信息和读取 EDI 报文物流数据信息。

（3）电子政务接口：电子政务接口主要提供国家制定的政府电子政务标准的数据交换或转换服务的接口与国家四大基础数据库连接的接口。

（4）电子商务接口：电子商务接口主要提供现在国家制定的电子商务标准的数据交换和转换服务的接口与国家四大基础数据库连接的接口。

（5）Rosetta Net 接口：Rosetta Net 接口主要提供与 Rosetta Net 应用之间的数据交换/转换，产生基于 Rosetta Net 的数据或从 Rosetta Net 数据库中抽取所需数据的一系列的接口函数。

（6）常见物流系统接口：供应链透明管理平台可以为常见的供应链系统如运输管理系统、仓储管理系统、堆场管理系统和配送管理系统等提供一些对外的服务接口转换为 Web Service 服务，从而达到不同物流系统的集成。

三、平台即服务（PaaS）

平台即服务（PaaS）模式除了可以为 SaaS 层提供技术支撑，还可以把服务器平台作为服务提供给用户，主要提供管理及服务。对用户的管理包括用户的身份验证、用户定制服务、用户许可管理；对资源的管理主要包括负载均衡、资源监控、故障检测处理等。

这一技术服务模式包括四部分管理，即用户管理、任务管理、资源管理和安全管理。用户管理主要是识别用户身份、提供用户交互接口、创建用户程序的执行环境及对用户的使用计费等工作。任务管理主要是执行用户提交的任务，包括任务调度、部署、执行和生命期管理。资源管理主要是负责均衡地调配资源，对服务过程出现的故障进行检测并处理故障恢复系统正常运行，同时对资源的使用行监视并统计。安全管理主要通过身份认证、访问授权、综合防护和安全审计等环节来保障云计算设施整体的安全。

四、基础设施即服务（IaaS）

基础设施即服务（IaaS）模式主要是将网络基础设施作为服务提供给用户。IaaS 分为资源层和资源池层。

资源层，主要包括计算机、存储器、网络设施、数据库、系统软件及其他硬件物理资源。在云计算时代，可以通过现有的网络技术和计算机技术将分散的计算机组成一个超强功能的计算机集群，进行计算和存储等云计算操作。

资源池层，主要是指硬件虚拟化和应用虚拟化，通过构建资源池，可以实现具有一定功能的操作，但其本身是虚拟而不是真实的资源。通过软件技术来实现包括虚拟环境、虚拟系统、虚拟平台等相关的虚拟化功能。构建资源池主要是对物理资源的集成和管理。资源池包括计算资源池、存储资源池、网络资源池、数据资源池和软件资源池。资源池实现对物理资源的集成和管理。

五、供应链透明管理平台云服务模式的优势

供应链透明管理平台云服务模式与传统的服务模式相比，具有如下优势：

（1）用户体验角度。传统的供应链透明管理平台服务模式是将供应链透明管理平台作为整体统一面向用户的，每层之间的关系联系比较紧密，底下各层无法直接向用户提供服务；而供应链透明管理平台云服务模式三层是相互独立的，每一层都面对不同类型的用户提供服务。

（2）技术角度。传统的供应链透明管理平台服务模式中，层与层之间是继承关系，每一层不能脱离其他层单独存在。而供应链透明管理平台云服务模式中，三个服务模式不是简单的继承关系（SaaS 基于 PaaS，而 PaaS 基于 IaaS），因为首先 SaaS 可以是基于 PaaS 或者直接部署于 IaaS 之上，其次 PaaS 可以构建于 IaaS 之上，也可以直接构建在物理资源之上。IaaS、PaaS、SaaS 三者之间界限正趋于模糊，严格区分 SaaS、PaaS、IaaS 三者的区别是次要的。因为这三种模式主要涉及外包负载、人员开支管理、服务器及网络的软硬件维护等问题。从更高层面来看，供应链透明管理平台云服务模式三个层次都是为了解决用户的问题，都是为了业务而服务。比如，它们都试图为用户降低 IT 基础设施成本、充分发挥 IT 资源规模经济效益、提供强大的扩展能力。SaaS 服务模式与传统许可模式软件有很大的不同，它是未来管理软件的发展趋势。相比较传统服务方式，SaaS 具有很多独特的特征：SaaS 不仅减少了或取消了传统的软件授权费用，而且厂商将应用软件部署在统一的服务器上，免除了最终用户的服务器硬件、网络安全设备和软件升级维护的支出，客户不需要除了个人电脑和互联网连接之外的其他 IT 投资就可以通过互联网获得所需要软件和服务。此外，大量的新技术，如 Web Service，提供了更简单、更灵活、更实用的 SaaS。另外，SaaS 供应商通常是按照客户所租用的软件模块来进行收费的，因此用户可以根据需求按需订购软件应用服务，而且 SaaS 的供应商会负责系统的部署、升级和维护。而传统管理软件通常是买家需要一次支付一笔可观的费用才能正式启动。

（3）商业模式角度。传统的供应链透明管理平台服务模式主要采用自建的思路，类似于工业时代早期的工厂，自己配备自己的发电设备、自己的供水设备，各层的建设以自己搭建为主；供应链透明管理平台云服务模式采用更加开放的建设思路，类似于工业时代成熟之后，电力和自来水由负责基础设施的电厂和自来水厂统一提供，工厂只需要专注于自己的生产环节，供应链透明管理平台云服务模式的 SaaS 可以基于别的云计算服务商提供的 PaaS 和 IaaS 搭建，而不一定需要每层都自己提供，供应链透明管理平台云服

务模式的 SaaS、PaaS 和 IaaS 都成为用户的基础设施，为用户提供更加便捷化的服务。

（4）未来发展趋势角度。可以预见，未来的供应链透明管理平台将越来越多地采用供应链透明管理平台云服务模式，采用这种模式，能够与大数据、物联网、移动商务等技术更好地结合，将具备更好的可扩展性和适应性。

第三章　供应链透明管理实践——以易流为例

第一节　易流云平台简介

深圳市易流科技股份有限公司以运输全链条信息透明为切入点，致力于打造中国最大的公路运输产业链互联网平台，公司致力于提升中国公路运输产业的运行效率。是互联网和物流产业深度融合的应用典范。

为生产企业、商贸企业、物流企业等提供运输过程透明管理服务，具体服务内容有终端硬件、软件、管理系统及系统功能定制开发等，提升企业在运输管理上的信息化水平。为托运人、物流公司、司机、收货人等提供运单流转过程管理的 SaaS 服务，以 PC 端、移动 APP 端等多种方式，为物流环节的各个主体提供运单流转信息的透明服务，以便于各个主体对运单流转的管控，压缩运单流转周期，提高运输业务的整体效率。

易流云平台是深圳市易流科技股份有限公司为物流企业及货主企业打造的通过互联网提供服务的物流透明管理系统。该系统以卫星定位、移动通信、位置服务、地理信息系统、物联网、云计算、射频识别等先进现代信息技术为基础，依托互联网、移动互联网等技术手段，实现物流过程信息的移动互联和动态感知。

该系统提供对车辆行驶过程中的状态分析、异常情况监控、驾驶行为习惯分析及提醒等服务；使物流企业和货主实时了解车辆位置、运行状况、安全状态、驾驶习惯等信息；实时向司机推送目的地信息、道路信息、车辆状态、加油站推荐等信息，优化货运路线，提高车辆导航的精准性、安全性及高效性；提供对货车的历史轨迹分析，运营行驶分析，异常行驶分析，推动物流行业信息化应用水平朝智慧物流发展，如图 5 - 3 - 1 所示。

一、服务对象

深圳市易流科技股份有限公司自成立之初就坚持"专业、专注、专精"于物流行业的服务精神，公司服务的客户 99% 是各类物流运输企业，典型的客户有富士康、伊利集团、京东商城、中石化、中国平安、玖龙纸业、中海油、太原钢运物流、日通、圆通快递、申通快递等。

深圳市易流科技股份有限公司的客户群体的类型包括：

物流企业：快递企业，零担企业，冷链物流企业，城市配送物流企业，综合物流企业。

生产企业：食品生产企业，电子产品制造企业，能源化工生产企业，日用品生产企

图 5 – 3 – 1　易流云平台的登录界面

业，等等。

　　商贸企业：电子商务平台企业，连锁商超企业，连锁专卖店企业。

　　服务业企业：连锁餐饮企业，连锁洗衣店等。

　　在快递和冷链两个细分的物流行业，易流占据了主要的市场份额。顺丰、圆通、韵达、国通、全峰，等都是易流的客户。在冷链物流领域，郑明现代物流、荣庆物流、众荣物流等企业是易流的客户；全国的主要乳品企业及其承运商是易流的客户，已经于易流和合作的有伊利、辉山、银桥、三元、完达山等乳品企业，蒙牛、光明的承运商也有很多是易流的客户。

二、服务内容

1. 服务产品和功能

　　易流云平台的服务内容有"定位服务、轨迹回放、物流地图、车辆管理、报警系统、报表系统、充值缴费、业务办理"8 大核心功能。如图 5 – 3 – 2 所示。

　　易流云平台的首页由三个部分组成，即"车辆分布/运行状况"、上方"应用功能菜单/菜单导航栏"和右侧"快递导航栏"三个部分，如图 5 – 3 – 3 所示。

　　"车辆分布/运行状态"直观地反映用户企业的运力使用情况；"应用功能菜单/菜单导航栏"方便用户直接进入所需要操作的功能模块；右侧"快速导航栏"，也是便捷用户快速定位所需功能模块。

　　易流云平台菜单导航栏的内容：

　　定位服务：通常的位置监控管理，包括定位服务、轨迹回放、物流地图和视频监控。

　　轨迹回放：提供企业用户在线查询所属车辆的行驶轨迹，掌握车辆的运行记录。

　　物流地图：提供用户自定义信息的添加和修改窗口，包括物流网点、运输线路、进在这里您能做什么？

图 5 - 3 - 2　易流云平台的服务内容

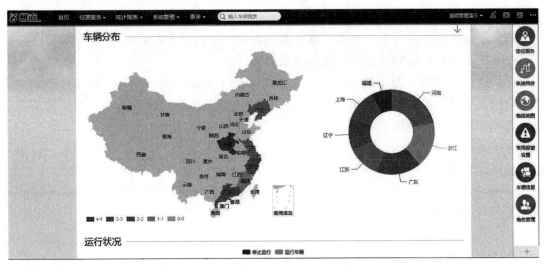

图 5 - 3 - 3　易流云平台的首页

出区域等信息，打造用户自有的物流地图。

车辆管理：提供与车辆管理相关的功能，包括车辆信息维护、司机信息管理及维护。

报警系统：提供用户物流管理规则的设定和查询和提醒服务。

报表系统：提供运输管理的相关信息统计报表，包括基础报表和扩张报表。

充值缴费：提供用户便捷、安全的在线缴费窗口，服务用户。

业务办理：更方便地提供用户日常业务的办理窗口。

2. 服务流程

安装在货运车辆上的车辆终端及智能传感设备实时采集、接收车辆运行过程数据，并通过移动网络和互联网、物联网等技术实现数据的在线传输、解析和存储，最终数据展示在易流云公共平台上；用户再通过 PC 端或者手机端通过互联网方式访问易流云平台，接受相关的应用服务。这就是易流云平台的服务流程。

具体来说，易流云平台是运用卫星定位技术、移动通信技术、地理信息技术、云信息技术、互联网技术把物流过程中关于车辆位置、里程、速度、线路、周边环境、路况等信息展现在互联网上，任何人只要访问 www. e6gps. com，都可以接受易流提供的运输过程透明管理信息服务，帮助物流/货主企业、车辆管理者（承运商）和车主、司机、客户对物流过程信息全透明，提升运输过程管理的效果。如图 5 - 3 - 4 所示：

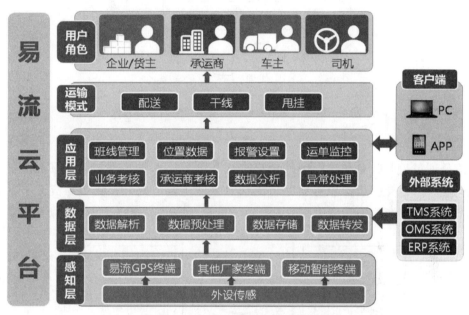

图 5 - 3 - 4　易流云平台的逻辑架构

三、赢利模式

1. 运营模式

易流的运营模式是运营商的运营模式，即通过终端信息采集，对数据进行加工，以平台的方式向物流企业、货主企业、个体车主提供运输管理平台的运营服务和信息服务。

易流的服务对象包括物流企业、货主企业和个体车主，服务方式是提供平台管理、平台服务和增值服务推送。平台管理，主要是向企业型客户提供相应的企业运输管理平台；平台服务，主要是以易流云平台为基础，向企业提供诸如驾驶行为分析、最优线路推荐、运力资源匹配等服务；增值服务，主要是围绕车辆的保险代理、加油卡代理等服务，如图 5 - 3 - 5 所示。

2. 赢利模式

易流是提供运输过程透明管理和物流信息服务的运营商，主要的赢利模式是运营服

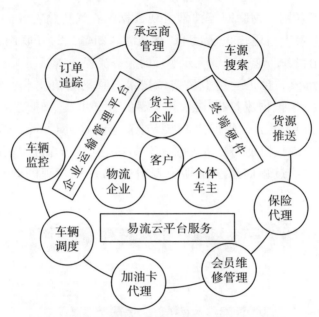

图5-3-5　易流云平台的服务对象与服务方式

务收益。

　　易流是通过运营服务和终端硬件销售来赢利的。从本质上讲，运营服务是赢利的主要方式，硬件只是支撑运营服务所必备的信息采集工具。此外，随着易流云平台客户用户数的增加，和物流相关的增值服务具有巨大的赢利空间。如图5-3-6所示。

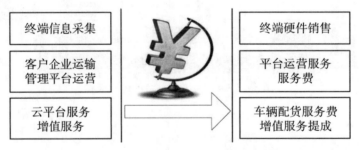

图5-3-6　易流云平台的赢利内容

第二节　易流云平台应用实践

一、通过透明管理管好司机

　　司机难管，几乎是所有物流运输企业主的共同心声。由于缺乏对司机和车辆运输过程的监控，导致物流企业对运输途中的车辆失去控制，以至于司机拉私活、虚报路桥费、绕道、超速等问题不断发生。

1. 拉私活问题

在物流管理实践中，"拉私活"是最常遇到也是最难管的问题。这种情况，一般发生在司机外出执行运输任务过程中。拉私活现象之所以得不到有效控制，一方面是因为无法获得司机拉私活的有效证据，无法对其进行监督管理；另一方面司机拉私活的机会太多，如果能够减小司机拉私活的机会，也能杜绝司机拉私活。针对拉私活问题，易流云平台采取的主要措施是：①在货运车辆上安装卫星定位车载终端和视频摄像头，如图5－3－7所示。②企业接入运输过程透明管理平台。③应用车载卫星定位终端全程采集车辆运输过程中的线路和停车点等信息，并对每一次停车和绕路都进行视频拍照（拉私活一般都伴随有停车和绕路发生）。④通过定位终端上的移动通信模块把以上数据打包后，传回运输过程透明管理系统进行数据处理。⑤数据最终展示在平台上，使得货主和企业管理者都能"看见"车辆的实际运输过程。特别是停车点细节（位置、时间）。这样，对于司机的拉私活行为就会起到一定的震慑作用。⑥还可以通过约束司机的驾车时间来达到目的。对于常用线路，可以约定运输时间，通过控制时间来约束司机，减小"拉私活"的概率。

图5－3－7 卫星定位车载终端和视频摄像头

2. 超速和疲劳驾驶

超速是造成交通安全事故的最主要因素，再加上我国货运市场一般都超载的现实，一旦超速，安全事故发生的概率大大提升。要防止超速，只要能实时获得司机的驾车速度，并把其限定在一定的范围内即可。针对超速问题，易流信息平台采取的主要措施是：①在车辆上安装卫星定位车载终端。②车载终端要接入与之配套的管理系统，接入后可以在该系统里设置车辆的最高驾驶速度，并设定超速报警提醒。这样，车辆在行驶途中，只要超速，立即报警。③此报警及时告知司机减速慢行；同时也要推送给监管部门，起到约束和监督司机的目的。

除超速外，疲劳驾驶也是公认的马路杀手。疲劳驾驶一般是因为司机长时间驾驶，得不到良好、充足的休息而引发的。可以通过限制司机单次驾驶时间的方法来促使司机及时换岗和休息，防止疲劳驾驶。司机疲劳驾驶报警的技术原理类似超速报警的原理，不同的是控制的不是行车速度，而是司机连续驾车时间。要获得时间，需安装具备IC卡打卡功能的车载卫星定位终端，并要求司机一人一张IC卡。司机在每一次驾驶时，需先打卡，此时打卡器记录打卡时间和打卡人信息。另外，记录打卡人可以对司机进行驾驶资质审核，防止没有资质的人员驾驶车辆，造成危险。有利于规范驾驶员队伍。然后，在管理系统中设置司机连续驾车时长和一天累计驾车时长阀值。如单次驾车不得超过4小时，一天总驾车时间不得超过12小时等。如超出，即刻报警，并推送到监管部门。这样，每一个司机在驾车期间，计时器自动计时，一旦超时，立即报警提醒换司机或休息。

3. 随意绕行

随意绕行发生的主要原因是缺乏对运输过程的细化管理，无法明确知道司机是否正在绕路，绕路的原因是什么，是故意绕路还是不得不绕。只要能够获得司机真实的运输过程数据，特别是绕行时的运输线路和道路状况信息，把司机绕行过程透明监控起来，使得每一次绕行都有据可依，这样就能使司机感受到绕行行为是被监督的，真正起到约束司机，减少无谓绕行的行为。易流平台解决随意绕行问题的具体步骤是：①安装卫星定位车载终端并接入运输过程透明管理系统。②应用卫星定位实现对运输过程线路的全程监控。③追踪车辆的运输线路、道路路况、周边环境信息。④对于车辆长期重复较高的线路，可以设定固定运输线路，绑定运输车辆。⑤一旦车辆偏离此约定线路，系统立即报警提醒，并实时推送。

4. 虚报路桥费

路桥费是物流运输企业的第二大成本。企业对于路桥费的管理都是通过发票完成的，司机每次过收费站都会产生费用和票据，票据会详细记录下费用产生的站点、时间、线路、金额等数据。但因为无法准确获知车辆经过这些收费站的准确信息，所以无法对这些票据的准确性进行验证，导致司机虚报有机可乘。易流通过采集车辆在运输途中经过收费站点的时间、地点、线路等信息，然后与路桥费票据做比对，筛选出虚假票据。具体步骤是：①安装车载卫星定位终端并接入运输过程透明管理系统。②应用系统定位功能追踪车辆运输线路，特别是经过收费站点的时间、线路、速度等信息。③用得到的数据和票据上的时间、收费站点信息对比，出入较大者作假的可能性也大。

二、通过透明管理降低企业成本

企业运输成本的构成因素很多，大致包括油耗成本、路桥费成本、车辆折旧成本和人力成本，其中最主要的就是油耗和路桥费。影响油耗的因素有运输线路、司机驾车习惯等。导致路桥费虚高的一个重要原因是路桥费的虚报。虚报路桥费问题的解决方案已在前面提出，在此不再赘述。

1. 运输线路影响油耗

线路里程和路况会对油耗产生直接影响，为此企业一般会选择路况较好，较经济的线路作为常用运输线路。企业在确定经济线路时，一般通过"派人跟车"的办法。首先，根据企业运营实际，选择多条运输线路，分别多次派人跟车，走完运输全程，详细记录每一趟运输过程、每一条运输线路的所用时间、所花费用等，通过对比数据，筛选出用时最少、花费最省的运输线路，并以此作为该方向上的固定运输线路，一般不允许司机绕行。但由于运输过程之中，司机通常会选择较利于自己的线路，这样就有可能造成绕路或者走在路况不好的线路，势必造成额外的油耗支出，给企业造成利润损失。为解决司机私自绕路而造成企业利润受损的情况，可以通过卫星定位技术全程监控车辆运输线路，对于偏离规定线路的行为进行数据采集，并展示到监控中心，使得司机的行为得到监督。易流信息平台针对运输线路影响油耗问题，采取的主要措施是：①在运输车辆上安装卫星定位终端，并接入到终端数据处理中心。②规划车辆行驶的固定线路。③全程应用定位技术全程跟踪车辆，一旦发现车辆偏离线路，立即报警。④把报警信息推送到平台公共监控中心。

2. 驾车习惯影响油耗

司机驾驶习惯会对油耗造成影响，如频繁的变速超速，长时间的停车不熄火。虽然一两次不会造成大的差异，但当车辆数量巨大，运输时间累积到一定程度时，差距就十分明显。据行业内人士测算，按照常规的驾车习惯行驶比驾车途中过多的停车不熄火和超速等比起来，平均可以节约油耗6%～8%。

司机在日常行驶过程中，频繁的超速和停车不熄火的根本原因是管理者缺乏对司机驾驶行为的监督和约束，致使司机驾驶行为随意性过大。要想改变这一现状，就必须实现对司机运输过程的实时关注，把司机的行为约束在一定的规则范围内，最终达到约束司机行为，节油降耗的目的。易流信息平台针对驾车习惯影响油耗问题，采取的主要措施是：①安装卫星定位设备并接入运输过程透明管理系统。②设定车辆的最高驾驶速度和停车最长等待时间。③全程追踪车辆的行车速度和停车时间。④一旦发现超速行为和停车不熄火超时，立即报警提醒司机，并推送信息到监控中心。⑤统计司机的超速次数和停车不熄火次数，形成数据报表，以备考核。

3. 降本增效

通过运输过程透明管理，实现了对运输过程的油耗成本和路桥费成本的有效管理，降低了企业的成本支出。另外，通过实现运输过程透明管理，还可以实现运输过程信息的快速流动，对提高单据处理效率，保障运输节点时效性，提高企业的信息化处理水平。

传统的物流运作中，企业的单据处理依靠人工，人工的速度限制了单据流的速度。并且人工传递单据的方式被局限在上下游之间，其余供应链环节无法同时获知单据流的数据内容，造成业务流程的信息孤岛，阻碍了企业经营效率的整体提升。通过应用运输过程透明管理系统，借助现代先进的信息技术，可以实现单据信息的实时采集和传输，并且可以实现供应链各环节的信息共享，大大地方便了企业的单据处理。同时，技术化的传输手段保证了单据信息的准确和公正。另外，运输过程透明管理系统通过对节点信息的及时、准确传递，使得各个节点之间的时效安排更加科学化、人性化，在提高节点时效性的同时，更加促进了司机的工作热情和认真态度，加深了司机对企业的认同感和荣誉感。

三、通过透明管理保障运输安全

任何行业，安全都是第一要务，物流运输行业也不例外。但因为行业区别，不同行业之间安全管理的侧重点有所不同。如食品冷链运输行业，运输环境温度是管理重点；贵重物品运输行业，货物偷盗丢失是管理重点；危险品运输行业事故预防和及时处理是管理重点。但无论是什么行业，行驶安全都是运输安全的基础。

1. 行驶安全

行驶安全主要跟司机的驾驶习惯、车况路况、天气原因等因素有关。其中最主要的影响因素就是超速、疲劳驾驶、路况。超速和疲劳驾驶已在前面介绍，路况方面，对于一些路况较差的路段，例如过于颠簸、急转弯多、陡坡过长过陡的路段，一般为事故多发地点，如果车辆行至这些路段而没有提前减速慢行，很有可能发生类似侧翻、冲撞等交通安全事故。要提前减速慢行，就要司机事先知道这些路段路况信息，这就需要通过一定手段把运输过程中的线路路况信息（特别是事故多发点处）及时采集，并及时告知司机，达到提前提醒司机的目的。易流信息平台采取的具体措施是：①在运输车上安装卫星定位车载终端和语音播报设备并接入易流运输过程透明管理系统。②在易流运输透明管理系统的电子地图上标注这些危险区域。③设置危险区域距离预警，可设置500米。④车辆在运输过程中，系统会自动计算车辆与以上区域的距离，当距离小于约定距离时，系统自动下发危险信号提醒。⑤提醒信息以语音形式发送给司机，通知司机提早减速慢行，减小危险发生的概率。

2. 冷链运输行业

我国每年由于食品腐败变质而造成的经济损失达千亿元。造成食品腐败的主要原因就是温度失控。防止温度失控，就是要保证温度始终处于一定的范围内。所以根据货物的最佳运输温度，设置合理的货仓温度范围，一旦货仓温度超限，立即引起报警。易流信息平台解决超温的具体措施是：①冷链运输车辆应是具备冷机设备且保温效果良好的特定车辆，除安装车载卫星定位终端外，另需在货仓内安装用于采集温度的温度探头。②车辆需接入易流冷链运输管理系统，并通过系统设定车辆货仓温度的阀值。③车辆在行驶途中，温度探头不间断采集货仓内温度，并与设定温度比对。④如发现温度超出限定值，系统立即发生温度超限报警，并推送给货主企业和监管部门。⑤同时记录超限温度发生时的温度、时间、位置等信息。

除了超温问题，冷链运输还要关注冷机的使用，因为会直接关系到温度，但也会加大车辆的油耗。所以在实际运输中，部分司机为了省油会发生运输途中私自关闭冷机的现象，造成车辆在两端制冷，在中途不制冷的现象，即把所谓的"冷链运输"变成"冷端运输"。所以企业都把关注冷机全程制冷作为检验温度管理的一项重要内容。易流信息平台解决立即开关的具体措施是：①装有车载卫星定位设备的冷链运输专用车辆接入易流冷链运输管理系统。②易流冷链运输管理系统在整个运输过程中不间断采集冷机的开关状态。③对于运输中途的冷机状态变化全程记录，细化到开关时间地点、当前温度等。

3. 高货值物品运输

货物偷盗一般较多发生于运输较贵重的物品时，贵重物品运输一般都通过封闭车厢运输。另外一种，如煤炭等物资一般通过普通车厢运输，常易发生如煤炭被偷盗现象。运输过程中的偷盗常发生在较偏僻地区，一般通过打开车门来完成。对于此类运输的安全防范，一方面要注意避开偏僻地域（危险区域）；另一方面要严格管理车门的开启位置，把所有非限定区域的开门均视为非法操作，并及时报警。这样就能杜绝绝大部分不法行为，即使发生了偷盗行为，也能通过运输历史记录快速追溯，迅速获取相关的作案证据。

易流信息平台解决区域外开门报警的具体措施是：①对于封闭式车厢，一般运输贵重物品较多，门磁（用于检测车门开关）和摄像头是标配。当然也要安装卫星定位车载终端并接入易流运输过程透明管理系统。②在电子地图上划定货物装卸的地点区域，并设置此地点外的开门均为非法操作，会报警。③一旦车门在非限定区域被打开，门磁立即感应通知司机车门被打开，同时驱动摄像头拍照。④即使发生偷盗现象，也可以通过回放视频拍照的方式快速查找线索，快速处理。⑤也可以限制车辆的停车位置，通过减小停车来降低偷盗发生的概率。

易流平台解决偏移线路报警的具体措施是：①企业根据实际情况，选择最佳运输线路。②把该线路作为车辆的固定运输线路，并通过系统与车辆形成绑定关系。③应用卫星定位技术全程追踪车辆的运输线路，并与规定线路比较。④若车辆偏离此规定线路，系统立即报警提醒，并推送到监管平台。⑤系统在报警车辆偏移时，还记录偏移的时间、地点、线路等信息。

煤炭运输过程中煤炭被盗现象十分普遍，严重影响企业利润和行业形象。根本原因是企业对运输过程管理的失控，所以要想解决必须实现运输过程的透明化管理。一般煤炭的卸载过程都需要通过液压油泵来支撑完成。每完成一次卸煤液压油泵都要开启和关闭。所以可以通过限制液压油泵的开启地点来防止偷煤行为。易流平台解决液压报警的具体措施是：①安装车载卫星定位终端并接入液压信号线。②终端接入到易流运输过程透明管理系统。③在电子地图上划定企业经常装卸货的区域并限定为固定区域。④通过系统设置"区域外液压开启报警"。⑤监督液压的每一次工作过程，对于不在限定区域内的报警。⑥记录车辆的每一次区域外液压报警信息，作为管理的依据。

4. 危运行业安全管理

危险品运输行业的安全管理尤为重要，因为它关系到人民生命财产安全，是企业和各级主管部门下狠心管理的领域。一般来说，影响危险品运输安全的因素很多，每一个细节的疏忽都有可能造成巨大的安全隐患。大致可以分为事故预防和事故处理两个阶段。危险品运输必须以预防为主，通过预防，最大限度地减小安全隐患发生的概率。为积极预防，易流采取多种手段，如车况检查、司机检查、线路优选、停车点优选等。

停车点管理：对于危险品运输过程中的停车点，应该被严格限制。一般应尽量远离生活区、火源、加油加气站、收费站以及人烟密集的地方，最好选在比较空旷的地方。为保证司机均能按照此规则停车，减小安全事故发生的概率，易流通过技术手段监控停车过程，对于不在此区域内的停车视为危险停车，报警提醒监管部门。易流平台解决停车点管理问题的具体措施是：①把装有卫星定位设备的危险品专用车辆接入到易流危险品运输过程透明管理系统中。②应用 LBS 技术和 GIS 技术在电子地图上标注企业特定的停车区域为停车安全区域。③在易流危险品运输过程透明管理系统上设置"区域外停车报警"。④应用卫星定位技术，全程跟踪运输过程，特别关注停车位置。⑤一旦发生安全区域外停车，立即报警并推送到公共平台，并记录停车延续时间和位置。

运输线路约束：除停车点被约束外，运输线路也被加强管理。运输应尽量避开市区主道，易拥堵的道路和路况较差的道路。为此，企业一般都会限定运输线路，防止司机故意绕行而造成隐患。易流平台解决运输线路约束问题的具体措施是：①企业选定车辆运输的最佳线路并限定车辆必须照此行驶。②应用定位技术全程追踪此运输过程，一旦发现车辆偏离固定线路，即可报警。③报警信息实时推送到公共管理平台。

对于已经发生了安全事故的车辆，如何快速、高效地降低损失和危害以及科学、有序地进行事故处理是考验企业管理能力的关键。为提高企业事故的处置效率，易流信息平台提供以下方法：

事故现场全景实时反馈：对于已经发生安全事故的车辆，除司机和押运员极力抢救之外，若险情难以处置，还需及时寻求专业消防抢险组织的帮助。这就需要及时提供最真实，最有效，最全面的现场信息。易流通过在车辆上安装视频摄像头以及其他传感设备，实时采集现场信息，并通过网络传回处置中心，以寻求最科学的处置意见。易流平台解决事故现场全景实时反馈问题的具体措施是：①在车辆上安装卫星定位车载终端，视频摄像头等。②对事故现场进行全景视频拍照，并和当前位置、周边环境、车辆状况、司机状况信息进行及时上传。③这些数据被实时传输到处置中心，供专业人员查看，为科学决策提供数据支撑。

科学处置方法及时推送：当专业人员收到真实的现场信息之后，通过现场分析，给出最科学，最及时的处置意见和建议，并把这些意见及时传回给现场操作人员，使得操作更加科学、高效，从而最大限度地降低企业的经济损失以及对周边环境的危害。

四、通过透明管理保障运输时效

现代物流运输企业的竞争已经不单单是企业规模和资产的竞争，越来越多的更倾向供应链效率和客户服务品质的竞争。而这两者的竞争都涉及一个核心问题，即时效管理。时效管理已经成为企业市场竞争力的重要方面。相比之下，谁能够更快速地响应市场需求，更快速地将需求转化为优质的产品和服务，并迅速占领市场，谁就能够长期占有行业话语权，就能在激烈的市场竞争中赚取更多的利润。物流运输行业的时效管理分为车辆运输过程的时效管理和货物进出场站的时效管理。车辆运输过程中的时间主要由车辆在途停车时间和线路行驶时间构成。货物进出场站时间主要由车辆进出场站前排队待检时间和货物检查过程耗费时间构成。

在途停车超时报警：车辆运输途中的时效延误主要由于司机过多的停车次数和每次无约束的停车时间。只要把司机的运输过程都监控起来，并对停车次数和停车时间做严格的限制，对于超过此约束的停车行为，可以通过报警的形式主动推送到监控前台，以达到规范司机停车的目的。易流信息平台解决在途停车超时报警问题的具体措施是：①全程定位车辆运输过程，追踪每一次停车行为。②设置停车超时报警，如对超过3分钟的停车记录报警停车发生的时间，位置和时长。③判定停车是否超时，若超时则报警提醒司机和监管部门。

运输线路优化：除在途停车外，绕行也是造成运输时间浪费的因素。一般来说，企业都会根据实际运输情况，筛选出一条最经济的运输线路，并规定司机必须按照此线路行驶，但在实际运输案例中，司机总会出现因为绕行而造成运输时间浪费的现象，给企业造成损失。要解决这个问题，易流通过卫星定位技术手段全程监控运输线路，一旦出现车辆偏离，立即报警告知企业监管部门，达到监督司机的目的。易流平台解决运输线路优化问题的具体措施是：①企业筛选出最优的运输线路。②设置车辆必须走这条运输线路，否则视为偏离线路。③全程追踪车辆，若发生偏离线路，则报警。

进站信息提前互通：在实际运输过程中，由于车辆与目的收发货场站信息沟通不畅，常常会出现场站有时过于清闲，有时却十分繁忙和拥堵的情况，没有很好地发挥出场站的最大效益。最好的情况是当车辆靠近货运场站时，码头调度人员能及时地获得当前进出场站的车辆数目；场站也可以及时判定车辆的预计到达时间，并且提前做好接车准备。这样既避免拥堵，又提高了车辆流转的效率。易流信息平台解决进站信息提前互通问题的具体措施是：①在运输车辆上安装车载卫星定位终端。②在货运场站部署能接入该设备信息的调度管理系统。③实现车载设备与调度系统的互联互通。④设定车辆距离场站2千米时场站信息与车辆运输信息交互。⑤司机收到场站车辆情况，场站获得车辆即将进站的详细信息，提前准备，提高效率。

货物检查时间优化：货物进出场站的验收过程是很花费时间的，特别是检验手段比较落后时。随着自动化技术和网络技术的快速发展，接货过程的信息化水平也明显提高。如 RFID 射频识别技术和条码技术在接货领域的广泛应用就是一个十分典型的例子。射频识别技术是通过射频信号自动识别对象的，识别过程快速、实时、准确。它具有读取距离大，存储信息更改自如的优点，适用各种领域以及工作环境。在接货过程中，只要通过读写器扫描货物身上标签，就能获得货物的所有信息，也可以批量扫描，简单快速。条码技术也已经广泛应用于接货过程中。一般说来，货物的外包装箱上都有条码，在分拣货物时只要用条码扫描器对准条码自动识别就行了，扫描信息会利用计算机与射频数据通信系统实时传回到仓储系统，快速方便。

五、通过透明管理管好外协车辆

在我国近30年来的经济高速发展过程中，物流运输业也得到长足发展，但目前我国物流企业普遍规模仍然较小，九成企业仍属于小微型企业，企业自有车辆平均不到3台，在竞争中明显处于劣势。在旺季，当货源充足并导致临时性的运力供给不足时，寻找有效运力是一件非常紧迫的事情。这时购车显然不太划算，于是外招社会车辆就是一个明智之举，这部分车辆称为"外协车辆"。外协车辆就是车辆产权属于车主，但依靠物流企业资质运营。因为物流企业并没有车辆的所有权，所以造成物流企业对外协车辆的管理难度加大。但是，企业可以根据手中掌握的运输业务来有效管理外协车辆。要求司机如果要想获得运输业务，就必须服从企业的管理调度。

如要知道冷藏箱和冷柜的运输温度是否达标，危险品运输车辆有无按照限行地域行驶，运输线路是否符合规定，就必须把这些如温度、停车、线路等数据全程采集，并实时显示在监控网络上，使得企业能够随时随地的掌握车辆的运输过程，做到运输过程对监管者全透明。易流平台解决外协车辆问题的具体措施是：①提供便携卫星定位车载终端并接入运输过程透明管理系统。②全程采集车辆的运输过程信息，特别是管理企业关注的如温度、停车、线路等。③在系统上设置运输环境参数，如温度报警、停车报警、线路偏离报警。④全程采集，实时推送运输过程信息到监管中心。⑤对于运输中出现的违背运输要求的行为，系统全程记录和反馈，作为奖惩的依据。

六、通过透明管理提高企业调度效率

车辆调度是物流企业运输活动中最基本的一个环节。其以方便运力和货物匹配为目标，实现对运力的有效管控，达到运输路程最短、费用最小、耗时最少等目标。提高调度效率会对整个运输过程效率起到积极的推动作用。归纳起来，调度手段落后和调度的针对性不高是影响调度效率的主要原因。

调度手段的落后会直接影响到调度的整体效率。长期以来，我国大部分物流企业的调度工作都依靠电话调度。首先，电话调度一个车辆需要 5 分钟，如果 100 台车需要调度，就需要至少 8 个小时，调度效率十分低下。其次，在电话调度中司机总会屏蔽掉对自己不利的信息，致使调度人员无法获取运输过程的真实情况，给调度的准确率造成影响。最后，由于车辆在行驶中各种情况都有可能发生，司机并不一定会立即回复调度人员的调度指令，这种情况下调度人员只能重新打电话，重新调度。对于车辆数较多的情况，这种重新调度的情况会十分普遍，严重影响调度效率。

调度效率不高的另一个重要原因就是调度的针对性不高。调度最好的情况是根据货源的具体位置，调度距离最近的车辆形成运力，但在实际依靠电话调度的方式中，因无法获得车辆的真实位置、线路等信息，无法准确确认到底是哪些车辆距离最近，常常是调度人员依靠个人经验地毯式的电话沟通，从中筛选出合适的车辆实施运输业务。调度效率太过依靠个人经验，调度效率差别很大。

由上面分析得知，当前调度效率不高的原因主要包括调度手段的落后和调度的针对性不高。传统电话调度手段落后，易流通过建立运输过程透明管理调度信息平台，利用平台短信群发的形式来实现批量调度。调度的针对性不高的问题通过地图定位货物周边车辆位置的方式，快速筛选出需要调度的车辆，缩小调度的范围，减小调度难度和调度压力。易流平台提高企业调度效率的具体措施是：①调度人员首先定位车辆当前位置，查看距离货源位置最近的车辆详细信息。②筛选出最适合的运输车辆，通过平台上的短信功能下发调度任务。③这些调度任务通过网络技术，最终展示在所选车辆的多媒体终端上。④司机通过多媒体终端查看调度任务也可通过语音收听，并及时反馈确认结果。⑤每一条调度指令都有存底，既是对司机的执行约束，也是对调度人员调度质量的考察。

通过以上第 1~2 步，解决了调度的针对性问题，通过 3~4 步实现了调度的信息化和科学化。其实，调度要想出效率，彼此配合才是关键；调度人员必须学会把调度命令与司机的实际诉求结合起来，改变之前简单的行政命令式工作方式，向主动推送服务方向转变。

七、通过透明管理建立企业诚信评价体系

改革开放助推了经济的快速发展，同时也助长了很多人的投机心理，诚信缺失是一个非常严重的社会问题。诚信缺失，对于物流行业来说，更是关乎行业规范、健康发展的重大瓶颈所在，物流行业的诚信管理具有十分现实的意义。物流行业虽然经过近几年的快速发展，但行业"小、散、乱、差"的现状并没有根本改变，行业内诚信缺失的现象时有发生。

究其原因，是因为物流企业无法对运输过程实施全程可控制、可查询、可追溯、可评价的管理方法。如果物流企业整个运输过程对用户企业都公开、透明，并且允许其对每一个环节都可以自由评价，这就会对其企业诚信制度建设形成正向监督和引导，促使其向好的方向发展。建立良好的企业诚信体系，还需要强有力的制度进行保障，具体可以从以下四点考虑：

1. 建立企业严格的运输过程透明管理制度

物流企业的诚信缺失，常表现为运输过程中货物被偷、被抢，甚至车辆与货物一同消失。要想重建信任，就必须解决类似弊端，还企业一个"公开、有序、透明"的经营环境。之所以会发生这种不法行为，归根结底是企业缺乏对物流运输过程的公开、透明监控和管理。从而使得不法分子有机可乘，给企业信誉造成损失。

要实现对运输过程的全程透明管理，首先须能实时采集到车辆的行驶位置、途经线路等相关信息。要知道车辆在哪里停过，停了多长时间，距离下一个路口还有多远以及货物是否安全，车门是否被打开过，在哪里打开等。等这些信息被实时采集后，可以利用移动互联网络进行在线传输，最终实现可以在互联网上实时展示，此时只要通过网络就可以看到车辆的实时运输过程，实现运输过程的实时在线和同步，达到对运输过程的透明监控。

建议物流企业把透明管理作为企业管理的核心，贯彻于企业管理的方方面面。主要包括实施车辆透明管理、司机透明管理、货物运输过程透明管理三个方面。其中，车辆透明管理包括车辆证照管理、车辆使用管理、维修管理、轮胎管理、费用管理等。司机管理即驾照证件管理、驾驶习惯管理、司机打卡管理等。货物运输过程透明管理是指运输线路透明、运输人员透明、运输费用透明、货物自身信息透明如品类、名称、数量、大小、重量、运输条件等统统透明。要想把以上透明管理落到实处，需建立可执行的制度保障，用制度约束企业实践运输过程透明管理。

要建立管理制度，势必会牵扯到部门之间的利益，为了保证制度的顺利进行，需要前期进行大量、细致认真的企业管理实际调研，发掘并归纳企业管理中存在的问题，制

定出合理的制度和措施方案，并一定要赢得企业管理层核心成员的支持。

2. 建立企业运输过程透明管理诚信档案制度

建立司机诚信档案，重点是要获得司机在运输过程中的诚信信息，如是否按时到达、是否保质保量、是否有违规操作甚至有甩货及骗货的信息。这就要对运输过程实时监督和管理，如果出现类似甩货或者骗货现象，运输过程透明管理系统需全程记录到违法细节，并实时把此违法细节推送到货运三方，加大其违法成本。具体步骤：①在车辆上安装门磁、视频摄像头、卫星定位终端等设备。②全程记录车辆的停车过程，包括时间、位置等。③约束司机的停车时间和驾驶线路，超出限制则立即报警推送。④记录报警数据并为此司机建立诚信档案。

当企业掌握了司机的这些违规细节，如违规的时间、地点、牵扯人员时，就能对司机做出相应的处罚。并建立司机违规的详细档案，包括发生时间、地点、牵扯人员、负责人、造成损失、赔偿名目、处罚明细等。并且这种档案会一直跟随司机伴随整个任职过程，这就会对司机造成一定的监督和警示作用。通过这种诚信管理制度实现对整个司机队伍的诚信档案管理，进而推进整个企业的整体诚信体系建设。

司机的诚信档案管理是一个动态的过程，是司机长期的驾驶习惯和行为的集中反映。企业只有不断地升级每一个个体的诚信体系，企业诚信体系建设才能得以发展和完善。只有切实建立了企业诚信档案管理体系，企业之间合作才能真正平等，企业才能长期赢得伙伴信任，合作才能长久，企业利润才会有好的保障。

3. 建立企业运输过程透明管理诚信评价体系

允许用户公开、自由地评价企业的产品和服务，是企业诚信评价体系建设成熟的重要标志。提供用户自由的评价渠道，倾听来自用户的声音，才能真正了解到自己产品和服务的缺陷所在，才能更好地提升产品质量和服务水平。

要提供用户畅通的评价渠道，就需要以企业信用信息的公开、共享为前提。在物流企业中，这部分信息更多的是指企业在以往运输历史中是否存在违规，是否按时按点、是否安全到达、是否有违规操作，有无存在的甩货、骗货现象。而这些信息的公开和共享就是基于运输过程的信息透明。

4. 注重积累自身日常经营数据，用数据为诚信体系背书

物流企业借助信息技术实现自身物流业务和物流活动的透明化和信息化，不仅仅是帮助企业提升了自身的物流信息化水平，更是为企业实现了物流活动的数据化积累和记录，为实现企业从经验管理向数据管理打下坚实的基础，意义重大。

所以，物流企业从现在开始，就需要注重积累自己的业务数据和流程数据，帮助用户全面了解自己，了解自己的经营历史和经营信用，用数据证明自己的优势和实力，为自己背书；另外，也可以用数据准确定位自身业务运行过程中存在的问题和弊端，并找到针对性的解决方案不断优化改进，加速自身产品的服务和核心竞争力。例如，有了数据，用户才知道你以往最擅长哪个领域、都服务过哪些客户，客户服务评价如何，这样才能帮助客户消除顾虑，建立信任，赢得客户。

第三节 易流云平台应用典型案例

一、某全球最大的电子产品代工企业易流云平台应用案例

某全球最大的电子产品代工企业，在珠三角、长三角、环渤海、中西部等多个地区都有工业园区。仅以珠三角某园区为例，每天的运力需求量在 200 辆至 300 多辆卡车，其中一百多辆的运力为浮动需求。该企业在全国范围内的一级承运商就有几十家，可直接签订承运合同。二级承运商则有好几百家，是由一级承运商将承运合同的任务分解给其他不具备国际贸易进出口资质的物流公司。因为一级承运商的自由运力不能够满足企业的运输量。

该企业对承运商有严格的要求，所有承运该企业货物的车辆必须安装固定式的车载卫星监控设备，并且在承运的过程中能够让企业的物流中心实时监控。该企业因上游企业的要求，从出厂到出口口岸的过程中需要全程的实时视频监控。如何组织和管理好这么多承运商，这么多承运车辆，该企业引进了由易流提供的透明管理平台。

登录界面如图 5 - 3 - 8 所示。各个承运商都有易流云平台的账号，而且这些承运商的车辆都在相应的账号下由易流所提供的监控服务。一旦某车辆承运该企业的货物，该企业物流中心就通过平台的"跨公司监控"功能监控到所有的车辆。一旦承运结束，承运商可以在平台上解除跨区域监控。

图 5 - 3 - 8 该企业系统登录界面

二、某乳品制造企业易流云平台应用案例

国内某著名乳品企业，旗下涉及有原奶、酸奶、液态奶、冷饮等多种产品类型，需要采取的运输方式和乳品品质安全的保障措施也不相同。而且，涉及的承运商也好几百个。

该企业原奶运输需要全程的拍照监控，以防运输过程中原奶被偷、被加水等，确保原奶品质。其成品奶运输需要全程的冷链监控，对承运商的承运要求严格。为加强管理上监控力度，以及与承运商的协同力度，该企业引进了易流的技术支持，打造了一个个性化的透明运输监控平台。

该企业的承运商都拥有一个易流云平台的登录账户，在这个账户下享受易流所提供的监控服务。其登录界面如图5-3-9所示。一旦车辆承运该企业的业务，平台就启动了跨公司监控机制直到承运结束。该平台与上一案例企业平台的不同之处在于，该企业的成品奶销售订单可以在监控平台上直接生成运单并将运单派发给相应的承运商，从而实现对运单的全程监控。这不仅满足该作为承运商的VIP客户的监控需要，也满足承运商日常的运输管理需要。

图5-3-9 登录界面

第四节 易流云平台经验启示和未来的发展

运输过程透明管理是深圳市易流科技股份有限公司率先在物流行业内提出的旨在优化物流运输过程的管理理念和操作办法，该理念运用卫星定位技术、移动通信技术、地理信息技术、云信息技术、互联网技术把物流过程中关于车辆位置、里程、速度、线路、周边环境、路况等信息展现在互联网上，任何人只要可以上网，都可以通过访问互联网

实时获得运输过程的最新信息，使得运输过程对物流企业、车辆管理者和客户全透明，提升运输过程管理的效果。

实质上，以上提到的运输过程透明管理只是基础层面的信息透明，只是实现了物流活动中人、车、货、仓等物理信息的透明。如果继续深入，物流业务、物流网络、物流供应关系都可以实现透明。这就引出易流提出的物流透明的三个层次。

第一个层次，即上面提到的物流作业过程中涉及的人、车、货、仓等物理信息的透明，易流把这个层次定义为透明 1.0 状态。

第二个层次，物流单据流转过程的信息透明。即物流流程上各个环节的信息透明，以及物流网络节点的信息透明，属于逻辑信息的透明。易流把这个层次定义为透明 2.0 状态。

第三个层次，供需信息的透明。包括供应链组织过程的信息透明，需求链形成过程的信息透明，以及基于供应链、需求链的产业信息透明。易流把这个层次定义为透明 3.0 状态。物流透明 3.0 的内涵是指基于全产业链的信息透明，实现需求拉动和有效供应，实现物流与各个行业（产业）及各种生产经营活动的高效协同，实现广泛的社会资源优化配置。

需要注意的是物流透明管理的三个层次实质上是一个渐进式的、持续发展的过程。对目前我国的物流行业来讲，夯实物流透明 1.0 是当务之急，在此基础上有条件的企业开始进入物流透明 2.0 阶段，最终实现全产业的物流透明 3.0。

物流透明是个持续的过程，需要我们脚踏实地，从基础层次扎实地向前推进，只有不断积累，物流透明管理的硕果才能成熟。

参考文献

［1］罗辉林. 物流智联网［M］. 北京：机械工业出版社，2011.

［2］陈佳编. 信息系统开发方法教程［M］. 北京：清华大学出版社，2005.

［3］冯耕中. 物流信息系统［M］. 北京：机械工业出版社，2009.

［4］冯耕中，李毅学，华国伟. 物流配送中心规划与设计［M］. 西安：西安交通大学出版社，2011.

［5］吴勇，冯耕中，王能民. 我国典型物流公共信息平台商业模式的比较研究［J］. 商业经济与管理，2013（10）.

［6］冯耕中，吴勇，赵绍辉. 物流公共信息平台理论与实践［M］. 北京：科学出版社，2014.

［7］JON LASSERA，DEBORAH THARINGER. Journal of Adolescence［J］.2003，2（26）：233 - 244.

［8］严红. 配送中心可视化管理理论与实践［D］. 上海：上海交通大学工业工程，2003：4 - 6.

［9］张峰. 可视化技术在供应链管理中的应用研究［D］. 上海：同济大学软件工

程，2006.

［10］黄滨，石忠佳，刘军飞. 物流透明 3.0 理论体系 ［EB/OL］. 深圳：易流科技股份有限公司，2015.

［11］孙炜，万筱宁. 电子商务环境下我国农产品供应链体系的结构优化 ［J］. 工业工程与管理，2004（5）.

撰稿人：西安交通大学管理学院教授　冯耕中
　　　　深圳市易流科技股份有限公司董事副总裁　黄　滨
　　　　西安交通大学管理学院博士　吴　勇

第六篇

优秀案例

案例一　苏宁云商：从博弈到共赢的供应链变革

丢失一个钉子，坏了一只蹄铁；

坏了一只蹄铁，折了一匹战马；

折了一匹战马，伤了一位骑士；

伤了一位骑士，输了一场战斗；

输了一场战斗，亡了一个帝国。

这是一首普通的西方民谣，却可以形象地比喻供应链在企业竞争中所起的核心作用。

英国著名供应链管理专家马丁·克里斯托夫说过："真正的竞争，不是企业与企业之间的竞争，而是供应链与供应链之间的竞争，市场上没有企业，只有供应链。"

一、C2B 带来的革命

（一）全新生态

麻省理工学院的斯特曼（Sterman）教授做了一个著名的试验——啤酒试验。在这个试验中有四组学生分别代表消费者、零售商、经销商和厂家，由此形成一个简单的供应链。试验要求：任何上、下游企业之间不能交换任何商业资讯，只允许下游企业向上游企业传递订单，消费者只能将订单下给零售商。结果表明：由于链中各节点企业之间资讯的不对称以及为了追求自身利益的最大化，造成需求资讯在供应链内部传递时失真了。

这不是一个偶然的现象，据调查，即便是在惠普、IBM 和宝洁等知名企业中，同样存在着上述类似现象。

供应链的概念是在 20 世纪 80 年代末被提出的，近年来随着全球制造的出现，供应链在制造业管理中得到普遍应用，成为一种新的管理模式。

供应链管理的关键就在于供应链各节点企业之间的联结和合作，以及相互之间在设计、生产、竞争策略等方面良好的协调。如果供应链上的所有节点企业都采取能促使总利润提升的行为，则供应链的协调性就会得到改善。供应链协调要求供应链的每个节点企业都考虑自身行为对其他节点企业的影响。

苏宁最早形成独立的供应链体系，是在 2005 年上线 SAP/ERP 时期，当时设置了供应链、采购管理、计划、财务和结算等部门，但前 3 个部门的工作基本上都穿插在一起，虽然一直有专人负责，但主要是给领导们提供数据支撑，没有融入管理流程当中。采购和销售人员既不知道供应链的发展方向，也不知道怎么去做，对供应链的概念和规划都很不清晰。苏宁迫切需要学习先进的供应链管理知识。

2006年，与索尼工厂的深入合作给了苏宁非常大的启示。那时的索尼，全线产品的市场占有率高达40%以上，在零供关系上说一不二。但索尼在供应链上的做法，让苏宁的供管经理们印象深刻。

第一个是选品。这就相当于押宝，押对了就赚钱，反之就赔本。面对索尼繁杂的产品链，必须打起十二分精神，挑选出可能受消费者欢迎的产品。

第二个是出货量。索尼不是马上把库存统统发出，而是根据对经销商的8周滚动预测和商品售价的预测来做出量产判断，最后确定发货量。比如，苏宁有时候要1000件商品，可能日本工厂只发来200件。由此看来，日本人其实是玩"饥饿营销"的"鼻祖"之一。

第三个是解决滞销问题。索尼产品在入库后60天里仍卖不出去，就被其视为滞销，苏宁就需要马上和索尼协商，列出一套完整的促销方案，确定滞销品是作为赠品还是马上降价，其中降价又分为整库降价和部分降价。

和索尼打交道的过程非常辛苦，但由此也让苏宁学会了日本工厂的供应链管理方法。2008年，苏宁开始着手进行了几项改进。

首先是参考国际同行和内部实际来明确几个重要的管理指标，比如周转天数、滞销问题、存销比等。其次是在存销比上，把几个事业部的进销存表全部统一为一个模板，大家每周拿出一次公司层级和产品层级的二维度存销比数据，然后据此决定进货量。实行这一套模板之后的第一个效果是整个库存结构得到优化；第二个是效率有了比较明显的提升，货品周转天数得到了大幅压缩。

（二）供应链平台融合机制

通过几年的调整打磨，苏宁内部供应链体系日趋完善，因此才能在日后与外部供应商进行类似C2B供应链对接时，做到无缝对接，游刃有余。

传统的B2C平台企业同质化竞争严重，在商品品类、商业模式上雷同，并没有形成基于消费者的差异化竞争模式。而这种来自市场端的同质化竞争，又天然地传导到零售商与供应商之间的关系上，势必造成零供关系的紧张。

2009年苏宁启动营销变革以来，构建起全新的互联网零售生态圈，和上游企业共同研究商品和用户需求、提升供应链效率成为必然。O2O渠道价值的重塑，一定会带来苏宁供应链的巨大变革，如图6-1-1所示。

基于对苏宁综合实力现状的全面认知，在经过对供应商和销售平台关系的深层次思考后，苏宁云商集团董事长张近东形成了自己的认识："要深层次变革供应链的合作模式，改变过去以谈判博弈为主导的模式，并向以用户需求为驱动的商品合作模式转型。"

这意味着，苏宁要改变传统商务模型，不再是以B（生产者）为核心，不再从B出发到C（消费者），而是从根本上颠倒B和C的位置，以C为核心，从C到B，实现"生产者与消费者之间关系的逆转"。

实际上，这种C2B模式符合互联网时代的用户主权原则，是一种个性化定制和柔性化生产模式，它的要求是个性化需求、多品种、小批量、快速反应、平台化协作。

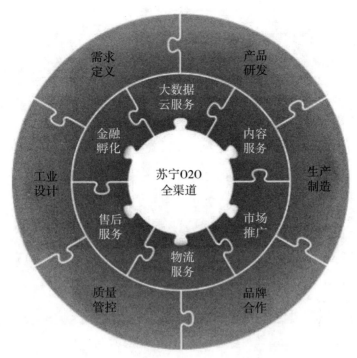

图 6 - 1 - 1　苏宁 O2O 全渠道功能辐射

与之相应，传统企业间的多层次交易模式也开始向互联网扁平化模式迁移，以信息共享为主要推动力，改变了过去从建立最初印象，到货比三家，再到讨价还价、签单和交货、补货，最后到客户服务的漫长流程，苏宁与供应商逐渐从博弈走向了融合。

新的供应链平台则以 SCS（供应链系统）为基础，采用 B2B 电子商务技术手段，实现苏宁与供应商的供应链从流程到信息的协同管理。解决上下游供应链之间存在的各种缺陷，实现提高反应速度、降低交易成本、降低库存水平、缩短供货周期、增加企业利润、实现双赢等目标。然而在具体实施 B2B 供应链信息化管理系统时，又分别按三个阶段进行：

第一阶段，信息集成阶段，通过供应链各方的数据交换，达到数据共享的目的，使得供应链双方具有一定的透明度；

第二阶段，协同商务阶段，在信息共享的基础上，利用新技术，通过供应链各方业务流程的协同运作，达到整合和优化供应链的目的；

第三阶段，适应网络阶段，在信息共享和协同商务的基础上，通过智能的手段，使供应链各方的合作更加密切，对市场的响应也更快、更好。

互联网大数据技术让更灵活的供应链关系成为现实。TCL"么么哒"手机与 S - TV（苏宁为您而定制的彩电）计划就是苏宁供应链 C2B 变革的探索案例。

（三）1 分钟售罄 10 万台

包销定制是指新产品在上市之前，品牌提供商会向几家意向性销售商介绍手机性能，了解大家对产品的上市预期，然后打包给有最佳销售方案的销售商，做唯一的全渠道

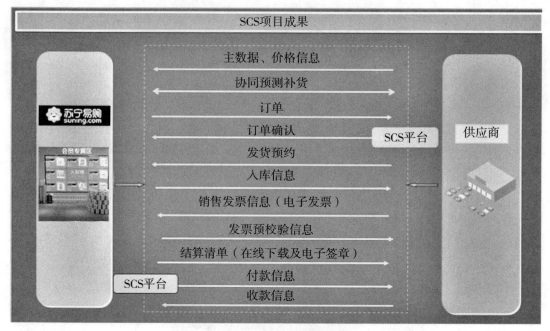

图6-1-2 苏宁 SCS 项目成果

销售。

　　在这种模式中，赢家不完全取决于所承诺的销量，它是一个涉及产品生命周期的全盘最优考虑，其中包括每个量级大概的销售时间、每个时期的提货量、当月消化预计、尾货期和利润等变化情况，把这些事情全部谈妥后双方再签订单品采购协议，按照承诺的节奏来订货。这样，在供应链上省去订货环节，改为苏宁直接对接手机制造工厂，双方共同完成从手机的生产上市到完成售卖的供应链全流程。

　　2014 年 4 月 1 日中午 12 点 30 分，TCL "么么哒"手机在线开售，仅仅 1 分钟，10万台手机售罄。此后"么么哒"的每一次发售，都被抢购一空。

　　10 万台的首期投放量，仅相当于大餐开始前的一道开胃菜，苏宁易购紧急开启第二轮"么么哒"手机的预约通道，并与 TCL 工厂连夜沟通增加了生产线，保证"么么哒"手机 4 月 9 日第二轮抢购的到货量。

　　600 万台、700 万台、1000 万台……这是 2014 年 TCL 旗下网络品牌"么么哒"手机在苏宁三次预约呈现的火箭飙升式的走势，它体现的是用户对该手机的喜爱和追捧。

　　该款手机从 2014 年开始一直做到 2015 年，现在进入包销定制的第三期"么么哒3"。2015 年 2 月 1 日，TCL 集团董事长李东生亲自率领集团高层来到苏宁南京总部。在此之前，创维、美的、康佳、夏普和先锋等主流家电企业的老总们，相继成了张近东的"座上宾"。

　　李东生和张近东的见面，既是一次老友会，更是两家企业的深度战略合作商洽。

　　就在李东生来访苏宁总部一周前，TCL 在企业内部发文称"加速推进'智能+互联网'转型战略和建立'产品+服务'的新商业模式"，李东生对于战略转型的执着，让

TCL 管理层不得不赶在春节前提早出击。

李东生的"双 + 战略"首先瞄准的是苏宁的线上渠道，其中一大原因，就是"么么哒"手机的一炮而红。

为了在 2015 年复制类似"么么哒"的经典营销案例，双方决定围绕着线上增长、产品反向定制、精准会员营销以及金融、物流、智能家居等方面展开战略合作。

双方达成共识：TCL 成立单独对接苏宁的电商团队，初步规划安排 30 人的电商团队常驻南京苏宁总部，打造极效协同的办公理念。同时，双方将建立常态化、个性化的线上促销机制，持续稳定地加速线上发展。

苏宁 2015 年将在三、四级市场布局 1500 家"苏宁易购服务站"，也与 TCL 推进的 O2O 融合之路不谋而合。TCL 作为知名家电品牌，在三、四级市场有着广泛的影响力和知名度，其希望联手苏宁共同推进服务站的建设，打通农村市场最后一百米，通过品牌形象落地化的展示，迅速扩大 TCL 在农村的覆盖范围，拉动三、四级市场销售。

随着 TCL 和苏宁云商围绕极效协同的供应链合作模式的调整，张近东希望苏宁与 TCL 的战略合作成为互联网时代下零供合作的范本，促进双方向以用户需求为特色的创新型合作模式转型。

2015 年"8·18 大促"前夕，苏宁与海信、创维、TCL、三星、夏普、索尼和 LG 等主流厂商签订了 350 亿元采购大单，其中智能机占比达 90%、4K 超高清产品占比超过 70%。这么多彩电企业跟随在苏宁身边，不仅是看中其 1600 多家线下门店和苏宁易购日益坚实的线上实力，更重要的是，张近东全力推动的供应链变革让彩电企业们坚信，苏宁能够为它们带来最大收益。

在互联网时代，业界公认定制化、规模化、品牌化将是家电市场的发展趋势，定制家电不仅能够满足部分特殊消费群体的需求，而且可以优化上游生产效率，降低成本，快速周转，原先同质化产品的竞争格局将被打破，零售企业将更加主动地研究和参与产销供应链的运作。

（四）众包：产业链的"大脑"

早在 2011 年，张近东就强调苏宁要有开放的心态。此后，苏宁易购推出开放平台"苏宁云台"，苏宁的仓储物流、供应链、大数据和云服务等业务板块，都先后对外实施开放。

在梳理这些开放业务的时候，张近东发现，各部门都是背靠背运作，云台不知道仓储基地的开放情形，供应链也未必掌握大数据方面的业务现状，各个业务形同"孤岛"，衔接上有些脱节，没能形成流水线式的团队协作。能不能用一个方式，把所有的开放业务聚合在一起，提供一体化的对外服务模式？张近东一有空就琢磨这个事情。直到众包模式出现，他才找到了解决之道。2014 年 7 月 8 日，苏宁在南京正式发布苏宁众包平台。它借助 O2O 全渠道，提供创意—作品—产品—商品—用品各个转化阶段所需的众包服务解决方案。采购对象不再限于品牌制造商，而是从零售环节向上游产业链延伸。这对苏宁变革来说，也是关系"命脉"的重要一环，因为它涉及零售行业中"采购模式"的重构，即从过去采购定销的模式变为用户驱动型的包销定制模式。

Quirky 是一家美国众包公司，它的任务很简单，就是找到那些创意并帮助人们实现。每周这家纽约公司都会收到近 2000 个发明创意，Quirky 从中选出 3～4 个创意进行生产，并向它的零售合作商运送成品销售，消费者也可以直接在 Quirky 的电子商务平台或手机 App 上进行购买。苏宁与 Quirky 相同的是，都需要寻找创意来合作；不同的是，苏宁本身就有线上线下销售渠道，可以为产品的输出提供便捷通道。2014 年 4 月，海尔提出了创意文化产业的众包模式，由创意者提供设计，海尔将其变现成产品，同时海尔可以向上游输出资金，也可以帮助融资，初期的产品锁定在智能硬件领域。

相对于供需方直接对接的外包模式，苏宁众包是苏宁自己打造的在线平台，根据需求方提出的诉求和条件提供相应的服务，然后收取相应的服务费。苏宁在众包的各个环节都将深度参与，比如在产品设计之前，苏宁可提供大数据服务，为产品设计方向作参考；在整个销售环节，从线上线下的渠道布局，到商品发送、商场推广，苏宁都可以提供支持；在售后服务方面，无论是物流还是安装维修等，苏宁都能给予时间与质量上的承诺与保障，如图 6-1-3 所示。

图 6-1-3　苏宁众包功能

相较于以往仅约定采购额的采购方式，在众包平台上，能够更清楚地提前把握具体的单品，这是在包销定制模式上的升级。而苏宁众包的商品也由 3C（计算机、通信和消费电子产品）、家电以及互联网化智能硬件产品，慢慢扩展至母婴产品、百货日用品、家居用品、文化娱乐衍生产品等领域。

苏宁的众包模式包含了"创意—产品—商品—用品"各个阶段，并引入苏宁的大数据、云计算、物流仓储和供应链等开放平台，服务范围比竞争对手更为宽泛，以至于当时有评论形容称："张近东将通过众包平台成为产业链上的'大脑'。"

（五）众筹：金融＋产品

你能想象，4 天就完成 2000 万元的众筹目标，随后不到一个月众筹资金突破 5000 万元大关，目标达成度攀升至 251% 吗？这是一款新能源时尚智能电动滑板 Citycoco 在苏宁平台上众筹的效果。

奇迹究竟是如何发生的？除了产品的好口碑，原因更在于苏宁众筹平台的魔力。

继众包平台上线后，2015 年 4 月 23 日，苏宁宣布众筹平台正式上线。

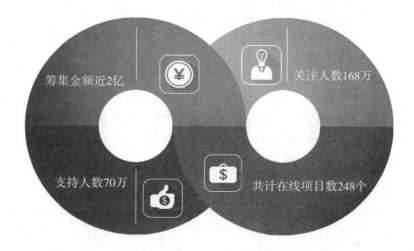

苏宁众筹平台截至目前，千万级项目6个：citycoco电动滑板、PPTV手机、恩斯迈智能折叠电动车、邦讯小萌插排、智能与毛球拍、房产众筹；百万级17个。

图 6－1－4 苏宁众筹业务发展

众筹是指通过互联网方式发布筹款项目并募集资金，只要是网友喜欢的项目，都可以通过众筹方式获得项目启动的第一笔资金。这为更多小本经营或创作的人提供了无限的可能。它具有低门槛、多样性、依靠大众力量和注重创意等特征。

众筹的出现，是对传统供应链模式的一个大改写。苏宁作为新兴的互联网公司，也对众筹模式进行了有益的探索。众筹是当下炙手可热的领域，也成为巨头们竞争的焦点之一。

2013 年，淘宝众筹就开始试水。当年"双 12"，淘宝试探性地推出了众筹平台"淘星愿"，立足点是帮助明星实现愿望，由明星发起项目，粉丝参与完成。2014 年 4 月，百度金融也推出了"众筹"频道，从影视作品众筹入手，打通"互联网—金融—电影"的生态圈，实现大生态的闭环运营。那么，苏宁众筹的竞争力在哪里呢？

国内大部分的众筹平台更像是产品预售平台。众筹项目以实物为主，而且大部分是研发成熟的产品。项目发布者与用户的关系仅仅是买和卖而已，缺乏对产品的沟通。

苏宁众筹将根据项目众筹成果为项目制定后期营销策略，匹配最合适的营销渠道，从众筹—预售—新发现—闪拍—O2O销售—大聚惠—站式的商业合作。

图 6-1-5　苏宁众筹科技项目商业合作路线

苏宁众筹将金融（收益）和产品（实物）两者结合起来，对于认筹者来说，即便不是产品的实际需求者，但只要看好产品的市场前景，也能获得相应的投资收益。对于项目发起者来说，在众筹期间，可以充分听取用户和市场的反馈，以利于后续改进产品。苏宁定义的众筹，不仅是实物类众筹，而是开发更多结合用户生活、兴趣的金融型众筹，即玩即赚钱。

相比其他平台，苏宁可以利用的优势有：其一，整合苏宁农村电商资源，匹配农业生产和城市农产品消费的供需；其二，整合苏宁传统业务体系资源，苏宁在3C家电领域打拼了20多年，与行业供应商的长期合作为苏宁众筹挖掘优质项目提供了基础；其三，苏宁拥有1600多家实体门店，可以在线上平台、线下实体门店同步开展众筹。

平台上线伊始，苏宁众筹就不满足于产品众筹本身，而是充分整合苏宁供应链、传播等资源，为产品提供全流程的服务。从苏宁众筹运作的其他科技类产品来看，Citycoco电动滑板车、恩斯迈智能折叠车、豚鼠体感手环等，在众筹产品的上市阶段，都是以线上线下双渠道"体验+销售"的模式来展开的。这体现出在科技行业的"后互联网时代"，O2O红利迅速发酵。

二、新型零供关系

（一）联合办公

在苏宁的眼里，零供之间不再是谈判对手的关系，而是要共同去了解和把握用户的需求，运营市场，服务用户。2014年11月，苏宁厨卫事业部进驻了数位特殊的伙伴型"员工"——史密斯、方太、帅康、老板、西门子等公司派出了"苏宁第二届O2O购物节"特派员，与苏宁厨卫事业部的员工们一起联合办公。

联合办公，是当时苏宁备战O2O购物节的重要策略之一，目的就是要快速、高效地解决11月7日到12日购物节期间的突发问题。不仅是厨卫事业部，苏宁商品经营总部的各个事业部都按照各自的需求，纷纷邀请主要供应商到苏宁联合办公，为的就是要保证资源充沛、实现各个仓位及时补货，保障售后和物流。

在 2015 年年初，张近东宣布实施极效协同的供应链战略。3 月 26 日，苏宁和海尔全面升级战略合作，海尔 40 多人的线上团队集体入驻南京苏宁总部，其互联网品牌统帅、模卡也一并入驻苏宁易购云台开设品牌旗舰店，借助互联网品牌产品激活运营思维，将互联网化的运营手段全面落实到双方的合作经营过程中。海尔连货带人入驻苏宁，此举真乃大手笔，"去苏宁看海尔"成为企业互联网转型的一大景观。

40 多人的电商团队相当于一个小型电商企业。海尔为什么做出这一决定？是因为在 2015 年已有的合作中，海尔在苏宁线上线下整体取得了超过 40% 的高速增长。

美的也是率先响应苏宁极效协同模式的企业之一。2015 年 1 月底，美的集团董事长方洪波曾亲自飞赴南京密会张近东，商洽美的和苏宁云商在 2015 年的战略合作。结果在苏宁 2015 年一季度的销售中，美的在苏宁渠道的销售增长了将近三成，引发行业惊叹。第一季度的合作让双方初步尝到甜头，展开进一步的合作毋庸置疑。

5 月，基于苏宁云平台的新一代美的智能空调发布会由苏宁主导召开，这仅仅是开始，双方还约定，美的超过 50% 的新产品将在拥有线上线下 O2O 多渠道优势的苏宁首发。围绕产品层面的"掘金"不止于此。美的智能产品正在接入苏宁智能 APP 系统，其较高的市场份额是苏宁大智能生态圈建设的一块重要拼图，同样，苏宁开放共享的智能 APP 系统及大数据应用，则是美的全面提升用户智能化体验的关键一环。另外，围绕空调、冰箱、油烟机、空气净化器等智能产品，双方全面启动了 C2B 反向定制计划，而首款为年轻人定制的蒸汽洗油烟机借力苏宁众筹上市。

但是，双方要真正实现张近东的"要求"，最关键的还是要打造一个互联网时代下，基于开放理念的无缝对接平台。

苏宁很快对美的实现数据资源的全面开放，以此驱动双方联合营销、精准引流、产品反向定制等合作。同时，为进一步推进极效协同的办公模式，美的数十人的线上项目部入驻苏宁总部联合办公。

双方为何如此"亲密"地开怀相拥？

首先，苏宁颇具 O2O 价值的平台资源。美的不仅看准了苏宁线上线下的平台优势，更是看到苏宁易购随后会在三、四线城市加快覆盖，优势将大大凸显。

其次，双方都看重互联网思维，并以其为运营导向。美的集团董事长方洪波说过，移动互联正在影响着企业自身的运营流程。数据化、本地化和社交化是互联网时代商品经营的三大特点。苏宁和美的首先做的便是经营数据的开放共享，以需求和趋势驱动商品运营；随后是制定本地化的地区攻略。

在推出云店、易购服务站等一系列互联网化的运营实体后，苏宁平台的价值正在一步步凸显，而美的也在寻求突破，不仅需要线上这把利剑，更需要线下这个已经被升级了的战场。

苏宁与美的零供合作新模式正在走向成效凸显的"风口"，张近东所期待的"高效、开放、精准、用户"为理念的商品经营思维，已经越来越接近。

（二）共赢"最后 1 公里"

供应商之所以愿意与苏宁结为紧密的合作伙伴，除了苏宁线上线下 O2O 全渠道资源外，还因为其拥有的增值服务能力。

2014 年 12 月，苏宁的物流云面向社会完全开放，这包括所有的中心仓、门店仓和智能运输网络。基于苏宁的"物流云"，商户们不仅可以共享苏宁的物流信息，还可以将不同渠道的商品纳入苏宁物流系统内共享，借助苏宁的大数据挖掘进行预测生产和库存管理。

在苏宁原有 B2C 业务基础上，苏宁物流积极开展面向第三方和第四方业务，实现基于供应链多赢的资源共享、网络共享、车辆共享、订单共享，如图 6 - 1 - 6 所示。

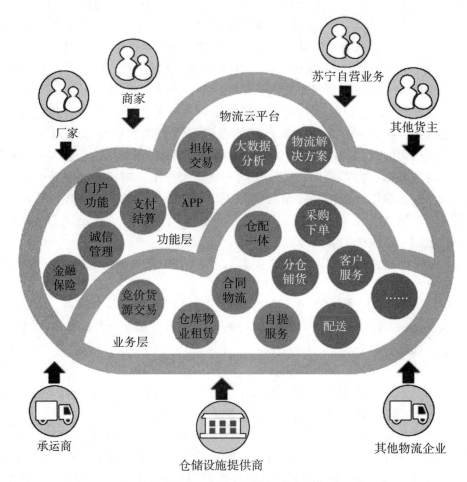

图 6 - 1 - 6　苏宁物流云平台，服务于第三方和第四方物流

奥马冰箱就是个例子。奥马和苏宁是老朋友，两家公司在销售板块及 OEM（定牌生产）板块都建立了牢固的合作关系，苏宁物流开放后，物流成了第三块合作板块。而奥马冰箱很快尝到了新甜头。

据说，苏宁"物流云"刚开始和奥马接触时，是想谈干线运输的合作，但奥马却在"最后 1 公里"的话题上大吐苦水，因为配送时效得不到保证，奥马的全国电视购物模块业务几乎停滞，而苏宁物流的大家电配送，在全国 90% 以上的地区可以实现次日达。奥马原定 15 天的时效要求对苏宁来说完全是"小 Case"，可以 100% 完成。

同样困扰奥马的，还有渠道上样的问题。72 小时必须送达的时效规定，让过去承接奥马业务的第三方物流公司无法接受，这一局面使得奥马新产品的上样几乎没有时间保证。但自苏宁物流承接奥马渠道上样业务以来，配送时效最少提升了 100%。

除了配送时效，奥马冰箱还看上了苏宁的供应链整合能力，并借此实现大数据分析指导生产，库存共享、共同销售。这样的效果是，当奥马自身仓无库存，而市场又有需求时，奥马可以从苏宁仓的奥马商品库存中"借"货。这样一来，奥马有效减少了库存积压，和苏宁实现了共同销售、快速响应。

对于奥马来说，苏宁覆盖全国的物流网络以及 20 余年的大家电运输、调配经验，解决了自己的冰箱在产地入库、快速调拨、突破异地配送的瓶颈，实现全国的渠道拓展，仅在预约入库一个环节，每年就可降低 50% 的成本。

这正是苏宁物流所擅长的事，也是苏宁物流在 2015 年全面对外开放的底气。而更重要的是，苏宁物流能够针对企业的不同需求，提供个性化反向定制，包括仓储、运输、配送的各个环节的一站式物流解决方案，从工厂提货到"最后 1 公里"的配送，各个环节都可以自由组合、顺畅衔接。

和奥马冰箱不同的是，志高空调在部分地区拥有物流网络及干线，它与苏宁物流的合作更多属于资源的互补，利用苏宁的库房、干线资源以及小城市的库房托管，减少管理成本。

截至 2015 年 9 月末，已经有上千家家电企业、线下零售企业以及众多签约平台使用苏宁物流服务。

"不谋万世者，不足以成大事！"这是张近东在 2014 年面向投资人时，说得最响亮的一句话。而在物流棋盘中的每一次落子，张近东都视为谋万世的渐进之道。

（三）给小伙伴们输血

供应链金融的本质是信用融资，在产业链条中发掘信用的真正价值。在传统方式下，金融机构通过第三方物流、仓储企业提供的数据印证核心企业的信用，监管融资群体的存货、应收账款信息。在云时代，大型互联网公司凭借其手中的大数据，成为供应链融资新贵。随着国家相关政策的开放，拥有大量供应链的企业，已经开始放弃跟银行的合作，而是自己成立金融部门，做供应链金融业务。资料显示，我国供应链金融市场规模已经超过 10 万亿元，预计到 2020 年可接近 20 万亿元，存量市场空间足够大。

中、小、微企业则在一定程度上构成了电商平台的庞大供应商群体，它们发展的好坏很大程度上直接影响着电商平台的服务力和可持续发展力，但是这些企业或个体却因融资风险的问题，很难得到银行的眷顾。

而像苏宁这样的电商平台却可以对这些供应商的营运状态及财务状况，拥有详细的数据资料和可控性，加上平台可以通过建立自己的支付终端服务，拥有较长账期的应付资金作为现金流，对这些企业或个体的贷款融资风险具有很强的可控性。综合这些因素，电商做金融业务是得天独厚、顺势而为的事。

从严格意义上说，最早在供应链金融上实现真正突破的是阿里巴巴。2007 年 6 月，阿里巴巴与银行合作推出"易融通"的小企业贷款，在以后的3年时间，阿里巴巴通过银行合作和自营方式为小企业提供128亿元的贷款，不良率并不高。

着眼于未来布局，苏宁必须在供应链金融领域落下一棋。2012年12月6日，苏宁开始涉足供应链金融。当天苏宁电器发布公告，香港苏宁与苏宁电器集团共同出资发起设立"重庆苏宁小额贷款有限公司"（简称"苏宁小贷"），注册资本为人民币3亿元，经营范围为：办理各项贷款；办理票据贴现；办理资产转让及经批准的其他业务。

苏宁发展供应链金融服务，有利于加快开放平台建设，实现"超电器化"战略，促进供应链、物流、金融三个环节高效融合，有效降低风险，形成面向消费者、供应链的完整的金融服务板块，做到对整个供应链的物流、金融的支撑。

不到半年，张近东在供应链金融上再下一城。

2013年3月，苏宁将供应链金融业务面向中小微企业全面开放。当时，有业界人士评论称，苏宁推出的金融业务，或将是国内传统零售企业首次涉足电商金融业务的"第一贷"。

苏宁的"供应链金融业务"，主要由"苏宁小贷"和苏宁与银行合作的"银行保理"授信业务两大金融产品组成，其中苏宁"银行保理"授信业务覆盖了交行、中行、光大、花旗、渣打、平安、汇丰国内外7家知名银行。根据电商行业公布的电商金融产品信息显示，苏宁"银行保理"授信业务或将是合作银行数量最多、覆盖区域最广的电商金融产品。它包括"账速融""信速融""票速融"三款信贷产品，主要面对苏宁供应商，具有门槛低、成本低、有保障三大特点。

分管金融版块业务的苏宁云商CFO任峻就此打了一个比方：一旦供应商把货物放到苏宁易购的仓储中心，只要它符合货物融资条件，如果他放100万元的货进来，马上就可以从"银行保理"的授信业务中，拿到银行提供的60万元贷款。这对急需现金流周转的中小供应商而言，马上就能获得盘活资金。最后，苏宁会按照银行、供应商和苏宁的三方契约来管理供应商的货物流向，在货物售完之后，将钱替供应商还给银行，从中收取附加服务费。

如此一来，苏宁通过易购这个互联网切口，形成了大的苏宁开放平台，采购、物流、分销和金融等，都在易购平台上找到了生存的沃土。这与马云的大阿里生态系统如出一辙。

2014年2月，在苏宁物流升格为物流集团的同时，苏宁金融部门同时升级为苏宁金融集团，牢牢地在"三云"中占据了一席之地。任峻说，成立苏宁金融集团，就要服务苏宁开放平台中3万商户中的小型供应商。

9月，苏宁投入10亿元成立"供应商成长专项基金"，帮助供应链中的中小微企业实现融资。供应商在向苏宁进行融资时，苏宁还将拿出专项资金，通过利息补贴的形式反哺供应商，最高补贴为苏宁信贷利息的20%。

苏宁供应链金融平台上线以来，针对供应商与苏宁合作流程的各个环节，成功为苏宁上下游各类供应商提供票据贴现、单据融资、库存融资等融资服务，规模达数百亿元。尤其是一些中小企业，充分利用苏宁供应链融资期限短、放款快、利率优的特点，解决了供应商融资过程中出现的"短、频、急、快"等需求，保障了企业自身经营发展所需要的短期资金周转。3000 多家供应商在苏宁金融集团获得了超过 260 多亿元的贷款，最小贷款额只有数万元。

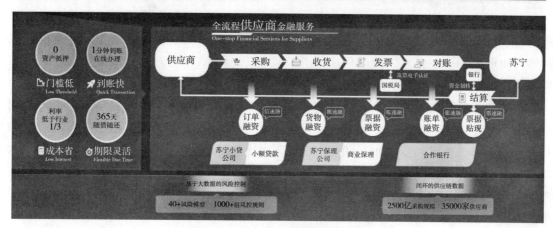

图 6 - 1 - 7　苏宁供应链金融平台

苏宁对身边合作的供应链伙伴开放物流和金融，已经打下了进一步开放的基础，但这些供应链伙伴大多都是美的、TCL、创维等体量大的企业，而苏宁云台商户更多的是资金实力弱的中小企业，它们更需要苏宁的能力输出。

开放思维在张近东脑海里进一步生长，他决定进一步打开格局，面向更广大的中小企业，全面开放，苏宁以及围绕在它身边的社会系统将迎来一个新的开放共享时代。

（四）从"三流"到"三云"

2013 年之后，互联网如涓涓细流一般，遵循着由表及里、由浅入深的规律，渗透进了传统行业的核心地带，对传统商业模式形成巨大冲击。润物细无声，传统行业开始全方位地向互联网转型。在此期间，保守的传统行业与涤荡革新的互联网之间，必将演绎一场颠覆与反颠覆的大战。

值得注意的是，在防守与进攻的对峙中，苏宁很少自称电商，而是一直把自己定位为互联网零售商。有异曲同工之妙的是，马云也声称阿里巴巴不是电商，而是数据服务提供商。这不只是叫法上的差异，它体现的是张近东对中国商业模式迭代创新的深层次思考：既然电子商务能够革传统零售企业的命，那么，传统的电子商务也总有被革命的一天。

任何商业理论都必须有逻辑严密的架构模型来支撑。根据中国零售业互联网化的阶梯式发展趋势，张近东建构起了一个"三阶段论"的商业模型：

一是传统电商阶段，主要是基于 PC 互联网，围绕产品展示和交易的电商平台占据主导地位。这一阶段的典型现象是，阿里巴巴、京东商城和当当网等传统电商借助先发优势，占据了主导地位。此时苏宁上线苏宁易购。

二是 O2O 零售阶段，由于移动互联网的出现，出现了以个人为中心，随时随地虚实融合服务的趋势。这一阶段的典型现象是以苏宁云商为典型的传统零售企业找到了 O2O 双线融合的发力点，并成为行业趋势。具体表现为线下门店的互联网化和移动端布局。

三是全价值链的互联网阶段，互联网开始深入零售业的内核，零售业最本质的资源，如物流、资金流和信息流等，将借助云计算、大数据全方位提升，重建新的核心竞争力。

张近东认为，第三阶段正在走向深入，将会越发触及零售业本质——多年积淀下来的物流、资金流和信息流优势，这是传统互联网企业的盲区。他因此笃定，苏宁的互联网零售商形象，一定会大力推动供应链互联网变革、互联网金融、物流社会化，从而实现传统零售企业的全面互联网化。

全面的互联网化，可简单分解为前台和后台的互联网化。前台的互联网化，即与用户沟通、交互、管理的手段要运用互联网技术，线上线下融合地满足用户需求；后台的互联网化，即企业要充分运用互联网技术，特别是云计算、大数据等提升经营效率，这才是传统企业转型的立足点和根本。通过对全渠道、多场景的布局，通过对门店、PC 端、移动端和 TV 端的全覆盖，苏宁已经实现了前台的互联网化。自然，后台的互联网化成了张近东接下来的发力点。

创业 25 年来，张近东对后台建设颇有心得，从早期的 SAP/ERP 开始，他就对后台建设倾注了相当大的热情。今天，经历了互联网的洗礼，他对后台的理解也出现了升华，他认为，后台的互联网化不仅是体验的基础，更触及零售业的本质，即物流、资金流和信息流。

在此之前，苏宁的物流、资金流和信息流，像是三道"真气"，在苏宁自身的体内窜来窜去，苏宁空有一身本事，却无法社会化推广而惠及合作合伙。

事实上，互联网的本质就是开放、共享，原来闭门造车的模式已被业界摒弃，建立包括上游供应商、下游终端消费者在内的完整生态圈，才是互联网化的本质。现在，随着互联网技术的深度运用，不仅为三流合一提供了技术基础，更为其社会化提供了想象空间。在打造互联网零售平台的过程中"＋渠道"，在提升产业链价值的过程中"＋商品"，以及在构建零售业核心竞争力的过程中"＋服务"，物流云、数据云、金融云就是苏宁"＋服务"模式的三大神兵利器。

物流的互联网化：苏宁从供应链物流的整体角度，运用大数据挖掘，启动"物流云"项目，向平台商户和供应商开放共享，从而将企业物流变成物流企业，"物流云"从成本中心变为利润中心。

资金流的互联网化：通过将内部资金流社会化为"金融云"，满足消费者多样化的金融需求和供应商的各类融资需求。

信息流的互联网化：信息流是零售业的核心资源，苏宁将自身的信息建设能力向社会开放，推进零售行业"公有云"服务。

从"三流"到"三云"的理论变迁，固然是互联网技术变革演进在苏宁身上的一个缩影，更是苏宁借助技术进步，在社会化过程中更好地实现自我价值。

三、硬实力：物流行动派的大生态

物流为王，张近东从来不是概念的崇拜者，但他是最早的"行动派"。一直以来，物流就是张近东为苏宁打造的核心竞争力之一。核心竞争力必须掌握在自己手里，可以不排除与第三方合作，但合作的着眼点是降低成本。任峻形象地说："运输车队可以不是自己的，仓库也可以租，但整个作业流程，一定要在自己的监控和掌握之中。"

张近东的观点是，把企业该重的做得更重，该轻的做得更轻。因此，高效的物流体系，从一开始就和门店一样被列为苏宁连锁经营的重装部队，必须加大投入，不断迭代更新，它是苏宁竞争力的关键——"没有物流，商品交换的实质就不存在"。

2010 年苏宁易购上线时，为它服务的配送网络，包括覆盖全国的 1000 多家门店、93 个配送中心、2000 多个呼叫中心座席、3000 多个售后服务网点。到了 2011 年，各大电商公司都在大干快上自建物流，已经是高起点的张近东，还在夯实基础。

为了积极配合当时推出的"未来十年发展战略规划"，张近东在 2011 年 6 月制订的 55 亿元定向增发方案出炉，物流平台建设项目是本次募投项目的重中之重，投入募集资金 29.5 亿元。

2012 年 7 月，苏宁表示将投资 200 亿元建立物流体系。就在 12 月 12 日，苏宁电器不超过 80 亿元的公司债融资计划获批，首批 45 亿元公司债在几天后成功发行。

所以，还在"苏美争霸"时期，当对手忙于对外收购永乐电器和大中电器，却把配送业务对外发包给专业物流公司时，张近东主要做了两件事：实施信息化和夯实物流基础。现在看来，张近东的确算是棋高一招。

（一）学习沃尔玛

不必讳言，在物流建设上，张近东学习的目标依旧是沃尔玛。

当时，业界有一个不成文的共识：沃尔玛成功的奥秘就在于物流现代化，它们甚至为此发射了全球首颗物流通信卫星——这被认为是它超越美国零售业巨头凯玛特和西尔斯的重要砝码。

苏宁还没有财大气粗到拥有专用卫星的地步，但沃尔玛建立全球第一个物流数据的处理中心，却值得苏宁借鉴。

沃尔玛在 20 世纪 70 年代建立物流信息系统 MIS（Management Information System），此后引入射频技术（RadioFrenquency）、便携式数据终端（PDT）设备和物流条码（BC）等技术，在全球第一个实现集团内部 24 小时计算机物流网络化监控，使采购库存、订货、配送和销售实现一体化、无纸化。顾客到沃尔玛店里购物，在 POS 机打印小票的同时，沃尔玛的采购和销售计划部门及上游供应商的电脑上，都会显示出相关信息，各个环节及时完成本职工作，减少时间浪费，加快物流循环。

到了 2001 年，沃尔玛作为世界 500 强企业中的领先企业，在全球仅布置了 70 个配送中心，说明它的物流组织结构设计得非常精致到位。而研究发现，沃尔玛的配送中心设立在 100 多家零售店的中央位置，每一个配送中心可以满足 100 多个附近周边城市的销售网点的需求，运输半径基本上为 320 千米左右。

沃尔玛的实战经验表明，物流体系的强弱直接影响到零售企业的销售与核心竞争力。构建完善的物流体系、增加运送的覆盖能力，能够进一步填补和占领空白市场，自然成为及时配送的关键。

20 世纪 90 年代，在苏宁艰难起步时期，最大的痛点就是物流。这也是让整个家电零售行业头疼的问题。

当时，中国家电业普遍存在"重面子、轻里子"的情形，店面形象工程搞得堂皇气派，基础设施却严重投入不足，造成顾客买下大家电后送货延时、安装麻烦等问题，这不是端正和提升服务人员的态度就能化解的。

孙为民回忆，当时每到销售旺季，人手就不够，为了让搬运的师傅有休息时间，每天下班后，他都会和其他管理层一起帮助搬运空调、冰箱等大家电，大家都累得筋疲力尽。后来，随着分店不断增加，问题越发突出，这致使张近东下定决心自建物流，提升从供应商到平台再到消费者的供应链效率。

在那个时期，家电销售渠道分散且规模小，运作模式基本上是前店后库，顾客当场试机，然后零售商马上开车送货。但是，随着家电零售业的逐步壮大，很多家电零售商将店面开到寸土寸金的核心商圈，如果继续前店后库模式，无异于对珍贵商业资源的浪费。苏宁 1999 年开设的南京新街口店，店铺每平方米每天的租金高达 3 元，而在其他地方只要 3 角。

张近东暗下决心，不能让仓库成为苏宁不能承受之重。于是，张近东亲自开着没有空调的小车，在南京市郊东奔西走，在查找了十多天后，最后确定在江东门一带，自建第一代物流基地。

所谓的第一代物流基地，不过是一个规模宏大的仓库群。张近东要求所有门店把仓库里的物品都挪到这里，以后苏宁电器用专门的配送车，集中统一送货。将仓库挪出门店的举措，用今天的眼光来看再自然不过，但在当时却引发了行业震动。它不仅大大降低了店面成本，还极大地提升了配送速度。以往最快也要四五天才能解决的空调送装，基本上压缩到三天以内便可解决。

不知不觉中，张近东的创新演变成了行业标准，并一直延续至今。

（二）第三代物流

"有了物流基地强有力的后台支撑，我们才能成为最强的商业连锁企业。"

2006 年，苏宁南京物流基地建设进行得热火朝天，张近东抽空仔细听取了物流基地建设项目部的专题汇报会，然后做了上述表述。在他看来，物流基地对苏宁的重要性，在某种意义上甚至超过了连锁店的建设工作，未来集团能否保持快速、稳定的发展势头，物流基地的建设工作至关重要。

此前一年，苏宁启动第一次营销转型，成为全国性家电连锁，并在全国 90 多个城市搭建了高效的物流配送网络。

2005 年 3 月，苏宁推出"5315"计划，要在全国建设 500 个服务网点、30 个客服中心、15 个第二代大型物流基地，形成覆盖全国的服务网络平台。到了年底，就在 SAP/ERP 项目积极推进的同时，"5315 计划"悄然推开。

当时，张近东还专门考察过发达国家的先进物流模式，他提出了包含信息化购物、数字化配送、科技化管理的第二代物流模式。和第一代物流模式相比，张近东更加强调服务。

在苏宁庆祝 15 周岁生日的时候，首个按照苏宁第二代物流理论建成的杭州物流基地正式启用——占地 50 亩，纯仓储面积约 1 万平方米，总投资达数千万元。与第一代物流配送中心相比，第二代物流基地的库存周转率提高了 30%，资金占用率降低了 20% ~ 30%，总体运营成本节约了一半，大幅度地提高了服务质量。

张近东没有止步于此，他一门心思要创建中国最高标准的现代化物流。

因为季节性差异、节假日需求、销售网络庞大等特点，对家电连锁经营的物流体系提出了高投入的要求。物流配送成本通常由仓储、人工，以及车辆折旧、路桥费、燃油费等组成。其中，运输的总体费用占物流成本的 30%。为了进一步保持竞争优势并显著降低物流运输费用，2007 年苏宁提出建设第三代物流基地的计划，引入了运输管理系统（TMS），针对订单的零售配送和长途配送，优化路线排程计划，减少配送里程和工作时间，彻底转变人工排程的传统作业方式。经过实际测算，该模式可将每车货物的实际运输距离缩短 20% ~ 30%。同时，托盘化商品全部整齐堆放在仓库里，每一件货品的编号、入库、出库，全部带有条码，确保产品从厂商到消费者的全过程都有数据记录，确保服务全程可追溯。

当年 7 月，苏宁电器第三代物流基地的代表，当时具有国内领先水平的南京雨花物流基地投入使用。

苏宁第三代物流仓储中心采用二级配送模式，首先通过一级配送负责将各类商品从区域大库运送到区域内的所有二级城市，再通过二级城市物流配送中心配送到户。与以往的第二代物流中心采用三级配送模式，即一级配送到市、二级配送到店、三级配送到户模式相比起来，第三代物流模式在苏宁信息系统的控制下，家电产品由库房搬运、装卸至车辆，全程机械化，大大提高了装运效率，一辆运输车装满货物只需要 10 分钟左右。

因为厄尔尼诺现象，2007 年夏季华东一带少雨多晴，天气特别热，空调行情大涨，苏宁门店在这一时期的单日空调配送纪录突破 1 万台。若在以往，苏宁的物流体系已经崩溃，但依赖强大的货源储备、高效的信息化调度控制，苏宁整个夏天的高强度配送都有条不紊。苏宁甚至还开通了"绿色通道"，实现即买即送，3 小时到位，在消费群体中树立起良好口碑。

继南京雨花物流基地之后，苏宁在北京、沈阳、成都、重庆和徐州等地相继建起了第三代物流中心。这些仓储面积动辄数万平方米的物流中心，都将承担起所在城市及周边地区连锁店销售商品的长途调拨（300 千米范围内）、门店配送、零售配送（150 千米范围内）等。建成之后，每个物流中心可以满足约 50 亿 ~ 100 亿元的年商品周转量的作业要求。

按照规划，苏宁最终要在全国建设大型现代化物流基地 60 个左右。张近东曾很明确地指出，加快建设物流中心是苏宁为百年老店目标奠定的物质基础。正如孙为民形容的："物流平台就像航空母舰，决定企业的作战半径。"

四、未来之战：数据云和金融云引领万物生长

（一）技术驱动创新

相对于消费互联网，当下"产业互联网"的概念正在形成，即产业与互联网融合后的新型业态。消费互联网成就了 BAT 三巨头，产业互联网将成就那些善于运用数据引导转型的实体产业。大数据将成为驱动实体产业智能化的基础，它会为企业家带来重新审视价值链的全新视角，能够形成定制平台，进行流行预测、精准匹配、营销推送，降低物流与库存成本，减少生产资源投入的风险，优化供应链，等等。

2011 年，张近东去了美国和印度。在美国，张近东先后走访了沃尔玛和百思买（Bestbuy）等线下连锁巨头，参观了电商巨头亚马逊，他想看看美国的实体百货业和电商之间的竞争格局究竟是怎样的。随后，张近东还参观了 IBM、谷歌、微软和 Facebook 等在 IT 和互联网行业的领先公司，实地观摩和学习他们的后台支持系统。

期间，他还接触了多家美国投资机构，拜访了伯克希尔·哈撒韦公司的董事长沃伦·巴菲特。在微软公司创始人比尔·盖茨家的一次家宴上，张近东向巴菲特等人谈起自己要借鉴美国公司的经验做大苏宁时，听得饶有兴致的"股神"立即掏出钱包递给张近东说："你帮我拿去投资吧。"引得众人哈哈大笑。

此次秘密之行，让张近东看到了中国企业与美国企业在互联网和后台信息系统方面的差距。

为了更好地实现"沃尔玛＋亚马逊"的大计，张近东希望在苏宁的发展中，得到世界上最具创意和想象空间的优秀大脑的支持。因此，他来到硅谷，除了考察当地公司，还有一个目的是了解硅谷的人才和技术演进情况。

回国后，张近东立即召集苏宁高层开会，要求全力以赴加强电子商务的技术研发，缩小与国际水平的距离。而缩小距离的最好方式就是与全球最顶尖的人在一起。换句话说，苏宁要在硅谷建立研究院，让苏宁成为硅谷的一员，吸纳全球顶级的 IT 技术人才。

2012 年，确定了要在硅谷建设研究院的张近东带着任峻二赴硅谷，专门辟出 3 天时间与硅谷当地公司交流。

2013 年 11 月 20 日，张近东第三次来到硅谷，就是为了兑现两年前的那个梦想——为苏宁的美国硅谷研究院揭牌（以下简称苏宁美研院）。

苏宁美研院位于帕拉奥图市佩奇米尔路 845 号（845 Page Mill Road，Palo Alto），紧邻 101 号高速公路，是一栋二层的小楼，简洁雅致，办公设施极其现代化。英特尔公司联合创始人、发明了引领 IT 技术前行的"摩尔定律"的摩尔先生成立的基金会，就曾在这座楼里办公。和它比邻而居的有惠普、施乐、SAP 和 Facebook 等著名公司，距离全球顶

级学府斯坦福大学不过咫尺之遥,苹果公司前总裁史蒂夫·乔布斯的住所也在不远处。

对于这个前期投资 500 万美元的研究院,张近东有着明确的定位。苏宁美研院主要为落实"一体两翼三云四端互联网路线图"的科技研发布局,将主要研究融合线上线下 O2O 模式、智能搜索、大数据、高性能计算、互联网金融等领域,目前研发团队已经接近 100 人。

未来,苏宁还计划在纽约、西雅图等地设立承担不同职能的研发机构。北京和南京的两家研发中心,分别承担着云资源存储与分析、云服务运营管理工作。随着海外研究院的建立,它们将共同推动苏宁互联网转型与云商模式的加速落地。

除了承担研究技术趋势外,苏宁美研院还研究美国领先的商业模式,并与美国创新型中小企业展开战略投资、并购等多种合作,提升苏宁互联网布局与研发能力。

苏宁美研院将采取群体创新机制、合作人机制等灵活的管理方式,某项课题研究带头人及研究人员在产品落地或者实践过程中,可以实现从技术研发到经营管理角色的转变,成为业务经营团队的核心管理成员。

张近东在苏宁美研院的成立仪式上说:"我们把再次创业的起跑线设在美国,让苏宁的变革从一开始就立足全球,站在世界的领先位置,让 O2O 模式从探索之初就具有全球性、领先性。"

成立苏宁美研院,除了出于占领制高点的战略考虑外,还有一个原因是想冷静地把 O2O 的问题想透彻。

2013 年开春之际,"苏宁电器"就更名为"苏宁云商",并正式提出了"一体两翼"的战略构想,希望能够成功转型为互联网零售商,引领中国零售业转型升级。但当时国内普遍在谈互联网的颠覆,大多数人都觉得未来一定是线上一统天下,人们不能理解张近东的 O2O 这一套逻辑。在外界看来,张近东是一个不懂互联网的人,是在传统零售受到互联网的压力之下的被迫转型。基金和媒体的唱衰声一片,张近东只能跑到美国来审视自己的 O2O 梦想。

张近东在美研院隔壁斯坦福大学商学院的那场著名的演讲中,对苏宁的历史发展以及 O2O 转型逻辑做了系统的阐述。他的讲话引起了热烈的反响,因为 O2O 线上线下融合的课题,在美国也是一种新的思维。受到激情感染的张近东现场当起了猎头,向斯坦福的学界精英公开发出邀请,为苏宁美研院招揽英才。

在 2014 年经历了团队快速成长期后,苏宁美研院在 2015 年年初将研发团队扩展到 60 人。按照规划,整个苏宁美研院的研发人员未来 3 年内要达到 200 人,成为中国科技公司在硅谷最大的研发中心之一,其中 90% 的人才是从硅谷当地招聘而来。

而随着苏宁美研院逐步走上正轨,苏宁形成了南京中央研究院、硅谷研究院、北京和上海研发中心这 4 大研发基地,技术开发人员达到 5000 人。其规模和实力,不仅在国内传统零售业里遥遥领先,在互联网公司里,也处于前列。这支超级 IT 部队的存在,将强有力地助推着苏宁云商在转型的轨道上飞奔向前。

（二）零售智慧引擎

最具市场竞争力的商业企业,都是技术大规模应用的典范。张近东早在 2011 年"未来 10 年发展战略"中，就曾提出"智慧发展"的概念，其中"智慧零售"的本质是基于大数据技术，对顾客的消费行为做出精准分析和预判，有针对性地实现精准营销。

张近东在接受采访时曾谈道："苏宁在大数据应用方面领先一步，未来苏宁将利用大数据打造企业的核心竞争力。"

当时苏宁成立大数据中心，考虑的就是基于大数据技术，围绕零售业态去打造"零售智慧引擎"。苏宁大数据中心技术总监张侦的认识是："从零售业态的模式来看，它一方面连接着消费者，另一方面连接着供应商，我们把零售智慧引擎分为三个大的引擎。"

第一个引擎是服务消费者的智慧零售营销引擎。它的功能主要是要能够精准地定位到目标用户，以用户为本，以用户为核心，为用户提供贴心的服务。

第二个是面向供应商提供智慧零售供应引擎。它的目的是需求预测，通过需求预测，帮助供应商从传统的供应模式过渡到"以销定采"的模式。分析消费者感兴趣的产品，接下来在 C2B 的模式上进行智能定价，包括仓储的自动预测补货，以及智能调拨。

第三个是面向市场提供智慧零售洞察引擎。这个引擎的功能，一方面是提供用户画像，另一方面是对商品进行分析，包括对商品感兴趣的用户可能期待的其他功能。

这首先要求苏宁大数据平台要实现采得全、存得下、算得快，并在这个基础上构建核心的竞争能力。"这个核心竞争能力，就是要利用数据挖掘的技术，利用机器学习，从数据中提炼信息，从而指导整个运营的生产决策。"张侦说，"一般来说，数据的量和数据的质决定了大数据挖掘的水平，同时，基于大数据提升业务水平方面，取决于是否有足够多的服务用户的渠道和相关的服务用户的手段。"

以门店端为例，苏宁在实体店开始布局相关设备进行数据的采集和分析：一是分析门店客流，比如说今天有多少人到过该门店，二是对于用户身份的识别以及定位，比如今天来这间门店的人中，有多少是会员，有多少是非会员，会员里面有多少是新注册的会员，有多少是老会员，等等。由此，借助数据的支撑和数据的说明，会让公司看到会员发展的速度和质量。

根据对线下门店用户行为轨迹的跟踪和定位技术，实际上是可以站在消费者角度看到线下门店的出样和整个陈列，哪个展区会比较有价值、流量比较大，哪些商品可能对于门店的客流吸引程度非常高。

张侦对此很自信："这种新的大数据挖掘技术，对整个零售业态都有非常巨大的想象空间，或者说零售业借此所能达到的服务水平将远远超越我们的想象。"

（三）金融超限战

2014 年在实现资金流的互联网化过程中，张近东提出了从资金流向"金融云"的大转变。他的意图是通过将内部资金流社会化为互联网金融，真正满足消费者多样化的金融需求和供应商的各类融资需求。过去，虽然从消费者到供应商的资金流是电子化的，但也仅仅局限于体系内的流通，同时由于政策和技术限制，只能应用在消费者的付款和对供应商的结算方面。现在，随着国家相关政策的开放，苏宁可以对 1.98 亿个会员和 3.5 万家供应商的资料、访问流量、订单信息、补货信息等进行大数据挖掘，并有针对性地开发出各类金融产品，真正满足消费者和供应商的多样化金融需求。

苏宁的易付宝，就是在这样的思想体系下发展壮大的。

在移动互联网高速发展的环境下，我国网上支付比例已达 46.9%，手机正在逐步取代钱包。2014 年第三方支付企业互联网收单 8.8 万亿元，移动支付收单 6 万亿元，增长 391%。2015 年第三方支付网络收单将突破 10 万亿元，2017 年将突破 18 万亿元。

在移动支付领域中，支付宝独领风骚很多年。但 2014 年腾讯推出微信红包后，绑卡人数增加了近千万，微信支付迅速上位，马云遭遇了一场"珍珠港偷袭"。京东则在 2012 年收购第三方支付企业网银在线，并在一年之后，将其旗下的网银钱包和网银 + 更名为京东钱包和京东支付重新推出。

2012 年 6 月底，中国人民银行公布了第四批第三方支付牌照企业名单，苏宁易付宝赫然在列，自此，它加入了第三方支付的行业大战。相比纯电商公司，苏宁有强大的线下店面为易付宝做推广和支撑。2015 年 3 月 24 日，苏宁开始在全国 1600 多家门店和三、四级市场的苏宁易购服务站全面推广易付宝。当顾客在门店收银台结账时，易付宝将会生成一个专属二维码，只要通过手机扫码就可以轻松地完成支付，速度"比刷信用卡还要快"。这正是苏宁依托自身的完整布局，所构造的移动支付领域首个"自主解决方案"，从而"实现了 O2O 的一次完整商业闭环"。截至 2015 年年底，易付宝注册会员已经超过 1.3 亿，交易规模达 1300 亿元以上。

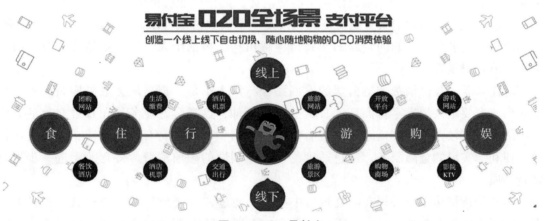

图 6 - 1 - 8　易付宝

无论是电子商务还是 O2O 都需要信息流、资金流、物流，信息流和物流，苏宁都早已具备了，易付宝刚好解决了资金流的对接。孙为民说，苏宁易付宝将不仅仅作为支付工具来使用，它将集合苏宁会员卡、苏宁联名信用卡、支付工具"三位一体"，整合形成具有苏宁特色的"金融云"，为顾客提供一站式的支付体验。

第三方支付平台具有跨越不同商户的外拓合作特点。

2015 年年初，苏宁首次尝试易付宝移动支付业务的外拓试点，与南京新百、东方商城两家南京知名大型商场合作，为易付宝的"下半场战术"奠定了基础。5 月首次海外落地，在日本 LAOX 门店为国内旅行者提供扫码支付服务。

6 月 11 日，易付宝与全国 500 家线下代理商强强联合，有利于进一步激活苏宁在个人电脑、移动、门店、电视四端布局的渠道价值，为消费者获得全场景无缝购物的体验奠定了基础。

基于此次大规模签约，苏宁在南京实践并初步成型的"易付宝 + 本地生活"模式，有望得以迅速推广，并全维度覆盖零售、社区生活、城市交通、医疗、教育等消费场景。

现在，苏宁易购从信息系统到支付系统，再到后端产品配送等所有购物环节均已打通，张近东倾力打造的苏宁 O2O 闭环，完全实现独立自主的把控，中国版的"沃尔玛 + 亚马逊"的拼图变得更加清晰。

（四）全产业链金融布局

打仗烧的是钱，做生意拼的也是钱。但是，当把钱的运用做到更高端的时候，那就不是简单的财会账本所能包容的。金融这个"高大上"的词汇，最能涵盖大企业背后的资本现状。

2015 年 5 月 29 日，注册资本金为 3 亿元，由苏宁云商、南京银行、法国巴黎银行个人消费金融集团、洋河股份和先声再康药业共同出资成立的苏宁消费金融公司开业运营，力求通过推动普惠金融的发展，以金融的力量促进消费升级，真正解决消费者"能消费、敢消费、愿消费"的实际问题，依托苏宁海量的会员、数以万计的供应商以及充沛的现金流，打造"供应链金融 + 基金保险 + 消费信贷"的全产业链金融布局。

中国银监会官方对消费金融公司的解读是：不吸收公众存款，以小额、分散为原则，为用户提供以消费为目的的贷款的非银行金融机构，包括个人耐用消费品贷款及一般用途个人消费贷款等。

对比来看，我国消费金融公司的发展路径与西方类似，都是从金融机构拓展到非金融机构，主要是大规模零售商基于日常业务的延伸，这类金融业务是在日常交易活动中产生的，具有较强的现实需求。在现有的购物消费中增加消费金融的功能，提供更加快捷、便利、实惠的金融服务，通过适度的、有计划性的超前消费，将有助于进一步提升消费品质。

券商分析机构中金公司在研究报告中指出，通过" + 金融"的产业模式，提升苏宁平台的用户体验与消费黏性，以零售、物流、金融、IT 为基础打造的互联网零售生态圈成为苏宁的新业务增长点。

在苏宁的战略拼图中，苏宁消费金融的诞生，是消费和金融市场发展的需求，更是苏宁互联网零售发展的延伸。这里隐含着的一个明晰的商业逻辑是，有零售，就必然有消费。随着中国经济新一轮的消费结构转型升级，中国消费金融的发展也必将进入快车道。

消费和投资、出口一道，成为驱动中国经济发展的"三驾马车"。以前，中国的 GDP 主要由投资和出口拉动了现在，随着中国经济转型走向深化，在未来很长的一段时期内，消费将扮演更加重要的角色，中国经济将从由投资拉动转向由消费驱动。

此时切入具有广阔前景的消费金融市场，张近东将让苏宁立于一种更加超然的地位。

苏宁消费金融公司甫一问世，即成为苏宁金融产品和服务矩阵中最重要的组成部分，并让苏宁的"金融云"初具雏形：

在上游，苏宁成立了面向供应商的小额贷款公司和商业保理公司；在中游，苏宁上线了为苏宁售后、物流等服务商提供保险计划的互联网保险销售业务，以及以提升客户黏性为目的的易付通、"苏宁小贷"、"任性付"和"零钱宝"基金销售业务；而苏宁消费金融公司开业，则是立足于 25 年积累的海量用户和海量商品布局下游消费信贷，这是苏宁得天独厚的应用场景。

借助互联网大数据技术，金融领域的苏宁不仅仅是跨界者，也成为颠覆者。在"2015 中国经济媒体领袖春季峰会"上，张近东"三次感谢"互联网，他认为互联网帮助苏宁打破了成长的天花板，推开了无数扇窗户，引发了一系列的核变。最直观的变化是，苏宁在打破了品类的天花板之后，市场容量从 1 万亿元递增到 30 万亿元。他在现场幽默地说，互联网让苏宁和他的朋友圈越来越大了，"三云"开放促使苏宁零售生态圈进入一个"万物生长"的模式。

（本案例摘编自《从＋互联网　互联网＋：苏宁为什么赢》，浙江大学出版社）

撰稿人：蓝狮子签约作家　徐　军

　　　　商业变革研究者　何　丹

案例二 顺丰：从速运公司到商业合作伙伴的转型

一、企业简介

1993 年，顺丰速运（集团）有限公司（以下简称"顺丰"）诞生于广东顺德。自成立以来，顺丰始终专注于服务质量的提升，不断满足市场的需求，在中国大陆、香港、澳门、台湾建立了庞大的信息采集、市场开发、物流配送、快件收派等业务机构及服务网络。

与此同时，顺丰积极拓展国际件服务，目前已开通美国、日本、韩国、新加坡、马来西亚、泰国、越南、澳大利亚等国家的快递服务。

截至 2014 年 12 月，顺丰已拥有近 34 万名员工，1.6 万多台运输车辆，18 架自有全货机及遍布中国大陆、海外的 12000 多个营业网点，顺丰建立了庞大的信息采集、市场开发、物流配送、快件收派等业务机构及服务网络。

21 年来，顺丰持续加强基础建设，积极研发和引进具有高科技含量的信息技术与设备，不断提升作业自动化水平，不断优化网络建设，实现了对快件产品流转全过程、全环节的信息监控、跟踪、查询及资源调度工作，确保了服务质量的稳步提升。

从 2011 年开始顺丰开始从单纯的"收运转派"的快件服务，向综合物流服务供应商转变。建立了速运事业群、商业事业群、供应链事业群、仓配物流事业群、金融服务事业群的 5 大业务 BG（Business Groups），全面整合成电商平台、O2O "顺丰家"、物流普运和冷运、仓配一体服务、金融服务，形成商流、物流、资金流、信息流的闭环，实现"四流合一"的生态链，如图 6-2-1 所示。

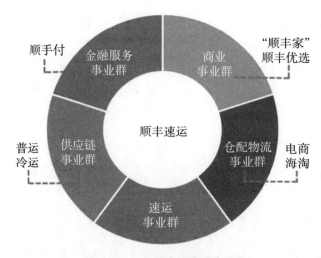

图 6-2-1 顺丰五大业务 BG

速运事业群、商业事业群、供应链事业群、仓配物流事业群、金融服务事业群均与快递物流紧密相关。顺丰重点业务包括标准快递、电商快递、B2B物流、金融服务。其中速运事业群是顺丰的优势业务，重点保持其在商务领域的领先优势，并承担维护顺丰品牌形象的重任，而供应链事业群的重点在于冷链运输。仓配物流事业群是在电商市场提供仓配一体化服务，建立了覆盖全国的7个RDC（区域分发中心）仓库以及其他功能性仓库78个，服务覆盖范围也随着处理能力而扩大，与之对应的配送覆盖网点与范围提供对应的干线运输、落地配业务，形成仓配一体的专业服务体系。商业事业群和金融事业群为顺丰电商客户提供相应的平台和金融服务，最终形成一个服务电商客户的闭环。商业事业群背靠速运事业群强势的物流能力，既包括"嘿客"升级版"顺丰家"，又包括2014年生鲜电商名列第一名的顺丰优选，顺丰商业事业群涵盖平台电商、仓配服务，利用贴近社区和消费者的"顺丰家"打通全渠道生态环境。顺丰金融事业群是通过银行金融优势和物流优势为电商客户提供了金融服务。顺丰的整个体系打通了商流、物流、资金流、信息流的每个环节，形成了全生态链的服务体系。

二、实施供应链管理的背景

1. 顺应互联网经济发展

互联网经济以现代通信网络、电子计算机网络等信息网络为基础，在互联网平台上完成的各种经济活动。企业通过互联网立足于网络平台的电子商务获取更有效率的、适合企业定位的产品，一定程度上节省了采购运输的费用消耗，优化了企业采购体系结构。在技术层面上，电子商务网络技术对传统企业单一的线下技术进行了很好的补充，突破了线下空间的局限，通过线上平台、线下渠道，促使企业获取更多的经济利益与社会效益。

在互联网经济大潮的冲击下，大环境的变化节奏非常快，远超过前十年的发展速度。竞争态势复杂而严峻。在此背景下，市场对商业合作伙伴的服务多元化提出更高要求。在供应链末端，顺丰开始逐步向电商发力，同时提供线上销售渠道及线下物流服务；在供应链前端，顺丰整合多方资源和自有优势，逐步向供应链管理服务延伸；在金融和信息化方面，顺丰向客户同时提供多样化的金融产品和信息化平台共享及搭建服务的支撑。

2. 适应企业业务发展

顺丰物流业务既包含了快速标准的小件业务、电商业务、重货业务、冷运业务等，一张大网难以承接全部的物流业务，为了能够提供更加专业化的物流服务满足客户的需求，需要对物流业务进行细分，提高物流服务水平。为了实现各业务之间协同，建立各个业务的专业能力，致力于打造综合物流服务平台，迫切需要对业务进行拆分、协调整个生态链资源，既保证各业务的专业化，又通过组织架构、流程、信息系统的支持实现资源协调。

3. 打造完整供应链服务体系

目前，快递仍为顺丰的核心业务，且顺丰的服务集中在供应链后端B2C业务中。未来，顺丰将会积极拓展 B2B 市场，向供应链上游延伸，并且拓展服务的广度与深度，将会给顺丰带来更广阔的发展机遇，由此才能契合顺丰的战略目标，打造一套完整的生态化供应链服务体系，如图 6 - 2 - 2 所示。

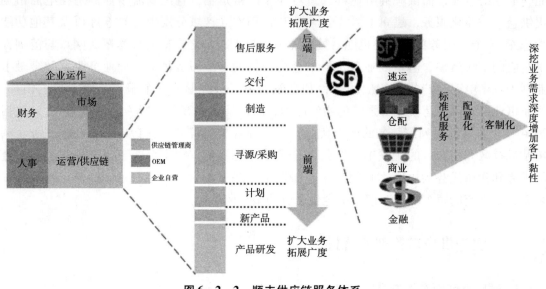

图 6 - 2 - 2　顺丰供应链服务体系

三、供应链管理的运作模式

顺丰从单一的快递业务，转向综合物流服务，这一转型是从后向供应链前端延伸。在供应链服务深度方面，依托顺丰速运成熟的物流体系，提供优质的标准化产品组合，并结合外部资源补充能力版图，综合各项资源为企业提供个性化的物流服务，以此形成长期稳定的合作伙伴，并在后期协助客户从供应链策略、方案设计、落地实施及运营管理，提供端到端的集成供应链解决方案和服务；实现客户供应链运作转型升级和优化提升。在供应链服务的广度方面，在已有的综合物流服务的基础上，顺丰还能为客户提供配套的金融及信息化服务，以支撑客户的商业发展，并致力于成为客户的商业合作伙伴。

（一）提供优质的标准化产品

1. 速运产品

顺丰速运是顺丰的基础业务，采用自营模式，顺丰中国大陆网点覆盖 34 个省、自治区和直辖市，272 个大中城市，1418 个县级市或城镇，香港网点覆盖了 18 个行政区中的 17 个，台湾网点覆盖了 8 个主要城市。地级市的覆盖率达到 90%，县级市 60%。

顺丰速运主要采取收件—中转—干线—中转—派件的运作模式，截至 2013 年 6 月，全网共有 10 个一级中转场，100 多个二级中转场，50 多个三级中转场。覆盖不同类型的中转场包括航空、陆运及各级中转场。

顺丰速运提供了快速、安全、优质标准的服务，这离不开顺丰航空资源的投入，顺丰航空拥有以 B737、B757 机型为主的全货机机队，致力为顺丰速运提供快件产品的空运服务，截至 2015 年 5 月顺丰全自有货机达 19 架，是顺丰速运快递业务核心竞争力的重要保证。随着机队规模的不断壮大，顺丰航空也将依据顺丰速运的业务发展规划，稳步完善运输网络，为客户提供更优更快的空运服务。加上航空租赁飞机，顺丰航空机队总数已经达到 37 架，以及租赁 1700 个常用航班线，日发货量可达到 1800 吨。同时顺丰速运拥有丰富的公路资源及独特的铁路资源、水路资源等，2014 年 8 月顺丰包下了深圳到上海电商专列、京沪电商专列、京广电商专列，极大地提示了快件运输能力。

2. 顺丰普运

目前，我国市场上前六家快递企业包揽了超过 80% 的市场份额，而前十家公路零担物流公司所占市场份额仅为 1.28%，但市场规模却是快递的数倍。这也让公路零担物流行业成为继快递业之后下一个面临爆发式发展的物流领域细分行业。

2015 年 4 月，顺丰开始"物流普运"的业务，该业务主要针对 20 千克以上"大货"。普货运输业务目前已在全国铺开，被称为"物流普运二期"。

顺丰利用布局良好的公路网、铁路资源发力重货物流，在升级物流普运的同时，顺丰"行邮专列"也将在 11 月上线，主要针对单票重量大于 300 千克的大货重货，承诺当日上门收货，3~5 天完成配送。单件货物重量上限和物流普运相比也进一步放开，从 130 千克调整至 200 千克。

3. 仓干配一体化产品

顺丰提供常温仓、恒温仓、冷库、防静电仓库等仓库类型，顺丰仓储配送服务主要是为客户提供仓储、分拣、配送一站式的供应链物流解决方案。服务内容主要有：出入库管理、分拣包装、库存管理、信息服务、保险、配送、其他增值服务。目前已建成投入使用仓库 83 个，包括北京、上海、广州、深圳、武汉、杭州、重庆、福州、嘉兴、青岛、南京、温州、长沙、厦门、台湾、香港等 47 个重点城市，共有仓库面积 62 万平方米。

仓储 + 干线 + 配送的一体化的快速响应体系运作方式为"一个集中，两个分散，三个一体"的运作模式。一个集中是指订单处理中心（Order management system）集中处理订单，实现智能分仓，处理全网所有客户订单；两个分散是指品类分散，建立集中的品类仓库如 3C 仓、服装仓等，仓库功能实现分散，生产仓库与存储类仓库、退货仓库功能分散，实现专业化的服务；三个一体是指仓干配一体、调拨一体、集发一体，实现资源的集中利用，降低成本。

（1）提供给客户订单统一由订单处理中心处理，智能分仓，信息库存可视化服务；

（2）分仓备货满足客户订单履约更快、成本更低，实现更好的买家体验；

（3）干线调拨 + 落地配 + 配送体系为订单更快地到达消费者手中提供了强大的物流基础；

（4）仓储 + 配送一体化的模式，使客户订单能集中处理，减少订单在集货中心的转运次数，快速响应客户需求。

仓配一体化是仓和配的结合，既要有仓的网络，还要有配送的网络，仓储网络和快递网络相结合才能真正解决电商公司的一条龙服务要求。顺丰目前已在上海、沈阳、广州、西安、成都、武汉建立 7 大分发中心，并在 50 个重点城市已布局上百仓储配送仓库，仓储总面积近百万平米，配以顺丰数万网点，覆盖全国 2500 区县，基本建成了覆盖全国的电商仓储配送体系。顺丰推出了分仓备货的服务，可节约 30% 的订单配送成本。目前，包括华为、小米、长虹、康佳在内的诸多品牌厂商均已使用顺丰的分仓服务。

（二）综合资源提供个性化服务

基于标准服务产品和外部供应商资源的结合，提供能够满足客户个性化的灵活服务组合，以此积极拓展 B2B 市场，向供应链上游延伸，并且拓展服务的广度与深度，将会给顺丰带来更广阔的发展机遇，由此才能契合我们的战略目标，打造一套完整的生态化供应链服务体系，如图 6-2-3 所示。

图 6-2-3　顺丰供应链服务体系细分项

（三）金融与信息化服务支撑

金融服务事业群依托强大的速运网络数据资源，专注于构建和研究具有顺丰特色的互联网金融模式及供应链金融服务，构造以数据为驱动，拓展人、移动智能设备、商业相连互动的大网，为客户提供定制化的金融服务解决方案，致力于成为全球领先的供应链金融和消费金融服务的提供者。围绕供应链前端参与主体产生的金融需求，顺丰提供应收账款融资、存货融资、预付款融资等金融服务，并面向供应链末端渠道平台和零售客户提供消费金融产品，如图 6-2-4 所示。

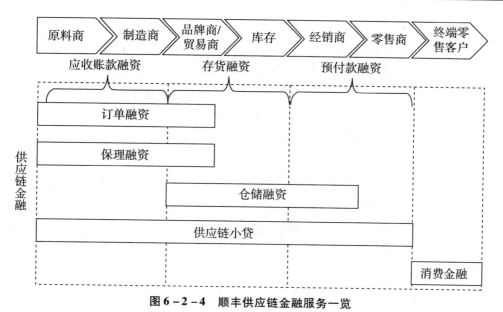

图6-2-4 顺丰供应链金融服务一览

四、实施供应链管理的绩效分析

医药行业是国内目前供应链全流程较为复杂的行业，顺丰携手国内知名医药企业，并依据其个性化的需求为其打造一套完整的供应链服务体系。

在该药企客户原有的供应链模式中，主要面临的挑战包括：剥离物料成本中的物流成本，进行相应测算，从而降低物料采购成本；优化原材料采购计划和补货计划，并合理化安全库存（中心计划部）；运输成本的降低，如城市配送费用的降低等；工业和商业系统的供应链协同，如原材料运输和成品运输正反向的协同；单层直发全国的配送，没有分级配送网络，导致配送成本偏高；仓储成本包括人员和设备效率的提升〔如设 VMI（供应商管理库存）仓〕；缺乏供应商、客户、经销商、零售终端、医院等信息系统的无缝对接，如图6-2-5所示。

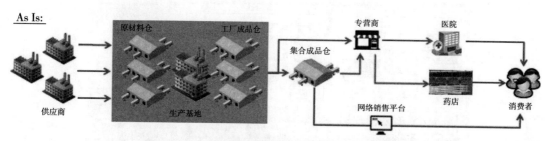

图6-2-5 某国内大型制药企业原有供应链模式

基于客户面临的挑战，顺丰供应链整合执行资源，利用系统平台提供从研发、计划、寻源采购、生产、交付到售后服务的端到端生命科学/医药行业供应链解决方案。主要包含以下几个方面：

（1）顺丰作为唯一供应商提供原材料和成品的运输服务，节约客户管理成本；

（2）专项团队每日协调运输线路设计，优化运输成本；

（3）全厢型车辆运输，保障货物安全；

（4）端到端的可视化符合监管要求，提高客户满意度。

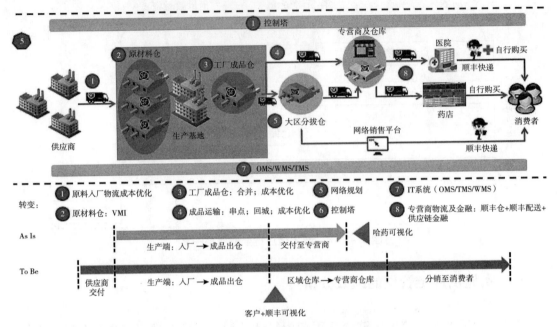

图 6 - 2 - 6　顺丰服务与新供应链模式

在顺丰作为外部供应链协同主体的努力下，成功为客户实现供应链绩效优化：降低库存 22% ~ 24%；缩短 21% 的现金周期；缩短 32% 的销售周期；缺货频率减少 10% ~ 15%；销售增长 5% ~ 10%；降低库存过期损失 40%；订单周转时间减少 10% ~ 25%；降低加急成本 20% ~ 30%；降低运输成本 5% ~ 30%。

此外，为了实现成为客户商业合作伙伴的愿景，顺丰依托自有 IT 能力，协助客户完成供应链 IT 规划和实施，完善客户信息化平台的功能。

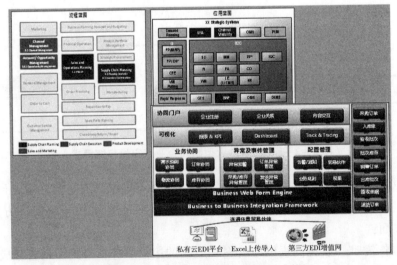

图 6 - 2 - 7　顺丰协助客户完善 IT 规划

在金融服务方面，相比国内传统的供应链管理服务商，顺丰最大的特征在于其一站式供应链管理服务。传统的供应链服务商，大多只是在供应链单个或多个环节上提供专业服务，如运输服务商、增值经销商和采购服务商等。物流服务商主要提供物流运输服务，增值经销商主要提供代理销售，采购服务商主要提供代理采购等。顺丰通过整合供应链的各个环节，形成囊括物流、采购、分销于一体的一站式供应链管理服务，在提供物流配送服务的同时还提供采购、收款及相关结算服务。

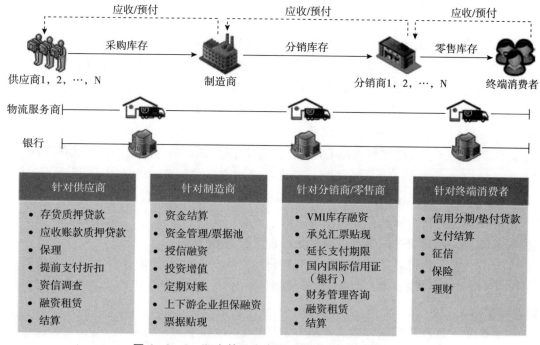

图 6 - 2 - 8　顺丰基于客户供应链模式提供金融服务

撰稿人：顺丰速运有限公司供应链部负责人　何晓东
　　　　顺丰速运有限公司供应链专员　　　蓝　天

案例三 平安银行橙 e 网："互联网 + 供应链金融"的创新发展

一、引 言

"互联网 +"和中国制造 2025 国家战略催生了新的经济形态。"互联网 + 产业 + 金融"，通过互联网在生产要素配置中的优化和集成作用，将互联网的创新成果深度融合于产业环境各领域，将金融服务融合于行业应用，提升产业经济的创新力和生产力，实现产业结构调整、形态转型与互联网金融服务融合发展的动态平衡。

"互联网 +"与中国制造 2025 新形态下的技术创新必然促进生产方式的调整，在信息技术、物联网、产业互联网大规模普及的条件下，生产服务的边际成本趋近于零，产业电商化新的经济模式必然颠覆原有的产业要素组织形式，从而驱动商业模式的变革。

产业结构上，将从一对多经济向一对一、多对多经济转变，个人既是消费者又是商品服务生产者的共享经济模式将扩展到更多产业领域并成为新的发展引擎。

供需模式上，将可以从产业链头部需求、静态供需向长尾需求、动态供需 C2B/C2M、应需服务转变，用户通过网络可以即时获得任何产品和服务。

生产方式上，将可以从独立生产、结构化生产向外包生产、硬件开源、小制造转变，未来基于材料变革、供需信息打通基础上的个性化、非标准化的生产将逐步接近甚至赶超规模化生产。

资金配置上，将从积累、融资向众筹、P2P（peer to peer）等融资方式转变，通过互联网把资金拥有方和资金需求方直接匹配，进而实现更加高效的产业链资金流补给。

企业协同管理方式上，将从紧耦合管理向分布式管理、自管理方式转变，网状的企业协同方式将日益流行。企业经营方式也将从传统供应链经营向电商化、数据化经营方式转变。而产业互联网金融需要不断改变服务形态，更加深度参与产业电商化转型。

供应链金融因最贴近企业的经营与交易，被誉为互联网金融中最具发展潜力的朝阳领域。平安银行作为中国供应链金融的开拓者，近年来基于互联网系统平台推出供应链金融 3.0 服务，"跳出银行办银行"，在"互联网 + 产业 + 金融"方面奋力突进，取得了显著进展，橙 e 网自 2014 年 7 月上线至今，注册用户将近 200 万，其中企业用户超过 40 万家。截至 2015 年年末，橙 e 网支持近千家各类型企业互联网转型，为传统企业转型嵌入"互联网 + 金融"能力，赋予各类电商平台"钱包 + 担保支付 + 理财"等升级功能，与时俱进升级商业模式。

（一）供应链从"1 + N"转变为"N + N"

无论是在供应链金融 1.0、2.0 时代还是在 3.0 时代，平安银行的供应链金融自始至终都秉承"因商而融"的理念。所谓因商而融，即供应链金融业务的着眼点在于服务供应链上下游之间的交易，包括如何通过支付结算、融资、增信、信息撮合等服务方便交易的达成和最终履行。同时，平安银行在创新具体的业务模式方面与时俱进，适配于当前的社会、商业、技术环境。供应链金融1.0和2.0下的1+N中的"1"是核心企业，相应的业务也是围绕这个"1"来开展。供应链金融3.0时代，"1"的主体更加多样化，不仅包括核心企业，同时也可以是一个平台，如第三方信息平台、电商平台、供应链协同平台，或是第三方支付公司、政府机构等。"N"也不再局限于核心企业的上下游，也可以泛指平台、支付公司、政府机构等平台的客户。供应链金融3.0适应当前互联互通的时代，将传统1+N的模式推展到围绕中小企业自身交易的"N+N"模式。

平安银行橙e网以任一企业为核心的"N+N"模式，依托企业间或第三方交易平台掌握的交易数据，试行"交易信息+信用"的全新供应链融资，在风控理念突破1.0和2.0模式，银行对供应链的上下游进行融资业务，风控的着力点还是在核心企业，看核心企业的主体资质和链条的交易结构。一旦出现上下游违约的情况，通过其与核心企业的交易安排来缓释和降低风险暴露。但随着银行同业竞争日趋激烈，利率市场化的步伐日趋临近的背景下，依赖传统业务模式生存的市场空间越来越小。所以，各家银行都在实施客户下沉战略，发力中小微企业客户群体，把供应链金融业务的触角延伸到核心企业上下游的多级供销体系，或直接切入经销商、供应商的上下游提供金融服务。

在此理念上，平安银行推出了创新产品"商超发票贷"与"海尔自由贷"，商超发票贷从中小供应商这一客户群体出发，综合考虑了其多渠道经营的现实，将中小供应商多个渠道的应收账款纳入授信额度，极大地提高了供应商的可融资金额。同时，在发票数据的提供上也充分运用互联网技术进行创新。商超发票贷通过与具有提供税务发票增值服务资质的公司合作，经过企业的授权，以线上的手段提供发票数据，在线核定融资金额，大大提升了融资的便利性和客户体验。

"海尔自由贷"则只要是海尔认定的经销商，合作一年以上，无须任何抵押担保，即可通过橙e网申请该贷款产品。该模式主要考量海尔及其供应链的稳定性和持续积累的交易数据，我行通过海尔平台系统持续跟踪经销商的经营情况来防范风险。整合了平安银行的资金、业务、技术优势以及海尔集团分销渠道网络、交易数据和物流业务，通过橙e平台和日日顺的线下交易的记录，将产业与金融通过互联网的方式集合在一起，为海尔经销商提供"以客户为中心"的、不受地域限制的融资授信方案。

橙e网的"互联网+供应链融资"解决方案，志在实现全产业链的金融服务覆盖，被冠以"网链平安"系列融资服务，将平安银行在供应链金融领域深耕十多年的实践，借助互联网平台，覆盖到上游的上游供应商、下游的下游经销商；同时服务于更小体量的"1"及其上下游客户。橙e网更将供应链交易概括为"熟客交易"（区别于阿里平台"陌生交易"），根据供应链"熟客生意圈"的特点，提供有交易伙伴之间长期形成"商业信用"支撑的不一样的融资安排。

"网链平安"系列融资解决方案，纵深贯通全产业链，同时为客户提供融资、结算、

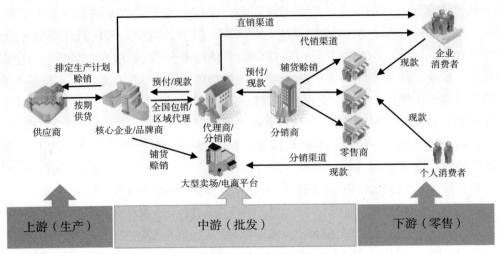

图6-3-1 "网链平安"系列融资解决方案

理财、商务服务的综合解决方案。橙e网以企业生意协同为中心，展开融资流程，以全产业链视角促进企业转型升级，通过产业链整合、供应链优化，总成本显著下降，最终受益的是中小企业和终端用户，普惠金融的理念得以实现。

（二）云端竞争围绕"四流合一"开发SaaS云服务

平安银行橙e网基于现有产业链客群及供应链金融的业务结构，创新"供应链金融+产业基金"的业务运作模式，满足产业链龙头企业/产业生态主要参与者联合开展供应链金融服务、提升链条把控力的需求，借此开拓优质产业链市场，推行供应链金融应用云端化，并围绕"四流合一"的业务构想，开发了"生意管家"、"发货宝"等免费的SaaS云服务，支持中小企业零成本、快速实现电子商务转型升级。

比如，使用平安银行"生意管家"的用户，不管是制造型企业、流通型企业还是服务型企业，它们可以利用"生意管家"在PC端和手机端在线管理进销存，在线与上下游客户协同做生意，在线发货，在线支付、融资，实现"订单、运单、收单"与金融服务的一体化。"生意管家"系列整合服务推出一年多时间，已有超过40万家小企业下载注册。"生意管家"还与多家云基础应用、企业协同、云通信等企业云服务提供商组成联盟，更好地为中小企业提供优质的云服务，让中小企业一开始就可以借助互联网云平台体验"互联网+"的真正福利，让其商务活动能够以最快速度、零成本实现企业商务流程的电子化。橙e收银台则是平安银行橙e网为电商平台搭建一个集合多种收付方式的收银服务体系，包括银行网关、快捷支付、PC和移动端跨行收单、跨行代扣、超级网银、微信支付等当下常见的在线支付方式，实现一个端口接入、点选开通多种支付方式，并因为银行批量接入的规模优势可以享有更低的手续费优惠。

而平安银行橙e网目前推出的发货宝，可以帮助橙e网的用户快速找到合适的物流伙伴。对发货企业而言，它们可在橙e发货宝上输入收发货地址，查看不同物流企业的报价，对比后选择一个物流企业下单，填写相关资料，并对订单进行追踪最后签收。对于一些贵重货物发货企业可以直接进行投保，发货宝可快速为发货人生成货运保单，避免一些货主需要单独在保险公司购买保险的烦琐程序。此外，发货宝还将为物流平台合作方（包括物流 O2O 电商、物流软件提供商等）提供基于各自业务模式的定制金融方案，为物流合作伙伴提供"物流 + 金融"服务，满足物流平台合作方支付结算、资金管理、资金增值、信用融资等金融方面的需求。例如，橙 e 网与国内首家物流垂直搜索及 O2O 电商交易与运营平台"运东西"进行了合作，发货宝可对"运东西"平台上的货运企业进行贷款，即物流货运贷。它主要依据货运企业发票信息进行额度审定，并将月结单信息推送至发货宝协助审核。橙 e 发货宝并不直接对接运输商资源，而作为一个"中介"桥接发货方与物流平台，并借助橙 e 网自身海量的企业资源，作为一个新入口为这些物流平台带来新的流量与客户，这种双赢的安排让合作双方实现"1 + 1 > 2"的效果。

（三）基于"互联网 + 供应链交易"提供全生命周期服务

平安银行橙 e 网的服务，以"创业易""转型易"与"升级易"三大系列，服务于不同发展阶段的客户群体的互联网转型升级需求，为"互联网 +"供应 – 制造 – 分销全链条的转型升级给予全面金融支持。

首先，平安银行以创新模式专门为初创型企业提供金融解决方案"橙 e·创业易"，联合众多企业云服务提供商为中小企业搭建云服务平台，让"创业、创新"企业借力互联网平台快步前行。橙 e·创业易推出不到一年，已经服务创业型企业超过 10000 家，让这些初创型企业在平安银行享用生意管家在线做生意、通过网银与移动支付方便转账结算、依托所在园区申请税金贷等融资支持。

其次，为了助力传统企业电子商务转型，橙 e 网以融资、理财、支付、账户管理等金融功能为基础，通过与各类供应链服务平台联盟合作，整合服务资源，推出了"转型易"服务方案。比如橙 e 招投标服务，为数十家大型企业的集中招投标提供云服务平台、账户管理与保证金缴纳和退还等综合解决方案；再如与武钢集团等核心企业合作，为其电商平台提供账户管理、在线支付、网络融资及理财增值等解决方案。

最后，平安银行为垂直/综合性电子商务平台、电商第三方服务平台推出了"升级易"服务，支持电商平台商业模式升级：由信息门户升级到交易门户，由交易断点升级到交易闭环，由单一的商业价值链叠加金融价值链。"升级易"内容包括：为国内电商平台提供多银行网上支付和集中收款服务，为平台和用户建立钱包账户体系，提供交易结算见证和担保支付、账户自动增值、电商商户数据信用贷款、电商平台物流发货等一体化服务；为跨境电商提供与海关的数据实时传送与对账，并通过与第三方支付公司的对接，提供 7 × 24 小时的实时结售汇服务。

（四）引入平台合作，与多方市场主体建立广泛联盟

平安银行橙 e 网遵循开放互联网"流程数字化、产品组件化、服务主动化"的建设原则，打造数据型、标准化、平台化产品，满足全产业链的客户需求。同时，平安银行与多方市场主体建立广泛联盟，强化平台与平台的合作，实现橙 e 网高效赋能、批量

获客。

目前橙 e 网已经与数十家联盟平台、产业链核心企业联盟合作，通过插件式基础金融服务，批量获取大量客户，并且通过联盟合作补偿和提升产业服务能力。未来，橙 e 网一方面将进一步规划和明确网络融资、现金管理与商务支付、电商政务资金管理与账户体系、门户用户体系、商务协同、物流金融等自身核心能力；另一方面在"金融插件"积累的基础上，通过联盟方式（包括成立电商俱乐部、投行化联盟等方式），迅速扩展橙 e 网的产业服务范围，形成产业金融服务竞争力。伴随产业服务能力的提升，可以吸引的客群会随之批量增加，最终形成橙 e 网自我运转、相互驱动、持续发展的良性循环。

橙 e 网将在经营产业互联网金融业务的基础上，进一步整合资源、建设能力，向轻资产运营、用户流量经营和构建数据能力壁垒的业务形态演进，其基础应用结构为依托电商闭环交易数据，连通产业环境中的多方资金、资产端，并以此为基础提供金融服务。

迄今，平安银行橙 e 网与数以百计的各类型平台建立了多形式业务合作关系。比如，通过与中企永联、广州瑞智、上海文沥等供应链服务平台对接，基于这些第三方服务平台掌握的供应链熟客交易的真实数据，为链条供应商与经销商提供线上融资服务。如联合中企永联在汽车行业运用互联网"大数据"为上游零部件供应商提供融资服务；与合力中税对接推出发票贷，通过及时了解和掌握企业与上游供应商之间的订单、收货、发票、付款等信息，为客户提供从借款、还款到尾款转出及查询等操作的全流程线上融资和应收账款管理服务。这些创新模式具有很强的示范意义和推广价值，橙 e 网与一达通、用友、金蝶等一系列平台均已完成对接，通过此种联盟，力图将多方平台上数以百万计的小企业客户纳入平安银行的金融服务范围，通过交易数据和行为数据为中小企业提供融资服务，解决中小企业融资难和融资贵的问题。

二、平安银行在供应链金融领域的创新案例

平安银行将"互联网金融"定位为银行的四大特色业务模式之一，并在组织架构上单独设立公司网络金融事业部——全行唯一的平台事业部，专职于互联网金融产品的创新与推广，在平台建设上搭建了跨条线、跨部门的银行公共平台——橙 e 平台，与政府、企业、行业协会等广结联盟。橙 e 网通过与众多具有特定商务服务能力的平台合作，不断丰富自身"互联网＋供应链金融"的能力，共生平台日渐生态化，逐渐步入良性聚合发展、彼此加固的良性轨道。基于此，橙 e 网创新实践"共性平台＋应用子集"的业务发展机制，全面支持银行各行业事业部、分行与小企业网络金融业务的应用发展。

一年多来，基于客户日益增长的在线商务需求，橙 e 网提供与之相匹配的在线支付、在线融资、在线增信/见证、在线理财增值和账户管理等一站式服务。橙 e 网"跳出银行办银行"，以免费的 SaaS 云服务方式，支持中小企业快速实现交易、物流的电商化，为中小企业提供在线"订单－运单－收单＋综合金融"的交易闭环服务。与此同时，构建 PC＋Pad＋Phone 三屏一体的立体服务渠道，推出公司业务微信、橙 e 网订阅号，全面、深入经营用户，并与柜面服务打通，形成 O2O 服务体系，领先布局移动互联网金融服务。

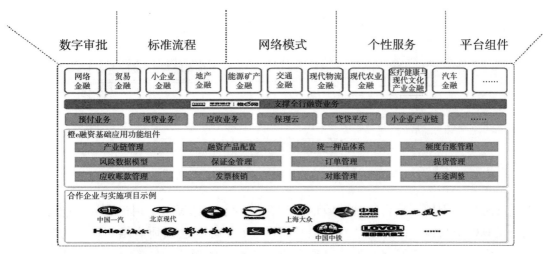

图 6 - 3 - 2 "共性平台 + 应用子集"的业务发展机制

以下是平安银行橙 e 网在供应链金融领域的几个典型创新案例。

（一）广州商品交易所案例

"互联网 +"时代，文化产业也迎来了这个风口，其中邮币电子交易迎来了黄金期，"炒邮币"成为继"炒股票"后的一大热点。但传统的实物交易模式显然不能满足互联网时代的需求，于是广州商品交易所（简称广商所）希望搭建专业化钱币邮票电子交易平台，推动钱币邮票交易市场的高效规范运行，避免实物交易的诸多弊端。但是搭建电商平台并不是创建一个网站那么简单，广商所还面临着三大难题：对注册会员进行审核确保信息真实性，对会员账号进行管理保证系统安全稳定性，以及对交易资金进行存管提高平台的公信力。于是，广商所选择与银行进行合作，而当时除了平安银行，包括四大行以内的多家银行也纷纷伸出橄榄枝。

对于广商所而言，此时的关键在于哪家银行能最快完成平台的搭建。在与各个银行团队长达半个多月的沟通磨合后，平安银行广州分行团队率先完成方案的提交和平台的设计，同时考虑到双方有一定的合作基础并且平安银行在互联网金融方面良好的发展态势，最终广商所选择了平安银行广州分行。

平安银行广州分行为广商所提供交易资金第三方存款方案，从会员注册、交易、充值、提现到最后的清算对账全流程嵌入服务。在会员注册认证方面，如果是已经在平安银行开户的企业和个人开通网银即可签约。而未在平安银行开户的企业和个人通过平安易宝注册，上传身份资料后，平安银行广州分行将通过对接公安部身份验证系统验证个人会员户名身份证是否相符，通过柜面人员核对企业上传的资料进行审核。当然会员也可以绑定一个会员在任意银行开立同户名账号，交易中心通过后台接口将会员信息传送给平安银行，会员不需登录银行系统注册。

同时，平安银行为广商所提供资金托管服务，为广商所电商平台开立专户作为存管账户，用于存放交易上的交易结算（保证）资金。并对该户实行封闭运行管理，只能用

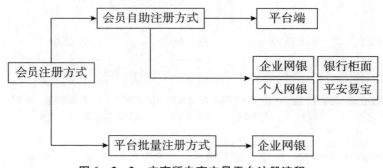

图 6 - 3 - 3　广商所电商交易平台注册流程

于会员交易资金划转、平台手续费收取、与合作商家清算等指定用途划转；同时，将会员银行结算账户与银行存管账户的虚拟子账户实行绑定，会员所有结算资金的转出只能划转到指定的银行结算账户，不得以现金或其他转账的形式划转资金；而虚拟子账户与平台为会员开立的交易资金账户一一对应。虚拟子账户用于控制会员出金的可取余额，平台为会员开立的交易资金账户用于控制交易的可用余额。

如果会员绑定的账户是平安银行账户，则可通过交易市场平台端直接发起充值/提现交易。如果会员绑定账户已加挂在平安银行网银下，则会员还可以登录平安银行个人或者企业网银发起充值/提现交易。其他银行会员可通过从绑定的他行同户名结算账户向交易市场在平安银行的资金存管专用账户转账的方式实现充值/提现。

会员下单预支付后，平安银行将对交易期买方货款进行冻结，不允许买方提现，保证交易期间资金安全。每日交易结束后对广商所电商平台专户进行清算并与平台进行对账，核查存管专户，包括总分账核对、分账核对、充值提现资金明细、开销户明细核对。如发生对账不平，银行生成对账不符记录明细文件，并发送至平台服务器，双方可及时查明原因。

经过一个多月的开发测试，2015 年 8 月 11 日系统上线，8 月 21 日首批商品上市。数据显示，当天开立会员子账户 4216 个，其中平安易宝会员数为 387 户。当天申购资金非常可观，创造了该分行单日存款最高增额的历史。

广商所钱币邮票电子交易平台解决了以往收藏者线下实物交易过程中的各种问题，通过与银行合作对交易资金进行托管，提供一种全新的安全的交易模式，给邮币收藏投资带来新的发展契机。在整个过程中，平安银行就扮演着最佳合作伙伴的角色，通过嵌入电子商务平台在支付结算、投资理财、网络融资方面的需求，支持传统企业互联网转型升级，不断扩展合作伙伴，打造"共性平台 + 应用子集"的开放式平台，力图通过强强联合，挖掘行业更多的潜在市场空间。

（二）供应链协同云服务："生意管家"应用案例

1. 成都诗岚

成都诗岚是一家渠道供应商，专业提供联想/宏碁电脑全系列产品、行业解决方案。立足成都，辐射西南，客户累计 1400 余家，产品 SKU（最小库存管理单位）约 2000 种，

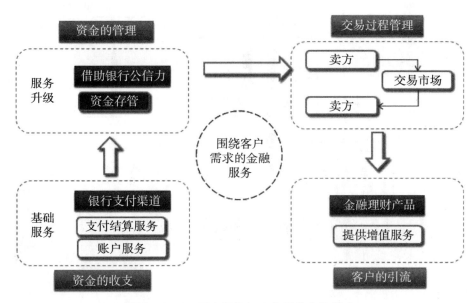

图6-3-4 平安银行与广商所的合作模式

年销售额达2亿元。

在过去一年里，诗岚面临库存水平控制难、及时补货难、及时准确结算难、内部响应时间过长，客户满意度下降。诗岚为了在行业内保持优势，找到了平安银行推出的生意管家，通过生意管家进行业务管理：基础数据和信息实行集中管理，确保基础数据的准确性；订单由原来的每月大批量改为按天小批量，并且严格控制日清日结，切实掌控库存与订单进程；运用生意管家进货、销货及仓库功能，进行统一的计划，各部门协调运作，跟踪管理，达到了整体的最优，提高了客户满意度。平安银行生意管家永久免费，无须安装与维护；配置专业团队每月迭代更新；数据库信息安全管理及风险防范级别高；针对企业不同的运作模式，涵盖从采购、销售、库存到财务管理等各个业务环节，整合企业的商流、物流、资金流和信息流，打通上下游供应链组织，在内外部环境等多个环节提高企业运营核心竞争力。

2. 青岛菜源农贸

青岛菜源农贸有限公司是集蔬菜生产、加工、配送一条龙服务的综合发展公司。拥有自有菜园2000多亩地，并以"农产品经纪人"身份向各农户采购蔬菜，在青岛各大超市设立专职导购，通过"超市联营"模式，向青岛及周边超市进行供货。

由于"超市联营"与"公司+农户"模式的特性，采购与导购每天都必须在农村与超市高频度下单，在业务不断发展与扩张中，该公司面临以下几个管理难题：

（1）派驻在数十个超市的导购员集中在傍晚电话向自己公司下单，由于集中总部客服人员难以招架；

（2）电话下单难以准确描述，打电话下订单的场景复杂，差错多；

（3）重复了劳动力，员工经常加班到深更半夜整理数据，苦不堪言；

（4）公司的销售与进货记录依赖于手工账，数据难以准确及时掌握。

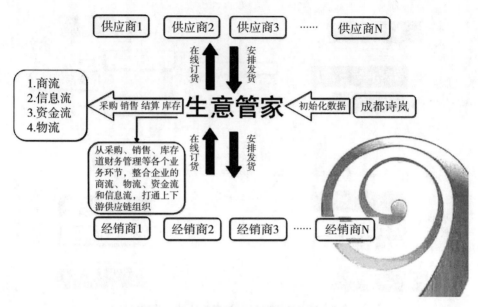

图 6 – 3 – 5　平安银行生意管家运作模式

通过平安银行生意管家的实施应用，帮助青岛莱源农贸有限公司解决了一系列在未使用软件之前遇到的管理难题：

（1）整个订单流程全部在平安管家上进行，也极大地提升了工作效率。之前，10 个导购员通过电话下单约需要 50 分钟，使用后 10 人可同时下单仅需要 5 分钟，效率提高 10 倍；

（2）每笔订单都有据可查，自动生成报表，非常方便账目核算；

（3）来自超市导购的订单的数据及时与公司的进货计划进行完美匹配，严格按照以销定购，避免了盲目采购，很好地满足客户需求，降低公司成本。

（三）金蝶 ERP 数据贷

金蝶是国内领先的企业管理软件及 ERP 云服务商。金蝶中国是平安银行重要的平台战略合作伙伴之一，其目前已打通包括 KIS、友商网、智慧记在内的中小企业 ERP 产品线，完成了针对金蝶中小微 ERR 客户全产品线的标准化建模，建立了产品线之间企业客户财务、进销存数据的无缝衔接及快速共享机制，服务的客户超过 500 万。

"金蝶 ERP 数据贷"项目的实施，为平安银行引流更多优质客户资源的同时，也为金蝶中国数百万的中小企业客户提供更丰富的融资、资讯、理财等综合金融服务，提升其自身的 ERP 平台客户服务水平，实现双方的共赢。

平安银行橙 e 平台通过与金蝶 ERP 平台对接合作，在经客户授权后，取得其使用金蝶 ERP 产品的经营数据。通过对经营数据的分析建模，在平安银行橙 e 体系下，为小企业主提供以小额信用循环授信为核心的，含结算、融资、理财、资讯等多项功能的综合金融服务方案。

"金蝶 ERP 数据贷"产品优势：

（1）审批效率：额度审批效率高，24 小时可放款；

（2）简单易用：操作简便，在线申请，随借随还；

（3）利率优势：相同贷款额度情况下贷款利率较低；

（4）平台优势：以融资作为切入点，依托橙 e 网，为客户提供管理、结算、理财、资讯等多方面的综合金融服务。

ERP 数据贷产品特点与优势（如图 6－3－6 所示）：

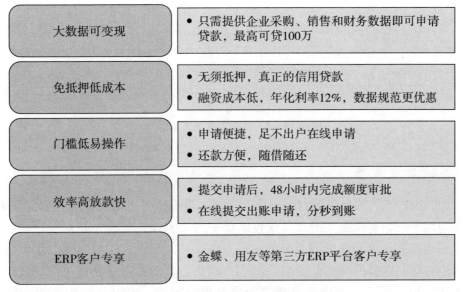

大数据可变现	• 只需提供企业采购、销售和财务数据即可申请贷款，最高可贷100万
免抵押低成本	• 无须抵押，真正的信用贷款 • 融资成本低，年化利率12%，数据规范更优惠
门槛低易操作	• 申请便捷，足不出户在线申请 • 还款方便，随借随还
效率高放款快	• 提交申请后，48小时内完成额度审批 • 在线提交出账申请，分秒到账
ERP客户专享	• 金蝶、用友等第三方ERP平台客户专享

图 6－3－6　ERP 数据贷产品特点与优势

（四）采购自由贷，凭借与大企业的合作年限和采购订单就能贷款

橙 e 网与海尔集团的 B2B 平台合作推出采购自由贷，经销商从在线发起订单，到平安银行橙 e 网网络融资平台完成贷款交易，最快只要 6 分钟，为客户带来极致体验。海尔全资子公司的 B2B 平台的定位为集信息流、物流、现金流为一体的大型开放式服务平台。海尔集团的 2 万多家经销商可在平台上在线下订单，发起在线融资申请，实现对订单、物流、资金等信息的跟踪，如图 6－3－7 所示。

平安银行橙 e 网与海尔的 B2B 平台实现无缝对接，双方共享订单、物流、资金等信息，合作推出"采购自由贷"。采购自由贷极大降低了经销商的准入门槛，大幅简化了经销商的授信资料，对业务进行批量授信、批量开发。经销商无须抵押，免担保，只要和海尔生意往来超过一年时间，不论经销商规模大小都可以向银行申请融资。

目前，该平台合作下，已经为海尔超过 600 个经销商提供在线的授信支持。平安银行以此种模式为蒙牛乳业、美赞臣、宝洁、红牛等数十条产业供应链数千家经销商提供采购自由贷服务，助力产业升级。

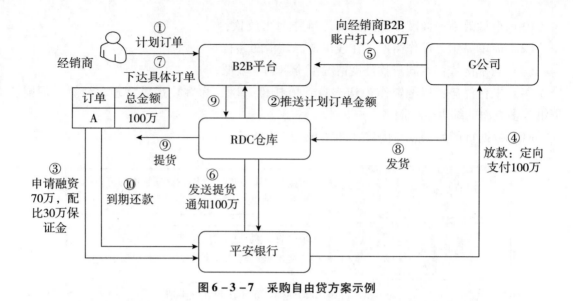

图 6 – 3 – 7　采购自由贷方案示例

（五）蘑菇街案例

橙 e 网和国内知名的电商平台蘑菇街合作，一是通过"电商见证宝"账户服务体系，为蘑菇街搭建了一整套涵盖"平台总钱包账户 + 用户子钱包账户 + 担保支付钱包账户 + 其他特定用途核算账户"在内的总分钱包账户体系；二是通过"橙 e 宝"解决用户钱包账户的增值问题，直接提高蘑菇街总钱包账户的资金沉淀量；三是通过门户联盟联合营销，实现客户相互引流。用户通过蘑菇街注册理财账户，可以直接购买橙 e 网的优质"宝宝"类理财产品。而蘑菇街借助平安银行的金融支持，可以更便利地为其 9000 万用户提供账户体系和资金增值服务。

此外，橙 e 网为国内电商平台提供多银行网上支付和集中收款服务，为平台和用户建立钱包账户体系，提供交易结算见证和担保支付、账户自动增值、电商商户数据信用贷款、电商平台物流发货等一体化服务；为跨境电商提供与海关的数据实时传送与对账，并通过与第三方支付公司的对接，提供 7 × 24 小时的实时结售汇服务。

撰稿人：平安银行副行长　胡跃飞
　　　　　平安银行公司网络金融事业部总裁　金晓龙
　　　　　平安银行公司网络金融事业部副总裁　梁超杰
　　　　　平安银行公司网络金融事业部产品经理　朱　昌

案例四 新飞电器：中西合璧的 精益供应链管理之路

一、企业简介

（一）基本情况

河南新飞电器有限公司（以下简称"新飞"）是新加坡丰隆亚洲集团和中国航空工业集团合资组建的中外合资企业，是以冰箱、冷柜、空调、洗衣机为主导产品的现代化白色家电制造企业，其冰箱、冷柜销量连续多年名列行业前茅，"新飞"品牌被公认为中国最著名的绿色家电品牌。在国内外市场上，该公司一直引领着绿色健康、环保低碳的消费理念，促进家电产品向节能健康环保方向升级换代。

自1984年建立以来，经过近30年的发展，新飞已发展成为拥有2个中国名牌产品的中部六省首家进出口免验企业，产品远销全球80多个国家和地区。

（二）技术创新

新飞注重科技队伍建设和企业技术创新。新飞依托国家级技术中心、国家认可科研实验室、企业博士后科研工作站、河南省家用制冷设备工程技术研究中心以及西安交通大学、中科院等产学研合作机构，使企业的创新实力如虎添翼。新飞拥有2000多名各类科技专业人，形成了强大的技术创新实力，凭借绿色、节能、健康、保鲜等技术始终领跑行业发展。2007年，新飞起草了我国乃至世界首个《杀菌电冰箱标准》，成为中国标准化协会标准，开启了中国健康保鲜冰箱的新纪元。2009年4月，新飞首家批量上市的0.26度超节能冰箱代表了行业节能技术最高水平，新飞的技术创新始终走在中国制冷业环保节能的前列。2012年，新飞发明专利《冰箱冷藏室加湿控制方法及装置及装配该装置的冰箱》获得中国专利奖优秀奖，填补了国内外加湿保鲜技术领域的空白。2013年，新飞40余款冰箱首批通过国家认证中心除菌认证，将除菌技术进一步广泛运用，引领了健康家电升级的发展方向。

（三）品牌与市场

新飞冰箱、冷柜相继被中国名牌战略推进委员会认定为"中国名牌产品"，成为全国屈指可数、中原唯一的拥有两个"中国名牌产品"的家电企业。

"新飞"连续6年上榜中国最具价值品牌500强。2009年，新飞品牌价值达49.59亿元，位居河南省上榜品牌前三甲。同年，中国品牌研究院公布代表中国国家形象的100个"国家名片"品牌名单，新飞榜上有名。2013年2月，新飞入选"影响世界的中国力量品牌 500 强"；9 月，新飞品牌荣获 "2013 年度最具成长力家电品牌"；12 月，新飞莱铂锐冰箱设计荣获 "2013 亚洲最具影响力设计奖"；同月，新飞被评为 "中国冰箱市场消费者满意首选品牌"。2014 年 4 月，中国首届家用电冰箱抗菌、除菌、净化认证产品发布会上，新飞 50 余款除菌冰箱一举通过认证，认证数量远超行业内其他品牌认证总和，占比达 80%，以绝对优势走在了除菌家电的最前列，并荣获 "健康之星"称号。

2006 年，伴随着年产 200 万台中高端冰箱生产线的投产，新飞冰箱产能已达 600 万台，跻身世界冰箱制造业巨头之列。2007 年，新飞冰箱、冷柜、空调全线中标 "家电下乡"项目。2012 年，新飞首批中标 "节能惠民工程"。新飞自成立以来，在全国建立销售网点 12000 多个，目前新飞用户已近 5000 万。

二、实施精益供应链管理的背景

（一）市场环境变化，建立精益敏捷的供应链体系势在必行

近些年国际国内市场竞争激烈，市场环境不仅早已从卖方市场转变为买方市场，而且产能过剩已十分普遍，各生产制造企业生存与发展的压力巨大。

同时消费者需求升级，消费需求已呈现多样化、个性化趋势，各生产制造企业需要建立适应新的市场需求的供应链体系。

面临外部大环境的变化，各家电制造业面临着巨大挑战，各企业都在进行管理升级，而这次管理升级的焦点都不约而同地从关注资源领域的第一利润源泉、关注人力领域的第二利润源泉，转向了关注供应链管理的第三利润源泉。伴随着几十年的改革和发展，前两个利润源潜力越来越小，利润开拓越来越困难，所以以供应链管理升级自然而然成为新的突破口，新飞更是积极推行精益供应链管理，勇当排头兵。

（二）外资管理，对供应链发展尤为重视

新飞于 1997 年引入外资，2005 年外资全面控股，外方股东首先介入供应链体系，逐步将供应链上升为同生产、研发、销售并驾齐驱的管理中心，并且还在进一步提升供应链的作用和地位。

外资管理后，给新飞供应链体系的发展注入了新的动力，面临市场环境、销售渠道的巨大变化，在外方股东的推动下，新飞开始了实施精益供应链管理。

（三）企业供应链体系存在的问题

1. 供应链组织结构分散

之前新飞电器的供应链组织结构非常分散，从其部门设置就可以略见一斑，变革之前新飞电器的供应链组织结构如表 6-4-1 所示。

表 6 - 4 - 1　　　　　　　　新飞电器的供应链组织结构（变革前）

模块	原料物流	生产物流	成品物流				回收物流			售后物流	生产计划	订单与预测
中心	采购中心	生产中心	财务中心	销售中心	销售中心	外贸中心	财务中心	销售中心	销售中心	销售中心	生产中心	销售中心
部门	采购部	制造部	储运部	外运部	销售分公司	外贸部	物资回收部	外运部	销售分公司	维修管理部	生产计划部	销售管理部
部门职责	负责原材料运输、进口物流组织	4个制造工厂分别负责各自的原料料仓库、零部件仓库、原材料的上线配送、在制品物流	负责4个工厂总部成品仓库、全国驻外仓储	负责4个工厂产品的全国干线运输	负责各销售区域的二次配送	负责报关报检、出口物流的组织	负责4个工厂所有废旧物资的回收、储存、再利用和销售	负责故障、残次品等逆向干线运输业务	负责故障、残次品等逆向二次配送业务	负责全国零件的仓储、运输和二次配送	负责生产计划的制订	负责销售预测、订单管理、运输订单修订

之前新飞的供应链体系的原材料物流、生产物流、成品物流、回收物流、售后物流、生产计划、订单与预测分散于各个不同的部门管理，并且分属不同中心，由不同的副总主管，这样的供应链组织结构也广泛存在于许多传统企业。过于分散的组织结构给供应链的体系的发展带来了许多问题，举例如下：

（1）供应链部门不独立。供应链体系的职能依附于生产、销售、财务体系，没有将供应链看成为优化生产过程、强化市场经营的关键，而将供应链活动置于附属地位，被动的执行，各项工作整合与推动难度大。

（2）供应链流程不连续，运作效率低。采购物流、生产物流、销售物流、回收物流、生产计划、订单与预测、仓储、运输分散在不同部门，供应链活动跨职、跨部门设置，容易造成各部门各自为政，给供应链工作的协调带来困难。且会导致供应链流程分散、无序；供应链业务处理烦琐、重复；供应链信息传递速度慢、不畅通，从而致使整个供应链系统的运作效率很低，整个供应链的反应能力很弱。

（3）管理目标不一，供应链系统综合优化难度大。从效益背反规律可知供应链体系各职能之间存在效益背反，比如运输和仓储之间就存在着效益背反规律，片面追求仓储成本降低，就可能会导致运输成本上升。减少物流网络中仓库的数目并减少库存，必然会使库存补充变得频繁而增加运输次数，这样库存成本的降低，就使得运输成本增加，反之亦是如此。负责运输的部门和负责仓储的部门为了完成各自的目标任务，在进行局部优化时就难免会损害另一方的利益，引发冲突和矛盾，这就制约了整个供应链系统的优化，从而很难降低新飞供应链体系的综合成本。

（4）责任难以划分。如日常运营出席问题责任难以划分，比如，在出现发货不及时现象时，不易分清是储运部的责任还是外运部的责任；另外，在驻外仓库或分销商、零售商收货时发现货损货差时，不易查清是仓储部门的问题还是运输部门的问题，从而造成问题解决的滞后，不利于问题的彻底解决和防范。

2. 供应链业务流程紊乱

由于没有统一的供应链组织结构，新飞的供应链业务流程分散于各个部门管理，这也随之带来了业务流程的紊乱。实施精益供应链管理之前新飞的供应链流程如表 6 - 4 - 2 所示。

由于流程过长，以及部门设置的分散，造成整个供应链流程不连续，流程复杂而紊乱，和其他制造业一样，新飞之前几乎全部采用的是面向库存的生产模式（MTS），整个供应链也是推动式供应链，这种运作方式的库存成本高，对市场变化反应迟钝，生产和分销的决策都是根据长期预测的结果做出的。

3. 原材料物流成本高、效率低，采购成本高

新飞电器是国内推行 JIT 生产方式比较早的企业，其原材料品类有几百个，上万个 SKU，新飞电器根据原材料的重要程度和特性，只对其中的部分品类持有较大库存，这些持有库存的品类，供应商可以提前将原材料送至新飞原材料仓库。其他品类的原材料，新飞仅持有很少量库存甚至不备库存，在新飞生产需要的时候，由供应商及时送货。新飞对供应商的送货时效要求非常高，要求供应商快速响应，而新飞电器的生产基地，远离长三角、珠三角和环渤海湾家电产业带，许多供应商的工厂距离新飞生产基地较远，所以为保证新飞的生产供应，各供应商不得不在新飞生产基地周边租赁周转仓库，这些仓库小至几十平方米，大至上万平方米，由于周边仓库资源有限，各供应商租赁仓库的硬件设施和交通状况普遍不好。新飞在推行 JIT 生产的初期，的确从减少新飞的无效库存、提高生产效率等方面带来了巨大好处，但随着市场的发展、产能的不断扩大，这种传统的 JIT 模式给新飞和供应商带来了很多问题。

以上的情况在之前的新飞发生，在国内大多数制造业也同时发生，虽然这些制造企业看似推行了 JIT 生产方式，工厂不再持有大量原材料库存，但实际上这些原材料库存没有减少，只是将这些库存从制造工厂推到了厂外，库存压力从制造商推到了供应商，这种原料物流模式存在诸多问题：

（1）原材料仓储成本高。各原材料厂家各自租赁仓库，大部分供应商租赁几百平方米的小面积就够用，谈价能力势必降低，租金成本高。

同时由于新飞生产波动，以及季节性变动，每个供应商都存在面积浪费，如果将所有供应商的面积浪费加起来，那将是巨大的成本，整体仓库利用率很低。

（2）原材料管理成本高。不管仓库大或者小，从供应商角度来说都需要有人来管理，需要投入人力和物力，分摊在产品中的管理费用比较高。

（3）原材料配送成本高。为保证新飞的生产供应，不管是否够整车，供应商都需要

表 6 - 4 - 2　　　　　　　新飞的供应链流程（变革前）

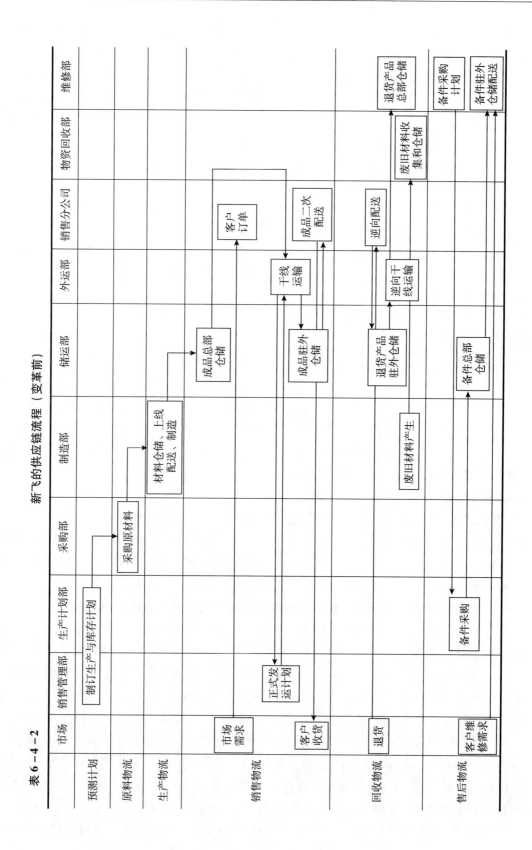

及时调派车辆送货，有时只有不足半车货，车辆亏载情况严重，配送成本自然居高不下，甚至有供应商自己买车来送货，车辆利用率非常低，配送成本更难降下来。

（4）原材料物流效率低。每个供应商的配送量都不大，对运输车辆没有吸引力，这就造成供应商从市场上调派车辆难度非常大，时常不能及时找到车，延误现象时有发生。

更严重的是，每当新飞电器生产量大时，从每天早上6点开始，就有大量的原材料送货车辆陆续拥挤到厂区，有大货车、小厢车，甚至还有三轮车，车水马龙，这些车辆还和发运成品的干线运输车辆纵横交错，把整个工厂堵个水泄不通，有时原材料近在咫尺，却不能及时送到生产车间。

像新飞那样拥堵的场景在大型制造业处处可见，有时排队需要近一天，如何能保证时效。

（5）信息传递不及时。在原材料由各个供应商负责的情况下，新飞需要向各个供应商分散的发送原材料需求信息，这就难以避免的存在信息传递不及时和浪费人力、物力等情况。另外没有很好的信息共享系统，如遇生产计划变更，信息的传递不及时会造成大量的原材料积压或者紧缺。

所以原材料物流成本高、效率低也严重影响企业发展，阻碍了新飞采购成本的降低，是新飞要攻克的供应链难题之一。

4. 需求信息反馈与订单流程长

之前，新飞接受客户的需求信息和订单流程比较长，对于销售预测一般是客户将预测数据报给各地销售业务员、销售业务员报给所属销售分公司汇总、销售分公司报给销售管理部、销售管理部汇总报给生产计划部，以便于安排生产，订单也是基本遵循相同流程，由于环节过多，销售需求层层放大，牛鞭效应明显，最终导致库存积压，形成了呆滞物料，另外整个流程也比较长，带来了销售需求传递效率的下降。

5. 预测准确率低、计划协同性差

粗放式的销售预测，以及分散的流程和组织结构，造成了销售、采购、生产、物流等部门协同性差，采购计划、物料需求计划、库存控制计划、生产计划、发货计划缺乏协调一致，生产、库存、运输、销售、采购之间会有分歧，协调作战能力差，同时在原材料和成品方面都造成了部分库存短缺，同时又有部分库存积压的情况。

6. 总部原材料和成品仓库分散，各种车流错综复杂，严重影响客户服务

新飞是从一家兵工企业一步步发展起来的，从一开始的一条生产线，到今天的4个工厂，新飞电器发展迅速，但也正因为快速发展，销量在增长、产能在扩张，工厂越来越多，厂区越来越大，新增建了许多生产车间、原材料仓库和成品仓库，这些原材料和成品仓库分布于工厂的各个位置，每天原材料送货车辆、向生产线配送车辆、装卸车辆和成品运输车辆在厂区内错综交叉，厂区道路本来就狭窄，拥堵严重，各环节都效率低下。

卸料车排队等近一天卸不了，成品干线车辆一天装不完，如遇到4个工厂配载装车，到哪个工厂都需要排队，有时一辆车需要装两三天才能装完，新飞生产基地周边500千米内是销售的重点区域，中短途地区的物流配送时效相当重要，但由于装车慢，两三个小时就可以到达的路程，不得不因为装车耽误两三天，很容易引起客户抱怨。

这些问题严重影响客户服务，这是股东不愿看到的，所以推行实施精益供应链管理势在必行。

7. 驻外分仓星罗棋布、成本高、服务水平参差不齐

和其他企业一样，新飞也会在销量较大的地区设立分仓，以更好地服务当地客户，这本是提升销量的一个好途径，但随着新飞销量的步步提升，许多地区的销量都在增加，越来越多的销售区域提出需要设立分仓，就这样新飞的驻外仓库从无到有，最多时设立近80个驻外仓库，这些驻外仓库大的几千平方米，小的几百平方米，随着驻外仓库的增加，给新飞又带来了许多难题，举例如下：

（1）分仓物流成本高。为维持这些小而分散仓库的运转，新飞电器配备了大量的人力、物力、财力，同时使得干线运输、驻外仓储和二次配送都不能发挥规模效应，规模小，就难以形成谈判能力，价格就很难真正降低。

（2）总部配车发货订单太多，发货订单周期长。这些分仓大部分规模不大，每个仓库单次的要货订单比较小，单个型号的订单量更小，干线车辆一整车可以装载380件产品，但因为驻外库规模小需求量小，所以单个型号可能只需要10件左右，一整车要拼装30多个型号，造成拣货装车难度大，装车效率低。问题更突出的是，新飞电器公司有4个工厂，这些型号分布于不同工厂的不同仓库，所以一辆车要配齐所有型号，需要在4个工厂之间往返近80千米，耗时两三天。

（3）二次配送服务有待提升。新飞电器公司虽然有分布于全国众多仓库，但由于这些驻外仓库规模不大，配送服务商都是小型的物流公司，缺乏服务意识，客户经常会有一些小批量的订单，不够整车配送，配送服务商为控制成本，往往会等待多个订单下达，凑够整车再配送，这就严重影响了配送效率。

（4）总体库存偏高。

首先，因为驻外库小而分散，向驻外库的调拨运输很难达到整车，为凑够整车运输就需要配货，配货带来了大量滞销产品，增加了库存。

新飞电器公司目前的情况是每个省有多个仓库，这些驻外库规模都不大，向工厂的物流订单都达不到一整车，如果不足整车就发货就会导致亏载，承运的物流公司会成本上升，所以在干线运营时都必须装够整车才发货。面对不够整车的情况，销售计划人员不得不配上一些其他型号产品，这些产品并不是客户需求的，而是为了拼够整车而额外加上的，这样问题就出现了，这些额外加上的货物往往很难卖掉，形成滞销，久而久之会在各驻外库累计大量的滞销库存。以新飞电器公司目前情况来看，很多车都需要为拼够整车额外加上约20%的产品，也即一辆车约有80件是额外配装的货物，日积月累，会造成各驻外库30%以上的面积都是存放滞销产品，导致整体库存居高不下。

其次，小规模的驻外库带来了许多残次产品，推高了整体库存。新飞电器公司目前的驻外库因缺少规模，所以与其合作的仓储单位和二次配送单位也是一些小型物流公司，这些小型公司的仓储硬件一般、缺少现代化装卸搬运设备、管理不规范，在储存、装卸搬运和配送环节往往会造成许多残次产品，在目前的库存中有超过10%的残次产品，这些残次产品除了直接带来跌价损失外，还抬高了库存水平，占压大量资金和仓储资源。

根据以上分析，新飞电器公司需要积极的同一些管理规范的大型仓储单位和二次配送单位合作，但由于缺乏与大型规范物流公司合作的规模基础，所以之前新飞的物流服务不十分理想。所以新飞电器公司需要缩减驻外库的数量，扩大单个仓库的规模，新飞为此实施精益供应链管理项目，建立配送中心，建立配送中心后，新飞电器公司通过与现代化大型物流公司合作，可以大大减少因管理不规范而带来的残次产品，降低整体库存水平。

最后，安全库存的量太大，推高了整体库存水平。鉴于激烈的市场竞争状态，新飞电器公司为了提高订单满足率不得不在各驻外库都持有高额库存，为了扩大市场份额，很多企业都是如此，愿意尽量多的备货。例如某一省份有4个驻外库，这4个驻外库分别服务于不同的销售区域，为了避免缺货这4个仓库都需要备有一定的安全库存，新飞电器公司有200多个型号产品，因为谁也无法确定哪个型号未来无客户订货，所以为了防止缺货，每个驻外库都需要备200多个型号的库存，但往往一年下来有近20%的型号无人问津，白白增加了库存。对于畅销产品，这驻外库会备有更多的库存，4个驻外库都大量的备库存，实际上有很多是多余的，即使如此，因为每个仓库辐射区域有限，无法库存共享，还是会出现某一型号产品在其中一个仓库积压的同时在另一个仓库缺货的现象。

在实施精益供应链管理之前新飞电器的个驻外库分布如图6-4-1所示：

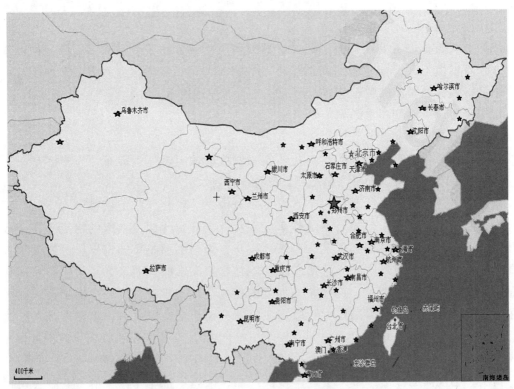

图6-4-1　新飞电器的个驻外库分布

8. 市场需求和销售渠道多样化，简单的推动式供应链难以适应企业发展

随着市场需求的多样化和个性化，以及产品更新换代的加快，传统企业所采用的面向库存的生产模式，推动式供应链管理已经越来越不能满足市场变化，少库存、精益生产、柔性化才是生存之道。新飞也是面临同样问题，一个产品的生命周期从之前的2~3

年已经缩短为不足一年，在推动式供应链下，由于获取市场需求慢、采购生产物流环节慢、许多产品还在仓库没到市场就出现了滞销迹象。在推动式供应链下，已很难推出适销对路的产品，根据客户需求来生产已成为趋势。

另外，随着电商的发展、以及渠道扁平化趋势，销售渠道已发生了翻天覆地的变化，新的销售渠道更容易接触客户，也使根据客户需求来生产成为可能。

9. 库存高企、呆滞库存和残次库存多

库存是为了应对供应和需求在时间和空间上的不均衡，不得已而存在的一些资源。实际上库存是万恶之源。它占用大量资金，产生一定的库存成本，掩盖了企业生产经营中存在的许多问题。所以加快库存周转、优化库存结构，以尽量少的库存满足企业发展需求是企业经营管理的重要工作。

在面向库存模式下，一旦产品生产量大于市场需求就很容易造成产品滞销、库存高企，加上产品升级换代快，这些滞销库存很快会变得陈旧，最终导致库存高企，库存周转率下降，新飞电器之前也存在同样的问题。

综上所述，由于市场变化、渠道变化、竞争加剧，给企业发展提出了新的要求，新飞之前的供应链管理体系也存在很多问题，所以基于这样的背景，新飞开始实施精益供应链管理。

三、精益供应链管理的策略与运作模式

正如第二部分所述，在外部环境巨变、股东支持、内部问题突出的情况下，新飞决定实施精益供应链管理。精益供应链管理（Lean Supply Chains Management，LSCM）源于精益生产管理。是指对整个供应链的环节包括上游和下游的链条进行优化和改造，免除不必要的步骤、耽搁、等待以及消耗，消除企业中的浪费，最大限度地减少成本，最大程度地满足客户需求的一系列对供应链计划、实施和控制的过程。精益供应链管理要求上下游共同努力消减整个流程的成本和浪费情况。单个的行业能够在内部实施精益生产，但精益供应链要求上下游企业共同合作，并不是简简单单将诸如存货和成本推给供应商就万事大吉。实际上，这是所有供应链参与者协调一致的努力结果，只有合作才能建立精益供应链管理。

新飞电器实施精益供应链管理是一项艰巨的计划，也是一项漫长的任务，凝聚了无数员工的智慧，它几乎颠覆了整个企业管理流程，改变了企业架构，使客户受益、员工受益、企业受益，实施精益供应链管理的应对策略和模式如表6-4-3所示。

表6-4-3　　　　　　　　　精益供应链管理的应对策略和模式

原有供应链模式下的问题	精益供应链管理下的对策
供应链组织结构分散	建立一体化供应链组织架构
供应链业务流程紊乱	构筑"端到端"的流程
原材料物流成本高、效率低，采购成本高	实施VMI
需求信息反馈与订单流程长	推行订单前移
预测准确率低、计划协同性差	导入SIOP机制

续　表

原有供应链模式下的问题	精益供应链管理下的对策
总部原材料和成品仓库分散，各种车流错综复杂，严重影响客户服务	建立 CDC
驻外分仓星罗棋布、成本高、服务水平参差不齐	推广 RDC
市场需求和销售渠道多样化，简单的推动式供应链难以适应企业发展	由推动式供应链改为推拉结合的供应链
库存高企、呆滞库存和残次库存多	实施 ERP 额度控制计划

1. 建立一体化的供应链组织架构

由于原有的供应链组织架构设置分散，各部门管理目标不统一存在诸多问题，新飞电器在推行精益供应链管理时，将供应链组织架构整合为如表 6 - 4 - 4 形式：

表 6 - 4 - 4　　　　　　　　新飞电器的供应链组织结构（变革后）

模块	原材料物流	生产物流	成品物流				回收物流			售后物流	预测＆订单	运营计划
中心	供应链中心											
部门	采购	物流									SIOP	
职责简述	原材料物流	生产物流	全国仓储	干线运输	二次配送	出口物流	物资回收	干线运输	逆向配送	备件物流	预测＆订单	运营计划
详细职责	负责原材料运输、进口物流组织	4 个制造工厂分别负责各自的原材料仓库、零部件仓库、原材料的上线配送、在制品物流	负责 4 个工厂总部成品仓库、全国驻外仓储	负责 4 个工厂产品的全国干线运输	负责各销售区域的二次配送	负责报关报检、出口物流的组织	负责 4 个工厂所有废旧物资的回收、储存、再利用和销售	负责故障、残次品等逆向干线运输业务	负责故障、残次品等逆向二次配送业务	负责全国零部件的仓储、运输和二次配送	负责销售预测、订单管理、运输订单修订	负责运营计划的制订，协同生产计划部制订生产计划

公司成立供应链中心，将公司的所有物流业务、订单业务、预测与计划工作纳入供应链中心，建立端到端的供应链流程，彻底解决了之前存在的各种不足。

2. 构筑"端到端"的供应链流程

之前的供应链流程冗长，流程不连续，存在断裂，造成内耗巨大，新飞电器实施精益供应链管理后，首先致力于供应链流程再造，从供应商端到客户端的物流、从客户端至供应商端的信息流，以及涉及商流和资金流全部整合再造，建立了"端到端"的供应链流程，端到端的改革就是进行内部最简单的最科学的管理体系的改革，形成一支最精简的队伍，流程如表6－4－5所示。

表6－4－5　　　　　　　　　　新飞的供应链流程（变革后）

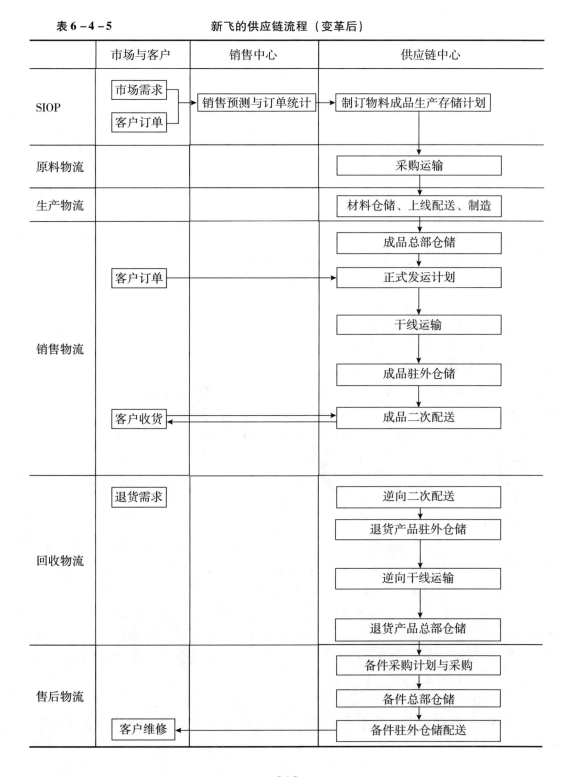

建立"端到端"的供应链流程后，从客户需求端出发，到满足客户需求端去，提供端到端服务，端到端的输入端是客户，输出端也是客户。这个端到端的流程非常快捷，非常有效，流程很顺畅。流程的梳理带来了快速的服务，降低了人工成本，降低了财务成本，降低了管理成本，也就是降低了运作成本。

同时在输入端除客户预测性需求外，还增加了客户订单，这是指的客户正式订单，对于来自于市场的需求，企业可以采取面向库存的生产模式，也即推动式供应链，但对于客户正式订单，则直接建立面向订单的生产模式，也即拉动式供应链。

3. 实施 VMI

前面提到过，新飞早已推行 JIT 生产方式，但像大多数生产制造业一样只是把库存压力推至了供应商，供应商各自在生产工厂周边租赁了大量仓库，随之带来成本高、效率低等问题，在这种情况下使采购价格的降低十分艰难。

为此，新飞推行 VMI（Vendor Managed Inventory），新飞电器主导谈判，由专业的第三方物流公司提供仓库场地和物流服务，先从压缩机等大的品类和供应商开始，分批将供应商的原材料集中存储于专业的 VMI 仓库，第三方物流提供仓储服务、向生产线配送服务以及专业的物流信息服务，新飞的 VMI 运作模式如下：

（1）VMI 仓库由第三方物流集中租赁和管理，由于能够仓储资源共享，租赁面积远低于原有供应商各自租赁面积之和。

（2）向生产线的配送由第三方物流商负责，包括配送车辆、配送业务的管理，由于不同的原材料可以配载至一个车，所以亏载等情况不复存在，配送用车大幅减少，并且逐步向大型化车辆发展，配送成本进一步降低。

（3）第三方物流商提供信息共享平台，并与新飞和供应商对接，新飞只需整体下达物料需求信息至第三方物流，信息沟通成本大幅降低，效率提升。

（4）供应商在新飞的协调下按照较低的费率向第三方物流商支付租金、管理费和配送费，第三方物流向新飞和供应商提供各类库存与绩效报表。

即便是先从部分物料开始推行 VMI，也已经给新飞和各供应商带来巨大的成本节约和效率提升，使供应商和新飞都受益，采购价格也实现了大幅降低。

4. 推行订单前移

之前新飞电器的市场需求信息和订单流程过长，使销售需求层层放大，牛鞭效应明显，库存高企，同时需求信息和订单传递流程长带来企业反应缓慢，为此新飞电器制订了订单前移计划，也即建立总部与客户的直接信息传递机制，先从大客户开始，直接将 ERP 系统与客户对接，客户直接在 ERP 系统中输入预测信息和正式订单，取消了原来客户将预测数据报给各地销售业务员、销售业务员报给所属销售分公司汇总、销售分公司报给销售管理部的环节，使信息传递大幅加快的同时，还避免了需求放大效应，也带来了总部订单组人员的减少。

5. 导入 SIOP 机制

为应对预测准确率低、计划协同性差的问题，新飞电器导入了国外企业的 SIOP 机制。

SIOP 即销售、库存与营运计划,英文全称(Sales,Inventory & Operations Planning)。这是一种具有前瞻性的业务流程,通过对销售、库存和营运的一体化规划,来保证供需的平衡,每时每刻关注客户的需求,从中获得赢利。SIOP 是一个跨职能部门的流程,包含销售、市场、营运(主要指生产)、工程研发、采购、物流和财务部门,基本涵盖了企业业务运营的所有相关部门。SIOP 所关心的一是识别客户的需求并量化,二是识别生产的供应能力并量化,三是当供需不能达到平衡时(往往发生于供不应求)权衡利弊,做出优先级选择。做好 SIOP 对于提升客户服务水平、改善营运资本、符合精益六西格玛原则、实现年度营运计划(AOP)及规划长期计划(LRP)有着十分重要的作用。

其实在推行 SIOP 之前,新飞电器已经有 GAP – SCM Committee(供应链委员会),这种委员会也是跨部门行动,只是组织方式较为松散,后来升级为 SIOP,更有利地推动销售、库存与营运计划工作。

参照国外经验,新飞推行 SIOP 全过程由五个环节构成,第一个环节是要有需求的报告;第二个是需求计划的制订;第三个是供应链计划;第四个是 SIOP 会议;第五个是会后总结和执行。这五个环节环环相扣,周而复始,滚动向前,推动着企业业务的不断向上提升。

这种协同流程的核心就是提高企业运营的效率,是对流程上的优化。既包括提高企业制度上的各部门间的协调性和运转高效性,又包括信息的高度共享。

降低库存的核心观念就是让原有的库存在供应链里流动起来,而不是在某一环节积压。这种高效率的流动既满足了供应链各环节的需求,又避免了积压库存的弊端。作为一种供应链计划的协同流程,从大的方面来讲,SIOP 包含两种性质的计划:一个是需求计划,另一个是供应计划。在供应链计划中,居于核心地位的是客户需求计划。客户需求是整个供应链的驱动力,即客户需求拉动生产,生产拉动供应商,从而形成了供应链。而 SIOP 则是贯穿于整个供应链的始终。在这过程中,需要财务、研发、采购、销售、计划和物流等部门去支持,实现资源的优化配置,它使得各部门的联系更紧密,信息共享程度更高,客户需求变化的应对更敏捷,从而提升此链条上的各企业竞争实力。

贯穿 SIOP 始终的一个基本理念就是要在企业运营中建立一个能够自我修复的机制。这是一种顺应科学规律的追求。SIOP 实施之后,企业可以进行自我纠正。而这自我纠正的过程,必须要严格依据标准执行。其核心的标准就是"需求—库存—生产—计划"之间的关系。如果没有标准作用的话,那么自我修复就会失去价值。

6. 建立 CDC(Central Distribution Center)

距离新飞生产基地 500 公里内区域占据新飞电器约 1/3 的销量,500 公里圈是新飞电器生产与赢利的最重要区域。新飞总部基地有 4 个工厂,每个工厂都有多个成品仓库,但仓储能力依然不足,所以每年每个厂附近都需租用 1 ~ 2 个外租库,因客户要货一般是多个型号搭配,所以一辆干线车辆往往需要 3 ~ 6 个装点方能配齐所有型号,大约需要 1 ~ 3 天才能装完所有型号,严重影响车辆周转效率和送货及时性,此情况对中短途地区送货影响尤为严重。鉴于此情况,新飞电器建立了 CDC,即中央配送中心(Central Distribution

Center）。

随着物流社会化的发展，物流外包已成为趋势，这也更有利于制造企业专注于核心业务，所以新飞 CDC 的建立充分借力第三方物流，由国外一家物流上市公司为新飞量身打造，从选址、仓库布局设计、流程设计等都由新飞与第三方物流共同研究制定，建成的 CDC 是一座大型立体仓库，管理规范，信息系统先进，CDC 的基运作模式如下：

各工厂内的成品仓库转为原材料仓库，逐步不再存放成品，成品下线后直接上托盘转运至 CDC 集中存储，同时之前租用的小型外租库不再租用，产品一并调入 CDC。

生产基地周边 500 公里内是新飞重要销售区域，CDC 兼具 500 公里内的 RDC 功能，从 CDC 不仅仅可以进行干线运输，还逐步推广向 500 公里内辐射进行区域配送。

建立高效的作业流程和 WMS 管理系统。

图 6-4-2　新飞电器 CDC 示意

7. 推广 RDC（Regional Distribution Center）和 FDC（Front Distribution Center）

物流作为直接与消费者接触的活动，已成为提升客户体验的重要因素，提升物流服务已逐渐成为企业抢占客户的关键举措。同时伴随着工业 4.0 和互联网时代的到来，缩短中间环节，加快产品周转速度。在这种趋势下，企业必须优化仓储网络布局、调整库存结构，保证货物的及时供应。另外随着客户小批量多批次需求的增加，客户的购买次数增多，单次的购买数量减小，这就要求必须提高二次配送服务能力，提升客户体验。新飞电器的驻外仓库布局是造成销售物流体系成本较高、整体效率偏低、整体库存高企的重要原因之一，所以新飞电器通过实施精益供应链管理，对物流网络进行了科学规划，建立了配送中心。

以下是新疆、黑龙江、云南销售分公司为例的规划示意图，如图6-4-3所示。

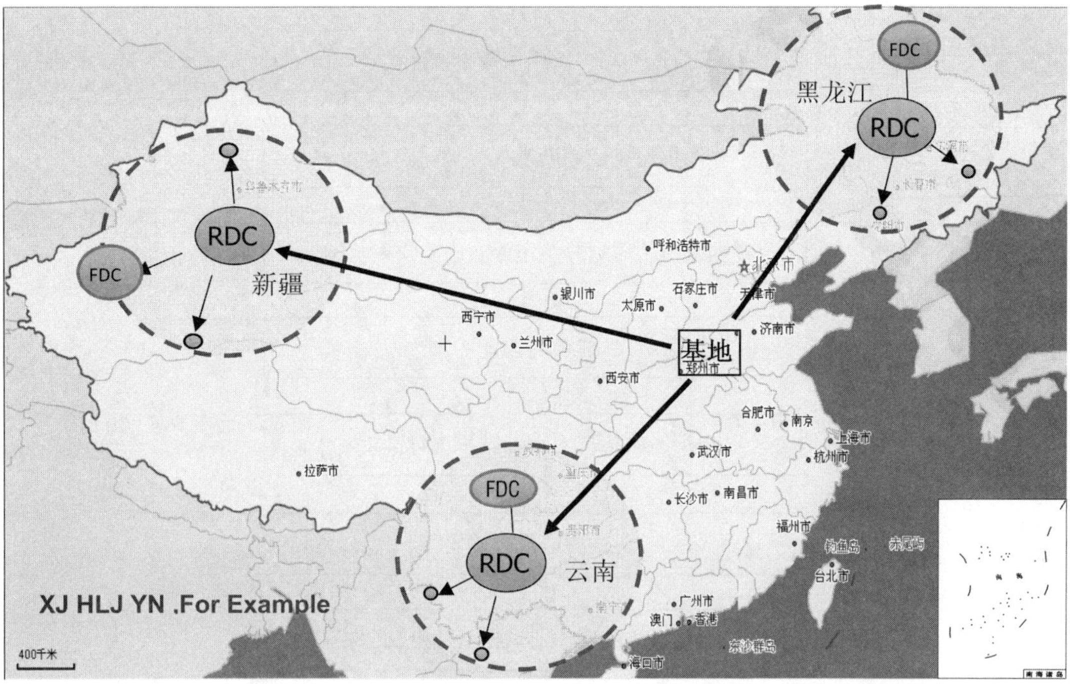

图6-4-3 新飞RDC和FDC的规划示意

新飞电器通过对现状及历史销售、物流数据的调研分析，从理论层面进行配送中心位置的确定、数量的确定。同时目前全国有30多个销售分公司，每个销售分公司要至少有一个配送中心，为保证配送时效，单个配送中心的辐射范围不易过大。通过理论层面确定配送中心的位置后，再根据公司现状和各地物流状况进行地址的修正，以使得理论与实际的良好结合，之后科学计算配送中心规模，进行仓库建造或改造，建立配送中心的运营制度，其配送中心建立的基本流程可以用图6-4-4表示。

通过科学规划，新飞电器完成了全国配送中心布局，将原来的近80个驻外仓库升级为50个左右的RDC和FDC，仓库数量减少近40%，带来了巨大的成本节约和效率提升。

（1）实现物流总成本的降低。通过对仓库的撤并和整合，根据库存平方根法则，这将会带来仓库面积的缩减、仓储费用的降低、库存持有成本的降低。同时在干线运输和二次配送方面将能够更好地发挥规模效应，带来运输及配送成本的降低。

（2）实现物流效率的提升。整合为配送中心后要极力发挥规模效应，减少干线运输车辆和二次配送车辆因不够车而延误订单，单车可以配载多个小批量订单直接发运，加快订单响应速度，缩减订单周期。同时建立配送中心后，通过招标采购优质物流商，制定规范配送服务时效，也可以提升物流效率。

（3）实现库存量的合理控制。撤并仓库、整合仓库，在库存满足率不变的情况下可以带来安全库存的大幅降低，同时干线运输集中发送至配送中心也会减少干线运输配车。另外通过与规范大型第三方物流商的合作也可以减少残次库存的产生，这些改善最终都

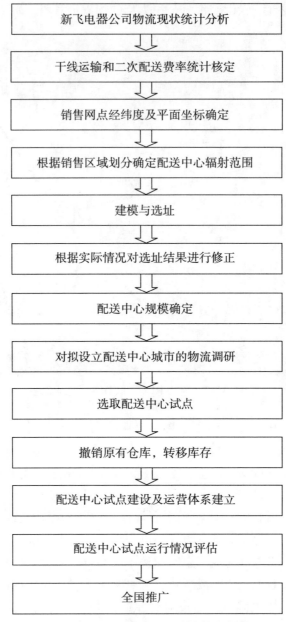

图6-4-4 配送中心建立的基本流程

将带来总体库存水平的降低。

在推行 RDC 和 FDC 后，新飞电器的配送中心布局如图6-4-5所示。

8. 由推动式供应链改为推拉结合的供应链

随着电商的发展，以及定制化产品的增加，整个销售渠道发生了巨大变化，信息技术的发展也使制造企业更容易接触客户，之前单一的面向库存的生产模式已不能满足市场需要，所以新飞将简单的推动式供应链改为了推拉结合的供应链。

首先对于大客户工程产品需求先转为见单生产，即面向订单的生产模式，客户正式

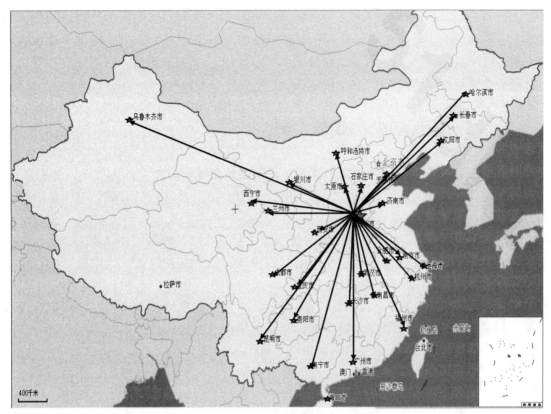

图 6 - 4 - 5 新飞电器的配送中心布局

下订单后，立即组织生产。

其次对于电商渠道产品开始见单生产，电商销售渠道相对扁平，电商企业提出具体需求后，再开始组织生产。

最后利用订单前移等改革成果，由于信息传递大大加快，推行精益生产后，生产效率以及物流效率大幅提升，现在已开始将许多客户的需求从面向库存的生产模式，转为面向订单的生产模式。

当然作为传统家电制造业，向拉动供应链的转变不可能一蹴而就，采用推动供应链和拉动供应链结合的方式更能够适应市场需要。

9. 实施 ERP 库存额度控制计划

库存是为了应对供应和需求在时间和空间上的不均衡，不得已而存在的一些资源。实际上库存是万恶之源。它占用大量资金，产生一定的库存成本，掩盖了企业生产经营中存在的许多问题。所以加快库存周转、优化库存结构，以尽量少的库存满足企业发展需求是企业经营管理的重要工作。而关注并降低非正常库存是供应链管理工作的重点。

之前新飞电器各类仓库中的呆滞品很多，占压资金和管理成本巨大，严重影响企业发展，最高时呆滞品年平均库存合计占总库存的 18%，非正常库存比例较高，严重影响企业经营质量。另外较高的非正常库存量与仓储面积不足并存，影响正常产品周转和销售。较高的非正常库存也占用大量资金，跌价损失风险巨大。

为此自开始推行精益供应链开始，新飞就寻找非正常库存高的原因，制定对策，减少非正常库存比例，最终建立了对各仓库呆滞品的 ERP 智能控制机制。建立了全国仓库的发货额度 ERP 系统控制，对各仓库的呆滞产品实施 ERP 系统预警，且对于存在滞销机的驻外分仓进行滞销机型 ERP 自动限制占货。

四、实施精益供应链管理的绩效分析

1. 形成了动态供需平衡的供应链体系，注入企业发展新动力

面临市场剧变和新的竞争态势，新飞电器大力推动精益供应链管理，以精益思想来治理供应链。

通过推行 SIOP 使采购计划、物料控制计划、生产计划、成品库存计划、物流计划与销售需求协同一致，使采购品类、生产型号和市场需求产品相匹配，采购量、生产量和市场需求量相匹配，按照精益思想的要求不多采购一件，也不少采购一件，不多生产一件，也不少生产一件，将各类计划运行至极致。在整个供应链体系中，因计划不合理造成的材料呆滞、库存积压情况大幅降低，非正常库存的比例从接近 20% 逐步降低至 5% 以内。

通过建立推拉结合的供应链，使大部分产品从面向库存的生产模式转变为面向订单的生产模式，让需求拉动生产，不再需要持有大量的原材料库存、零部件库存、在制品库存、成品库存，公司原材料和成品库存持有成本下降 30% 以上，库存周转天数缩短近 10 天，大大提升了公司的资金周转速度。

通过订单前移、供应链流程的扁平化以及现代信息技术的应用，使任何市场变化都能够第一时间准确反馈至总部，销售需求信息传递的层级减少、速度加快，客户下订单的流程缩减、效率提升，至少节约了两天的信息和订单处理时间。重要的是减少了销售需求的层层放大效应，避免了过量采购和过量生产，同时对客户的响应速度也大大加快。

实施精益供应链管理之后的这些变化，使供需流程同步，消除了各环节浪费，从成本方面给公司带来了巨大的节约，使供应链真正成为了新的利润源泉，同时成本的节约也让利于客户，降低了产品价格，为企业发展注入了新的动力。

2. 建立了跨企业协调供应链，真正实现了精益生产

没有精益供应链的实施，JIT 等精益生产方式取得的成效十分有限，正因如此，新飞才开始大力推行精益供应链。

开始推行精益供应链之后，新飞着力于与供应商建立广泛的合作，不是简单的把成本和压力转移至供应商就算了，而是帮助供应商一起降低成本、提升效率，通过 VMI 的推行，实现了原材料的集中仓储、集中管理、统一配送，为各供应商解决了巨大的管理包袱和成本压力，原材料物流效率得到大幅提升，也使新飞的原材料采购价格实现了降低。

精益供应链的推行，实现了供应商原材料的库存集约化、管理专业化、配送共享化，使 JIT 生产方式发挥了巨大作用，精益生产得到真正的发展。

3. 构建了精益敏捷的物流网络，有力支持市场销售

通过推广精益供应链管理，新飞建立了 CDC、RDC、FDC 三级销售物流网络体系，并对库存产品进行 ABC 分类，A 类为全国最畅销的常规型号，也是主推产品，B 类为销量一般的型号，C 类为销量略差的型号。比如 A 类产品可以在 CDC、RDC、FDC 三级仓库中都备有安全库存，B 类产品仅在 CDC 和 RDC 备有安全库存，C 类产品仅在 CDC 备有安全库存，根据产品需求的不同、生命周期的不同，进行精益管理，按照不同的物流流通渠道进行物流配送。

物流配送模式 I：工厂→CDC→客户，这是新飞主推的物流配送模式，只要够整车的货物，从总部直接向客户点对点发货，因为新飞地处中原，交通便利，从 CDC 向客户直接送货全国各地一般在 5 天之内，最远的地区也在一周左右就可以送达。另外对于生产基地周边的物流配送，比如 300 公里内的客户需求，不论是整车还是零担都可以从 CDC 直接配送。

物流配送模式 II：工厂→CDC→RDC→客户，这是新飞最普遍的物流配送模式，主要针对客户订货批量不够整车，或者客户订货提前期相对较短的客户需求，这些客户需求可以从分布于全国主要城市的 RDC 进行物流配送。

物流配送模式 III：工厂→CDC→RDC→FDC→客户，这是新飞常规物流配送模式的替补，主要针对客户订货提前期非常短，或者客户距离 RDC 较远的偏远地区，此模式由于中转环节多，并不是主流配送模式，但对开发客户和提升销量作用不可低估。

物流配送模式 IV：工厂→CDC→FDC→客户，这也是新飞常规物流配送模式的替补，主要针对 FDC 要货批量足够整车，或者是紧急要货，可以越过 RDC 直接将货物补充至 FDC。

实施精益供应链后，其销售物流网络和物流配送模式可以用图 6-4-6 反映。

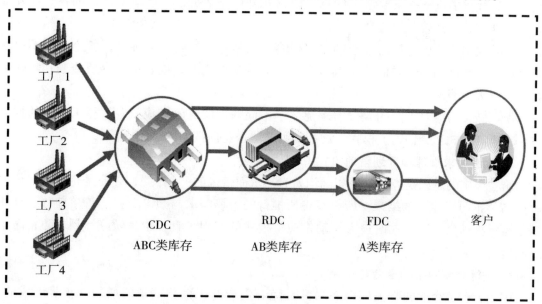

图 6-4-6　销售物流网络和物流配送模式

CDC、RDC、FDC 三级销售物流网络体系的建立遵循了科学布局的原则，不管是从 CDC、RDC、FDC 的选址，还是流程设计，都采用了现代管理技术和信息技术，所以整个体系的建立带来了巨大的成本节约，仓储成本、干线运输成本、二次配送、库存资金占用都得到了大幅降低，也带来了效率的大幅提升，各物流环节很好地发挥了规模效应，也体现了分工与细化，使物流资源的组织更为得力，物流效率当然更高。同时由于实施精益管理，对于不同的客户需求建立了不同的物流配送渠道，所以更有力地为客户提供个性化和定制化的服务。成本降低、效率提升再加上个性化的物流服务，对销售形成了有力的支撑，供应链体系已俨然成为扩大销售和促进企业发展的最重要力量。

五、新飞精益供应链管理的经验分享与未来计划

（一）新飞精益供应链管理的经验分享

近些年国内外经济出现了较大波动，经济增速明显放缓，产能过剩、需求不足问题突出，许多企业面临着巨大的生存与发展压力，若单一依靠传统的局部降成本、产品开发等方法已不足以摆脱发展困境，所以新飞把建立精益供应链体系作为应对外部市场环境变化的重要手段，取得了良好成效，促进了新飞的再次腾飞，为广大企业提供了良好的经验，尤其体现在以下几个方面。

1. 用精益思想来优化供应链体系

随着人民生活质量的提高，客户不再仅仅关注产品本身，而购买产品所带来的附加服务、客户体验已成为影响客户购买的关键因素，比如客户越来越关注物流时效，即使是经销商也希望制造企业能够加快物流，缩减订货提前期，从而减少资金占用，所以用精益思想优化供应链体系要考虑的首要因素就是精益敏捷，让供应链体系的各个内外部客户都能够感受到效率的提升。

另外成本节约也是精益思想的主要内容，面临着市场竞争的加剧，各企业都不得不降低成本，而供应链体系的成本有很大一部分是隐性成本，或者被库存所掩盖，实际上存在着巨大浪费。

所以新飞为应对不同的客户需求建立了不同的供应链管理模式，推行了不同的预测方法、生产方式、分销物流模式，这些都为其他企业提供了良好经验。

2. 改进需求管理和计划管理模式

精益原则的基础是产品是由实际消费者需求而带来的"拉力"，并非是企业竭尽全力将产品"推向"市场的结果。所以新飞所推行的市场需求与预测分析、订单前移、SIOP 等都是将推动供应链模式改进为拉动供应链模式的有用工具，也是做好计划、防止滞销和缺货发生的有力手段。

3. 进行物流网络的整合与优化

国内大多数企业的物流网络布局都是随着生产的扩大和销量的增长一步步形成的，这些物流网络的形成普遍缺少统一规划和布局，待公司发展到一定程度或者市场环境变

化时，这些物流网络的弊端就会显现。新飞为此进行了提前布局，其对原材料仓储的整合、VMI 的推行、销售物流网络的规划、物流配送模式的细化可以为各企业进行供应链管理升级提供一些经验。

（二）新飞供应链管理的未来规划

新飞精益供应链管理的实施已为企业带来了巨大的成本节约，为客户提供了更为快捷高效的物流服务、个性化服务，但未来对供应链体系的优化与升级依然任务艰巨，下一步新飞将对原材料与成品物流体系进行一体化改造，实现原材料与成品的统一仓储配送、集中管理，更好地发挥规模效应，保障生产、服务客户，如图 6-4-7 所示。

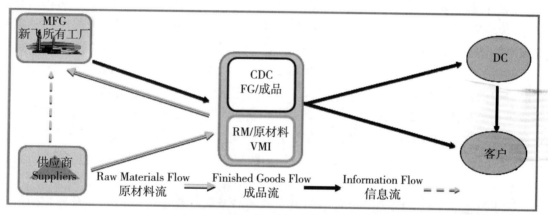

图 6-4-7 新飞供应链管理规划

订货提前期，为客户提供更好的体验和服务，同时也减少供应商上下游企业的资金占用，让客户更舒服，让供应链上下游企业的生意更好做。

撰稿人：河南新飞电器有限公司供应链经理 田海昌

案例五　国药集团：全新打造专业医药供应链服务体系

一、国药控股及国药物流简介

国药控股股份有限公司（以下简称"国药控股"）是中国医药集团总公司所属核心企业，2003 年 1 月成立以来，始终保持着近 40% 的复核增长率，是中国最大的医疗健康集成服务提供商。2009 年 9 月 23 日在香港上市。成立十余年来，公司的经营规模不断扩大，经济运行质量不断提高，赢利能力持续增长，已发展为中国最大的药品、医疗保健产品分销商及领先的供应链服务提供商，拥有并经营中国最大的药品分销及配送网络，形成了药品分销、物流配送、零售连锁、药品制造、化学试剂、医疗器械、医疗健康产业等相关业态协同发展的一体化产业链，迄今公司市值名列全球医药分销企业第四位。2005 年以来，连续蝉联中国医药商业企业销售额榜首；2011 年，荣膺"国内首家医药流通业务超千亿元"的企业；2014 年，公司销售额更是突破 2000 亿大关，销售规模雄居亚洲医药批发企业之首，强势保持着中国最大的药品及医疗保健产品分销商及领先的供应链服务商的市场地位。

作为国家医药储备定点单位，公司承担着全国重大灾情、疫情、事故的急救供应工作。在 2003 年"非典"；2008 年南方特大雪灾、汶川地震；2010 年玉树地震等危急时刻，公司履行国家命令，肩负社会责任，坚决完美地完成了储备药品的调拨配送任务，为保障人民的生命安全与社会稳定发挥了重要作用。同时，公司积极参与各类社会慈善事业，开展丰富多彩的企业文化融合活动，创建和谐企业。

公司多次获得中央机构、社会各届授予的"社会工作贡献奖""中国红十字服务奖"等荣誉称号。2009 年，国药控股股份有限公司通过了全球首个道德规范国际标准 SA 8000 认证。2011 年，公司被授予 2009—2010 年度上海市文明单位荣誉称号。2012 年，公司荣获中国企业文化研究会颁发的"企业文化建设优秀单位"称号。2012 年，公司党委荣获中央组织部颁发的"全国创先争优先进基层党组织"称号。

截至 2014 年年底，公司拥有近 400 家全资及控股子公司（含国药股份、一致药业两家境内上市公司），经营配送网络覆盖全国大陆所有 31 个省市自治区。作为一家国际化的公众公司，国药控股为国内外众多知名药品及保健品制造商及其他供应商提供分销、物流及其他增值服务。当前，国药控股正站在全球化的高度，进一步优化产业资源，实现从传统分销向现代服务、由单纯药品配送向现代医疗健康集成服务提供商的转型，加速由医药产品分销商向健康产业服务提供商的转变，以发展成为"具有国际竞争力的世界级医药健康服务提供商"。

在物流业务方面，国药控股以下属全资子公司国药集团医药物流有限公司（以下简称"国药物流"）为载体，正在打造成为中国健康物流产业最具知名度的供应链交付服务公司。

国药物流于 2004 年 5 月注册成立，注册资本 3 亿元人民币。自成立以来，公司的经营规模不断扩大，经济运行质量不断提高，赢利能力持续增长，现已发展为中国最大的药品、医疗保健产品的供应链服务提供商，拥有并经营覆盖全国大陆全部省（市区）的药品配送服务网络。截至 2014 年年底，国药物流依托国药控股网络资源，已在北京、上海、天津、广东、辽宁、山西、湖北、湖南、广西、江苏、安徽、新疆、河南、河北、四川、吉林等地建有 20 多个现代化物流中心。公司核心物流业务包括进口保税物流、药品物流、器械物流、冷链物流、零售物流、院内物流、临床试验物流和各类个性化的医药物流解决方案。公司以"关爱生命、呵护健康、用心交付"为物流运营理念，推进全国医药物流与分销配送网络的建设，并致力于全国物流运营的一体化运作和管理，各物流中心实施统一的标准化作业规范和管理以及量化、可视的运营数据体系，确保物流中心之间网络运作的协调和效率。

国药物流是国药控股供应链管理服务执行实体。国药物流的战略目标是依托国药控股的网络资源，对内优化供应链管理，创新服务，提高国药控股核心业务竞争力；对外提供专业物流和供应链管理增值服务。当前，公司正着力打造基于"赛飞（SAVE）供应链云服务平台"（以下简称"赛飞"平台）的专业医药供应链交付服务体系，通过国药物流开拓新的赢利模式，提升国药控股可持续的竞争能力。

二、"赛飞"供应链云服务平台的建设背景

2011 年 5 月 5 日，商务部正式发布《全医药品流通行业发展规划纲领（2011—2015）》。纲要明确指出要大力发展现代医药物流，提高药品流通效率，以信息化带动现代医药物流发展；要广泛使用先进信息技术，运用企业资源计划管理系统（ERP）、供应链管理等新型管理方法，优化业务流程，提高管理水平；发展基于信息化的新型电子支付和电子结算方式，降低交易成本；构建全医药品市场数据、电子监管等信息平台，引导产业发展，实现药品从生产、流通到使用全过程的信息共享和反馈追溯机制；用现代科技手段改造传统的医药物流方式。鼓励积极探索使用无线射频（RFID）、全球卫星定位（GPS）、无线通信、温度传感等物联网技术，不断提高流通效率，降低流通成本；推动医药物流服务专业化发展，鼓励药品流通企业的物流功能社会化，实施医药物流服务延伸示范工程，引导有实力的企业向医疗机构和生产企业延伸现代医药物流服务。

基于对医改大背景下行业变革的思考，结合国药控股大网络、多业态、"国家药网"的发展定位，国药控股制定了相应的十二五规划，明确了成为"全球医药企业在中国最佳供应链合作伙伴"和"智慧供应链的最佳实践者"；通过服务产品创新、服务手段创新，打造"健康之星"现代医药流通供应链服务平台（如图 6 - 5 - 1 所示）。

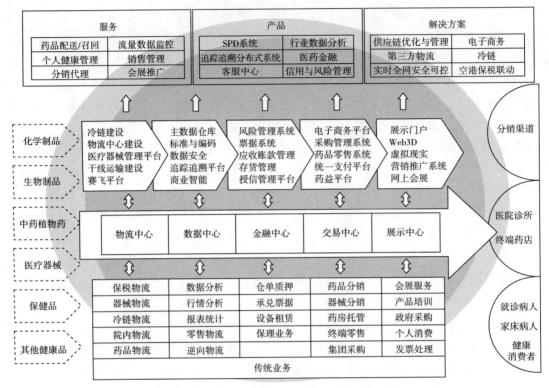

图6-5-1　"健康之星"现代医药流通供应链服务平台

"健康之星"平台的价值是通过应用互联网、电子商务和云平台等技术，为医药供应链上下游及相关方提供全新的服务交付模式，推动行业供应链的扁平化，实现医药流通模式的全面创新，为配合新医改背景下的药品流通及配送优化作出应有的贡献。而支撑"国家药网"和"健康之星"建设和运营的核心能力之一便是智能化的供应链体系和信息系统。

国药物流遵循国药控股高起点、新模式、更融合、再跨越的发展指导方针，以国药控股的全国网络资源为依托，遵循供应链管理的理念，以安全（Save）、可及（Accessibility）、可视（Visible）、高效（Efficient）的世界级专业物流服务能力，为健康产业精心打造横跨上下游、纵连产品线、中立、开放的"赛飞"供应链管理云服务平台。

"赛飞"平台是国药物流信息系统建设的核心内容，体现了国药物流向社会提供的"安全、可及、可视、高效"的供应链管理服务能力及其承诺。

安全（Save）：以冷链为代表的质量安全保障管理。提供冷库温度验证、冷藏车温度验证、冷藏箱设计、温度全程跟踪、验收依据。

可及（Accessibility）：及时准确的信息可及以及覆盖全国的分拨配送物流网络可及。向国家食品药品监督管理局申请了第一张全国药品第三方物流经营资质，为实现多仓配送优化取得了合规资质，保障了分拨配送两网覆盖全国。

可视（Visible）：多维管理要素如在库在途和温湿度的状态可视、物流资源可视、运营效率可视等，为合作伙伴实现供应链体系可视化和可追溯管理。

高效（Efficient）：智能实现供应链上下游计划与执行协同以及运输一体化运作及优化。全网多仓多级运营，分拨配送横向调拨运输全网覆盖，送达更快、覆盖更广、成本更优，效益显著，达成客户高效的供应链管理目标。

"赛飞"平台是一个需求驱动的供应链管理云服务平台。它不仅仅满足物流运作的管理功能，还在供应链的智能管理上有明显的优势，主要表现在：

（1）实时库存优化管理：终端需求的变化和渠道库存的实时对接，为同一产品的不同货主提供了实时的库存信息，同时还提供智能分析，为供应商进行合理的订货提供决策依据；

（2）配送集单的优化：系统对各物流点需要补货的预测可以指导货物移库过程的智能配载，加大整件发送，优化运输资源；

（3）库区智能选择：赛飞系统分布式订单管理功能将生产地和配送地之间的物流关系进行优化，使产品在出厂时的分布最接近市场需求，以避免渠道过程中逆向运输，减少运输成本。

"赛飞"平台的智能化功能让信息的获取、集成、分析和决策更加科学和智能化，将智慧采购、智慧仓储、智慧配送及智能医院信息系统等，贯穿整个产业链，真正实现上下游间的增值服务和提供个性化的解决方案。

三、"赛飞"平台的创新解决方案

1. 赛飞供应链运作体系

区别于单体物流公司的运作以及一家物流公司几个仓库的协同运作，赛飞平台可将不同公司的仓库、车辆等设施设备通过仓储与运输管理系统进行信息化管理，形成规模化的物流资源池。并且将这些资源进行互联网化的整合，任何一个点不再是一个孤立的点，而是一张可以协同化运作的物流网络。赛飞的资源池将不仅仅包括国控物流体系内的资源，同样符合条件的外部第三方仓储资源及运输资源也可以纳入赛飞的资源池。整个资源池将作为赛飞供应链平台提供区域或全国物流服务的基础，为管理其协同运作的运作中心所配置使用。而运作中心也不再只是一个单一公司或部门。运作中心的构成取决于其服务的对象，如第三方货主、一个物流公司的多个仓储中心等都可以是其服务对象，根据运作中心服务的对象，可以跨公司或部门组成一个业务实体，来完成对服务对象提供供应链及物流服务，如图 6-5-2 所示。以下是运作中心的一般职责：

（1）对物流内外部资源，货主的统一协同和管理；

（2）对外部物流资源的采购，价格管理和计费结算；

（3）对货主的业务拓展、报价和合同签订；

（4）对货主的接入，日常管理和服务，包括订单管理、流程管理、货主计费收费、增值服务、客户服务管理。

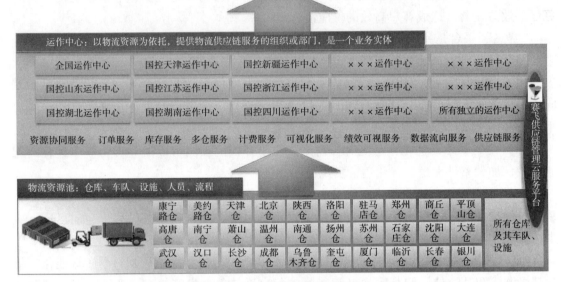

图 6－5－2　赛飞供应链运作体系

　　通过客户自己的运作中心或为客户提供服务的运作中心为供应链管理、执行体系的核心，利用 SAVE 供应链平台的供应链建模、订单管理功能实现符合 GSP 的多仓同步运营，如图 6－5－3 所示。

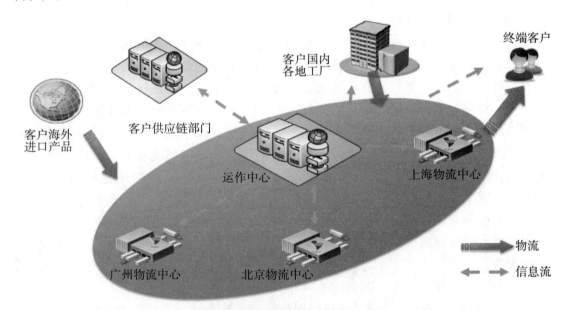

图 6－5－3　赛飞供应链平台运作中心

　　"赛飞"平台提供分布式订单管理以及与 WMS 和 TMS 的协同，以实现就近收货，就近发货，多点储备，分段接力运输，将成为货主供应链网络建成后最常规化的运作模式，而这种运作模式通过系统的支持可以避免迂回运输,降低运营成本,减少在途风险,提高配送效率方面的效果将会非常显著,将会大大提高药品供应的准确性、及时性、安全性。

2. 赛飞供应链物流服务体系

目前各类物流系统有的已经提供了很多物流作业节点的动态数据,为客户对于作业执行的监控提供了"可视化"。而"可视"作为赛飞平台的一个重要理念,除了完整体现订单在整个生命周期内的状态变化和异常事件跟踪外,更重要的是体现药品等对于质量管理要求非常高的商品的温湿度的全程跟踪。同时不仅仅是对于冷链药品的监管,也可以是对一般药品在夏季或冬季等气候条件下的监管,从而更有力地保障药品物流的安全性,如图 6-5-4 所示。

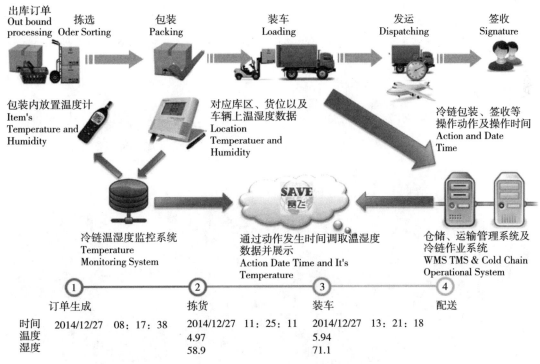

图 6-5-4 赛飞供应链物流服务体系

"赛飞"平台通过 WMS 与 TMS 所记录的实时作业动作以及时间,调用对应库区库位的温湿度监控探头以及出库箱内的温湿度跟踪仪的读数,最终汇总形成整个订单作业过程各个节点的温湿度完成情况。通过赛飞门户网站,对外展现,确保对物流执行过程的整个"透明化"监控。

通过"赛飞"平台,可以实现仓储与运输的有效协同,根据订单对于仓配的不同协同要求,赛飞平台可按不同订单分发优先控制先调度还是先拣配的顺序,从而让运输运力有效配合仓储拣配集货的时间窗口。同时让承运商在派车前能事先知晓货物件数、重量、体积等详情,安排最合适的车辆完成运输任务。

在全国多仓运营的场景下,"赛飞"平台提供统一的 GSP 质量管理标准以及主数据服务。不仅使平台下所有的物流服务提供商具备一致的物流服务水平，同时也为全局的数据管理、分析打下有效的基础。

3. 赛飞供应链数据服务体系

"赛飞"平台可为货主提供完整的数据服务功能，包括：

（1）KPI 绩效展现（数据来源从底层执行系统，如 WMS、TMS 等提取）；

（2）计费结算、成本分析（通过可配置性的货主计费模板）；

（3）商业流向数据（产品、产品组维度，各层级库存、入出库量，在途数量也可纳入统计）；

（4）数据分析、钻取、挖掘服务（通过 GIS 服务，得到医院布点、药房布点，销售热区等）。

同时，通过数据共享，可以达到出库箱条码与电子监管码数据全局共享，大大提高多仓运营调拨的收货效率，减少仓库作业动作，降低作业成本，如图 6-5-5 所示。

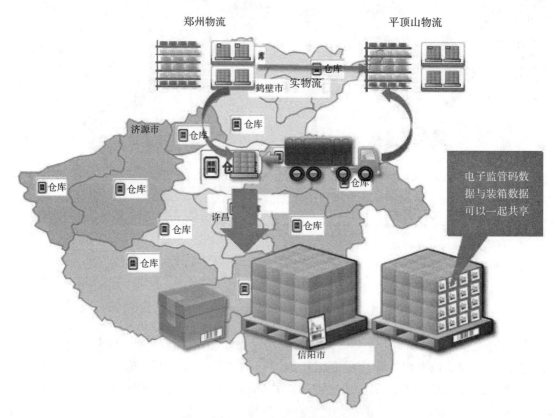

图 6-5-5 赛飞供应链数据服务体系

四、"赛飞"平台在线供应链优化——分布式订单管理引擎

赛飞分布式订单管理以销售应答引擎、高级补货引擎及推式入库引擎，实现对终端

销售订单的实时应答、各级仓库间的连续补货、采购订单的及时入库，构建以终端需求为驱动的实时供应链价值网络。

分布式订单引擎的主要内容包括需求预测、分布式入库策略和分布式出库策略、自动补货。通过分布式订单引擎，可以实现对物流资源的整合计划和灵活调度，实现对物流订单分布执行；并为货主提供销售需求预测、订单承诺及补货建议等增值服务。

分布式订单管理通过提高客户订单满足率和完美订单，提高客户服务水平；通过库存管理和多层次的供应链可视化，减低销售损失和缺货；通过需求驱动的供应链价值网络，降低库存水平；通过将货物在正确的时间以正确的数量送到正确的地点，降低运营成本；通过多方参与，多层次工作流，许可管理和可视化，改善供应链的敏捷性。

1. 分布式订单管理的数据来源

分布式订单管理最重要的事情是要有正确的供应链模型加上准确的库存策略和库存信息。

有了正确的供应链模型，系统和用户能够知道供应链是如何连接的。当订单需要从供给推送到需求的地方时，我们知道移动货物到具体的地点。当订单生成来拉动货物时，我们知道到哪里去拉存货。当订单需要承诺时，我们知道货物在哪里可以发送到消费地点。

如果有正确的库存策略和在库库存的数据，部署订单和推送订单可以找到可以推送到的正确的数量和位置。为了自动生成补货订单，补货策略和在库库存是关键数据。

2. 需求预测

通过分布式订单管理，实现终端需求拉动，逐级汇总的需求驱动模式。分布式订单引擎通过终端历史销售数据，实现终端销售需求预测，并依据修正的销售预测结果，进行库存调整、补货调整，实现需求驱动的实时销售订单应答。

供应链中存在的"牛鞭效应"，造成终端信息在向上游传递过程中所出现的信息扭曲和逐级放大效应，并由此而产生了库存流动停滞和库存短缺同时存在。一方面，整体供应链上各级物资的库存存量较高，所占用的资金成本也较高；另一方面，由于对终端信息的传递和有效反馈变慢而导致商品短缺，无法有效满足客户需求所产生的销售损失以及潜在的丢失客户和对企业商誉的影响。因此，有必要对造成"牛鞭效应"的原因进行深入的分析，并找出应对之策。而解决需求预测修正的一个很重要的方法就是建立有效的预测模型，并基于预测模型，对历史的销售（需求）信息进行处理，从而能较准确地预测未来一段时间的需求，进而为上游供应链成员传递相对准确无误信息，以减少"牛鞭效应"。

赛飞平台可以根据 2~3 年的终端历史销售数据，采用 BOX - Jenkins（自回归积分滑动平均模型）、指数平滑、曲线求和、专家预测等多种预测方法，实现对终端消费需求的短期、中期、长期预测；并将预测结果以图表形式实现展示、对比等功能，供货主参考、修改和审核；经货主审核的需求预测可以转化成预测的销售订单，并可依据此预测订单生成采购计划、进行库存调整；在需求预测及库存调整的基础上进行终端销售应答（发货）和仓间补货，如图 6 - 5 - 6 所示。

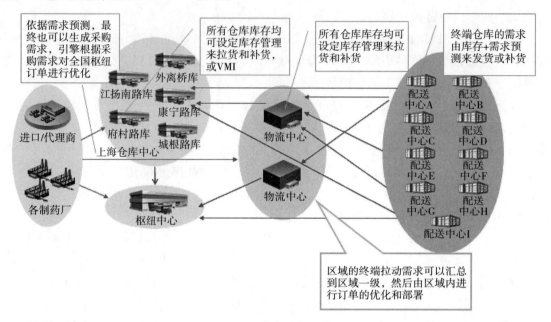

图 6 - 5 - 6 需求预测

3. 分布式入库策略——推式入库引擎

分布式订单管理基于供应链的配置，将入库订单移动到下游位置，通过推式引擎实现对未指定入库仓库的采购订单的入库建议。当入库订单来到时，寻找有效的下游位置，评估下游的安全库存，解决低库存问题。如果有可以推送的剩余量，可按比例推到下游的库存中心。

对于货主已指定入库仓库的采购订单，直接在赛飞平台上进行正常的入库流程。对于货主未指定入库仓库的采购订单，推式引擎可以通过计算备选入库仓库（枢纽中心、物流中心等）的库容、库存、安全库存及运输成本，指定采购订单的入库仓库，以维持不同仓库间合理的稳定库存水平。推式引擎不仅可以实现从供应商仓库到枢纽中心的部署，还可以实现从枢纽中心到区域物流中心的部署，如图 6 - 5 - 7 所示。

4. 分布式出库策略——销售应答引擎

分布式订单管理可以通过销售应答引擎，实现对销售订单的实时应答。销售应答引擎根据各出库仓库的库存水平、仓库至客户的运输成本、运输提前期等参数计算出最优的出库仓库，在保证客户服务水平的同时，实现物流成本的降低，如图 6 - 5 - 8所示。

5. 自动补货——高级补货引擎

库存策略和需求预测是基于拉动的订单，用于拉动的订单引擎是补货引擎。补货引擎将基于供应链的拓扑结构创建订单。每个节点将指定拉动存货场所的优先级（寻源优先级）。

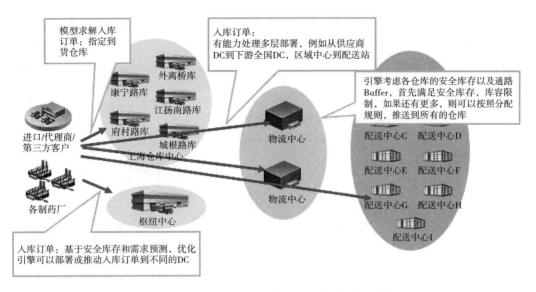

图6-5-7　分布式入库策略——推式入库引擎

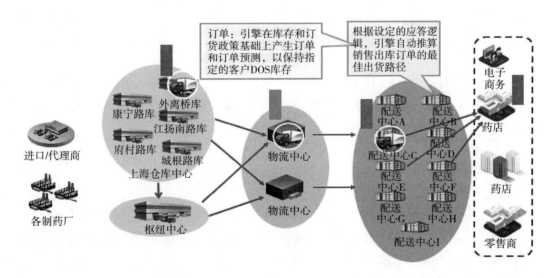

图6-5-8　分布式出库策略——销售应答引擎

　　赛飞分布式订单引擎可以实现不同仓库间货物的调拨。分布式订单管理模块通过补货引擎，依据上下游仓库的库存上下限、每日库存水平、不同仓库间补货的成本、提前期等参数计算出最优的仓间补货策略，结合推式引擎的采购入库策略，维持供应链渠道内库存水平的稳定。

　　基于各仓上限/下限的库存策略，保证库存水平在合理范围内波动，并实现对超出库存上下限的仓库的库存预警。依据库存预警，当库存水平达到或低于库存下限时，系统将自动生成一个拉式补货订单，移动库存水平达到最高水平；当库存水平高于库存上限水平的仓库进行移库出库操作，如图6-5-9所示。

　　与传统的供应链管理软件不同，赛飞的分布式订单管理，帮助客户充分利用未来需

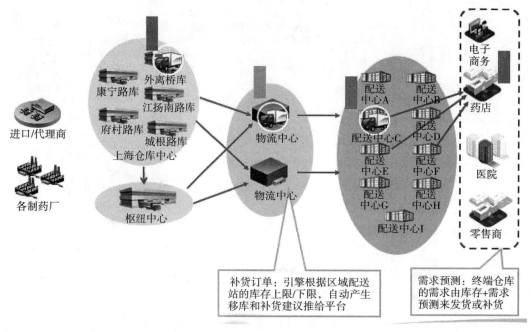

图 6 – 5 – 9　自动补货——高级补货引擎

求信息和目前的库存、在途和生产过程中的数量，自动实现订单的出入库应答，进而实现供应商管理库存（VMI）、客户管理库存（CMI）、寄售等，形成多样的供应链解决方案。

五、"赛飞"平台绩效分，为客户为行业创造多元价值

在"赛飞"平台的基础上，国药物流建立了以"技术能力、管理能力、服务能力"为主体的核心能力，通过营销联盟、信息平台、标准体系和运营体系为供应链客户创造多元价值。例如，国药物流基于客户的冷链营销战略，整合客户、国药物流冷链系统内外部冷链资源，再造和优化冷藏供应链，从冷链包装设计到集成订单处理和集约储运安排，全过程构建区别于竞争对手的冷藏供应链管理体系，为渠道关键客户提供与营销计划配套的冷链技术和培训支持，形成了区别于竞争对手的特色服务体系，为客户创造独特价值；再例如，国药物流立足上海，对接全球医药供应链；聚焦行业，打造国际医药港平台，公司目前拥有7000平方米的保税物流中心，可实现保税、完税药品的存储、分包装及装运业务，为客户提供一站式进口解决方案：包括接收客户订单、完成进口操作并清关完税、存储服务与客户定制化增值服务、完税后商品发运至外高桥物流中心非保税库或直接发送至国内客户等。

国药物流正在以供应链设计的视野来谋划建设专业的医药供应链服务体系。供应链设计包括多层级库存解决方案、网络运输解决方案、供应链运营设计方案及流程设计方案等全方位立体式的设计方案。例如，可根据客户需求将多级库存和网络运输解决方案

进行综合设计，在保证一定的服务水平基础上，对成本、采购和运输时间等条件进行综合分析，与网络优化相结合来确定优化的库存规划，同时根据成本优化自有车队、整车、零担的使用率，确定网络运输细节方案。

"赛飞"平台打造了国药物流具有国际竞争力的"网络化布局，一体化运营"的全国物流及冷链配送网络，推进全国多仓多级存储节点的协同，形成了跨区域的干线配送网和区域内支线配送网的全面配送，构建了布局科学、技术先进、节能环保、便捷高效、安全有序的专业医药供应链服务体系。"赛飞"平台促使国药物流做中国医药流通领域的市场领导者，做中国医药行业的资源整合者和价值提升者，为供应链上下游客户创造多元价值。

作为中央企业的子公司，医药物流行业的标杆企业，国药物流履行国家使命，肩负社会责任。"赛飞"平台正促进国药物流中国第一药网的建设；中国第一药网将承载着医药物流标准化平台、第四方供应链管理服务平台、药品紧急调拨配送平台、国家医药储备可视化监控平台、重大事故追溯平台、疫情预警平台以及国家人才培养平台等诸多社会行业功能，正在并将持续为行业创造多元价值。

"赛飞"平台正在助推中国医药产业的变革。其一，国药物流全国多仓多级运营，调拨运输分拨配送全网覆盖，送达更快、覆盖更广、成本更优，效益更显著，国药物流成为全国国家药监局批准的首家全国范围内统一作多仓联网运营 GSP 认证的第三方医药物流企业。国家药监局批准首批将全国 16 家子公司仓库地址加入我公司《药品经营许可证》的仓库地址中，解决了公司全国物流多仓网络协同过程中的政策瓶颈。从而得以促进公司全面开展面向供应链的高效优化的多仓物流服务：药品生产企业可以直接委托国药物流多点储存，销售时生产企业可以直接面对当地客户销售，满足医改环境下生产企业扁平化管理的市场需求。其二，国药物流是在中国首个获得 SFDA 批准的专业第三方医疗器械物流服务资质企业，以"赛飞"平台打造的开放的供应链管理增值服务平台，可为客户提供一整套药品和医疗器械的综合物流解决方案，包括：

(1) 一站式进口和保税物流服务；

(2) 中文贴签服务；

(3) 基本药品贴签扫码服务及上传服务；

(4) 严格合规管理的温控仓储服务；

(5) 专业验证的冷链包装和运输管理；

(6) 个性化 IT Interface 信息系统开发；

(7) 车载 GPS 接收器和可视化管理系统系统；

(8) 紧急医院配送能力；

(9) 企业异地增设第三方物流仓库的申报和管理；

(10) 全国多仓操作和服务管理。

"赛飞"平台还将带动促进中国医药流通行业的良性发展。首先，国药物流整合全产业、全业态、全品种的物流资源，通过"赛飞"平台到打造全国医药物流云模式的优势资源，提供价值链物流服务，并带动医药物流全行业发展。横向推动信息、人才和资源等产品水平整合，纵向实现对供应链上游技术和下游市场的垂直整合，打造医药物流经济优势产业链。其次，"赛飞"平台的建立，将促进国药物流标准的输出，带动整个行业的作业规范化和标准化。对整个医药行业来说，标准化和规范化是加强内部管理、降低成本、提高服务质量的有效措施；对消费者而言，享受标准化和规范化的物流服务是消费者权益的更好体现。

国药物流将一如既往，为供应链上下游客户为中国医药健康行业提供更为优质满意的服务，开创人类医药健康事业的美好未来！

撰稿人：国药集团医药物流有限公司副总经理　宋　军
　　　　国药集团医药物流有限公司信息与供应链服务部总监　王　齐

案例六 唯品会:"自建物流体系"的供应链创新管理模式

一、企业简介

唯品会（www.vip.com），作为一家专门做特卖的网站，率先在国内开创了"名牌折扣 + 限时抢购 + 正品保险"的独特创新商业模式。该公司于 2008 年 12 月成立，总部设在广州，同时在上海、北京、简阳、成都、天津、鄂州等地设立有分公司和子公司。唯品会每天早上 10：00 准时有 100 个品牌授权特卖，并通过 100% 太平洋正品保险和 70 项专业质检确保品质，以超过 80% 的全网第一重复购买率成为 1 亿多会员的信赖之选，销售产品涵盖时装、配饰、鞋、美容化妆品、箱包、家纺、皮具、香水、3C、母婴等。目前，唯品会拥有 16000 名员工，1000 多名时尚买手，超过 10000 多个合作品牌，1600 多个独家合作品牌，日均订单处理能力超 60 万单。

2012 年 3 月 23 日，唯品会（NYSE：VIPS）登上美国纽交所，成为华南首家在美国纽交所上市的电子商务企业。自公司成立以来，短短七年多时间，唯品会电商平台会员数量已超过 1 亿，市值已超过 150 亿美元。2014 年唯品会销售额超过 240 亿元，2015 年上半年净营收总额已达 177 亿元人民币，连续十二个季度实现赢利，已成为全球最大的特卖电商，所代表的"特卖"模式也已成为国内三大主流电商业态之一。

唯品会强大的物流仓储发展战略和公司商业模式的不断深化创新，为唯品会未来发展奠定了坚实的基础。截至目前，唯品会全国物流仓储面积约 160 万平方米，已使用仓储面积约 110 万平方米。唯品会在天津、肇庆、鄂州、简阳一期项目，共计约 123 万平方米仓储物流中心已正式运营；在韩国、中国香港、广州和郑州跨境海淘仓库也已投入运营。预计 2016 年年初，鄂州二期、天津二期、昆山、郑州、广州南沙、肇庆二期等项目也将开始动工建设，全部建成后仓储面积可达 300 万平方米。未来，唯品会计划在澳洲、巴黎、纽约、洛杉矶等地也将开仓并成立仓储物流中心，为客户提供优质的全球购物体验。

为全面提升配送服务质量和时效，唯品会于 2013 年 9 月成立"品骏控股有限公司"（以下简称"品骏"）是唯品会（中国）有限公司旗下一家面向社会提供物流配送服务的全资子公司。主要业务包括快递、运输、落地配及普通货运。品骏现有快递人员 1.5 万人，配送范围涵盖 30 个省级行政区，实现了全国无盲点覆盖。现在品骏 70% 的订单来自于唯品会的业务，30% 的订单是社会化业务。品骏物流采取全自建方式，购买了干线车辆，与奥凯航空等合资成立了航空物流公司。

二、实施"自建物流体系"的背景

唯品会是一家专门做特卖的电商企业，运营模式与传统电商有很大的差异。尤其在物流端的"大进大出"模式，要求其要有强大的物流仓储和运输配送体系来支撑。然而当前大多社会化物流服务水平、标准化水平都无法匹配我们的业务需求。并且这些物流运营公司存在很多不规范的流程操作，内部缺乏专业的分工和精细化管理意识。如果通过与他们合作来进行供应链创新，难度无法想象。

随着电商行业的不断发展，物流已然成为电商的核心竞争力。为了不断加强唯品会在特卖领域的行业水平和竞争壁垒，不断完善提升客户的购物体验，唯品会选择自建物流！只有通过自建物流，唯品会才可以将自身的大数据应用、实时信息决策、流程优化升级、快速响应能力全面释放。实现在特定的时间里，以最低的成本，将顾客的商品送达全国任何地方，全力满足用户的需求，创造用户个性化体验价值的最大化。

电商的本质是零售，市场发展到现有的程度和规模，电商已经成为人们生活中的一部分。未来电商发展将脱离原来的低水平的价格、渠道竞争转向更高层次的品牌、技术、服务的竞争。这也要求电商要不断完善自身的供应链体系，降低交易成本，逐渐缩短时间、空间上的距离，使网上消费变得更简单与快捷。与此同时，物流与顾客之间形成一个良好的互动反馈机制，及时感应市场变化，降低售假欺诈行为发生的可能性。因此，电商的未来势必会与物流深入融合，没有线下能力的电商以及没有线上能力的物流终将会陷入发展平台瓶颈。

三、发展自营物流体系的运作模式

（一）建立覆盖全国的物流体系

唯品会自建物流体系的建立是基于唯品会特卖业务的快速发展，唯品会在为顾客提供高性价比商品的同时，其在供应链的采销、仓储、配送、售后等环节也给予大力支撑。结合唯品会特卖模式，唯品会供应链体系实现海量订单区域化配送，线上线下商品自由流通。

为此，唯品会建立了覆盖全国的物流体系，一方面通过自有干线运输联通全国五大区，另一方面通过自营落地配实现全网无盲点覆盖。唯品会的自建仓储是整个供应链的核心节点，自营仓库存储面积、仓库选址、库区自动化运作水平、系统信息化程度决定了供应链的运作速度和服务水平。如图6-6-1所示，截至2015年9月，唯品会在全国已经完成建设5大仓储中心，总面积达到了160万平方米。未来唯品会将继续加大基础设施建设，完善物流网络建设。围绕5大仓储中心，唯品会采用"干线"＋"落地配"的运作模式，为唯品会"提升客户幸福体验"提供了强有力的支撑。

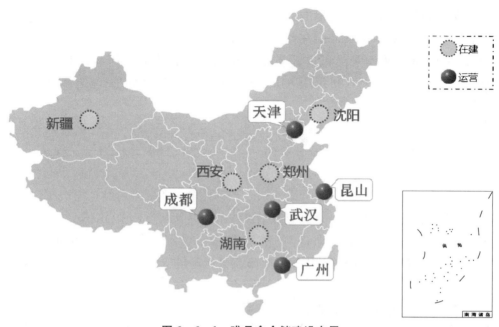

图 6 - 6 - 1　唯品会仓储建设布局

（二）打造多平台一站式仓储开放平台服务

唯品会仓储开放平台是唯品会集团结合供应链模式现状，应供应商需求，推出的将唯品会现有的仓库存储、运输配送、系统、人员管理等服务面向供应商开放使用，依据市场行情，为供应商提供专业的第三方物流服务。开放平台如图 6 - 6 - 2 所示虚线部分所示，包括唯品会自营 3PL 和外部 3PL（整合外部优质第三方物流仓储服务合作商），力求为品牌供应商提供多平台一站式仓储物流服务。

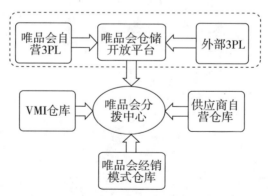

图 6 - 6 - 2　唯品会物流体系架构

唯品会分拨中心主要承载货品的集合、分拨、包装、发运。

唯品会仓储开放平台：由唯品会自建第三方物流公司，以唯品会现有仓库为依托来帮供应商管理库存。

1. 仓储开放平台服务内容与标准

仓储开放平台主要承接唯品会销售平台、其他 B2C 售卖平台 B2B 物流配送（如京东、亚马逊等）、B2C 售卖平台 B2C 订单发货（如天猫淘宝等）、B2B 售卖平台配送（如阿里巴巴等）及线下代运营（传统线下店、超市商场等）仓储物流服务业务。

目前主要提供的服务：

（1）整饰中心：提供商品二次整理、打包、标签条码、衣服洗涤熨烫等服务。

（2）一仓发全国：提供从唯品会鄂州仓储开放平台直接分拣出仓发往全国的仓储服务。

（3）多平台发货：开放淘宝、天猫、京东等其他电子商务平台的仓储作业服务。

（4）线下店代运营、配送：为供应商提供线下店仓储代运营及配送服务。

（5）一仓收一仓退：一仓收即将供应商货品送至唯品会就近仓库，由唯品会再分拨至 5 个区，一仓退即将供应商的退货集中至唯品会就近供应商的仓库，再统一送至供应商仓库。

2. 仓储开放平台物流供应链综合解决方案

唯品会仓储开放平台为品骏供应商提供一体化的物流供应链解决方案，协助客户加快库存周转，降低运营成本。

（1）品牌供应商将货品入库到仓储开放平台。

（2）仓储开放平台与售卖平台系统对接。

（3）客户下单后，仓储开放平台通过售卖平台系统对接流入获取订单信息，以 B2B 调拨方式拣货出库给销售平台分拨仓。

（4）唯品会销售退货先到唯品会仓库，再发到仓储开放平台，其他平台销售退货直接发到仓储开放平台，如图 6-6-3 所示。

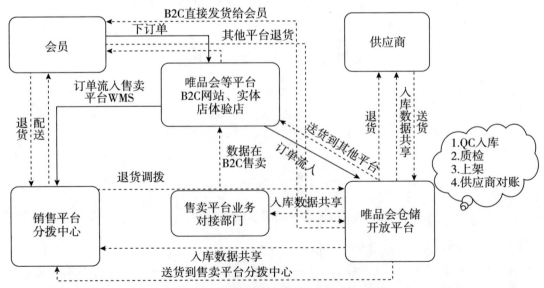

图 6-6-3　唯品会仓储开放平台解决方案

3. 仓储开放平台服务优势（如图 6 - 6 - 1 所示）

表 6 - 6 - 1　　　　　　　　　　　仓储开放平台服务优势

优势	项目内容
优化供应链	在原有唯品会大进大出模式下，能为有需求的供应商解决货品短期内来回运输和操作的效率问题，减少货品损耗
加快库存周转	货品减少在途的时间，对于供应商调度一盘货周期相对缩短，同时唯品会集团规定，对于入仓储开放平台的商品，优先多上线，从而加快周转
多平台发货	为供应商解决一盘库存在多个平台进行售卖的需求，从而促进销售和周转
低成本运营	利用唯品会现有的物流高效团队降低运作成本，同时针对在唯品会平台售卖合作的供应商，仓储开放平台采用低于市场的价格负利润运营
质检服务	商品质检达不到售卖标准，物流运作时效较长，无法达到售卖平台要求和会员期许，仓储开放平台有专门的质检服务团队，来为供应商提供商品质检服务

（三）搭建科技创新型智能物流体系

1. 智能仓储运作系统

（1）电商动力 1 号——亚洲最具创新性的智能仓储体系。现代物流在国际上被公认为成长潜力巨大的朝阳产业。随着中国人口红利的降低，以及业务量的逐年递增，经济有效的物流自动化系统具有极为重要的价值。

唯品会自主研发了适合自身需求的仓储管理系统（WMS）与仓储设备控制系统（WCS）。这为其自动化仓储运作奠定了基础。唯品会的自动化，体现在仓储运营管理的过程中，结合其自身的仓储特点，在入库、上架、拣货、下架、集货、包装、出库这些仓储运作环节，用自动化设备替代人工作业的过程改造。目前，唯品会自动化项目正在按计划高速推进。根据各区域仓库大小及运作模式特点，各区域自动化项目布置了不同类型的自动化设备，包含智能输送系统、箱式自动系统（mini - load）、商品自动分拣系统、包裹自动分拣系统、穿梭车货到人工自动化系统等。

根据目前国内自动化技术成熟程度，唯品会自动化建设分为成熟模式、半成熟模式、不成熟模式三个类型，每一种模式都有不同的建设与合作方法。

成熟模式：成熟模式类型是指目前技术比较成熟的，在国内已经有成功典范的自动化建设。对于这种成熟的技术，唯品会自动化项目将重点推广。目前华北、华中和华南物流中心主要采取该模式。

半成熟模式：唯品会租给合作厂家场地，合作厂家安装设备并运营，同时根据唯品会提供的订单运行作业，唯品会根据订单核算价格的一种创新模式。例如，穿梭车自动化存储系统和 KIVA 系统。

电商物流自动化，归根结底还是设备的自动化。目前国内可以供唯品会特卖模式的经验实例还不多，所以自动化建设给其带来机遇的同时，也提出了新的挑战。唯品会在

图 6 - 6 - 4　拣选输送 + miniload 集货 + 包装后自动分拨模式

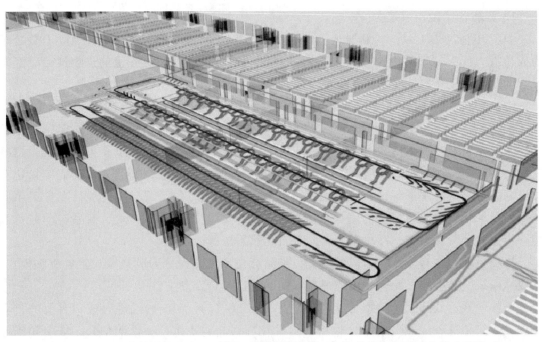

图 6 - 6 - 5　上架输送 + Fullpick 拣选（退供）输送 + 集货分拨 + 包装后自动分拨模式

自动化的道路上摸索着前进，不断探索属于自己特色的自动化道路！

（2）唯品动力 1 号——智能集约化包装系统。唯品会在仓储运作高效运作方面，一直走在全行业的前列。结合电商运作特点，不断开发引进新技术、开拓新思路、引领新方向。为了能够解决电商货物包裹包装这一行业难题，唯品会自行定制了一套包装系统。

该自动化包装流水线包含了四大模块：内装物输入、纸箱成型、装箱、成品输出。

图 6 - 6 - 6　穿梭车自动化存储系统效果

图 6 - 6 - 7　KIVA 机器人效果

系统可以根据不同内装物的大小，实时将连续的瓦楞纸制作成尺寸多样的可变纸箱，并对内状物进行无缝隙包裹，同时还可在线实现自动化打印发货单、宣传文件的加塞、货运标签打印并贴标等功能，如图6-6-8所示。

图6-6-8　自动化包装线示意图

2. 高效运输系统

（1）高效快速运输网络。唯品会为了提升客户的配送服务体验，提高配送时效，做好唯品会大平台建设终端的服务保障，集团于2013年成立了全资子公司——品骏快递，业务范围包含了快递、运输、落地配及普通货运。

现已开通建设自营线路392条，超过200条自营支线。同时配有400多台装备车载GPS监控的运输车辆，充分满足现有货物的干、支线运输。结合唯品会全国五大配送中心，已实现省会、沿途卸货城市：1000千米以下，公路运输次日可完成配送。1000千米以上，公路运输隔日可完成配送。

品骏运输平台可提供的业务：

①一仓收一仓退：上线前，供应商送货（上门提货）至就近仓，品骏负责五仓入仓运输；商品下线后，货物退至供应商就近仓，品骏集中退货至供应商仓库，如图6-6-9所示。

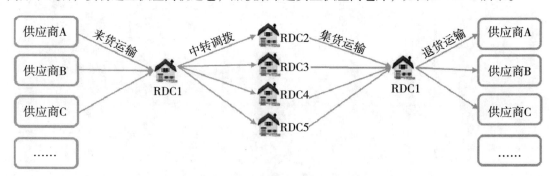

图6-6-9　一仓收一仓退业务模式

②一仓发全国 JIT：货物入唯品华中仓仓储开放平台，上线售卖后，品骏做各仓 JIT 调拨运输，完成一仓发往全国。

③多渠道业务：其他平台销售业务，货物入唯品会仓储开放平台，品骏提供快递配送服务。

④五仓调拨业务：唯品仓储开放平台货物，品骏提供仓与仓间货物调拨运输。

⑤其他运输服务：省际运输，门店配送，等等。

（2）航空货运——一站服务，使命必达。围绕唯品会仓储布局及供应商需求，唯品会在广州、上海、成都、武汉、北京、天津、郑州、深圳、杭州、西安、厦门、福州、乌鲁木齐、哈尔滨、长春、济南等机场提供出港发货和到达提货的保障能力。

在航空货运方面，唯品会与专业的航空公司合作，拓展航空运输服务。目前，唯品会已经与南航、国航等多家航空公司达成战略框架协议，包仓销售九元、东航、山航、海航等航空公司的航班舱位，全面进入舱位销售、到达提货、分拣、派送等一系列航空货运业务相关服务。唯品会所经营的航线舱位覆盖北京、天津、上海、杭州、成都、重庆、贵阳、青岛、济南、大连、沈阳、哈尔滨、长春、西安、银川、乌鲁木齐等城市的 40 多个包机包舱航班。在机场附近，唯品会都持有近 5 万平方米的航空仓储及分拣仓库。其与机场也进行了全方位的合作，设有独立安检入口，安排有专职人员全程追踪保障货物装卸安全。目前，唯品会航空运输已实现全国 18 小时内送达。

（四）智能配送创新

（1）预分拨项目。唯品会订单规模不断增长，订单的配送时长对顾客体验尤为重要。但目前供应链普遍存在以下问题：货物承运商在仓库提货后往往将货物拉回自己的分拨中心再分拨下站，操作过程中存在运输路线增长或迂回问题。同时，因分拨中心水平不一，要花费过长的分拨时间，存在重复操作，容易造成货物损坏。对此，唯品会重新梳理规划了运作流程，实现出仓货物预分拨后直接到达站点或地级市，缩短配送时长。货物分拨操作前置，技术部独立自主研发设计了预分拨系统流程。仓库实现单元化交接，货物流转过程标准化，同时大大降低了差异和破损率。

（2）OXO。中国消费者的购物习惯已经从根本上发生了变化，由于受到了线上电商的冲击，线下零售商正在快速地萎缩，客流量大幅度减少，百货商场、购物中心、品牌门店面临着关店风潮。唯品会发挥自身优势，利用自身品牌供应商优势及线上巨大的流量支撑。开创性地研发出一种全新的特卖供应链模式（OXO）。此目的是为了打通线上销售平台和线下品牌专柜或门店，将商家专柜或门店的新品拿到唯品会进行显示特卖销售，然后经由唯品会的快递从商家线下专柜或门店揽货后，以最快的时效配送给客户。

这种模式从根本上实现了线上线下共享库存、门店货品快速流转。同时通过精准投放将门店折扣新品推送给特定消费群，既可以保护品牌价值，又可以通过短时间放量提高门店营业额。另外，通过在唯品会网站上随时上线，随时售卖，提高了货品在不同售卖阶段的曝光率和流转率，从而提升了品牌商全年平均出货折扣值。线上线下数据的无缝对接，将线上的客流定向引流至线下，通过个性化的 O2O 服务，为线下专柜和门店带来新的客源活力。也为客户提供了高效优质的购物体验，如图 6 - 6 - 10 所示。

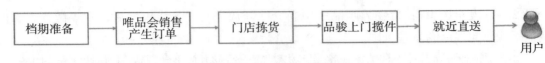

图6-6-10 OXO模式流程

（3）上门揽退。网购顾客一直被退货不方便问题所困扰，便捷的退货途径对网上购物体验存在一定影响。唯品会从自身业务特点出发，组织实施了上门揽退项目。通过此项目可提升退货体验，留住忠实会员，退款时效也大大缩减。上门揽退项目的开展，不仅能扩大业务范围，提高品峻业务收入，节省公司成本。还可以更清晰地把握客户退货的原因，对有效控制客退率有一定的帮助，也便于仓储有计划的安排客退，提高作业效率。

截至2015年年底，揽退项目已经实现PC端、移动端同步申请上门退货服务。唯品会全国范围内揽退数量已达到80%＋，退款时效控制在72小时以内。承运商上门揽收成功率达到65%＋，客诉率也从5%降至1%，全面提升了客户的购物体验。

（4）快递终端一体机。2015年中旬，由唯品会自主研发并拥有独立知识产权的快递一体机成功面世，并陆续推广到各个品骏省公司使用，目前已近3000名快递员正在使用。快递一体机将手机、PDA、POS机和扫描枪四种机器高度集成，并且完成了跨系统的对接整合。目前推进阶段完整具备快递评价、订单状态反馈、实时签收/拒收、刷卡支付、移动支付、支付电子签名和上门揽件等功能，让快递员揽派件更便捷、配送更顺心。

（5）唯品会数字地图。唯品会数字地图在用户销售端（pc、wap、app）上，改变订单定位方式，快速准确定位获取用户当前位置，并自动为其填写地址。用户还可以拖动地图选择位置，自动完善相匹配的地址，并验证地址的准确性。唯品会数字地图在配送员的手持移动终端上，地图展示快递员的订单分布。在配送过程中，根据事实路况，订单分布等信息为快递员规划出行线路。签收时进行数据优化，在签收地使用定位获取用户当前送货地址，并将数据上传更新，提高数据准确性。

（6）低碳环保配送车——新能源汽车。唯品会自营配送模式和末端"点对点"的运输方式，十分适合新能源、新概念的汽车推广应用。快递员在配送过程中，需要面对风吹日晒，雨雪冰冻的恶劣工作环境；在上楼配送货物过程中，需要防范货物被盗；在大多数城市配送中，会受到各地摩的运行的政策限制。为从根本上解决以上末端配送遇到的各种难题，唯品会与江苏金彭集团、重庆力帆集团达成战略协议，共同探索适合电商末端配送的电动配送系统解决方案。在国家政策法规范围内，用规范清洁的电动车替代传统的不合规车辆。

四、实施供应链管理的绩效分析

1. 全方位支持公司业务发展

截至2015年年底，唯品会供应链体系已经服务了近万家品牌供应商，包括了44个品类、数万知名品牌和超过近8000万件正品在售商品的存储与生产。满足唯品会全方位业务需求。

图 6 – 6 – 11　预分拨、电动汽车、电动三轮车、一体机图片

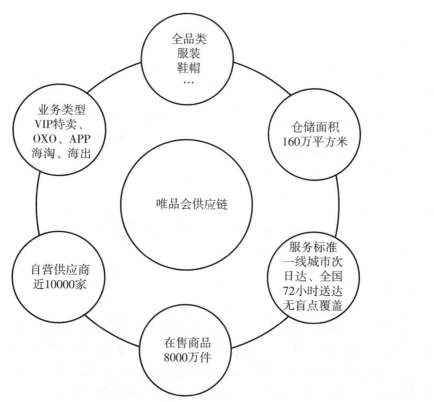

图 6 – 6 – 12　唯品会供应链支持业务情况

2. 全面提升用户购物体验

唯品会通过全面提升供应链创新能力和卓越的履约能力，进一步加强了消费者对唯品会的忠实程度。唯品会非常重视订单在履约过程中对每一个环节的把控，从客户下单开始，唯品会以高水准的服务质量和快速的响应，带给客户惊喜的购物体验。我们通过加快物流中心建设，逐步缩短与客户的距离。利用大数据技术，实现智能选货就近配货。采取自营、OXO、开放平台等模式创新，满足供应链上下游的个性化需求。逐步积累了广泛的顾客群体，一次次刷新顾客的购物期待。

3. 加强电商特卖优势

面对越来越多的电商企业加入特卖领域，唯品会的供应链体系在电商平台资源、物流实体、移动及 APP 推广等方面逐渐建立起显著的个性化服务优势，如图 6 - 6 - 13 所示。

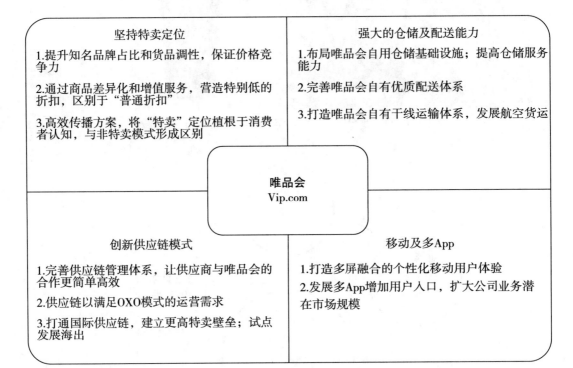

图 6 - 6 - 13　唯品会供应链优势

五、下一步打算

唯品会将继续加快自建物流的进程，完善并逐步扩大生态圈，为供应商和消费者提供一体化的综合性服务。作为特卖电商的拓荒者，唯品会将通过加快物流网络搭建，仓储自动化技术创新，供应链运作模式更新等途径，进一步深度链接线上线下，从商品采购、入库质检、生产配送、售后服务形成一条完善的闭合产业链体系。全产业链把控，为顾客提供高品质的购物体验。

同时，唯品会第三方服务平台优势将逐步凸显，结合唯品会自有配送队伍，未来唯品会物流供应链将逐步成为一家完备的第三方物流解决方案供应商，从仓储、配送、技术系统、管理服务等方面，全方位对外输出。

唯品会将继续努力加强供应链优势，在不断提升内部运作水平，为供应商和客户提供优质服务的同时，逐步的实现社会化服务功能，为社会整体物流运作提供高效而卓越的服务。

撰稿人：唯品会（中国）有限公司高级副总裁　唐倚智
　　　　唯品会（中国）有限公司高级副总裁助理　赵利强

案例七　江苏物润船联：打造智慧水运
供应链服务平台

一、物润船联企业简介

江苏物润船联网络股份有限公司（以下简称"物润船联"，股权代码：831096），成立于 2011 年 12 月，位于张家港保税物流园区，注册资本 1145.5 万元人民币，是一家以船联网为基石的新三板上市公司，也是中国首家水陆联运第四方智慧物流专业方案服务商，并计划于 2017—2018 年在主板上市。

公司旗下运营的"水陆联运网"是利用船联网技术搭建的一站式水上智能物流竞价平台。平台将船、货、港等基本信息互联互通，解决了船舶空驶力冗余、水上物流信息不对称、资金流动不畅、船舶货物运输方位不清和运输到货不及时等系列问题，提高了配载效率，降低了物流运输成本。

同时，平台建设了水陆联运物流诚信体系，扩展了物流链融资渠道，为用户提供了一整套的智能物流供应链解决方案，包括信息流、物流、资金流、票据流和证据流等，有效解决了票据流的真实性，大大简化了税务机关对航运业的监管难度，不仅推动着航运行业向智能化、规范化方向发展，同时推动着物流业向物联网化、信息化和智能化方向发展。

公司目前已获得包括"AIS 船舶航行信号岸台接收机"（ZL201220365449.4）和"基于 AIS 和 3G 的船舶视频监控"（ZL201320605358.8）的实用新型专利两项，其他相关专利、软件著作权、商标、域名等无形资产的过户手续正在办理中。

其次，公司拥有计算机软件著作权 7 项，包括"江苏物润船舶定位（AIS）电子商务平台软件 V1.0"（2012SR075840）和"3G 无线传输 AIS 自动解析系统 V1.0.0.2"（2013SR146018）等；另外，公司当前取得的并经核准注册的商标两项，包括物润（10494558）和 ⓔ（10494573）。

物润船联智慧物流平台是一个智慧水运生态圈，拥有大量的船东、货主、石油公司、物流公司和银行等客户群体，可以提供大数据服务和增值服务，如在线竞价交易、供应链金融服务、在线保险服务、油料服务、大数据运用服务、撮合交易等。公司在水运行业市场占有率不断呈现爆发式攀升。目前，公司自主研发的 AIS 船舶定位系统、船载视频监控系统和智慧水运电商竞价交易平台在行业中处于领先地位。"互联网＋水运物流"的商业模式是由公司创新而成，目前公司已完成战略布局，智慧水运生态圈已基本建成。

2014 年 12 月获得国家航海科学技术一等奖；2015 年 4 月成为苏州市智慧物流试点企业；2015 年 7 月公司获得高新技术企业认证；2015 年 8 月荣获第四届互联网全国创新创业大赛江苏省第一名全国第十名；2015 年 10 月获得中国物流与采购联合会科学技术二等

奖；2015 年 10 月公司研发的智慧水运电商平台入选国家信息消费创新应用示范项目；2015 年 11 月获评为江苏省重点物流企业。物润船联董事长朱光辉，是武汉理工大学高级工商管理学硕士，拥有 25 年港口、码头工作经验。在推动水运物流行业向信息化、智能化和标准化方向发展贡献突出，在水运物流业具有非常大的知名度和影响力。

二、物润船联实施供应链管理的背景

（一）降低物流运输成本的需要

在长江经济带发展中，长江航道无疑占据极为重要的位置。长江是中国第一大河流，也是货运量位居全球内河第一的黄金水道。据统计，截至 2014 年年底，长江水系 14 省市拥有散杂货运输船舶 14.7 万艘，总运力 1.68 亿吨，长江干线完成货物通过量 20.6 亿吨，其中货物主要来自大宗商品的生产企业和贸易商。今年全国"两会"上，政府工作报告指出，推进长江经济带建设，有序开工黄金水道治理、沿江码头口岸等重大项目，构筑综合立体大通道，建设产业转移示范区，引导产业由东向西梯度转移。

但目前中国物流成本高仍是一个重大问题，原因是多方面的，综合运输体系不完善，运输成本高是一个重要原因，2014 年，我国运输费用 5.59 万亿元，运输物流成本占 GDP 的比率为 19.5%，这一比率高于美国、日本约 4 个百分点，相当于美国、日本的 1.7 倍左右。

一是物流基础设施与经济发展水平不匹配。目前，我国经济总量是美国的 52.4%，而铁路营业里程仅为美国的 37.7%；海铁联运比例国际上通常在 20% 左右，美国为 40%，而我国仅为 2%。水运占货运量的 13.57%，占货运周转量的 49.77%，但潜力仍很大。

二是运输环节中行政收费过多，甚至存在乱收费、乱罚款，公路收费已占到公路运输费用的 30% 以上。占水运费的比例也很高。

三是物流管理水平落后，物流资源非优化配置现象普遍，达 20% 左右。

四是货物周转量偏大。根据对 2009 年的国别分析，我国货物周转量合计为 12.2 万亿吨公里，相当于美国的 1.8 倍、日本的 14.1 倍、德国的 24.5 倍；单位 GDP 的货物周转量为 2.45 吨公里/美元，相当于美国的 5.1 倍、日本的 14.3 倍、德国的 16.4 倍，这是运输费用偏高的基础性因素。

我国物流运输成本近年来居高不下（如表 6 - 7 - 1 所示），如果将我国运输费用与 GDP 的比例降低 4 个百分点，则可节约物流费用约 2.1 万亿元。

表 6 - 7 - 1　　　　　　　　　2013—2014 年物流运输成本

区域体量		2013 年	2014 年
GDP（亿元）	全国	588018.8	636462.7
	江苏省	59753.4	65088.3
物流成本占 GDP 比率	中国	18%	16.6%
	世界平均水平	11.2%	11.8%
公路货运量（亿吨）		307.66	333.28

区域体量		2013 年	2014 年
铁路货运量（亿吨）		39.67	38.13
民航货运量（亿吨）		0.056	0.059
水运货运量（亿吨）	全国	55.98	59.83
	江苏省	7.1	7.53

（二）传统水运物流转型升级的客观需要

从国内形式来看，由于我国经济的快速发展，各行各业的需求不断增长，因此航运业的需求也不断的增加并得到了长足的发展。另外，因船舶民营化的扩大和管理体制的老化，船舶管理的弊端也逐渐凸显出来，如：运输管理混乱、效率低下、交通意识薄弱、超载严重。因此，如何利用有效的手段将船舶管理上升到有序、合理、高效的管理层面上来成为航运公司当务之急。

另外，目前行业内存在数以千计的货代和船代公司，但是规模很小，只能覆盖较小的区域或者提供少数航线的信息对接服务。随着水上运输物流业的兴旺，水上运输频次和距离的增加，水上运输业越来越呈现出信息严重不对称、信息数据量庞大、信息及时性要求高等特点，这些都制约了整个行业的发展，带来一系列问题（如图 6-7-1 所示），顺应这个发展趋势，为水上运输物流业提供信息、竞价等相关服务的传统企业，开始利用互联网平台提供服务。目前水上运输物流互联网服务行业的企业主要是由以前的货代、船代公司演变而来，主要服务也仅限于提供船货资讯、竞价服务和网页链接服务，客户覆盖的区域较窄，缺乏黏度和深度，赢利能力较弱。水上运输企业目前已经不仅仅满足于船货资讯、竞价服务等船代、货代能够提供的传统服务，更渴望能够享受有深度和广度的全方位服务，如船舶实时定位、实时监控服务，物流方案定制服务，船舶货物保险服务、融资租赁服务、信用征信服务等，而这些亟须提供的服务的供应远不能满足客户的需求，甚至某些重要服务仍几乎处于空白状态。少数技术先进、对行业有深刻理解和拥有丰富资源的创新型企业，一开始就立足于为客户提供这些深度和广度的服务，并在此基础上提供更丰富的增值服务，企业面临广阔的发展空间。

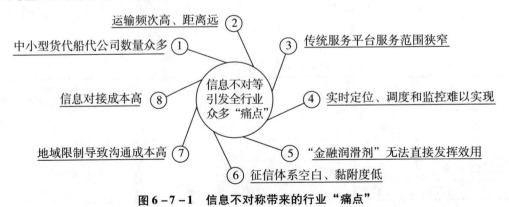

图 6-7-1　信息不对称带来的行业"痛点"

其次，从互联网发展来看，随着云计算和移动互联网的发展，企业正逐步将内部的业务流程和外部的商务活动与移动互联网结合起来，以有效提升企业整体的核心竞争力，企业互联网化、产品服务物联网化已经成为不可逆转的趋势。而传统的水上运输物流信息对接主要依靠船东和货主直接对接、船代和货代的间接对接，传统的船代和货代具有地域局限性、信息覆盖面较窄等原因，导致水上运输信息收集成本较高、船货对接效率较低，难以满足船东和货主对于船型、货物和运输线路的需求。

随着互联网时代的全面到来，物流 O2O 模式也是势在必行，所谓物流 O2O 不仅是思维方式，更是战略主导；不仅是变革之举，更是未来长青之道；不仅是两线融合，更是创新驱动。

用一个简单的模板图（如图 6 - 7 - 2 所示）来描述当前形势需求：

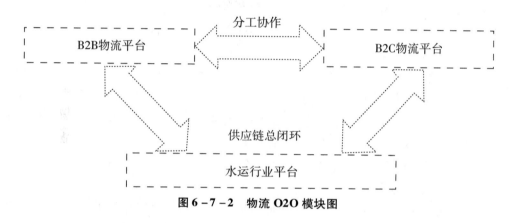

图 6 - 7 - 2　物流 O2O 模块图

（三）积极参与"互联网 +"的需要

2014 年 9 月 25 号，国发〔2014〕39 号文中，国务院提出依托"黄金水道"推动长江经济带发展的重要性；2014 年 11 月，李克强出席首届世界互联网大会时指出，互联网是大众创业、万众创新的新工具。其中"大众创业、万众创新"正是此次政府工作报告中的重要主题，被称作中国经济提质增效升级的"新引擎"；2015 年国发〔2015〕53 号文中国务院提出关于加快构建"大众创业、万众创新"和推动实施"互联网 +"行动的有关部署。

2015 年 7 月 4 日经李克强总理签批，国务院印发《关于积极推进"互联网 +"行动的指导意见》，明确未来三年以及十年的发展目标，涉及 11 个重点领域，涵盖制造业、物流业、交通业三大领域。在"互联网 +"高效物流领域，建设跨行业、跨区域的物流信息服务平台，提高物流供需信息对接和使用效率；并鼓励大数据、云计算在物流领域的应用，建设智能仓储体系，优化物流运作流程，提升物流仓储的自动化、智能化水平和运转效率，降低物流成本。具体措施主要包括构建物流信息共享互通体系，设置深度感知智能仓储系统，完善智能物流配送调配体系等。

三、物润船联实施供应链管理的运作模式

江苏物润船联网络股份有限公司是国内领先的互联网及相关服务行业内的水上运输物联网服务企业，其将水上物流运输与互联网和移动互联网深入融合，通过线上的信息整合、智能管理，结合线下的跟踪服务、资源配置，建立起集网站、手机端 APP 为一体的智能匹配型船货竞价模式。货主或货代可以通过网站或手机 APP，一键发布货源信息，进行实时在线招标；船东或船代也可以竞价投标了；双方通过信用评价及保证金制度，建立起自动的招标、投标、评标及船货位置跟踪与到港提醒系统等，由此建立起了水上物流大数据，为生产企业、贸易商、物流企业及第三方物流提供一站式智能物流运输及船货交易撮合平台，从而根本上摆脱了传统物流的管理调度模式。

公司拥有在水上运输物流互联网服务领域经验较丰富的专业研发团队，自主研发并获技术专利，具有原始独创性核心技术，以及良好的客户关系及客户资源。公司在2014 年着力研发的"水陆联运在线订舱、在线招标暨监管平台"可将水上物流流程标准化及可视化，包括船载视频监控服务平台、船舶动态查询服务平台、船舶金融服务平台、物流智能实时匹配平台、货物运输竞价服务平台等系统开发，及相关硬件和辅助设施购置，建成国内首家水陆联运物流电子商务平台和水陆联运第四方物流专业方案提供商，从而使得交易更加安全、透明、公平、高效，从而达到降低货主的物流运输成本和时间成本。

另外，充分利用互联网和移动互联网传播特性，船东可以根据船舶资料和船舶位置，实时匹配货物运输招标信息。货主或货代根据船东的信用等级和每条船的位置信息及历史信用评价，找到性价比高的船承运；还能实时监控及查询货物到港信息，彻底摆脱传统的中介信息询价模式。平台成为更加方便、简单、快捷的途径，极大提升水上物流运输行业的效率，等等。

（一）"智慧水运物流电商平台"的运作模式

1. 强大而系统性的信息服务

智慧水运物流电商平台主要采用在线竞价交易模式，货方将所要运输的货物来平台上发标，船方结合自己的运力来平台争取承运机会，出价最低者获得货物的承运机会，真正实现信息对称性，解决船舶空驶力，提高船舶运输效率，增加船东收入的同时降低货主的运费支出。平台建设了水陆联运物流诚信体系，扩展了物流链融资渠道，为用户提供了一整套的智能物流供应链解决方案，包括信息流、物流、资金流、票据流和证据流等，解决了票据流的真实性，大大简化了税务机关对航运业的监管难度，推动着航运行业向规范化方向发展，推动着物流业向互联网化、信息化和智能化方向发展。

公司通过运营"中国内河航运物流智慧平台"网站，向广大水上运输业物流用户提供专业的、及时的、海量的物流资讯及船舶位置信息免费查询，吸引、覆盖和积累大规

模的网站用户群（包括且不限于船东、货主、船代、货代、港口等水上运输业主体），使网站平台成为广大水上运输业从业者了解水上运输需求情况和发展状况的重要窗口，树立网站平台品牌的社会知名度和用户的认可度，保持一定规模的网站用户基础和较为广泛的社会影响力。

2. 实时在线的平台化运作

公司目前利用"中国内河航运物流智慧平台"所积累的用户资源、资讯信息等进行经济价值的转化，为船东、货主等提供快速优质的竞价交易服务，以及为船舶提供移动视频监控服务。另外，公司还同时提供在线竞价竞拍服务，为客户提供网页链接服务、为船货提供保险服务、为船东提供融资租赁服务和运营费用融资服务、为银行等金融机构提供相关信用征信服务等。公司的长期目标是整合船、货、码头、港口、仓库、短途汽运等相关资源，为客户提供订制物流服务，实现门对门一站式物流服务，成为中国领先的水上运输第四方综合物流互联网服务企业。

公司的客户范围包括为国内大宗商品的生产企业、贸易商、物流企业、第三方物流、船厂、港口、码头公司、政府监管部门等。据统计，截至 2014 年年底，长江水系 14 省市拥有运输船舶 14.7 万艘，总运力 1.68 亿吨，长江干线完成货物通过量 20.6 亿吨，其中货物主要来自大宗商品的生产企业和贸易商。

3. O2O 模式创新

"中国内河航运物流智慧平台"改变传统的电话沟通竞价的中介模式，采用目前最流行的 O2O 模式，即将互联网与线下商务货运承载有机结合在一起，让互联网成为线下交易的前台。竞价和撮合在线上完成，物流承载及相应服务配套在线下完成，通过大数据挖掘和云存储模式，利用 LBS 技术及监控技术，从各个环境保证数据的真实性和可靠性，使货主全程了解货运状态。该项目设计理念附和目前的"互联网＋"新模式，对客户群拥有很高的黏性，所以该平台拥有高成长性。

4. 云端存储

（1）大数据存储技术：船舶实时轨迹数据存储；

（2）大数据挖掘技术：船舶到港离港实时通知；

（3）3G 视频流分发技术：实时船舶实时视频多路监控；

（4）线上产生物流订单，线下实体车船承运，线上、线下互联互动 O2O 模式；

（5）自动竞价交易技术；

（6）即时消息推送技术。

在业务开拓层面，公司战略为重点发展线上物流，在线下为客户提供其所需的物流相关增值服务，使得线上线下服务真正实现无缝衔接，满足客户的物流定制需求；另外，公司还不断加大平台新模块的投入，扩大客户规模；在技术开发层面，公司拟通过招聘高端技术人才以及进行战略合作等方式，迅速打造平台，旨在将公司打造成为水上运输第四方综合物流互联网服务企业。

（二）中国水陆联运网公共服务平台的运作模式

物润船联利用自主知识产权的 AIS 船舶定位技术，将水上物流运输与移动互联网深入

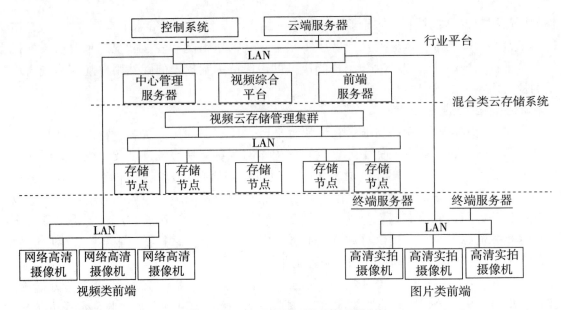

图 6 – 7 – 3　船舶实时轨迹数据存储

说明：云端存储是指云端运算架构中货船运行的存储部分，从底层的 IaaS、中层的 PaaS 到顶层 SaaS 都可以看到其身影，其中尤以底层存储资源的网络服务化最为重要。云储存可以将整合资料加以保护和灾难恢复，这种技术解除了从伺服器到存储的资料保护负担，提供贯穿您所有应用服务的资料保护方法。

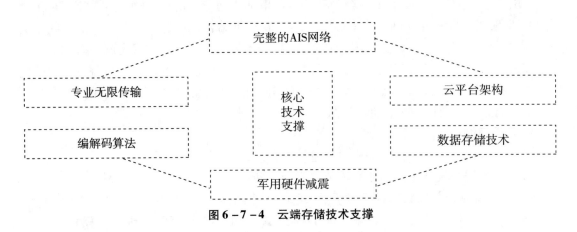

图 6 – 7 – 4　云端存储技术支撑

融合。通过线上的物流信息整合和智能管理，结合线下的跟踪服务和资源优化配置，建立起水上物流大数据，为大宗生产资料企业、贸易商、物流企业、船厂、港口、码头和政府监管部门提供一站式智能物流服务和监管。

平台免费为用户提供船舶位置查询服务和实时移动视频可视化服务，同时为船东和货主提供物流运输在线竞价交易服务，大大提高了配载效率，大幅度降低货方运费支出的同时提高了船东的运输收入。目前平台可供查询的船舶达 50 多万条，入住会员 10 多万个，签约公司达 6000 多家。

1.　"五流"构成的智慧物流循环体系

平台集信息流、物流、资金流、票据流和证据流于一体，打通了智慧物流体系的各环节，如图 6 - 7 - 5 所示。

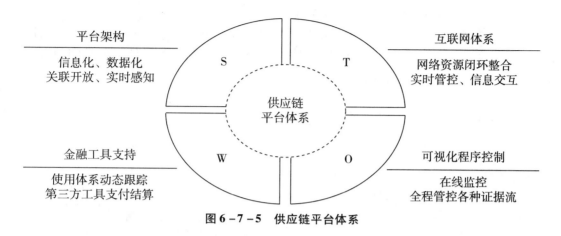

图 6 - 7 - 5　供应链平台体系

（1）以信息化、数据化为依托的平台架构。智慧物流的发展趋势呈现出全球化、多功能化、系统化、信息化和标准化的特征，其中信息化是智慧物流的核心。水陆联运网利用互联网的感知功能，获取运输、装卸、港口、仓储等各个环节的大量信息，实时数据收集、使各环节准确掌握货物、车辆、船舶等信息。将采集的信息通过网络传输到数据中心，通过对数据的标准化和个性化分类、重组，实现数据的关联性、开放性及动态性，从而建立物流大数据，实现感知智慧。

（2）借助互联网体系的信息整合与运用。货物流动的过程，通过互联网的智能筛选，能够整合网络内的人员、机器、设备和基础设施，实施即时的管理和控制，并以更加精细和动态的方式管理物流活动，从而提高资源利用率和生产水平，达到"智慧"状态。水路联运网将利用"互联网＋"这个新业态形式，通过线上信息整合、可视化管理、货源自动匹配成交和线下跟踪服务，建立水路物流运输的天网和地网，实现触屏即可完成物流等行为，彻底颠覆传统调度模式，使全新的 O2O 生态体系应用于智慧物流体系中。通过无线网络＋智能终端人员、车船定位、跟踪、任务派发、货物拍照上传，与后台运营系统进行实时信息交互，从而加强货物全过程监控调度，减少空载，降低成本。

（3）依托金融工具支持下的高效率管理。在物流业务中，运用金融工具使资金的流动高效、安全，并使物流产生价值增值。资金流的主体包括：物流结算业务、物流融资业务、物流金融技术支持业务、物流支付通道业务。水陆联运网通过金融服务的创新，提高物流的运行效率，同时加强物流保险，化解资金风险，并实施有效的动态管理，监控物流运行的全过程。着手建立行业信用体系，减少交易难度。

（4）运营中高效实现的可视化程序性控制。物流的实际操作过程中，有证据流的支撑，大大降低监控的成本，为物流的真实性提供有力的依据。水路联运网，利用证据链防伪技术即数据（视频、图像、声音）＋位置识别技术，解决证据的防伪、储存、实时性等瓶颈。保留了物流的真实性。

物流实施流程中产生的电子合同、电子订单、电子保单、电子运单、支付流水等，为物流的真实性，提供法律依据。

2. "五流"一体化，构建智慧物流核心

（1）信息流。水陆联运网利用互联网的感知功能，获取运输、装卸、港口、仓储等各个环节的大量信息，实时数据收集、使各环节准确掌握货物、车辆、船舶等信息，从而建立物流大数据，实现物流智能化，如图6-7-6所示。

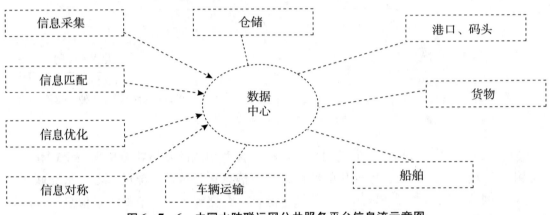

图6-7-6 中国水陆联运网公共服务平台信息流示意图

（2）物流。货物流动的过程，通过网络内的人员、机器、设备和基础设施，实施即时的管理和控制，并以更加精细和动态的方式管理物流活动，从而提高资源利用率和生产水平，达到"智慧"状态，如图6-7-7所示。

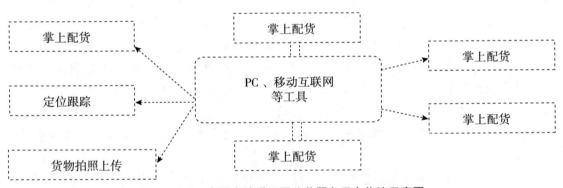

图6-7-7 中国水陆联运网公共服务平台物流示意图

（3）资金流。资金流的主体包括：物流结算业务、物流融资业务、物流金融技术支持业务、物流支付通道业务。水陆联运网通过金融服务的创新，提高物流的运行效率，加强物流保险，化解资金风险，并实施有效的动态管理，监控物流运行的全过程，同时着手建立行业信用体系，减少交易难度，如图6-7-8所示。

（4）证据流。水路联运网利用证据链防伪技术即数据（视频、图像、声音）+位置识别技术，解决证据的防伪、储存、实时性等瓶颈，保证了物流的真实性，如图6-7-9所示。

（5）票据流。物流实施流程中产生的电子合同、电子订单、电子保单、电子运单、

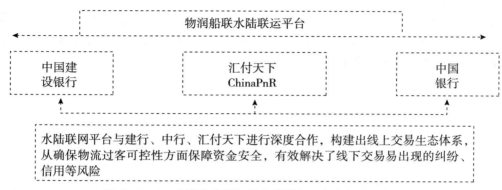

图6-7-8 中国水陆联运网公共服务平台资金流示意图

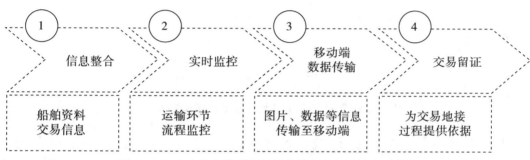

图6-7-9 中国水陆联运网公共服务平台证据流示意图

支付流水等，为物流的真实性提供了法律依据，如图6-7-10所示。

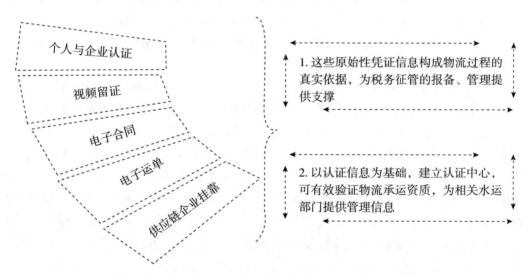

图6-7-10 中国水陆联运网公共服务平台票据流示意图

3. 智慧水运物流平台的技术工艺流程与技术支撑

利用模块化方法将整个系统模块化，并在一定构件模型的支持下，通过组合手段高效率、高质量地构造应用软件系统。开发过程是迭代的。开发模型由软件的需求分析和定义、体系结构设计、构件库建立、应用软件构建以及测试和发布。

物润船联不仅商业模式上进行了重大创新，而且在技术上进行了自主创新。在商业模式上自主创新出互联网＋水上运输模式，在技术上自主研发出三套核心技术和一套智慧水运电商竞价交易平台，如图6－7－11所示。

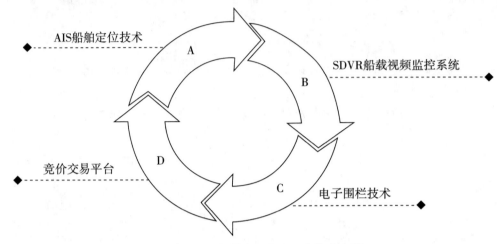

图6－7－11 智慧水运物流平台技术支撑

（1）AIS船舶定位技术。为了实现AIS船舶定位功能，公司在过去的四年时间里已在沿江、沿海布了500多分基站，且开发出了微信查船位、网页查船位系统，目前公司研发的AIS船舶定位系统可以对沿海、沿江60多万条船舶运行轨迹进行实时监管（船从哪里来到哪里去）。将水上物流运输与移动互联网深入融合。通过线上的物流信息整合和智能管理，结合线下的跟踪服务和资源优化配置，建立起水上物流大数据，为大宗生产资料企业、贸易商、物流企业、船厂、港口、码头和政府监管部门提供一站式智能物流服务和监管。

（2）SDVR船载视频监控系统，又称"天眼系统"。这套系统可以满足船东、货主实时掌握船舶动态和货物运输状态的可视化需求，该系统拥有自主知识产权，可实现在线视频监控、视频录像、录像回放、云储存、远程指挥操作、夜间拍摄等功能。目前长江上的船舶已有3000多条安装我公司的船载视频监控系统，其中新华社播放的2015年6月1号"东方之星"沉船前的影像是由我公司独家提供的。平台免费为用户提供船舶位置查询服务和实时移动视频可视化服务，同时为船东和货主提供物流运输在线竞价交易服务，大大提高了配载效率，大幅度降低货方运费支出的同时提高了船东的运输收入。目前平台可供查询的船舶达60多万条，入住会员10万多个。

（3）电子围栏技术。利用电子围栏技术已将长江和沿海进行了电子围栏，可以及时推送货运信息给货运附近船舶，让他们到智慧水运电商平台来竞价交易，也可以实时通过短信报告船舶位置给货主、码头和船东等利益相关者。

（4）自主研发的智慧水运电商竞价交易平台。平台采用在线竞价交易模式，货方在平台上发标，船方竞标，实现信息对称性，解决船舶空驶力，提高船舶运输效率，增加船东收入的同时降低货主的运费支出。平台建立的水陆联运诚信体系，扩展了物流链融资渠道，打通了智慧水运物流的各个环节，为用户提供了一整套的智慧物流运输方案，包括信息流、资金流、证据流、票据流和物流等各环节。

4. 船舶、散杂货在线保险

水陆联运网与中国人民财产保险股份有限公司合作推出国内水路货物运输综合险和船舶保险，已实现全程在线操作，在线投保、在线支付、在线即可生成单子保单、无任何地域和时间限制。散杂货保险费率0.02％，船舶保险费率最高可优惠20％。

5. 简单而高效的运营模式

2015年结合公司"水陆联运在线订舱、在线招标暨监管平台"（以下简称平台）与线下全资子公司的优势达成。

（1）水陆联运在线订舱、在线招标暨监管平台部署与实施的关键条件。

公司对水上物流行业的资深经验与理解，拥有丰富港口物流经验，对船务、港口、货源、货代及第三方物流整体价值链有着资深认识与理解。在大中华区部署500多套有自主知识产权的船舶信号接收基站，平台内已经有50余万条各类船舶位置信息。

在招标过程中，公司提供诚信认证，承运保证金，招标及运输过程全部公开、透明，并与支付环节挂钩，提供可追溯及评价的船货撮合平台，业内唯一。

平台基于O2O模式及分层架构设计，为货主、船务公司、船代及第三方物流公司、政府监管部门等，提供实时、便捷、智能的船舶实时跟踪与定位，调度、船货撮合服务。后台采用分布式系统，支持大容量、多批次用户规模，具有可扩展性。"水陆联运在线订舱、在线招标暨监管平台"可根据不同类型用户提供不同的服务及业务流程。

（2）货主及货代可使用功能。

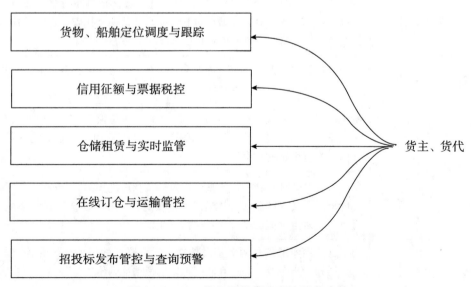

图6-7-12　货主及货代实现的平台功能

表 6 - 7 - 2 平台功能分布

用户类型	功能
货主及货代	1. 发布货盘招标文件，船盘询价 2. 开标，确定中标运输方 3. 货物实时监控 4. 船舶位置到港提醒与查询 5. 船舶定位与跟踪
船务公司及货主	1. 货盘招标 2. 提供货物承运监管服务 3. 船舶实时定位与跟踪 4. 诚信服务，违约保证金担保 5. 增值税发票补票
船代及第三方物流	1. 快速招标及找船 2. 及时查询船舶位置及到港时间，提前办理海事、码头卸货等 3. 发布货盘招标文件，提供在线洽谈及招标
港口及码头	1. 船舶进港调度与监管 2. 仓储租赁与订仓 3. 船舶预到港信息及时查询 4. 在线订仓

（3）水陆联运在线订舱、在线招标暨监管平台所拥有的独特优势。

表 6 - 7 - 3 平台优势分布

优势	对象	具体体现
诚信	身份审核认证	货、船双方经过平台严格的身份审核、认证，确保货源和船源的真实性。通过平台建立起一系列的诚信机制，如：诚信押金托管、违约处罚、信用体制等，使船货双方在真实诚信的环境中完成整个物流行为
安全	第三方账户托管	资金通过第三方账户托管，确保资金安全；通过平台走资金流，为货运免费购买保险，降低货主的风险
公平	招投标环境封闭	所有的招标过程，都在封闭的环境下进行，招标信息半公开化，避免出现恶意竞争、通过关系等获取中标的不正当手段。由价格来决定交易成败，任何人都有中标的机会
透明	货船双方实时监控	货船双方，通过平台，运作整个招投标及承运过程，完全透明化，包括投标的节点、货款的流向、货运的动态及监控，每一步流程，都清晰明了，真正实现水上物流的全过程化监控
高效	云端在线传输	通过互联网实现信息的对称及传输，大大降低线下的传统操作成本。信息、通知、指令等，通过互联网可以迅速精准的传达，每完成一步，将有智能化指引下一步的操作

（4）水陆联运在线订舱、在线招标暨监管平台的业务流程。

①招标业务。

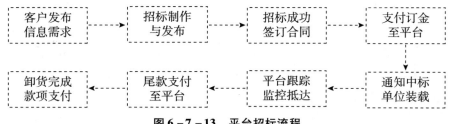

图 6 - 7 - 13　平台招标流程

详细步骤如下：

a. 货主及货代发布需求（招标需求）并支付招标服务费（暂定为 100 元/份）；

b. 平台根据客户需求编制标书并发布招标文件；

c. 船东及船代在规定时间内竞标并支付招标文件购买费（暂定 10 元/份）；

d. 招标成功、签订合同及为货物购买运险；

e. 支付订金至平台；

f. 通知中标船东及船代履行合同装载货物；

g. 公司人员跟踪货物情况及为货主提供货物视频监控等服务；

h. 货物抵达目的地后通知货主支付尾款至平台；

i. 尾款付至平台后通知船东及船代卸货；

j. 完成卸货后平台收取服务佣金（按每吨收取）并支付船东及船代尾款。

招标业务的前提为招标双方需向平台缴纳一定数额的保证金（暂定为 3000～5000 元），以保证招标内容的真实性以及是对双方信用的评判的重要依据。此外，依据平台中对货主及货代的信用评级可为其提供代垫运费的服务。

②在线订舱业务。

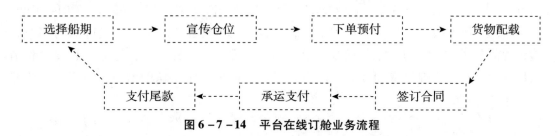

图 6 - 7 - 14　平台在线订舱业务流程

在招标业务及在线订舱业务中皆需用户即货主及船东向平台缴纳一定数额的保证金。此外，在业务开始时货主需向平台支付定金，并在卸货前支付尾款，卸货完成后平台支付尾款至船东；同时水上物流运输费用金额较大运输历时较长，在这一过程中公司可获得可观的现金流。

四、物润船联实施供应链管理的绩效分析

1. 成长性分析

"中国内河航运物流智慧平台"改变传统的电话沟通竞价的中介模式，采用目前最流行的 O2O 模式，即将互联网与线下商务货运承载有机结合在一起，让互联网成为线下交易的前台。竞价和撮合在线上完成，物流承载及相应服务配套在线下完成，通过大数据挖掘和云存储模式，利用 LBS 技术及监控技术，从各个环境保证数据的真实性和可靠性，使货主全程了解货运状态。该项目设计理念附和目前的"互联网 ＋"新模式，对客户群拥有很高的黏性，所以该平台拥有高成长性。

通过对平台用户的数据进行综合分析，并结合公司运营的财务状况，我们可以看到：

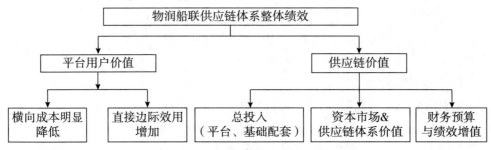

图 6－7－15　物润船联供应链体系绩效分析

2. 财务分析

2014 年，公司管理层按照公司制定的战略规划和经营计划，不断加大对平台功能及服务的研发力度，引进技术研发人员，积极开拓市场，加强服务质量和内部控制管理。公司的技术创新能力、销售水平、客户服务质量都得到了提升，收入增加，赢利能力增强，取得了稳定的经营业绩。全年实现营业收入 379.56 万元，净利润 50.57 万元。截至 2014 年 12 月 31 日，公司总资产为 2329.76 万元，净资产达到 2201.19 万元。2014 年度，公司不断加大研发投入，提高服务质量，满足客户的个性化需求，建立良好的内部控制环境，规范公司会计行为，完善考核和激励体系，推行管理标准化，稳定核心技术和销售人员，提高经营管理效率和效果，使得公司业务得到稳定快速的增长，为公司持续健康发展提供有利保障。

2014 年，公司投资 200 万元与张家港保税区保税科技股份有限公司、张家港电子口岸有限公司、江苏港城汽车运输集团有限公司共同设立江苏航运交易中心有限公司；引入机构投资者，向其定向发行股票 137.5 万股募集资金 1100 万元；为扩大经营解决平台线下服务，公司投资 1000 万元设立全资子公司物润船联张家港保税港区物流供应链有限公司。

公司近期通过股票发行募集资金人民币 3000 万元，其目的是为扩大公司品牌知名度，提高在行业里的影响力；建设并完善全资子公司"物润船联张家港保税港区物流供应链

有限公司"，设立 10 个在外办事机构，使其为公司业务增长提供更多助力及有效的支持，使整个公司的产业链更加完整；引进优秀的管理人才及技术人才并加大对研发的投入，不断对平台进行更新升级满足用户需求；增加对市场营销的投入提高用户数量以及扩大业务规模。

表 6 - 7 - 4　　　　　　　　　　　公司 2015 年经营计划与营业收入目标

收入项目	金额（万元）	营业收入比例（%）
视频设备销售及服务	400.00	13.33
信息咨询服务及平台服务	600.00	20.00
撮合服务	2000.00	66.67
合计	3000.00	100.00

3. 社会效益分析

物润船联通过水陆联运平台，实现了供应商逆向选择与授信交易的过程，同时使成本效益得到了巨大优化（D 代表业务基础量的边际成本区间值）：

（1）传统水运行业中的低质量供应商。

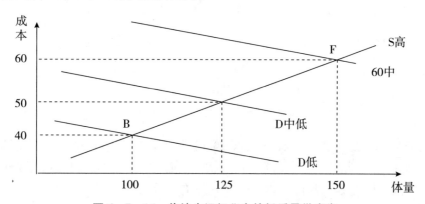

图 6 - 7 - 16　传统水运行业中的低质量供应商

（2）高质量的水陆联运供应链服务平台。

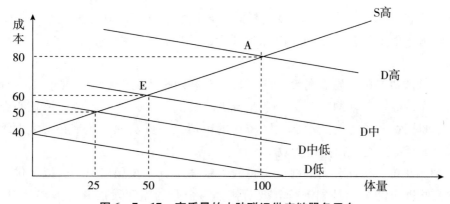

图 6 - 7 - 17　高质量的水陆联运供应链服务平台

4. 公共服务分析

平台可以为开发区产业园、物流园解决物流信息不对称、信息闭塞和运输成本过高等问题。平台可以使保税港区中的无水港、有水港中的信息对称，逐步推动我国产业园区内制造商、贸易商和相关物流企业的物流信息实现对称，为物流科学管理和物流企业的高效运输提供强大的公共信息平台。平台可使我国园区内生产商和贸易商等企业物流成本下降 30%，降到国民生产总值的 12%（现在是 16.6%）。

物流成本的下降，一方面能使广大人民受益，另一方面能使制造、商贸等企业增加市场竞争力，最终使客户受益，对企业国际竞争力的提升，意义深远重大。

5. 企业管理分析

使用平衡计分卡提升物润船联供应链管理（如图 6 – 7 – 18 所示）。

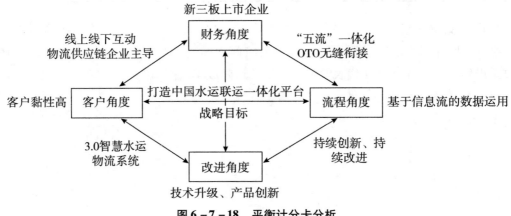

图 6 – 7 – 18　平衡计分卡分析

（1）客户导向角度。得益于客户进入物润船联平台的成本较低，再加上通过该平台具有的互联网属性（开放、透明、高效），使客户在该供应链体系内订单完成的总周期要远低于传统方式，因此客户黏性非常高，客户保有率体量不断壮大、核心客户不断增多。另外，通过 OTO 本身的属性调查发现，客户价值率（调查评价值＼每份订单的成本）也远高于其他渠道。

（2）管理内部流程与运作角度。公司通过不断强化内部管理流程，特别是加强内部控制制度的改进与实施，并结合互联网模式与传统水运物流企业之间的衔接方式，使得企业的内外运作角度与客户之间、内部管理者、股东等主要群体逐渐产生全方位、立体式的互动合作。

（3）体系改进与未来发展角度。鉴于目前互联网技术的升级与市场竞争出现的深度变化，公司在一般"互联网＋"型企业基础上对商业模式，特别是供应链核心企业的对接进行了不断探索，如"无船承运人"资格的申请，一旦实现，此举必将大大缩短供应链金融体系的反应速度，提高运作效率，促进未来发展。

（4）财务角度。当前公司的融资渠道较为畅通，也正在积极努力，以将供应链体系的核心属性同供应链金融基础进行有效对接，为企业的纵深发展和行业渗透打好基础，也为各大平台企业打通了融资渠道，从而为企业的长远发展做好充足的财务准备。

6. 价值链分析

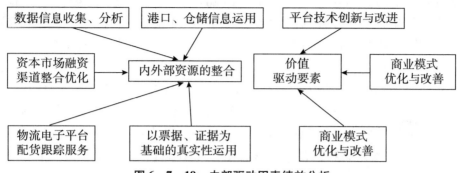

图 6 – 7 – 19　内部驱动因素绩效分析

我们再利用 SCOR 指标对本供应链平台实施前环节的分段影响进行分析，可以很明显得看出：

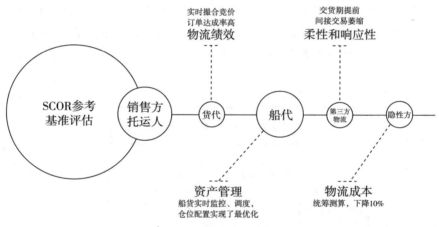

图 6 – 7 – 20　SCOR 分析法

通过结构图分析，目前物润船联供应链体系已经建立起了基础架构并良性运转。根据公司的战略部署与规划，2016 年 3.0 智慧平台的框架形成以及公司长期的水陆联运体系的布局与成功，也必将依托于公司对当前运营绩效的深度分析以及内外部资源的整合运用，同时也要高度重视对商业模式、平台技术、网络体系等角度的创新和实践，这样才能更快更好地将物润船联的水陆联运一体化平台建设成功。

五、物润船联经验参考与未来发展规划

（一）物润船联的智慧水运物流平台与供应链体系的价值分享

经过几年的努力，公司已经在业界确立了突出的市场地位，拥有了广泛的影响力。截至 2014 年年底，"水陆联运网"作为第四方公共物流服务平台，拥有会员数超过

100000 名，每日平台浏览量达到 5 万人次。截至目前（2015 年第四解读）公司服务的公司用户数量超过 3000 家，个人用户数量超过 50000 人。此外，平台目前已覆盖货船 18 万条，占全国货船总量的 95.24%，其中可视化船舶 3000 多条。预计 2016 年，加入平台的可视化船舶数量超过 10000 条，服务企业将超过 10000 家。一旦获取"无船承运"资格，将有力确保相关方利益，加快形成良好生态体系，提升整体服务水平，实现行业爆发式成长。

由于 2015 年不断触网的物流业将开启新变革，而我公司于 2013 年开启的"互联网＋智能物流平台"的商业模式——"中国内河航运物流智慧平台"，使未来物流业的变革集聚于企业之间的模式竞争，从而使物流业得以进入以网络化、组织化服务为主的"新常态"。各路资本和技术云集物流，推动虚实结合的物流平台成为行业整合的突破口。因而，物流与信息化的融合成为未来企业制胜的关键。

从平台运营模式来说，公司借助于"水陆联运网"服务平台采用闭环管理的先进模式，实现了从发标招标、订单形成、运输保险到货物运输、资金拨付等环节的全程可视，保障了交易安全，并通过自主研发的 AIS 技术，对船舶进行 24 小时实时监控，大大方便了税务部门随时稽查，杜绝了没有实际运输行为而虚开发票的可能。通过不断的努力，公司当前将国内外多年来研究取得的实证性成果充分应用于水运物流供应链事业，从中也获取了一些具有较高参考价值的实战经验，如图 6－7－21 所示。

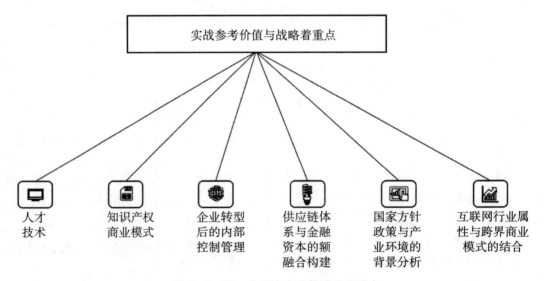

图 6－7－21　公司未来的战略发展重点

1. 要高度重视人才与技术的集结

要高度重视人才资源的引入与培养、集聚，尤其是当下借助于互联网工具进行产业升级的企业，对技术和创新性的高度要求必然会加剧对人才资源的掠取和对基于商业模式运用之下的技术储备和技术提升。

2. 加大对知识产权的储备与商业模式的创新

综合当前国际各种形势和将来全球性产业链的战略布局，以及国内经济发展的内在要求，知识产权的重要性将会越发重要，其不仅涉及一个企业的核心运用层面，更会直接关系到某些企业独创性商业模式的环境反馈与绩效评估，最终会妨碍甚至是阻止企业商业模式的创新完善与运作管理，对企业的长期发展势必构成不可小觑的危险。

3. 强化运营管理方面的内部控制

在物流供应链体系几大核心板块的设计与运营管理的同时，内部环境中尤其需要引起重视的是风险控制环节，"联网＋"型企业的外在危险与效用考量会更加透明化，但是内部控制中环境监测领域的潜在风险必须要引起每一位设计层和高级管理层的重视。

4. 注重对国家与国际宏观政策、产业环境的持续介入

物润船联的"互联网＋水运物流"的商业模式正是借助于当下国外"工业 4.0""信息技术工业"等理念和战略，以及国家对产业转型升级提出的"互联网＋"政策环境、此基础上衍生出的"＋互联网"产业配套设施的跟进之举。

5. 保持对互联网本质属性的商业模式植入

物润船联自主开发建设的"中国内河航运物流智慧平台"，其相关硬件和辅助设施购置，将水上物流运输与互联网和移动互联网深入融合，建立起网站、手机端 APP 一体的智能匹配的船货竞价模式，充分利用互联网和移动互联网传播特性，从而在互联网"平等、自由、分享、共担"的思维模式下，实现了将原本各路传统型水运物流企业引入到大数据网络，从而爆发式增长。

6. 不断实现并完善供应链金融体系的布局与拓展

到目前为止，水运物流供应链体系已通过物润船联开发建设的"中国内河航运物流智慧平台"，通过实务操作中的保险、征信、诚信体系等子系统，将实体企业的供应链金融服务切实落到了实际业务中，在给系统各企业创造巨大持续性效益的同时也为水运物流行业乃至将来的供应链延生打下了坚实的基础（图中 B、C、D 作为水运物流环节上各功能体、业务环节的抽象性代表）。

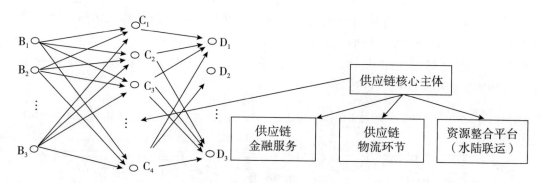

图 6－7－22　供应链金融拓展

（二）公司未来发展

1. 公司发展沿革与项目实施的预期目标

表 6 - 7 - 5　　　　　　　　　　　公司预期目标分布

年份	2012	2013	2014	2015	2016
预期目标	船货信息撮合	船舶动态查询服务	云货盘 云船盘 在线保险	智慧物流生态体系 在线竞价/在线订舱 在线承运/在线支付	水水联运 公水联运 铁水联运

图 6 - 7 - 23　公司未来 5 年营收预测

2. 公司未来发展思路

公司近年来发展良好，平台会员急剧增加，资本不断壮大，资产规模和企业利润都有较大幅度增长，未来发展空间巨大。公司定位为第四方智慧物流专业方案提供商，平台利用船联网技术高质量、低成本和可视化监管将物流行为智能化，推动着大批的物流利益相关者向标准化、信息化和智能化方向发展。

另外，公司努力提升技术研发能力，不断挖掘用户需求，持续强化用户对我们的信任和服务黏性。运用先进的技术不断优化智慧物流体系中各个环节的运作流程，且根据公司发展需要进行组织变革，使得公司永葆活力和竞争力！

3. 公司下一步项目建设规划

（1）总发展策划。2016 年本项目将依靠现有开发建设的"中国内河航运物流智慧平台"进一步将铁水联运、公水联运、水水联运等业务功能深度开发，建成国内首家多式联运一站式服务电商平台。目前，江海联运已基本形成，公水联运正在建立中，铁水联运也正在开发中，本项目将打破现有的联运模式，通过互联网和移动互联网直接将汽车、火车和船舶紧密结合，配合现有的招标平台，货主可以找到全程的货运工具，平台自动为空车、空船匹配到合适的货物，建立起网站手机 APP 一体的货物联运智能匹配系统，平台将使物流变得更简单、更高效！

图 6 - 7 - 24　平台体系完善分布图

（2）下一步建设的主要内容和实施计划（如图6-7-25所示）。

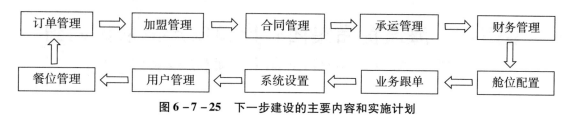

图6-7-25 下一步建设的主要内容和实施计划

（3）公司未来发展的增长策略（如图6-7-26所示）。

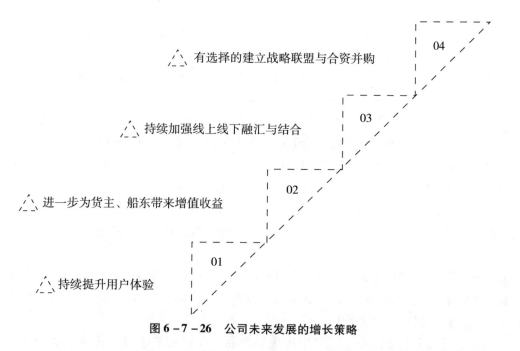

图6-7-26 公司未来发展的增长策略

（4）公司远景。通过中国内河航运物流智慧平台的建成，公司平台的船舶容纳将超过60万条，服务的会员包括货主和运输公司超30000家，平台可实现在线交易额30亿元，利税超3亿元，努力将公司打造成为"水上物流业的阿里巴巴"。

撰稿人：江苏物润船联网络股份有限公司董事长　朱光辉

江苏物润船联网络股份有限公司董秘　朱丹凤

案例八　海通食品集团：出口农产品从田间到餐桌、餐桌到田间可追溯体系的建立

一、企业简介

海通食品集团有限公司成立于 1985 年，是一家以果蔬加工为主业、年生产能力超过 10 万吨的大型农产品加工和食品加工企业，是首批农业产业化国家重点龙头企业、国家级高新技术企业、全国食品工业优秀龙头企业、第一批国家级科技创新型星火企业。三十年来，海通食品集团从零起步，从单一出口速冻蔬菜开始，至今发展成为拥有 10 亿资产，在全国拥有六大厂区，掌握七大加工手段，形成了冷冻、干燥、浓缩、罐头、调理以及烘焙食品和特色冰激凌等八大果蔬体系的 200 多种产品。产品主要销往日本、美国等国家，在国际市场上有一定的知名度。公司始终秉承"在致力于人类健康食品的同时，培育优秀人才"的理念和"正直、勤奋、互信、共赢"的核心价值观，为客户提供"安全、安心、健康"的产品与服务，力争成为国内一流、国际领先的食品加工企业。公司的"卡依之"商标为中国驰名商标，"卡依之"品牌为中国名牌农产品。

三十年来，海通食品集团实现销售 79 亿元，实现利税 9.4 亿元，累计种植基地 152 万亩，收购农产品 580 万吨，帮助慈溪和当地农业生产发展，对提高农民收入做出了应尽的义务和贡献，履行了社会责任。

目前，海通食品集团确立了"聚焦优势产品，专业加工手段，转移果蔬加工，转型冷冻调理"的战略路径，围绕集团战略转型升级目标"冷冻调理食品"，加大品牌经营投入，大力拓展国内市场，坚持走珍稀果汁第一品牌战略，一如既往地坚守农产品加工主业。

二、实施供应链的背景

我国是世界上最大的果蔬生产国和加工基地，果蔬加工制品在农产品出口贸易中占有相当大的比重，其出口量已超过农产品出口总量的 1/4，果蔬产业已成为出口创汇农业的重要组成部分。2001 年 12 月 11 日我国正式加入世界贸易组织后，由于具备了土地、劳动力、运输等多方面的成本优势，吸引了欧盟、美国、日本和韩国等发达国家从我国大量进口农产品。这就使我国果蔬食品具有较大的出口市场和潜力。同时全球果蔬食品需求量的增长也为我国果蔬出口提供了新的机遇。

但是，随着国际食品安全问题频发，消费者对农产品安全的关注日益增强，我国农

产品出口遭遇到的国外技术性贸易措施和贸易保护主义的制约越发严重。据郭静研究分析，2011 年，美国、欧盟和日本分别扣留或通报我国食品共计 620、292 和 251 批次，其中蔬菜和水果分别为 96 和 19、22 和 5 以及 61 和 4 批次，扣留或通报的蔬菜批次比例相当高。目前日本、美国、欧盟等进口国家和地区对我国出口农产品实施精密检测，并且制定了严格详细的农药残留标准，如有资料显示，日本共有 9052 项、欧盟共有 22289 项、国际食品法典委员会（CAC）有 2572 项、美国有 8669 项。对出口企业影响最大的日本《食品中农业化学品临时标准》（简称"肯定列表制度"）于 2006 年 5 月 29 日正式开始执行。该制度要求：食品中农业化学品含量有最大残留限量标准的，要遵从最大残留限量标准；对于没有制定最大残留限量标准的农业化学品，其在食品中的含量一律不得超过"一律标准"（Uniform Limit），也就是 0.01 mg/kg。

面对国外日益增强的农产品安全要求，可追溯体系作为出口农产品安全控制的关键因素越发重要。从 2002 年开始，通过十几年的不断完善与修正，海通食品集团逐步建立起了一整套出口农产品可追溯体系，实现了出口农产品从田间到餐桌、餐桌到田间的全程可追溯。

三、供应链的运作模式

可追溯体系（Tracea Bility System）又叫田间可追溯体系，或 TBS 可追溯体系，是实现产品从田间到餐桌，或从餐桌到田间都可以相互追溯的体系。该体系能很好地保证产品的质量安全，使农产品健康、绿色、安全、安心。农产品可追溯系统作为农产品质量安全管理的重要手段，是由欧盟为应对疯牛病问题于 1997 年开始逐步建立起来的。欧盟委员会认为"农产品可追溯系统"是追踪农产品进入市场各个阶段（从生产到流通的全过程）的系统，有助于质量控制和在必要时召回产品。从 20 世纪 80 年代末开始，随着全球性的农产品质量安全事件不断发生，产品追溯系统被应用于农产品质量安全控制体系当中。由于风险控制手段卓有成效，农产品溯源制度受到许多国家的重视，目前欧盟、日本、新西兰等国家推广力度很大。

出口农产品可追溯体系可从基地选择、基地编号、栽培管理、采收管理、运输管理、加工管理、成品管理和记录存档八方面着手全面建立，如图 6 - 8 - 1 所示。

（一）基地选择

选择优良基地是基础，没有好的基地环境，农残安全控制无从谈起，可追溯体系也失去了支撑的基础。优良基地包括基地环境、基地硬件和基地负责人都要达到一定的要求。

1. 基地环境要求

基地周围环境好，远离工厂，无果园、化工厂以及排放管道等污染源。水、土壤等经权威机构检测合格。农场与外界有明显的道路、河流等隔离条件，确保不受外界的影响。

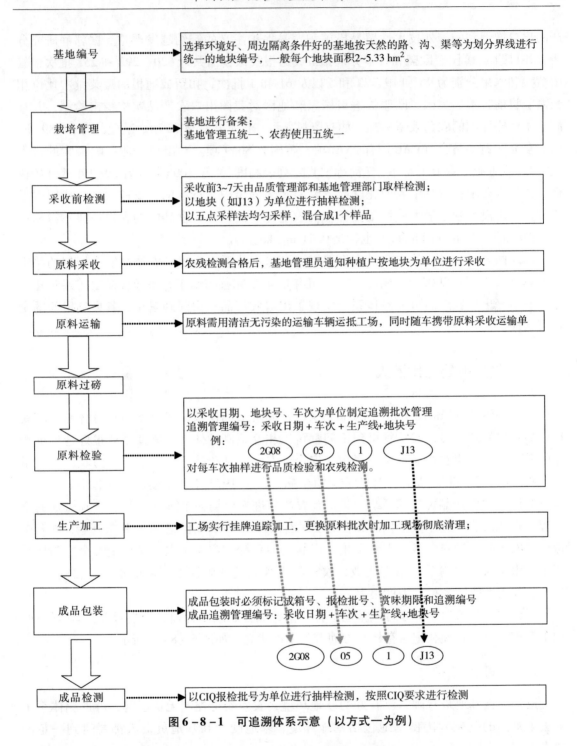

图 6 - 8 - 1　可追溯体系示意（以方式一为例）

2. 基地硬件要求

基地土地集中连片，土质良好，排灌方便，适合各种作物种植。与外界有明显的道路、河流等隔离条件，确保不受外界的影响。基地产权清晰，有土地承包合同，有明确的管理体系，能责任到人。

基地建有"一办三库"，即植保员办公室、农药仓库、肥料仓库和器具仓库，管理制度完善，田间档案齐全；农场内建造有植保员办公室和农药等仓库，贮藏农场内使用的农药、肥料等物资。有 CIQ 基地备案条件。

3. 基地负责人要求

基地负责人要认真负责、责任心强、诚信度高，同时种植水平较高，对新生事物接受能力强，具备良好合作意识，有一定的管理能力和经济实力。

（二）基地编号

选择环境好、周边隔离条件好的基地按路、沟、渠等为划分进行统一的地块编号，一般每个地块面积 2 ~ 5.33hm²。对每个基地、地块都进行编号，如地块号 J13，J1 代表基地，3 代表地块编号，即慈溪市掌起绿叶农场（J1）的第 3 号地块。田间管理记录表单如肥培管理表、周边农药调查表等，都要求以地块为单位进行记录。

表 6 – 8 – 1　　　　　　　　　　　　　基地编号表

基地名称	基地负责人	地块号		面积	备注
		基地编号	地块编号	（亩）	

（三）栽培管理

按照栽培技术规程进行栽培管理。栽培过程中，以农残控制为重点，实施基地管理"五统一"和农药管理"五统一"，加强源头管理，确保产品优质、稳定、安全、安心。栽培过程中，基地管理员和基地种植负责人要特别注意周边田块的农药使用情况调查和了解，与周边其农户保持良好的关系，注意周边农药漂移。栽培管理期间做好田间记录，如肥培管理表、农药/肥料进出库表和周边农药调查表等田间表格，为追溯留下必要的田间材料。

1. 基地管理"五统一"

基地管理的五统一是指"统一管理、统一生产、统一培训、统一用药、统一收购"。

（1）统一管理。从基地选择、种植计划安排，到种植技术、农残控制，最后到产品回收，基地建设统一由公司专门的基地管理部门进行管理。

（2）统一生产。制订标准化的种植操作规程，统一种植技术标准，进行统一生产。

（3）统一培训。组织各类培训班，对基地管理员、农场负责人、田间主要操作人员进行统一的种植技术、农药使用、农残控制等方面的培训，努力提高产品的产量与质量。

（4）统一用药。从公司指定的农药供方统一购买农药，统一发放到各基地点；在指定的时间内，按照公司规定的使用种类、倍数、用量进行统一使用；使用多余的农药由公司统一进行回收，退回给供方。

（5）统一收购。按照作物生长情况，结合公司的生产安排，统一安排采收计划，进行产品收购。

2. 农药管理"五统一"

农药管理"五统一"是指"统一供方、统一采购、统一发放、统一使用、统一回收"。

（1）统一供方。从产品质量、价格和服务意识等多方面选择本地区具有比较优势的农药销售商作为唯一的农药供方。

（2）统一采购。指根据基地投放作物面积、病虫害发生预测情况以及预防打药计划等确定农药采购的种类与数量，统一进行采购。

采购时，基地管理员、植保员结合种植基地往年的病虫害发生情况，制订预防打药计划，并根据当年投放的基地作物品种、面积提出申请，经原料部长批准，最后确定所需要农药数量、种类，由基地管理员负责统一采购。进货之前必须获取农药公司资质证明、所购买农药的检测报告等材料进行备案。购买的农药入库，并如实填写农药进出库管理表单。

（3）统一发放。指统一采购的农药由农药管理人员统一发放到各种植基地。发生病虫害时，种植户及时通知公司基地植保员（或者公司植保员巡视基地时发现病虫害，通知种植户），经确认后，由植保员统一领取农药发放给基地种植户。发放农药时，如实填写"农药购进和使用记录"管理表单，植保员签字。

（4）统一使用。指在指定的时间内，各种植基地块按照规定的使用品种、亩用量进行统一使用，集中进行病虫害防治。农药领到后，植保员在田间按农药使用标准规范及事先确定好的浓度与种植户一起进行配比。然后由种植户施用，植保员现场监督。农药使用结束后，多余的农药及时退回农药仓库；对已稀释好的多余的药液则按规定使用在路边杂草或绿化带上，禁止倾倒在河沟里或将其施用在其他农作物上。对用过的器具及时清洗后放在指定的地方，同时如实做好使用记录。

施药人员要求是青壮年，有较强的责任心，不马虎；田间施药时要注意风力、风向以及晴雨等天气变化，应在无雨、3级风以下的天气施药；不能逆风施药；夏季高温应在上午10时以前和下午3时以后进行，中午不能施药。施药人员一般一天不能超过6小时；施药人员必须配戴口罩、手套、雨鞋；施药完毕后用肥皂水清洗皮肤的裸露处，并喝适量的淡盐水。

（5）统一回收。指统一回收使用后多余的农药，然后退回给供方。

（四）采收管理

在原料采收前的3~7天由品质管理部和基地管理部门一起从种植基地抽取样品进行农残检测。在基地采样时，以划分好的地块为一个采样区，每个采样区按五点采样法均匀采样，混合为1个样品，并送检测机构进行农残检测。农残检测合格后，由公司基地管理部门第一时间通知基地种植户安排采收，采收时严格按照公司的原料质量要求进行。先行农药检查农残检测不合格者，首先查看田间记录，分析不合格的原因，同时进行第二次农残检测。若农残检测不合格的原因分析可靠，且第二次检测合格者，安排采收，否则不予采收。除客户特殊要求外，农残检测的项目一般为191固定项目和使用农药。

表6-8-2 作物肥培管理

作物名称：		农场主/管理人：			所在地：			栽培农场：		农场代码：	
栽培面积：		栽培代码：			前作物：			周边作物：东/ 南/ 西/ 北/			

年月日	作业内容	肥料				农药				特记事项	记录人	确认人	确认日
		名称	成分	亩用量	用途	名称	倍数	亩用量	用途				

原料负责人：	TBS负责人：	植保员：	农场主/管理人：

表6-8-3 农药/肥料出入库

农药/肥料名称：						包装规格：					
生产厂家及登记号：						仓库保管人：					

日期	进库				出库					结余库存			备注
	数量	单位	进货/退货单位	送/退货人	数量	单位	用途	出库对象	领取人	数量	单位	保管人	

表6-8-4 周边农药调查

编号	周边农户	记录日	打药作物	打药时间	农药名称	农药成分	打药量/亩	记录人	隔离措施/备注

表 6 - 8 - 5   采样情况

抽样日期	抽样作物	地块号	面积（亩）	检测项目	抽样人	备注

表 6 - 8 - 6   农药检测项目列表

No.	Group	Name	Name Cn	Rpt lmt
1	GC	2 - Phenyl - phenol	邻苯基苯酚	0.01
2	LC	Acephate	乙酰甲胺磷	0.01
3	LC	Acetamiprid	啶虫脒	0.01
4	GC	Acetochlor	乙草胺	0.01
5	LC	Aldicarb	涕灭威	0.01
6	LC	Aldicarb - sulfoxide	涕灭威亚砜	0.01
7	LC	Aldicarb - sulfone（Aldoxycarb）	涕灭砜威	0.01
8 - G	GC	Atrazine	莠去津	0.01
8 - L	LC	Atrazine	莠去津	0.01
9	LC	Azinphos - methyl	保棉磷	0.01
10	LC	Azoxystrobin	嘧菌酯	0.01
11	LC	Benalaxyl	苯霜灵	0.01
12 - G	GC	Bendiocarb	噁虫威	0.01
12 - L	LC	Bendiocarb	噁虫威	0.01
13	GC	Benfluralin	乙丁氟灵	0.01
14	LC	Benfuracarb	丙硫克百威	0.01
15	GC	Benoxacor	解草嗪	0.01
16	LC	Bensulfuron - methyl	苄嘧磺隆	0.01
17	GC	Bifenthrin	联苯菊酯	0.01
18	LC	Boscalid	啶酰菌胺	0.01
19	GC	Bromopropylate	溴螨酯	0.01
20	LC	Bupirimate	乙嘧酚磺酸酯	0.01
21	GC	Buprofezin	噻嗪酮	0.01
22	GC	Butachlor	丁草胺	0.01
23	LC	Butocarboxim	丁酮威	0.01
24	GC	Cadusafos	硫线磷	0.01

No.	Group	Name	Name Cn	Rpt lmt
25	GC	Captan	克菌丹	0.01
26	LC	Carbaryl	甲萘威	0.01
27	LC	Carbendazim	多菌灵	0.01
28	LC	Carbofuran	克百威	0.01
29	LC	Carbofuran – 3 – hydroxy	3 – 羟基克百威	0.01
30	LC	Carbosulfan	丁硫克百威	0.01
31	LC	Chlorbenzuron	灭幼脲	0.01
32	GC	Chlordane	氯丹	0.01
33	GC	Chlorfenapyr	虫螨腈	0.01
34	GC	Chlorfenvinphos	毒虫畏	0.01
35 – G	GC	Chlorpropham	氯苯胺灵	0.01
35 – L	LC	Chlorpropham	氯苯胺灵	0.01
36	GC	Chlorpyrifos	毒死蜱	0.01
37	GC	Chlorpyrifos – methyl	甲基毒死蜱	0.01
38	LC	Clethodim	烯草酮	0.01
39	LC	Clothianidin	噻虫胺	0.01
40	LC	Cyanazine	氰草津	0.01
41	GC	Cyflufenamid	环氟菌胺	0.01
42	GC	Cyfluthrin	氟氯氰菊酯	0.01
43	GC	lambda – Cyhalothrin	高效氯氟氰菊酯	0.01
44	LC	Cymoxanil	霜脲氰	0.01
45	GC	Cypermethrin & zeta – Cypermethrin	氯氰菊酯 和 氯氰菊酯（ζ）	0.01
46	LC	Cyprodinil	嘧菌环胺	0.01
47	LC	Cyromazine	灭蝇胺	0.01
48	GC	DDD（o，p′）	o，p′ – 滴滴滴	0.01
49	GC	DDD（p，p′）	p，p′ – 滴滴滴	0.01
50	GC	DDE（o，p′）	o，p′ – 滴滴伊	0.01
51	GC	DDE（p，p′）	p，p′ – 滴滴伊	0.01
52	GC	DDT（o，p′）	o，p′ – 滴滴涕	0.01
53	GC	DDT（p，p′）	p，p′ – 滴滴涕	0.01
54	GC	Deltamethrin &Tralomethrin	溴氰菊酯和四溴菊酯	0.01

No.	Group	Name	Name Cn	Rpt lmt
55	GC	Diazinon	二嗪磷	0.01
56 – G	GC	Dichlofluanid	苯氟磺胺	0.01
56 – L	lc	Dichlofluanid	苯氟磺胺	0.01
57 – G	GC	Dichlorvos	敌敌畏	0.01
57 – L	LC	Dichlorvos	敌敌畏	0.01
58	GC	Dicloran	氯硝胺	0.01
59	GC	Dicofol	三氯杀螨醇	0.01
60	LC	Diethofencarb	乙霉威	0.01
61	LC	Difenoconazole	苯醚甲环唑	0.01
62	LC	Dimethoate	乐果	0.01
63	LC	Dimethomorph	烯酰吗啉	0.01
64	LC	Diniconazole	烯唑醇	0.01
65	LC	Edifenphos	敌瘟磷	0.01
66	LC	Emamectin benzoate	甲氨基阿维菌素苯甲酸盐	0.01
67	GC	alpha – Endosulfan	硫丹（α）	0.01
68	GC	beta – Endosulfan	硫丹（β）	0.01
69	GC	Endosulfan sulfate	硫丹硫酸酯	0.01
70	LC	Ethiofencarb	乙硫苯威	0.01
71	GC	Ethion	乙硫磷	0.01
72	GC	Ethoprophos	灭线磷	0.01
73	GC	Etofenprox	醚菊酯	0.01
74	GC	Etrimfos	乙嘧硫磷	0.01
75	GC	Famoxadone	噁唑菌酮	0.01
76	GC	Fenarimol	氯苯嘧啶醇	0.01
77	LC	Fenhexamid	环酰菌胺	0.01
78	GC	Fenitrothion	杀螟硫磷	0.01
79	GC	Fenobucarb	仲丁威	0.01
80	LC	Fenoxycarb	苯氧威	0.01
81	GC	Fenpropathrin	甲氰菊酯	0.01
82	LC	Fenpropimorph	丁苯吗啉	0.01
83	LC	Fenpyroximate	唑螨酯	0.01
84	GC	Fenthion	倍硫磷	0.01

No.	Group	Name	Name Cn	Rpt lmt
85	GC	Fenvalerate & Esfenvalerate	氰戊菊酯和S-氰戊菊酯	0.01
86	GC	Fipronil	氟虫腈	0.01
87	GC	Fluazifop – butyl & Fluazifop – p – butyl	吡氟禾草灵和精吡氟禾草灵	0.01
88	GC	Flucythrinate	氟氰戊菊酯	0.01
89	LC	Flufenoxuron	氟虫脲	0.01
90 – G	GC	Flusilazole	氟硅唑	0.01
90 – L	LC	Flusilazole	氟硅唑	0.01
91	GC	Fluvalinate	氟胺氰菊酯	0.01
92	LC	Furathiocarb	呋线威	0.01
93	GC	gamma – HCH（gamma – BHC or Lindane）	γ-六六六（林丹）	0.01
94	GC	Heptenophos	庚烯磷	0.01
95	LC	Hexythiazox	噻螨酮	0.01
96	LC	Imazalil	抑霉唑	0.01
97	LC	Imidacloprid	吡虫啉	0.01
98	LC	Indoxacarb	茚虫威	0.01
99	GC	Iprodione	异菌脲	0.01
100	LC	Iprovalicarb	缬霉威	0.01
101	LC	Isocarbophos	水胺硫磷	0.01
102	GC	Isofenphos	异柳磷	0.01
103 – L	LC	Isofenphos – methyl	甲基异柳磷	0.01
103 – G	GC	Isofenphos – methyl	甲基异柳磷	0.01
104 – G	GC	Isoprocarb	异丙威	0.01
104 – L	LC	Isoprocarb	异丙威	0.01
105	GC	Isoprothiolane	稻瘟灵	0.01
106	LC	Isoproturon	异丙隆	0.01
107	GC	Kresoxim – methyl	醚菌酯	0.01
108	LC	Linuron	利谷隆	0.01
109	GC	Malathion	马拉硫磷	0.01
110	GC	Metalaxyl & Mefenoxam	甲霜灵和精甲霜灵	0.01
111	LC	Metamitron	苯嗪草酮	0.01

No.	Group	Name	Name Cn	Rpt lmt
112	LC	Methamidophos	甲胺磷	0.01
113 – G	GC	Methidathion	杀扑磷	0.01
113 – L	LC	Methidathion	杀扑磷	0.01
114	LC	Methiocarb	甲硫威	0.01
115	LC	Methomyl	灭多威	0.01
116	LC	Methoxyfenozide	甲氧虫酰肼	0.01
117	LC	Metolachlor & s – metolachlor	异丙甲草胺和精 – 异丙甲草胺	0.01
118	GC	Mevinphos	速灭磷	0.01
119	LC	Monocrotophos	久效磷	0.01
120	GC	Myclobutanil	腈菌唑	0.01
121	GC	Napropamide	敌草胺	0.01
122	LC	Nicosulfuron	烟嘧磺隆	0.01
123	GC	Nitrothal – isopropyl	酞菌酯	0.01
124	LC	Omethoate	氧乐果	0.01
125	LC	Oxadiazon	噁草酮	0.01
126	GC	Oxadixyl	噁霜灵	0.01
127	LC	Oxydemeton – methyl	亚砜磷	0.01
128	GC	Paclobutrazol	多效唑	0.01
129	GC	Parathion	对硫磷	0.01
130	GC	Parathion – methyl	甲基对硫磷	0.01
131	GC	Penconazole	戊菌唑	0.01
132	GC	Pendimethalin	二甲戊灵	0.01
133	GC	Permethrin	氯菊酯	0.01
134	GC	Phenthoate	稻丰散	0.01
135 – G	GC	Phorate	甲拌磷	0.01
135 – L	LC	Phorate	甲拌磷	0.01
136 – L	LC	Phorate – sulfone	甲拌磷砜	0.01
136 – G	GC	Phorate – sulfone	甲拌磷砜	0.01
137 – L	LC	Phorate – sulfoxide	甲拌磷亚砜	0.01
137 – G	GC	Phorate – sulfoxide	甲拌磷亚砜	0.01
138 – G	GC	Phosalone	伏杀硫磷	0.01
138 – L	LC	Phosalone	伏杀硫磷	0.01
139	GC	Phosmet	亚胺硫磷	0.01

续　表

No.	Group	Name	Name Cn	Rpt lmt
140	LC	Phosphamidone	磷胺	0.01
141	LC	Phoxim	辛硫磷	0.01
142	LC	Pirimicarb	抗蚜威	0.01
143	GC	Pirimiphos – ethyl	嘧啶磷	0.01
144	GC	Pirimiphos – methyl	甲基嘧啶磷	0.01
145	LC	Prochloraz	咪鲜胺	0.01
146	GC	Procymidone	腐霉利	0.01
147	GC	Profenofos	丙溴磷	0.01
148	LC	Promecarb	猛杀威	0.01
149	GC	Prometryn	扑草净	0.01
150	LC	Propamocarb	霜霉威	0.01
151	GC	Propargite	炔螨特	0.01
152	GC	Propham	苯胺灵	0.01
153	GC	Propiconazole	丙环唑	0.01
154 – G	GC	Propoxur	残杀威	0.01
154 – L	LC	Propoxur	残杀威	0.01
155	GC	Propyzamide	炔苯酰草胺	0.01
156	LC	Pymetrozine	吡蚜酮	0.01
157 – G	GC	Pyrazophos	吡菌磷	0.01
157 – L	LC	Pyrazophos	吡菌磷	0.01
158	GC	Pyridaben	哒螨灵	0.01
159	GC	Pyridaphenthion	哒嗪硫磷	0.01
160	LC	Pyrimethanil	嘧霉胺	0.01
161	GC	Quinalphos	喹硫磷	0.01
162	GC	Quintozene	五氯硝基苯	0.01
163	LC	Quizalofop – ethyl & Quizalofop – p – ethyl	喹禾灵和精喹禾灵	0.01
164	LC	Rimsulfuron	砜嘧磺隆	0.01
165	GC	S421	八氯二丙醚	0.01
166	GC	Simazine	西玛津	0.01
167	LC	Spinosad	多杀霉素	0.01
168	LC	Spiroxamine	螺环菌胺	0.01
169 – G	GC	Tebuconazole	戊唑醇	0.01
169 – L	LC	Tebuconazole	戊唑醇	0.01

续　表

No.	Group	Name	Name Cn	Rpt lmt
170	LC	Tebufenozide	虫酰肼	0.01
171	GC	Tetrachlorvinphos	杀虫畏	0.01
172	GC	Tetradifon	三氯杀螨砜	0.01
173	LC	Thiabendazole	噻菌灵	0.01
174	LC	Thiacloprid	噻虫啉	0.01
175	GC	Thiamethoxam	噻虫嗪	0.01
176	LC	Thifensulfuron – methyl	噻吩磺隆	0.01
177	LC	Thiodicarb	硫双威	0.01
178	LC	Thiofanox – sulfone	久效威砜	0.01
179	LC	Thiofanox – sulfoxide	久效威亚砜	0.01
180	GC	Tolclofos – methyl	甲基立枯磷	0.01
181 – G	GC	Tolylfluanid	甲苯氟磺胺	0.01
182 – L	LC	Tolylfluanid	甲苯氟磺胺	0.01
182 – L	LC	Triadimefon	三唑酮	0.01
182 – G	GC	Triadimefon	三唑酮	0.01
183 – G	GC	Triadimenol	三唑醇	0.01
183 – L	LC	Triadimenol	三唑醇	0.01
184	LC	Triasulfuron	醚苯磺隆	0.01
185	GC	Triazophos	三唑磷	0.01
186	LC	Trichlorfon	敌百虫	0.01
187	LC	Triflumizole	氟菌唑	0.01
188	GC	Trifluralin	氟乐灵	0.01
189	LC	Triflusulfuron – methyl	氟胺磺隆	0.01
190	LC	Vamidothion	蚜灭磷	0.01
191	GC	Vinclozolin	乙烯菌核利	0.01

（五）运输管理

基地种植户统一调度运输的车辆，车辆必须是用于蔬菜专用的车辆；车辆驾驶员必须有一定的驾龄、技术可靠且讲诚信、信誉好；运输车辆必须经过清洗，要求不能漏油等现象，装货前需要经过公司基地管理员确认；基地管理员在车辆出发前根据采收实际情况填写原料采收运输单，由运输车辆司机携带至加工工场；运输车辆到达加工工场后，工场品质管理人员凭原料采收运输单卸货，并仔细核对原料数量等信息，若发现信息不符，及时与基地管理员核对确认信息。

作为联结基地与加工工场的纽带，原料采收运输单在可追溯体系中是非常重要的关键点，基地管理员必须认真填写、工场品质管理人员必须认真核对。

表6-8-7　　　　　　　　　　　　　　原料采收运输单

年　　月　　日

农场名称		作物名称		农场/地块编码	
采收人员数量		采收时间		采收面积	
		发车时间		运输车牌照号	
检查项目		确认		备注	
1. 采收原料标准是否符合公司要求？					
2. 搬运容器、器具是否清洁？装放状态是否恰当？					
3. 运输车辆是否有清洗过？					
4. 运输车辆是否有漏油或被油污染现象？					
公司植保员签字：			农场主/管理员签字：		
到货时间		进货车次		原料装货状态	良否
运输车牌照号		数量（筐/重量）		实际重量（kg）	
公司接货人签字：			原料供货人签字：		

（六）加工管理

原料到厂后卸货后，根据原料采收运输单上的相关信息，工场品质管理人员对每车原料进行农残抽样和原料质量检验，然后对每车原料进行追溯编号。原料暂放时，要求每车之间进行分离摆放，每车单独挂牌标识；生产时，每车必须分开加工。

1. TBS追溯编号方式

追溯的编号一般有两种方式。客户常以方式一为主。

（1）方式一。

方式一由10位数字组成，具体为日期＋车次＋生产线＋地块号；其中第一到第四位为原料到厂日期，第一位数字表示年（0～9），第二位用英文字母表示月（一年12个月，A表示一月份，B表示二月分，依次类推，其中I不算）；第三到第四用数字表示日：01～31（1号到31号）；第五到第六表示车次，用二位数字表示（01～99）；第七位表示生产线：C5线用1表示，A6线用2表示；第八到第十表示地块号，由一位英文和二位数字组成，如J13。方式一例：2012年7月8日第二车到C5线毛豆，地块号为J13，表示方式为：

2G08	02	1	J13
日期	车次	生产线号	地块号

（2）方式二。

追溯的编号共 12 位数字组成，具体由日期 + 车次 + 海通代号 + 生产线 + 地块号组成。其中第一到第三位为原料到厂日期，日前月后，日用数字 01 ~ 31（1 号到 31 号）表示，月用英文字母 A ~ M（一年 12 个月，A 表示一月份，B 表示二月分，依次类推，其中 I 不算）表示；第四位到第五位表示车次，由 01 ~ 99 表示（第一车为 01，第二车为 02，依次类推）；第六位到第七位为海通公司代号，由 GS 表示；第八位为生产线号，C5 线用 1 表示，A6 线用 2 表示；地块号 4 位数字表示例 GJ13。方式二例：2012 年 7 月 8 日第二车到 C5 线毛豆，地块号 GJ13，表示方式为：

08G	02	GS	1	GJ13
日期	车次	公司代号	生产线号	地块号

2. 进厂辅料、包装材料追溯编号方法

以到货日期为单位，以进厂日期为批号，采用 8 位编码，如 2012 年 7 月 8 日到厂的辅料或包装材料，批号均标识为：20120708。

表 6 - 8 - 8   方式一追溯编号原则

采收日期				车次	生产线	地块号
年份	月份		日			
	月份	对应编码				
取年份的最后 1 位	1	A	按照实际采收的日期编入，2 位数	当天的采收车数按照进厂的时间顺序编号，2 位数	按照生产线的条数编号，1 位数	由 1 个英文字母和 2 个数字组成；1 个英文字母加上 1 个数字代表基地，最后 1 位数字代表地块编号
	2	B				
	3	C				
	4	D				
	5	E				
	6	F				
	7	G				
	8	H				
	9	J				
	10	K				
	11	L				
	12	M				

3. 生产加工追溯编号链接方法

生产加工时，生产工场采用原料进厂记录表、半成品批次记表、产品包装批次记表和辅料追溯记录表等加工记录表进行批号链接，根据各生产工序，按生产实际进行记录，并做好现场标识。以速冻毛豆加工为例，如在 2012 年 7 月 8 日叶善根的一车毛豆原料，C5 线生产，到厂车次是第 5 车，原料到厂立即进行原料验收，并在《原料进厂记录表》记录，并做好该批货批号标识，生产时按进厂原料车次有序生产，并做好半成品批次记录表，半成品外箱注明半成品批号，半成品批号与原料批号相同，冷库以车次为单位隔离放置，复包装时按相应半成品批号进行内袋外箱批号打印并包装。原辅料、包装材料、半成品及产品的批号链接如图 6 - 8 - 2 所示：

表 6 - 8 - 9　　　　　　　　　　方式二　追溯编号原则

采收日期			车次	生产线	地块号
日	月份				
	月份	对应编码			
采收日期按照实际日期编入，2 位数	1	A	当天的采收车数按照进厂的时间顺序编号，2 位数	按照生产线的条数编号，1 位数	由 2 个英文字母和 2 个数字组成；2 个英文字母加上 1 个数字代表基地，最后 1 位数字代表地块编号
	2	B			
	3	C			
	4	D			
	5	E			
	6	F			
	7	G			
	8	H			
	9	J			
	10	K			
	11	L			
	12	M			

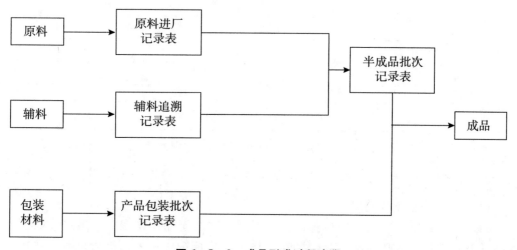

图 6 - 8 - 2　成品形成过程追溯

表 6 - 8 - 10 　　　　　　　（　　　）原料进厂记录表

工场：　　　　　　　　　　　　　　　　　　　日期：

车次号	原料名称	供方名	原料田块	原料到厂时间	原料数量	原料进货批号

工场长：　　　　　　　品管科长：　　　　　　　　　　　　　批号管理员：

表 6 - 8 - 11 　　　　　　　（　　　）产品加工批次记录表

工场：　　　　　　　　　　　　　　　　　　　日期：

序号	原料进货批号	原料数量	生产班次	加工时间	加工规格	半成品批号	半成品数量

工场长：　　　　　　　品管科长：　　　　　　　　　　　　　批号管理员：

表 6 - 8 - 12 　　　　　　　（　　　）产品包装批次记录表

工场：　　　　　　　　　　　　　　　　　　　日期：

序号	半成品批号	半成品数量	包装时间	赏味期限	成品批号	成品数量	商检号

品管科长：　　　　　　　　　　　　　批号管理员：

（七）成品管理

成品入库时必须按追溯编号挂牌标识，不同批次的产品不得混放，最终成品批号同半成品批号。成品包装必须在产品包装箱、袋上明确标记成箱号、报检批号、赏味期限和追溯编号等便于追溯的相关内容。最终成品包装有两种类型：大包装、小包装。大包装泛指 5kg×2 袋/箱或 10 kg×1 袋/箱的包装，小包装泛指 500 g 及以下重量/袋×若干袋/箱的包装。小包装批号显示在内袋上，外箱只打印批号对应字母；大包装产品内袋不用打印，外箱打印批号及批号对应字母。

方式一例：2012 年 7 月 8 日第二车到 C5 线毛豆，地块号为 J13，表示方式为：

半成品批号	2G08	05	1	J13
	日期	车次	生产线号	地块号
对应成品批号	2G08	05	1	J13
	日期	车次	生产线号	地块号

方式二例：2012 年 7 月 8 日第二车到 C5 线毛豆，地块号 GJ13，表示方式为：

半成品批号	08G	02	GS	1	GJ13
	日期	车次	公司代号	生产线号	地块号
对应成品批号	08G	02	GS	1	GJ13
	日期	车次	公司代号	生产线号	地块号

（八）记录存档

用于追踪管理的相关记录必须保存 2 年以上，以备查用。需要保存的材料主要有农药/肥料进出库、肥培管理表、采收运输单和周边农药调查表等田间记录，以及原料进厂记录表、半成品批次记录表、产品包装批次记录表和辅料追溯记录表等工场生产加工记录。

四、实施供应链的绩效分析

从冷库内随便拿出一箱产品，就能根据上面的 TBS 代码寻找到这个产品的种植地、农场主、品种、播种期、采收期、农药肥料的施用种类与时间以及加工等信息，海通食品集团的产品在实施严格的基地管理方式下，都将会有自己的"身份证"。公司建立出口农产品从田间到餐桌、餐桌到田间的全程可追溯体系之后，虽然投入了一定的人力与物力，但其带来的绩效也是显而易见的。通过全程可追溯体系的建立，实现了互惠互利，做到了企业放心和客户安心双赢局面。下一步，公司将考虑开发软件，运用"互联网＋"的思维，适时将全程可追溯体系 IT 化。

一是企业放心。海通，不仅努力要做一个追求行业地位、经济效益的果蔬加工企业，更要努力做一个承担社会责任、服务三农、回报社会的行业楷模。食以安为先，作为首批全国农业龙头重点企业，海通食品集团有责任、有义务做好食品安全，为食品加工企业树立正面的榜样。面对日益严峻的食品安全要求，海通食品集团三十多年来如一日，始终致力于人类健康食品的生产与销售，通过可追溯体系的建立与有效运行，实现了出口农产品从田间到餐桌、餐桌到田间全程溯源管理，为产品安全、安心、健康和绿色保驾护航。

二是客户安心。通过可追溯体系的建立与有效运行，使客户（包括其背后的消费者）真正安心。由于可追溯体系是一项系统性工程，需要强大的管理水平来支撑，建立了可追溯体系之后，企业的管理能力和社会责任会得到越来越多客户的认可，客户对企业也更加安心。这样，在面对众多出口企业竞争时，我们更具竞争力，通过客户口口相传，逐步建立了品牌美誉度，订单逐年增加。

撰稿人：海通食品集团董事，冷冻事业部总经理、高级经济师　毛培成
　　　　海通食品集团冷冻事业部基地主管、高级农艺师　陈纪算
　　　　海通食品集团冷冻事业部品质主管、工程师　许亚琴

案例九　荣庆物流：打造中国合约物流的领跑者

一、引　言

荣庆物流供应链有限公司（以下简称"荣庆物流"）成立于 1997 年，总部位于上海，是一家多元化发展的中外合资企业，注册资金 5 亿元人民币。现已发展成为一家集冷链、普货、化工三大核心业务，分支机构 120 余家，运营网络覆盖全国 1500 多个城市，主营业务涵盖干线运输、仓储、包装、终端配送、供应链解决方案等，辅营业务包括驾驶员培训、汽配供应、维修、冷藏箱生产等，在全国拥有 50 多万平方米仓储资源，1500 余辆自有车辆，员工总数超 5000 人，年货物吞吐量超 600 万吨的国家 5A 级大型综合物流企业。图 6-9-1 为荣庆物流主楼景观图。

图 6-9-1　荣庆物流主楼景观图

荣庆物流始终秉持"客户至上，以人为本"的经营理念、打造"专业、安全、高效"的运营体系、以"递送绿色，共享健康"的企业使命，为客户提供仓干配一体化综合物流供应链服务，致力于成为中国合约物流的领跑者。

荣庆物流通过了 ISO 9001 质量管理体系认证和欧洲 RSQAS 道路安全认证。2014—2015 年，荣庆物流被评为"中国冷链物流百强企业第一名""冷链物流五星级企业""中国食品物流 20 强企业第一名"；荣庆物流还是《食品冷链物流追溯管理要求》国家标准示范企业、《药品冷链物流运作规范》国家标准试点企业；"中国冷链物流服务行业十大创新企业"，"中国冷链十佳综合物流服务商"；"2014—2015 中国医药物流行业优秀物流服务商"，"医药电商物流最佳服务商"。

近年来，荣庆物流为适应快速发展的市场需要，不断提升、强化信息化管理水平，自主研发了客户管理、运输管理、承运商管理、办公决策管理四大系统平台，将各项经营、管理活动均纳入强大的信息管理系统，不断推动企业管理向科学化、信息化快速发展。荣庆物流与临沂大学展开校企合作，共同创建冷链物流研究所、冷链物流科研基地和荣庆物流学院，不断研发物流新技术和培养物流专业人才。

图 6 – 9 – 2　荣庆物流仓库内部

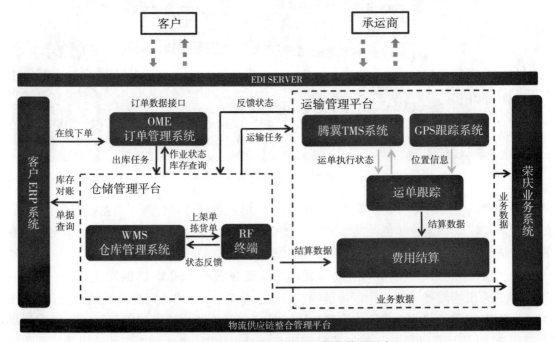

图 6 – 9 – 3　荣庆物流供应链整合管理平台

2015 年 9 月，荣庆物流与韩国 CJ 大韩通运携手，利用双方高度互补的优势资源，在深耕国内市场的同时开启国际化的发展道路（签约仪式见图 6 - 9 - 4）。

图 6 - 9 - 4　荣庆物流与韩国 CJ 大韩通运签约仪式

CJ 大韩通运隶属于 CJ 集团，是韩国最大的合约物流和快递公司，拥有完善的国际物流网络。近几年在中国的各项业务发展迅速，为了进一步完善在中国的战略布局，CJ 大韩通运确定了与荣庆物流合作的战略，并将此作为中国乃至全球物流市场拓展的重要战略步骤。

此次合作，CJ 大韩通运将在资源配置、市场拓展、人员培训等方面加大对荣庆物流的支持，必将推动荣庆向更加规范、全面和快速的方向发展，助力荣庆物流成为中国合约物流的领跑者，创造双方新的辉煌，为客户提供更好、更优质的服务。

二、实施合约物流的背景

随着物流业发展增速的放缓，市场竞争日趋激烈，价格战日趋频繁，行业平均毛利率下滑，产业整合加剧，企业管理逐渐从粗放向精细转型升级，从卖产品向卖服务转变。同时，客户自身的竞争也在逐渐加剧，价格敏感性日益增强，服务要求越来越高，一般的服务已经难以满足客户的需求。这些都表明，进军高端物流市场成为一种不可逆转的趋势。

1. 摈弃低端，定位高端合约物流

荣庆物流早在创立之初，公司高层就有明确的意识：做低端市场固然容易，短时间内也可以做到快速发展，但缺点也是明显的，就是大而不强。相比较，高端物流市场需

求日益旺盛，市场空间巨大，虽然具有极大的挑战性，但只要用心去做，一定会有重大突破。

因此，荣庆物流最终做出了向高端市场进军的战略部署，遵循着"专注合约物流，打造贴心服务"的市场定位，坚守"客户至上"的服务理念，竭诚为客户提供"仓干配一体化"的优质服务，在赢得客户高度青睐的同时，也推动企业迅速做大做强。目前，荣庆物流已发展成为一家以冷链为龙头、普冷化协同发展的国家 5A 级大型综合物流企业。

2. 高起高打，驶入发展快车道

定位高端市场，意味着要服务高端客户，在高起点、高要求下提供高水平的服务。作为服务性企业，荣庆物流不断强化自己的内功，加强企业综合管理，提升服务水平，竭诚满足客户需求，在合约物流领域树立起了行业标杆。

在日常的运营操作中，荣庆物流始终追求运营优异的管理导向，针对运营过程的各个环节、各个岗位，制定严格、细致的操作规程和作业标准；强化人才管理，开展全员培训，推行持证上岗制度；实施货物全生命周期管理，使全程各环节运营操作严格而精准；对承运商分供方车辆实施严格管理，制定完善的考核标准并定期进行评价考核等。

客户是企业生存和发展的源泉，市场的竞争实质上就是客户资源的争夺。在激烈的市场竞争中，荣庆始终坚持服务领先的基本理念，针对不同客户组建相应高水平的专业项目团队予以支持，根据客户差异化需求，量身定制个性化、综合性和一站式整体解决方案。

项目团队提供严谨而专业的全程项目跟踪服务，从前期调研，到服务方案制定、项目管理培训、现场模拟，再到试行操作，最后全面推行，整个方案执行过程中，不断反馈，不断改进，不断提升，直至客户满意；项目团队力求做到让客户享受"7×24 小时"全时段、全方位快速响应，来自客户的任何信息都能够得到迅速反馈和及时处理。

正是由于高起高打，最终，荣庆物流以卓越的服务赢得客户的信赖，与多家世界 500强企业和跨国公司及国内知名企业建立了长期友好的合作关系。

3. 价值为王，与客户协同发展、合作共赢

在高端合约市场拓展方面，荣庆物流始终坚守自己的理念，即摒弃低端市场粗暴的价格竞争，重点追求服务的价值，从而做出了定位高端市场的战略部署。

为此，荣庆物流多年来努力地强化创新，不断超越自己，以创造更大的价值：于荣庆物流而言，自己单独发展远远不够，与客户协调发展、创造共赢才是最大的价值所在。

荣庆物流将"客户至上"的经营理念贯穿到企业管理的每一个细节中，如视客户为上帝，不准怠慢客户，不准敷衍客户，不准欺骗客户，竭诚为客户提供量身定制的个性化服务。同时，尽可能多地向高端客户提供基础功能之外的附加价值。对此，荣庆物流还为客户提供了货到付款、签单返回、货物暂存、市内取派等增值服务，从而使客户享受到更优质的服务体验。

荣庆通过不断强化与客户的协调发展，例如，随着市场集中度不断提高，一些大客户的业务模式发生改变，随即对物流的需求不再局限于简单的仓储或运输，而是倾向于

"仓干配一体化"的综合物流的服务。为此，荣庆与很多客户达成共识，为了配合客户的要求，荣庆也相应做出调整，努力向"仓干配一体化"方向转型，为客户提供贴心的"一站式"物流解决方案，深受客户的好评。

作为合约物流提供商，与客户协同发展、合作共赢是荣庆物流当前乃至今后的重要发展战略。

三、公司主要业务

荣庆物流专注于合约物流领域，目前，业务涵盖冷链、化工、普运三大板块：

1. 冷链物流

冷链物流，是荣庆物流赢得市场的重要法宝，也是其多年一直坚守的主业之一，如图6-9-5所示。

图6-9-5　荣庆冷链物流运输

从1985年创业，到2004年正式开展冷链业务，通过短短几年时间，就在市场上初步提升了荣庆冷链的品牌知名度。2008年入选奥运会物流服务商，2010年入选上海世博会物流承运商，更让荣庆冷链得到了锤炼和检验，成为冷链业务快速发展的催化剂。2011年荣庆物流制定发展战略，正式将冷链业务确定为三大支柱业务中的龙头业务。现在，根据市场发展总体趋势和客户需求，荣庆正大力发展冷链"仓干配一体化"服务，以迎接即将到来的快速发展战略机遇期。

作为最重要的冷链物流资源之一，荣庆物流目前拥有1500多辆运输车辆，其中包括490余辆各种型号的冷链车辆，在业内处于领先的地位。近年来，荣庆仓储资源的增长速度非常迅速，目前自有仓储资源面积已达50多万平方米，其中冷库10余万平方米。这些都是荣庆近年来在冷链物流领域着力打造的核心竞争优势。

荣庆物流定位中高端市场，服务大客户，为客户量身定制个性化服务方案。一直坚守"24×7×365"的服务理念，即全天候、全时段、无节假日服务，随时为客户提供严谨而专业的全程项目跟踪服务，努力成为客户"最值得信赖的冷链物流服务专家"。

2014 年、2015 年，荣庆物流连续两年被中国物流与采购联合会评为"中国冷链物流百强企业"第一名，其作为冷链物流市场的领跑者的地位和实力逐渐得到凸显。

2. 化工物流

2006 年，荣庆开始操作危化品运输业务，拥有除第一类和第七类高危化学品以外普危化学品运营资质，服务范围极为广阔。目前荣庆化工物流已建立较为完善的 QEHS 管理体系，通过 ISO 9001 质量管理体系以及欧洲 RSQAS 体系认证。

荣庆化工物流拥有 1 万余平方米的危险品仓库，拥有危险品运输车 290 余辆，其中危险品厢式车 160 多辆，危险品温控车 70 多辆，危险品飞翼车 50 多辆，能够提供全国普通化工品运输、全国危险品货物运输、全国温控普通化工品运输、全国温控危险品运输，拓展了配送网络的深度和广度，进而实现全国范围内的有效配送。

此外，荣庆化工物流目前拥有一支涵括 2 名化工物流专家、4 名国家安全注册工程师、4 名道路客货运输企业管理人员、5 名专业危货运输安全管理员以及 300 多名持证上岗的专业化工操作人员的强大的专业人才团队，为其从事化工物流提供了重要保障。

在管理方面，荣庆化工物流已经建立了较为完善的 QEHS 安全管理体系，成立了专门的安全生产管理委员会和应急响应救援领导指挥小组，形成以总经理为领导的、以 QEHS 部门为核心的异常事故汇报网络，顺畅事故汇报通道，缩短救援等待时间；制定系统的应急处理流程，明确对岗位人员的职责，增强应急救援时效；实行安全培训、安全检查、事故预防、事故处理等于一体的安全生产责任制。

荣庆物流高度重视化工物流安全培训，借此让全体员工时刻保持一个安全环保的意识，并融入到每一个工作细节：通过定期召开安全事故分析会，把所有企业曾发生的各种案例用生动、震撼人心的形式讲述；每年会组织全国各分公司安全责任人、EHS 管理人员的安全培训，内容包括 SGS 防御性驾驶等，并不断强化消防、救援、泄漏事故应急演练，以提高应急处置能力，把灾害降至最低。

近年来，荣庆物流除自建应急救援体系外，每年定期邀请客户巴斯夫、陶氏等世界 500 强企业及同行企业举行联合应急演习，定期邀请政府相关部门如嘉定消防支队等单位给企业举办消防及应急培训，取得很好的实效。

正是长期以来在专业化方面的坚持以及对安全和责任的坚守，荣庆化工物流才能在激烈的市场竞争中脱颖而出，并使得陶氏、巴斯夫、亨斯迈、拜耳等国际知名化工企业对荣庆物流的专业服务高度认可，也因此获得这些合作伙伴颁发的多种奖项和荣誉。

3. 高端普货

荣庆物流自 1985 年创立起，到 1998 年与德国威图电子签订荣庆物流第一份物流服务合约，正式开始将目标市场定位于高端普货物流。此后十数年，荣庆物流的知名客户名单不断加长，高端普货的业务规模和服务品质也不断提升，获得了众多客户的高度认可和赞誉，也让荣庆物流在业界留下了良好的口碑，荣庆高端普货仓储作业如图6-9-6所示。

图6-9-6　荣庆高端普货仓储作业

荣庆物流定位高端市场，服务的客户很多都是世界500强企业。定位高端市场，意味着面对的是高端的客户和多属于"高、精、尖"范畴、价值较高的高端货物，也意味着在高起点、高要求下向他们提供高水平的服务。

对此，荣庆物流始终将"质量至上、运营优异"作为制胜法宝，针对运营过程的各个环节、各个岗位，制定严格、细致的操作规程和作业标准。坚持开展全员培训，晨训、周训、月训相结合，推行持证上岗制度，确保所有上岗员工都能熟悉岗位作业标准、要求和作业规范。

荣庆物流以其先进的服务理念，专业的服务水准，优异的运营管理，赢得了威图电子、施耐德电气、莫仕电子、西门子、卡特彼勒、3M、博世、香奈儿、欧莱雅等一大批国际知名企业的赞誉与青睐，并立志成为中国合约物流的领跑者。

四、供应链运作模式

（一）食品物流运作模式

M公司创建于1911年，是全球最大的食品生产商之一，素有"食品行业里的宝洁"之称，旗下拥有众多世界知名的品牌。

M 公司是荣庆物流重要的合约物流伙伴，双方已建立起多年的业务与合作关系。荣庆物流贴心的服务意识、精准的服务定位、优异的运营规划和方案设计、高效的执行能力等，持续赢得了 M 公司高层的高度赞誉，多次荣获 M 公司最佳承运商表彰。

1. 受理环节

（1）M 公司委托。M 公司通过渠道，了解到荣庆物流的信息，并通过电话咨询、现场考察等方式，全面了解荣庆公司的情况，包括运营资质、运输设备、仓储条件、管理水平等。

在深入沟通后，M 公司委托荣庆完成货物物流相关业务，并针对该项业务提出更详细的业务要求和操作标准。

（2）呼叫中心受理。在接到 M 公司的咨询后，受理中心迅速作出回应：

①如实解答 M 公司提出的各种问题。

②提供对方所需验证的资质材料。

2. 解决方案设计环节

荣庆物流接到委托后，根据 M 公司的要求，第一时间组织项目研讨，制订适合 M 公司特殊情况的物流运作方案，在征得 M 公司再次修改、完善后，确定运行方案，大致分两个步骤：

第一，客户下订单后，客服接收订单信息，下预订单并确认；监理接受任务分配、分单中心分单到派车机构；调度中心派车；监理检查装备并找到提货车辆，在得到调度发车确认后，随车前往客户处提货。

第二，到达客户处，监理跟客户发货人实施对接沟通，并指导客户填写工作单；监理检查货物及外包装并清点核实货物；双方签字确认工作单，监理把发货人联交予客户；监理录入基本工作单信息、制作标签并贴标签，装车运回。

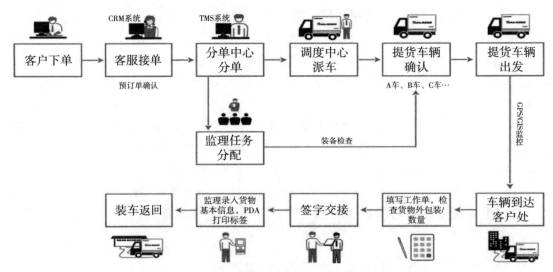

图 6 - 9 - 7　荣庆食品物流运作主要流程图

3. 仓储环节

货物从接货到仓储，从运输到终端客户各个环节，始终处于 M 公司要求的特定温度环境中，这就要求低温链条不断链、无缝隙的运作方式。

（1）接收验收：在库区建立独立"对接月台"，温度始终保持在 15℃～18℃。需进出货时，启动相应设备，将温度始终保持在货物要求的温度、湿度环境中，建立了库房与运输车之间的保障通道，保证了货物仓储环节的无缝对接。

（2）库藏节点：对影响货物储藏的潜在危险进行全面排查与管控，包括温度、湿度在线监控，制冷设备故障在线监控、出入库在线监控、现场电力在线监控等，保障货物储藏的正常进行。

（3）发货节点：对发货单、配货任务单等各种单据实施数字化管理，同时采用条码管理技术以核查发货过程中 M 公司信息及货物件数的准确性，如发现不符，运输车监管系统会自动发出提示警报。

4. 运输配送环节

（1）货物在途：全程温控，如箱内高温敏感点、低温敏感点和最大不均匀度敏感点等；GPS 系统，监控车辆运行轨迹，实施全程在线管控，实时了解配送情况，以便出现故障及时采取"应急预案"、及时处理。

（2）货物配送：针对多站点配送情况，对每辆运输车辆实施全程实时监控，如货物情况，多配送站点的配送时间、卸货操作时间，以保证卸货的准确性，如出现误差，则及时出现警报以提示核查。

（3）客户签收：运输车辆配备实时打印设备，客户可以对运输途中的在途温度实时打印，目的在于监控车辆运输温度，确保货物运输质量，更好地服务客户。

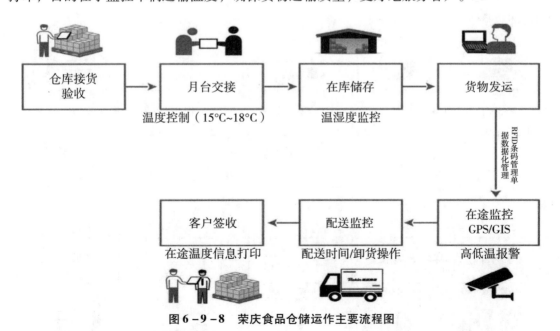

图 6 - 9 - 8　荣庆食品仓储运作主要流程图

（二）医药物流运作模式

荣庆物流于 2007 年开始运作第一个医药项目——上海国药，随着冷链物流的发展和新版 GSP 的颁布，荣庆物流于 2013 年 8 月成立医药项目部，统筹规划管理医药项目。

目前服务的客户有上海医药、中国医药、葛兰素史克、费森尤斯等 20 多家国内外知名企业，终端配送覆盖 3000 余家医院和药店，医药合作经销商近 500 家。

荣庆物流医药项目部组织架构如图 6－9－9 所示：

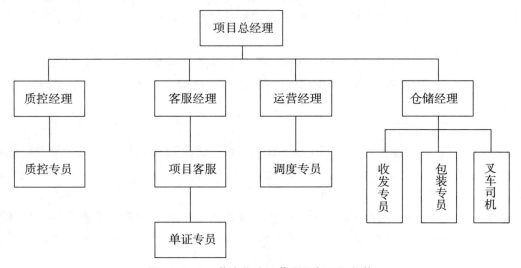

图 6－9－9　荣庆物流医药项目部组织架构

荣庆物流的运营操作流程是以 IT 系统为载体，与客户的业务流程形成无缝对接，具体的流程如图 6－9－10 所示：

图 6－9－10　荣庆物流医药运作流程

1. 提货环节

（1）客户提前一天通过邮件形式（邮件附件：提货单）通知荣庆物流客服人员下单，荣庆物流安排车辆、人员和专线，于次日提货。特殊情况下，可于当天上午通知当天下午提货。

（2）去仓库提货人员必须携带发货清单到各个仓库提货。

（3）提货车辆必须做好出车检查，使用全封闭的厢式车。车辆要干净清洁，车厢没有异味、无积水。

（4）货物必须以托盘形式装车，并且需要用缠绕膜包裹以后再装车，严禁货物直接放置在车厢内，货物整体放置于托盘上，避免任何货物悬在托盘外的情况发生。

（5）整车运输货物必须按一横一竖形式装车，托盘标准为 80cm × 120cm 或 100cm × 120cm。每托货物间的间距空间必须使用填充物，将两拖货物相互紧贴，使货物不会单独晃动，防止货物在运输途中由于剧烈晃动使托盘移动造成货物外箱挤压，对于容易破损和变形的货物应装在每托最上面，以"大不压小，重不压轻"原则来装货。

（6）整车运输严禁和其他货物混装。

（7）提货人员进入提货现场一定要遵守仓库有关现场规定作业。在提货人员与客户进行货单签收过程中，提货时点清数量以及注意货物外包装是否完好。发现货物有任何疑问的，可以要求现场人员当场查看。对有破损之类的商品，提货人员可要求换货（如相同品种缺货情况下，可在签单上注明实际提货数量）。承运商按提货单上实际数量提货，提货时不要拆二次包装货物。如果客户方不同意换货，荣庆物流可在提货单上标注外箱已有破损并标注破损数量。

2. 单据交接

（1）提货人员所提商品必须单、货相符，在客户的发货清单上签收。

（2）发货交接单一式三份，一份承运商现场人员签收完后仓库留存，另两份需随货带走，并在送货完成后一份留给客户，另一份签单将在送完货物两个工作日以内装箱返回上海，驻场人员在货单上注明装载具体托数、箱数。

（3）回单要在签收之日起两个月内返回 A 客户。

（4）回单是结算货款的凭证，回单应妥善保管，随身携带，不准将回单遗留在车上过夜，如果丢失回单将对此票业务进行罚款。

3. 运输要求

（1）厢式车必须配备足够的紧固件加固货物，加固时必须在外箱菱角处加保护块以免纸箱破损。

（2）在确认所需运输的货物后，对货物进行包装确保货物在运输途中无破损和遗失。

（3）到达 A 客户指定目标地，按要求把货物就位摆放好。

4. 信息沟通

需要与 A 客户及时沟通的方面有：商品在配送中发生的问题、承运商在配送中的问题、不能按时送达客户；单据、商品等的遗失。

以上异常情况承运商必须 2 小时内反馈给 A 客户项目部客服专员，坚决不可直接联系终端收货客户，并根据 A 客户的要求及时返回相关回单，做好破损退货等相关操作。承运商需每天提供商品跟踪信息，意外情况及时反馈沟通。

5. 送货环节

（1）按送货单地址送货；

（2）不得随意更改送货单位地址，若收货方客户需要更改，必须要客服接到 A 客户方面邮件指令时才能更改地址；

（3）货单和货物应同时与客户交接；

（4）保持送货单签收的干净整洁（签字、时间、盖章）；

（5）如客户签收实收数量，则以实收数量为准；

（6）签收时若商品有破损，需及时联系 A 客户，由 A 客户与收货方客户进行协调沟通。特别是以医院为最终客户的情况，送货人员必须先电话预约送货时间并且送货态度友好，帮客户把货物就位好。

6. 送货纠纷

（1）司机在送货时应态度友好，耐心。

（2）在送货期间如发生特殊情况（如客户刁难等），必须及时通知客服部，由客服部协调客户解决。

（3）如果客户拒收货品或发生争议，司机应立即与客服部联系，由客服部与客户进行协调，解决送货争议问题。

（4）任何送货司机不能和客户有任何冲突，一切不公的事情由客服部协调客户解决。

7. 货物跟踪

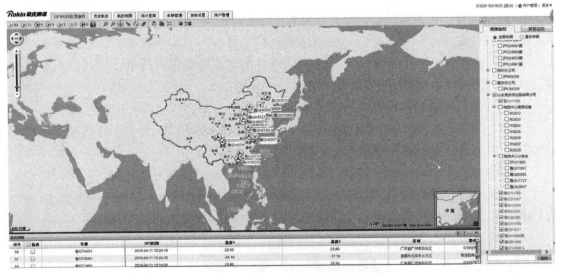

图 6－9－11　物流车辆追踪系统动态图

（1）货物每天 1 次跟踪，对于需当天送货的货物需及时跟踪司机，查看送货情况；

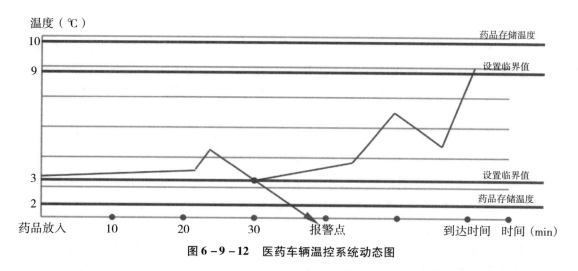

图 6 - 9 - 12　医药车辆温控系统动态图

（2）长途车辆不得在同一地点停留 10 小时以上，及时监控。如有意外情况第一时间通知相关客服。

8. 退货要求

对于破损、有异常的货物需统一退货，退货时需做出退货明细，认真核对退货件数，货物包装是否完好以及货物属性。

9. 结算操作

按月结算，每月月底由承运商制作上月结算运费账单供 A 客户核对。每月破损赔付明细由 A 客户方提供给承运商核对，客服专员需每天与客户进行账单核定。

10. 特殊项目要求

特殊货物就位时会用到大型工具产生的额外费用必须第一时间以邮件形式告知 A 客户方面。

五、合约物流绩效分析

1. 合约物流的特征

（1）资源整合化

荣庆物流通过整合自身或外部的物流资源，为客户提供"仓干配一体化"的物流服务。

荣庆物流现在 IT 业务系统中已有外部车辆资源 20000 余台，现有仓储资源 50 余万平方米，通过调集自身车辆资源和仓储设施，整合外部运输、仓储等资源，充分调动社会运力，提高企业物流运输效率，降低物流成本。荣庆还通过整合技术资源，对信息系统、RFID 设备、自动化设备等进行综合运用，以保证服务质量，提高物流效率，降低运营成本。此外，荣庆每年都会引进并培养一大批优秀的物流专业人才，以整合供应链管理、营销、专业技术等多方面的人才。

（2）个性化定制

荣庆物流的客户可以分为三大类，即冷链、化工、普货，这些客户对物流的需求具有明显的差异化。在某个特定行业中，不同客户自身的供应链模式和物流需求也不尽相同。荣庆物流具有根据客户个性化需求，提供定制化的合约物流服务的能力。

（3）管理项目化

合约物流服务提供商的各个项目的运作模式往往不相同，无法采用标准化管理模式，而需通过组建项目组，进行项目化管理。如今，荣庆在冷链方面，有专门针对医药领域的医药项目部；在化工方面，有专门针对特定客户的陶氏项目部、巴斯夫项目部；在普货方面，有单独进行化妆品物流业务操作的化妆品项目部。

（4）区域性定位

合约物流客户分布具有一定的区域性，现在荣庆的客户主要集中在东南、华南及沿海发达城市等制造业密集、零售业发达的地区，荣庆物流在全国的网点划分方面专门设有华南区、华东区以及包括天津和北京的华北区。由于近几年制造业内迁的势头加速，以及市场销售端向内地纵深扩展，合约物流客户分布正在逐渐向中西部扩张，荣庆也顺应市场潮流，在成都、武汉、长沙、西安等中西部省会城市成立了分公司，开始进入中西部合约物流市场。

2. 合约物流的优势

（1）有利于节约投资，降低物流成本。

大型生产企业自行建立配送中心，需要大笔建设资金，如果利用外界的资源，委托第三方物流即社会化的物流配送中心承担配送业务，大企业就可以将这笔资金用于发展连锁业务和实现技术革新。国外的大型公司不建立自有的配送中心，原因就在于此。

（2）有利于实现物流现代化，提高企业的综合效益。

物流自动化程度相当高的经济发达国家，配送中心往往采用作为现代化重要标志的无人自动化高架仓库和自动分拣货物系统。这些先进的物流设施给企业带来的经济效益已是显而易见。所以，实现物流现代化，是企业生产效率提高的要求，更是社会发展的要求。

（3）有利于为将来的物流网络建设奠定基础。

经济向前发展，各行各业实现网络化运营势不可当。销售网络化，信息网络化，物流发展更应该网络化，这样就从根本上解决了配送过程中的距离和路线问题。每个超市公司和大型企业都建立自己的物流网络是不可能的，只有大型的社会化物流中心才能胜任。

以上三点充分说明，合约物流公司的出现，才能使物流配送社会化，走合约物流的道路才是企业不断提高经济效益的根本。

六、实践经验与未来展望

1. 荣庆物流的特色：专注合约物流

荣庆物流30年始终如一实行"专注合约物流，打造贴心服务"的经营策略，为客户量身定制精准化、个性化的物流解决方案，最大优化服务质量。

2. 荣庆物流的优势：综合信息平台

多年来，荣庆公司一直着力于创建物流办公信息化平台建设，已经成功打造应用 TMS 系统、GPS 系统、条码扫描系统、资源管理系统、车辆管理系统、签单长传系统、APP 应用系统等。

3. 荣庆物流的未来：规范、创新、提升

荣庆物流未来发展的愿景："成为合约物流的领跑者"，并且朝着这个目标不断地努力着，包括制定清晰的企业经营战略、不断优化企业内部管理、不断规范企业操作流程，已经取得了积极成效。相信，未来在全体荣庆人的共同努力下，一定能成为合约物流的领跑者，并且朝着更高的目标不断前行。

撰稿人：荣庆物流供应链有限公司企划部副总监　陈　彬
　　　　荣庆物流供应链有限公司企划部品牌总监　耿祥伟
　　　　荣庆物流供应链有限公司企划部规划专员　程博竞

案例十　上海郑明现代物流：掘金供应链金融物流

一、企业简介

上海郑明现代物流有限公司（以下简称"郑明公司"）由郑明集团物流事业版块整合而成，前身是 1994 年成立的上海郑明汽车运输有限公司，作为公路运输承运者的身份跻身全国物流运输市场。经多年不懈努力，由初始的单一公路运输承运人发展成为国内领先的专业物流服务提供商，业务已延伸至冷链物流、汽配物流、电商物流、商贸物流及供应链金融等，业务网络已经覆盖全国 90% 的重要城市。公司已经与多家企业建立起稳定的战略合作伙伴关系，包括蒙牛、伊利、思念、三全食品、麦当劳、肯德基等全国知名企业。

郑明公司实力出众，拥有强大的物流基础设施和物流设备资源。自有现代化冷链运输车辆 600 余辆，特种集装箱运输车辆 50 余辆，厢式及其他运输车辆 300 余辆。每日冷链货物吞吐量 5500 余吨，其他各类货物吞吐量 9500 余吨。郑明公司在全国各节点城市建立起仓储基地和冷库中心，现拥有 30 万平方米仓储中心，在上海松江、上海浦东、江苏南京、江苏芜湖、江苏仪征等地拥有大型物流中心。正是基于强大物流资源，郑明公司在为客户提供干线运输、城市配送、仓储管理、包装加工、物流信息反馈等业务时才会显得游刃有余。此外，健全的物流设备资源为郑明公司在进行业务重组、物流方案设计、开展供应链金融及其他增值业务时打下牢固的基础。

郑明公司秉承"心系所托，物畅其流"的服务理念，以优质的服务、规范的管理、领先的技术和强大的资源整合能力服务客户，2015 年全年总收入突破 16 亿大关，并且仍以年 50% 的增长速度崛起。目前，郑明公司设定了将公司发展成为领先的专业供应链解决方案提供商的企业愿景，围绕郑明公司企业战略转型升级目标，不断开拓创新，为客户提供优质服务。

二、供应链物流整合背景

改革开放之后，我国物流行业发展与经济发展并驾齐驱，物流行业经历 30 多年的快速增长，取得瞩目的成绩。但是近几年受到国内经济增速放缓及经济结构调整，物流行业发展速度呈现下降趋势，物流行业发展问题也逐渐显露无遗。总体来说，当前我国物流行业问题主要呈现在社会物流费用较高、物流管理体制混乱、物流发展观念落后、物流技术创新应用程度低等方面。根据中国物流与采购联合会报告显示，2014 年我国社会物流总费用占 GDP 的比重为 16.6%，较 1991 年下降 7.2 个百分点，但仍是美日发达国家的 2 倍。社会物流成本高严重影响商品流通效率，影响经济发展水平和结构调整。目前国家已经出台多份文件涉及物流成本降低问题，2015 年中央经济工作会议更是明确指出要降低物流成本，推进流通体制改革，帮助企业降低成本。面对企业可持续发展要求，物流企业实现供应链物流整合运作将有助于企业提升自身核心竞争力，降低物流运作成本，提高企业整体收益。从行业发展现状来看，对供应链资源及物流资源的整合能力已经成为如今行业龙头企业的核心竞争力。表 6 - 10 - 1 给出了当前国内比较成功的供应链服务企业的核心竞争力。怡亚通核心竞争力在于对供应链资源的整合能力，新邦物流核心竞争力在于物流业务资源整合能力，飞马国际核心竞争力为对供应链技术与运作能力，天地汇核心竞争力为对公路港网络的整合能力。

表 6 - 10 - 1　　　　　国内供应链服务企业价值定位及核心能力

企业简称	价值定位	核心竞争力	业务模式
怡亚通	供应链服务平台	供应链资源整合能力	供应链服务平台、B2B/O2O 分销平台、供应链金融、供应链管理咨询
新邦物流	智慧物流平台	物流业务资源整合能力	公路运输、航空货运代理、城际配送
飞马国际	供应链外包方案与运营商	供应链技术与运作能力	综合供应链服务、煤炭供应链服务、塑化供应链服务和有色金属供应链服务
天地汇	公路港网络运营平台	公路港网络整合能力	天地卡航、配货、供应链金融

数据来源：郑明公司内部调研数据整理。

不管从国内物流行业发展现状还是国家对物流行业支持力度来看，供应链物流整合已经成为物流行业发展方向，能够帮助物流企业形成难以被模仿的核心竞争力。实际上，从 2013 年开始，郑明公司就开启了供应链物流整合能力之路，在实践中不断探索积累经验，通过项目实践方式逐渐形成自身的核心竞争力，在有效阻止恶意竞争的同时，也不断提升对供应链资源整合效率，提升公司业务规模和赢利水平。

三、供应链物流整合运作

供应链物流整合的本质是围绕整条供应链物流活动所进行的物流资源整合管理，实现缩短整条供应链物流活动时间、提高供应链物流运作效率的目标。而在实践过程中，郑明公司以项目制形式有效配置公司内部资源，在不断地项目实践中逐渐培育供应链物流整合能力。麦肯食品供应链整合项目最能体现出郑明公司核心竞争力形成的过程。

麦肯集团是加拿大麦肯食品集团的简称，成立于 1957 年，总部设在加拿大多伦多，是全球最大的法式薯条及冷冻食品生产商，所生产的薯条主要供应给麦当劳、肯德基等全球知名快餐企业。随着麦当劳、肯德基等核心客户全球化战略的延伸和竞争方式快速转变，为了适应市场变化需求，麦肯集团 2004 年在黑龙江省的省会哈尔滨成立哈尔滨麦肯食品有限公司（以下简称"麦肯食品公司"），该公司是麦肯在亚洲开设的第一个工厂，也是麦肯在中国的总部。麦肯食品公司占地 24 万平方米，现有员工 150 人。工厂建有接收筛选车间、加工车间、冷冻车间、包装车间，是目前麦肯集团最先进的薯条生产线。加工能力每小时加工出产成品薯条 10 吨。成品薯条主要服务于东北、华北地区客户。

（一）麦肯项目机缘

对郑明公司来说，与麦肯食品公司合作可谓是机缘巧合。正当郑明公司迫切寻求业务合作时，得知麦肯食品公司遇到一些运营问题和资金压力，想要寻找有实力的第三方物流公司进行合作。公司意识到这将是一次非常难得的机会，立马成立谈判组与麦肯食品公司展开合作会谈。谈判的结果让人欣喜，郑明公司以其过硬的运营能力和雄厚的资金实力得到了麦肯食品公司的认可，确定郑明公司为其第三方物流企业合作方。

在麦肯食品供应链项目实施过程中，郑明公司负责改造麦肯食品供应链，为后者提供专业的供应链服务、物流管理及资金运作服务，目的在于降低麦肯食品供应链采购环节土豆损失量及筛选高淀粉含量土豆，并提高供应链物流运作效率及减轻麦肯公司生产负担和资金压力。郑明公司以供应链金融业务为切入点，逐渐深入对麦肯供应链的整合管理，包括供应链业务流程再造、车辆整合、土豆检验检疫及供应链资金整合。并最终实现全程运输可视化监管，简化收购环节及配套资金合理运用的目标，物流服务水平得到很大改善，供应链库存水平显著降低，车辆标准化使用效率也明显提升。

为确保麦肯食品供应链项目成功运作，公司调动大量资源，专门成立"麦肯食品供应链"项目组，负责麦肯食品供应链项目。

麦肯食品公司薯条生产所需原材料土豆来自于内蒙古多伦、蓝齐和呼伦贝尔陈旗等地的种植基地。土豆种植采用"公司+农户"模式，根据采购合同协议，麦肯食品公司提前支付协议农户 30% 预付款用于购买化肥、农药及租赁机器，解决农户种植土豆面临的资金压力。土豆成熟后农户自己寻找车辆将土豆运送到麦肯收购场地，土豆经过质检环节进入麦肯收购仓库，作为薯条原材料等待被加工。土豆原料库、薯条半成品仓库都设在工厂周围。麦肯食品公司薯条加工厂设在哈尔滨，根据客户需求通过第三方物流企业配送给客户。

图 6 - 10 - 1 是麦肯食品公司传统薯条供应链模式图，麦肯食品公司正是基于这种供应链管理模式源源不断将薯条配送到东北、华东地区的麦当劳、肯德基营业点。但是这种传统供应链管理模式在供应链管理成本和物流成本的不断提升及客户服务质量要求不断完善的背景下亟须改变。麦肯原有薯条供应链从上游土豆种植、采摘、包装、运输开始，到检验、收购、加工制作成薯条半成品及储存，再到末端下游的销售、配送等环节都存在一些问题，严重影响物流效率和客户服务水平。

1. 土豆运输问题

豆农除了负责种植土豆之外，还要在土豆成熟时负责将土豆运送到麦肯土豆收购中心，从田间到收购中心约 20 个小时车程。采用的运输方式包括两种：自有车辆运输和租

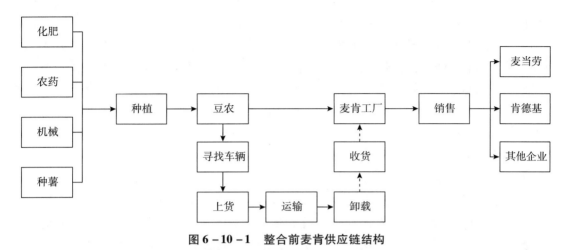

图 6 - 10 - 1　整合前麦肯供应链结构

数据来源：郑明公司内部调研数据整理。

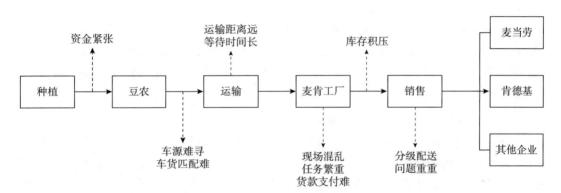

图 6 - 10 - 2　麦肯供应链问题剖析图

数据来源：郑明公司内部调研数据整理。

赁车辆运输。由于农户自身水平限制不足以运输如此多土豆，租赁车辆就成了农户运输土豆主要方式，租赁车辆类型分为两种，较正规的第三方物流运输车队和非正规的民间自有车辆。第三方物流运输车队由于其能够提供较为标准的物流服务受到麦肯公司的青睐，但其较高的收费标准却让农民在选择车辆时望而却步。基于这种前提条件，民间自有租赁车辆受到很大欢迎，但是由于该类车辆规格不一，难以管理，给麦肯收购带来不小的问题。土豆成熟季节集中在 8~9 月份，每年到这个时期种植农户就到处寻找车辆以便及时将自己的土豆运输到麦肯收购中心，如此多的土豆数量，寻找车辆成为难题，并已经严重影响土豆收购质量和农户收益。

2. 麦肯食品公司现场收购管理问题

麦肯食品公司的收购中心紧挨仓库，严格说收购场地就是仓库前一片空地，每年麦肯公司都要在这里完成 20 余万吨土豆收购任务，每天要完成 100~140 辆货车的收购，如此大的收购规模着实给麦肯食品公司物流采购人员带来不小的压力。收购中心遵循着"排车—验质—过磅检斤—卸车入库—结算"流程完成每一车土豆收购。土豆的季节性因素决定了其必须集中收购，致使采购中心前排满大量载满土豆的车，按照麦肯食品公司现有收购能力不能将每天排队的土豆全部实现入库，给排队等待验收的在车土豆造成很大危害，土豆变质问题已很严重影响豆农收益。据估计，司机现场等待时间平均在 2 天，相较于 1 天运输时间显得很长。此外，运输司机素质普遍较低，夹号、插队现象严重，甚至偷土豆、偷车油、偷轮胎等事件也时有发生。麦肯食品公司核心竞争力是企业的生产能力，因此对于土豆收购环节没能安排更多资源，增加采购人员或者采购渠道都会增加成本，这对其收购管理提出挑战。

3. 薯条库存积压严重

麦肯食品公司库存积压来源两个方面：上游的土豆原材料库存和下游的薯条产成品库存。上游土豆原材料库存受土豆收购季节的影响，土豆供给期集中在特定的时间，而土豆生产需求则相对稳定。麦肯食品公司下游客户麦当劳、肯德基、德克士在供应链中的强势地位决定后者按照市场需求采购成品薯条，麦肯公司为了提升客户满意度不得不增加安全库存。库存积压严重影响库存周转率，并占用大量流动资金。

4. 麦肯食品公司下游配送难

麦肯食品公司库存集中于各区域配送中心，配送方式依赖第三方物流企业，这些企业规模、经营理念、诚信水平存在差异，造成麦肯食品公司的下游配送没能形成完整高效的物流配送网络，物流配送时间长及产品损坏率高成了麦肯配送网络致命的缺陷。此外，物流外包引起的合同问题影响麦肯公司与物流公司协同管理。

5. 麦肯食品公司资金管理困难重重

麦肯食品公司在豆农种植前会预付 30% 账款，土豆收购三个月后逐渐与农户结清尾款。麦肯食品公司根据品质高低把土豆分为几个等级，一等品的土豆价格最高，每吨 1300 ~ 1550 元；而破损较严重的土豆，每吨只有 650 ~ 780 元的价钱。按照每吨 1500 元计算，20 万吨的土豆采购，麦肯公司需要准备 3 亿款项。从麦肯的年度生产成本报告中可以发现，土豆采购成本占到麦肯薯条生产总成本的 70% 多。公司融资方式依赖银行贷款，还有外汇汇率变动的风险，高额的财务费用成了麦肯食品公司不小的财务负担。

（二）供应链整合策略

根据以上麦肯食品供应链存在的问题，郑明公司都给出策略应对。

1. 麦肯项目切入点——供应链金融

麦肯公司寻求郑明公司合作初衷在于为其提供专业物流运输与仓储服务，合作初期麦肯公司仅希望郑明物流能够在土豆采购运输及薯条仓储配送方面有所改善，但在深入合作之后，郑明物流发现麦肯供应链最严重的弊端在于资金问题，包括预付 30% 账款及土豆收购结束后余款结算，采购资金量非常大，给麦肯带来不小财务负担。基于此，郑明物流建议与麦肯公司深化合作，不仅为其提供专业物流服务，还提供专业供应链管理方案。正所谓"兵马未动，粮草先行"，解决麦肯公司 30% 预付账款首当其冲。郑明提出的解决策略是采购执行，采购执行业务模式属于供应链金融业务之一，其本质在于郑明物流作为供应链物流整合商代替麦肯公司完成采购业务，实现资金垫付功能。具体流程如图 6 - 10 - 3 所示。

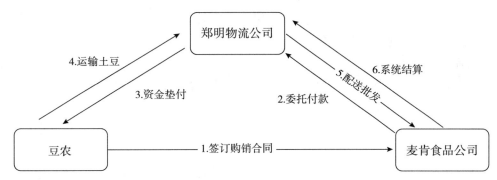

图6-10-3　郑明公司采购执行流程图

数据来源：郑明公司内部调研数据整理。

2. 车辆整合方案

公司专门开发车辆招标平台，符合条件车辆都在平台登记信息，确认车辆符合标准后系统会自动将车辆纳入运输车辆范畴中。公司还开发车辆调度系统，利用GPS技术实现全程物流运输可视化，并优化车辆运输路径。形成专业的运输团队，合理安排了运输计划与时间，做到有组织有纪律有方向。并且设定了运输质量标准，杜绝超载现象。在保证满足车辆需求的情况下，疏通道路，缓解操作人员的工作强度，尽量避免了到达目的地后盲目、无序等待的现象。通过对车辆资源整合，郑明物流迅速扩大运力规模，随时随地满足土豆采购业务和产成品配送业务，不但有效解决运力不均衡问题，对物流服务质量的改善也相得益彰，如图6-10-4所示。

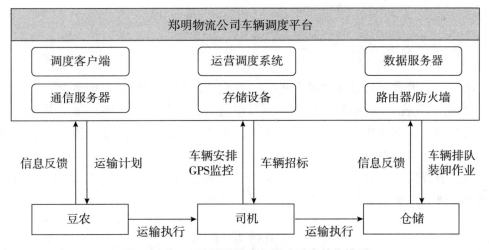

图6-10-4　郑明物流车辆调度平台简化模型

数据来源：郑明公司内部调研数据整理。

3. 收购环节——SOP管理

郑明公司为麦肯食品公司制造一套全面的SOP管理，将区域根据到货后的作业流程如卸货、质检、称重、移库等，进行依次划分，每个区域根据工作量繁重配置工作人员，这样既保证各区域独立运作，又能很好地衔接，效率大大提高。而对于各个流程的操作也进行了标准化规定，以减少操作失误，保证安全性。此外，加大检验检疫力度，做到土豆进库前无损、无害、无变质的目标。

4. 物流配送环节

郑明公司建立三级配送网络完成麦肯食品公司薯条配送。以哈尔滨为中央配送中心，二级配送网络节点涵盖天津、北京、上海等省会城市，三级配送网络节点延伸至城市各行政县区。通过物流网络规划，做到配送中心、库、车与线路的集约、有效衔接，实现了对下游客户的敏捷响应。

通过对供应链资金整合、运输车辆整合、人员整合以及收购环节的规范化管理，郑明公司在麦肯食品供应链管理发挥的作用从最初单环节合作到全面整合，而对麦肯食品供应链整合从复杂化到简单化跨越，麦肯食品公司将非核心的采购业务、运输业务、检验检疫及仓储配送业务外包给郑明公司，集中资源发挥生产优势。经过实施完成供应链整合策略之后，麦肯食品供应链呈现扁平化结构。郑明公司在麦肯食品供应链中已发挥不可代替的作用，如图 6 – 10 – 5 所示。

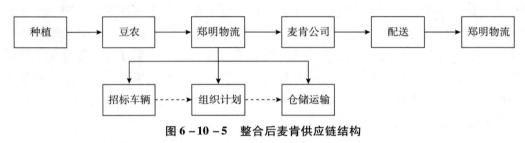

图 6 – 10 – 5　整合后麦肯供应链结构

数据来源：郑明公司内部调研数据整理。

（三）供应链物流整合效果

郑明公司对麦肯食品供应链项目的整合在供应链资金运作、车辆整合、土豆收购检验检疫及物流配送都取得很好的效果。在供应链资金运作方面，明显缓解麦肯食品公司资金紧张问题，麦肯食品公司将资金应用于扩大土豆生产及产品安全检测方面，保障食品安全问题。此外，农民收款账期从 60 天缩短到 15 ~ 30 天。

车辆整合效果也显而易见，在用车数量、排队等待时间、运输监管、土豆损失、货物超载等方面做出很大改善。具体如表 6 – 10 – 2 所示。

表 6 – 10 – 2　　　　　　　　　　　　车辆整合效果

整合指标	整合效果
用车数量	从 2000 辆减少到 1200 辆
排队等待时间	从 48 小时缩短到 8 ~ 12 小时
运输监管	全程可视化监管
土豆损失	土豆损失量大大降低
货物超载	无

资料来源：郑明公司内部资料整理。

现场收购利用 SOP 管理手段明显提升土豆收购效率，降低土豆损坏率，提高收购土豆的含淀粉量。此外，郑明公司利用完善的物流配送网络对麦肯食品供应链项目半成品和产成品的配送也取得很好收益。

四、供应链物流整合能力的形成

郑明公司在具体项目实践过程中形成的核心竞争力体现为供应链物流整合能力，包含管理技术能力和信息技术能力两个层面。管理技术能力的形成是通过对内部组织结构调整、企业制度创新和业务整合管理一系列内部调整举措相互协调下完成的，而信息技术能力是通过对企业物流信息系统的升级改造和物流技术的创新应用下实现的。通过将"软件"系统（管理技术能力）和"硬件"系统（信息技术能力）相结合，形成对供应链物流整合能力培育的有力保障。

1. 组织结构由职能型转变成矩阵型

郑明公司改革之前组织结构为职能型结构，根据业务职能将企业划分为运营部、财务部、营销部、人力资源部、技术部和风控部，将企业业务活动划分为不同类型。职能型组织结构优势在于能够有效促进劳动分工，各部门各负其责，最大化其专业知识运用。但其劣势也很明显，领导权力过于集中和管理方式过于僵化抑制员工上升空间，影响员工积极性。另外，部门间严格的工作分工导致部门隔阂的出现，严重影响工作效率。

郑明公司进行商业模式创新之后，将组织结构由职能型转变为矩阵型。以项目管理制度维持权力分配和沟通的平衡。矩阵型组织能够增强信息共享程度和资源配置效率。项目从一开始就已经明确组织目标，员工很清楚自身角色定位。项目取消相对容易，取消后项目各人员重新回到原岗位，或者再参加其他项目。

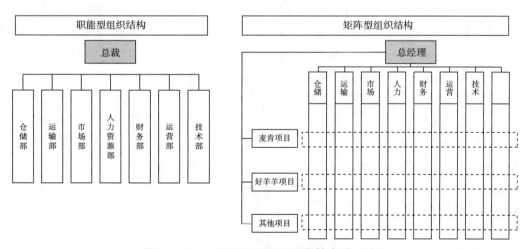

图 6 - 10 - 6　郑明公司组织结构转变前后对比

数据来源：郑明公司内部调研数据整理。

2. 企业制度创新

郑明公司企业制度创新反映在企业文化、规章制度和绩效考核三个方面。

——企业文化。公司将"开放、信任、创新、成就"归纳为企业价值观，要求公司领导和员工坚守"开放创新"的精神体制，不故步自封，始终保持"海纳百川"的胸怀。无论公司发展战略作何调整，"以客户为中心"的经营理念亘古不变，在价值创造过程中与客户站在同一水平线上，以客户立场思考问题，而在价值传递过程中确保服务质量，甚至超过客户服务预期目标。

——规章制度。公司对规章制度的制定非常严厉。大到公司发展战略调整、小到员工礼仪卫生都有相关制度规定。尤为特别的是成立卫生检查小组，每天早上九点半对公司每一位员工进行个人着装和办公桌卫生检查。公司规定员工着装得体大方，不得穿短裤、拖鞋上班，不能在公司内部吃早餐、零食，一经发现扣除相应分数。在这种规章制度影响下，郑明公司内部员工精神焕发，谈吐优雅，充满自信。

——绩效考核。自从将组织结构调整为矩阵型后，对中层管理人员和员工激励作用效果十分明显。进而公司发布《上海郑明现代物流有限公司员工绩效考核管理办法》，以文件形式规范企业绩效考核管理。各层领导及员工自觉遵守绩效考核管理办法，统一明确管理人员和业务人员职责范围和考核准则。每月以积分制的形式给管理人员和业务人员打分，员工超额完成任务会有积分奖励，每月任务不达标则扣除相应分数，每月底进行结算，按照积分多少进行奖励。

3. 业务整合管理

郑明公司将原先业务整合成五大业务：冷链物流、汽配物流、电商物流、商贸物流和供应链金融。以干线、仓储和市配为主的全程冷链服务根据客户需求提供全程冷链及相关衍生服务（分拣、包装、加工），具备一车多温带技术。通过干线运输、冷库仓储、市区配送完成全程冷链配送服务。为客户提供衍生服务，如：订单整合、冷冻货物分拣、包装等，安全、绿色、全程冷链为消费者提供可靠、品质、贴心的冷链服务。汽配物流主营干线运输、市内短驳运输、厂内短驳运输、仓库管理、仓库增值服务、供应链方案设计等。电商物流以进出口物流与贸易、国内冷链专线、生鲜宅配、医药化工及仓储运输为主要服务模式，拥有损腐率控制及"最后一公里"解决等技术，目前已与阿里巴巴、东方航空公司、淘宝、天猫、京东商城、顺丰优选、1号店、天天果园、优安鲜品等多家电商企业合作，形成了一、二线城市完善的电商物流网络。商贸物流以快消品仓储和配送为主要服务模式，服务客户主要包括超市、便利店、客户总仓以及分销商等，根据订单计划和客户类型合理进行运作，保证客户物流链的顺畅，在物流环节为客户战略发展提供有力的保障。而供应链金融业务已发展成为集贸易执行、贸易结算和供应链融资为一体的供应链金融服务。

4. 物流技术应用升级

公司花费巨资升级公司物流管理信息系统，引进高素质技术人才，已经形成专业的物流技术应用团队。通过不断技术积累，公司2013年通过上海市技术水平认定。2015年9月中国人力资源及保障部和国家博士后管理委员会批准成为国家唯一物流行业的博士后科研工作站。公司物流技术应用不仅表现在系统开发上，物流业务新技术的应用也受到青睐。物联网技术在冷链多温控运输环节的应用、二维码技术在票据管理和仓库管理中的应用等项目都在紧锣密鼓的进行中，一旦项目得到突破，将大大降低公司运营成本和管理成本。

从最初制定供应链解决方案提供商愿景，到一步步摸索公司核心竞争力的培育，郑明公司建立起来的战略实施步骤走得独特而艰难。利用具体项目落实核心竞争力的构建，不得不说这一步走得惊心动魄，但是回过头来看，现今郑明公司企业面貌焕然一新，展现出一副由弱到强的发展风貌。承接供应链项目也越来越多，公司营收结构中，运输、仓储收入比例呈下降趋势，而供应链管理服务业务收入明显上升。供应链物流整合能力帮助郑明公司脱胎换骨，实现飞跃。

撰稿人：上海郑明现代物流有限公司董事长、总裁　黄郑明
上海郑明现代物流研究所所长　储雪俭
上海郑明现代物流有限公司副总裁　杨新林
上海郑明现代物流研究所助理研究员　李聘飞

案例十一　中都物流：精益管理的北汽自主品牌生产物流供应链

一、中都物流有限公司简介

中都物流有限公司（以下简称"中都"），5A级物流企业，北汽集团物流平台。中都成立于2008年1月8日，是由北汽集团和首钢集团共同投资设立的物流公司，注册资金4.5亿元。共有十个下属公司，职工1500余人。中都拥有从事汽车和钢铁物流的核心资源和关键业务，业务范围涉及汽车生产物流、整车物流、售后物流、钢铁物流、国际物流等方面，具备完整的第三方物流（3PL）功能和能力，并正在以此为基础拓展第四方物流（4PL）业务。2015年中都物流实现营业收入35亿元，位于汽车物流行业前列。

中都秉持着"创造价值、追求卓越"的企业经营理念，"学习进取，团结协作，创新奉献"的企业精神，"为客户创价值、为企业求发展、为员工谋福利"的核心价值观，致力于将自身打造成为中国最具影响力的汽车和钢铁物流运营商。它依托北汽集团发展战略，在北京、株洲、黄骅、增城、镇江五个城市建立了（不含在建及规划中）汽车物流基地，总面积超2000亩，可为汽车工厂提供全方位、一体化的供应链解决方案。中都联合铁路、公路、海运等重要战略合作企业，建立了全面的整体物流资源综合网，已成为国内汽车和钢铁物流的中坚力量。

二、实施精益供应链背景

（一）顺应自主品牌快速发展的需要

汽车工业是国家的重要支柱产业之一，在党中央、国务院的战略部署及坚持科学发展的领导下，汽车工业稳中求进，攻坚克难，平稳增长，呈现良好发展态势，汽车产销量连续五年蝉联全球第一。中国是名副其实的汽车制造大国，但不是创造大国，要成为汽车强国，必须要有强大的自主品牌。为鼓励自主品牌发展，国家出台了相关鼓励性政策。2009年，国家发布《汽车产业调整和振兴规划》规定，"各级政府和公共机构配备更新公用车自主品牌汽车所占比例不得低于50%；自主新能源汽车，政府部门更要优先采购"。2012年，习近平总书记在《关于领导干部"配车问题"发表的内部讲话》时也强调逐渐发展自主品牌的重要性。2014年除对自主品牌车辆购置税补贴比例较高，政府还以采购和租赁公车的形式扶持自主品牌，并在发布的《关于2014—2015年度中央国家机关车辆租赁定点采购（试行）有关事宜的通知》，则明确指出汽车租赁应选择国产汽车。2015 年，我国自主品牌汽车销售数量已经从 2006 年的 111.7 万辆增加至 873.76 万辆，短短七年时间翻了 7 倍之多，其市场份额在近五年也呈现稳步上升的趋势（如图 6 - 11 - 1 所示），自主品牌汽车发展空间和机会较大。

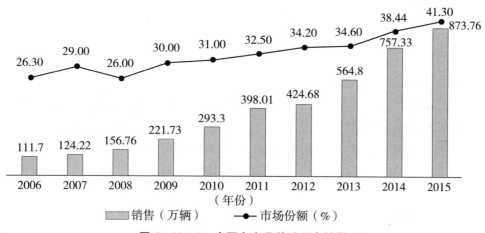

图 6 - 11 - 1　全国自主品牌乘用车销量

（二）顺应集团对物流服务商提出的新要求

经济的快速增长以及国家政策的大力支持，自主品牌汽车已成为我国乘用车市场的重要力量，各大汽车集团也将自主品牌汽车的发展列为发展的重要战略目标。北汽集团自主品牌起步较晚，至 2010 年第一款自主品牌轿车——株洲基地生产的威旺 306 出炉，北汽才真正进入自主品牌乘用车市场。随后，通过收购萨博技术、E 系列上市，北汽自主品牌系列取得逐步发展，并在北京、株洲、广州、重庆、黄骅、镇江等地分别建造了乘用车生产基地。

由于存在技术起步晚、研发能力弱、制造经验欠缺、产品质量较差等不利因素，如何实现自主品牌的快速成长、提高竞争实力是北汽面临的重大问题。对于专业性较强、操作难度较大的生产物流环节，目前正面临一系列问题，如何实现高效益、低成本生产物流运作成为了北汽对物流服务商提出的新要求。

（1）汽车产量少，对供应商管控力弱。北汽自主品牌处在起步阶段时，产量少，供应商送货批量小、频率低，利润小导致供应商配合程度低，出现供应商不按计划送货等情况。超计划送货或少送，出现大量占用缓存库的面积和停线风险超高。

（2）供应商分散，配送费用高。由于起步晚，供应商定点分布未稳定，加之产量少，供应商很难在主机厂附近建立自己的仓库，小批量多频次的直送方式导致配送成本居高不下。

（3）人员、车辆出入库众多，难以管理。随着自主品牌汽车产量、车型的增加，出入厂的人员、车量增大，主机厂管理难度加大。

自主品牌的良好势头，给北汽带来了发展机遇。但由于起步晚、研发薄弱、生产供应难等问题，北汽自主品牌能否在市场中分得一杯羹，也是北汽集团面临的发展挑战。

中都作为集团向所属企业推荐的专业物流服务提供商，针对集团自主品牌发展的现状以及问题，迫切需要寻找一条属于符合北汽现状的自主品牌发展之路。

三、精益供应链的内涵与特点

（一）精益管理生产物流供应链内涵

精益生产供应链的内涵是通过精益管理的运作方式将各个环节用信息管理系统有机的连接起来，使得资源在整个系统中进行有效的整合和利用，实现系统总成本相对较低、总效率相对较高的整体优化。

供应链物流系统一般由供应物流、生产物流和分销物流组成。而供应链物流系统中的生产物流与其他两个环节是密不可分的，生产物流是基于销售领域的客户订货和生产领域的生产计划而产生的。而基于精益管理下的生产物流环节是接收生产物流上游生产企业的信息流并且把这一信息流中所产生的实物流环节进行优化和改造，免除不必要的步骤、耽搁、等待以及消耗，最大限度地减少成本，最大程度地提高供应链物流体系中生产物流环节的实施与控制。

在科学分析生产物流供应链的基础上，中都以精益管理理论为指导，通过最小的资源投入，创造出尽可能多的价值，在为顾客提供满意的产品与服务的同时，把浪费降到最低。通过精益管理思想来指导生产物流供应链运作，不仅可以降低主机厂库存、提高零部件品质、缩短生产周期、消除七大浪费、减少人员数量、提高总体效益，而且还可以强化企业员工的管理理念、创新能力和团队协作精神，为中都带来有形和无形的双重效益。

（二）精益管理生产物流供应链特点

（1）生产物流供应链管理把所有节点看作是一个整体，实现全过程的战略管理。

传统的管理模式往往以各个节点的职能为基础，但由于各节点之间以及企业内部职能部门之间的性质、目标不同，造成相互的矛盾和利益冲突，各节点之间以及企业内部职能部门之间无法完全发挥其职能效率。因而很难实现整体目标化。

而精益生产物流供应链是由供应商、主机厂和服务商组成的网状结构。链中各环节不是彼此分割的，而是环环相扣的一个有机整体，通过信息流和实物流的相互反馈，使信息流和实物流形成闭合回路。它覆盖了整个物流，从原材料和零部件的采购与供应、产品制造、运输与仓储等各种职能领域。它要求各节点之间实现信息共享、风险共担、利益共存，并从战略的高度来认识供应链管理的重要性和必要性，从而真正实现整体的有效管理。

（2）精益生产下的供应链物流管理是一种集成化的管理模式。

精益生产方式中的生产计划只有主生产计划，然后根据主生产计划由下一道工序向上一道工序提出需求，利用看板技术实现准时生产，供应链环境下的精益生产方式把这

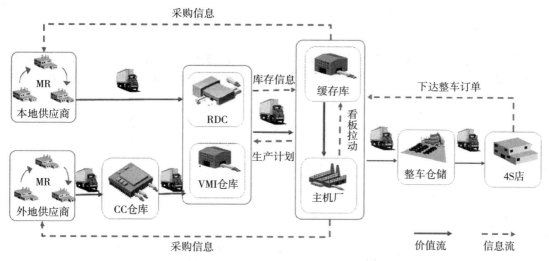

图 6 - 11 - 2 供应链示意

种需求拉动范围扩大到了整条供应链上,然后将这种计划进行合理的分解与处理。它是一种从供应商开始,经由 CC、RDC、主机厂的全要素、全过程的集成化管理模式,是一种新的管理策略,它把各个节点集成起来以增加整个生产物流供应链的效率,注重的是各个节点之间的合作,以达到全局最优。供应链环境下的精益生产方式把这种需求拉动范围扩大到了整条供应链上。在整条供应链上只有最终产品的生产计划,然后将这种计划进行合理的分解与处理,在供应链上由下游企业依次向上游企业提出需求,拉动产品的生产,从而形成供应链上拉动式的生产。

（3）精益生产下的供应链物流管理提出了全新的库存观念,消除供应链上的一切浪费。

供应链环境下的精益生产方式和传统精益生产方式有着同样的目的,即通过消除一切形式的浪费来降低成本。不过这里所指的浪费涵盖的内容更广,它不仅仅是指企业内部的各种浪费,而且包括供应链上从源头企业到最终消费者的整个流通过程所产生的一切浪费。如订单处理的浪费、运输的浪费、谈判的浪费、库存的浪费、零部件质量不合格产生的浪费、交货期不准产生的浪费。因此,精益生产下的供应链物流管理使企业与其上下游企业之间在不同的市场环境下实现了库存的转移,降低了库存成本。这也要求生产物流供应链上的各个企业成员建立战略合作关系,通过快速反应降低库存总成本。

四、精益供应链的具体实施

伴随北汽的飞速发展,中都物流坚持创新原则,相继引进供应链管理与精益生产的管理思想,借鉴学习国内外汽车生产物流行业的先进理念与技术,结合北汽实际特点,对生产物流环境的需求进行分析,不断改进供货模式及作业流程,逐步形成一套具有北汽特色的生产物流供应链管理模式。

（一）战略思想——由"局部单一功能"向"全面多功能"转变

中都物流生产物流模块始终坚持以保证北汽生产顺利运行为中心，进行物料存储、翻包、配送等工作。随着北汽产量逐步提升，新车型的增加，多地工厂相继建成，使中都物流领导班子意识到，仅以仓储配送为目的的生产物流模式，已经不能满足北汽集团的需求。为了解决这一问题，中都物流提出建设"生产物流供应链精益管理模式"，即以北汽集团各主机厂为中心，建立 RDC、推行循环取货项目、拓展 JIS 项目等，从而达到对零部件实时状态进行全面管控，从而打造多功能、全方位的第三方生产物流服务商（如图 6 - 11 - 3 所示）。

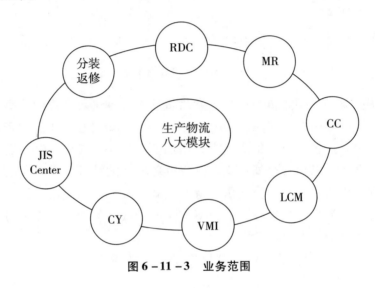

图 6 - 11 - 3　业务范围

（二）规划实施——从实际出发，建设符合北汽生产特点的供应链模式

北汽集团物流作业模式一直以来参照北京现代进行操作，没有从北汽集团自身特点出发，故打造"生产物流供应链精益管理模式"应从根源着手，改变现有的物流模式，打造全新的，符合北汽集团企业特点的生产物流供应链模式。

1. 建立 RDC——完成 RDC 布局，明确 RDC 功能、服务范围

北汽经过多年的发展，自主品牌已在全国多个城市建立生产基地。为了给北汽提供更专业、更集约的物流管理模式，逐步开始实施 RDC 建设及布点（如图 6 - 11 - 4 所示）。

自 2012 年开始至今，中都为自主品牌已相继在全国建立了北汽高端、北汽动力总成、北汽株洲、北汽增城、北汽黄骅、北汽镇江等多个 RDC（包含厂内和厂外），形成了纵贯南北，辐射中国东部，多个生产物流基地对流联动的战略布局。未来中都战略中，还将在景德镇等地建立 RDC，进一步完善供应链体系基础。

RDC 具有较强的辐射能力和存储能力，同时集收货、装卸、存储、分拣、翻包、配送等增值服务功能于一体。通过 RDC，中都可向主机厂提供准确、快捷的零部件物流服

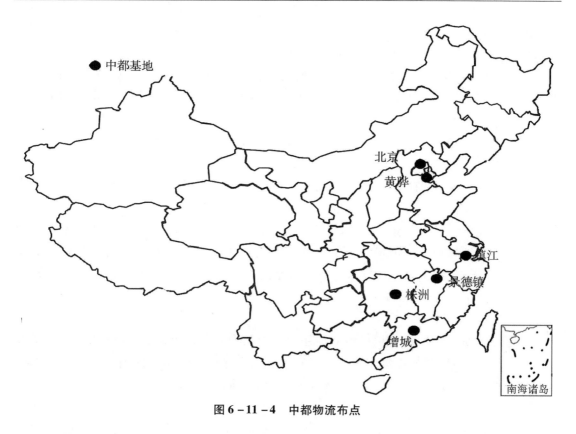

图 6 – 11 – 4　中都物流布点

务，为主机厂平稳高效的生产提供了充足的库存准备，保证安全、高效生产。RDC 具体作业流程如图 6 – 11 – 5 所示。

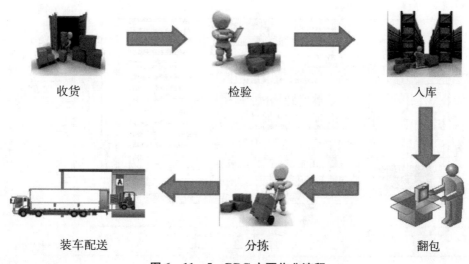

收货　　　　　　　　检验　　　　　　　　入库

装车配送　　　　　　分拣　　　　　　　　翻包

图 6 – 11 – 5　RDC 主要作业流程

仓储方面，中都对 RDC 库进行合理规划，将零部件进行合理分类，针对易混件问题，实施专门存取对策，分别放置不同库位。通过采用 WMS 系统进行库区管理，同时在分拣单上注明零部件所在库位，来缩短工人拣选零部件的时间。同时，与主机厂沟通协商，共同制定专业物流作业指导书和作业标牌，并邀请相关专业人员对操作工人进行培训，尽可能降低因一线工人操作等人为因素造成的零部件不合格风险。

配送方面，RDC 负责协调各自供应商的到货时间，在保证主机厂正常需求前提下，分配到货时间段。以避免卸货道口堵塞，增加车辆等待时间。同时也可以减少 RDC 内的供应商送货车辆，降低供应商车辆在主机厂中出现事故的风险。由中都 RDC 进行统一规划配送的模式，进入主机厂车辆为中都统一物流车辆，如此既便于主机厂车辆出入管理，同时专业的运输司机操作经验丰富，能够保证运输途中的零部件质量。

在北汽体系内，现在运行时间比较长，效果比较显著的 RDC 是株洲公司 RDC。

北汽株洲分公司主要共有两条生产线，同时生产 M30R 和 C30D 两个系列共四种车型，每条生产线的生产线速已达到 25JPH，为了保证北汽株洲分公司的生产连续性，中都物流综合考虑运输成本、响应速度、运输安全等因素，选择在距离主机厂 3km 处建立RDC 库房，库内面积 16000 平方米，另外雨棚面积 2000 平方米，生产服务人员 160 人，主要设备为叉车 13 辆、运输车辆 9 辆，已经完全满足主机厂年产能 15 万的零部件供应需求。

为了充分提高 RDC 存储时的空间使用率，中都物流购置 408 组高位货架，每组货架高 8 米、5 层、每层两个货位，共计可存储 4080 个托盘。经过前期详细测算，结合零部件物料特性及库房条件，认真规划仓库布局和物流流向（如图 6 – 11 – 6 所示）。

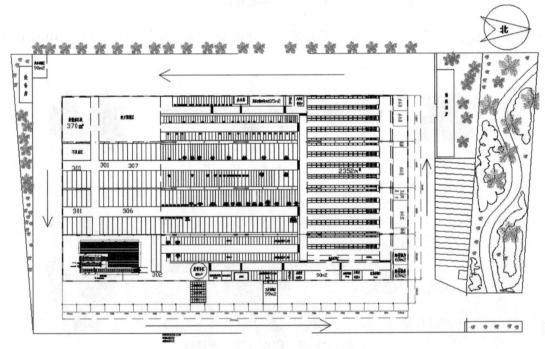

图 6 – 11 – 6 株洲 RDC 库内布局

为了能够充分发挥 RDC 的作用，分别从人员、设备、流程四方面进行不断优化，简化工作内容，提高工作效率，降低物流运作成本。主要做法如下：

（1）人员培养方面：不断引进具有较强管理才能和先进管理理念的人才；进行岗位柔性化培训，达到一人多岗，一岗多人的目标；全员参与管理，人人是管理者，培养员工责任心；推行合理化建议管理模式，人人可以就自己的工作提出相应的优化建议。

（2）自动化设备方面：购置自动化流水线工作设备，如座椅排序线体；推广电子拣选设备，充分提高拣货速度和拣货准确率；在收、存、发等需要进行单据交接的工作上，实行扫描作业，通过扫描终端，将零部件的库内流转信息实时传递至计划员，进行实时库存控制。

（3）工作流程及制度方面：建立一、二、三级流程制度文件，规范各工作范围；编写岗位说明书，明确各岗位职责；制定重要工作的操作指导书，减少新员工操作时因不熟悉业务而导致的错误；完善库区内6S管理标准及定置定位管理制度，避免因外在环境因素而带来的零部件质量问题，杜绝库内的安全隐患。

2. 推行循环取货项目——监控前端供应链管道中零部件状态

随着北汽年产量的不断提升，新车型的开发，RDC的存储压力和工作难度不断增加。为了缓解RDC压力，同时增强对上游供应商的控制能力，中都物流推行循环取货项目，变被动式接收零部件为主动到供应商处提取零部件，从而充分节省库房资源。

循环取货项目是搭建整条供应链的必要方式，它以RDC为中心，从多家供应商处提取零部件，以保证生产的顺利进行。通过循环取货项目，将零部件供应商、中都物流、北汽集团紧密地联系在一起，形成一个有机的供应链整体。

无论是对于中都还是北汽，循环取货都是一项全新的探索与尝试，是一个未从探知的入厂物流领域。为了确保循环取货项目顺利开展，经过严谨的分析比较，科学的逻辑计算，先是选择北京分公司的两家供应商作为短途循环取货项目试点，在试点取得成功后再向其他基地推广的同时扩大规模和取货半径。

其中宁波—株洲长途循环取货项目最具有代表性。2013年1月初，中都物流开始进行宁波—株洲长途循环取货项目的推进工作，2013年12月宁波—株洲长途循环取货项目正式实施。

株洲分公司共有220多家供应商，通过对株洲分公司供应商分布情况和供货量进行分析发现，株洲分公司在浙江地区有50多家供应商，其中50%以上集中分布在宁波周边城市，从而确定长途循环取货项目的目标城市为宁波。经过多次调研，在充分了解核心厂商基本情况的基础上，包括供应商具体位置，周边环境、仓储情况、物流容器、产品包装、生产周期、原材料以及成品的情况、运输要求等，最终选定了八家供应商，作为第一批循环取货项目试行供应商。

经过调研测算，发现这些供应商原有包装状态存在不足，主要体现在：产品无保护，零部件多为零散运输，运输装载率过低，备货与取货操作烦琐，自行送货零部件质量难以保证等。为了保证循环取货项目的正常运转，提高车辆装载率，达到节省成本，提高产品安全性，中都物流对包装方案、车辆装载模式进行了重新规划设计，使各供应商零部件运输包装状态达成统一标准（如图6-11-7、图6-11-8所示），以标准托盘作为主要运输承载工具，对于纸箱包装零部件，用缠绕膜加固。

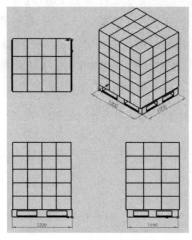
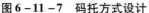

图 6-11-7　码托方式设计

图 6-11-8　实际包装状态

　　综合零部件特性、供应商条件、发货批量大小，来确定循环取货运输线路。路线设计规划是影响循环取货响应效率的一个重要因素，路线规划中尤其注意行驶距离、各路段的红绿灯、限行标准、车流量大小、车流量高峰等方面。为了能够选择最优的运输路线，项目组人员通过网络地图结合数据计算，确定几条不同的运输路线，再跟随运输车辆实际考察验证路况信息、实际运输时间等，经过反复多次的设计、验证最终确定较为合理的取货线路（如图 6-11-9 所示）。

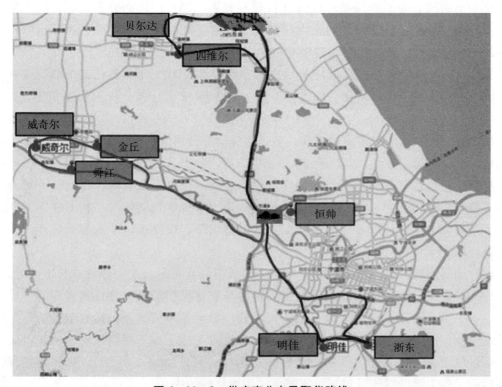

图 6-11-9　供应商分布及取货路线

　　根据北汽株洲分公司提供的年度生产计划和项目提前规划好的取货路线，根据货物特性，确定短驳车辆为9.6米厢式货车，长途运输车辆为13.5米厢货。MR运输司机根据取货频次表（如表6-11-1所示）按照规划的线路依次进行取货作业，同时将上一次循环当中的空器具返厂。在完成一次循环后，返回中都宁波临时周转库，进行长途运输装载，再经由长途运输车辆将零部件在指定的时间配送至株洲分公司。

表6-11-1　　　　　　　　　　循环取货频次周期表

	供应商	月均发运量（万）	每周取货时间
余姚方向	宁波舜江	71	周二、五上午9：30
	宁波威奇尔	274	周二、三、四、五、六上午10：30
	余姚金丘	29	周一上午9：30
宁波方向	宁波浙东	31	周四下午13：30
	宁波恒帅	130	周二、四下午13：30
	宁波明佳	165	周一、四、五下午14：30
慈溪方向	宁波贝尔达	210	周一、三、六上午10：30
	宁波四维尔	97	周一、三上午9：30

　　经过2014—2015年宁波至株洲MR循环取货业务的平稳运营，2016年中都依照北汽株洲分公司循环取货业务，总结经验，优化创新，逐步推行针对北汽镇江分公司开展具有镇江分公司的特色性循环取货业务，并向其他基地进行推广。

　　3. 拓展JIS项目——全面贯彻精益生产理念，推行即时化供货

　　为了满足市场需求，迎合客户消费心理，北汽各主机厂的产量不断提升，新车型不断投入，逐步进入混线多车型多配置生产模式，这对原有RDC供货模式提出了新挑战。零部件供应商会根据不同颜色、不同配置的车型进行对应零部件供应，这直接导致了在RDC库房会出现同一种零部件存在多种状态，无形中为零部件的配送造成了困难，依照原有模式，需要将生产线可能会用到的所有的零部件供应至主机厂，造成了运输资源的不必要浪费，同时增加了线边库存压力。

　　面对日益增加的多配置零部件，中都物流结合精益生产管理理念，推行并拓展JIS项目。截至目前正在运行的JIS项目主要有：北汽北京分公司的座椅、动力总成JIS项目；北汽株洲分公司的座椅JIS项目。其中以北京分公司的动力总成JIS项目最先推行，运行最为稳定，最为成熟。

　　北汽北京分公司生产线混线生产C50E和C70G两种车型，每种车型又根据不同的颜色和不同的配置要求进行区分。其中动力总成共分为8种配置，后续将会增加到11种配置，生产线速也将会达到60JPH。

　　中都物流根据主机厂生产实际需求和窗口时间进行顺序化配送，在指定的时间点将指定的动力总成按照生产顺序配送到生产线，精益化上线模式对中都物流提出了更高的要求，必须从方案规划到实施，从流程编写到操作，每一个细节都不能忽视，都要经过精确计算。

中都物流组建动力总成 JIS 项目小组，自 2012 年 8 月份起，开始着手项目规划，从节省场地、人工、设备等考虑，经过半年多的严格测算，精心设计，直到 2013 年 3 月份，动力总成 JIS 项目正式启动运行，终于达到了"顺序生产、顺序配送"的目的。

在动力总成 JIS 项目中，中都为了提高供货速度，引入先进的自动化排序线（如图 6 – 11 – 10 所示），排序线设备参数：机运线总长度为 15 米，分为上下两层，第一层高约 0.4 米，第二层高约 1.5 米，运行线速 12 米/分钟，液压举升 6 米/分钟。操作时利用吊具对发动机进行排序时间为 40 秒/台。规划人员根据各种参数经过测算后得出需要 3 人（其中一人为叉车司机）和一台叉车。

拣配　　　　排序　检错　备货　装货　　运输　　卸货　　　　上线　装配

图 6 – 11 – 10　动力总成排序示意

JIS 项目属于即时化供货，对信息的实时传递要求较高，故中都建设序列信息传输专线，保证及时准确地接收到信息。主机厂提前 2 小时通过 MES 系统下发序列信息，中都接收到排序信息，打印排序单据，操作人员依照序列信息进行排序、装车、供货操作。

JIS 项目属于"顺序供货"模式，这就要求在送至主机厂线边的动力总成必须与生产线需要的完全吻合，不能有半点差错。所以中都自主研发了一套扫描纠错系统，该系统将 MES 系统下发的序列信息录入扫描手持终端，每当操作人员排序好一台动力总成，在排序线自动传输，扫描终端自动扫描，并将所得到的信息与存储信息进行比对，一旦发现数据不对，自动排序线将会停止运行，并进行报警，通过这套扫描系统，将供货的错误控制在起点，避免了因供货型号不对而造成的损失。

2015 年年初，中都响应北汽集团"降本增效"号召，由厂外 RDC 搬入主机厂厂内，RDC 面积由原有约 15000 平方米缩减至 10000 平方米。厂内 RDC 虽受场地要求限制，但座椅 JIS 项目、动力总成 JIS 项目均保持原有准确率和及时性，保障主机厂顺利生产，仅物流仓储成本就节约 140 余万元。

五、项目实施绩效分析

（一）人员素质的提高

在实施循环取货前，所有供应商都是直送模式，货车司机的素质良莠不齐，有时会有一些违规操作,使零部件受到损伤,给管理带来很多不便。在实施循环取货后,由专业的 3PL 公司进行配送,司机全部由中都调配,每一名司机都经过专业的训练,有专门的考核指标,所有司机全部按照指标进行作业,保证零部件可以及时上线,降低了运输过程中零部件破损率,便于对司机进行管理,从而加强了北汽采购对于供应链中供应商的管控力度。

在现场 6S 管理方面,员工执行"常组织、常整顿、常清洁、常规范、常自律"等原则。通过推行 6S,减少了因不遵守安全规则导致的各类事故的发生,下图为各 RDC 实行 6S 的成果:

图 6 - 11 - 11 RDC 现场图

同时,中都制定了专业的物流作业指导书和作业标牌,并通过相关专业人员对一线操作员工进行培训指导,提高了库内一线操作人员的责任意识。反过来各位一线班组长提出的合理化建议往往最贴合现场实际,也最易操作。他们现在已经成为了推动中都物流不断优化作业流程、降低成本投入、实现精益管理过程当中不可或缺的思想来源之一。

(二) 保障物料质量

精益管理的核心思想是消除浪费,对于主机厂来说,物流环节所造成的产品缺陷也是一种浪费。中都物流通过使用机械化设备、建立 RDC 库、制定标准作业流程等方式,来确保正确的物料在正确的时间能够以正确的数量送至正确的地点。

动力总成机运线是北汽集团自主品牌汽车第一条半自动化排序设施。其自有的纠错功能,减少了排序出错率,降低了因序列供应导致的停线风险。机运线自 2013 年 1 月运行至今,准确上线率可达到 98% 以上,主机厂未因动力总成的物流问题出现停线。同时,对于发动机这类高价值零部件,由于机运线采用机械装车,相比于人工装卸,对发动机的保护更加周全,不会出现因人工装卸操作造成的质量问题。基于动力总成机运线项目成功实施的经验,北汽集团已经相继在株洲分公司及高端自主品牌新库房各投入一条座椅机运线,都取得了不错的经济效益。

在 RDC 配送模式下,主机厂将部分质检环节前移至 RDC 仓库,零部件在配送至主机厂前已由主机厂驻 RDC 质检人员检验完毕,通过中都进行统一规划配送,如此有利于保证零部件质量。同时，相比于供应商直送模式，统一了进入主机厂的车辆和人员，避免了无关车辆和人员在厂区内的滞留，保证了主机厂对于厂内人员和物料安全的管理。

同时，通过对于库内一线操作工人制定的考核标准和作业指导书来规范工人操作，实现标准化作业，尽可能降低因叉车搬运、翻包等作业过程中由于人为原因造成的零部件不合格风险。

（三）提升供应链的效率

中都对株洲 RDC 库进行合理规划，将零部件进行分类，针对易混件问题专门采取对策，分别放置不同库位，采用 WMS 系统进行库区管理，分拣正确率提高到 90%，从而节省了拣选零部件的时间，劳动效率提高了 25%。配送方面，通过协调供应商到货时间，避免了卸货道口堵塞问题，使车辆等待率降低了 30%。

排序部件全部在中都库内完成序列装车，在运送至北汽集团生产基地后可以不经过排序直接上线，简化了厂区内的作业流程，便于上线人员及时将物料送至生产线旁。建造完成的动力总成机运线，配合专用叉车、机械臂、升降台等辅助设备，输送速度可达 3 分钟/台套，发动机运输车辆的作业周期由原来的 1 小时缩短到了现在的 45 分钟。

在循环取货方面，由每家供应商各填写一张单据的模式，变为多家供应商只填写一张单据，出错率减少了 65%，节省了重复作业的时间，从而达到提高供应链效率的目的。

（四）降低供应链整体成本

通过精益管理在北汽自主品牌供应链的具体应用，极大地降低了供应链整体成本，这些效益分别在上游供应商、主机厂和第三方物流公司有所体现。

对于上游供应商，MR 循环取货模式的建立，改变了以往各个供应商独立运输至 RDC 的模式，大大降低了供应商运输零部件的物流成本。进而主机厂的零部件采购价格也得以降低，实现供应链整体成本的下降。同时，通过区域物流集散中心、MR 以及干线运输相结合的模式，能保证车辆的装载率达到 80% 以上，并且做到 24 小时无缝运作，4 小时内的平均物流中转时间，真正实现"零库存、零等待"的精益生产物流模式。

以中都物流在株洲实行的 MR 取货为例，从 2013 年 12 月开始实行，到 2015 年中旬，共计节省物流费用 55.8 万余元，节省比例 14.0%（如图 6-11-12 所示）。2016 年推行 MR 取货，年预计节省物流费用 85 万元。

对于主机厂而言，通过排序机运线的使用，一方面将主机厂缓存库和 RDC 存储区的面积进行了释放，另一方面也促使了主机厂零部件采购的精益化管理，减少由于无谓资金的占用造成的浪费。在采用 JIS（按序列供应）模式前，为了保证生产的连续性，北汽主机厂的缓存区被大量多种配置的同种零部件所占用，特别是汽车发动机、座椅、仪表盘和轮胎这些大型部件。通过按序列供应（JIS）的模式，极大地降低了主机厂和第三方物流公司为了保证生产而必须持有的大量库存。从而减少缓存区面积，使主机厂有更多空间进行拓展生产线或安置新型设备的规划，提高主机厂内单位使用面积的价值。

对于第三方物流公司，在 RDC 仓储部分，通过使用高位货架和流利条货架，将原来

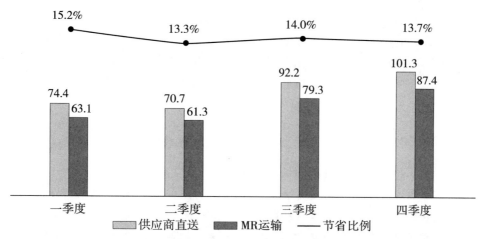

图 6 - 11 - 12　2014 年 MR 运输与供应商直送费用对比（单位：万元）

单纯的平面库，改造为空间立体库，大大提高了仓储面积。以中都高端生产物流老库房为例，在采用立体存储方式前，在现有 6000 平方米库房的基础上，还需 12000 平方米才能满足主机厂 2016 年生产需求。

通过创新规划仓库布局和将流利条货架同高位货架进行组合（如图 6 - 11 - 13 所示），中都物流使用 6000 平方米的库房成功完成了 18000 平方米平面库房才能完成的主机厂生产任务，每年可节省费用 250.29 万元。并且，通过借鉴高端库房布局规划的创新经验，这种新型布局方式已经在株洲和重庆的 RDC 普遍实施开来。

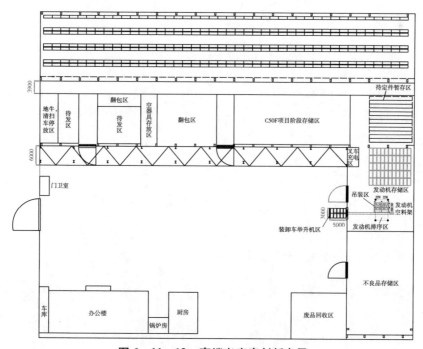

图 6 - 11 - 13　高端老库房创新布局

中都物流发展短短八年多的时间，目前已经初步建立起基于精益管理的生产物流供应链体系。随着供应链上的客户对于物流服务需求水平的不断提高，中都也会采用相应的项目创新来满足客户需求，但是精益管理的思想和以供应链为出发点的设计理念不会改变。通过在供应链上下游不断拓展推广精益化管理，希望能够为北汽集团节省更多的生产成本，缩短更多的生产制造周期，进而实现响应更加迅速、生产更加柔性的生产供应链体系。

撰稿人：中都物流有限公司副总经理　朱励光
　　　　中都物流有限公司生产物流运营总监　孙　健
　　　　中都物流有限公司生产物流运营总监助理　于　冬
　　　　中都（株洲）物流有限公司生产物流部部长　吕国庆
　　　　中都物流有限公司高端生产物流部部长　贾　舟
　　　　中都物流有限公司生产物流运营中心规划主任　代秋颖

案例十二 上海钢银电商：打造供应链一体化无缝交易平台

一、企业简介

上海钢银电子商务股份有限公司成立于 2008 年，注册资金 7.68 亿元，于 2015 年 12 月获准在新三板挂牌（证券代码：835092）。是由国内上市公司上海钢联集团（股票代码 300226）投资控股的国内领先的 B2B 大型钢材现货交易平台，有着雄厚的背景实力和信用背书。旨在打造集现货交易、在线融资、支付结算、仓储物流等配套服务于一体的"无缝交易平台"。

钢银平台通过高效的互联网创新模式，为钢铁产业链提供全流程解决方案，实行钢材超市、钢材集市等在线交易模式，开发委托采购、委托销售业务，形成规模化、立体化、多样化的服务体系。以在线交易平台为核心，整合多级监管的仓储物流平台、第三方支付结算平台以及供应链金融服务平台，打造成集现货交易、仓储物流、支付结算、在线融资及配套服务于一体的无缝式钢铁交易平台，使得钢铁行业发展所依赖的信息流、资金流、物流以及工作流进行充分的融合、衔接，从而形成钢铁生产企业、贸易企业、终端用户、仓储企业、加工企业、物流企业、银行、保险等多方互动、相互监督、共赢的生态链闭环，以优质的平台服务质量，加速市场交易的效率，控制风险，降低企业运营成本，提高平台服务质量，以往钢铁电商的各项壁垒被逐一击破，让产业链用户成为统一的利益共同体及利益分享者。

企业现拥有一支专业配置完备、年龄结构合理、行业经验丰富、创新意识较强的优秀研发团队，主要由从事大宗商品交易平台、仓储物流、支付结算、融资软件等业务领域的核心开发人员组成，技术骨干均具有深厚的技术背景，对客户需求有着很深的理解，有足够的技术能力和专业知识，可根据客户的需求进行专业研发和应用。基于钢银领先的技术，先后开发了钢银网上超市云平台软件、网上钢铁专卖场云平台软件、云仓储资源挂牌软件等产品，经中国科学院上海科技查新咨询中心检索：项目综合技术达到了国内领先水平。为项目成果的开发提供了有力的技术保障。

截至 2016 年 3 月，钢银平台交易用户数超过了五万八千家，日寄售成交量突破了 14.6 万吨。拥有 8 大区域管理，31 个交易中心，800 家驻外办事处，员工人数达 1000 余人。经验涉及钢铁行业现货贸易、市场营销、B2B 电子商务平台运营、互联网技术研究开发等。

公司以"开拓创新，互助共赢，努力成为钢铁用户的'好帮手'"为使命，致力于打造钢铁流通行业"阳光生态圈"，让钢铁交易更高效、更阳光，与产业用户最终实现合作共赢。

二、实施供应链管理的背景

近年来，供应链金融失衡，企业资信难以衡量，市场对金融服务需求越来越强烈，B2B 电子商务的快速发展，在这种背景下，钢铁供应链金融应运而生。

移动互联时代，供应链金融业务迎来了深度的"革命"，线上供应链金融正式融入到金融服务体系，已经成为商业银行、电子商务企业和物流供应链企业拓展业务空间以及增强竞争力的一个重要手段。

随着大宗商品电子交易市场的不断发展，交易企业对融资服务的需求也变得愈加强烈，但由于这些企业多为中小企业，受限于自身缺陷、外部环境等因素，普遍面临融资难的问题。

越来越多的交易市场希望能与银行合作开展供应链融资服务。但作为核心企业的大宗商品电子交易市场，它能否能够开展供应链融资、并有效的管理，是否有足够优良的资信情况为其他企业提供担保，这些很难得到有效的评估，商业银行也就难以对交易市场授予相应的授信额度，缺少了银行等金融机构的信任和资金支持，大宗商品电子交易市场的供应链融资服务也就难以得到顺利开展。

那么什么是"供应链融资"呢？"供应链融资"就是要从整个产业供应链中寻找一个核心企业，以核心企业为出发点，为供应链上的各方企业提供金融支持，尤以上下游的中小企业为主。核心企业往往是供应链中实力较强、资金雄厚且信誉较好的大企业，是能够对整个供应链的物流和资金流产生影响的企业。供应链上下游中小企业的资信相对来说难以衡量，对于银行等金融机构的授信决策而言缺乏实质性意义，但是这些企业一旦能够与一家值得金融机构信赖的大企业发生业务往来，那么他们资信就变得信赖。银行等金融机构就可以依靠这个大企业的实力和资信，沿着供应链对与该企业发生交易的上下游配套中小企业展开供应链融资服务。

钢铁行业是资金密集型行业，钢银自成立以来，便一直从事供应链金融服务。2011年，钢贸行业危机大面积爆发，银行开始抽贷，上海地区钢贸行业贷款规模由 2011 年的超过 1500 亿元，骤减至 2013 年的 700 多亿元，大量钢贸企业纷纷倒闭或转行，银行坏账激增，金融秩序遭到破坏。

面对如此恶劣的市场环境，伴随着种种困境而来的，除了危机，钢银还抓住了机遇。钢银认识到建立产业生态链闭环运作的必要性，第三方电子商务平台、新供应链金融服务，将是新的起点。钢银顶住外界的种种质疑，严守阵地，利用基于多年的传统模式下的业务经验的积累和对电商运作模式的深刻理解，围绕钢铁全产业链布局，积极探讨线上供应链金融的业务模型，并尝试实践性的具体操作，取得了阶段性成果。

钢银将供应链金融模块在线嵌入钢银平台，共享供应链实时交易信息的同时，在线连接供应链核心用户，包括钢厂、贸易商、终端、仓储物流和银行等企业，把供应链交易所引发的物流、资金流、信息流实时传输与展现在公共平台上并授权共享，实现供应链"商流－物流－资金流－信息流"的在线整合，通过甄别资源的真实性、交易的可靠性、担保货物的真实性、融资需求的真实性，通过提供担保物估值及变现渠道支持，构建对用户全方位、全流程、多层次、安全、高效的线上服务体系，从而使钢银用户获得信息咨询、交易、仓储物流、支付结算和金融一站式服务，更便捷地享受供应链金融服务，解决融资难题，加速资金周转，提升交易效率，降低交易成本，最终达到多方共赢，这对供应链金融管理实践、对整个供应链协同中企业供应链融资和财务供应链优化、对建立金融资本与实体经济闭环生态圈具有革新意义。

特别指出的是，钢银平台交易全程监管，尤其是云仓的启用，为融资（线上贷）业务的高效开展提供了强有力的支持。钢银精心设计了融资系统与云仓储、交易系统的关系，通过仓库评级系统、定期现场审计、数据实时公开、人员安全培训、单据管理规范化等一系列措施，用系统规范人的操作，用技术管控风险，未来待取得《支付业务许可证》后，资金的付款与回款也通过钢银，银行授信在系统中授予，从而形成高效的闭环，这些有效地保障了货物的真实安全、质押状态的可控，保障了融资的顺利进行，保障了融资双方的利益。

三、钢银平台供应链管理的运作模式

（一）上下游合作共赢的完美闭环

钢银钢铁现货网上交易平台（以下简称"钢银平台"）以在线交易为核心，同时将整合第三方支付结算平台、多级监管的仓储物流平台，以及在线融资服务平台，从而形成钢铁生产企业、贸易企业、终端用户、仓储企业、加工企业、物流企业、银行、保险等多方共赢的"完美闭环"。

该项目利用互联网信息技术，融合线上线下双重优势，线上构建钢银钢铁现货网上交易平台，与卖家管理系统、支付平台、仓储管理平台、质押服务平台等进行无缝链接，并对交易数据进行智能挖掘和分析；线下吸引整合金融机构、仓储企业、物流企业、剪切加工中心等社会资源，并以信息化手段优化资源配置，形成深度的交易全流程服务链条。吸引产业链的服务提供商加入平台，整合钢铁供应链各环节资源，提供各类交易服务，包括委托采购、委托销售、仓储监管、物流配套、在线金融、仓单质押登记、资讯数据等综合服务，合力形成资源整合与共享的大宗商品产业完整生态圈。

钢银平台致力于为钢厂及钢贸商提供电子商务服务，为终端用户提供阳光采购服务。为满足具有多样性和复杂性特征的大宗商品现货交易的需要，钢银电商将构建集交易、结算、仓储、物流、加工、金融等全方位、集成化的服务体系。真正做到全产业链零风险交易，同时降低交易成本，提高平台服务质量、信息透明度，提升整个行业水平。

钢银电商在打造以线上交易为核心的交易平台，同时整合第三方支付结算平台、多级监管的仓储物流平台，以及在线融资服务平台，从而形成钢铁生产企业、贸易企业、终端用户、仓储企业、加工企业、物流企业、银行、保险等多方共赢的"完美闭环"，以加速在线交易、融资服务、仓储物流的效率，降低交易成本，提高平台服务质量，让广大产业链客户共同受益。

（二）"在线融资"服务平台

"在线融资"是钢银平台联合全国知名钢厂、仓库合力推出的面向广大交易会员的融资服务产品。目前提供"帮你采""随你押""任你花"，三种融资模式。"在线融资"严格按照"资金用途限定、物资流向封闭运作"的原则，加强钢厂及钢贸企业对资金流和物资流的管理和控制，大大提高了中小型钢贸企业的资金运转速度以及钢材货物的流通速度，增强了企业的业务竞争力。

1. 钢银帮你采

"帮你采"是钢银供应链融资的主要项目之一。它旨在打通钢厂与客户因资金问题而产生的交易短板，从而为客户解决因资金不足而无法定向采购的难题。"帮你采"提供完善的代采服务，并且采购品种多样化、合作钢厂广泛，在切实保障客户的利益的同时重新构建行业诚信体系，缓解钢贸业引发信贷危机；同时消减钢厂库存积压，在给予客户有效资金信用背书的同时，更使得钢厂、钢贸商、终端次终端之间形成有机接洽。

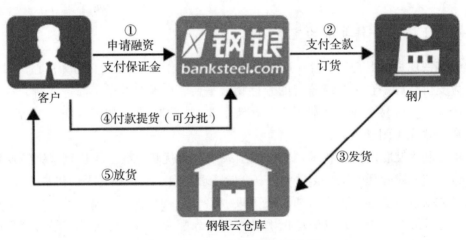

图 6－12－1　"帮你采"流程图

2. 钢银随你押

"随你押"针对钢贸企业在货物充足条件下仍然缺少资金周转的状况，制定合理的应对策略。客户以其足够资源向平台申请抵押来获取充足资金，从而保证下一笔交易的顺利进行，这不仅是对传统钢贸行业的一个突破，也是带动"融资＋寄售"的一个重要来源渠道。

3. 钢银任你花

"任你花"作为钢银供应链融资另一个项目，结合当下金融业对高效灵活的资金周转率的追求和钢铁行业的资金密集产业的特殊性；融合当下钢贸微小企业面临资金周转困境，先货后款从根本上解决贸易商采购难题。

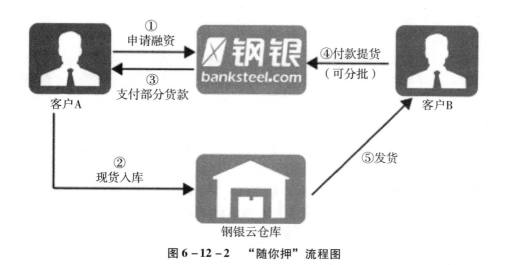

图 6 – 12 – 2　　"随你押"流程图

（三）云仓储服务平台

1. 背景

钢银仓储平台在纵观传统仓库管理系统，种类纷繁复杂，数据不公开透明；仓单形式不统一，防伪性差且极易模仿；没有第三方机构的监管和仓库的管理制度不完善，为一些人造成可乘之机的弊端上。成功利用先进互联网高效的管理技术，2014 年 7 月钢银平台与筹备已久的云仓储系统实现了历史性的对接。对接后实现了平台上销售的所有货品均来自合作库内真实现货。此类货物则采取"条码入库"的方式，与平台实现数据共享。辅以视频监管方式，将视频网络化，客户可实现对货物的远程查看、实时监控。而作为仓库监管员而言无论何时何地都可以通过互联网实时查看或调看监控管理服务器存储的录像资料，同时也可以通过手机访问的形式，查看库存产品的型号和数量，以确保货物中转，储存的安全。

2. 钢银仓储平台的优势

通过钢银交易平台云仓储系统，客户可以随时发出各种指令，实现提货、过户等操作；仓库管理人员通过条码扫描快速生成派工单，加快了出入库操作和作业信息的自动校验，减少了仓库管理人员找货和司机提货的时间，提高了工作的效率。

钢银与仓储的合作模式与原先传统的模式有很大的不同，"钢银模式"将租赁和装卸加工进行分离，聘请专业人士对这些问题进行深刻的分析研究。实行业务人员和管理人员分开，系统操作和系统管理分离的制度，以最大限度达到内部安全。所有仓储数据都是通过服务器整合，可以在任何有网络的地方进行操作，所有的业务操作，都可以将责任落实到个人。云仓储系统和交易系统对接，满足了交易过程中的闭环操作。

更为关键的是钢银平台借力云仓储系统彻底改变了传统现货交易体验，传统贸易中最好的办法是一手交钱一手交货。而通过云仓储产生的交易，交易之前客户已对货物做到了心中有数；交易中，客户可以通过钢银平台实现在线下单、货物在线管理、货物在线查询等；交货中，客户可以根据我们后期推出的短信提醒服务查收货物的最新动态。

借助云仓储的平台交易更能保障货物真实可靠性，保障供货渠道的安全性，提高了交易效率，节省了客户的成本，减少了交易风险。

钢银云仓储打破原有仓储系统与融资脱节的情况，把钢银现货交易平台与仓储系统、融资系统紧紧地捆绑在一起，实现了货物、资金的封闭运行。通过平台进行融资，其资源必须放在平台云仓储系统中，有效地保障了货物的真实性、货权的唯一性和质押状态的可控。利用云仓储系统的技术手段，实现仓库货主互联、仓库监控网络化、云终端实时信息传递、出入库手机短信提醒等功能。通过仓库评级系统、定期现场审计、数据实时公开、人员安全培训、单据管理规范化等一系列措施，保障货物的安全，实现客户、平台实时关注货物动态，保障通过融资方式质押的货物的安全，用系统规范人的操作，而系统也绝不迎合利益集团的要求作出有损钢银信誉的要求，有效地保障了融资的顺利进行，保障了融资双方的利益。

（四）智能运输服务平台

钢铁被誉为：国民经济的"铁公基"，作为一种特殊的生产资料，从它生产、销售、运输、加工等方面对各个环节之间衔接有很高的要求。特别是在物流运输环节，钢铁因体量大，运输中转途中装卸其他方面的支持和配合，而在钢铁电商平台高速发展的同时，物流体系却并没有跟上其发展速度，成为钢铁电商发展的"瓶颈"。因此，物流运输成为制约钢铁电商发展的另一个屏障。

钢银电商正是基于此痛点，于2015年3月和上海钢联旗下运钢网合作，重点打造中国最大最专业的第四方物流交易平台。物流平台采用先进TMS管理系统首次将平台、承运商、货主之间实现无缝对接。货主只要提报自己需要运输货物，无论是在PC端，移动客户端，第一时间会得到系统自动报价，同时还可选择人工报价；承运商可以竞价进行抢单，运输价格在市场上绝对占优势。

物流平台在保障客户运输的货物在途安全方面采取双层把控措施。首先平台在对承运商选择方面严格把关，制定承运商管理体系，确保在源头上消灭不安全的隐患。公司主体会根据承运商运输能力、客户满意度、承运商的长期表现进行综合评估，从而使承运商进行优胜劣汰。在途运输方面对运输车辆实施全方位的监控，APP监控、GPS全球定位系统对车辆调度进行全程跟踪。客户只要在手机端登录，点击查询，可以详尽查询货物运输情况。考虑到客户主体的心理诉求，充分尊重客户的个性化需求，在运输路线和运输吨位提供多样化的选择，只要客户需要公司会尽力满足用户的需求。在信息共享方面，处于供应链上所有企业都获得相同的信息，从而使生产企业用交易信息指导生产，根据交割信息调整各品种规格的产量，调配各地的库存；流通企业保持合理的库存量，现货流通更为准确。同时，这些交易中心通过物联网技术，随时掌握货物位置，提高运营效率，减少货物装卸、仓储、分拣、流转的物流成本，提升流通效率。

众所周知，物流行业最大的成本浪费，往往就在于空载率居高不下，对于钢铁这种运输费较高但利润却较低的产品而言，解决空载率问题显然尤其关键。而钢银电商的物流平台因信息可以充分的共享，最大程度解决降低钢铁运输车辆返程空载率问题。线上接单，线上运价查询，客服人员全天候服务，订单下单成功后，后台会第一时间自动匹配车主和承运商，进而提升满载率，降低了运输成本。钢银电商物流平台在考虑与目标市场沿线的其他电商联合，比如运输车辆把钢铁运输到目标市场后，再从当地将其他合作电商的产品运回来。通过这种方式节约下来的成本，将为钢银电商带来可观的利润。

四、实施供应链管理的绩效分析

（一）经济效益

钢银作为新型的互联网公司，本着互联网精神去开拓、去创新，于2013年5月正式启动钢银平台项目，同年7月交易平台测试版正式上线，11月正式版上线；2014年再次加速，在优化平台原有交易流程和风险控制的同时，进一步提升平台的运营效率和整体承载能力，完成了两次重大的系统升级，实现了与云仓储、进销存系统的历史性对接，大大提高了提货的效率和货物的监管力度，同时对接了中国银行、中信银行等多家银行系统的支付接口，提高了交易的效率和支付的便捷安全性能；随着2015年3月物流系统的全面上线，第三方支付牌照的待下发，钢银钢铁电商生态布局已经囊括了交易、仓储加工、支付结算、供应链金融、物流配送各个板，整个生态闭环体系进入全面磨合阶段。

钢银坚持以用户需求为基础，利用电子商务的绝对优势，采纳钢铁行业例行的传统规则，反复验证操作流程，严格分析交互情景，从严把控视觉表现和各系统间有效配合，把效率、成本、用户体验和风险管理作为工作总则，通过各种营销方式（如交易模式创新、短信营销子系统、社交功能、移动客户端等），不断提升钢银平台的服务品质，以增加用户黏着度；在品牌宣传和网站推广方面，钢银举行了以"822会议"（即2014年8月22日，钢银平台发布会）、钢银云中亮剑2016产品发布会为代表的一系列有影响力的品牌宣传和网站推广活动；有效保证钢银平台的正常运营及迅速扩大市场影响力。

正是由于钢银对互联网、对钢铁电商的执着追求，短短的不足两年时间，钢银平台受到了用户的追捧，取得令人刮目的成绩：钢银平台活跃用户已逾"5万+"；交易量及交易金额更是持续攀高，由2013年的日成交量仅1万吨，发展至2014年5月份日成交量突破6万吨，2014年"双12"第一次刷新历史记录，仅结算量已超4.9万吨，日交易量几近10万吨，2015年3月23日，再次刷新历史记录，日结算量高达5.77万吨，2015年10月，钢银平台更是创出日结算量8.15万吨的骄人业绩。远超行业内其他同类型网站，位居业内领先水平，这标志着钢银平台向"规模化效应"目标又迈进一步。就年度来看，2014年全年，钢银平台共获得47万人次的浏览量，处理线上订单30余万笔，实现交易总量1432万吨（其中，建筑用钢、热轧板卷、冷轧板卷位居前三，建筑用钢和热轧板卷占总交易量的81.22%），交易总额为462亿元，这意味着每天有超过1000笔交易在平台产生，平均每分钟交易额逾30万元。2015年钢银平台再接再厉，从用户体验入手，以技术团队为先导，加速平台各个端口功能点的优化和迭代，先后推出大数据、供应链金融、移动端 APP 助手、O2O 服务，快速有效的完善生态产业链的布局，为 2016 年的决战之年做好准备。

钢银平台全程参与交易中的货物交易、货款支付、提货、二次结算等环节，结算量的快速上升对公司抢占钢铁线上交易的市场份额、打造电商生态链及交易闭环具有重要的意义。2015 年 12 月钢银平台成功与母公司上海钢联拆分，登入新三板（股票代码：835092），进一步加快了资本结构的优化，增强了企业的竞争实力，更好地发挥新三板市场的融资功能与资本运营，引进高端人才。在 2015 年年末实现总交易 2804.88 万吨的交易体量较 2014 年 1309 万吨增长 114.3% 基本实现预期。2015 年年底为了继续增速，钢银平台制订出计划目标完成 3000 万吨销售量，1000 亿销售额。

截至 2015 年 3 月，钢银平台的服务网络已遍布全国，拥有沿江、沿海、北方 3 大区域、12 个交易中心、30 余家办事机构，为满足钢银的迅猛发展，保证钢银平台的正常运营，员工人数呈爆炸式增长，几近千人。在平台运营和管理模式成熟的前提下，为了扩大对北方市场以及周边市场的影响力，响应国家"一带一路"政策，辐射大西北地区，在 2015 年 7 月 30 日由集团总公司上海钢联携手宝钢集团八钢公司、新疆北方钢铁国际物流股份有限公司、新疆昊合国际贸易有限公司、新疆昆玉钢铁有限公司共同主办 2015 钢铁中国·新疆钢铁行业高峰论坛上正式启动新疆钢银，这预示着上海钢银的触角向大西北延伸，此次会议是一个良好的开端，随后成立的内蒙古钢银，极大地拓展了北方区域的市场，真正做到了人无我有，人有我优。

为了有效地对用户行为信息的分析、积累用户行为数据，准确充分掌握行业大数据，更好地为客户提供极致的用户体验，上海钢银在江西鹰潭成立鹰潭分公司主攻大数据分析，公司结合当地的优势和当地达成多方共识，未来数据分析将逐渐转移到鹰潭分公司，这将为钢银大数据服务持续发力形成强大的助攻。在抓好数据服务的同时，重点打造科研端，公司领导高瞻远瞩在江西南昌成立南昌研发中心，主抓产品研发项目，目前南昌分办拥有员工 34 人，形成了比较完整的科研体系，预计未来科研队伍的人数将增加到 200 多人。无论从产品的优化还是平台功能的迭代都是不可或缺的原动力。

作为钢铁电商行业内的先行者和开拓者，钢银凭借自身的实力，2014 年先后获得"2014 年在线供应链金融创新奖""2014 年电子商务集成创新奖""2014 年上海企业竞争力十大领军企业""2014 年上海电子商务行业企业竞争力 20 强""中国钢铁电商服务业最佳平台创新奖""中国钢铁电商平台服务行业领导品牌"等诸多奖项，入选中国电子商务创新推进联盟理事单位，同时上海钢银董事长朱军红先生获得了"2014 年电子商务领军旗手奖"，上海钢银总经理白睿获得了"推动中国钢铁电商平台产业经济发展十大创新人物"的殊荣。

钢银平台取得的这些成绩，既是业内对钢银战略的肯定，也是对钢银创新发展的肯定，也使得互联网让钢铁交易更高效的说法成为现实。

（二）社会效益

钢银供应链金融的数据价值，还体现在为金融机构提供目标客户业务合作风险的把控，为钢贸企业和商业银行重建互信提供支持。在钢银平台，用户在交易过程中所产生的各类实时动态交易数据将被原样存档；用户在交易过程中所形成的关系链将被记录；用户日常商业活动中从上、下游获得的信用评估将被收集……钢银生态圈内各方属性的信息在统筹分析之后，完全可以高效地在最大程度上帮助金融机构把控向目标企业投资、放贷的风险。主要有如下几个方面：

1. 客户的选择更加容易和精准

金融机构在做质押贷款或托盘等业务活动中，客户的寻找、筛选是第一要件。传统业务中，金融机构只有通过业务人员去找寻客户，每个业务人员由于个体素质的不同，客户的找寻条件和判断标准也各不相同。而对于钢银平台而言，由于存在庞大的实体交易用户，而且筛选条件更加明晰，可以给金融机构提供更多的标准化筛选，对优质客户的融资安排便利程度不言而喻。

2. 资信评判更丰富，准确度更高

由于钢银平台用户的交易行为会产生一系列指标数据，对于金融机构而言，可以进行大数据分析，在做客户尽职调查之前，便已掌握了丰富的客户资料，而这些客户资料是一个长周期的积累，并不是一个时点数据，对于金融机构判断信息真伪、预测风险变量、创新评级授信模型有着极大帮助。

3. 平台担保更安心，风险分担

作为第三方平台，钢银平台构建的是一个闭环的"生态链"交易环境，对仓储物流、资金的管控是一体化的，所以平台本身有足够的资本参与风险共担。某种程度而言，金融机构通过交易平台，后续的所有工作都会由钢银平台完成，节省了金融机构大量的风险控制投入。

4. 行业判断更有底，可以提前控制环境风险

钢银平台每天会产生大量的交易行为数据，数据研究部门对其加以汇总、分析和研究，对外以钢材品类（螺纹、热卷、中板、冷板）为区分制作出一周价格指数，供客户参考，降低客户采购的盲目性；同时对行业的风险提前做出评估和预警；风险可以控制在源头，而不是出现了问题再去解决。对内为高层指定区域工作计划，内部 KPI 考核提供精准的依据，确保公司优质人才有效流通，为公司内部稳定、长远发展做了重要保障。

5. 多元化的交易渠道，让交易效率更高

钢银平台的本质是帮助用户更好地进行交易，假若出现违约行为，钢银平台也可以帮助金融机构快速的进行交易客户转移；同时，将与宝钢合作，推出动产质押登记系统，使质押登记信息更加公开、透明，从而为金融机构规避重复质押、控制实物库存风险提供保障。

钢银供应链金融对用户的价值，主要体现在它可以为买卖双方提供一个融资平台，争取更多的流动资金周转，在保证融资安全方面，钢银平台从七个维度（营业执照、组织机构代码、税务登记、开票资料、公司章程、上一年度审计报表、公司近两年的营业额）对用户的信用进行综合考量已确定对用户授信额度的审批。公司风控体系加强平台在资产端对不同形态资产的控制，使每个链条、每个客户、每笔资产在平台上清晰可见，从预付款到应收回款整个过程的监控是动态的、实时的、变化的，以确保客户在平台交易资金流的安全，为供应链金融环节打通奠定坚实的基础。从而达到实现经营规模扩大和发展，提高经济效益的目的。

目前，钢银供应链金融业务主要围绕钢厂代订货、现货质押融资业务展开。2011 年 10 月到 2013 年 12 月，由于钢银电商风控措施及时到位，经营业务实现了零风险，业务规模持续增长，2011 年、2012 年、2013 年，主营业务收入分别达到 1.5 亿元、7.5 亿元和 13.7 亿元。

未来，钢铁行业供应链金融市场容量将远超 50000 亿元，面对如此巨大的市场容量，钢银充满期待。

6. 探索供应链融资预期模式

交易商在将货物存入交易市场指定仓库并生成电子仓单后，可将电子仓单交存交易市场申请办理抵顶保证金业务，即将电子仓单作为保证金使用。交易市场根据该注册仓单的品种，按照抵顶比例计算抵顶的额度，该抵顶额度随该品种最近合约的结算价的不同而有所变化。电子仓单的抵顶金额可用作交易商订单保证金、订货盈亏等资金项使用，但是此金额不可提取。其处理过程如图 6 - 12 - 3 所示：

（1）交易商提出入库申请，经交易市场同意后将货物存放到指定交收仓库；

（2）交易商用指定交收仓库开具的"存货凭证"向交易市场申请生成电子仓单：

（3）交易商在得到电子仓单后，依交易市场规定发起抵顶保证金业务的申请；

（4）交易市场审核通过后，冻结该仓单，并将抵顶的保证金添加至交易商的保证金账户；

（5）交易商可以将抵顶金额用作其他交易的订单保证金、订货盈亏等资金项使用；

（6）到期后，交易商向市场方提交申请解除电子仓单冻结并归还抵顶金额，交易市场核准后，从其保证金账户划扣相应金额并对仓单进行解冻。

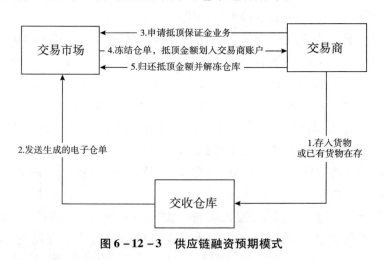

图 6 - 12 - 3　供应链融资预期模式

五、可提供的经验与下一步打算

在钢铁业进入寒冬的背景下，钢铁企业纷纷将降本增效作为企业的首要目标。电子商务凭其精准的营销策略和优势，在为钢铁企业拓展市场，扩大销售方面已经初见成效。在"互联网＋"的激励下，产业链各方对钢铁电子商务领域内给予前所未有的关注力度，并积极拥抱电商平台，第三方平台凭借其自身"开放性"的优势，并逐渐占据行业主流。平台的创新能力和资源整合能力已经成为钢铁电商迈入第一梯队的关键因素。

具有区域相邻属性或者相同目标的企业已经开始相互抱团取暖，在采购、销售、物流、加工、金融等领域结成利益共同体，共同组建物流服务、金融服务，进一步降低企业的运营成本，提升运营效率。在新一轮电子商务热潮下，企业通过联合打造电子商务平台，强化区域优势和规模优势，使得产业融合速度进一步加快，将会对行业内兼并重组、优化产业结构起到催化作用。2016年可能会出现的竞争格局：

首先，2016年一定会出现明确的标杆性平台，新的"野蛮人"进入机会越来越小，平台模式逐步开始清晰，各平台运营模式开始归位。其次，行业还会出现"非对称性对等"整合与合作，跨界的资源借力会逐步被更多人接受。最后，一切的竞争都会有利于有规模的平台发展，对中小平台而言将会是一场噩梦，长期很难具备收购价值。

钢银平台下一步应对策略：①前端零售能力目前就钢银和找钢网初步具备，优势比较明显；加强前端的销售能力，保持竞争优势，快速提升用户规模，这是钢银明年发展的基础；②后期技术开发围绕实用性技术展开，作为行业应用型技术，也应密切关注其他平台的技术应用，可以加大投入；③加强资源端的控制能力，如长乐系钢厂的合作，资源集中度的不断提升，作为平台如何能够有效地控制资源端，这不是解决一两个点就能做到的问题；需要从销售通道、线下物流服务、资本层面各维度去构建；④线下服务端的合作，仓储、加工和物流端的合作服务提供，必须提速；作为平台，如果能够更多的接入和整合社会资源，更好地服务平台用户，这应是明年的工作重心。如果单从钢银自身角度分析，能够快速形成规模及服务价值，那无疑就具备了在竞争过程中的谈判能力；但如果钢银想在下一阶段的竞争中有"三分天下有其一"想法，目前来看，快速的构建和其他实力平台（如宝钢）合作关系则为上策。

撰稿人：上海钢银电子商务股份有限公司总经理　白　睿
　　　　上海钢银电子商务股份有限公司市场运营部总监　魏　迪
　　　　上海钢银电子商务股份有限公司运营专员　田莎莎
　　　　上海钢银电子商务股份有限公司品牌专员　李艳方

案例十三　昆船：加油站非油品集成配送系统探索

一、企业简介

（一）昆船公司简介

昆明船舶设备集团有限公司（以下简称"昆船"）隶属于世界 500 强的中国船舶重工集团公司，是军民结合的高新技术企业集团。

昆船通过了 ISO 9001 质量管理体系认证、GJB 9001 质量管理体系认证、武器装备科研生产一级保密资格单位认证。现有职工 5000 多人，其中工程技术人员 1500 多人，资产总额逾 60 亿元。昆船工业园占地 1200 多亩，建筑面积 60 余万平方米。

创新是昆船发展的灵魂。昆船是国家首批创新型企业、国家首批企事业知识产权示范单位，设有国家首批企业博士后工作站，昆船技术中心是国家首批企业技术中心，国防科技工业认定企业技术中心。

昆船具有大型工程的规划、设计、集成、实施能力，大型成套装备的研发、制造能力，大型控制系统的开发、集成能力，大型软件的开发能力，关键复杂单机的研发、制造能力。昆船创新成果获国家科技进步一等奖 1 项，二等奖 2 项，三等奖 3 项，国家高技术产业化示范工程 1 项，省部级科技进步奖 116 项，累计获授权专利 458 项。

昆船拥有加工中心、激光切割机、数控机床等加工、检测设备 3000 余台套，是西南地区机械加工能力、电子仪器仪表检测试验能力最强的企业之一。经过数十年、数百项大型工程项目的建设实施，锻造了一支有丰富现场经验的专业服务队伍，能为昆船产品提供全生命周期的售后服务，从根本上保证昆船产品使用的安全性、可靠性。

秉承军工企业的优良传统，经过持续发展，昆船已成为我国自动化物流系统及装备、烟草制丝成套设备、打叶复烤成套设备、民用机场通用装备研发生产的优势企业，是我国国防科技工业和国产重大装备制造业的骨干力量。

（二）中石油简介

中国石油天然气集团公司（简称"中国石油"）是国有重要骨干企业，是以油气业务、工程技术服务、石油工程建设、石油装备制造、金融服务、新能源开发等为主营业务的综合性国际能源公司，是中国主要的油气生产商和供应商之一。2014 年，在世界 50 家大石油公司综合排名中位居第三，在《财富》杂志全球 500 家大公司排名中位居第四。中国石油以建成世界水平的综合性国际能源公司为目标，通过实施战略发展，坚持创新驱动，注重质量效益，加快转变发展方式，实现到 2020 年主要指标达到世界先进水平，全面提升竞争能力和赢利能力，成为绿色发展、可持续发展的领先公司。

根据中国石油集团公司的部署，中国石油成立了中国石油广东销售分公司，负责广东地区中国石油的市场开发与销售业务。自公司成立后，公司按照中国石油集团公司、中油股份公司指示，积极探索、实行"四化一高"的现代营销体制，具体原则是：

组织扁平化——减少管理层次或管理层次的某些职能，合理规划管理幅度，建立扁平的管理架构；

业务专业化——建立专业化的业务线，实行业务线横向到边、纵向到底的"条条管理"；

管理垂直化——一个下级只有一个上级，形成统一的纵向指挥系统；

权责清晰化——合理设定管理职位，明确岗位职责和相应的权利，责权对称，责利匹配，从而实现运营高效率。

多年来，公司紧紧围绕"建设国内一流成品油零售企业"的目标，突出科学发展与构建和谐的两大主题，以规范管理和提高效率为着力点，努力扩大销售规模，保障市场平稳供应，加快网络建设的步伐，提高油站运营的水平，不断完善管理体制机制，切实加强安全环保工作，加强员工队伍建设，加大基层建设的力度，实现了公司又好又快发展。

根据市场特点、发展趋势及公司的现状，服从和服务于集团建设综合性国际能源公司的整体战略，公司今后一段时间的战略目标是"五大业务、两大基地、四大集散地、一大通道"：以汽柴油销售业务为核心，从事燃料油、天然气、沥青和非油品五大业务，逐步拥有多元业务结构，形成较为完整的业务体系，提升综合赢利能力。以炼油基地为依托，充分利用好国内国外两个市场、两种资源，提升资源供应与保障能力。以油品集散地为平台，实现仓储能力和资源规模相匹配，提升资源总体调控能力，提升抗市场风险能力。以西气东输建设为契机，推动油气管网大通道建设，实现油库管网串联，加油站增加天然气业务，拓展新的业务领域，提升企业的核心竞争能力。

二、实施非油品物流中心建设的背景

（一）国际上成功的经验

在美国的 11.52 万座加油站中，有 8.06 万座加油站设有便利店，约占加油站总数的 70%。便利店已经成为美国加油站利润的重要来源，据统计，部分美国加油站便利店经营所获得的利润已占加油站整体利润的 70%。

在欧洲 80% 以上的加油站开设了便利店，有的加油站便利店的销量已经占总销量的 60%~80%，毛利也已达到油品毛利的 50% 左右，而且比例还在进一步上升。

在英国，便利店已经是加油站的重要组成部分，成为加油站收入的主要来源，几乎所有的加油站都设有便利店。据统计，英国加油站便利店经营所获得的利润已占整个加油站利润的 65% ~ 70% 。

在国外很多国家和地区，便利店已经成为加油站不可缺少的组成部分，为人们提供了极大的便利，人们在加油的同时可以顺便购物，从而增加了到便利店购物的人群，又或者人们在购物前后可以顺便加油，从而增加加油站的油品销售，二者相互依赖，相互促进。

（二）从单功能向多功能集成的需要

在国内，近年来随着国内经济的迅速发展，私人汽车拥有率迅速提高，人们的消费观念发展更新，加油站的非油业务迅速扎根并发展起来。加油站非油品业务指加油、充气、加水等常规业务之外，加油站开展的如广告、洗车、修车、便利店、餐饮乃至银行提款机、通信、彩票等业务。

中国石油从 2002 年开始探索加油站非油品业务。现在，光顾中石油加油站的顾客除了加油外，还可到便利店购物，享受快餐服务，给车辆洗浴美容等服务。非油品销售总额逐年稳步提高。

图 6 - 13 - 1　加油站非油品陈列图

非油品业务的迅速发展需要一个更加可靠、稳定、完善、规范的网络平台支持，而这个网络平台包括完善的配送系统和稳定、充足的货源，前者需要有优质的配送队伍、优良的配送车辆，而后者除了需要有大量的供货商提供足够的商品之外，还需要有货品的集散地——物流中心的支持。昆船成为中石化加油站非油品集成系统的合作方。

中国石油天然气股份有限公司组织有关专家，对物流中心的建设进行了评估，多次组织有关人员参观、考察国内一些先进的物流中心项目，提出了非油品物流中心的建设方案。

中国石油天然气股份有限公司地区销售分公司非油品物流中心拟建设以下建筑：

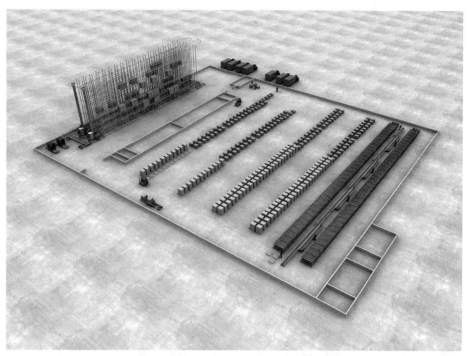

图6－13－2　非油品物流中心拟建图

单层高架仓库一座，建筑面积1620平方米，建筑高度19米，用于储存采购来的各种货物。

分拣车间一座，建筑面积6894.96平方米，建筑高度8米，局部两层，分拣车间内布置自动化物流系统，根据信息系统提供的订货要求自动完成货物的分拣，送至出货口装车。

高架仓库与分拣车间两栋建筑紧邻建设，组合成为联合工房，总建筑面积为8514.96平方米。

信息楼一座，总建筑面积1159.78平方米，三层，包含信息室、展示厅、职工餐厅、职工休息室等功能。

本项目的建设目标为：为中石油非油品业务的发展创造一个可靠、稳定、完善、规范的网络平台，为非油货品的集散提供场地支持，推动中石油非油品业务快速、健康发展。

（三）传统物流中心转型升级的必然之路

根据国内相关信息显示，运用信息技术，优化整合潜力巨大的工业采购、库存、储运、销售流程，可降低现有物流成本的50%～60%。物流管理成本与企业的信息化程度关系密切，而企业的信息化程度又影响着企业正常生产活动的各个环节。发展信息化系统，可以以相对较小的资金投入，实现物流管理的优化，获得第三利润源泉的回报。而且，物流管理的信息化还会促进运输和仓储系统的发展。

中石油的发展战略是利用油品销售网络，大力发展加油站的非油业务，也就是建立一个零售网络系统，要保证零售网络系统的正常运转和其余获得较丰厚的投资回报，建立现代化的物流系统是十分必要的。

现有的物流配送中心规模小，功能单一，物流仓库面积狭小，无法满足现代物流快速、精确、高效的需要。

集团公司已经意识到该问题如果不解决将严重制约公司非油品业务的发展，不投入资金进行现代化设备及软硬件的改造，将影响整体配送系统的效率提升和改进。非油品配送中心基础设施从根本上升级势在必行，新物流中心的建设迫在眉睫。

三、加油站非油品集成系统的设计与运行

（一）物流基地作业分区

中石油非油品物流中心采用货物自动化输送系统，物流基地主要由联合工房和办公及配套用房两部分组成，联合工房为物品分拣、存储的作业场所，主要进行卸车收货、分拣、调度派车、配载等作业；办公及配套用房具有两大类功能，一类是运营及行政综合管理，对物品的进货、存储、分拣、配送、信息流进行统一集中管理；另一类为后勤支持保障场所。

图 6 - 13 - 3　中石油物流基地作业区

1. 联合工房

联合工房主要进行卸车收货、分拣、调度派车、配载等作业。此类作业具有较强的管理性质，采用手持和现场终端进行管理作业。搬运采用 AGV 和叉车作业。存储方式为七层货架仓库方案。分拣方式考虑采用自动分拣。

联合工房存储区为单层建筑，采用七层货架仓库方案，仓库设计高度 19 米。联合工

房分拣区为二层建筑，设计上每个功能分区均有充足的采光和良好的通风，作为整个物流配送中心规划项目的重要组成部分，其建筑功能以经济实用为主，但整个建筑风格应与整个地块的建筑风格相协调，建筑形式力求简洁大方，富有时代气息。

联合工房按储存物品的火灾危险性为丙Ⅱ类的防火等级进行设计。根据生产工艺的要求，设置了装卸、仓储、暂存、分拣等功能区域及现场辅助办公管理等用房，各区均采用大开间设置。

2. 办公及配套用房

办公及配套用房具有两大类功能，一类是运营及行政综合管理，对物品的进货、存储、分拣、配送、信息流进行统一集中管理；另一类为后勤支持保障场所。

（二）非油品物流中心运作模式

非油品物流中心的主要功能是采用全面规划和总体设计的方法去组织实施供应链的执行过程，发展非油品贸易，形成非油品物流产业，提高整个供应链的效应，促进非油品物流产业本身的完善和发展。组建运输物流公司，形成辐射区域的铁路、水路、公路联运网络，在速度、成本、管理上占据竞争优势，建成区域非油商品物流配送中心，在港口码头和交通枢纽区建立大型仓储，为区域加油站连锁网点提供物流配送，最大限度地降低成本，适应日益扩大的物流量，提高竞争能力。

物流中心的最具体工作是完成货品的入库、暂存、分拣、配送出库。这些具体工作的完成，主要采用货物自动化输送系统完成，也可以由人工辅助完成即货物人工输送系统。以下对两种操作模式分述如下：

图6－13－4　货物自动化输送系统

1. 货物自动化输送系统

货物自动化输送系统的操作工艺流程分述如下：

（1）收货入库。

货车到货时，验货合格后开始收货，人工卸车贴条码，需要上分拣线的商品，人工立即将整件（或装入周转箱的整件）按显示屏提示放到各相应的分拣输送线入口；需要直接入立体货架的人工码盘到托盘，录入商品编码及数量，系统确认收货后，自动分配货位，操作人员扫描托盘条码，放入相应的巷道入库口，经堆垛机取放到指定的货位。

（2）发货出库。

需要发货时，上位系统发出出库指令开始发货，按订单分拣并码垛好的实托盘从高架库出库后，经堆垛机、输送机送到出库站台，操作人员按照 LED 显示屏信息，将托盘叉到指定的出库口装车。

（3）分拣。

①整件分拣：贴码后的商品操作人员按显示屏提示将整件（部分尺寸规格不规整、包装材质不好商品的需要采用装周转箱）放到各相应的分拣输送线入口；自动输送并通过补货小车自动分拣到各客户拣选道，各客户拣选道够一托盘后，拣选人员从空托盘组上拿取空托盘放到指定位置，从客户拣选道上拿取货物码盘到托盘，码好后录入实托盘信息，呼叫 AGV 小车，AGV 小车接到指定后自动送到相应的入库口，裹膜后入库。

②拆零商品备货：贴码后的商品操作人员按显示屏提示将整件（部分尺寸规格不规整、包装材质不好商品的需要采用装周转箱）放到各相应的分拣输送线入口；自动输送并通过补货小车自动分拣到各单品拣选道上缓存。一次备齐全部拆零商品，商品信息（包括商品品种、数量等）与电子标签绑定。

③拆零商品拣选：当客户拆零拣选商品备齐后，用空周转箱从上料口进行输送，经过条码扫描将空箱信息和订单分拣信息绑定。拆零商品拣选分成 4 个分拣作业区，当周转箱经过分拣作业区时进行条码扫描，系统根据订单信息决定周转箱是进入本分拣作业区还是进入下一分拣作业区。如进入本分拣作业区，则系统自动将周转箱分流输送到辅助拣选输送线，根据位于输送线两侧重力货架上电子标签的信息由人工完成该周转箱的拣选作业。作业完成后人工将其推到主输送线上，输送到下一拣选作业区域。经过这一接力式的拣选作业完成一个拆零分拣通道中货物的拣选作业，拣选好后的周转箱进入分拣线。

④拆零商品拣选后分拣：周转箱进入分拣线，补货小车自动将拣选好后的周转箱分拣到各个客户拣选道，与不拆零整件合并，各客户拣选道够一托盘后，拣选人员从空托盘组上拿取空托盘放到指定位置，从客户拣选道上拿取货物码盘到托盘，码好后录入实托盘信息，呼叫 AGV 小车，AGV 小车接到指定后自动送到相应的入库口，裹膜后入库。

（4）分拣后托盘入库。

送到裹膜入库口的托盘自动送到裹膜机，需裹膜的裹膜，裹膜后经外检合格后通过堆垛机送到系统指定的立库货架内存放。

（5）异形商品的拣选。

当某订单涉及异形商品的拣选时，按配送线路进行人工拣选。最后将同一配送线路的异型商品放置到同一路线的托盘上，送往出货缓存区。

（6）周转箱处理。

拆零商品需要的空周转箱备在拆零分拣区附近，入库区需要的空周转箱备在入库输送口附近，各客户拣选道上的周转箱码到托盘上随托盘发货，发货后随车收回空周转箱。

2. 货物人工输送系统

图 6 - 13 - 5　货物人工输送系统

货物人工输送系统的操作工艺流程分述如下：

（1）收货入库。货车到货时，验货合格后开始收货，人工卸车贴条码，需要上分拣线的商品人工直接送至分拣区；需要暂存的货品送入仓库货架，并完成货品入库记录。

（2）发货出库。需要发货时，按订单到仓库提货，办理出货登记，运送到分拣车间，人工分拣后装盘，用叉车将托盘叉到指定的出库口装车。

（3）分拣。全部货物均由人工进行分拣。

3. 货物输送系统的选择

由于实施货物分拣、输送的操作主体不同，决定了两种货物输送系统的特点。

货物自动化输送系统是当今物流仓储业的发展方向和发展目标，以自动化程度高，货品储存、分拣、输送准确率高，速度快，货品损耗率低，工作人员少，管理方便为主要优点，其缺点是机械设备投资高，设备维护工作量较大，停电或不能及时排除设备故障时需要进行人工分拣。

货物人工输送系统是物流仓储业的传统作业方式，其优点是机械设备投资少，设备维护工作量较小。但由于几乎所有的操作均由人工完成，所需工作人员数量多，增加了更多的管理环节。人工操作因人员的素质、工作状态、工作情绪等不同，工作效果差异很大，货品储存、分拣、输送的差错率高，速度慢，货品损耗率高，管理麻烦，自动化程度低。

中国石油广东销售分公司非油品物流中心负责区域加油站非油品货物的采购、分拣、配送业务，建设初期每年的货物储运、分拣、配送量约 240 万箱，2015 已达到约 500 万箱，如此庞大的货物储运、分拣、配送量采用人工操作是不合理的，也不符合现代物流业的发展方向，需要采用货物自动化输送系统作为物流中心的货物处理系统。

中国石油广东销售分公司非油品物流中心投入使用至今取得了良好的经济效益。首先，物流中心通过集中采购的形式有效降低了物资的采购成本；其次，物流中心根据配送需求进行统一的分拣、配送，极大地提高了物资的分拣、配送效率，有效降低了物流中心包括人员、输送及时间在内的各项运营成本。

撰稿人：昆明昆船物流信息产业有限公司副总经理　姜荣奇
　　　　昆明昆船物流信息产业有限公司技术部　周云湘
　　　　中国石油广东销售分公司非油处处长　罗伟政

案例十四　越美：加强国际产能合作助力企业转型升级

一、企业简介

越美集团有限公司（以下简称"越美"）始创于 1992 年，是一家由传统纺织企业成长起来的国际化民营企业集团。主营业务涵盖纺织印染、进出口贸易、金融服务、境外投资、房地产开发、商贸市场等行业。旗下拥有纺织印染企业 6 家，是全国主要纺织品进出口企业之一，在纺织、服装以及库存商品交易等多个行业及多个供应链领域取得了优势地位。

越美在实施"走出去"战略过程中坚持实现供给侧要素最优配置的经营思路，通过联通国内外"两个市场"，整合国内外"两种资源"，积极探索全球产业供应链布局模式，走出了一条经济新常态下企业发展的新路子，去产能，去库存，降成本，促进了企业转型升级。现已在境外投资建设了纺织工业园、商贸物流园、中国产品展示中心、棉花产业基地，创办了境外中资商业银行以及生产、贸易等企业，为中国商品走出去，向生产线设备走出去到产业走出去发展，提供了全球产业供应链服务。

越美致力于以全球地域为空间布局，打造纺织优势产业的"微笑曲线"，建立从战略资源、金融资本到纺织生产、产品销售与服务的产业供应链与价值链。2011 年积极采取"退二进三"战略举措，投资 25 亿元将本土两家纺织企业改建成拥有 60 万平方米市场容量、7000 多个商铺的越美国际商贸城，内设国际采购、库存商品交易、跨境电子商务、保税仓库及免税商品展销、仓储物流等功能区块。

越美拥有中国民营企业 500 强、国家实施"走出去"战略先进企业、浙江省实施"走出去"战略境外投资平台、浙江省优秀民营企业、海关 A 类管理企业、全国重点培育市场、中国首家库存商品流通市场等多项荣誉。

二、实施产业供应链管理的背景

（一）优化供需匹配助力供给侧结构改革落地

2008 年全球金融危机以来，我国经济发展面临着增速下降、经济下行压力加大的新常态。从表面上看是经济的发展速度问题，但根本上却是结构问题，是经济高速增长时期形成的粗放型发展惯性所造成的后果，低效的资源配置、扭曲的要素价格、有失公平的利益分配机制，最终造成产能的过剩。为破解中国经济目前的困局，十八届五中全会制定的"十三五"规划建议将有关供给侧改革放到了一个突出的位置上。2015年中央经济工作会议强调"推动供给侧结构性改革，是适应和引领经济发展新常态的重大创新，是适应国际金融危机发生后综合国力竞争新形势的主动选择，是适应我国经济发展新常态的必然要求"。并明确在战术上，主要抓好去产能、去库存、去杠杆、降成本、补短板五大任务。

供给侧结构改革是一场针对产业供应链的深度变革之战。供给侧结构改革，就是从供给、生产端入手，调整经济结构，使要素实现最优配置，提升经济增长的质量和数量。当前，全球已进入跨国布局新阶段，积极稳妥的"走出去"，利用跨国资源配置，打造全球产业供应链，是我国应对国内外挑战、拓展产业发展空间、建设制造业强国的重要途径，是我国在全球产业分工中抢占更为有利位置的一个主要手段，也是助力供给侧结构改革落地的重要条件之一。就企业而言，推进供给侧结构改革，就是利用跨国资源配置，打造"中国+N"跨国供应链，提升产业供应链的管理水平，充分运用先进的供应链管理技术和模式，替代过去低效粗放的运营模式，协调供应链的上下游，最大程度满足需求，同时最大程度地降低总成本，将发展方向锁定新兴领域、创新领域，创造新的经济增长点。

从越美十五年在非洲的践行来看，实施"走出去"战略，提升全球产业供应链管理水平，不失为企业"去产能"的重要选项之一。

（二）建立跨国产业供应链是纺织产业转型升级的必然发展趋势

随着改革开放的不断深化，我国经济实力显著增强，到2012年经济总量已位居全球第二位，国内生产总量和进出口贸易总额均占全球11%左右，外汇储备约占30%。充足的经济实力与外汇储备，以及企业在对外经贸合作中长期积累的经验与资源，为纺织行业全球化布局与发展提供了坚实的基础和条件。

国际金融危机以来，我国纺织行业率先进入以速度换质效的时代，整个行业转型升级的压力不断加大，作为纺织大省浙江率先提出"腾笼换鸟""退二进三"等战略。在资源环境约束，生产成本挤压以及市场竞争日益加剧的背景下，要适应国内外经济形势变化，加快形成新的经济增长方向，把发展的立足点转移到提高质量和效益上来，必须要有全球视野，加大全球的资源优化配置力度，在开放型经济中加快树立新的优势。

纺织业转型升级，需要充分利用国际高端人才、技术、渠道等资源，加强科技创新，加快品牌发展，自主掌握产业链与价值链高端，提升国际竞争力和国际分工地位。同时，突破国内资源环境瓶颈，充分利用海外资源、劳动力、土地、市场等资源，为我国纺织产业配套和产业资本发展开辟更广阔的空间。"走出去"寻求更优资源配置，建立更高效的跨国供应链，是纺织产业在转型升级背景下的必然发展趋势。

（三）主动出击，自觉融入全球供应链竞争是企业的必然选择

近年来，世界各国生产要素的比较优势发生较大变化，伴随着经济、社会的持续发展，我国劳动供给出现结构性短缺，土地、水、电等资源、能源供给日趋紧张，生产要

素价格全面上扬；同时节能环保、人民币升值以及棉花管理体制等政策影响叠加，纺织企业的制造成本已大幅提升。目前，我国纺织行业用工成本比东南亚、非洲国家高出 2 ~ 4 倍，用棉成本高30%以上，加上东南亚、非洲国家在发达国家享有关税优惠，即便充分发挥我国产业体系与生产效率优势，中低档产品的国际竞争力已明显下降。纺织企业必须通过调整寻找和创造新的竞争优势。

国际纺织产业向更具成本比较优势的发展中国家转移布局，这虽然加剧了国际市场竞争，但也为我国纺织企业加快建立新的国际竞争优势提供了机遇和动力。积极稳妥"走出去"，充分利用国内产业基础优势，主动参与并主导全球产业布局的调整，企业才能在新的国际布局中占据更有利的竞争地位，才能保持可持续发展。企业和行业供应链的赢利能力得到了提升，才能实现中国经济的平稳增长！

三、越美全球产业供应链"走出去"运作模式

越美是一家以生产经营纺织、印染产品和国际贸易为主的轻纺企业。2000 年，在国内纺织行业开始趋向低迷时，为了减少中间环节，带动国内出口，提升企业资本效率，实施"主动出击"策略，以直接投资的形式，自觉融入全球产业供应链竞争，踏上了在全球整合劳动力、土地、资本、创新四大供给侧要素的国际化进程。这一进程大体经过了五个发展阶段：

第一阶段：设立贸易公司实现商品走出去。

2000 年，越美在尼日利亚投资创办第一家境外销售企业，从而为中国纺织品在非洲市场开垦出了一片绿洲。

图 6 - 14 - 1　越美国际轻纺城

此后，越美又先后在非洲、中东等国家和地区设立境外销售公司，直销企业产品，逐步形成国际营销网络，使企业供应链向国际延伸，带动中国商品走出去，扩大了国际市场份额，提高了企业经济效益。

第二阶段：创办生产企业实现生产线走出去。

2004 年年初，面对尼日利亚将提花布等纺织品列入"禁止进口商品"后，越美调整经营策略，变单纯商品走出去，转向以中国生产线走出去为主。在尼日利亚投资创建第一家境外纺织加工贸易企业，引进国内纺织、印染成套生产线，实行本土化经营方针，解决当地就业，得到了尼日利亚政府和社会各界的首肯。企业不仅化解了尼日利亚对纺织品进口的限制，还享受到了东道国的免税等优惠政策。同时，还利用了欧美国家与非洲各国签订的国际贸易条约，把产品顺利打入欧美市场。此后，越美又在塞内加尔、加纳投资设立多家生产企业，境外加工贸易规模不断扩大。

第三阶段：兴建纺织工业园为国内产能走出去搭建平台。

2007 年，针对尼日利亚没有棉纺企业，纺织产业链不齐全，上、下游产品不衔接，而国内纺织业因产能过剩，急需转型升级、产业梯度转移状况，投资 6000 万美元兴建越美（尼日利亚）纺织工业园。

图 6 - 14 - 2　越美（尼日利亚）纺织工业园

为国内纺织等制造业产能"走出去"搭建海外航母，并形成较为完整的纺织产业链。越美也实现了从生产企业向生产服务企业的华丽转变，2011 年被浙江省政府授予实施"走出去"境外投资平台。

第四阶段：参与国际资源配置以掌控话语权。

原料和市场是纺织企业的生命线。谁拥有了原料资源，谁就将占居竞争的优势。2011 年，越美通过国际竞标方式收购了马里的国有棉花企业，同时在加纳、坦桑尼亚又收购 2 家纺织企业，从而在参与全球资源配置中实现了产业链的国际化延伸，成为跨国集团。同时也使企业生产要素实现了最优化组合，降低了原材料成本，提升了资本回报，增加了企业核心竞争力。

第五阶段：践行金融服务走出去。

资本，是供给侧四大要素之一。随着中国民营企业大规模"走出去"，保障中资企业境外资金安全，扩大境外融资渠道和金融服务成为中小企业急需解决的课题。为此，越美在整合十余年在非洲投资经营所获取的资源和经验的基础上，大胆提出在境外创办金融机构为中资企业服务的战略构想。2012 年 12 月，经坦桑尼亚政府批准，"坦桑尼亚中国商业银行"正式立项注册，并于 2014 年 1 月通过该国央行审核取得了银行牌照后正式营业，完善了产业链的金融环节。作为中国民营企业在境外创办的第一家中资商业银行，通过推出具有竞争力的产品和服务，吸引存款，扩大融资渠道，为在坦桑尼亚及周边国家的中资企业提供了优质的金融服务。

至此，通过十五年的历练，越美先后在国外干成了产品直销、开展加工贸易、创办工业园、建立原料基地、创办金融机构五件大事，基本完成了从本土化向国际化的转型，为企业新的发展积聚了能量。

四、实施全球产业供应链管理的绩效分析

越美产业供应链管理是围绕核心企业，通过对实物流、资金流和信息流的控制，有效整合了从原材料开始到销售终端整个过程中的供应商、制造商、销售商以及各类人才等资源的供需匹配，实现共赢，取得了良好的社会效益和企业效益。

（一）社会效益

（1）助力企业经济转型升级。越美（尼日利亚）纺织工业园，为中国民营企业拓展国际产能合作搭建了平台。自 2007 年至今共招商引进中国企业 9 家，直接投资额达 7000 多万美元。同时，越美"走出去"在当地产生了很好的示范效应，现全市纺织企业在境外投资办厂仅经国内审批的就有 20 余家，中方投资额超 10.3 亿美元，有力地推动了纺织企业加快转型升级。

（2）拉动国内出口。通过全球产业供应链管理，越美出口额逐年提升，从当年的不足 100 万美元，增长到 1.2 亿美元，拉动了当地的国内出口。据诸暨市商务局统计，在全球市场需求不景气的 2014 年全市实现出口 49.14 亿美元，同比增长 6.4%，其中纺织品出口 31.65 亿美元，同比增长 33.76%。越美（尼日利亚）纺织工业园统计显示：2015 年度该园区带动国内出口达 2.3 亿美元。

（3）创造了更多的就业岗位。越美实施产业供应链管理以来，充分利用跨国资源配置，加强国际产能合作，较好地解决了企业化解过剩产能与创造就业岗位的矛盾，为保持社会稳定担当了企业的社会责任。同时，在境外也为东道国提供了大量的就业机会。2015 年仅越美（尼日利亚）纺织工业园就业人员达 1247 人。

图 6 - 14 - 3　尼日利亚总统接见越美集团徐志明总裁（2005 年 4 月于钓鱼台国宾馆）

（4）加深了中国企业与所在国的民间关系。越美在推行全球供应链管理中，始终坚持"本土化"经营策略，遵守所在国的法律法规，尊重当地宗教、习俗，注重企业的社会责任，主动融入当地社会，建立了良好的民间关系，树立了中国企业的良好形象。

（二）企业效益

通过实施供应链管理，企业的经济效益十分显著。23 年来越美始终坚持积极稳妥的"走出去"战略，创新探索外贸、外经、外资"三外经济"互动发展模式，不断完善全球产业供应链和管理水平，使企业从一家年销售营业收入不足 300 万元的小规模公司成长为总资产 38.7 亿元、营业收入超 40 亿元的跨国集团。

五、转型升级正在路上（下一步规划）

当前，适逢国家"一带一路"建设和"中非十大合作计划"推进的最佳机遇期，越美正在向"以越美国际商贸城为主体，以东非商贸物流园、埃塞俄比亚工业园为支点，建设中非经贸合作互通互联纽带"的发展新阶段进发。

——近年来，随着资源环境约束加大，劳动力等要素成本上升，使制造业尤其是纺织行业的生存发展面临着更为艰难的局面。为了适应中国经济发展新常态，越美加快了通过产业供应链升级，去产能去库存的步伐，积极采取"退二进三"战略举措，向现代服务业进军。2011 年投资 25 亿元，将本土两家纺织企业改建为占地 300 余亩的越美国际商贸城。该项目拥有 7000 多个商铺，内设国际采购、非洲产品批发、韩国产品展销、跨境电子商务、保税仓储物流和全球库存商品交易等功能区块。致力于打造中国产品出口的桥梁，国际采购交易的平台，国际经济贸易合作互联互通、大通关和大物流的通道。

——积极参与国家"一带一路"建设和"中非十大合作计划"，加快产业供应链全球布局的步伐，推进在非洲的两个支点建设。一是充分发挥坦桑尼亚的经济、港口、辐射能力等优势，投资建设占地 70 公顷的"海外仓"——"东非商贸物流园"。作为集贸易、商务、金融、物流、休闲等多行业、多功能发展的商贸综合体，将成为国家"一带一路"建设的一个重要支点，为中国与非洲经贸合作搭建起互联互通的桥梁。二是在埃塞俄比亚投资建设越美工业园。埃塞俄比亚是"一带一路"进入非洲的重要沿线国家之一，政局较好稳定，农业、纺织、皮革等行业利用外资能力较强，具有水电能源充沛、劳动力丰富且成本较低的优势。工业园规划用地 300 公顷，引进纺织、建材、钢铁、电力、化工、生物医药等优势产能，为国内产能转移和中小企业发展提供良好的海外生产基地。现已与国内数家制药企业达成投资组建药厂意向，缓解非洲缺医少药现状。

越美今天能成为一家不断实现新跨越的国际化企业，靠的是有一种"超越自我，勇于改革，敢为人先"的创新精神；靠的是在实施产业供应链管理中坚持"立足国内，布局全球，科学开拓，创新发展"使要素实现最优配置的经营理念；靠的是产业转型升级中积极稳妥"走出去"，主动有效地化解过剩产能。而积极适应供给侧结构性改革，提升全要素生产率，则为企业再次跨越注入新的动力。

撰稿人：越美集团有限公司副总经理　寿光明

案例十五 中捷通信：贴牌销售供应链

一、企业介绍

中捷通信有限公司（简称"中捷通信"）是中国通信服务股份公司（香港上市公司0552. HK、中国电信集团公司控股）的供应链服务专业公司。公司注册资金1.2亿元，收购并承接了广东省电信器材公司的优质资产和优良业务，是立足于信息通信业、面向现代大工业的综合供应链服务企业。

面向信息通信业，以"全供应链服务"的理念，对供应链物资具有"全生命周期管理"的能力。公司业务跨越海内外，凭借遍布国内外的强大采购网络、分销网络和物流网络，为多家世界500强与国内100强企业，以及众多快速成长型企业，提供采购服务、产品分销、进出口服务、国际国内物流服务和技术支持等的多项供应链综合服务。公司与中国电信、中国移动、中国联通等信息和媒体运营商结成多种业务战略合作关系，与众多国内外信息通信产业链上下游企业开展广泛业务合作，帮助用户与业务伙伴节约成本、提高效率、创造价值，得到了业界的高度认可。

公司汇集一大批既熟悉通信产业专业技术，又精通国内外供应链管理实务的高素质人才；主要物流基地夏茅物流园占地面积3.5万平方米，仓储总面积67000平方米，是全国通信行业规模最大、设施最先进的现代化物流园之一，被评为国家四星级仓库；为实现供应链全面、迅速、精细化管理，公司还建有功能强大的供应链管理系统平台，实现对工作流、物流、资金流、信息流的高效管控和信息转化。多年来，公司致力成为信息通信业供应链管理专家的企业愿景，逐步建立全面、快速、节约、信息化、规模化的供应链管理服务体系，以"更快更专更好"的服务理念始终为客户提供满意的产品和贴心的服务。

二、实施供应链管理背景

（一）电信采购环境

1. 运动式采购需求

2014年以来，宽带中国战略、4G移动网络规模建设、移动转售和接入网市场开放、铁塔公司成立、"互联网＋"、工业互联网以及最近提出的提速降费等，一系列重大事件和技术的演进有望推动通信产业链进入新一轮的繁荣期。

在市场化大方向的引领下，广东省电信公司开始积极调整市场战略，开展"宽带大会战""百日冲刺"等战略口号，发展新的客户线。为满足市场份额扩张需求，广东省电信投入大量资本在扩建基础设施上，发起运动式采购。

2. 器件采购供需不匹配

根据广东省各地级市电信分公司的采购数据统计显示，采购需求的满足程度不尽如人意。当前电信集团招标采购物资不能满足运动式采购的需求，综其原因，中标供应商产能不足、资金链断裂等，都是实际供应链可能频发的情况。

而实际工程建设中，器件供给延迟，延缓工程建设进度，最终经过各环节层层累积放大，最终将影响省电信公司对整个通信市场的战略布局。

（二）中捷的资源优势

1. 供应链服务商的角色优势

中捷常年作为电信供应链的服务商，对运营商客户的采购流程有深度了解，能适时发现客户的需求或潜在需求。同时承接整个器件供应链的上下游，同上游众多器件供应商有业务往来，又了解下游集成商的工程建设要求。得天独厚的角色优势使中捷掌握了器件供应链的供需，不仅熟悉各器件的生产、供应情况，同时累积了对合作供应商 QCDS 评价指标，这对贴牌产品的选择以及合作供应商的选择判断提供了先决优势。

2. 供应链管理实力支撑

自 2008 年起中捷就承接广东省电信的无线室分的供应链管理项目，拥有精通供应链实务的供应链管理团队和自有的物流资源优势，攻克项目从 2G 到如今 4G 的电信制式改革换代不断迭代出来新需求。多年的运作经累积了中捷对供应链方案实施的管理经验，形成完善的作业回路、策略回路和性能评价回路。

三、供应链运作模型

近年来通信行业的新形势对通信服务商来说，既是挑战，也是机遇。中捷作为依附电信产业链而生存的服务商，应该把眼光放得更长远，挖掘客户的潜在需求，挖掘潜在客户，打造新的供应链运作方案，挖掘新的赢利点。以下为贴牌供应链运作模型设计：

（一）角色分析

1. 供应商

在整个贴牌供应链中，供应商主要负责器件生产供应、售后保修、技术支撑，其中生产供应方面需要配合中捷 VMI 备货，保证需求响应速度。为保证供货效率，根据实际情况，同一种产品中捷可以有多家供应商选择。

2. 中捷

中捷作为贴牌供应商，管控上游实际生产供应商的产品供应和质量，收集下游客户的需求。上求下应，为达到快速响应客户需求，同时保证产品质量的效果，需要拥有实

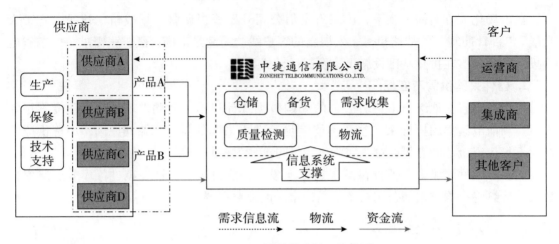

图 6 – 15 – 1　贴牌供应链运作模型

现 VMI 备货的仓储基地，通过 VMI 备货筹备响应库存，保证供货速度；同时由于是大批量备货，能通过建立到货检测机制，严格把控贴牌产品质量；面向众多客户需要信息系统来做支撑，收集和分析客户对各器件的需求情况，从而支撑科学的备货策略；除此之外，中捷自有的物流车队还能为客户提供配送服务，实现快速现场到货。

3. 客户

实际上，对器件有采购需求的客户不仅包括运营商，还有集成商、施工队等，他们对器件的需求量不一样，未必能和生产供应商达成合作。通过中捷供应链平台销售的贴牌产品，有备货库存和信息系统支撑，能够满足各种客户量多低频、量少高频等器件需求。贴牌供应链方案可以满足多种客户的多种器件需求，在未来有很多的扩展延伸可能性。

（二）工作流运作流程

在实际的贴牌供应链运作中，供应商、中捷、客户的工作协作流程如图 6 – 15 – 2 所示：

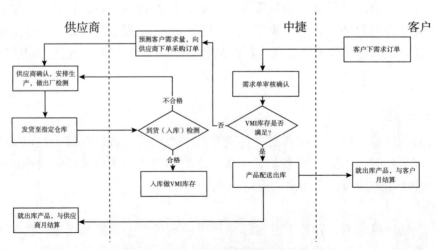

图 6 – 15 – 2　贴牌供应链运作流程图

四、绩效分析

目前电信集团招标的采购模式，只能在采购前期对供应商给出资质门槛的限制，中标结果常常取决于供应商投标技巧的竞争。这种采购模式无法识别供应商在竞标中做出不合理承诺（包括在价格、交期等），给后期采购执行中的器件供应带来隐患。而中捷作为贴牌供应商，能帮客户规避诸上风险，以贴牌供应商身份行供应链服务商之实，整合下游供应商资源，为客户提供最优方案的采购输入。以下将以无源器件为例来做贴牌销售供应链的绩效分析。

2015 年中捷开始尝试在无源器件这一类产品中引入贴牌销售的供应链模式：

在合作供应商方面，引入包括福建三元达、广州京信、深圳国人、深圳皓华、四川天邑共 5 个供应商（都是电信集采往年的中标供应商，中捷通过历年供应商的数据考核筛选出来有合作意向的供应商）。在客户方面，2015 年广东电信无线项目在围的集成商共有 20 家，经小范围试运行推广，最终采购中捷贴牌无源器件的集成商有 8 家。基于以上供应商和客户前提，2015 年中捷贴牌的无源器件接收需求单 462 张，器件需求总数约 5.6 万件，全年的销售金额约 658 万元，相当电信全年集采金额的 10% 左右。

表 6 - 15 - 1　　2015 年电信集采和中捷贴牌销售无源器件的统计情况

无源器件产品类别	规格各类数量	2015 年电信（广东）集采			2015 年中捷贴牌销售		
		需求单数	需求数量	需求金额（元）	需求单数	需求数量	需求金额（元）
电桥	5	929	3111	48478840	68	322	12309875
负载	14	2035	12684	202572255	78	670	10607079
功分器	12	4309	374522	1054901728	333	26084	222041667
合路器	24	3773	41828	3445328813	107	1368	125757826
耦合器	44	4415	474306	1591292391	410	27276	287200712
衰减器	48	687	1453	13562045	13	18	235651
总计	147	5848	907904	6356136072	462	55733	65815281

（一）成本

在成本方面基本沿用了原有的供应链管理资源，由于高度信息化管理和有效协同度高，中捷贴牌销售供应链管理的新增成本基本为零，并且具有很大的延展空间。

1. 人力管理成本

贴牌销售的管理模式沿用了中捷团队原有的供应室管理团队，原有团队的核心运营人员有 5 人。结合定制化供应链管理系统的信息化管理，新增的中捷贴牌销售供应链管理模式只动用了原有团队中 2 人，分别负责对接客户和 VMI 管理。

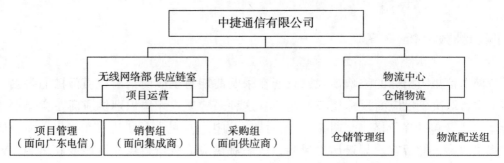

图 6 - 15 - 3   中捷无线室分项目供应链团队结构

2. 产品管理成本

在产品管理方面，器件备货采用 VMI 库存管理，中捷无须承担库存。同时，器件通过分类同质化管理，只与原有项目共享了仓储资源和物流资源就能正常运转。

（二）质量

为了最大程度地保障贴牌器件的质量，要求每批到货的器件在入库前都要先通过随机抽检，检测不合格的器件批次都要退货整改，检测结果的数据记录将影响合作供应商的选择。

中捷贴牌销售方案采用 VMI 库存集中备货，能够实现大批量备货，不仅保障器件供应质量，还降低了质量管控成本。

（三）交期

在贴牌销售方案中，面向的集成商器件需求都是多种器件配套的站点订单，订单包含器件种类多、单样器件需求数量小。对交期的考验不再是单样器件的交付，而是一张订单涉及二十多种器件的交付，通过科学的 VMI 备货模型组建库存，加快对客户订单的交付响应，其中 VMI 备货模型是由供应链管理系统收集的数据作支持。从以下数据可以看出订单响应速度、备货响应速度、一次满足率等影响交期因素都能达到较高水平：

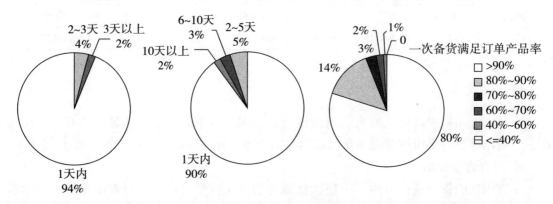

（a）订单响应时间分布占比　　（b）订单备货时间分布占比　　（c）订单一次备货满足率分布占比

图 6 - 15 - 4   交期数据分析

（四）服务

服务体现在快速有效的对应客户，而对应客户包括售前、售后两个方面：

售前方面，通过信息管理系统精确收集客户需求并快效响应；设有专人对接客户的特别需求；每年还会让客户填写客户满意调查表，了解客户对我们服务满意和不满意的地方。

售后方面，客户关于器件的相关技术参数问题都有供应商专人对接；并由中捷介入器件的售后保修服务，管理售后保修的物流，追踪供应商保修进度等。

五、远景展望

2015 年作为通信行业工程建设的新向标——铁塔公司开始试行了互联网采购模式，这很大程度启示了我们，目前集团招标采购的模式存在着供应的弊端。因此，中捷作为通信行业的服务商，应该适时调整定位，在保持原有业务的同时，适时根据市场形势提出新的供应链方案。贴牌销售的供应链管理方案适应通信行业采购的新发展趋势，不仅能适用当前面向集成商市场，也可参与到铁塔互联网采购模式中去，器件管理方面通过分类同质化管理增加了项目的延展性，在通信供应链具有强大的市场挖掘潜力。

撰稿人：中通服供应链管理有限公司总经理　徐蔡燎
　　　　中捷通信有限公司业务经理　雷　震
　　　　中捷通信有限公司业务主管　陈宝芝
　　　　中捷通信有限公司市场经理　汤泽淋

案例十六　安硕信息：供应链金融系统解决方案提供商

一、供应链金融行业背景

2013 年被称为中国互联网金融元年，2014 年则被业内称为在线供应链金融元年，而这一现象的背后，是大型传统企业掀起的供应链金融"触网"高潮。如家电巨头海尔布局互联网金融，其供应链金融业务占 60% 以上；五粮液于 2015 年 5 月"杀进"医药供应链金融；此外，万达、蒙牛、天虹、顺丰、复星集团等纷纷开始了供应链金融的布局。

在产业链中处于龙头地位的大型企业可以通过参股或投资互联网金融平台等方式，将自身的产业链实践与供应链金融产品设计相结合，拓展金融领域相关业务。同时，可以充分利用互联网金融平台为企业上下游公司提供增值服务，巩固企业在产业链的核心地位。可以说，在产业金融化大趋势下，供应链金融是目前最容易切入的一种互联网金融领域。

何谓供应链金融？

供应链金融是指以核心客户为依托，以真实贸易背景为前提，运用自偿性贸易融资的方式，通过应收账款质押、货权质押等手段封闭资金流或者控制物权，对供应链上下游企业提供的综合性金融产品和服务。供应链金融的本质是信用融资，在产业链条中发现信用。

随着社会化生产方式的不断深入，市场竞争已经从单一客户之间的竞争转变为供应链与供应链之间的竞争，同一供应链内部各方相互依存，"一荣俱荣、一损俱损"；与此同时，由于赊销已成为交易的主流方式，处于供应链中上游的供应商，很难通过"传统"的信贷方式获得银行的资金支持，而资金短缺又会直接导致后续环节的停滞，甚至出现"断链"。维护所在供应链的生存，提高供应链资金运作的效力，降低供应链整体的管理成本，已经成为各方积极探索的一个重要课题，因此，"供应链融资"系列金融产品应运而生。

一般来说，一个特定商品的供应链从原材料采购，到制成中间及最终产品，最后由销售网络把产品送到消费者手中，将供应商、制造商、分销商、零售商、直到最终用户连成一个整体。在这个供应链中，竞争力较强、规模较大的核心企业因其强势地位，往往在交货、价格、账期等贸易条件方面对上下游配套企业要求苛刻，从而给这些企业造成了巨大的压力。而上下游配套企业恰恰大多是中小企业，难以从银行融资，结果最后造成资金链十分紧张，整个供应链出现失衡。"供应链金融"最大的特点就是在供应链中寻找出一个大的核心企业，以核心企业为出发点，为供应链提供金融支持。一方面，将资金有效注入处于相对弱势的上下游配套中小企业,解决中小企业融资难和供应链失衡的问题;另一方面,将金融机构信用融入上下游企业的购销行为,增强其商业信用,促进中小企业与核心企业建立长期战略协同关系,提升供应链的竞争能力。在"供应链金融"的融资模式下,处在供应链上的企业一旦获得资金的支持,资金这一"脐血"注入配套企业,也就等于进入了供应链,从而可以激活整个"链条"的运转;而且借助金融机构信用的支持,还为中小企业赢得了更多的商机。

二、供应链金融模式介绍

安硕信息研究团队观察认为,互联网时代的供应链金融有以下八大典型模式:

1. 基于 B2B、B2C、C2C 电商平台的供应链金融

国内电商门户网站如焦点科技、网盛生意宝、慧聪网、敦煌网等,B2B 电商交易平台如上海钢联、找钢网等,B2C、C2C 电商平台,如淘宝、天猫、京东、苏宁、唯品会、一号店等,都在瞄准供应链金融,往金融化方向挺进。垂直的数据风控能力是 B2B、B2C、C2C 电商平台做供应链金融的优势。

以京东为例,京东供应链金融利用大数据体系和供应链优势在交易各个环节为供应商提供贷款服务,具体可以分为六种类型:采购订单融资、入库环节的入库单融资、结算前的应收账款融资、委托贷款模式、京保贝模式、京小贷模式。京东有非常优质的上游的供应商、下游的个人消费者、精准的大数据,京东的供应链金融业务水到渠成。

2. 基于商业银行电子商务协同平台的供应链金融

银行系电商平台推出至今已有些时日,在品牌可信度更强的优势下,加上商品的不断丰富、支付方式的多样,在这些亮点的吸引下,相信银行系电商平台能成为更多人购物的好去处。

截至 2015 年 3 月,工行"融 e 购"电商平台对外营业 14 个月时间,注册用户已达到 1600 万人,累计交易额突破 1000 亿元,交易量进入国内十大电商之列。此外,包括建行善融商务、交行交博会商品馆、招行网上商城、广发银行广发商城在内的多家银行系电商平台也已上线多时。究竟这些平台依靠哪些强项来占据市场一席之地?供应链金融便是其中一个不可或缺的重要因素。

比如工行的"融 e 购"平台,只要是售价 100 元以上的商品,都有机会通过"逸贷"购买。据悉,"逸贷"是工行利用大数据分析,对 4 亿多客户中超过 1 亿多客户给予的预授信产品,通过"融 e 联"或短信渠道告知客户,如有需要可以直接回复申请,最快情况下可实时到位。

3. 基于支付的供应链金融

只想做支付的支付公司不是好公司。支付宝、快钱、财付通、易宝支付、东方支付等均通过支付切入供应链金融领域。以快钱为例,2009 年开始,快钱开始探索供应链融资,2011 年快钱正式将公司定位为"支付+金融"的业务扩展模式,全面推广供应链金融服务。如快钱与联想签署的合作协议,帮助联想整合其上游上万家经销商的电子收付

款、应收应付账款等相应信息，将供应链上下游真实的贸易背景作为融资的基本条件，形成一套流动资金管理解决方案，打包销售给银行，然后银行根据包括应收账款等信息批量为上下游的中小企业提供授信。

4. 基于 ERP 系统的供应链金融

传统的 ERP 管理软件等数据 IT 服务商，如用友、畅捷通平台、金蝶、鼎捷软件、久恒星资金管理平台、南北软件、富通天下、管家婆等，其通过多年积累沉淀了商家信息、商品信息、会员信息、交易信息等数据，基于这些数据构建起一个供应链生态圈。

如老牌财务管理 ERP 企业用友网络，互联网金融是公司三大战略之一。数千家使用其 ERP 系统的中小微企业，都是其供应链金融业务平台上参与的一员。汉得信息与用友的模式略有不同，汉得的客户均是大型企业，而其提供供应链金融服务的对象，将会是其核心客户的上下游。

5. 基于第三方协同平台的供应链金融

一些综合性第三方平台，集合了商务、物流、结算、资金的一站式供应链管理，如国内上市企业的怡亚通、苏州的一号链、南京的汇通达、外贸综合服务平台——阿里巴巴一达通等，这些平台对供应链全过程的信息有充分的掌握，包括物流掌握、存货控制等，已集成为一个强大的数据平台。

像国内上市企业怡亚通，纵向整合供应链管理各个环节，形成一站式供应链管理服务平台，并通过采购与分销职能，为物流客户提供类似于银行存货融资的资金代付服务，赚取"息差"收入；同时，针对需要外汇结算的业务开展金融衍生交易，在人民币升值背景下赚取收入。

6. 基于 SaaS 模式的行业解决方案的供应链金融

细分行业的信息管理系统服务提供商，通过 SaaS 平台的数据信息来开展供应链金融业务，如国内零售行业的富基标商、合力中税；进销存管理的金蝶智慧记、平安银行橙 e 网生意管家、物流行业的宁波大掌柜、深圳的易流 e – TMS 等。

以平安银行生意管家为例，国内首个免费的 SAAS 模式供应链协同云平台，是平安橙 e 网的核心产品。橙 e 平台将平安银行供应链金融传统优势推向更纵深的全链条、在线融资服务。"更纵深的全链条"是指把主要服务于大型核心企业的上下游紧密合作层的供应链融资，纵深贯通到上游供应商的上游、下游分销商的下游。"在线融资"是指橙 e 平台为供应链融资的各相关方提供一个电子化作业平台，使客户的融资、保险、物流监管等作业全程在线。

7. 基于大型商贸交易园区与物流园区的供应链金融

大型商贸园区依托其海量的商户，并以他们的交易数据、物流数据作为基础数据，这样的贸易园区有很多，如深圳华强北电子交易市场、义乌小商品交易城、临沂商贸物流城、海宁皮革城等。

以浙江的银货通为例，浙江的"块状经济"历来发达，"永康五金之都""海宁皮革城""绍兴纺织品市场""嘉善木材市场"等都是知名的块状产业聚集区。而这些产业集群的特征是，其上下游小微企业普遍缺乏抵押物，但却具有完整的上下游供应链。在这样的背景下，银货通在"存货"中发现了信用，首创存货质押金融，是国内首家基于智能物流、供应链管理的存货金融网络服务平台。同时，其相继推出了"货易融""融易管""信义仓"三大服务系统。截至目前，银货通通过动产质押，实际实现融资超10亿元，管理仓储面积超10万平方米，监管质押动产价值25亿元。

8. 基于大型物流企业的供应链金融

物流占据了整个商品交易过程中重要的交付环节，连接了供应链的上下游。它们基于物流服务环节及物流生产环节在供应链上进行金融服务。国内大型快递公司及物流公司，快递公司如顺丰、申通、圆通、中通、百世汇通等，物流公司如德邦、华宇、安能等均通过海量客户收发物流信息进行供应链金融服务。目前顺丰、德邦已经开始通过物流数据渗透了货主采购，仓储物流费用等方面的进入供应链金融。

以顺丰为例，2015年3月底，顺丰全面开放全国上百个仓库为电商商家提供分仓备货，同时推出顺丰仓储融资服务。优质电商商家如果提前备货至顺丰仓库，不仅可以实现就近发货，还可凭入库的货品拿到贷款。顺丰具备庞大的物流配送网络、密集的仓储服务网点及新兴的金融贷款业务，三点连接形成完整的物流服务闭环。除仓储融资外，顺丰金融供应链产品还有基于应收账款的保理融资，基于客户经营条件与合约的订单融资和基于客户信用的顺小贷等。

基于移动互联网、云计算、大数据、物联网等新技术，在支付结算、贸易融资等领域借助虚拟经济助推实体经济，为大企业探索全球化竞争中可持续的发展之道，为中小企业成长提供便捷的融资服务，互联网供应链金融掀起了互联网"新经济"一股强劲的潮流。

三、安硕信息致力成为供应链金融系统解决方案提供商

上海安硕信息技术股份有限公司（股票代码300380）成立于2001年9月25日。公司自成立至今一直专业从事信用风险管理领域业务咨询、IT系统实施和内容服务的高科技企业。作为国内规模最大的金融资产风险管理方案供应商，安硕信息为国内150多家不同地区、不同类型的金融机构提供了信贷管理系统及供应链融资系统的咨询、产品、实施和维护服务。在10多年的实践中，安硕信息见证了国内银行业在信用风险管理方面思路和方法论、监管文化、管理组织架构、业务流程模式、模型工具运用等多方面的变化与改革，参与了国内信用风险管理系统建设的全过程。

通过多年来在银行领域业务积累、沉淀和总结，最近两年，尤其是2014年开始，安硕的客户群从传统的银行迅速拓展到各行各业，安硕在供应链金融领域也提供了大量的解决方案，也有大量的客户。无论是传统金融还是类似供应链金融这种新金融，在快速发展的过程中，有一个因素是不容忽视的，就是风险控制的问题。安硕的基本逻辑就是，通过在银行领域积累的大量风控知识和工具，然后把它的这些知识和工具服务于供应链金融。

从安硕多年的供应链金融系统建设实践经验来看，我们认为当前"互联网＋"背景

下的供应链金融平台，应该以交互、协作、可视为理念，建设线上化供应链金融服务平台，连接供应链的上下游及各参与方，实现信息流、物流和资金流的统一，构建全方位、全流程、多层次的线上服务体系。

首先，要实现业务全流程在线处理。从业务申请、业务审批到融资发放、贷后监控等均通过在线平台办理。

其次，要实现内外系统的有效对接。将内部系统与外部系统（如合作企业、第三方物流、B2B平台、海关、税务等）进行渠道接入。

再次，要实现对风险的有效控制。对供应链金融业务发生过程中核心的账权、货权、资金流、信息流等关键要素进行组合管控，并根据各种业务核心要素的情况，自动进行风险预警。

最后，要实现对大数据的挖掘和利用。利用服务平台所收集信息进行数据挖掘，开发不同的产品满足相应需求，实时根据企业的交易信息为企业提供配套的金融服务。

四、安硕开放式互联网供应链金融平台

安硕信息开放式互联网供应链金融平台 AmarSCF，是安硕信息自主研发一套成熟、先进的供应链金融平台系统产品，是集产品创新、产品营销、业务审批和风险管理、产品作业流程管控、催收管理、信息查询统计与分析供应链管理等为一体的开放式互联网供应链金融平台。

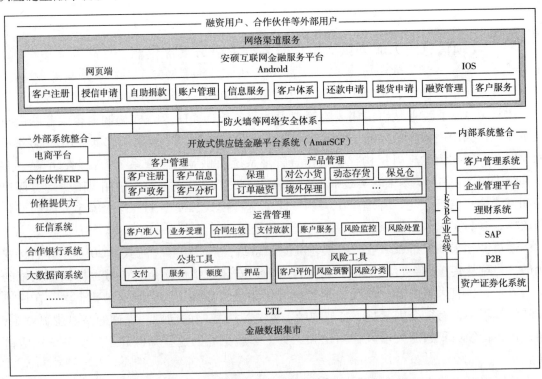

图 6 - 16 - 1　AmarSCF 开放式互联网供应链金融平台

AmarSCF（BE）是安硕信息面向银行打造的供应链金融管理平台，AmarSCF 包含银行版 AmarSCF（BE）和企业版 AmarSCF（EE）两个版本，可以与合作核心企业、物流公司、信息平台直连，同时整合银行内部客户、会计、信贷、网银等系统信息资源，汇总整合供应链交易中物流、资金流和信息流关键要素，并以其监测和管控的数据为信用基础，为供应链内企业提供包括应收账款融资、货权融资、预付款融资等在内的全面金融服务。参数化、模块化的设计，使得它具备了全面而完整的供应链金融管理功能，既能满足银行在供应链业务方面的功能操作需求，也能满足银行对供应链金融各类风险的预警和管控。

AmarSCF（EE）是安硕信息打造的面向企业的供应链金融管理平台，涵盖了贸易过程中预付类、存货类、应收类等 20 多个典型的金融产品，包含营销管理、产品管理、客户管理、评级授信管理、额度管理、合同管理、放款管理、贷后管理、押品管理、核算管理、催收管理、报表统计、大数据风控管理等功能模块。通过 AmarSCF（EE）平台的使用，将生产商、供应商、经销商、物流、第三方信息平台等商品生产、流通、销售各环节企业的整合，提高供应链金融管理效率，同时也将有价值的贸易信息转化为供应链信用，形成其在供应链融资上的核心贷款审核数据，给供应链中的中小企业提供更加简便和优质的金融服务。

安硕信息同时也向中小微等类金融机构提供供应链金融云服务和保理云服务，安硕云服务具有一站式 IT 云部署、全天候运行（7×24 小时）、免费迭代更新、多重安全保障、高质量云端运维服务等特点，可以让中小微等类金融机构客户可以免去高额的系统建设投入和建设周期。

产品的主要特点：

（1）覆盖供应链全流程金融服务。

涵盖供应链业务整个交易过程，利用结算、担保、融资、账款管理等功能为供应链环节中关联企业提供全方位的金融服务，帮助银行管理供应链信息、企业交易对手信息、交易过程信息，从而盘活供应链，帮助银行提高金融产品质量，增加客户满意度。目前供应链金融平台已经完成针对企业预付款、存货、应收账款等贸易阶段，实现了国内外保理、差额回购、厂商担保、仓单质押、现货质押、应收账款池融资等各类金融产品。

（2）实现电子化业务处理，促进业务发展。

供应链融资业务流程相对复杂、操作环节多，通过手工方式办理有一定难度，操作效率低，业务管理难度大。通过电子化、信息化手段来处理供应链融资业务不但大大提高了业务处理速度，同时系统平台也为业务风险的控制提供了有效手段。

（3）实现风险有效控制。

通过操作及监控平台，系统可以对供应链金融业务发生过程中核心的账权、货权、资金流、信息流等关键要素进行动态组合管理。内置监控平台与信用风险系统，可电子化完成供应链业务评级、授信、申请、审批和放款的全部流程，并根据供应链核心要素的情况，自动计算供应链业务的风险容忍敞口，对供应链管理过程中的关键事件发布预警。

（4）可实现企业网银及直联等多种接入渠道。

系统开发全智能型接口，可通过互联网或银行直联与供应链的上下游及各参与方，包括核心企业、物流服务商、信息供应商等，实现各方信息交付和业务协同；并通过对各方经营活动中所产生的商流、物流、资金流、信息流的归集和整合，提供适合供应链全链条的在线融资及相关综合金融服务。

（5）新业务快捷开发。

基于供应链产品的特色对产品采用"组件化管理、模块化设计和参数化控制"的理念，将供应链业务的管理过程通过"裁剪、组合、授权"的方式予以实现，快速支持供应链产品的创新和风险控制管理。

（6）高度平台无关。

产品使用 JAVA 技术，可以运行在所有支持 JRE1.4.2 及上版本的软硬件环境，支持主流的数据库和应用服务器。

（7）用户界面友好。

符合 AmarBank 系列产品一贯的 Web 数据界面，使用方便，易于掌握。

（8）产品良好的扩展性。

基于工作流引擎和规则引擎上产品高度模块化、参数化，能够适应当前金融机构业务流程处理的多样性和产品不断创新的需要。

五、成功应用案例介绍

安硕开放式互联网供应链金融平台应用案例非常丰富，银行类客户包含全国股份制银行、城商行、农商行及外资银行；企业类客户包括电商平台、互联网公司、商超零售企业、大型制造公司、物流公司及小贷公司、保理公司等各类新兴金融机构。

案例 1

客户 A 是国有控股的中外合资连锁百货百强企业，其在深圳、东莞、惠州、福州、厦门、南昌、长沙、湘潭、嘉兴、苏州及北京等地开设了 35 家直营商场及以特许经营方式管理 2 家商场。A 公司连续 8 年进入中国连锁百强企业，是深圳和广东地区销售额最高、商场数量最多的连锁百货企业，也是国内最早引入精益六西格玛、平衡计分卡、卓越绩效管理模式的零售企业。

纵观整个零售供应链，显而易见，零售供应商多数是中小微企业，他们需要的资金多为短期周转资金，具有"短、频、急"的特点，并且贷款额度往往都较大，所以他们在贷款速度、贷款额度、贷款成本上都有较高的要求。然而，长期以来，零售供应商每当遇到旺季备货、增加新品、店铺扩展、店铺促销等时间节点时都会出现资金短缺问题，但是由于信用缺失、固定资产等抵押担保品少、财务信息不透明等原因，他们很难从银行获得贷款。

2015 年 11 月底，A 公司专门成立了一家小额贷款有限公司。初期推出的金融产品主要就是围绕着这些零售供应商来开展，包含针对自营供应商提供的虹运贷，针对专柜供应商提供的虹途贷等。

安硕公司为 A 公司打造的供应链金融系统，结合互联网金融的特点，提供零售供应商在线自助融资服务，并针对互联网产品和各种业务贷前、贷中、贷后流程中发生的审批、交易、核算等业务进行管理，实现供应链金融业务的风险管理、资金数据和业务数据的整合。

安硕公司以多年风险管理从业经验，为 A 公司提供了包含金融业务咨询、IT 建设、软硬件平台搭建等一体化全方位解决方案服务，助力 A 公司成功跨界金融领域。

案例 2

客户 B 是一个资本控股集团旗下的互联网金融平台，平台以 P2B 安全交易模式为基础，以供应链金融产品为核心竞争力，致力于为有融资需求的中小企业与有理财需求的广大民众搭建一个安全、高效、透明的投融资对接平台，助力国家解决广大中小企业融资难的同时，也为普通大众提供一个专业、安全、增值、普惠的全新互联网投资理财渠道。

当前由于国内征信体系尚不完善，违约成本较低，借款人的信用状况难以了解或了解成本太高；同时，还有些平台自身涉及 "自融"，虚假标的，拆东墙补西墙，一旦逾期可能就会带来严重后果。因此，建立在真实贸易背景下的基于互联网技术下的供应链金融 P2P 平台被普遍看好。

B 公司携手蒙牛、大金空调、绝味等大型核心企业，以供应链金融 P2P 为基点，依托云计算和大数据把产业链的上下游有效地衔接起来，提供更好的普惠金融服务，服务实体经济，从而推动整个商业生态的良性发展。

安硕公司为 B 公司打造的供应链金融平台主要实现供应链金融模式的 "三位一体" 风控体系，以及全流程线上自助一体化的业务办理操作，实现与核心企业的信息数据互联直通，为各类小微型企业客户提供便捷自助互联网金融服务。

案例 3

客户 C 是目前中国速递行业中民族品牌的佼佼者之一，C 公司目前已经在北京、上海、沈阳、广州、西安、成都、武汉建立了 7 大分发中心，50 个重点城市已布局上百个配送仓库，仓储总面积近百万平方米，配以数万网点，覆盖全国 2500 个区县，基本建成了覆盖全国的电商仓储配送体系。

为优质客户采购及销售商品提供融资、仓储、配送的一站式服务，这是 C 公司目前正在加速发力的方向，其中，仓储和配送是其优势业务，金融服务又该怎么玩？

2016 年年初，C 公司与上海安硕达成战略合作协议，通过安硕多年的银行风险管理咨询及实施经验，为其打造全新的开放式互联网供应链金融管理平台。平台总体设计目标是，集成客户 C 内部客户管理系统、财务管理系统、仓储管理系统等各类信息渠道，通过对物流、信息流、资金流的整合打造涵盖营销、管理及统计全方位同业领先的供应链金融综合服务平台。具体表现在以下几个方面：

（1）对现有产品以及产品创新的支持：通过高度模块化、参数化的产品设计，在满足现有保理融资、信用融资、仓储融资、订单融资等业务的前提下，能够适应未来业务流程处理的多样性和产品不断创新的需要。

（2）建立融资门户服务平台：利用互联网和 IT 技术建立供应链金融"在线"融资服务平台（包含 Web 端、手机端等多种渠道），直面互联网客户，提供客户自助贷款申请、还款申请、自助信息查询等功能，增强对供应链金融业务的营销支持和获客能力，同时为客户提供便捷、全面和高效的一站式供应链金融服务。

（3）实现风险有效管控：通过监控平台及风险管理工具，可电子化完成供应链业务评级、授信、申请、审批和放款的全部流程，并根据供应链核心要素的情况，自动计算供应链业务的风险容忍敞口，对供应链管理过程中的关键事件发布预警。

（4）提升运营管理水平：通过平台电子化业务处理、档案文件管理、运营数据统计分析，从而降低运作成本，提高服务质量和服务效率，增强客户满意度。

案例 4

客户 D 是一家位于广东省某市的区域性商业银行。优先发展小微业务，支持小微企业发展，利用供应链金融推动对小微业务的全面支持，是该行三年战略规划中的核心业务之一。经过多年的努力，D 银行的供应链金融产品已进入陶瓷、医疗器械、视频、机械设备、澜石不锈钢等行业，与新濠大理石瓷砖、广东湛化集团等一批大型核心企业建立了长期合作关系，为这些企业的上下游提供供应链融资业务。

新濠大理石瓷砖是一家集研发、生产、营销、服务为一体的大型现代化企业。先后获得"国际知名品牌""亚洲品牌 500 强""中国陶瓷十大品牌""中国陶瓷行业十大质量品牌""全国工程建材首选 100 家"和"消费者最喜爱陶瓷十大品牌"等多项殊荣。陶瓷企业的渠道发展非常依赖经销商，但传统模式下，90% 的经销商属于中小企业，无法获得银行贷款。经销商的资金需求反过来制约了企业发展。

D 银行经过对新濠大理石瓷砖的实地考察调研之后，提出了供应链金融服务方案：与新濠大理石瓷砖建立战略合作伙伴关系，设立陶瓷经销商基金"陶金宝"，为新濠经销商提供融资支持。该融资方案对银行现有信贷系统提出了挑战：

（1）信贷系统无法对接新濠大理石瓷砖经销商的各项数据，该融资产品仅能覆盖大型经销商，大量小微经销商无法覆盖。

（2）传统信贷系统申请/审核周期长效率低，无法满足经销商融资"小、急、频"的需求。

广东湛化集团是一家始建于 1958 年的老牌国有企业，作为全国最大的化肥生产企业之一，广东湛化有着辉煌的历史。但是到了 2012 年年底，尽管订单快速增长，原授信行却因贷款政策的变化难以满足企业融资需求，广东湛化不可避免地面对资金紧张的压力。

为及时缓解广东湛化资金困难问题，D 银行在进行实地走访考察之后，提出了对该企业的金融服务方案：以中国物资储运广州公司作为该笔业务的仓储监管公司，以硫铁矿作动态质押的供应链金融服务。该融资方案又对银行现有信贷系统提出了挑战：

（1）如何解决质物硫铁矿有效地质检、测量和监管？

（2）质押物数量是动态变化的，如何动态控制并跟踪质押物总量？

（3）质押物价格是动态变化的，如何及时准确处理因质物价格变化引起的风险敞口变化？

安硕公司为 D 银行搭建的供应链金融管理系统，全面考虑并梳理了上述各类融资产品的业务特点，将供应链金融业务从银行现有信贷系统中剥离出来，由供应链金融系统独立管控，同时与银行信贷系统之间建立紧密的数据交互机制，如额度信息共享、业务数据共享、放款组合审批等。

D 银行供应链金融系统的核心应用价值如下：

（1）产品创新：企业可借助多样化资产形态包括预付、存货、应收、通用担保池融资（组合类融资）实现融资目的，并且银行能够基于上述资产形态进行有效管理和组合以及集中作业。

（2）综合金融：实现与银行核心系统、信贷系统、企业的 ERP 系统、第三方平台的交易或管理系统结合。

（3）线上融资：通过网上银行作为线上金融服务的平台工具，融资客户可以在线直接向银行提出贷款申请，报送电子材料；实现在线抵质押物登记/撤销、存款冻结/解冻及向保证金账户划入保证金等功能，克服银行物理网点不足、省外分行开办受限的短板。

（4）信息共享：实现客户的资源信息共享，具有整合货源供给信息、购货需求信息、资金归集信息、资金需求信息、政策信息的发布、行业信息发布等的信息整合功能。

（5）风险预警：实现供应链上企业在经营上发生恶化时的风险提示，银行对企业融资时的风险预警等风险控制功能。

D 银行供应链金融系统运行一年之后成果喜人，供应链金融业务融资企业达到 500 多家，融资发生额累计达到 310 多亿元，融资余额 120 多亿元。

案例 5

客户 E 是一家跨区域经营的股份制商业银行，本着为中小企业提供优质、高效服务的目标，着力打造中小企业金融品牌，以专业化团队、专业化产品、专业化服务、专业化管理，在中小企业业务领域开展多项创新。

E 银行在 2013 年就启动了新一代供应链金融承接平台的建设。以金融功能为基础，与多方市场主体建立广泛联盟，整合各类服务，实现"商流、物流、资金流、信息流"四流合一，合纵连横打造产业链金融生态圈，构建一站式网络综合服务平台。

安硕为 E 银行搭建的供应链金融平台，主要从多渠道合作伙伴便捷接入、金融产品快速创新、多行业供应链金融特色业务处理及风险控制等方面，满足银行的供应链金融业务管理需求。

渠道接入：实现与各个战略合作伙伴快速、有效的信息对接。

产品创新：实现产品的快速配置与创新、产品在线营销、产品检索及多维度展示等。

业务处理：针对不同市场主体（融资客户、核心企业、监管方等）、不同产品模式（应收类、预付类、存货类及其他产品组合类），提供差异化的业务处理、报表统计及风险预警功能。

风险管理：采集并分析多方市场主体的有效信息，通过"商流、物流、资金流、信息流"数据勾稽，构建网络信用评估体系和授信体系，对业务过程中的各类货权、账权信息进行全面管理与监控。

截至目前，E银行已与超过300家核心企业实现了系统连通；与数十家第三方服务平台建立了紧密合作关系；线上平台注册用户近150万，企业用户超44万；惠及了众多中小商超供应商、货代企业、经销商、物流企业。

撰稿人：上海安硕信息技术供应链股分有限公司CEO　高　勇
上海安硕信息供应链金融总监　陈世良
上海安硕信息供应链金融资深顾问　陈志刚
上海安硕信息供应链金融咨询顾问　何丽君

案例十七 聚升云商：以 C2B 为导向打造互联网 + 分布式库存的商用车产业供应链

一、企业简介

福建聚升云商汽车服务有限公司成立于 1999 年，注册资金五千万元，现有员工四百余人，公司立足于商用车后市场，为福建省内最早进入商用车销售及服务的企业，电子商务国家标准的起草单位，参与了 2015 年国家标准化研究院所颁布的《汽车配件国家标准》的制定工作，参与制定福建维修行业开业标准，目前已拥有福建省内商用车市场首枚省级著名商标企业。公司在福州设立一个辐射全省范围的配件批发中心库，并在福建省内建立了聚升品牌汽车维修服务连锁店，拥有包括四家直营连锁店（福州茶厂综合服务站、福州下德事故理赔中心、马尾港口服务站、江阴港口服务站），一个海外服务中心（安哥拉服务站）及十多个连锁驻点服务站，为国内多家著名汽车配件品牌的福建省总代理，是包括潍柴动力、汉德车桥、陕汽配件等多个国内知名品牌在内的福建省级中心库及独家代理。公司同太平洋保险在商用车等领域开展合作，成立了太平洋保险定损中心，是目前福建省内太平洋保险车辆保险理赔指定维修单位。

聚升公司自 2011 年在商用车领域率先转型打造聚星云商平台，围绕商用车后市场的品牌服务站和维修技师，整合了厂家、中心库、服务站、维修技师、车队用户等行业资源及银行、保险等金融资源，打造线上线下结合的商用车后市场运营级服务平台，打造平台化的行业价值链，联合商用车主所涉及的服务项目供应商，共同为车主提供包括车辆加油、高速过路、车辆保险、维修保养、轮胎配件、资金需求等一站式的线上线下全链路服务，并实现了潍柴动力、福田戴姆勒、陕汽重卡等商用车全国品牌的入驻，平台于去年获得了交通部举办的 2015 中国"互联网 +"运输大赛全国总决赛三等奖，并获得了"互联网 +"修车领域第一名。2015 年，公司推出了基于综合支付、行业清结算及供应链融资服务的点富宝行业支付金融服务平台，为行业客户提供包括线上线下支付结算、对账核销、行业资金归集、订单融资贷款等多样化的企业运营金融服务。

二、聚星云商平台实施背景

商用车后市场是指商用车销售给车队或个人车主以后，围绕商用车在运营和使用过程中的各种服务，它涵盖了商用车在投入使用后所需要的一切服务，主要包括车辆加油、高速过路、车辆保险、维修保养、轮胎配件、资金需求这六大刚性需求。

目前，我国的商用车保有量逐年递增，2015 年，我国的十大商用车品牌，拥有超过 4

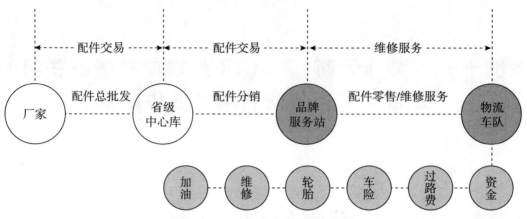

图 6 - 17 - 1　商用车后市场架构图

千家品牌服务站，体系外维修服务站达到 2.5 万家，品牌服务站内拥有 12 万的商用车维修技师，全国的商用车维修从业人员达到接近 50 万人。2015 年，全国拥有物流车队 70 万家，商用车保有量达到 2300 万辆，中国每年整体商用车维修行业的交易量达到 3 千亿元。商用车后市场已经成为我国汽车领域一个重要的构成部分，但相对于发展较早且管理较为规范的私家车市场来说，总体上商用车后市场的电子商务运营起步较晚，相关的政策法规应用和互联网新兴科技的结合还比较落后，但随着近几年我国物流行业的飞速发展，商用车的全国性维修和增值服务也得到了飞速的发展。2015 年，我国的社会物流总额已经突破 220 万亿元，整体的物流运输需求量继续保持了快速增长的势头，相信在未来的十几年内，商用车行业将继续维持飞速发展的趋势，商用车后市场行业也将随之高歌猛进。

三、聚星云商平台的主要运作模式

聚星云商平台是福建聚升云商汽车服务有限公司针对商用车后市场供应链，围绕商用车后市场的品牌服务站和维修技师，整合了厂家、中心库、服务站、维修技师、车队用户等行业资源及银行、保险等金融资源，打造线上线下结合的分享经济型商用车后市场运营级服务平台，打造平台化的行业价值链，联合商用车主所涉及的服务项目供应商，共同为车主提供一站式的线上线下全链路服务。

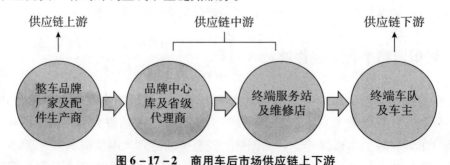

图 6 - 17 - 2　商用车后市场供应链上下游

（一）商用车配件供应链上下游调货服务

在传统的商用车配件市场中，商用车的配件可以分为品牌件和副厂件，品牌件在配件企业之间的交易基本上都是通过厂家所配置的 ERP 系统进行订单调配，而副厂件的调货基本上是通过配件企业自己向第三方购买的软件以邮件订单等传统模式进行调货，这两种调货模式都存在较高的沟通成本，并给供应链上下游的企业造成了较高的库存压力，许多企业内半年的积压库存达到了企业总库存的 20% 以上，这给企业的资金流动造成了很大的压力，而商用车后市场又没有一个统一的平台为这些企业提供整体的库存件调货服务，因此，在这个行业里就存在有的企业需要的某些配件长期无法调到货，而这些货在某些企业有着大量库存又无法找到买家，行业信息透明度非常低，整体的库存浪费现象严重。

而聚星云商平台正是针对商用车后市场供应链企业间信息堵塞，无法进行及时的配件调货疏通而推出的整体行业调货平台，并通过"四个统一"来保证调货平台配件交易的便捷和保障：

（1）统一配件供应：平台通过对配件品牌来源的管控，实现配件的正品来源，确认其为品牌件或副厂件，并统一为平台内的交易配件提供三包服务；

（2）统一售后凭证：平台统一为交易配件提供发票、报修单等售后凭证，保障在平台上进行购买的企业能得到切实的售后权益保障；

（3）统一订单派送：平台为交易配件提供指定的物流配送模式，保障配件配送的及时性和安全性；

（4）统一支付结算：平台支持手机下单及移动支付的模式，方便企业进行快速调货，并采用统一结算的担保结算模式，保障货款结算的及时性和安全保障。

商用车配件企业A　　　　　聚星云商平台　　　　　商用车配件企业B

★统一配件供应　　　★统一售后凭证
★统一订单派送　　　★统一支付结算

图 6－17－3　聚星云商平台统一调货服务

聚星云商平台的调货服务通过打通行业供应链上下游的信息渠道，为配件企业提供灵活方便的供需配置调货服务，使服务站之间能及时灵活调配配件，降低企业库存压力，提高配件周转率，降低配件的库存损耗，为商用车后市场供应链上下游的配件企业实现了供应链价值的最大化。

（二）建立商用车后市场分布式配件库存体系

聚星云商平台通过线上线下结合的模式建立商用车后市场分布式配件库存体系，通过以各个省份的中心库为调货核心商户，建立起中心库和授权服务站、维修店之间的网状库存分布模式，通过多级管理的模式，为供应链上下游企业提供更优化的资源配置模式。

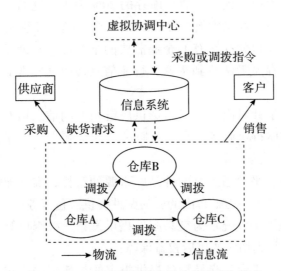

图 6-17-4　商用车后市场分布式库存模式

（1）通过分布式库存加快配件企业的市场反应速度。分布式的库存管理方法大多是将库存建立在维修服务店附近，这种方式使配件和维修企业能够快速地对市场需求及消费者的喜好做出反应，给配件企业的库存量和库存品类决策提供较有价值的信息，减少在日常维修中的盲点对需求信息造成的扭曲。

（2）进一步降低库存成本给配件企业造成的压力。采用分布式库存管理策略，不要求所有服务站的仓库库存均在安全库存以上，只要总库存量和中心库库存保存在系统的安全库存以上，允许个别仓库的库存量降至订货点，从而减少订货次数。这种策略能有效地降低维修服务站的库存保持成本和订货成本，以及因订货引起的采购费用等成本，从而使整个商用车后市场的库存系统管理成本降低。

（3）是商用车后市场的供应链整体优化。采用分布式库存管理策略，由于各维修服务站仓库之间可在虚拟协调中心的协调控制下进行调拨，能降低中心库与服务站之间的协调及配送成本；同时由于分布式库存系统的仓库大多靠近维修企业聚集区域，向其配送的成本也会相应降低，从而能够使整个商用车后市场的供应链配送成本降低，达到多级优化的效果。

（4）促进平台的配件信息共享程度。由于分布式库存系统中的协调中心是虚拟存在的，需要先进的信息网络将各个库存点连接在一起，且各种协调的决策基于各库存点的即时信息，因此对聚星云商平台提出了较高的配件信息共享需求，平台需要通过对各个仓库的配件库存具有高度的信息共享程度，才能做出正确的调货决策，因此，这也促进了聚星云商平台在库存同步和调货模型方面进行不断的更新换代。

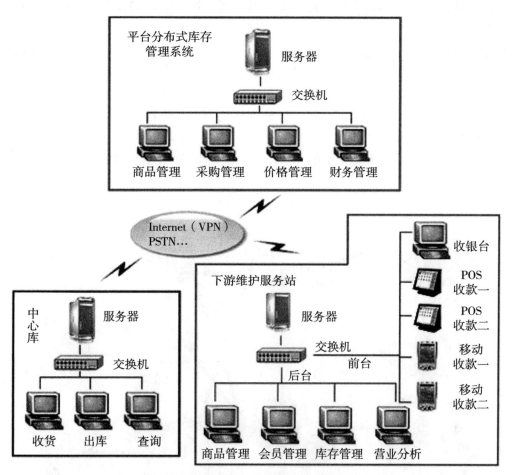

图 6 – 17 – 5　聚星云商平台分布式库存管家架构系统

（三）建立商用车配件本地化配送网络

聚星云商平台通过整合大量的平台内调货信息，通过调货信息的大数据计算，建立起配送资源最优化配置的本地化配件配送解决方案，不同配送车型结合的综合运输模式，建立起本地维修服务站的配件本地网络化配送模式。商用车的维修和普通私家车的维修存在很大的时效性差别，由于商用车所运输的货物均有指定的到达时间，停运或延迟到货对车主所带来的损失也很大，且无法在维修过程中将货品从车辆上卸下或寻找其他车辆来替代故障车辆进行运输，因此对商用车的配件维修所提出的时效性要求也远远高于普通的私家车辆。鉴于商用车维修的特殊性，维修服务站对配件调货的时效性提出了很高的要求，由于配件在高速运输的路线安排是固定的，主要的时间控制点则落在了配件在到达本地后的最后配送路程，如何节约最后一公里的分拨和配送，使其能够结合分布式库存管理模式，使聚星云商平台的供应链调货发挥最大的效用，是平台重点解决的关键点。

聚星云商平台的本地配送采用自有物流配送、服务站自提和第三方物流配送结合等多种手段结合的模式，打造最合理化的点到点配送模式。从综合上来说，自有物流虽能很好地解决利益分配问题，但要组建一个地域全方面覆盖面广的终端物流体系，对聚星云商平台提出了非常高的资金投入和大量配送网点的建设，因此，完全采用自有物流这在商用车后市场的配件本地化服务中无疑是巨大的投入，且产出收益并非在初期能完全预测的，但若完全采用第三方物流配送，在配送的时效性和服务质量则无法像自有物流那样高的控制程度。因此，聚星云商平台所采用的本地化配送网络采用的是多种模式结合的解决方案，以部分核心配件和理赔维修配件为自营物流的主要承运对象，以车辆保养产品和服务站库存备货产品为第三方物流的主要承运对象，并结合服务站自提的模式，使聚星云商平台的本地化配送更加的灵活，适应本地维修服务站的实际需求。

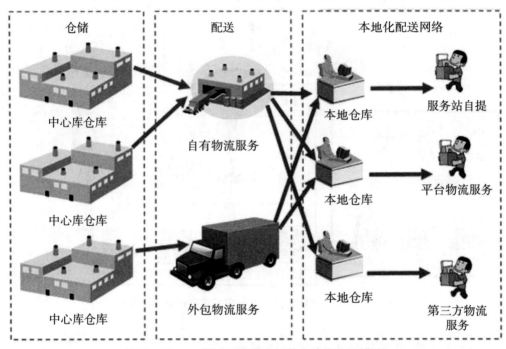

图 6 – 17 – 6　聚星云商平台配件本地化物流模式

（四）为配件企业提供供应链融资服务

中国的商用车后市场的企业中有 95% 以上为中小企业，相对于极少数的大型企业来说，这些中小企业向银行进行企业贷款是一件相当烦琐和困难的事情，国有商业银行虽然能够提供较低利率的贷款产品，但其整体的审批流程和征信条件较高，大部分的贷款产品还需要一定的现金或固定资产的质押，对中小企业造成了相对高的门槛，而对于其他能够进行快速和低门槛贷款的商业银行的贷款产品，又提出了较高的贷款利率，往往造成较大的还款负担。

整体上看，首先，中小企业的征信审查难。复杂的贷前审查过程及质押条件，造成了企业为了能够成功获得贷款所申报的材料真实度不足，且银行缺乏切实的工具进行真实度审核，这也使得银行对许多中小企业的小规模贷款的审批程序多，但贷款成功率不高，优质的中小企业无法得到银行的贷款支持，也阻碍了银行的金融产品创新。其次，银行对贷中及贷后的管理手段不足，造成银行对贷后风险的把控不足。银行在完成贷款的发放后，无法持续性的监控企业的经营情况和征信条件的变化情况，因此对企业的还款能力无法做到实时评估和跟进，对企业的违约行为无法做到预判，这也是造成银行对中小企业贷款审核成功率较低的重要原因。最后，中小企业对收单类贷款的需求大，而银行的收单贷市场推广缓慢。优质中小企业有着良好的收单流水信用，可以证明其企业经营实力，但目前银行的收单贷产品在中小企业间的推广并不成功，大部分中小企业无法得到相应的贷款产品支持，究其原因还是银行对企业的贷前征信真实度把控和贷后监控缺乏有力工具。综上所述，这些原因造成了商用车后市场的大多数企业无法得到银行的有力金融支持，在其发展壮大的道路上存在很高的门槛和阻力，这也使得商用车后市场的有序竞争和优胜劣汰的机制无法得到彻底贯彻。

针对这种情况，聚星云商平台为商用车后市场的企业提供了基于平台订单为基础的供应链金融服务。聚星云商平台通过整合行业内的核心商户和下游的维修店、中小型批发商等供应链上下游企业，以平台内的大型上游企业为核心商户，以中小型的下游维修商户和批发商户为融资商户，通过 1 个核心商户带领 N 个融资商户的模式，以核心商户和融资商户之间在聚星云商平台上的交易订单为基础，按照订单的实际交易额的百分比进行融资，商户融资所获得的贷款额度直接用于该订单的货款支付，在获得融资额度后，由银行放款给核心商户，核心商户向下游发货，并由下游进行贷款的定期偿还。

这样的融资模式，利用聚星云商平台为订单依据，防止假单和虚假交易，银行所放出的贷款能保证用于平台的订单交易，保证专款专用，而且聚星云商平台同银行的贷款平台进行专线的数据直联，下游商户可以在发起订单时直接向银行发起订单融资申请，十分的便捷，不仅保证了商用车后市场供应链融资的安全性和及时性，还能通过平台对下游商户的还款情况进行及时跟踪，对银行降低逾期和坏账率有显著效果。

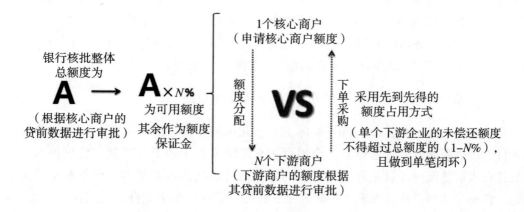

图 6-17-7　聚星云商平台供应链订单融资模式

四、绩效分析

（一）为商用车后市场供应链上下游企业盘活库存

通过聚星云商平台为商用车后市场供应链上下游的企业实现了长期库存盘活的目的，从整体上来说，在入驻聚升云商平台前，我国的配件企业的三个月积压库存在 15% ~ 20% 左右，而在入驻聚升云商平台后，企业的三个月积压库存基本可以控制在 7% ~ 10% 左右，整体下降了 8 ~ 10 个百分点，为企业的配件流动带来了更多的活力，降低了积压库存对企业造成的恶性循环。此外，通过采用高标准的流动配件质量控制机制，保障了平台配件交易的品质，交易双方在买卖过程中实现了物流的无缝链接，整体上降低了配件企业的采购成本。

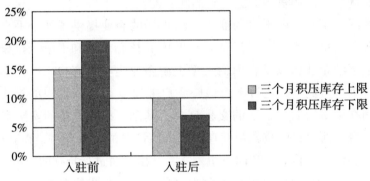

图 6 – 17 – 8　聚星云商平台为入驻企业带来的库存压力缓解

（二）提升了商用车后市场的配件调货效率

通过聚星云商平台的分布式库存体系和本地配送网络，大大提升了整体供应链物流的配送速度，做到本省内的配件调货 24 小时内送达，邻省的配件调货 48 小时送达，跨省联运的配件调货 72 小时内送达，通过及时的配件调货不但节省了维修服务站的调货时间，还降低了车辆在服务站内的维修进场停运时长，使服务站能接收到更多的订单派工，从整体上提升了配件企业和维修服务站的派工流转和资金效率。

（三）从整体上提升了商用车后市场的信息化水平

目前我国的商用车后市场行业整体上信息化程度不高，商用车行业还没有覆盖全国的配件管理体系和维修管理体系，全国商用车的配件处于各个品牌独立管理的状态，很多配件在供应链流通环节是通过半人工的方式进行调配，各大整车厂也没有实行完全统一的配件编号和信息化管理模式，缺乏统一的网络平台对车辆配件的交易流通进行管理，因此聚星云商平台的多品牌调货模式从市场前端进行管控，利用互联网优势进行信息资源整合，从整体上推动了商用车后市场的信息化水平。

（四）降低了商用车后市场企业的供应链融资成本

通过聚星云商平台为商用车后市场供应链上下游的企业及物流车队企业提供供应链融资服务和其他金融贷款产品服务，不但降低了企业向银行申请金融服务的门槛，简化金融产品办理流程手续，还降低了整体的融资手续费成本，使商用车后市场的企业能真正得到银行的金融产品支持，提升服务质量和信息化水平，在各自的服务区域内做大做强。

五、未来发展方向

目前，我国商用车后市场整体上来说还处于网络化和信息化的起始阶段，还有许多的空白区域需要聚星云商平台去挖掘和拓展：

1. 建立商用车行业的大数据服务

聚星云商平台通过车辆健康档案、车型库、车辆电子图册、车辆维修订单、品牌配件库等多个构成部分组成了商用车行业的大数据库，并利用大数据库为商用车的维修服务站和物流车队提供专业服务，提升商用车行业的整体信息化水平。

2. 继续优化商用车配件分布式库存管理

聚星云商平台在"中心库 – 服务站"模式的分布式库存管理已经在商用车配件领域内取得了成效，大大提升了整体供应链交易的效率，在未来的业务模式探索中，平台将继续在该领域进行挖掘，并不断研究新的技术架构以应用于优化模式的技术支撑，建立起更加符合商用车行业运营情况的配送网络。

3. 继续提升商用车配件最后一公里的服务质量

商用车配件的终端配送以多样化与集约化为主要特色，聚星云商平台将继续以服务质量和效率为提升重点，将配件的最后一公里服务延伸至每一个乡镇，建立起覆盖我国每个区域的终端配送网络，继续优化以中心库为核心的分布式仓储和以维修服务站为核心的本地化终端服务结合的供应链物流模式。

撰稿人：福州聚升网络科技有限公司 CEO，福建聚升云商汽车服务有限公司首席架
　　　　构师　林　刚
　　　　福建聚升云商汽车服务有限公司董事长　吴　淳
　　　　福州聚升网络科技有限公司 COO　陈　瑛

马氏集团(原名利丰集团)创业110周年

馮氏集團
110
與時並進 創造未來

2016年乃冯氏集团（原名利丰集团）创业110周年。

冯氏集团在1906年于广州创立，由经营传统出口贸易业务发展至今，核心业务包括贸易、物流、分销及零售，成为全球高具规模的供应链管理企业，为环球市场供应消费品。

集团总部设于香港，全球雇员46800名，在逾40个国家开设超过350个办事处及配送中心。

INTRODUCTION
企业简介 OF COMPANY

● 成为最受尊敬的品牌领导者

　　深圳市创捷供应链有限公司成立于2007年，是一家以互联网信息技术为基础，供应链管理服务为竞争手段，创造性采用产融结合供应链金融生态圈模式的国家级高新技术企业。公司产融一体化的生态圈模式，得到了政、产、学、研各界的高度认可，获得由清华大学物流研究中心、物流杂志社等机构共同评选的2013年度"物流与供应链十大创新企业"称号。

　　创捷供应链有限公司专注于"垂直电商＋供应链金融"的新模式，并与国际知名软件供应商达成战略联盟，搭建了以"创捷供应链E-SCM B2B平台"为基础的大型跨国商贸综合服务平台。经过多年的发展，创捷供应链有限公司已发展成为一家集供应链管理、进出口贸易、电子设备器材购销、供应链系统研发于一体的综合性供应链运营商，聚集的产品类型包括IT产品、通信产品、机电产品、汽车后市场、电子元器件、快速消费品、新材料新能源、消费类电子产品等。

供应链金融生态圈

　　创捷供应链专注于"产业互联网＋供应链金融生态圈"的新模式，与SAP、IBM、凯捷咨询等国际著名软件企业达成深度战略联盟，依托清华大学、中国人民大学等高校学术支持，搭建以"创捷供应链E-SCM电子商务平台"为基础的大型供应链综合服务平台。

　　通过创捷20年的运营，该平台发挥出强大的集聚效应，超过10000家供应商、1000家加工厂、多家设计商、大量的国内分销商以及东南亚、非洲、中东、南美等地客户纷至沓来，实现了与海关、税务、商检、银行等第三方机构的信息互联，形成了一个产业内高度协同的新型供应链金融生态圈。

创捷供应链生态圈示意图

深圳市创捷供应链有限公司
地址：深圳市福田区深南大道1006深圳国际创新中心A座15楼
Fax：+86-755-83027672　Tel：+86-755-83026933　网址：www.cjscm.com

核心优势

"产业互联网+供应链金融"平台

构建了基于产业生态圈的交易与服务平台，打造了产业互联网+的入口与出口，利用信息化将产业价值链上中下游的各个环节连接起来，并利用供应链金融的优势打造产融生态圈的闭环。帮助中小企业实现"互联网+"时代的转型升级，并帮助他们走向国际化。

全新的商业模式

创立了免抵押、免担保的结构与信用并用的供应链金融平台，形成了产融一体化的创新商业模式，解决了中小企业融资难、乱、贵的问题，有助于"万众创新，大众创业"。

行业高端人才汇集

创捷供应链经过多年的发展，已经汇集了一大批能独当一面的行业中高端人才，并与多家知名学术机构达成战略联盟，在供应链金融的理论和实践中，均有一定的创新。

服务项目

主营业务
电脑周边产品、通信类产品、机电设备、新材料新能源
平板显示、汽车后市场、快速消费品、医疗器械

供应链服务 项目化
进出口通关、国际国内物流、仓储管理、保税物流
供应商库存管理（VMI）、采购执行、生产执行、销售执行

供应链服务 平台化
制造型供应链服务、流通型供应链服务、全程供应链服务

供应链服务 生态化
咨询调研＋供应链服务＋供应链金融 "三位一体"的作业模式
基于客户需求的深度洞察，为他们量身定制供应链服务方案
基于供应链服务方案的生态和结构，为客户提供供应链融资

助力中小企业转型升级的航母
消费类电子行业供应链领导者

物润船联

中国高具潜力的新三板上市公司

股票代码 831096

2011年12月	2014年08月	2014年12月	2015年07月	2015年10月
润船联网络股份有限公司成立	物润船联正式挂牌新三板	获得国家航海科学技术一等奖	水陆联运网智慧电商平台上线运营	荣获江苏省重点物流企业称号

让物流更简单

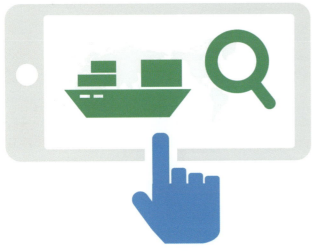

- **船舶位置查询**

国内最全的船舶位置，APP、微信实时查看

- **物流场景可视化**

随时查看，视频证据解决纠纷

提交

- **运力竞价交易**

减少中间环节，降低运费成本

运费在线支付

让物流更简单

● 在线保险

中国人保，中国太保

● 团购加油

超低价格，高品质油品

● 无船承运人

物润船联在江苏省以无船
承运人身份试点江海联运

航运物流在线融资服务

更快、更省、更方便的船舶运费融资服务

货主支付运费缓慢？加油现金不足？无房产进行抵押贷款？这都不是事！信用良好的船东企业，基于应收运费质押融资，一举解决船东企业日常现金流匮乏问题。

唯一官方网站 WWW.SHIP56.NET

微信公众平台　　安卓APP下载　　IOS APP下载

 客户服务热线 0512-56308111